JN226230

Tâi-oân

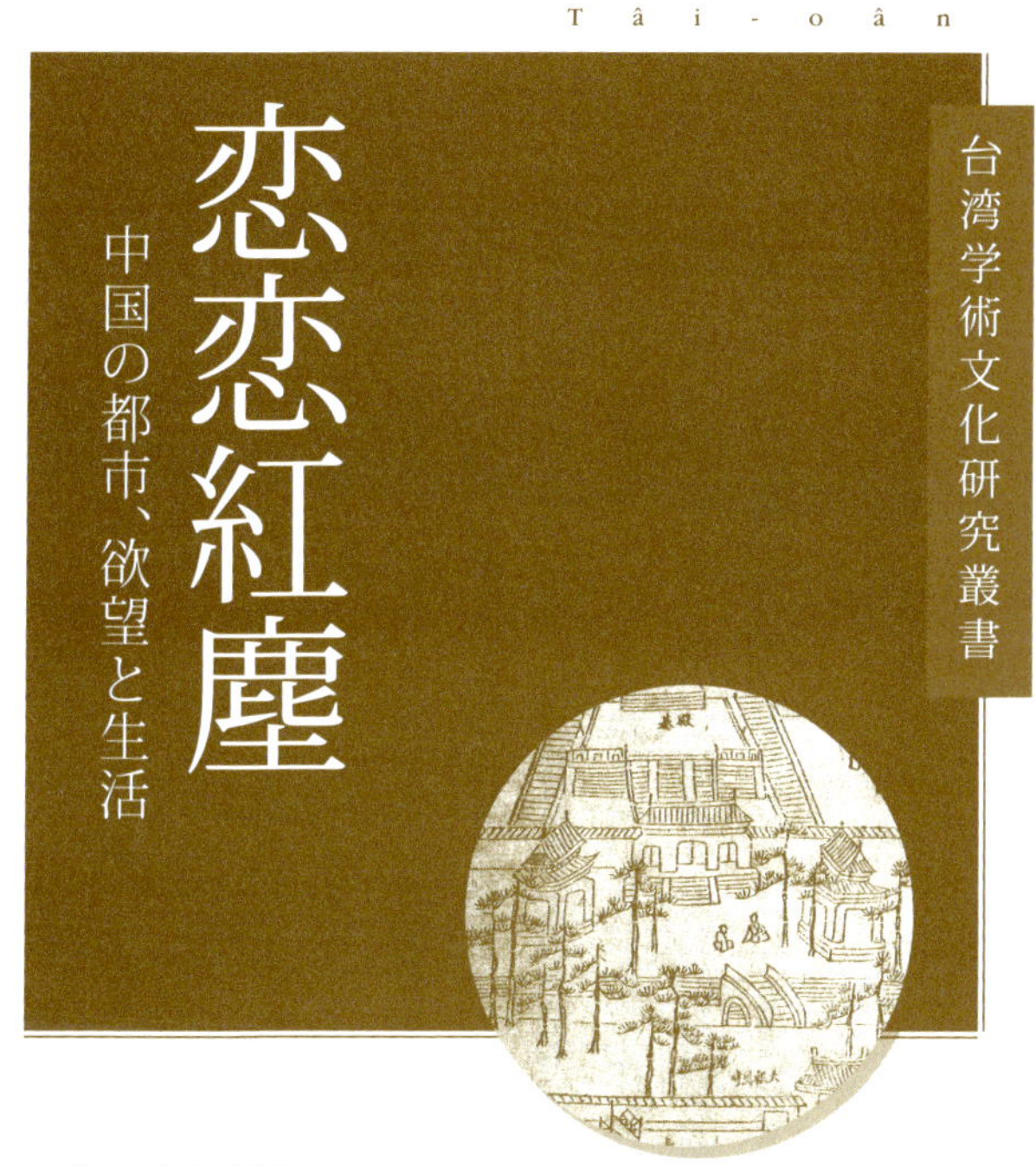

台湾学術文化研究叢書

恋恋紅塵

中国の都市、欲望と生活

李孝悌［著］　野村鮎子［監訳］

和泉ひとみ／上原徳子／竹田治美

辜知愚／高尾有紀［訳］

東方書店

る。そのためこの叢書では、台湾を座標に据えた研究成果に中心を置きつつ、台湾から東アジア、更には東南アジアへとその視野を広げている。台湾のエスニックグループと世代別の変化から、満洲国での台湾人の境遇、さらには台湾が直面するグローバル化の試練に至るまで、それぞれはみな台湾の人文という要素が加わったからこそ、漢学研究の発展に独特で多元的な活力がもたらされたことを明確に示している。

伝統的な漢学研究は中国文明の精粋の表れであり、それ自体、代々受け継いでいく強固な価値を有し、「原道（あるべき道）」「宗経（宗とすべき経典）」といった神聖なる暗示をも含んでいる。しかしながら、中国はもはや不変の存在ではなく、中国に関する研究も時代とともに変化すべきである。本叢書の執筆者たちにとって、漢学研究は単なる「人が云うから我も云う」式の伝承ではない。中国の歴史文明が悠久に続いてきたのは、その豊穣なテクストとコンテクストが常に議論、解釈、批判の焦点となることで、脈々と続く対話と再考を生み出しているためである。台湾の学術研究の過去数十年の飛躍的な進歩は、伝統との別れをその出発点としているが、依然としてその影響が続いていることも承知している。本叢書の執筆者たちは、こうした枠組みと状況を自覚しつつ、新たな見解を打ち出そうと試みている。各巻は、古典から現代まで、中国から台湾といった議論だけでなく人文上のカノンの転換、文化という場の変遷、政治的信念や道徳的信条および美学上の技法の取捨に至るまで考察を行っている。そして最も重要なのは、認識論的に、知識と権力、真理と虚構に対して思考と議論を続けていることである。

「台湾学術文化研究叢書」の構想、立案、そして訳書の選定は四人の編集委員（王徳威、黄進興、洪郁如、黄英哲）の議論を通じて行われた。この叢書の出版に関わっている専門家や学者はいずれも台湾の学術界で大きな業績を有している。彼らはそれぞれのテーマについて、新たな解釈を提起しており、彼ら自身のそうした研究態度と方法こそ、多年に及ぶ台湾の人文教育の成果を端的に示すものだといえる。最後に、この出版を引き受けてくださった東方書店に御礼申し上げる。

◉日本語版序

博士課程の学生だったころ、私は日中の近代化の過程と明治維新——中国でいえば「同治の中興」に相当——の成功の原因とその成果について系統的に学び始めた。

さらに博士論文を執筆していた時には、指導教授であるフィリップ・キューン（孔復礼）教授から日本の影響を考慮に入れるようにアドバイスされた。その後、私は探し当てた資料を読み込む過程で、私の研究の中で重要な地位を占める上海の「新舞台」が、日本からの影響を受け、日本に啓発されたものであったことを知った。上海の「新舞台」を創設した夏月潤は一九〇七年に東京を訪れており、著名な歌舞伎役者である二代目市川左団次を訪問している。左団次との面会は、翌年、夏月潤が建設した中国初の新式舞台に極めて大きな影響を与えたのである。

さらに、今から十年ほど前、私は早稲田大学の坪内逍遥記念館を訪問し、そこで日本の古典劇や劇場、明治時期の改革についてより多くの知識を得た。それから私は、少しずつ学位論文を加筆修正する過程で、田仲一成教授の『中国演劇史』を読み込んだ。私の英文の研究書 *Opera, Society and Politics in Modern China*（Harvard University Asia Center, 2018）の構成や立論は、これに大きな啓発を受けている。

右の研究書は、明清の戯曲の上演についてかなりの紙幅を費やしてはいるが、メインテーマはあくまで二十世紀の戯曲改革運動である。近代に入ってからの中国が各分野で日本の影響を受けているのはよく知られていることではある。しかし、この本の「主役」である上海の「新舞台」が、江戸時代の歌舞伎と軌を接し、さらに明治維新の時期の演劇改良の影響を受けていたという事実は私の予想を超えることだった。

一方本書に収録した論文「桃花の扇もて南朝を送る」は、亡国の恨みにとどまらぬ哀しくもロマンチックな恋愛と、河の流れのように止まることを知らぬ欲望を扱ったものだが、私は大木康教授の『中国遊里空間——明清秦淮妓女の世界』によって、この秦淮河の流れと旧院の風情が、時空の垣根を越えて江戸の花柳文学に大きな影響を与えていたことを知った。これは私にとってさらなる驚きであった。

一九〇八年に創設された「新舞台」は、耳目の快楽を追求する近代的娯楽と神妙な社会教化の使命を結合させたものであり、このことはそれ以後の二十世紀の中国の戯曲と政治の密接な結びつきの重要な先駆けとなった。

本書に収めた論文は、基本的に明清時期の士大夫文化と十八世紀の一般の民衆の情欲世界を扱ったものであり、最後の一篇のみは近代上海の三千大千世界に分け入ったものである。

私は、この日本語版の序文を借りて再度、次のことを強調しておきたい。明代晩期の南京から近代の上海に至るまで、江戸／東京こそは文化交流の拠点であった。異なる時代、異なる地域、異なる文化パターンが、さまざまなルートを通じて絶妙に出会い、それぞれの文化に新しい様相をもたらしていたのである。

さて、物を書く者にとって、自分の著作が別の国の言語に翻訳されるのは、最大の喜びであり、栄誉である。まして日本の学術に多大な影響を受け、日本の伝統文化や近代都市を愛する身としては、喜びも一入である。

本書の日文版を世に問うことができたのは、台湾と日本の学界の多くの友人の協力のおかげである。まずは王徳威教授と中央研究院の黄進興副院長の企画に感謝したい。黄英哲教授は一九八二年に私が中央研究院近代史研究所に入ったときの第一世代の革命戦士の戦友仲間である。このたび彼のひとかたならぬ尽力により、私はよき翻訳者グループに恵まれた。士大夫文化をテーマとする本書が、千年の古都で綺麗に磨かれて、このたび面目を一新して世に出ることになったことをうれしく思っている。

近代の白話の雑誌から明清士大夫の世界に足を踏み入れたばかりのころ、私は全く異なる時代の、全く異なる文化の奥座敷になかなか入り込むことができずにいた。士大夫の精緻で意味深淵な典故が散りばめられた文辞が障壁となって、私という入門者の前に立ちはだかったのである。この経験から私は、本書の翻訳を担当した奈良女子大学文学部の野村鮎子教授と彼女が率いる中国文学を専攻するメンバーも、一般的な翻訳以上の困難に直面したに違いないと想像する。この場を借りて、彼女たちに心からのお礼を申し上げたい。

李 孝悌

目次

◉序

本書に収録したのは、過去五、六年間に発表、あるいは書き上げた論文である。そのうち「明清文化史研究の新課題」は研究回顧の類に属するものである。「上海の近代都市文化の中の伝統と近代」と「十八世紀の中国社会における情欲と身体」の二篇は都市と農村の一般民衆を主体としているが、そのほかの六編はみな上層階級の士大夫文化に研究の重点を置いたものである。かつての私の研究を含めて考えると、近代から伝統へ、群衆から士大夫へ、大衆文化から精緻な文化へと移った軌跡がはっきり見て取れる。

こうした変転にも一定の脈絡は存在した。ただし、「十八世紀の中国社会における情欲と身体」を除いてはである。一九八五年、ハーバード大学で学びはじめたころ、私はフィリップ・キューン（Philip Kuhn、中文名：孔復礼）教授のもとで清代の檔案および民衆叛乱の資料を系統的に読みつつ、もう一方では学期のレポート提出のため、燕京図書館の書架の間を往き来し、レポートの題材になりそうな資料はないかとあれこれ拾い読みしていた。これといった目標もなく物色しているうちに、私は『白雪遺音』や『霓裳続譜』の素朴な情歌と少女の大胆さ、情熱的な密通の場面に出会い、それに引き付けられた。そしてこれをテーマにしたレポートが私の初めての英文レポートになった。五四時期の研究者が高く評価したこれらの俗文学資料は、民衆叛乱の檔案資料以外に、私が民衆の世界に入るもう一つのステップとなった。その後、十数年間の研究上の私の関心は、こうした民衆／社会から派生した民衆／文化史の範疇に集中することになった。

私の民衆文化に対する関心は、ある意味では私が当時受けていた社会史の教育と大きな関わりがある。それは同じように下層社会や一般の人々を主たる研究対象としており、政治、外交、思想史といった上層社会あるいは統治者層を主体とする研究とはまったく異なるものだった。私は後になって徐々に理解するようになったのだが、私の最初の「カルチュラル」ターンは、実際には認識論でも方法論においても、社会史とはかけ離れたものだった。

十八世紀（および十九世紀初頭）の情歌から始まったこの民衆文化に対する関心は、十数年続き、その間に執筆した長編の論文を経て、本書に収録したもう一つの論文「上海の近代都市文化の中の伝統と近代」まで続いた。その間の、十八世紀の情歌や檔案の中の供述書、義和団の乱の民衆の宗教的イマジネーション、もしくは『五部六冊』の中の「真に家郷を空しくし、父母より出づる無し」（羅教の真訣で、現実の故郷や父母など地縁血縁を否定するもの）という中心概念についての反復や演繹は、いずれも人の心を動かすストレートな言葉、情感、思想、豊かな想像力を有しており、私はそれに震撼した。その驚きは、組織や構造の角度から中国の農村社会を分析した社会史学者の研究を読んだ時の感覚にも匹敵するものだった。

しかし、一方で農村や民衆の中での逗留も長くなったため、また一方では博士論文である『近代中国的戯曲――社会与政治』を執筆していた際に、海派文化（近代上海の文化）が形成される以前は揚州文化が重要な位置を占めていたことや、梁啓超が『桃花扇』を高く評価していたことを知り、研究の重点を近代や民衆から伝統や都市、士大夫の文化へと移すことに決めた。「上海の近代都市文化の中の伝統と近代」を執筆していた時には、私は今は亡き思想家のベンジャミン・シュウォルツ（Benjamin Schwartz、中文名・史華慈）教授の「伝統」と「近代」の概念に多大な啓発を受けていた。今から見ると、この論文は私の研究をウエスタン・インパクトに食傷ぎみだった近代中国から、文化パターンが全く異なる伝統世界へ移行させるのに、すこぶる象徴的意義をもつものだった。

本論文集の中の鄭板橋、袁枚、王士禛をテーマとした三篇の論文は、すべて十七、十八世紀の揚州を舞台としており、上層士大夫の雅趣溢れる生活の、その細部についての研究である。王士禛の論文を執筆していた時、私は冒襄のような明末清初の多くの士大夫にとって、明末の金陵こそが回顧と歓楽の水源地であったことについて理解を深めた。そこで私は戦いの場を二十世紀の上海から十七、十八世紀の揚州へと移し、冒襄の水絵園があった揚州府を経てさらに明末の南京へと遡らせた。

清代の揚州から明末の南京への私の転向には、王士禛と交友があった冒襄が重要な役割を果たしていることは確かである。ただもう一方では、最初に『桃花扇』に対する梁啓超の評価を通じて劇文を細読し始めた時から、将来、機会があればこの劇のプロットと言葉を論文の中に書き込みたいと思い続けていたこともある。研究が南京に移ったことで、私はついに長年の宿願を果たすことができた。「桃花の扇もて南朝を送る」は、明清の南京をテーマとする別の新しい研究プロジェクトがきっかけで執筆したものだ。ただ私は梁啓超という伝統と近代を融合させた歴史学の大家による紹介や注解を通じて『桃花扇』の世界に入ったのだが、その一方で冒襄による明末金陵の繁華な歳月への追憶が実際にあまりにも強烈かつ鮮明であったため、好奇心に火がつき、ひとたび南京に足を入れるや収まりがつかなくなったという事情もある。この論文を本書に収録したことは、伝統と近代の対照、水絵園が明末の金陵の世界を敷衍したこと、あるいは『桃花扇』と冒襄の関係から言っても、それほど唐突なことではないはずだ。私にとっては、二十世紀の上海から十七世紀の中国の都市に入る長い道のりの中で探しあてた休憩地であり、またそこには多少なりとも先人を偲び、慰める意味合いもあった。

しかし、用いた題材が近代上海の都市の読み物であれ、十八世紀の都市や農村に流伝した情歌であれ、また明清士大夫の詩詞や戯曲であれ、これらの論文には共通するテーマがある。それは逸楽である。私は論文の中で、思想史や文化史上の逸楽生活の意義について、かなり詳しく検討している。ここで強調しておきたいのは、耳目の愉しみは財力と時間のある統治階級あるいは上層社会（皇室や官員、士大夫および商人を含む）ではかなり目立つ位置を占めていたが、淮水の北側、山東の西北、山東の西南あるいは四川と楚〔湖北湖南〕の境界のように、土地が痩せ叛乱が頻発するような地域の下層民は、衣食を満たすのが精一杯であり、物質や感覚面での享楽は、到底手の届かぬものであったことである。しかし、西洋の中国社会史研究者による優れた研究があるこうした地域から離れ、研究の焦点を十六、十七世紀の江南や華北、長江の中、下流域あるいは広東珠江の三角州の町や村に移すならば、我々は民衆の日常生活の全く異なる光景を目にすることになる。

このような脈絡の中で見ていくと、私の十八世紀中国社会の情欲と士大夫の逸楽についての研究は、中国人の日常生活の中身を見直す際の参考にもなろう。私は最近、大陸の学者董新林が書いた『墓葬——歴代帝王及百姓死後的家』を眺めていて、大量の墓葬の図像に宴会図や楽曲を演奏する散楽図が繰り返し登場することに驚いた。墓葬の装飾は五代を頂点とし、明代以後は少なくなる。我々の明清時期の民衆に対する賑やかな日常生活のイメージは、通常、『南都繁会図』や『上元灯彩図』などの絵画資料から得たものである。死後であろうが現世の生活であろうが、それに触発されて描かれた画像資料には、みな「表象」という問題があり、また、該書の中のさまざまな墓葬図像が示す意味を解釈する際には、時代や地域、民族、階級といった要素を考慮に入れる必要もある。しかし、私が不思議で仕方ないのは、あるいは興奮してやまないのは、物質的生活が充実していた十六、十七世紀以外でも、「死」を契機とする芸術において、逸楽、宴会、戯曲がかくも目立つ地位にあったということである。これらの壁画の被葬者の多くは統治階級であるが、一般民衆も少なくはない。

宋代の墓葬壁画の中でよく見られる題材は「開芳宴」である。このことは北宋時代の平民の日常生活では享楽が重んじられていたことを示している。このほか、単独の散楽図や被葬者が夫婦で向かい合った宴席図という題材も多い(1)。

現世の生活に恋々とするあまり、日々の暮らしの中の最も良き場面を選んで死後の世界を飾ったということなのかもしれない。「逸楽」はどうやら、確かに私が最近夢中になっている「文化の図式（cultural schema）」の主軸のラインらしいのだ。

　墓室の壁画の中で逸楽と宗教が重要な一角を占めているように、この俗世の生活についての私の研究では、逸楽と同じく宗教も重要なテーマである。この宗教という題材は、近代化された上海で魑魅魍魎や田舎じみた物語の雰囲気を作り出したのみならず、笛や太鼓が絶えず、「朝に花非（あらざ）るは無く、夕に月ならざるは靡（な）き」水絵園の戯曲の旋律のように、伝統的士大夫の日常生活にまとわりついていたものだ。さらに袁枚の『子不語』の中の虚実ないまぜになった怪異物語や王士禛の自らの一族の起源や盛衰についての不可思議なお告げは、明清士大夫における宗教の位置づけについて考え直すことを私たちに迫るものだ。これまでの思想史研究者の宋明理学についての分析、あるいは社会史の研究者が打ち立てた「士紳社会」のモデルは、いずれも中国士大夫文化の内容や骨格を理解する上での根本ではある。私は研究を民衆から再び士紳階層に戻した際に、これとは異なる視点を用いたが、私にとって冒襄が残した資料は恰好の素材であった。「儒生冒襄の宗教生活」の冒頭で述べたように、「さらに興味深いのは、まさに現世の儒生という役割を忠実に演じると同時に、冒襄が驚くほど細かいところまで、超現実的な宗教的信仰への狂乱ぶりを展開していることである。冒襄の儒家としての道徳的信念、士紳としての現実的関心、超自然的神秘信仰、五感の快楽を刺激する山水と園林、飲食、男女、戯曲のどれもが一緒になって彼の生活の全体像を構成していたのである」。もしも私たちの文化史研究が思想史や社会史の学術モデルの下で、それとは異なる貢献をすることができるとすれば、逸楽にふけることに対する我々の後ろめたさをいささか払拭できるかも知れない。

　本書の三番目のテーマは都市である。上海から揚州、南京に至るまで、都市は民衆のレクリエーションや娯楽、それに士大夫の精緻な趣味に欠くべからざる舞台を提供した。「十八世紀の中国社会における情欲と身体」の中心はその多くが各地から収集してきたものであるが、「田舎じみて猥褻」な、「あちこちの巷の婦女」や「村の婆さんや娼妓」らの口から出た情歌の小唄は、歌本の刊行や販売にせよ、茶館や戯園での上演にせよ、あるいは「馬頭調」のように都市や村の埠頭や宿場を経て流布した民間の小唄にせよ、いずれも都市と密接な関係があった。冒襄の水絵園があった揚州府の如皋県は、北京、南京、揚州、蘇州といった全国規模の都市とは比べものにならない。しかし、冒襄本人が南京や揚州と密接な関係をもっていたことは、上層の士大夫が県城ないし村落において、どのように大都市の生活体験と文化形態をコピーしていたのかについて再考する機会を与えてくれる。

私の文化史への興味は、一九八五年に提出した最初の学術レポートにすでにその一端が現れているが、基層社会や民衆叛乱などについての社会史の課題が頭から離れたことはなかった。ハーバード大学、あるいはその他のアメリカの大学で「清代檔案」を学んだ多くの学生にとって、鍾人杰の叛乱事件はおそらく清代の中国社会を理解するための主要な拠り所であろう。道光二十一年（一八四一）、湖北武昌府の崇陽県にて罪を得て罷免された秀才の鍾人杰は、田賦の利権をめぐって県の役所の胥吏憑生と仲違いし、ついに民衆を集めて叛乱を起こし、県城を攻めて県令を殺した。さらに彼は「庫獄を襲い、倉の粟を散じ、のぼりや武器を作り」、自ら元帥となって、公然と叛乱を起こした。ちょうどアヘン戦争に苦しんでいた清朝政府は、大軍を動かしやっとのことで山の中で起こった内乱を平定した。

清の宮廷の奏摺や叛乱者の供述書、著名な士紳／学者の墓誌銘、当地の見方が反映された筆記小説などの資料によって、私たちはクリフォード・ギアツ（Clifford Geertz）がいうところの「厚い記述」の意味を体感する。こうした幾層も織り重なった細かい資料によって、それまでよくわからなかった中国の地方社会に入り込み、その複雑な権力の生態について把握することができるのだ。そしてさらに、この深くかつ広範な個別の案件に分け入ることで中国社会を動かすモデルを推し量ることもできる。言い換えれば、この小さな事件を参考として、中国の地方社会に繰り返し出現する主軸とその要素を探ることが可能になるのだ。

鍾人杰の叛乱事件は、私が冒襄などの論文を執筆している時、あたかも水絵園にまとわりつく戯曲の旋律のように、折につけ私の脳裏をよぎった。もしも鍾人杰の叛乱事件が、小から大を窺い、中国社会を理解する重要な立脚点になりうるのだとしたら、王士禛による八首の水絵園での修禊詩、冒襄の儒生／文人／地方士紳／風流名士としての複雑な面、および彼の驚くべき宗教遍歴や水絵園におけるさまざまなエピソードも、中国士大夫文化を理解するうえでの糸口や参考になりうるのではなかろうか。

先にも述べ、論文の中でも論じたことだが、西洋の文化史の発展は、かなりの部分、社会史に対して起こされた旗幟鮮明な反抗によるものであった。リン・ハント（Lynn Hunt）が一九八九年に中心となって編纂出版した論文集 *The New Cultural History* は、あっという間に、社会史が十数年前にようやく手に入れた覇権的地位を簒奪する勢いをもった[(2)]。しかし、十年後、ビクトリア・ボーネル（Victoria Bonnell）とリン・ハントが新しい文化史の方向を再検討した時には、すでに急進的な文化史の研究者やポストモダン主義者が社会史の課題と前提と完全に抹殺しようとしていることに不安を感じるようになっていた。「社会の役割あるいは意義には問題もあるかもしれない、……しかし、それがない生活というのは不可能だと証明されている」[(3)]。社会史のさまざまな理論設定や前提に対しては、新しい世代の文化史研究者やポストモダン主義者によって検討され疑問が投げかけられてはいたが、社会史の研究者が提起した重要な課題や蓄積された豊富な研究成果は、文化史の研究者にとって真剣に向かい合わねばならない資源でもある。

社会史の研究者が残した学術資源についてどのように向き合いそれを利用するのかについては、計量史や社会史の出身で、積極的に「カルチュラル・ターン」に参加し、リン・ハントと同様に文化史の方向性を振り返ったウィリアム・シューウェル（William Sewell）が *Logics of History* という本の中で詳しく解き明かしている。ウィリアム・シューウェルにとって、社会史や社会科学、人類学の過去数十年の蓄積の中でとりわけ重要な課題の一つが、

「構造（structure）」である。構造にはさまざまな次元と属性があり得るが、シューウェルが最も関心を示すのは、規則や資源、図式（schemas）としての構造が内包する意義と限界である。

過去二十数年間に読んだアメリカの中国社会史の論著で、私が最も啓発されたのは民衆叛乱や基層組織、社会構造、非人格的要素などのテーマ研究である。シューウェルの論によって、私はこうした研究をより広い西洋の学術史の発展の中に置いて考えられるようになった。さらに構造的な分析は、感覚的に軽薄短小とされる――こうした感覚の大半は真剣な省察を経ていない先入観や誤解ではあるが――文化史研究にとって極めて大きな助けになることもはっきり分かった。上海という近代都市文化の中の田舎のイメージ、民衆の心性、十八世紀の女性の感情世界についての私の探求は、まさに文化の図式あるいは心の構造という範疇に繰り入れることができよう。我々の明清士大夫文化あるいは都市文化史の研究は、つねに宋代史やその他の時代の研究者からの「それは昔からあった」式の批判にさらされているのだが、そうした際、シューウェルの分析の枠組みはとりわけ意味をもつように思われる。我々のこれまでの数年間の文化史研究は、ディテールや個別の例の積み重ねだったし、それは新しい領域にとっては前置きや基礎固めの役割を果たすはずだ。こうしたディテールや個別の例はもちろん一つの特殊な時代を反映しているにすぎないが、テーマは繰り返し出現する可能性が高い。こうした研究を特殊な時空あるいは文化の図式の中でいかに考えていくかは、努力の価値があることかもしれない。

十六世紀初頭からの商品経済の発展は、哲学思想、社会秩序、社会の気風、日常生活など各方面に大きなインパクトを与えた。農村から町、江南から華北、庶民から上層士大夫に至るまで、生活の豊かさは衣食住行や宗教、逸楽面で大きな変化をもたらした。儒家の道徳理念を堅守する士紳にとって、それは礼楽が崩壊する末世への変転であった。浙江の嘉興青鎮（現在、古鎮として有名な烏鎮）に生まれ、清廉潔白な官僚として知られる李楽は、明の穆宗の隆慶二年（一五六八）に進士となり、万暦の初めに官を引退して帰郷したのだが、帰郷の際、彼が目睹したのは様変わりした各地および彼の故郷であった。彼が作った絶句「昨日城郭に至り、帰り来たりて涙襟(えり)に満つ、遍身女衣の者、尽く是れ読書人なり〔昨日町に行き、帰って来て涙に暮れた。読書人がことごとく女物のような衣を身につけていたので〕」は、顚倒した世界と、都市に代表される現実世界と道学家の理念の間の埋めがたい大きな溝とを端的に描き出している。(4)

本書が扱うテーマの、都市、逸楽、情欲、または怪力乱神の宗教的イマジネーションや宗教実践は、かの李楽が失われることを惜しんだ礼教世界とはまさに対極に位置するとみなせよう。しかし、ここにもう一つの人間世界の楽土として新たな領域が分け与えられるならば、富裕と貧窮、都市と農村、情欲と礼教、奢侈と質朴、逸楽と叛乱、宗教と理性といった命題の下に、中国の文化と社会を再検討することが可能になる。

二十世紀の上海にせよ、十八世紀の揚州あるいは十七世紀の南京にせよ、我々は時空の壁を超えて、余懐が回顧の中で「欲界の仙都、昇平の楽国」〔本書第二章五九頁参照〕を築いたのと同じように、都市に対するイメージを膨らませることができる。それらの繁華はすべて過ぎ去った昔日のものでしかないのだが。

本書は簡体字版が上海で出版され、原名を『恋恋紅塵』という。林載爵氏のご厚意により繁体字にして台北で発行することになった。その際、全書の内容を大幅に拡充したため、林氏のご意見に従い新しい書名で本書を世に問うことにした。張雅芳女史、陳昶氏、馮卓健氏に感謝したい。特に鄭坤騰氏には本書の原稿と図版の整理にお力添えをいただいた。

（野村鮎子 訳）

【注】

（1）董新林『墓葬――歴代帝王及百姓死後的家』、五南図書公司、二〇〇七、一八〇頁。

（2）William H. Sewell Jr., *Logics of History: Social Theory and Social Transformation*（The University of Chicago Press, 2005）, pp.48-49.

（3）Victoria Bonnell, Lynn Hunt, eds., *Beyond the Cultural Turn: New Directions in the Study of Society and Culture*（Berkely and Los Angeles: University of California Press, 1999）および注（2）のp.79を参照。

（4）李楽自身の言によれば、この詩は唐代の古詩――原詩の意味は大きく違うが―をもじったものだという。「唐人の詩には世の風教に関係する者があり、痛切なる民衆の苦しみを詠じたものとして、『昨日城郭に到り、帰り来たりて涙襟に淌る、遍身綺羅の者、是れ養蚕の人にあらず』に勝るものはない。……二十年来、江南地方の大学生や読書人で、家に財力があるものは、みな女性が着るような赤や紫の服を着て、外に下着を羽織っている」（李楽『見聞雑記』巻一〇）。実際、李楽は他の条でも「平凡を嫌がり新しいものを追いかけ、質素を捨てて派手に向かうのは、天下で一番良くないことである。富貴の家でもけしからぬのに、まして長年賤しい仕事に携わり、木綿を着て野菜にしかありつけないような者はなおさらである。わが郷里の二三百里内では、丁酉から丁未までの間（一五三七～一五四七）、若い者はみなシルクやちぢみ、薄絹などを身に着け、その色はまるで女物のようだ。私はこれを見るたびに仰天し、世の乱れの象徴だと嘆いている」（同上）という。

◉第一章　明清文化史研究の新課題

一、新しい文化史

アメリカの歴史学界において、「新しい文化史」が一つの新しい領域の学問分野となったのは、一九八〇年代からである。一九八四年には、ビクトリア・ボーネル（Victoria Bonnell）やリン・ハント（Lynn Hunt）をはじめとする歴史学者たちが、カリフォルニア大学出版社の要請に応じて、「社会と文化史の研究」と名付けた叢書を出版した。編者はこの叢書の序文の中で研究テーマについておおまかな定義を行い、この叢書の研究範囲を「心性、イデオロギー、象徴、儀式、上層文化、通俗文化の研究で、かつ社会科学、人文科学と結合した学際的研究」を含むとした[1]。この叢書が「社会と文化」と名付けられた理由の一つは、後に文化史の研究で名を成すこれらの研究者たちの大半が、もともと社会史あるいは歴史社会学の教育を受けていたことにある。――こうした傾向は社会史の研究が一九七〇年代までアメリカの歴史学界で重要な地位を占めていたことを反映している。

しかし、七〇年代にクリフォード・ギアツ（Clifford Geertz）やピエール・ブルデュー（Pierre Bourdieu）及びミシェル・フーコー（Michel Foucault）らの著作が出るにつれて、次第に歴史学、人類学、社会学や文学批評などの分野で大きな影響を及ぼすことになる「カルチュラル・ターン（文化論的転換）」が醸成され、八〇年代からは文化史の研究がアメリカの歴史学研究の花形になった[2]。

八〇年代から旗幟鮮明になってきた「新しい文化史」には、それが受け継いだ社会史と同様に、きわめて強固な理論設定があった。一九五〇年代に勃興した社会史は、マルクス主義歴史学やアナール学派の影響の下で、伝統的に少数の政治家や政治制度の研究に偏ってきたことを批判し、研究の重点を下層の群衆やいわゆる全体史や長期的に持続する構造に移し、そうすることによってのみようやく社会の真実をとらえることができるのだとした。[3] しかし、新世代の文化史の研究者たちは、こうした先験的、客観的な真実というものを信じず、これまでの社会史や経済史、人口史学が科学的解釈（explanation）を立てることを最終目的としてきた基本的立場にも反対した。フーコーとポストモダニズムの影響により、文化史の研究者は、いわゆる真実とは実はそれぞれの時代に共有されていた言説（ディスコース）の影響を深く受けているのだと主張した。さらにギアツの影響で、意味を求めることと解釈することこそが、文化史研究者の第一義の仕事となった。[4]

客観的、先験的な実存が私たちに発見されるまでどこかでじっと待っているとは信じないことで、言説（discourse）、ナラティブ、表象などの概念は、新文化史研究の中でも重要な方法論上の問題となった。さらに、科学の法則や普遍的なカテゴリーによって歴史の真理を発見できるとは信じないことで、文化史の研究者は文化、族群、人物、時空の差異性あるいは特異性に対してより多くの関心を抱くようになった。かなりの数の著名な歴史学者がこれまでの長期的趨勢あるいは大きな歴史図像のような研究を捨て、個別の地域、小さな村落、あるいは特定の個人の歴史を細緻に描写し始めた。エマニュエル・ル・ロワ・ラデュリ（Emmanuel Le Roy Ladurie）とナタリ・ディヴィス（Natalie Davis）はその最も代表的な例である。[5]

文化史の研究者は、科学の法則あるいは普遍的なカテゴリーというものに不満を抱き、またポストモダニズムや文学批評から啓発された理論に対しても細緻で深淵な思弁を有してはいたのだが、実証研究に従事する際には、しばしばテーマの選択について批判を受けた。フランス革命の権威であるフランソワ・フュレ（Francois Furet）は、アナール派の心性史研究は焦点がぼやけていること、また明確な定義がないために研究者たちはただ流行に乗って新しいテーマを探し続けているにすぎないとこれを指弾した。ロバート・ダーントン（Robert Darnton）のように著名な文化史研究者でも、フランスの文化史研究者は心性史の領域で首尾一貫した概念を打ち立てることができていないと批判している(6)。このような批判が正しいかどうかはさておき、文化史研究の目的が何なのかについては、各地域の学者が直面せねばならぬ問題になっているようだ。

二、台湾の文化史研究

台湾の文化史研究はおおむね一九九〇年代に芽生えた。そこにはアナール派やマルクス主義やポストモダン思想の影響は見られるものの、初期の段階では、表象やナラティブなどの概念についての理論という意味合いであって、上述した西洋の歴史学者のような深い反省に基づいたものではなく、歴史社会学とも縁遠いものだった。また、台湾の文化史研究者は、西洋の歴史学者が社会史の理論設定を十分に理解してそこから強烈な批判を生みだしたのとは異なり、社会史研究を対立的な領域とはみなさず、そこから推し進めて、新しい文化史の理論の枠組みと課題を打ち立てたのである。台湾の新しい文化史研究は実のところ社会史研究の延長線上にあったといってもよい。

この新しい文化史研究は、最初は通俗／大衆文化の研究から出発し、その後、専門グループが「物質文化」をテーマとする研究を進めてきた。ここ三年は、中央研究院が後押ししているプロジェクト研究「明清の社会と生活」に国内外の歴史学者や芸術史の研究者、文学史の研究者が結集し、中国近世の都市、日常生活、明清の江南などをテーマとしてグループ研究を継続的に進めており、相当な成果を積み上げている。文化史の研究は今や一大ブームと言ってよく、新しい研究の副分野としても形を成してきた。

通俗文化の研究の中では、民間宗教はかなり重要なテーマであり、ここには社会史研究の影響がはっきり見て取れる。葬礼や三姑六婆〔尼僧、女性道士、占い女を三姑、口入屋、仲人、呪符売り、遣り手婆、薬売り、産婆を六婆といい、下層女性の職業〕といったこれまで物の数に入れられなかった下層階級の人物も、一転して大学での研究の対象となった。さらに研究者は戯曲、画報、広告などの資料から都市の大衆の生活や心性や娯楽などの課題について探求し、文化史的な色彩は日増しに顕著になっている。私自身も何人かの研究者とともに戯曲、流行歌、文学作品、通俗読物、官能小説などの資料を使って、士大夫や一般民衆、婦女の感情、情欲、性愛などの官能の領域について、これまでの研究尺度を越えた探索を行っている。さらにまた、通俗読物と密切な関係にある明清の出版市場、および通俗読物の中で重要な役割を演じている図像などの課題も、芸術史の学者や歴史学者から注目されている。

物質文化の研究は、すでに議題には挙げられているが、研究の深化が待たれるテーマである。この分野では、中古時期の椅子、茶／湯および明清時期に流行した服飾や駕籠といった取るに足らぬちっぽけな物についての研究が、人の耳目を一新させた。こうした服飾や移動のための道具に関する研究は、実のところ両岸の学者による、十六世紀初頭以降の商品経済の勃興がもたらした社会の気風や物質生活の変化についての大量の研究と密接に関わっている。

「明清の社会と生活」というプロジェクト研究計画を提出した時には、フェルナン・ブローデル（Fernand Braudel）の日常生活についての研究やいわゆる「全体史（トータル・ヒストリー）」概念の影響をいくらか受けて、我々の明清社会研究についての過去の研究にはまだ多くの補完が必要なところがあると思っていた。しかし、我々に西洋の新しい文化史研究やその他の理論の背景についてそれほど深い理解があったわけではなく、リン・ハントらが「社会と文化史の研究」という名で十数年にわたって共同研究を行い、一連の叢書を出版していることも全く知らなかった。計画書を提出した時、我々はみなこれまでの厳粛なる学術研究の対象としては取り上げられてこなかった課題について研究を進めたいと望んではいたが、検討する課題について細かな制限を設けたり、緊密で集約的な理論の枠組みを設けたりはしなかった。

それは研究グループのそれぞれのメンバー自身の専門や興味を尊重する必要があったためでもあり、また一方では生活や都市の歴史自体が非常にバラエティに富んでおり、ディテールについての理解を深める前に、過度な集中や狭隘な視野によって研究の発展の可能性を制限するべきではないと考えたからでもある。

このような認識の下、私たちはこれまでの三年間、食、衣、住、行、娯楽、旅行、祝祭、欲望、賞味、文物、道路、建築などの課題について広汎な探索を行った。こうした実証的な研究は、多くの新鮮で面白い視野をもたらし、我々の明清文化についての理解を豊かで多元的なものにしてくれただけではなく、解釈の枠組みを打ち立てることもできたし、さらに新たな視点で史料を扱うことの手助けにもなった。

私は本論で、こうした研究の中のいくつかの重要課題について、より詳しい紹介と分析を行う。それには、逸楽のもつ価値、宗教と士人の生活、士庶文化の再検討、都市生活の表象、商人の文化と生活、ミクロの歴史、および伝統と近代などの課題が含まれる。

三、明清文化史研究の新課題

1．一種の価値としての逸楽

私は「士大夫の逸楽――揚州時代（一六六〇～一六六五）の王士禛」〔本書第五章所収〕において、逸楽を学術研究のテーマとしたことについて以下のように述べている。

私たちはこれまで思想史や学術史、あるいは政治史の角度から大きな影響力を有した人物について検討するのに慣れてしまい、こうした人物の生活のディテールが、士大夫の文化を形作るうえで重要な役割を果たしていることをおろそかにしてきたようだ。その結果として、私たちがこれまで見ていたのは、いつも厳めしく堅苦しい、あるいは冷たく味わいに欠ける上層の文化だった。都市や園林、山水を欠き、宗教的イマジネーションや詩酒への狂乱を欠いたままでは、私たちの明清の士大夫文化論は、必ずや元々もっていた血脈や精髄、声や色彩を失ってしまうであろう。(7)

このような見方は、決して私一人の偶発的な意見ではなく、長い間、台湾の歴史学研究の環境になじんだ者に必然的に生まれる反省や反応である。事実、我々プロジェクトグループのメンバーはそれぞれのテーマで切り込み、お上の政治社会秩序あるいは儒家の価値規範以外に、中国社会には実に多くの異なる要素が存在しており、それらは我々の文化の伝統に対する理解をずっと豊かなものにしてくれるということを示してくれた。

陳熙遠の「中国夜未眠——明清時期的元宵、夜禁与狂歓(8)」は、ミハイル・バフチン(Mikhail Bakhtin)のカーニバル理論の概念を利用して、中国の元宵節の歴史と意義について深く分析を行った。お上にはもともと「州官のみに灯りを点すことを許し、一般庶民には許さない」という祝祭日に関しての規範的理念と原則があったのだが、実践の過程で民衆はさまざまな規範を逸脱し、元宵節は単に明清時期の重要な娯楽や祝祭であっただけでなく、日常の秩序を転覆させるような狂歓のカーニバルとなっていた。

庶民は「不夜城」の中、「点灯」の名目で、あるいは「観灯」のついでに、さまざまな「儀式」と「掟」を飛び越え、日常生活に設けられている規律的で慣性的な時空秩序——昼夜の差、町と村の差、男女の区別から貴賤の別までを転覆させた。礼教の規範と法律の秩序に対する挑戦と嘲笑は、まさに元宵という民間習俗のさまざまな遊びの主軸であった。……明清時期に発展して定着した「走百病」〔厄災いを払うために女性が連れ立って郊外まで練り歩くこと〕の言説によって、女性は町でも村でも自由に通りを歩き、祭りの市を冷やかすことができ、さらには文廟でたむろしたり、役所を覗いたりもした。女性たちは、時間や空間、そして性別の境界を突破することで、元宵節の狂歓のカーニバルの中でもとりわけ目を引く主役になった(9)。

元宵節はたしかに民衆――特に女性にとって、悦びと解放をもたらすものであったが、決して唯一のものではなかった。廟の縁日や祭礼日も同様に民衆の日常生活の息抜きであり、労役からのしばしの解放であった。巫仁恕の江南の東岳神信仰についての研究では、明清時代、江南の各地では都市であれ村であれ、どこでも毎年三月二十八日の「東岳神誕会」を盛大に祝った。それは「金陵の町は春になると東岳廟や都天廟の縁日が立つ」、「みな町中を練り歩き、朝早く出て夜にしか帰らない。旗さしものも鮮やかに、笛や太鼓の音がどんちゃんと入り混じる」、「無錫の田舎の男女はみな線香をもって東岳廟に行く。これを『坐夜』という。江陰では迎神賽会〔神を迎える会〕では、国中が狂ったような騒ぎになる」、「三月二十八日は、俗に東岳天斉聖帝の生誕日と伝えられる。村の行宮は全部で八カ所あるが、震沢村が最も賑やかだ。清明節前後の十日あまりの間、香をもってお参りする男女が道に溢れ、多くの屋形船が河をゆく。またこれに乗じて「茶果梨」などのおやつを売るものもあり、……子供が喜ぶようなものがあちこち出て市を成している(10)」。

このような祭りの縁日は、元宵節と同様に重要な娯楽の機能を発揮したが、一方ではまた同じく既存の秩序を転覆させる危険をはらんでいた。政治や社会の状況が不安定になれば、祭礼日の儀式や催しは民衆の叛乱や抗議活動のための資源を象徴的に提供する可能性が高かった(11)。

こうした定期的な祭日や廟の縁日のほか、明の中葉以後に広まった民衆の旅行もより多くの娯楽の機会を提供した。旅行の多くは民間信仰の中の廟の縁日や巡礼と関わりがあり、ある部分では商品経済の勃興と発展、および晩明の士大夫たちの旅行ブームの影響を受けたものともいえる。巫仁恕の研究によれば、晩明以後、都市経済の発展にともない、大都市近辺の多くの風景区は民衆が集う景勝地に変わり、北京、蘇州、杭州、南京などに近い名勝はどれも「都会の男女」が集まり、「国中が狂うがごとき」光景があった。年中行事の祭礼の時には、旅行の規模がさらに拡大した。[12] 逸楽は明らかに士大夫や民衆の生活の一環になっていたのである。

王鴻泰による遊侠についての検討は、生産に従事せず、逸楽をほしいままにする遊侠の風が、明末清初の士人文化の中で、いかに「経世済民（治世によって民を救うこと）」「内聖外王（内に聖人、外に王者の徳を兼備すること）」や科挙の試験を中心とする儒教的価値観以外の、もう一つの重要な人生選択や価値基準であったかを緻密に論じている。これらの士人は科挙での挫折により、徐々に儒家の基本的価値観――斉家、治国、治世といったものを放棄し、全く新しい人生哲学や生活実践を発展させた。侠に任せ、生産に従事せず、家を顧みず、財を軽んじて客をもてなし、遊楽や詩酒に存分にひたることがこうした人々の日常生活の主な中身になった。そして、都市はこうした遊侠生活を実践するのに最も適した舞台を提供したのである。[13]

経済や宗教といった要素以外、価値観の変化は、侠遊あるいは広義の逸楽活動にとってプラスの意味をもたらした。

侠遊活動は、個人にとっては一種の新しい人生観や人生の意義を構築する働きをしたが、社会文化全体にとっては、新しい社会の価値や生活の意義を創造する過程だったといえる。あるいは、より精確にいうならば、侠遊活動とは、個人が特定の社会活動やそれに応じた意味解釈を通じて、社会文化の局面で、意味と価値を創造する働きをした[14]。

私がこの節の表題を「一種の価値としての逸楽」としたのには、二つの意味がある。一つには、逸楽が我々の研究対象とする明清文化の重要な顔であることを示したものであり、もう一つは研究者自身に一種の価値観であり、分析の手法であり、視野であり、研究課題である「逸楽」の重要性に向き合ってもらいたいということがあった。この両者は相互につながっている。前段で紹介したいくつかの研究は、みな明清士大夫や民衆、婦女の生活において、逸楽が軽視すべからざる要素であり、さらには新しい人生観や価値体系をも生み出すことを示している。研究者がもしも伝統的な学術上の凝り固まった偏見や自身の信念に囚われ、内聖外王、経世済民あるいは感時憂国といった大きな言説以外に、一種の文化、社会現象、および史料の分析概念としての逸楽の重要性を正視しようとしないのならば、我々の明清の歴史全体あるいは伝統中国の文化に対する理解は不完全なものになるに違いない。

著名な思想史家スチュアート・ヒューズ（Stuart Hughes）は、一九五八年に出版した *Consciousness and society : the reorientation of European social thought 1890-1930* の冒頭で次のように言っている。「歴史家たちはいつでも『より高次の』ことがらについて書いてきているのだ。歴史家は気質的に、偉大な業績や高遠な思想の領域にひきつけられている。そしてその傾向は、新たに社会科学というものを学び知ったことによっても、決して大きな変化をこうむらなかったのである[15]」。この言葉は半世紀前に発せられた議論だが、現在からみても――特に我々が逸楽という軟弱で軽薄な、道徳的な意味でマイナスの観念を有するもののために学術上の一席を争おうとしている時には――なお参考となる価値をもつ。社会の主流イデオロギーとしての明清の儒家思想やヨーロッパ中世のキリスト教、十八世紀の啓蒙運動あるいは十九世紀末の実証主義は、個別の文明の実際の過程や研究者の言説の中で主導的な地位を占めており、いかなる懐疑も必要とされない。しかし、主流以外の、非主流、暗流、潜流、逆流をいかに発掘し、ないしはより多くの主流的言説を再構築するかについては、我々が向かい合うべき課題でもあるのだ。このようなコンテキストの下では、バフチンが行った堅苦しい中世のキリスト教世界におけるカーニバルの研究[16]、ピーター・ゲイ（Peter Gay）による啓蒙運動の中での哲学者の「感情と理性」等の議論についての弁析[17]、およびスチュアート・ヒューズの十九世紀末から二十世紀の初めにかけての実証主義の無意識の作用と「世紀末」思想についての言説[18]は、みな疑いようもなく我々が理学に加えて逸楽の価値を顕彰するのに極めて大きな啓発力を有している。

2. 宗教と士大夫の生活

我々の二〇〇一年から二〇〇三年までの三年間の研究計画では、宗教もまた注目に値する課題であった。西洋の「中国学（シノロジー）」界では過去二、三十年の間に、すでに民間宗教および宗教と民衆叛乱の間の関係についての研究が大量に生まれており、研究のモデルとなったものも少なくない。巫仁恕による江南の東岳神信仰についての研究は、縁日や祭日の催しにおけるユーモア、滑稽、競争といった娯楽の効能を指摘しただけでなく、民間信仰と都市の群衆の抗議活動の間の関係についても細緻に論じている。これまでの宗教に関わる研究の大半は焦点を農村に絞ったもので、都市の民変〔民衆暴動〕の研究は経済社会の側面に偏り、宗教が果たした役割は等閑視されていた。この点に関して、巫仁恕の東岳神信仰や城隍信仰についての研究が多くの新味を有していることは疑いをいれない。

巫仁恕が都市の群衆と暴力の観点から切り込んだのに対して、私は特に宗教が明清士大夫の生活の中で果たした役割を理解したいと思っている。私が士大夫を研究の重点として選択した理由は、ある部分では前述の逸楽観の場合と似ている。私の基本的な前提はこうである。イデオロギーとしての儒家思想あるいは理学は、明清士大夫の価値観と日常生活を形づくる重要な要素ではあるが、決して唯一の要素ではないということだ。これまでの研究は主流イデオロギーである儒家思想が道徳および理性の局面で発揮する制約、規範力に重きを置きすぎていた。このような道徳的で理性的な儒学の言説の背後の、不道徳で非理性的で神秘的とみなされている顔——逸楽や宗教は、私たちが明清士大夫の文化や思想を検討している時には往々にして隠れて見えず、故意に消されてしまうことすらある。

私が扱ったいくつかの個別の例の中で、王士禛は風水や占いなどの宗教活動やさまざまな奇怪で不可思議な説に、非常に強い関心を示している。袁枚の宗教信仰に対する態度は、王士禛のようにはっきりしたものではないが、『子不語』と『続子不語』の、数十巻に及ぶ虚実入り混じった神怪物語は、バラエティ豊かで雑駁なマジック・リアリズムの世界を構築している。十八世紀の南京の町の一隅で、儒家としての仕官生活から隠遁した袁枚は、自分の花園で無比の想像力を駆使して、神秘的な宗教の楽園を造営したのだ⑲。

袁枚よりも一世紀早い冒襄（一六一一～一六九三）は、さまざまな理由で儒生としての志業を中断したものの、袁枚と同様、園林の造営に心を砕き、園林の中で明清士大夫文化のさまざまな素晴らしいものを存分に享受した。冒襄もまた袁枚と同じように、奥深い園林の中で、魑魅魍魎についての記述を書き残している。ただし、袁枚の記述が虚実入り混じったものであったのと異なり、冒襄は驚くほど細かく自分と身内の死生の境での神秘体験を描いた。より重要なのは、冒襄が流行り病や飢饉に民衆を救済して病に倒れ、危篤に陥った主な原因が、彼が儒生としての経世済民の志業と地方士紳の郷里を救済するという職責を忠実に実践したことにあるということだ。彼が死の淵から蘇ったのは、こうした儒生の志業に励んでいた時に積んだ功徳のおかげなのだ。また一方で、冒襄は何度も自らの財を傾けて災害に遭った民衆を救っているが、その背後で彼を駆った大きな原動力は、孝行心から出たものであり、彼は功徳を積むことで母親の陰徳と長寿を願ったのだ。

シンシア・ブローカウ（Cynthia Brokaw）の研究は、明末清初の士大夫層の中で功過格〔「功」は善行、「過」は悪行。日常の行為を善と悪に分類し、善悪の点数計算を行う道徳書〕が流行し、大きな影響力を持っていたことを指摘している。[20] 冒襄が自分のことを述べたものは、こうした研究にとって恰好の例である。しかし、私が特に面白く感じているのは、この例の中で、儒生の価値観と神秘的な宗教への信仰とがいかに緊密に結びついているかということだ。[21] 明清士大夫の生活や文化を研究する際、儒生／文人のような特定のカテゴリーや、もしくは経学／理学／文学のような特定の学術的専門領域からのみの研究を行ったとしても、その全貌をうかがうことはできない。こうした既存の学術上のしきたりのために、我々は研究対象が決して「フラット・キャラクター」などではなく、複雑で豊潤な顔をもつ人物であることをおろそかにしがちになる。文化史や生活史の研究は、こうした点で研究の空白を補う役割を果たすことができる。

3．士庶文化の再検討

私は一九八九年にはじめて大／小伝統、もしくは上／下層文化といった概念の由来、およびその中国史研究での応用について、簡単な紹介を行った。[22] 続いて一九九三年には、「民間文化に対する禁抑と圧制」、「士紳と教化」、「上下文化の互動」という三つの角度から出発し、十七世紀以降の中国の士大夫と民間文化の関係についての研究回顧を発表した。[23] この間に、台湾の学術界では民間文化についての研究が日益しに増えたが、上／下層文化という概念を分析手段とすることの有効性についての異論も絶え間なく出現した。

さまざまな異論はあるものの、我々の研究グループのメンバーの研究からは、士庶文化という課題には極めて大きな探索の空間が存在していることがわかる。王鴻泰や巫仁恕らの研究には、明清の雅／俗、士／庶文化についても我々の耳目を一新するような観点がある。巫仁恕の研究によれば、明代中期まで、旅行はまともとはみなされない活動であり、著名な理学家湛若水は士大夫の山水旅覧について軽蔑する態度をとっていた。しかし、その他の現象と同様に、明の中期以後、士大夫の旅行に対する観念も徐々に変化した。旅行は一種の「名を高める」活動というだけでなく、士大夫の中で広まった流行でもあった。士大夫の旅行ブームの影響下で、遊記が大量に出現し、旅館も日を追って普及し、旅人にさまざまなサービスを提供する取次業者さえ出現した。士大夫が旅行に出かける時には、友達を同伴したり奴僕を連れていくほか、僧侶や道士をガイドにする場合もあった。特に注目に値するのは、この時代の旅行は決して士大夫や官僚たちの専売特許だったわけではなく、大都市附近の風景区は往々にして一般民衆が遊覧に押しかける名所でもあったことである。士大夫の優越的な身分意識はこうした情況下でも露骨に表れてくる。彼らにとってがやがやと騒がしい民衆は美景や名勝を庸俗の地にしてしまう存在である。「丘壑をして化して酒場と為さしめ、穢雑(わいざつ)恨むべし」というのである。そのため士大夫は遊覧の場所と時間をわざと違え、一般民衆が集まる郊外の山水ではなく、人跡稀な季節あるいは時間帯を選んだ。それとともに、独特な味わいを出すために、彼らはつねに独特な旅行観――いわゆる「遊道」をも発展させてきた。遊具や画舫〔屋形船〕へのこだわりは士大夫がその精緻な味わいを示すための具体的な表徴であった(24)。

巫仁恕の研究は、単に明清士大夫文化の内容を豊かにしただけでなく、雅と俗を弁別するための面白い糸口を探りあてている。事実、経済の発展や民衆の消費能力の向上、市場の流通にともない、民衆が日常生活の中で士大夫文化を模倣、コピーすることは、明代晩期では非常に普遍的な現象となっていた。この庸俗化した模倣やコピーは、自らを風雅と任ずる文人名士に蔑みや嫌悪の念を抱かせただけでなく、往々にして身分アイデンティティに対する自覚と危機感をも誘発した。そのため、雅俗を区分し、特有の趣味の良い風格のある生活を営むことは、明清文人士大夫の重要な課題となった。王鴻泰の「閑情雅致――明清間文人的生活経営与品賞文化」は、文人文化の特色について総合的で理論上意味のある分析を行っている。

王鴻泰の見方では、明清の文人文化の最大の特色は、世俗的な価値を払い落とした「閑隠の哲学」を基とする。しかし重要なのは、この閑隠の哲学を実践しようとすれば、文人士大夫は何もせずに文化の自動運転に任せて座ったままでいることはできず、それどころかそれを作り上げるために孜々として努力する必要があるということだ。王鴻泰はここで生活の経営という概念を提出しており、これは問題の核心を衝いているといえる。私の袁枚の随園と冒襄の水絵園の研究は、「経営」という概念のための注釈とみなすことができよう。明清の士大夫は閑隠という哲学をはじめとして、科挙や仕官といった価値観のほか、極めて繁多で複雑な生活方式を繰り広げていた。

> 具体的な内容や表現形式上で、明中期以後に士人によって強調され、かつ新しく別の意味づけがされた閑隠生活とは、それまでの山林隠逸の伝統に因循したものではなく、また単に「朴素」を「繁華」に対抗（あるいは「原始」を「文明」に対抗）させることでもなかった。実際に、それは一種の「閑」にして「雅」な生活モデルを発展させるものであり、それは極めて複雑で豊かな生活形式およびそれに関する言説を生み出した。それは一つの新しい生活美学――一種の優「雅」な生活文化を打ち立て、しかもそれによって自己を標榜し、世「俗」の世界に対抗し、さらにこの新しい生活美学によって社会文化の競争に参与することが企図されるものだった。……これこそが明清文人文化の発展の動因であり内在的意味なのだ[25]。

巫仁恕が論じている遊覧の場所や季節、時刻などを選択する際の士大夫のこだわりは、王鴻泰がここで主張している雅と俗の対立に通底するものがある。

山川の遊覧、酒席での唱和、歌舞音曲のほか、文物を賞玩することへの耽溺もまた士大夫の雅の文化の要素だった。

明後期の士大夫の「閑隠」哲学の具体的な実践とは、「雅」な生活を繰り広げることであり、いわゆる雅の生活とは、生活の領域に新しい生活内容を組み込むことであった。その生活内容とは上述した「書画を鑑賞し、茶を点て、香を焚き、琴を弾き、庭石を選ぶなどのこと」にほかならないし、それはまた書画、茶香、琴石といった生産とは無関係の「長物」（あるいは玩物）を生活圏内に持ち込むことでもあった。さらに士大夫は主観的態度でその中に耽溺し、愛好は癖となり、それが生活の重心となり、ひいてはこれによって作り出された生活状況に個人の人生を寄託した。このようにして文人式の閑賞文化が作り上げられた(26)。

このような雅の文化への追求は、明中葉以後徐々に形成され、絶えず補充と拡充が繰り返され、しだいに士人／文人特有の文化の類型となった。この文人文化は、発展して優勢な文化類型となるや、その社会でさまざまな階層、特に商人階層による模倣という事態を引き起こした。そして文人はこうした風雅の物真似であるコピーや偽物を排除するために、雅俗の弁別をとりわけ重視するようになったのだ。

4. 都市生活の表象

我々研究グループの中では、邱仲麟が本当の意味で、一般民衆に身近な生活上の瑣事の研究に着手して、明清の北京の日常生活の「真実」を論じている。彼はここ数年間に発表した一連の論文において、民衆の日常生活に必要な燃料や水、さらに食物の鮮度を保ち酷暑がもたらす不快さを和らげるために氷がどのように用いられたかについて検討している(27)。石炭や水、氷は、閑雅な士大夫が耽溺した書、画、茶、香、琴、石とは異なり、取るに足らぬちっぽけな物のように見えるが、それがもつ意義ははかりしれない。邱仲麟はこうした微細な物をより広い生態史や制度史の文脈において考察しており、もともと無味乾燥のように見える法令制度や単調で命をもたぬ組織や物質を、生活と緊密に関連づけることで新しい意義を生みだした。そして同時に、取るに足らぬようにみえる微細な物を厳粛な使命を載せうるものにしたのだ。

北京の住民は、もともと附近の森林から取れる柴を主要な燃料にしていた。しかし、人口の増加に伴い、炊事や建材などの需要が増え、山林の濫伐は日増しに深刻になり、柴や薪の供給も枯渇に向かった。十五世紀の後半からは石炭の使用が普及し、徐々に薪に取って代わって主な燃料となった。石炭は焦眉の急を解決してくれはしたが、北京の生活環境にマイナス面の影響をもたらし、石炭の燃えかすの堆積および大気汚染などの問題は明代後期にますます深刻化した(28)。

石炭の燃えかすや大気汚染は、もともと良いとはいいがたい北京の居住環境を一層ひどいものにした。多くの士大夫の記述や回想から、私たちは北京が「雄壮な城壁、壮麗な宮殿、堂々とした官衙(かんが)、繁華な市街と多くの人口」を擁しているだけでなく、実際には耐えがたいほど陰気な一面もあることを知っている。北方の森林という障壁がなければ、塵土と砂嵐の襲来はもっと深刻なものになり、雨の後のひどいぬかるみや臭気ただよう大通りは、さらに多くの人々の生活上の悪夢であった。それに加えて狭い居住空間やあちこち飛び交う蚊や蝿、そしてたびたび出現する疫病は、北京の日常生活をさんざんで劣悪なものにした(29)。

邱仲麟の解釈によれば、明清の士大夫による北京についての述懐がかくも劣悪である主な理由は、南北の差異にあったという。記述者の大半は気候温和で山水の美があり、道路が整い、空気が良い南方の生まれであり、彼らの南方を思う気持ちや記憶が北京の厳しさや不潔な環境に対する印象を特別劣悪なものにした(30)。

南北の都市生活の差異により、回想者の記述には自然と違いが現われた。ただし、私自身の揚州と鄭板橋に関する研究では、記述者の身分や心境が、まぎれもなく都市を観察する際の方式と視点に影響したことを示している。人生の前半に科挙に合格できず落魄していた鄭板橋にとって、揚州の町の繁華さはかえって自らの落莫と悲傷をより際立たせるものだった。こうした文人の身の上についての回想は、当然都市の経験の一部ではあるが、その他の性質の異なる記録と合わせてみる必要があり、そうしてこそ私たちは十八世紀の揚州の都市生活全体を把握できるのだ。

十八世紀の揚州が後世の人に残した最も強烈な印象は、当然のことながら天下太平を謳歌する情景である。鄭板橋の一連の詩は、間違いなく彼が身を置いたこの都市の光と影を反映している。ただ多くの場合、彼は落魄した文人の視線で、これらの俗世の繁栄を冷やかに見ている。まるで対象から離れた傍観者のように、鄭板橋は私たちを商人が作り出した幻想の世界の外に連れ出し、科挙に合格しない文人の窮迫と、文化歴史の悲哀を見せてくれている。生活の苦悩についての写実的な描写にせよ、あるいは都市の情景の歴史イメージであったにせよ、鄭板橋の文人としての観点は、どれも私たちを李斗〔『揚州画舫録』を書いた清代の戯曲作家〕が画いたパノラマ的な生活の図像や、塩商人達によるまばゆいばかりの人の耳目を引く消費文化の外に連れだし、もう一つの都市イメージへと誘う。さらに、これらのさまざまな視点によって、繁栄し人を魅惑する都市の風貌が明らかになろう。(31)

南北の差異のみならず、記述者の身分や心境は、都市が表す様相に影響を及ぼすであろうし、記憶の媒体によっても我々の都市についての印象は大きく左右される。文学、図像、および写真などの媒体は、閲読者／観賞者にそれぞれ全くかけ離れた体験をもたらす。王正華の都市図についての研究は、まさにこの絶好の例である。芸術家が表象する都市の図像は、色彩豊かで鮮明で、街道は整っていて賑やかで、人物はあるものはきらびやかな服装で、あるものは楽しそうな表情で、都市生活の豊かさや誘惑に溢れている。そこでは、都市生活の陰湿や卑陋は見えず、また鼻をつまむような腐臭はない。芸術史と社会史の差はここに明らかである。
もちろん都市の図像の写実性を否定しようというのではない。この点について王正華は明確に述べている。

張択端本「清明上河図」の中の船の描写はかなり写実的であり、今日再現できるほどであるという。絵に描かれた船をロープで引っ張る方式は、今日の縴夫〔浅瀬や急流で川岸から舟をロープで引っ張る労働者〕が見てもそのとおりだとうなずくだろう。さらに「皇都積勝図」の中の正陽門、棋盤街、および大明門付近の市場の賑わいの描写は、確かにある程度同時代の『帝京景物略』の記載と符合する。あるいは、「上元灯彩図」に描かれたとおり、明代晩期の南京の骨董市場は大変な賑わいで、「砕器」〔釉薬にひびがはいったような文様がつく、いわゆる貫入陶器〕および「水田衣」〔パッチワークで作った服〕が随所に見られ、確かにこれが世に流行していたことがわかる。(32)

しかし十六世紀の明の晩期から大量に出現し始めた都市図の重要な意義は、各時期の各都市を写実的に描写していることにあるのではない。当時流行していた都市の読み物と同様に、明の晩期の都市図は安価なため、出来上がるとすぐに一種の文化商品となった。消費の対象であり、都市のイメージのよりどころでもあった。「絵は完成すると文化商品となり、当時の人の文化的消費の対象として、さまざまな人たちの間で流通し、閲覧された。文字に書かれた記録と人伝えの話は、都市を模写するモデルを提供し、当時の都市観を形づくった(33)」。
ほとんどの明代晩期の都市図は全て宋代の張択端の「清明上河図」を底本としており、都市の特色や差異を見出しにくいが、しかしより深く分析すると、こうした千篇一律のパターン化された都市図も、実際には画家によって観点や時代の差があり、都市によって異なる性格が出ている。十六世紀の南京を素材にした「南都繁会図」を他の都市図と比較してみると、南京には都市としての世俗性や娯楽、消費、歓楽、繁華などの特色が、はっきりと現れている。王正華はこれについて優れた分析をしている。

「南都繁会図」がお上の側の観点によるものでないことは、関連する都市の図像と比較すればより明確になる。まずそれには「皇都積勝図」にあるような、朝貢の使節や壮観な城壁は描かれておらず、政治的な都城としての性格は薄い。さらに北宋の張択端本「清明上河図」と比較してみよう。「清明上河図」は大通りの賑やかな光景を描いているが、街道は整然としており、車馬の往来も秩序だったものである。街中にはぶらついている者、たとえば舟が橋をくぐるのを橋の上から見ているような人もいれば、また消費者、たとえば酒楼の中の客などもいるが、しかしその数は多くはない。大半の者は生計を営むのに忙しくしており、働いているか、さもなくば道を急いでいるかである。店舗は旅人のために食住を提供する旅館や酒楼ではなく、占いや代書屋などの専門店であり、「南都繁会図」の中の商店のはためく幟（のぼり）が消費の象徴であるかのような描写はない。またあちこちで群れをなして、することもなくただ見物しているだけの人の群れもない。宋本の「清明上河図」の中に描かれた唯一の娯楽は、「瓦子」のような決まった場所での説書〔講談〕である。娯楽には観るだけでなく、聴く性質のものも含まれており、娯楽として成立していたのは、話の多くが歴史故事に基づいていたからだった。「南都繁会図」の中の、道のいたるところに見物するものがあり、純粋に視覚に導かれる娯楽に比べると、「清明上河図」の方は場所や質感、知性をより重んじていたのかもしれない。

「南都繁会図」に描かれた三山街は、実際は書肆が軒を連ねているところであり、南京はもともと明代晩期における四大出版地の一つであった。しかしながらここには、一切書物の匂いはしない。……「南都繁会図」はお上や文人士人の観点を脱して、南京市井の、肩触れあうほどの人ごみの中での、間断なく続く視覚的景色と消費活動の中の繁華を描いたからこそ、都市の雰囲気が出ているのかもしれない。[34]

5．商人の文化と生活

十六世紀初頭以降の商品経済の発展は、江南や華北など各地の文化の様相や社会の気風、日常生活の内容に極めて大きな変化をもたらした。商業活動と商人グループの勃興は、さらにこうした文化の様相の変転の中で、中枢的役割を果たした。[35]徽州の塩商〔安徽省出身で塩の独占的販売に従事した商人〕と十七、十八世紀の揚州の都市生活、および園林、戯曲、飲食、娯楽ないし出版や儒学の発展との関係は、もちろん際立った例ではあるが、しかし、単独のケースというわけではない。[36]王振忠の論文「明清以来漢口的徽商与徽州人社区」は次のように指摘する。揚州以外の、十八世紀の漢口〔今の武漢〕でも、徽州の塩商は同様に奢侈をほこり、漢口の文化活動や日常生活中で、同様に重要な役割を果たした。より特殊なのは、漢口の徽州商人は廟を建造しただけでなく、さらに徽州人特有の文化資源——大儒朱熹——を十分利用して漢口の徽州人コミュニティーの精神的支柱としたことである。康熙三十四年（一六九五）、漢口の徽州商人が力を合わせて創設した「紫陽書院」は、単に故郷と歴史記憶を結ぶ大事な要路というだけでなく、漢口の新しいコミュニティーおよび町の発展の中心でもあった。

全く新しい視点から考察してみると、本来思想史や学術史の分野に属していた課題が、意外にも町の発展や商人や民衆の日常生活と密接に関わっていたことになる。このほか、王振忠はまた彼が収蔵している徽州文書を利用して、漢口に僑居していた徽州の人々が旅程図や書信のやり取り、そして帰葬などを通じて、郷里や親類といった縁者といかにつながりを保ちつづけていたのかについて詳細に描き出している。

王振忠の使用した資料は、少数の特別富裕な塩商以外の、一般の徽州商人と徽州の民衆の生活と情感とを明らかにするものである。劉錚雲の「城郷的過客」が扱うのは同じく商人ではあるが、階層は異なり、徽州商人らのいわゆる十大商幇〔同郷の商人からなる商業グループを指す。徽商以外にも山西省出身の晋商などがある〕以外の、何の組織やネットワークも持たない小商いを集中的に追っている。西洋の学者が民衆の叛乱を研究した時のように、劉の論文は、檔案の中から苦労して資料をかき集め、民衆の日常生活の実情に近い心動かされる図像を作り上げている。こうした地位の低い商人は、遠きをものともせず、ふつうの町での商業ルート以外にしばしば村落間を往き来し、スキナー（G.W. Skinner）〔アメリカの社会史学者で、中国農村の市場や社会構造を研究〕が画定した農村市場圏や貿易体系以外の別のルートを開拓し、明清の盛んな商業活動の中で無視できない重要な役割を果たした。

こうした四方を巡る行商人は、強盗、軍人、塩の密売人、および都市の労働者と同様、生計を立てるため、しばしば故郷を離れ、危険な旅に出た。旅暮らしの商人は漢口に定住している徽州商人と異なり、郷里の共同体やコミュニティーのネットワークからの支援はなく、故郷や親類と好きなように連絡を取り合うこともできず、さらに旅先ではしばしば大きな危険にさらされた。窃盗や強盗以外に、悪人に命を奪われる可能性もあった。不安定な生活形態は、肉親との離別や留守中の妻の不貞など、人倫の悲劇をもたらすこともあったろう。

檔案資料を通して明らかになった商人の生活は、漢口の徽州商人または揚州の塩商と比べると、大きく趣を異にすると言える。しかし、物質面ではいかに差異があっても、彼らの生活はそれぞれの理由で、強大な文化の息吹に染まっていた。漢口の徽州商人は異郷に根を下ろす過程で、朱熹という文化記号をもつことで、人心や資源、および生活秩序を再構築する絆を獲得した。もともと儒者養成過程特有のものとみなされていた書院制度は、漢口の徽州商人の生活やコミュニティーの発展の中で、最も重要な建物に変わった。揚州の塩商による奨励や提倡は、十七、十八世紀の揚州を、戯曲上演の最も輝かしい舞台へと押し上げた。驚くべきことに、商人と文化活動の関連は決して漢口や揚州の豪商に限らない。劉錚雲が探し当てた供詞〔裁判における供述書〕からは、たとえ小商いであっても、芝居が生活の中でかなりの比重を占めていたことがわかる。違うのは、揚州の塩商が自らの耳目の楽しみのために戯曲の上演をバックアップしたのに対し[37]、天涯を流浪する行商人は生計のために草芝居や小間物売りを業とし、町や村落を往き来したということである。

6．ミクロヒストリー

王鴻泰の研究から、私たちは雅の文化の中心となる内容の多くが、かつて君子は手を染めないとされた小道〔儒教以外の学問や技芸〕あるいは微細なものであることを知った。こうした微細で不要不急のものに対して、歴史学者の大半はこれを研究することを潔しとしない態度を取り続け、正面から向き合うことは少なかった。そのため骨董や器物の研究は、芸術史家だけが独占的に享受するものであったが、文化史や生活史が出現したことで、しだいにこの傾向に変化が起きた。鴛籠や椅子、服飾、遊具から麻雀、纏足用の刺繍の鞋など、すべてが大切な学術研究のテーマとして分析されるようになった。しかし、物の愛玩や小道には、伝統的な価値観や道徳の面でこれまでに累積したマイナスの意味があった。そのため、それらに学術研究上の地位や価値を与えることについては、疑問や批判もかなりある。この微細で不要不急のものを、いかにより大きな歴史や社会の文脈に関連付け、より大きな意義を作り出すかについては、おそらく多くの文化史や生活史を研究する学者がみな腐心しているところであろう。

陳熙遠の黄鶴楼についての研究や、ピーター・キャロル（Peter Carroll、中文名：柯必徳）による蘇州のある一本の道路についての研究は、微細なものの類には入らないだろうが、しかし同様にミクロから切り込む精神を備えている。

こうした一見些細に感じられるものから歴史へと入るルートで、中国文化史の研究上最も手本となる価値をもつのは、トビー・メイヤー・フォン（中文名：梅爾馮）の清初の揚州に関する専門書 *Building Culture in Early Qing Yangzhou* であろう[38]。該書の中で筆者は、紅橋、文選楼、平山堂、天寧寺といった揚州を代表する四つの建築物によって、清初の揚州の士大夫がいかにこれらの深い歴史的意義をもつ記号を借りて、都市について文化や感情面での再構築を行ったかを追っている。

陳熙遠は研究の主体を千古に名を轟かせた建築物に絞っている。トビー・メイヤー・フォンの橋や楼、堂、寺についての研究と手法は似たところがあるが、伝統の記号を満載したこの古蹟にはポストモダン的な意味が付与されている。著名人や文士が筆墨によって築き上げたこの建築物はここでは絶えずコピーされつづけるテキストと見なされる。物質という側面でいえば、「長江と漢水が交わり、亀山と蛇山に挟まれた」ところにそびえ立つ黄鶴楼は、歴史上では時に興り時に毀たれ、建ってからずっと同じ場所にあり続けたわけではない。地理的な位置は前になったり後ろになったりで、楼の形状も時代によって異なる。黄鶴楼が幾多の災厄を経ても毀たれず、世人の心の目に鮮明な画像が伝承されてきたのは、実は文学作品が構築してきたテキストの伝統によるものである。陳熙遠の言葉でいえば、黄鶴楼とは実はテキストを載せるキャリーなのであり、「現実に毀損した黄鶴楼のための招魂としてだけではなく、歴史の現実の中で黄鶴楼を再建する際の手本にもなった(39)」。

文学の表象は都市図の視覚的表象と同じく、明清の「歴史的事実」とはある程度の距離があるが、同じように文化と都市に対するイメージを形づくった。しかし、逆にこうした表象の記号や図象は、またしばしば人々が現実を形作る際の重要な拠りどころにもなった。近代化が巨大な断裂をもたらす以前、文化と歴史の伝承は意義を生み出す源であり、文人／士大夫のたゆまぬ解釈によって、人々が現実を再構築する際の基礎となった。文化史の研究者がこの分野で進めた歴史の発掘と伝統の構築は、単なる鑑賞や愛玩あるいは追想を超越して、伝統的歴史の演変のメカニズムとエネルギーを理解するのに新しい視野を提供してくれた。

ピーター・キャロルによる蘇州のある道路に関する緻密な研究は、我々をこの断裂の裂け目へと誘う。前掲の邱仲麟の論文が引用する文章によれば、明清士大夫が北京の道路に対して劣悪な印象を抱いていたことははっきりしており、人に嫌われるこうした都市の景観は明らかに帝政末期まで何ら変わることはなかった。ピーター・キャロルの論文が引用するある十九世紀末のイギリス人宣教師ジョン・マクゴワン（John MacGowan）の中国の道路に対する批評は、明清士大夫の記述とほとんど変わらない。

よそ者がもの珍しいものを見ようとぶらぶらしている時に出くわすのは、狭くて曲がりくねった道路、堅牢とは言いがたい掘っ建て小屋、整地の悪い路面、貧民街の貧しさ、それにあたり一面に漂う吐き気を催すような匂いである。富める者も貧しい者も、まったく違わない。こうした特殊な景観はよそ者には印象深いものである。……一年中、道路はこんな調子である。道は人の群れで込み合い、押し合いへし合いで、呼吸もできないほどだ。そこでは至る所でコレラやペスト、マラリアなどが蔓延している。(40)

南方の蘇州には北京の道路のように吐き気を催す匂いはないかもしれない。しかし、千年変わらぬ道路の規模では、もはやさまざまな人の波を通すには明らかに手狭になっていた。

馬に乗った人、駕籠に乗った官吏とその侍従、延々と続く葬送の列、建材を運ぶ人夫、駕籠かき、牛追い、溜まっているだけの人たち、荷物をいくつも背負った男、手提げ籠をさげた女もいれば、杖にすがってよろよろ歩く老人、杖で前をさぐりながら進む目の見えない者、道を急ぐ水を運ぶ人夫もいる。文人や士人たちはその間を縫うようにジグザグに進んでいる。(41)

蘇州の道には石畳や小石が敷かれており、北京あるいはその他の都市にくらべると清潔でこざっぱりしていたが、近代的交通手段の運行には適さなかった。一八九〇年以降、蘇州のさまざまな階級の官吏たちは、商業の振興と社会秩序の維持、都市環境の改善などを考え、道路の改修計画を熱く議論するようになった。これを近代化の糸口とし、社会や経済、空間、ひいては政治を変えることができると考えたのである。

一八九六年、蘇州の町をとりまく河の南のはずれの荒れ地に、長さ一キロの新式道路を造る工事が始まった。この荒れ地に新式道路を造るのは、簡単なように見え、実は当時の鉄道の利権の争奪合戦と同じく、その背後には複雑な政治や外交上の思惑が隠れていた。ピーター・キャロルは、日本人による蘇州の繁華街の租界化を防ぐために、張之洞が主導する形でこの町はずれを新しい工場地区とし、日本人がこの地域に租界を置かざるを得ないように仕向けようとしたことを丁寧に論じている。一本の短い道路ではあるが、それはまさに中国の近代化の過程で起こるトラブルを展示するショーウィンドーとなっている。

しかし、こうしたいかめしい外交や政治上の思惑を抜きにすれば、新しい道沿いには賑やかで騒がしい娯楽や商業活動が興り、私たちに馴染みのある都市――茶館や酒楼、店鋪、アヘン窟や妓楼、そして往ったり来たりの人の群れが再び現れた。ただし、この西洋の技術を用いて敷設した広くて平らな近代的道路は、私たちが馴染んだ都市の景観以外にも、蘇州の都市生活に最先端の様式をもたらした。人力車、西洋建築、紡績工場、電灯、電話、街灯といったさまざまな新しい事物の出現によって、私たちはあの明代晩期の都市図のパターンを取りはずし、その代わりに新しい都市の図像をはめ込むことになったのだ。

7．伝統と近代

沿岸都市であった蘇州は一八九〇年代に近代化のインパクトを受けた。内陸部の重慶ではそれより遅れて一九二〇、三〇年代になってようやく近代化が都市の社会生活にもたらす影響を経験することになった。蘇州の新しい道路の建設では、張之洞をはじめとする統治階層が決定的な役割を演じた。しかし、重慶の都市の近代化はかなりの程度、軍閥政治の自閉（四川の各軍閥が自ら実効支配している地域のみに行政権や軍事権を有する体制、つまり防区制を採ったことを指す）に対する反逆として始まった。[42] 都市を近代化に向かわせるシステムについての、張瑾の研究からは「上海モデル」――高いビル、映画館、コーヒーショップ、洋食レストラン、自動車、街灯、照明、水道、電話――が重慶の町の発展できわめて大きなモデル的な役割を果たしたことがわかる。重慶の都市建設はひたすら上海を目指し、「小上海」となったことを誇ったのである。

張瑾もまた宣教師が一九三六年に発表した新聞記事を引用し、重慶の変化の証左としている。

私の記憶の中にある一九二九年の重慶は、混沌として汚い中国の町で、アップダウンの激しい山道に好き勝手に曲がりくねった小道がのびていた。しかし今はこの町には各方向に向かって続く木立の道、そこを疾走する自動車、華麗な街灯、……壮麗で堂々とした建築物がある。この変化には驚かされる。それに都市全体に一種の風格があり、サンフランシスコのような雰囲気なのだ。[43]

張瑾は重慶の人々の服装や日用品、流行などのさまざまな面での変化を丁寧に紹介している。ただし、我々にも予測できるように、こうした新興のものを享受できるのはほんの一握りの人だけであった。こうした表層の文化の裏側で、重慶は依然として「封建時代の農村」であり、随処に暗い影の部分が見られた。

新旧の交雑というのは中国の近代化の過程で最も際立つ現象である。フランク・ディケーター（Frank Dikötter、中文名：馮客）は特に「外国製品の日常生活への嵌入」という明確なイメージ、および「ツギハギ文化」という概念を用い、この現象を定義する。この研究が特別なのは、フランク・ディケーターが新興の事物を享有できたのは社会のエリートだけだと考えなかったことである。一般民衆の日常生活の中にも、写真や輸入石鹸やタオルといったこまごまとした新しいものが入りこんでいた。往来で目を引く自転車やバスのほか、監獄に収監されている囚人でさえも、近代的な入浴施設を享受することができた[44]。物質文化の浸透力は、私たちの想像をも超えるようだ。

伝統的な都市図から離れた後で、近代化した都市の生活のありようを把握するのには写真以上のものはない。パオラ・ザンペリーニ（Paola Zamperini、中文名：曽佩琳）はフランク・ディケーターと同じく、写真撮影や焼き付け写真が新興の事物の中でも突出した地位にあることに注目している。パオラ・ザンペリーニの特徴は、清末小説の描写を通して、写真が新しい都市生活の中で引き起こした騒ぎについて分析したことにある。人物写真は十九世紀の中葉にパリで流行し始めると、すぐに商品文化や都会生活に密接なものとして、娯楽やリクレーションのシンボルとなった。そして上海に導入された肖像写真は、あっという間に男女が愛を伝える媒体となった[45]。

写真以外にも、パオラ・ザンペリーニはさまざまな角度からフランク・ディケーターのいう「ツギハギ文化」あるいは幅広い「伝統と近代」の問題を扱っている。小説の登場人物は、女性でも男性でも、洋風の装い――サングラス、日傘、流行の髪型にチャレンジしている。しかし、こうした西洋風の装いとコートの下にあったのは、依然として中国式の貧相で不潔な身体であった。小説の作者にとって、上海の新文明とはうわべであり、行為であり、アイデンティティであり、多くの問題を孕んだものだった。こうした新しい小説家は新しい上海の都市文化がもたらした問題――文化や生理、感情面での疎外感を敏感に察知していた。「疎外感」――この伝統小説が扱ったことのない課題は近代文明とともに上海に入り、上海という都市の歴史の中で切っても切れない要素となった。我々はこれを指標として上海という都市の近代性と断裂を実証することもできよう。パオラ・ザンペリーニ自身の言を借りればこのようになる。

ここで取り上げる小説のプロットが明らかに示しているように、「文明」を変えるのは簡単なことではないし、その過程には痛みを伴うということだ。それは確実に文化や生理、感情面での疎外感をもたらす。この時期の作家はこの苦境を非常にうまく描写している。彼らと彼らの読者は毎日非常に複雑な現実の中で暮らしていた。この生活には西洋の技術、グローバルな貿易、外国の存在、毒物、セックス、さらに道徳やセックスおよび社会との境界線の調整も含まれていた。私たちがモダニティと清末小説との関連を検討することができるのは、大部分の人が上海においてこうした混乱と苦痛を経験していたからかもしれない[46]。

パオラ・ザンペリーニが清末新小説の中に新旧の軋轢や全く新しい感受性を見るのに対し、胡暁真は民国初期の上海の新文化における旧小説の影響力、および旧い文体によって伝達された新思想について、非常に精緻な分析をしている。

中国都市史の発展からみて、上海は紛れもなく全く新しい経験を代表する存在である。道路、建築、景観、インフラ、あるいは物質文化、感覚的な娯楽といった面で、伝統的な都市文化の枠組みを超えており、そこには本物の断裂が存在する。しかし、その一方で、上海の都市文化のもつモダニティを強調するあまり、これまで続いてきた伝統の影響力を無視するとしたら、我々は近代的なショーウィンドーの背後の、民衆の生活に近い脈動を理解することはできないだろう。私はかつて『点石斎画報』と「新舞台」を例に、清末から民国初めにかけての上海の都市文化が伝統文化と密接な関係にあったことを分析した[47]。胡暁真は文学史の角度から同様の問題を提起しており、もともとの立場も過去の直線的な歴史観を打破しようとするものである。彼女は、五四新文化運動期になってあらゆる旧伝統が根絶されて消え去ったわけではないとしている。

直線史観の者にとっては、中国の旧体文学が清末に至って西山の落日のごとく光を失ったというのは当たり前の歴史である。新文学は昔の縁を断ち切って別個の伝統を打ち立てたのだから、古典と近代文学は截然と区別されるべきだという。しかしながら、近頃の研究はこの解釈モデルを書き換え、近代文学と清末文学、ひいては明清文化全体との不可分な関係を探求し始めている(48)。

清末文学の近代的性格について、王徳威教授はすでに最も権威あるかつ啓発的な指摘をしている。彼はまた「抑圧されたモダニティ」という概念を用い、清末以降、「時に感じて国を憂う」という主流言説の下で、新文学の伝統そのものが浄化され狭隘化されていく過程を検証した。

「抑圧されたモダニティ」はまた清末や五四時期および三〇年代以降、（主）流には入れられなかったさまざまな文芸実験を広く指している。政治（及び文学）の正しさが求められた年代には、それらは多くの作家、読者、批評家、歴史学者によって否定され、置き換えられ、削除され、あるいは嘲笑された。サイエンス・ファンタジーから花柳小説まで、鴛鴦蝴蝶から新感覚派まで、沈従文から張愛玲まで、さまざまな創作は時に感じて国を憂えたり、あるいは吶喊し彷徨するものでなければ取るに足らぬものとみなされたのだ(49)。

胡暁真の論文は、この抑圧への反抗を大前提として、清末から民国初期にかけての上海の通俗文学について、「潜徳の幽光を発する（隠れた価値を発掘顕彰する）」作業をしたものだ。弾詞は明清時期の南方――特に太湖流域で最も重要で最も人気を博した説唱文芸である。太平天国時代、多くの江南の豪族や豪商、文人、難民が次々と上海に避難したことで、弾詞の芸人もこの時期に上海に進出し、私が研究している京劇と同じように上海の通俗文化や民衆娯楽の重要なソースとなった。改良京劇あるいは鴛鴦蝴蝶派小説であれ、上海で創作され流通した弾詞小説であれ、みな新思潮や新文化の影響を受けており、旧い酒瓶に新しい酒を入れるような試みはたえず行われていた。さらに、こうした伝統文化の形式は、上海の近代都市文化における伝統と近代の交錯についても思いがけない視野を提供してくれている。

（野村鮎子 訳）

【注】

（1）Victoria E. Bonnell, Lynn Hunt, ed., *Beyond the Cultural Turn: New Directions in the Study of Society and Culture* (University of California Press, 1999), Preface, p.ix.

（2）Ibid, pp. 3-5.

（3）Lynn Hunt, "Introduction: History, Culture and Text", Lynn Hunt, ed., *The New Cultural History* (University of California Press, 1989), pp.1-4.

（4）Victoria E. Bonnell, Lynn Hunt, "Introduction," *Beyond the Cultural Turn*, pp.3-5.

（5）Ibid, pp.7-8.

（6）Lynn Hunt, "Introduction," *The New Cultural History*, p.9.

（7）本書第五章「士大夫の逸楽——揚州時代（一六六〇～一六六五）の王士禛」より。

（8）『中央研究院歴史語言研究所集刊』第七五本第二分、二〇〇四、二八三～三二七頁。

（9）注（8）、二八三頁。

（10）詳細は巫仁恕「明清江南東岳神信仰与城市群衆的集体抗議——以蘇州民変為討論中心」（李孝悌編『中国的城市生活』、聯経出版公司、二〇〇五）を参照のこと。

（11）巫仁恕「節慶、信仰与抗争——明清城隍信仰与城市群衆集体抗議行為」、『中央研究院近代史研究所集刊』第三四期、二〇〇〇、一〇六～一六五頁。

(12) 巫仁恕「晩明的旅遊風気与士大夫心態――以江南為討論中心」、「生活、知識与中国現代性国際学術研討会」、中央研究院近代史研究所、二〇〇〇年十一月。

(13) 王鴻泰「俠少之游――明清士人的城市交游与尚俠風気」（李孝悌編『中国的城市生活』、聯経出版公司、二〇〇五）。

(14) 注（13）に同じ。

(15) 訳者注：ここの日本語訳は生松敬三・荒川幾男共訳『意識と社会―ヨーロッパ社会思想 1890-1930』（みすず書房、一九七〇）に拠った。

(16) バフチンの研究と論点についてはすでに多くの議論があり、私は本書の「十八世紀の中国社会における情欲と身体」で簡単に紹介している。

(17) 原題は *The Enlightenment: An Interpretation, vol. II, The Science of Freedom*, New York: Norton & Company, 1969。中川久定ほか訳『自由の科学―ヨーロッパ啓蒙思想の社会史』Ⅰ、Ⅱ（ミネルヴァ書房、一九八二・六～一九八六）。

(18) 注（15）に同じ。

(19) 本書第六章「袁枚と十八世紀中国の伝統における自由」。

(20) Cynthia Brokaw, *The Ledgers of Merit and Demerit : Social Change and Moral Order in Late Imperial China*, Princeton: Princeton University Press, 1991.

(21) 本書第四章「儒生冒襄の宗教生活」。

(22) 李孝悌「上層文化与民間文化――兼論中国史在這方面的研究」、『近代中国史研究通訊』第八期、中央研究院近代史研究所、一九八九、九五～一〇四頁。

(23) 「十七世紀以来的士大夫与民衆――研究回顧」、『新史学』第四巻第四期、一九九三、九七～一三九頁。

(24) 注（12）に同じ。

(25) 王鴻泰「間情雅致――明清間文人的生活経営与品賞文化」、『故宮学術季刊』第二二巻第一期、（国立故宮博物院、二〇〇四）、七一頁。

(26) 王鴻泰、注（25）、七七頁。

（27）論文は三篇に分かれている。「人口増長、森林砍伐与明代北京生活燃料転変」、（『中央研究院歴史語言研究所集刊』第七四本第一分、二〇〇三、一四一～一八八頁）、「水窩子――北京的供水業者与民生用水（1368-1937）」、（李孝悌編『中国的城市生活』、聯経出版公司、二〇〇五、二二九～二八四頁）「天然氷与明清北京的社会生活」（『中央研究院近代史研究所集刊』五〇期、二〇〇五、五五～一一三頁）。

（28）注（27）、邱仲麟「人口増長、森林砍伐与明代北京生活燃料転変」、李孝悌編『中国的城市生活』、聯経出版公司、二〇〇五、一四一～一八一頁。

（29）邱仲麟「風塵、街壌与気味――明清北京的生活環境与士人的帝都印象」、『清華学報』第三四巻第一期（二〇〇四）、一八一～二二五頁。

（30）注（29）に同じ。

（31）本書第八章「都市での彷徨――鄭板橋のうたかたの人生」。

（32）王正華「過眼繁華――晩明城市図、城市観与文化消費的研究」（李孝悌編『中国的城市生活』、聯経出版公司、二〇〇五）。

（33）注（32）に同じ。

（34）注（32）に同じ。

（35）商人の階層地位の変転およびこの種の変転が価値体系や思想文化に与えた衝撃については、余英時氏が精緻で全面的な分析を行っている。余英時「中国近世宗教倫理与商人精神」（『中国思想伝統的現代詮釈』、聯経出版公司、一九八七、二五九～四〇四頁）を参照されたい。

（36）徽州の塩商人が揚州文化に与えた影響については、王振忠『明清徽商与淮揚社会変遷』（生活・読書・新知三聯書店、一九九六）一二〇～一四二頁が参考になる。

（37）事実、漢口に定住した徽州の塩商人は、戯曲の上演も大いに支援した。安徽を発祥の地とする二黄腔は、京劇（皮黄腔）の中でも主要な唱腔（節回し）の一つで、漢口の徽州商人が支援したことで、広く流布した。塩商人の支援によって、漢口の戯曲も乾隆嘉慶年間には最も盛んになった。張庚・郭漢城著『中国戯曲通史』（丹青図書有限公司、一九八五）、第三冊、二二五～二二六頁を参照。

（38）Tobie Meyer-Fong, *Building Culture in Early Qing Yangzhou* (Stanford University Press, 2003).

（39）陳熙遠「人去楼坍水自流――試論座落在文化史上的黄鶴楼」、（李孝悌編『中国的城市生活』、聯経出版公司、二〇〇五）。
（40）柯必徳（Peter Carroll）、「「荒涼景象」――晩清蘇州現代街道的出現与西式都市計画的挪用」、（李孝悌編『中国的城市生活』、聯経出版公司、二〇〇五）。
（41）注（40）柯必徳論文からの引用。
（42）張瑾「発現生活――二十世紀二、三十年代重慶城市社会変遷」、（李孝悌編『中国的城市生活』、聯経出版公司、二〇〇五）。
（43）注（42）に同じ。
（44）馮客（Frank Dikötter）、「民国時期的摩登玩意、文化拼湊与日常生活」、（李孝悌編『中国的城市生活』、聯経出版公司、二〇〇五）。
（45）曽佩琳（Paola Zamperini）、「完美図像――晩清小説中的摂影、欲望与都市現代性」、（李孝悌編『中国的城市生活』、聯経出版公司、二〇〇五）。
（46）注（45）に同じ。
（47）本書第九章「上海近代都市文化の中の伝統と近代」参照。なお、私は『点石斎画報』についての論文で、『点石斎画報』が近代技術や新しい事象のほか、中国の昔ながらの志怪という伝統を受けついでいる点を強調しておいた。「走向世界？還是擁抱郷野――観看『点石斎画報』的不同視野」、『中国学術』、二〇〇二、三、総第一一輯、二八七～二九三頁。
（48）胡暁真「新理想、旧体例与不可思議之社会――清末民初上海文人的弾詞創作初探」、（李孝悌編『中国的城市生活』、聯経出版公司、二〇〇五）。
（49）王徳威著、宋偉杰訳『被圧抑的現代性――晩清小説新論』（麦田出版社、二〇〇三）、二五～二六頁。訳者注：詳細は本叢書の神谷まり子・上原かおり訳『抑圧されたモダニティ――清末小説新論』（東方書店、二〇一七）を参照。

◉第二章　桃花の扇もて南朝を送る——断裂した逸楽

一、プロローグ

明末の中国の都市の中で、南京は一種、特別な気質を具えている。そこは北京のように強烈な政治的色彩を具えてはいなかったとはいえ、太祖〔洪武帝・朱元璋〕がここに都を打ち立て、成祖〔永楽帝・朱棣〕が北京に遷都してからも、南京にはなお一部の中央政府機関が残されていたために、政治的性格が完全に払拭されていたというわけでは決してなかった。明末の激しい党社闘争〔宦官魏忠賢を支持する閹党とそれに反対する東林党や復社との政争〕の中、こうした政治的性格が特に顕著になり南方の士大夫に重要な政治的舞台を提供した。(1) 南京は一方でまた、十六世紀初期以降の商品経済の発展を存分に反映し、多岐にわたる物質的な楽しみと世俗的逸楽を提供した。王正華による十六世紀末期に流行し始めた都市図についての研究では、十六世紀の南京を素材にした「南都繁会図」が、その他の都市図と較べて間違いなくより強い世俗性を具えており、そこには娯楽、消費、歓楽、繁華などの特色が十分に現れていることを指摘している。(2)

他の南方の都市と較べ、南京はその規模と地位によって、より多くの物質と人的資源を引きつけることができたため、豊富な人口と物資による繁栄を成し遂げた。秦淮の妓楼は、さらに南京の逸楽的生活の重要な源となった。太学〔最高学府〕、貢院〔科挙試験場〕、妓楼が一カ所にあることにより、より多くの名士による風流なエピソードが生まれ、秦淮河は物事を記述するという士大夫の欲望を受け止める象徴となった。金陵〔南京の旧称〕はこれによって、最も多くの甘美で放蕩不羈な記憶を積載し、逸楽の都となったのである。

明末の南京では、激烈な政治活動と放蕩不羈の逸楽的人生とが、多くの士大夫の人生の過程で因縁深く結びついていた。旧院（妓楼）や秦淮の歓楽が一転して廃墟となり、個人と南京の退廃は却って王朝の興亡によって、意外にも道徳的な贖罪を手に入れたのであって、とりわけ痛々しく悲しげにみえる。こうした逸楽と政治の交錯や退廃と興亡がないまぜになった激変は、『桃花扇』という芝居によって芸術的な磨きがかかったことで、史詩のように後世に伝えられた。『桃花扇』は正史とは異なる歴史の記憶を提供するだけでなく、これによって私たちは明末南京特有の都市の雰囲気に入り込むこともできるのである。

秦淮の生活のディテールと歓楽の雰囲気の再現についていえば、余懐（一六一六～一六九六）の『板橋雑記』が『桃花扇』よりもいっそう参考になろう。余懐、字は澹心、福建甫田の人。崇禎末年に金陵を訪れ、南京兵部尚書だった范景文の幕下に入り、杜牧さながらの風流な文人となって（原文は「平安書記」。杜牧は牛僧孺配下の書記であった時、淮南の妓女と親しく交流していたため、その身を案ずる牛僧孺は度々、配下のパトロール隊から「杜書記は平安です」という報告書を受け取っていた。『唐才子伝』巻六）、四方の賓客と交友関係を持った[3]。冒襄（一六一一～一六九三）、方以智（一六一一～一六七一）といった人と意気投合し、交流はとりわけ密接、自ら輝かしかった南京最後の情景の生き証人となった。「巣民（冒襄）との交わり（を思い起こせば）、己卯、庚辰（案ずるに、即ち崇禎十二、十三年、一六三九、一六四〇）の時であった。私は巣民より五歳年下で、巣民を兄として付き随った。ちょうどこの時、江南地方は平穏で、国の各地の俊才がこぞって副都南京に集まった。雨花台、桃葉渡のあたりは、舟や車でいつもいっぱいだった。私は当時、年若く意気盛んであり、世間を睥睨して自らこそ当世に雄たりと得意になり、諸名士とともに後漢の才子の気節を気取り、六朝の文人のごとき文才を自負し、公正な議論を保ち、過激に俗に抗った」[4]（余懐「冒巣民先生七十寿序」）。このような自らその事に与った人物が語ることにより、我々は都市生活のディテールを一層精密で的確に把握できる。

『板橋雑記』という書に記載されているのは、明末金陵の女色と歌舞音曲を求める隆盛の世の有様であるが、作者の視線は決して「ただ歓楽の巷にある妓楼の様子を述べ、妖艶な妓女のことを伝えるのみ」ではなく、これにかこつけて時代の混乱を映し出そうとしている。「ある人が私に『板橋雑記』は何故に作ったのかと問うた。私はこれに答えて、貢献する所ありと思い作ったのだ、と答えた。……これは一代の盛衰、千秋の感慨に関連するものである（余懐『板橋雑記』序、『艶史叢鈔』所収、広文書局、一九七六、一一頁。以下、頁数のみ記す）。こうした男女の情愛や妓楼の風流によって時代の悲劇を示す手法は、『桃花扇』と同様である。しかし、作品の意図や規模あるいは世間に流伝する普遍的イメージについては、両者には明らかに大きな差がある。余懐は、著述の目的を「一代の盛衰、千秋の感慨」に関連させることにあると強調しているが、この書の最大の貢献は、実は後世の明代晩期秦淮論の大本を開き、合わせて花街文学、妓女文学のお手本的作品となったことにある。[5] それは十八、十九世紀の中国で絶え間なくコピーされただけでなく、十八世紀以降の日本においても大きな波紋を起こし、日本人の想像上の秦淮及び遊廓文化の形成過程に大きな役割を果たした。[6]（図1）

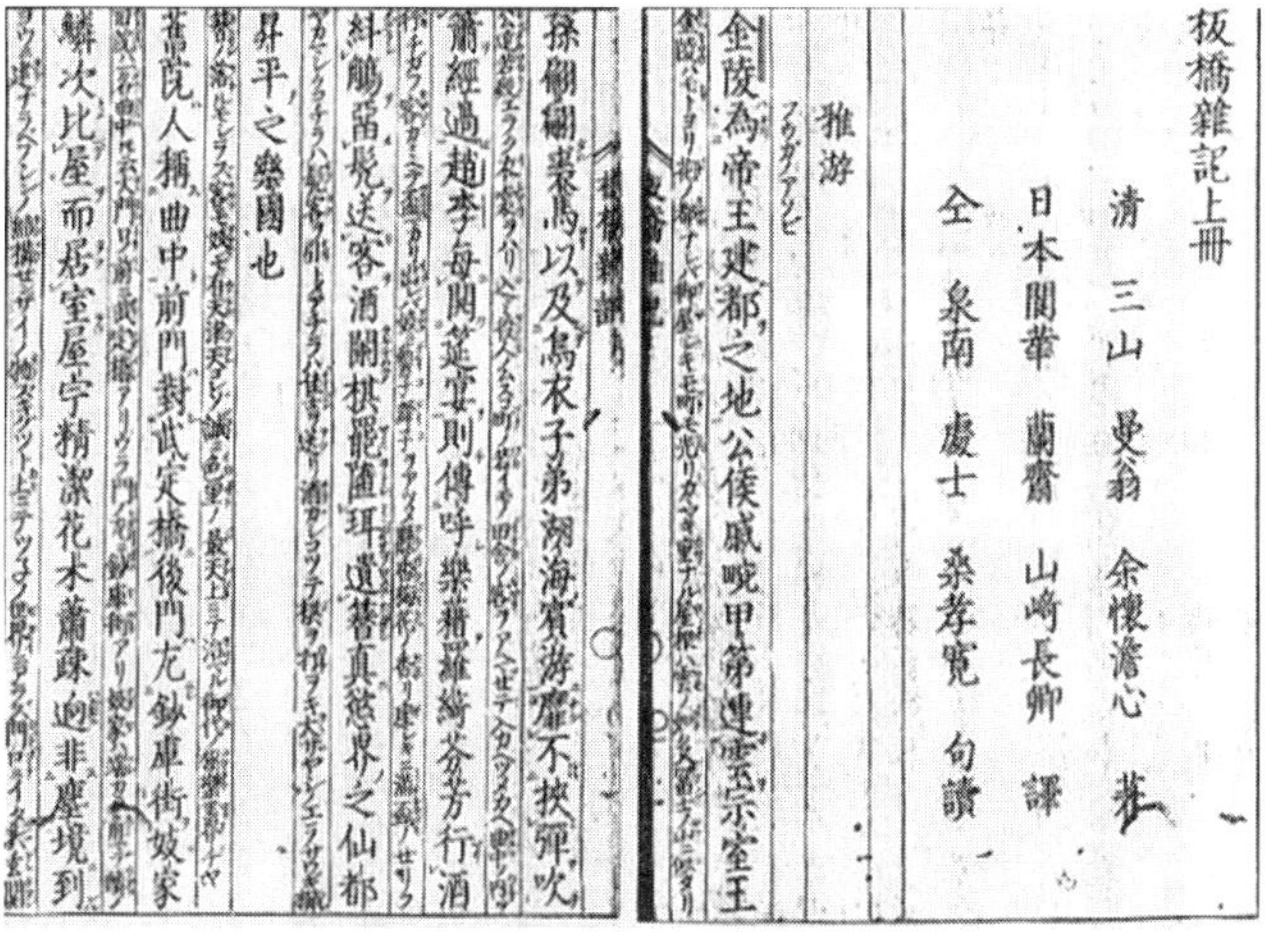
板橋雑記上冊
清　三山　曼翁　余懐澹心　著
日本　閩華　蘭齋　山崎長卿　訳
仝　泉南　處士　桑孝寛　句讀
雅游
金陵為帝王建都之地公侯戚畹甲第連雲宗室王
孫紈綺袴為以及烏衣子弟湖海賓游靡不挾彈吹
簫經過趙李每開筵宴則傳呼樂籍羅綺芬芳行酒
糾觴留髠送客酒闌棋罷墮珥遺簪真欲界之仙都
昇平之樂國也
舊院人稱曲中前門對武定橋後門在鈔庫街妓家
鱗次比屋而居室宇精潔花木蕭疏迥非塵境到

図1：和刻本『板橋雑記』1772年刊行。最も早期の日訳本。

『桃花扇』は、壮大な規模と物語を構築して王朝の興亡を表現、説明し、併せて文学的誇張効果と劇的なプロットによって世に流伝し、ほとんど正史の記述に取って代わり、文学、戯曲や歴史物語などの分野において、いずれも極めて重要な位置を占めている。孔尚任（一六四八～一七一八）は創作過程で、余懐などの記述を広く参照している。[7] そのため、私はここで『桃花扇』が築いた舞台を借りて、それを『板橋雑記』やその他の資料に見えるディテールで補い、明末南京の都市生活の一部を再現してみることにする。

二、『桃花扇註』——史実と芝居

『桃花扇』は「戯曲」と名乗っているが、孔尚任は初めからこの芝居を娯楽と見なしてはいなかった。作品の本編の前に、彼は引用した百余りの資料を詳細に列挙している。[8]「桃花扇凡例」の中でも、ストーリーと人物にはいずれも基づくところがあることを特に強調している。若い男女の恋愛の部分はやや脚色してあるとはいえ、全くの虚構ではないのである。「政治の得失や文人の集散については、いずれも時と場所を正確に考証し、仮借は全く無い。若い男女の恋情や登場人物のおどけについてはやや脚色してあるとはいえ、また烏有子虚（前漢の司馬相如「子虚賦」に登場する烏有先生や子虚のような架空の人物や出来事）の類ではない」（王季思等合註『桃花扇』人民文学出版社、一九八〇、一一頁。以下、頁数のみ記す）。全編ほぼ南明（明朝滅亡後に弘光帝を担いで南京に樹立された政権を指す）の実録と見なしてよいのである。「親族の方訓公は、崇禎末年に南京の役所勤めをしていた。……弘光の遺事の極めて詳細な話を聞き、帰郷後にしばしば私に話してくれた。諸家の稗史や記録で検証したところ、すべて一致したため、実録だと思われる」（「桃花扇本末」、『桃花扇』五頁）。『桃花扇』の根本的な意図も経典や史書などの典籍と異なるものではない。「その趣旨はまことに『詩経』に基づき、また道義は『春秋』に則り、行文はまた『左伝』や『国語』、司馬遷の『史記』を手本とした」（「桃花扇小引」、『桃花扇』一頁）。

孔尚任は余懐などの遺民とはちがい、明末に生まれ成長し任官したとはいえ、康熙帝が籠絡に努めたことにより国子監博士に任命され、新王朝における仕官の道が開けたのであって、れっきとした清朝の人と言ってよい。(9) しかしその一方で、彼は若い時に曲阜で勉強していた時からすでに広く遺事を採集し、南明一代の興亡を反映した戯曲を書くつもりであった（王季思等合註『桃花扇』「前言」二三頁）。親族による口伝はもとより彼が南明史を再構築する重要な基礎ではあったが、康熙二十五年から二十八年（一六八六〜一六八九）まで、淮揚一帯で治水に当たった期間に冒襄や杜濬ら明の遺民と広く接触したことによっても、彼は明代晩期の南京の政治闘争と享楽的生活の細部を一層深く理解した。(10)（同前「前言」二三頁）。こうした交際、接触や資料の網羅的収集と閲読は、至る処で『桃花扇』という芝居の史実的性格を強化している。

孔尚任の、『桃花扇』を「実録」や「『左伝』、『国語』、司馬遷の『史記』」になぞらえた雄壮な志は、『桃花扇』の流行によって、かなりの程度遂げられた。『桃花扇』は康熙三十八年に書き上げられ、康熙四十五、六年ごろに刊行された（同前「前言」二四〜二五頁）。その後、相当長い期間にわたって、上演も戯曲もいずれも世に流行した。孔尚任は「桃花扇本末」の中で幾度もその盛況ぶりに言及している。「『桃花扇』ができあがると、高貴な人々が皆、借りては書写し、時に紙価を高らしめるという誉れに浴した」、「都では一年の間に『桃花扇』を上演しない日はなく、寄園（清初の宰相である李霨の別荘）の一席が最も盛況であった。名士や文人が、座る席もないほど集まった」（同前「桃花扇本末」六頁）と。孔尚任や洪昇と親しかった金埴にも類似した記述がある。「あちこちからこの書への引き合いがあり、印刷せぬ日はなかった。今、舞台では『桃花扇』と『長生殿』が共に流行しており、洪、孔両作家の芝居を練習せぬ者はほぼ無く、こうした状況が三十年余り続いている」（金埴『不下帯編』、『筆記小説大観』四四編所収、新興書局、一九八七、三五九頁）。『桃花扇』が書き上がったばかりで、まだ出版されていない時点で、朝廷はすぐにそれを取り寄せて写している（「桃花扇本末」『桃花扇』六頁）。康熙帝は甚だこれを気に入ったようだ。「聖祖はとりわけこの戯曲を気に入り、朝廷で宴があると、これ以外は上演しなかったと伝えられる」[11]。

孔尚任自身の位置づけ、『桃花扇』執筆過程における考証作業、さらに加えて芝居が完成してからの重んじられ方により、『桃花扇』中の物語は綿々と流伝して、ほとんど正史に取って代わり、一般の読者や観衆の心の中では歴史的事実となった。二十世紀の初め、王国維と名声を斉しくした戯曲の研究者である呉梅は、『桃花扇』を中国で初めて仔細な考証を経て制作された戯曲作品であると見なし、「東塘〔孔尚任〕のこの作品は、十年余りの長い時間をかけており、精神を傾注した結晶だ。その中のお笑いの場面にすら基づくところがある。彼自身が書いた「本末」及びつぶさに記された考証の各項目を見れば、一語一語が詳細な歴史といえる。戯曲の誕生以来、詳細に時系列で時と場所を正確に考慮したものは、まことに東塘から始まり、戯曲は、ここにおいて詩文とその評価を同じくするものとなったのである」[12]。

『桃花扇』のこうした戯曲が史実に取ってかわるほどの評価や方向性については、陳寅恪や梁啓超といった二十世紀の大歴史家も不安を懐き、反駁を加えた。陳寅恪は『柳如是別伝』の中で、まずは侯方域（一六一八～一六五四）が清初に科挙を受験したことで誹謗されたことについて大いに不満を表し、続いて楊龍友〔文驄〕のイメージが、『桃花扇』によって損なわれたことに言及する。「（二つめは）『桃花扇』の物語が流行して以来、楊龍友は世の人の蔑視する所となった。今、朝宗〔侯方域〕が自ら述べた文に拠れば、阮円海〔大鋮〕のために仲介したのは王将軍である。阮氏による誣告発言を侯方域に伝え、出奔して難を逃れるように促したのは楊龍友であるが、芝居が流行して是非は顚倒した。速やかに訂正されるべきである」という（陳寅恪『柳如是別伝』生活・読書・新知三聯書店、二〇〇一、七二九頁、以下、頁数のみ記す）。ただし、陳寅恪は戯曲が史実をねじ曲げていることを不満に思っていたとはいえ、それによって彼の『桃花扇』に対する称賛が妨げられることはなかった。「私は近頃、『桃花扇』を観劇して七言詩一首を作った。……桂劇〔桂林の方言による地方劇〕が改編した『桃花扇』を見た。劇中、李香君は長江に身を投げたが、これは孔氏の原作と異なり、京劇の改編作とも違うものであった」（陳寅恪『柳如是別伝』七二九頁）。十八世紀に皇帝、王族、高位高官や各地の劇場、家庭内劇団で人気を博した崑曲『桃花扇』は、二十世紀にはそこから派生して京劇、桂劇などさまざまな地方演劇となり、各種の異なるバージョンによって世に流行した。

梁啓超は『桃花扇』に対してよりいっそう称賛を極め、戯曲全編に詳細な注釈を施した。しかし、それと同時に、彼は『桃花扇』の史実が錯綜していることについて、ひどく不満に思っており、注釈の中で多くの詳細な考証を行っている。日時の訂正の外、彼は劇中の、例えば「却奩」〔ヒロインの李香君が、侯方域との婚礼のために調えられた嫁入り道具は阮大鋮が用立てたものと知り、突き返した場面〕という事実無根の記述に対して、阮大鋮の為に奔走して仲介したのは王将軍であって楊龍友ではないというように、いずれも詳細に考証している（梁啓超『桃花扇註』上、一一九～一二〇頁、『飲冰室専集』第一〇冊、台湾中華書局、一九七二。以下、頁数のみ記す）。劇中で左良玉に肩入れするスタンスについても、その由来を指摘している。「『桃花扇』は左良玉にひどく肩入れし過ぎている」（梁啓超『桃花扇註』上、一四一頁）。「『桃花扇』は左〔良玉〕、史〔可法〕、黄〔得功〕を並列して三忠とし、……良玉は崇禎朝に、軍を擁して賊を養い、跋扈すること已に久しかったのであり、言うところの『崇禎に忠義なる』はどこにあったのだろうか。その阮大鋮、馬士英掃討作戦の動機は、実は闖入してきた賊を避けることにあった。……云亭山人〔孔尚任〕は、良玉を貶める言葉を発しないだけでなく、「哭主」〔左良玉が崇禎帝の訃報を聞き泣き崩れる場面〕の幕やこのような場面では逆に彼のために忠誠心を描写している。思うに東林党の面々は日頃から良玉に肩入れし、清初の文士も皆、彼の言説にひっかかったのだろう。……云亭もまた誤解しただけなのである」（梁啓超『桃花扇註』下、一九五～一九六頁）。

楊龍友の気節が劇中で発揮されていないことについて、梁啓超は憤懣やるかたない。「楊文驄は尚も蘇州、松江巡撫の任に赴き、清軍と〔鎮江で〕対峙し、敗れた後に蘇州に逃れた。……南京を復興させようとした。翌年〔丙亥、一六四六〕七月、衢州の救援で敗れ、捕らえられたが降伏せずに亡くなった。『明史』楊文驄伝に見える記事である。『桃花扇』は頗る龍友を持ち上げているが、その節操ある死に様は記録せずに、官を棄てて窃かに逃げたと貶めているのは、不可解である」[13]（梁啓超『桃花扇註』下、二二二頁）。孔尚任が野史や伝説に基づいて、史可法が揚州陥落の夜に城壁から縄を伝って逃れ、南京に向かう途中で長江に身を投じて死ぬプロットを捏造したことついても、梁は指弾している。このプロットは、『桃花扇』第三八幕「沈江」〔史可法が入水する場面〕に出てくる。

……

〔史可法セリフ〕それがし史可法は三千の部下を率い、揚州を死守してきた。誰か知らん、力は尽き糧食は途絶え、援護部隊は来ぬ。清兵は今夜、北の城壁を攻め、それがしは自決の意を固めた。ただ明朝三百年の国家が、それがし一人が踏ん張ることだけにかかっていることに思いを致すと、どうして犬死にして、孤立する君主を捨てることができようか。それ故、南の城壁から縄を伝って下り、そのまま儀真に奔った。幸運にも一艘の郵便船に出くわし長江を渡ってきた。あの皇宮がぼんやりとしているのが南京だ。

南京で天子を護衛しようしたのだが、覚えずお上も逃れられた。〔地団駄を踏んで泣く〕

〔歌：普天楽〕置き去りにされ帆のちぎれし船の如く、見捨てられ帰る家の無き犬の如くなりぬ。天地に幾度も訴うるに、帰るに道無く、進むもまた難し。

〔セリフ〕見たまえ。茫々たる世界に、残されたこの史可法は、どこに身を寄せるところがあろうか。

〔歌〕英雄の死屍累々、この日に至りて天下 主を換うるを見れば、未練がましくすべからず。〔長江に飛び込みごろごろ転がり舞台を下りる〕（梁啓超『桃花扇註』下、二三五、二三七、二三八頁）

劇中、史可法が南京を遙かに望み、長江に身投げする場面は、緊迫感に溢れているが、劇のモデルであったはずの肝心の史実とは背反している。

この戯曲に描かれる「白い騾馬に乗っ」て〔揚州を脱出し〕「長江に入水する」というプロットは、当時そもそもこの誤った伝聞があり、李瑶『南疆繹史』では各書を校勘し諸家の記述を博渉して、これを弁じている。揚州は四月二十五日に陥落し、史公はその日に殺害されたのである。……福王〔弘光帝〕の逃走は五月九日で、これはいずれも日時が明々白々で、疑う余地がない。もし、この幕のように「今夜、揚州が陥落した後に城壁から伝って下りてきた」……「もとは南京で天子を護衛しようとしたのだが、覚えずお上も逃れられた」のであれば、二つの出来事は十三日隔たっているのに〔四月は二十九日しかない〕、どうすれば二つが結びつくのか。荒唐無稽も甚だしい。云亭の執筆は康熙中葉であって、こうした史実の大筋が考証されていなかったはずはなく、彼が俗説を採用したのは、老賛礼〔賛礼は太常寺に所属し祭礼を司る役人。『桃花扇』の冒頭に登場する人物〕を登壇させて場面を説明させるために過ぎない。しかし、歴史劇である以上、この種の歴史的事実とひどく背反する記載は、結局のところ手本とすることはできない〔梁啓超『桃花扇註』下、二四四頁〕。

梁啓超がここで言う「老賛礼を登壇させて場面を説明させるために過ぎない」からは、実のところすでに孔尚任の、劇全体のメインの背景を南京に置き、南京に始まり南京に終わるという意図とシナリオ自体のロジックが幾ばくか見てとれる。この点については、本章の後段でさらに引き続き検討することにする。だが、梁がここで関心を示しているのは、明らかに芝居のロジックではない。梁は、陳寅恪と同様に歴史家の立場に立ち、歴史劇が流行したことによる事実の顚倒という副作用に憂慮を覚えたのである。陳寅恪は前述したように、侯方域が科挙に応じたことについて弁駁した。「前年（案ずるに順治八年、一六五一）、朝宗は父親を守るために、無理をして郷試に応じ、ようやく副榜（正式な合格者ではなく別枠での合格者）に選ばれたが、まことにやむを得ない事情によるものであった。『壮悔堂』という名は、ここに由来するのであろう。後にあろうことか『両朝にて科挙に応じし侯坊ちゃま、あの世にて如何なる顔もて李香君に見（まみ）えしか』という文句を作って侯方域を謗った人がいた。こうした人は、建州女真（満州族を指す）が国境を越えた時、まだ郷試に合格していない少壮のインテリ青年が、もし科挙を受験せず、域外に逃れもしないとしたら、それは新政権に反抗するという立場表明となり、罪を免れぬこと必至であったことがわかっていない」（陳寅恪『柳如是別伝』中、七二九頁）。梁啓超もこれに類する弁護の言には注意を払っているが、決して受け入れてはいない。『桃花扇』の末尾、戦乱を生き抜いた侯方域は、思い出の品によってかつての恋人に思いを致し、前世の縁を再び結ぶという昔の夢を思い起こす。（侯方域セリフ）「香君のお櫛あげの際にご陪席賜ってから、早いものでちょうど三年です」。（丁継之セリフ）「そのとおりでございます。香君が宮殿に入ってから、消息はございますか」。（侯）「消息などあるものですか。（扇を手にし指さして）この桃花扇は何と言っても我々の契りの品、私はいつ何時も持っております」。（侯方域「好姐姐」を歌う）「かの桃花扇を抱き、又 妓楼の旧夢を思い起こす。天地荒れ果て年月を経るとも、此の情 窮むる無し」（梁啓超『桃花扇註』下、第三九幕「棲真」、二五四～二五五頁）。侯方域はほどなくして李香君と白雲庵の中で遭遇するが、その場で道士の張薇に一喝され李香君との縁を切り、修行の道に入った。（張薇、「北尾声」を歌う）「ご覧あれ、彼ら二人襟を分かち、去るに臨みて秋波を送らず。拙僧桃花扇をばらばらに破り裂きしにより、またとは許さず痴情の虫 自ら吐きたる柔らかき糸に、がんじがらめに縛らるるを」。（詩）「白骨灰となりて艾生じ、桃花扇もて南朝を送る。重ねて興亡の夢を見るに因らずんば、児女の濃情何くの処にか消えん」（梁啓超『桃花扇註』下、第四〇幕「入道」、二七六頁）。

しかし梁啓超にとって、現実の世界の中で立ち位置がぶれ、結局、新王朝の科挙に応じた侯方域は晩節を汚した人物で、許すことはできなかった。戯曲が真相を覆い隠すことなどあってはならないことだった。

侯朝宗には出家した事実は断じて無い。また順治八年には辛卯の郷試に応じて副榜に及第し、三年して亡くなっている。晩節はくだらぬこと甚だしい。年譜に「為政者は公（朝宗）及び司徒公（恂）を配下に置こうとし、係の役人は二人を科挙に応じさせることで決着させた」という。こういう事実が或いはあったかもしれないが、しかし朝宗は呉梅村（偉業）に与えた書信で、呉に「達節」（天命に応じれば、出処進退がどうであれ、自然と節義にかなう）という説のせいで身を誤ってはいけないと勧告したばかりであった（『壮悔堂文集』巻三参照）。それなのに幾ばくも無く自らその轍を踏んだのであり、その言を実行しなかったという謗りを免れない。「南山の南、修行の道に入る」が、劇場で上演されても、事実と思って見てはいけないのである（梁啓超『桃花扇註』下、二九五頁）。

上述の『桃花扇』原文の叙述と梁啓超の考証の文を比較してみると、梁啓超の憂慮にはそれなりの理由があるということが容易にわかる。文言の誇張や影響力、或いは物語が鑑賞者を作品世界に引き込むという点でも、劇作家の作品には史実の記述に取って代わる条件が全て具わっている。孔尚任の「史」と「劇」、「確かな考証」と「潤色」を巧妙に結合させる手法とそのレベルの高さには、最も優秀な史学の巨匠でさえもまじめに対処せざるを得なかったのである。梁啓超が自ら進んで精力を注ぎ込んで『桃花扇』全編に註を附けたのは、彼のこの劇作品に対する愛を示しているだけでなく、『桃花扇』が、壮大で完璧な政治史の物語という枠組みを提供しているからにほかならない。そこで自身のささやかな考証の文字をその驥尾に附して流伝させ、幾ばくかの是正効果を発揮させようと願ったのである。(14)

三、明末の金陵

この壮大で完璧な政治史の物語には、正史の南明の興亡に関する記述に取って代わる潜在的な力が十分にある外、『桃花扇』にはさらに、他の南明の興亡を記録した史書にはない要素が具わっている。すなわち、王朝の興亡という大きな流れ以外に、明末金陵の太平の様相、秦淮／妓楼の風俗の余韻や各人物の抜きんでた個性が表わされているのだ。言い換えれば、『桃花扇』は一本の劇作品の中で、一つの王朝、一つの都市、一本の河及びそこに浮沈する人物の歴史を同時に記述しているのである。

実際には、『桃花扇』は決して最初の、或いは唯一の明末の南京を主たる背景とする戯曲作品ではない。明から清にかけての著名な文人で、銭謙益や龔鼎孳と並んで「江左三大家」と称される呉偉業（一六〇九～一六七一）が、順治九年から十年（一六五二～一六五三）にかけて書き上げた『秣陵春』という芝居は、正に南京を背景にし、「離合の情を借りて、興亡の感を書」いている。[15] 王瑷玲は、孔尚任が『桃花扇』を創作するに際して、呉氏の構成上の戦略を明らかに踏襲した所が多々あると考えている。[16] 明の遺民が南京を亡国の痛みを寄せる在りかとして選択したのは、故国を象徴する明孝陵（明の太祖洪武帝の陵墓）がこの地に建てられていることの外、主たる原因は無論、弘光のミニ朝廷がここを都とし、清軍が南京を降してからは、明朝滅亡の運命はもはや決して押し戻すことができなくなったという事情にある。だが、このほかに注目に値する現象は、南京というのは千年来、「亡国」のイメージと緊密な関係があることである。王瑷玲の観察は示唆に富んでいる。「同時に南京はまた、歴史上、亡国という惨劇の起こる頻度が最も高かった場所である。明朝の建文や弘光、五代時代の南唐、及び三国時代の孫氏の呉、東晋、南朝の宋、斉、梁、陳など種々の有為転変が代わる代わる現れ、まことに所謂『南朝は古より傷心の地』であったのである。このため、そこは優雅な六朝の風格を代表もしつつ、また王朝盛衰の象徴でもあったのである[17]」。

しかし、こうした悠久なる「亡国論」と『秣陵春』などの芝居の先導があったにも関わらず、本当に亡国の痛みと南京のひとときの貪欲な快楽とを、このように優雅で輝かしい形で後世に普及させ流伝させたのは、やはり『桃花扇』を措いてほかはない。

『桃花扇』のプロットは、作者本人の化身である老賛礼が、康熙二十三年（一六八四）、北京の太平園戯園で観劇する場面で幕を開ける。その後、プロットの進展に伴い、背景はそれぞれ南京、武昌、揚州などの地に移っている。ただ、この幾つかの都市のうちで、南京が主要な地位にあることは疑いないところである。劇全編の始まりは、もと南京太常寺に奉職していた老賛礼が登壇し「昨日は太平園にて新しい南方芝居を見ました。その名は『桃花扇』と申しまして、外でもなく、明朝末年、南京での近年の出来事を描いたものでございました」（『桃花扇』試一幕「先声」、一頁）と開幕の辞を発し、早くも全編の主旨を述べる。続いて、男性主人公の侯方域が賑やかな曲の中で登場すると、「侯の若様、南京に仮寓し、折しも南国の美人とわりなき仲になりぬ」（試一幕「先声」、二頁）といい、また簡潔に南京、秦淮の美しさなどを歌いあげる。劇の最後では、侯方域と李香君は南京城外にて悟りを開き出家する。秦淮河から白雲庵まで、プロットの主軸は終始一貫して南京を背景としている。

すでに戦乱の世で、亡国前夜であるとはいえ、侯方域が登場した時の南京は依然として春色美しく、風景は心地よいものであった。「孫楚楼の近く、莫愁湖のほとりに、また数本の枝垂れ柳を添えたり。遍く景勝の地にして、酒を斜陽に売り、旅人の酔いを誘い、白粉もて装う南朝の様子に習いたり」（第一幕「聴稗」、五頁）。通りには音楽の響きが絶えず、裕福な行楽客は料理をいれた重箱を提げて、花の中をぶらぶらし愛でていた。「忽ち暖風吹き靄は水の街に満ち、花の中行厨の遊行には玉の杯を携うるも、笛の音に旅路の胸中かき乱さる」[18]（第一幕「聴稗」六頁及び一二頁）。

侯方域は「鶯や燕がさえずる」春の光の中に登場した時、南京城西の冶城道院に復社の有名人である陳貞慧（定生）、呉応箕（次尾）とともに梅の花を観賞しに行くつもりだったが、折悪しく「魏国公府の徐公子が客を招いて花見をすることになっており、かの大きな道教寺院は已に一杯になっていた」（第一幕「聴稗」、五～六頁）。この徐公子とは、当時の南京の素封家徐青君であり、明朝建国の元勲たる徐達の末裔である（王季思等合註『桃花扇』一三頁）。『板橋雑記』の中では、彼を「資産は巨万、豪華奢侈を好み、贅を尽くした生活ぶりで、側室を多く抱えていた。大功坊（南京の聚宝門の中の一角）の側に園庭を造成し、樹木や庭石、亭や台のたたずまいは、唐の宰相李徳裕の別荘である平泉荘や晋の石崇の金谷園を真似たものだった。夏になる度に河房（秦淮河の河べりに建てられた貸し屋敷）で宴を催し、名妓四、五人を選んで客を招いては酒を勧めた。パパイヤや仏手柑が山のように積んであり、雪のように白い茉莉花や金粟蘭が芳香を放っていた。夜を日に継ぎ、酒を手にして歌の応酬をし、綸子の頭巾に鶴羽の羽織り物で、まことに神仙世界の中の人であった」（余懐『板橋雑記』三五頁）と言う。

徐青君は名家の出身で、巨万の富を擁し、奢侈で頽廃を極めた暮らしぶりで、道教寺院で客を招いて花見ができるというのにも、幾ぶん、士大夫の風雅趣味が現れている。実際、徐氏のように豪邸に暮らし音楽や女色の逸楽をほしいままにすることは、決して特異な例ではなかった。『桃花扇』第四幕中には、崇禎二年（一六二九）、宦官魏忠賢の閹党に身を投じたために罷免されて南京に蟄居していた阮大鋮の、心機一転した後の新生活が描写されている。「幸いにもこの都は広く、雑多な人々を受け入れてくれる。新しくこの褲子襠（『鳳麓小志』巻一（『金陵瑣志五種』所収）及び『白下瑣言』巻二に拠れば、南京の城南にあった庫司坊という場所の俗称。褲子襠はズボンの股の部分のこと。人々は阮大鋮を憎み、その地名を賤しめてこう呼んだ）の中に一軒の大邸宅を買い、うまいぐあいに庭園を造り、劇団に歌舞音曲を細やかに教え込んだ[19]」。「石巣」という名のこの庭園は、当時、庭園や築山の設計に精通した著名な造園家であった張南垣の手になるものだった。阮の邸宅に新演目『燕子箋』を鑑賞しにやって来た楊文驄は、ひと目でこの庭園の特色とその設計者を見て取った。「今日は別段の事とてない故、かの燕子という新演目を見にやって来た。

このまま入るとしよう。（入るしぐさ）ここは石巣園。築山や石、花卉の配置の典雅なさまをごらんあれ。きっと華亭の張南垣の手になるものであろう」[20]（王季思等合註『桃花扇』二九～三〇、三四頁）。邸宅や庭園、楽器演奏と歌、戯曲、宴会、花見、遊興は、すべて南京の生活における豪華さや華麗さを物語っている。余懐は『板橋雑記』の冒頭で、南京の都市景観と逸楽的雰囲気について要を得た描写をしている。

金陵は帝王が建都した地であり、高位高官や外戚の屋敷がずらりと並んでいた。貴族の御曹司たちは、颯爽と肥えた馬に乗り軽いかわごろもを着るという豪勢な暮らしぶりであった。また、高官の子弟や天下漫遊の旅人は皆、狩りをしたり楽器を演奏して楽しみ、妓女のところを訪れた。宴を開く度に妓女を呼び、煌びやかな女性は美しかった。酒を廻らせ杯を纏い、淳于髡（じゅんうこん）〔戦国時代斉国の人で、稷下（しょくか）の諸子の一人。博識且つ能弁により君主を巧みに諫めたといわれる〕さながらに、気に入った妓女だけを残して後の客は退去させて存分に飲んで楽しんだ。酒も酣（たけなわ）、囲碁や将棋のゲームも終わり、享楽を尽くして女の耳飾りや簪が部屋中に散らばるありさまで、まことに「欲界〔色道〕の仙都、昇平〔太平〕の楽国」であった。（『板橋雑記』一頁）

かつて帝国の首都であった南京は、王侯貴族の屋敷が建ち並ぶ風格を留めていたが、一方で政治的なコントロールから自由になって、六朝金陵の伝統を受け継ぎ、北京とは異なる都市のスタイルを創り出していた。階級の貴賤にかかわらず、夜な夜な音曲や宴が絶えることなく、耳飾りや簪が落ちて散乱するまでになった様相には、十分に南京の人々の情欲の向くままの放縦な頽廃的生活が現れている。余懐の「欲界〔色道〕の仙都、昇平〔太平〕の楽国」という描写は、明末南京の都市の雰囲気の精髄を言い当てていると言ってよい[21]。（図2）

徐青君の豪奢な暮らしぶりと阮大鋮のお抱え劇団や名にし負う庭園は、もとよりいずれもこの「太平の楽国」を

図2：山東京伝『傾城買四十八手』扉頁挿図

構成する要素であり、科挙の受験生、落魄した文人、風流な名士或いは個性の際立つ復社（明末、宦官党に対抗すべく応社を母体として結成された文人結社）の儒生も、明末の南京に無数の壮麗でドラマチックな色彩を添えている。「蓋し金陵は古より繁華な土地柄であり、明代には副都と呼ばれ、とりわけ重要な街と称せられた。曼翁（余懐）が『板橋雑記』を書いた時には、迦陵（陳維崧）、密之（方以智）、舒章（李雯）、朝宗（侯方域）など、至る所から名士才人が尽くこの地に集まり、人々はおのおの水榭（水辺や水上に建てられた亭）に陣取って、詩と酒を時間を忘れて楽しんだことだろう」[22]。

こうした名士才人は、侯方域に加えて陳貞慧[23]と呉応箕[24]も『桃花扇』の中で幾度も顔を出す。呉応箕は「鬨丁（儒教祭礼に騒ぎを起こす）」の幕で四名の復社のメンバーと数人の国子監生（太学の学生）を率いて、国子監の春季祭礼において、公然と阮大鋮を侮辱する。梁啓超は、このプロットにはもとになったと思われる話は全く無いが、しかし復社の青年の当時の喧しい行動の気風によって判断するなら、類似した状況も決してあり得なくは無いとし、そのことは黄宗羲が陳貞慧の為に書いた墓誌銘の中からもはっきりわかるという。

この幕はもとになったと思われる話が全く無く、云亭山人が潤色したものにちがいない。しかし当時の清流派青年は、阮大鋮を排斥すること実に喧しく且つ軽はずみであった。黄梨洲〔宗羲〕が書いた陳定生〔貞慧〕墓誌には「崑山の張爾公〔訳者注：梁啓超は「崑山張爾公」としているが、黄宗羲「陳定生先生墓誌銘」では「巨山張爾公」となっている。張爾公は張自烈、江西の宜春の人で、号を芑山という〕、帰徳の侯朝宗、宛上〔宣城〕の梅朗三〔朗中〕、蕪湖の沈崑銅〔士柱〕、如皐の冒辟疆及び私の数人は、友情厚く席を共にしない日は無かった。酒席が酣になり気持ちが昂ぶると、大方、阮大鋮のことを笑いぐさとした」とある。これを見れば、当時の復社の人士たちの傲慢でやんちゃなさまがわかる。「閑丁」のようなことは、あり得なかったわけではないのである。（梁啓超『桃花扇註』上、五〇頁）

こうした復社の清流派の青年たちはちょうど意気盛んな年頃であり、また正義と道徳の代弁者を自認しており、梁啓超が喧しい、軽はずみだなどといった言葉で彼らの行動気風を形容したのは、決して言い過ぎではない。『桃花扇』第四幕「偵戯」が、もうひとつの例証である。この幕はまず、褲子襠に逃げている阮大鋮が国子監で嘲笑、殴打された後の心情を描写している。「昨日、夫子廟で祭礼があり、復社の若者から痛烈な侮辱を受けた。彼らは乱暴だとはいえ、我が輩も自ら要らぬことに首を突っ込んだ。それにしてもどうしたらああいう軽はずみな青年と知己になれるものだろうか」。「〔歩歩嬌〕小童　好き放題に　皆鼻っ柱強く、徒党を組みて名臣を虐めたり」（王季思等合註『桃花扇』三〇頁）。梁啓超の評語は、明らかにこの一段の描写の影響を受けているが、セリフ中の「軽はずみ」にしろ曲中の「鼻っ柱強く」にしろ、いずれにもこうした青年名士の狂気を孕んだ放縦な性格が現れている。(25)

プロットは続いて陳貞慧が書き付けを用意して、阮のお抱え劇団に鶏鳴埭まで来て阮の新作劇『燕子箋』を上演してくれるよう、阮大鋮に打診する場面に移る。阮大鋮は、陳貞慧、方以智、冒襄といった自分が親交を持ちたいと思っている「正人君子」が、自分の新作劇を称賛していることを知り、「この坊ちゃま方が知己だとは思わなかった」と望外の喜びを禁じ得なかった。しかしプロットは直後に急転直下し、皆が酔い「芝居を見て阮を罵」ったことがわかる場面になる。(26)

〈下僕役の丑〉、（慌てて登場）行くこと脱兎の如く、来ること飛ぶ鳥の如し。旦那様に申し上げます。私はまた鶏鳴埭に行って参りました。芝居を半分上演するのを見ましたところで宴席がまもなく終わろうとしましたので、あわててご報告に戻りました。

〈阮大鋮役の副浄〉坊ちゃまはまた何を言ったのだ?

〈丑〉こうでございます。旦那様は（急三鎗の歌）南国の誉れ、東林党の才子、翰林院クラスのお方。

〈副浄〉（わざと驚くしぐさ）一言一言、わしを褒めておる。益々恐れ多いことだ。（下僕に問う）他には何を申しておった?

〈丑〉〔歌〕やつら曰わく、何故 崔呈秀、魏忠賢の如き匪賊に身を投じ、自ら損ないたるや。

〈副浄〉（眉を顰め、机を叩いて怒る）あれっぽっちの不名誉、今更言わずともよいわ。（下僕に尋ねる）他には何を申しておった?

〈丑〉そりゃあいろいろございましたよ。私も申し上げられぬほどでございます。

〈副浄〉かまわぬから申せ。

〈丑〉〔歌〕やつら曰わく、旦那様は魏を実の父と呼び、魏は旦那様を義理の息子と称し、厚顔無恥なるも、また虎の威を借りたるに過ぎず、犬も同然なり。

〈副浄〉（怒る）おのれ、大した度胸だ、何と罵るとは。全く腹立たしい！

（『桃花扇』第四幕「偵戯」、三二二頁）

復社の青年の阮大鋮に対する容赦ない侮辱は結局、後日報復をもたらすことになる。崇禎十八年[27]、史可法に防河監軍として河南に派遣された侯方域は、高傑が敗れた後、南京に李香君の様子を見に訪れるが、李香君は已に選ばれて後宮に入っており、影も形もなかった。「〔水紅花の歌〕当時 朧月の〔蕭史と弄玉の恋愛物語の舞台となった〕秦楼に満ちたるに、夢遥かに、簫の音は昔日のものに非ず」。「劉表の下、従軍した王粲の如く三年、史可法閣下に随いぬ。帰り来たるも、誰か〔食を恵んでもらった〕韓信の如き我の痩せたるを思わんや。重ねて秦淮を訪えども御簾の下鍵掛かりたり。しばらくさまよいて、〔唐の崔護の如く〕昔遊覧したる桃花を問うも、この水辺の街、今年は昔の温かみなし」（梁啓超『桃花扇註』下、一一五、一一八頁）。心を千々に乱した侯方域は、その後、人家の密集した三山街の書舗の車寄せまでやって来た。復社の摯友である陳貞慧と呉応箕の行方や消息を尋ねたかったのである。「ここは蔡益所書店。定生と次尾はしょっちゅうここに寄寓するので、ひとつ聞いてみよう。（止まって見る）あの廊下の柱には新刊の表紙が貼ってあるぞ。（読む）『復社文開』。（また見る）この左の一行の小さな字は「壬午と癸未の年の科挙答案合冊」だ[28]。右は「陳定生、呉次尾両先生新選」だ。（喜ぶ）彼ら二人はいま此処に居るのではなかろうか」（梁啓超『桃花扇註』下、一一七頁）。（図3）

図3：三山街蔡益所書店

果たして侯方域の思ったとおり、書店の中で科挙試のために教材を編纂している陳、呉の両人に出くわした。三人は喜んで店内で茶を飲み昔話に花を咲かせたが、不運にも新たに兵部侍郎〔軍事を司る中央政府機関の次官〕に昇任した阮大鋮が、ちょうど三山街に知人を訪問しに来ており、店外にある車寄せの柱の「復社文開」という広告を見て、秘密警察である錦衣衛に命令して三人を逮捕のうえ投獄し、儒教の祭礼での騒ぎと劇団貸借の時に受けた恥辱のうっぷんを晴らした。「ああ。なんと君らお三人でしたか。今日はおそろいで拙者の顔を確かめにおいでなのですな」。「〔剔銀燈の歌〕堂々たる風貌鬚の長きこと箒の如く、昂ぶる気概天の北斗七星の如し。〔呉応箕役の小生に向かって〕かの夫子廟の祭礼の時、如何なる由にて阮光禄を祭りに加わらしめざるや。〔陳貞慧役の末に向かって〕かの劇団を借りし時、何ゆえ『燕子箋』を愚弄し、即座にわしに恥じをかかせしめたるや」（梁啓超『桃花扇註』下、一二二～一二三頁）。

梁啓超がこの幕のために行った考証により、われわれはこのドラマチックな復社メンバー逮捕のプロットも、孔尚任が特別に仕立てたものだと知っている。実際には逮捕に当たったのは白靴の四名の錦衣衛の軍曹だったが、場所は蔡益所書店ではなかった。逮捕のうえ投獄されたのも陳貞慧ただ一人であった。「夜半に錦衣衛を派遣して君〔陳貞慧〕と応箕とを逮捕したが、応箕は逃亡し、君は出てきて牢獄に行った」。「その一日前、侯方域はそのことを聞いて逃亡した」（梁啓超『桃花扇註』下、一二三頁）。

史実の詳細な部分に異同があるとはいえ、名士を招聘して科挙の教材を編纂してもらうのは、確かに当時流行したやり方だった。謝国楨の「復社始末」は、明末の文人結社と書店のつながりについて指摘している。「その当時、民間団体の集まりには『社盟』、『社局』、『坊社』などなどの名称があった。『坊』という字の意味する所は言うまでもなく書店であり、結社と書店は大いに関係があったことがわかるのである」。科挙の受験生は八股文に精通しておらねばならず、書房はそこから利益を得ることができたため、科挙関連の教材を刊行することは、書店のひとつの重要な事業となっていた。「こうした受験生の八股文は案外、書店にとって良い商売となっており、また一般的に答案選集作成を取り仕切る作家は書房の大黒柱となった。このため普通の貧乏書生も、その仕事の報酬で生活を維持することができた」。明末万暦年間、江西の艾南英や陳際泰などといった人は、いずれも著名な答案選集作家であって、編纂した八股文選集本は一世を風靡した。蘇州や杭州の書房は大枚を惜しまず、彼らを江西から招請して文章を批評し選定させた。[29]『桃花扇』中の描写はこうした事実と完璧に符合しているのである。孔尚任の三山街の描写は、南京と三山街の書店の当時の出版業界における位置づけを忠実に描出してもいるし、流行書店街の様子と本屋の典型的な姿を捉えてもいる。[30]

それがしは金陵の三山街の本屋、蔡益所でございます。天下において書籍の豊富さでは、我が金陵に勝る所はございません。その金陵の書店の多さでは、我が三山街に勝る所はございません。その三山街のお客の多さでは、我が蔡益所に勝る所はございません。（指さして）ほら、十三経、二十一史、九大学術流派に三大宗教、諸子百家、陳腐きわまる八股文、新しい奇天烈な小説が、上から下まで箱と書棚を満たし、高い所から低い所まで店と二階に連なっております。南で作って北に売りさばき、古典も現代書も積み上げているばかりか、その上、厳密に批評をつけたり精選した本、精巧な印刷をした書を扱っております。それがし蔡益所は書籍販売で儲け、また学問普及の功績もあげております。かの進士、挙人の方々といえども、[31]それがしを見かけたら丁重に挨拶をして下さり、なんとも名誉なことでございます。（梁啓超『桃花扇註』下、一一四頁）

復社と閹党及び馬士英、阮大鋮との闘争は、明末政治史の主旋律である。「鬨丁」、「逮社」の二つの幕は、復社の文人と阮大鋮の直接的な衝突を描いており、もとより史実とは符合しないわけだが、全くもとづく所が無いわけではない。プロットの緊張感から言えば、こうした配置にはもちろん、その必然性がある。しかし、孔尚任が二度の衝突の場面をそれぞれ国子監と三山街に配置したことで、却って『桃花扇』という芝居と南京という都市との緊密な関係が益々際立つことになった。前述したように、『桃花扇』は壮大な政治史を物語る枠組みを提供しただけでなく、同時に一つの都市の歴史をも描いている。秦淮と貢院、そして国子監と三山街書店はともに文人／儒者と密にして不可分の場所であり、いずれも明末の南京という街の誇りとして引き合いにされるランドマークや文化遺産であり、書店と太学は、あまつさえ儒学の徒の伝統的で最もふさわしい表象とみなすことができる。孔尚任が「閧丁」と「逮社」という二つの場面をここに設定したことによって、歴史的事象の複雑さやこみ入った側面は犠牲になったが、忠／奸、正／邪という政治的闘争の最もふさわしい舞台となり、出来事がクローズアップされ、場面に生命力がもたらされた。政治的闘争と都市特有の文化が創り出す様相は密接に関連し、緊密に交錯し、イメージは鮮明で印象深いものとなった。それは、他の政治史の物語にはない凝縮された時空の枠組みを提供すると同時に、この政治的闘争や南京特有の都市景観とその文化がもたらす様相についての我々の記憶を豊かなものにしているのだ。

四、秦淮／旧院

政府機関や貢院、国子監や書店のほか、秦淮河と旧院も南京の名声を育む孵卵器であった。旧院は南京の東南に位置し、明代の名妓が集まった地域であって、占有面積はかなり広く[32]、秦淮河を隔てて貢院と向かい合っていた。「旧院は貢院と遥かに向かい合っており、僅かに一本の河を隔てているだけだった。そもそもは才子佳人の為に設立されたのであった。郷試〔科挙の地方試験〕の年には、四方から受験生が尽く集まり、馬車を連ねて器量よしを選んで歌わせた。…これは妓楼の盛事であり、科挙試の番外編であった」（『板橋雑記』五頁）。妓楼の土塀の外、数十歩のところには、長板橋があり、余懐の『板橋雑記』は正にこれから名を取っている。（図4・5）

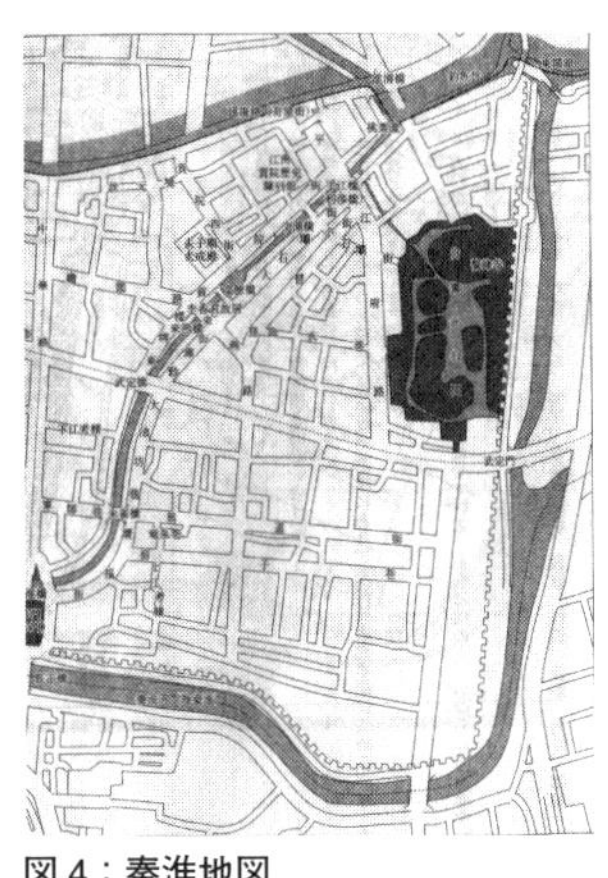
図4：秦淮地図

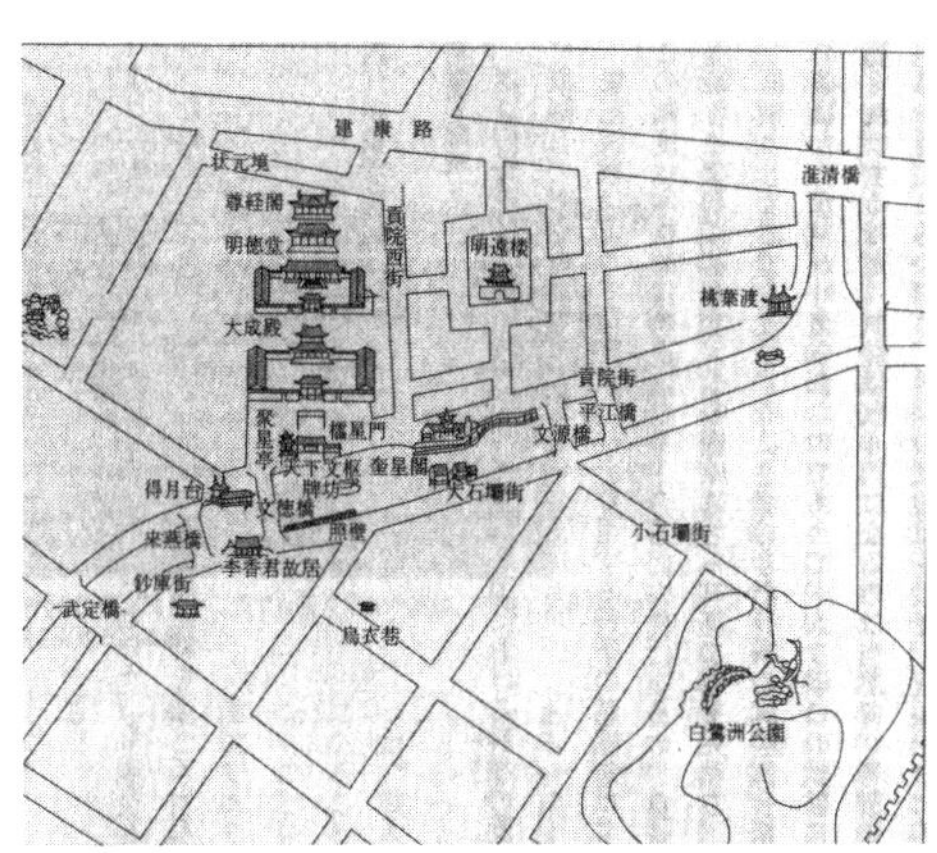

図5：秦淮夫子廟周辺図

『桃花扇』の第五幕は、旅先で無聊をかこつ侯方域が恋情堪えがたく、旧院に探索に出かける様子を描写している。途中で偶然にも柳敬亭に出会い、柳の導きにより李香君が住む媚香楼にやってくる。ここでは、秦淮や旧院の位置関係や景色が極めて簡潔且つ要所を押さえて描写されている。

私は侯方域、……六朝には華やかであった場所に暮らし、旅寝はつらいとはいえ、恋情は抑え難くもあります。……今日は清明の良き節句、ぽつねんと無聊をかこっておりますので、歩に任せて春景色を楽しみ、そのまま旧院までふらりと尋ねて行って何の不都合があろう。〔行くしぐさ〕
〔錦纏道の歌〕妓楼を望むは、都の東の方、宮門は楊のみどり。一路紫色の絹の手綱を引きて、野を歩きて廓に向かう者を誘う。誰が家ぞ燕の赤子一対あるは。
〈丑〉〔柳敬亭に扮して登場〕……侯の若様はどちらに遊びにおいでですかな。……それがしはやることがございませんので、お付き合い致しましょう。〔同行する〕〔丑　指さして〕あれが秦淮河の水榭……こちらは長板橋です。ゆっくり参りましょう。
〈生〔侯方域〕〉〔歌〕帯の如く板橋長く、そぞろに誘うは茶寮に酒

図6：長橋艶賞：『金陵図詠』

舫。

〈丑〉もう旧院に参りました。

〈生〉（歌）花売りの忙しき声を聴き、奥まで長き路地を過ぎぬ。

〈丑〉（指さして）この路地には、名妓のお宅があるんでございますよ。

〈生〉道理で趣きが違うわけだ。ほら、黒い漆塗りの双門に、（歌）一枝の露に濡れし淡き黄色の柳を挿す。

（『桃花扇』第五幕、「訪翠」、三六頁）


三月の清明節に、侯方域は歩みに任せて南京城の東まで行き、楊の緑のトンネルを通り抜け秦淮河の畔にやって来た。河の畔には水榭や河房が並んでいる。長板橋を通って、道沿いの茶寮や酒舫を見やりながら、そのまま奥深い路地の旧院まで来た。旧院は文人や知識人の欲望と逸楽の夢の仙境ではあるが、彼らが活動した唯一の場というわけではない。（図6）秦淮河自体及び河べりの水榭、河房も、いずれも文人の集まりや会合に欠かせない場所であり、冒辟疆が東林党の六君子（閹党の弾圧で犠牲となった六人の名士）の孤児たちと会合を開いた桃葉渡は、まさに秦淮河で文人がしょっちゅう集まったスポットであった。[33]『桃花扇』第八幕では、陳貞慧と呉応箕それに侯方域と李香君といった人々が、秦淮河畔の丁継之の水榭で「復社の文会」を行い、端午の節句の燈籠船の賑やかな光景を見る。芝居は陳と呉の二人が旅籠で気分が滅入ったので、わざわざ秦淮河まで行って節句を愛でるところから始まる。「貢院秦淮河に近し。……端午の節句は賑やかなれどただ一瞬のこと、繁華は目に目映きも、王・謝（建康（南京）を首都とした東晋王朝に栄華を誇った琅邪の王氏と陽夏の謝氏。内外の戦乱に明け暮れた東晋朝は、王導とその従兄の王敦や謝鯤、謝尚親子、尚の従弟の謝安、安の従子の謝玄らの巧みな行政運営と軍事戦略により百年の命脈を保った」を訊ぬる人少なし」（王季思等合註『桃花扇』五五頁）。場面はその後、燈籠船の盛会に移る。

〈雑〔丁家の下男〕〉（報告する）燈籠船でございます、燈籠船でございます。（指さして）ほら、黒山の人だかりでございます。燈籠を取り囲んでおります。さあ、ご覧下さいませ！（皆立ち上がり、欄干に寄りかかって見る）

（燈籠船が出る。五色の四角い燈籠を懸け、太鼓と管楽器を大音声で鳴らして、舞台を数周回って退場）

〈丑〉〔柳敬亭〕ご覧なさい。ああいう豪華なのは、全部高位高官の家ですよ。（また燈籠船が五色の紗の燈籠を懸けて登場。十種の楽器を演奏して、舞台を数回繞って退場）

〈浄〉〔蘇崑生〕これは富裕な大店の商人とお役所の下っ端役人ですな。これも賑やかだこと。（また五色の紙の燈籠を懸けて、十種の楽器による曲を演奏しながら、舞台を数回繞って退場）

〈末〉〔陳貞慧〕ほら、船で酒を飲んでいるのはいずれも翰林院のだんな方。

（合唱）盛大に、金波を銀河のみなとに望みたり。

（王季思等合註『桃花扇』五七頁）

孔尚任はここで舞台道具や音楽の違いにより、高位高官、富裕商人や役人など様々な階層の遊覧船の規模と趣きを表現し、多くの船が趣向を競い、万民が歓声をあげる光景を造り出そうと意図したのであり、工夫を凝らしていると言える。だが、こうした場面というのは、彼が空想で書いた虚構ではない。張岱は秦淮河の畔の「宴会の歌声や楽器演奏、沸騰するが如」き端午の節句の祝賀行事について、極めて生き生きと描写している。「毎年、端午の節句には、南京城内の男女でぎっしり溢れかえり、競って燈籠船を見る。好事家は小さな苫舟を百艘あまり集め、苫に羊の角で作った燈籠を数珠つなぎに掛ける。舟の首尾を互いに繋ぐのだが、十艘あまり連ねるものさえある。船は水面に映った太陽や燈籠の光が作り出す龍の幻影さながら、くねくねとうねり、とぐろを巻いては折れ曲がり、水や火を噴射する。船中では、シンバルや銅鑼といった打楽器、宴会の歌や管弦楽で、沸騰するような賑やかさ。男女は欄干にもたれて哄笑し、音と光とが乱れ飛び、耳も目も制御不能だ」（張岱『陶庵夢憶』、「秦淮河房」、馬興栄評点校訂、上海古籍出版社、一九八二、三〇頁）。余懐の「燈籠船が尽く集まり、龍のような燈籠がうねる」という描写も、同様に秦淮河の燈火の盛んなさまを表現している。

秦淮河の燈籠船のすばらしさは、天下無双だ。両岸の河房、彫刻や模様が施してある欄干……揚州の十里長街の華やかさを思わせる真珠の御簾……夕暮れになってしばらくすると燈籠船が尽く集まり、龍のような燈籠がうねり、その光が天地を照らす。さかんに太鼓を打ち鳴らし、波を踏んでいく。聚宝門の水門から通済門の水門まで、天を震わすほどの大音声で大変なさわがしさ。桃葉渡の船着き場では、我先にと河を渡ろうする人たちのどよめきが続く。(34)（『板橋雑記』三頁）

聚宝門から通済門に至る一帯の秦淮河は、南京城の東南を流れている。正にここが旧院のある区域であり、当時の秦淮河流域の精華がここにあった。両岸の河房と桃葉渡口は、前述のように河のほとりで催事が行われる際の重要な場所であった。

秦淮河畔の「河房」に関して、張岱は柔らかな美しさを持つ一幅の図像を描きのこしている。「秦淮河の河房は、泊まってよし、社交に使うによし、妓女に狎れるによし。宿代は甚だ高いが、ここに泊まる者がいない日は無い。

その間を豪華客船に簫や太鼓の音が行き交う。河房の外にはそれぞれベランダがあり、朱塗りの欄干にきれいな窓、竹の御簾に紗の幔幕といった風情である。夏に沐浴を終えてベランダに思い思いに座ると、両岸の水楼の中から茉莉花の香を含んだ風が立ち、若い男女の心を動かす香が濃く漂う。女性客は団扇に軽い絹の着物の出で立ちで、鬢はほつれ髷は傾き、柔らかなまめかしさだ」（張岱『陶庵夢憶』、「秦淮河房」、三〇～三一頁）。『桃花扇』の中で何度も登場する呉応箕も多くの貴重な資料を残している。

「南京の河房は秦淮河を挟んで両側にあり、緑の窓と朱色の扉が両岸で輝いている。そして、欄干にもたれ御簾を覗いている者もまた、その輝きの中で照り映えている。夏、秦淮河は水かさが上がり、豪華船で簫や太鼓を鳴り響かせての遊覧が夜まで続く。まことに天下の麗しい景観である」（呉応箕『留都見聞録』巻下、『叢書集成続編』集部一七八、上海書店、一九九四、三〇七頁）。呉応箕は当時の南京の荒れた園林や傾いた役所についてはさかんに批判をしているが、河房の夏の「豪華船で簫や太鼓を鳴り響かせての遊覧が夜まで続」く盛況には、感嘆することこの上ない。この果敢に時事を批判する辛口の評論家の口から出た「天下の麗しい景観」によって、後世の者は無限にイメージをふくらませてしまうのだ。

全体的に論評した後、呉応箕は区域ごとの河房の輪郭とそれぞれの河房の特色について、ポイントを押さえた描写をしている。「武定橋より北は、次第に見映えがする河房になる。北岸には王氏と梅氏のがあり、堅牢な造りというほかない」、「文徳橋の下には徐氏の河房があり、大層壮麗である」、「応天府学を過ぎると、両岸に河房がひしめくように競い合っている。そこの河房は、科挙の年には益々派手に飾りたてて受験生から高い賃料を取る」。ここまで来ると、私たちはもう文人、受験生それに秦淮河のきれいどころが密集する集落に入り込んだことになる。「貢院を過ぎると南岸に斉王（朱榑）の子孫の河房があり、柳が垂れて陰を作るので暑気払いには一番いいし、近ごろできたものもある」。河に沿って北上し、桃葉渡を過ぎると、呉の記述に誘われ、我々は『桃花扇』中に表現された秦淮河の風流に近づいていく。まず着いたのは釣魚巷一帯の河房だ。釣魚巷から夫子廟に至る内秦淮の両岸は、六朝の美女が集まって住んでいたところである。前述の徐青君の先祖である魏国公徐達は、ちょうど釣魚巷一帯に著名な東花園を造ったが[35]、東花園は正に長板橋の前に位置していた（『板橋雑記』二頁）。『桃花扇』の中で、春情を抑えきれない侯方域がここで妓女と遊んだことがある。「釣魚巷の数カ所の河房は、いずれも宦官や王侯貴族の子孫のものだ。己卯の年、帰徳の侯朝宗が偶々ここに寄寓し、ある妓女と遊んだ」とある。続いて、呉自身は『桃花扇』の中心的舞台の一つ、丁家の河房にやってくる。「水門の近くに丁郎中の河房がある。丁為予は貴池の出身で、南京の河房は建物の欄干で美を競うだけだったので、工夫をこらして広間の外に屏風のように石を立て、その前に竹を植えた。これまたすっきりとして趣がある」（以上、呉応箕『留都見聞録』三〇七～三〇八頁による）。

「榭」はもともとはテラスの上の亭であり部屋はない。しかし、秦淮河の河房の場合、これが発展して造りが凝ったものになっており、受験にやってきた受験生に高値で貸し出す所もあれば、妓女遊びの場所となった所もあり、丁継之の水榭の場合は、文人が会合に使う書院となっていた。呉応箕の記述に拠ると、武定橋以北の河房は、たいてい壮麗で見映えがするが（「淮清橋の南岸を過ぎると広い廊下や高い楼閣のある河房があり、壮麗と言える」）、丁継之は功成り名を成した高官や大商人、「宦官や王侯貴族の子孫」、「総督や役所の下役人」が「欄干で美を競う」俗っぽさとは違うところをわざと際立たせるために、新味を出して広間の外に石や竹林を配することで、「さっぱりとして趣がある」という賞賛を博したのだ。

『桃花扇』の描写では、丁家の水榭は比較的高い位置にあり、秦淮河畔の情景を「登って眺める」ことができた。劇中、陳貞慧と呉応箕はわざわざここに燈籠船を観賞に来ている。「次尾〔呉応箕〕さん、我々、旅館で気鬱だから、わざわざ秦淮河に元宵節を楽しみに来たのに、どうして同じ結社の人に一人も遇わないんでしょうね」、「みんな燈籠船の上にいるんだと思いますよ」、「（指さして）これは丁継之の水榭でね、登って眺めるのにちょうどいいんだね（舞台に河房をひとつ組み立て、燈籠を懸けて御簾を垂らす）」。丁継之はよその燈籠の会に出かけていたが、家にはもう酒席が準備してあり、客が行けばいつでも宴会ができた。呉と陳の二人は、すぐさまちょうど燈籠船に乗って通りかかった侯方域、李香君それに柳敬亭、蘇崑生といった人に上がってくるよういい、酒を飲み詩を作り、丁継之の水榭で「復社の文会」を行った（王季思合註『桃花扇』五五〜五六頁）。

「鬧榭〔水榭を騒がす〕」の後半には、皆が丁家の水榭で夜半まで楽しく痛飲していたところへ、阮大鋮が船に乗って通り過ぎる場面が描かれている。阮は岸辺に燈火が明るく輝いているのを見て、小者を上陸させて探らせたところ、燈籠に「復社の文会　関係者以外立ち入り禁止」と書いてあるのを知り、慌てて笙歌を止め、燈火を消して、こっそり離れていった。この場面の主軸は、やはり復社の文人と阮との闘争にあったのだが、一方で阮大鋮が落ちぶれた状況でも風雅と生活の情趣を楽しんでいることも描かれている。

〈雑〉（報告する）燈籠船がまた来ました。〈末〔陳〕〉もう夜更けなのに、どうしてまだ燈籠船がいるんだ？（皆、欄干にもたれて見る）、〈副浄〉（阮大鋮役が、燈籠船に乗る）。〈雑〉（俳優役が、管弦楽を演奏しささやくように歌いながらゆっくり登場）、〈浄〔蘇〕〉この船の御仁は風流人のようですね。皆さん、耳をすましてじっくり楽しませてもらいましょう。〈副浄〉（船の舳に立って独りごちる）この阮大鋮、役者に歌わせようと船を雇った。そもそもは早く遊覧に出て来たかったのだが。ただ軽薄な輩に出くわして愚弄されるのが心配であったため、夜半になってようやくやって来た次第。全く腹立たしいことよ。（王季思合註『桃花扇』五八〜五九頁）

もし折悪しくこうした軽薄な復社の文人に出くわさなかったとしたら、音曲に燈火、管弦楽の細やかな音色、しっとりとした歌声の中、夜に秦淮河を遊覧するのはまた、自ずと一種の雅な文人的情趣となったろう。

陳貞慧は、阮大鋮が歌や音曲とともにやってきたのを聞き、激昂して「何とも大胆な輩だ。貢院の前にまで、奴が遊びに来ていいものか」と言い放ち打ちのめしに向かおうとしたが、侯方域の阻止により止めにし、阮大鋮は船を漕がせて遠くに離れていった。皆も挨拶をして別れた。「楼台を下(お)るれば、遊人尽く」。侯方域は李香君を旧院に送って帰ったのだった。正に所謂「秦淮の一里透明なる水、夜半の春帆美人を送る」といったところである（王季思等合註『桃花扇』五九頁）。

丁継之は明末、金陵で名の知れた舞台俳優で粋人であり、当時の多くの名士とつきあいがあった。彼が建てた水榭も俗っぽさがなかったので、文人名士が集まる場となった。銭謙益はかつて詩を作って丁家の河房の風景を次のように描写したことがある。「小闌干外市朝（集いの場）新たなり、夢裡の華胥（夢の境地）は自ら好春、岸を夾みて麹塵（モスグリーン）三月の柳、疏窗（彫刻を施した窓）の金粉（おしろい）六朝の人」[36]（銭謙益「題丁家河房亭子」銭曽箋注、銭仲聯評点校訂『銭牧斎全集』第四冊、三七頁）。銭謙益は、丁継之七十歳の誕生日にもまた、わざわざ四首を書いて贈り、順治十三年（一六五六）にも「丁家の水閣に寓す　絶句三十首」を書いている[37]。

陳寅恪の考証に拠れば、銭謙益は清初に一度逮捕され獄に下り、釈放された後に丁継之の元に身を寄せ、丁家の河房に暮らした。ここは後にまた、明朝復興運動の中心となった[38]。二人の間には深い交わりがあったため、銭謙益が何度も詩を作って贈ったことは、全く意外なことではない。名士からの評価は、丁継之及び丁家の水榭が秦淮河という歓楽街の中で果たした役割をよりいっそう引き立てた。

秦淮一里の透明なる流れを過ぎ、丁家の水榭から旧院にやって来ると、旧院の正門は武定橋に面しており、ここもまた、前に引用した呉応箕の「河房が次第に見映えがす」るようになる所である。こうした「奥深く続く路地」の中に、「妓女の家が鱗のように軒を連ねており」、しかもいずれも「家屋は小綺麗で、花や樹木はひっそりと趣きがあり、全く俗界の景色ではない」（『板橋雑記』一頁）。客を獲得するためにも、それぞれの妓楼はいずれも全力を尽くして「麗しさを争い媚を献げ、競争して奇趣を誇り」、数里の彼方まで届く花の香りや音楽の音色で客の注意を引きつけた。「明け方には朝酒をぐびぐびとやり、蘭草〔ふじばかま〕を入れたアロマ湯はきらきらと、着物に焚きしめた香が部屋中に充満する」、「真昼なら蘭の花や茉莉花の香り、沈香や甲煎〔甲香と沈香、麝香のブレンド〕の香りで、香気は数里まで匂う」、「夜になったら笛や琴を奏で、梨園の俳優が芝居を上演し、その音は天に届く」(『板橋雑記』二頁)。

大まかに言って、旧院の名妓の服装は「シック」を主とし、「華やかさや煌びやかさ」を殊更には重視しなかった[39](『板橋雑記』四頁)。ただ、身体の清潔さと芳香については気を配り、朝に沐浴、午後に花を買うことを日常生活で重んじた。『板橋雑記』は、妓楼での花卉の売買や花の香りの効果について臨場感をもって活写している。

粋な若者は、おしゃれな髪型に袖無しという出で立ち[40]。彼はお昼になると、籠や箱を引っ提げて、声高らかに汗取り草や茉莉花を売り歩く。すると愛らしい下女が御簾を巻き上げ、お金を数えて争うように買い、腕を取ったり胸を押したり、あれこれ軽口を叩いたりする。ほどなく黒い鬢に雪のように白い花を挿すと、全身に芳香が漂うことになる。思うに、この花は昼間には苞葉に包まれ蕾のままで、枕の上で開花する。まことに夜に媚びる淫花、客を帰らせない妖草である。

頭の上や枕元には淫靡な世界に誘う効果のある茉莉花や汗取り草がふさわしい。紗櫥〔薄絹を垂らした部屋〕や装飾を施した榭などの静謐で優雅な所なら、グラジオラスを生け併せて仏手柑や木瓜と「同にその静けさを良しとし」て、蘭の花の静謐典雅な王者の香りを愛でる(『板橋雑記』四頁)。お昼に花を売るこざっぱりした若者の外、余懐はさらに、旧院で簫を吹き流行歌を作るある楽師のふだんの仕事ぶりと浮き沈みの多い一生を詳細に記述しており、私たちは妓楼内部の細部についてよく理解できる。張魁という名の楽師は、若い時には「見目麗しく」、応天府知事を輔佐する官職にあった徐という青年官僚と同性愛の関係にあった。張は後に家を桃葉渡口に移し、旧院の近所になった上、旧院の数人の名妓と親しくつきあった。籠の中の鸚鵡はいつも彼を見ると「張魁の旦那のお越し。阿弥陀仏」と鳴いた。張魁は簫を吹き流行歌を作ったり、打馬〔双六の一種〕や投壺〔壺に矢を投げて競う酒席の余興〕が得意だった。毎朝妓楼にやって来ては、「花を生け、香を焚き、岕茶〔峡谷に生える茶樹のお茶〕を入れる準備をし、琴や文机を拭き、衣桁をセットしたが、部屋の主人にはそれを知られないようにした」。どこの妓楼の下男や下女も彼には感心していた（『板橋雑記』三三頁）。

旧院一帯には、茶寮、酒房や花売りの少年の外に、さらに多くの各種高級品を販売する店舗があり、設えはこざっぱりしており、売りに出している商品は、匂い袋、刺繍入りの靴、名酒、銘茶、果物や飴、酒の肴から、簫や管楽器、琴や瑟〔琴よりもやや幅があり、琴の伴奏に用いる楽器〕などまで、あらゆる物が揃っていた。客は廓の名妓の機嫌をとるために、往々にして金に糸目をつけずに買い込んでは贈り物にした（『板橋雑記』六頁）。

奥深い路地に住む名妓は、毎日湯浴みしたり、身だしなみを整えたり楽器を奏でたり歌ったりする外、特別な節句の時には皆で集まって楽しんだ。侯方域が清明節の日に初めて李香君を訪ねた時、ちょうど香君は卞玉京の家に「盒子の会〔弁当持ち寄り会〕」をしに出かけていた。侯方域に付き添って一緒に新緑を見に来ていた柳敬亭は、侯にその背景をこう説明している。「若様はご存じないでしょうが、この妓楼の名妓は、ハンカチ姉妹の契りを結んでいるのです。ちょうど線香兄弟みたいなもので、佳節が巡って来るごとに会をするのです」。続く会話の中で柳はまた、侯のためにさらに踏み込んで「盒子の会」の具体的な内容を説明する。「そうだ。今日は清明節ですので、皆さん会に出向いたのですね。それにしてもどうして『盒子の会』というのでしょうね」、「会に行く時には、それぞれ重箱を提げて行くのです。いずれも珍味で、〔歌う〕さまざまな海産物に、江瑶〔タイラギ〕、美酒あり」「集まって何をするのですか」、「みんなで技芸を比べるのです。〔歌う〕琴や月琴を弾き、簫や笙を高らかに吹く」（王季思等合註『桃花扇』三七頁）。「江瑶」は「江瑶柱」とも言い、即ち今日言うところの干し貝柱で、明清の江南では、極めて珍しく高価な海産物であり、また蘇東坡などの名士が賞賛し宣揚したことから、非凡な位置づけになっていた。「盒子の会」では、これを酒の肴の珍味としており、そこからも名妓の群を抜く趣味の良さが見て取れる。(41)

『板橋雑記』には沈周が「盒子の会」のために書いた序文が収録されており、やはり会の参加者が携えてくる珍味を競ったことが強調されている。「南京の旧院には、容色、芸ともに優れた者がおり、二十〜三十人と組になって、ハンカチ姉妹の契りを交わし……静かな夜の宴がひと月も続く。その席上では燈を設け弦楽器を奏で、各々その芸を披露する」（『板橋雑記』四三頁）。唯一異なるのは、『桃花扇』中の「盒子の会」は清明節に行われているが、沈周が記述しているのは元宵節の集まりであることだ。しかも時間は一ヶ月の長きにわたっている。『桃花扇』中に「佳節が巡って来るごとに会をする」とあるのは、確かに「盒子の会」の基本的な性格をおさえた紹介になっている。

ただ、こうした同業者／同性間で互いに励まし連絡を取り合って、芸を切磋琢磨する折々の催しの外に、名妓の日常生活の中で最も重要な仕事は、やはり異性のためにお座敷の音楽と色香という娯楽を提供することであった。彼女たちのサービス対象の中には、徐青君のように「夏ともなれば、河房で宴を開き、名妓四、五人を選んで、客を招いては酒席に興を添える」（『板橋雑記』三五頁）という豪商がいたが、実際にこうした名妓の生活や物語を世に伝えたのは、むしろ文人や名士であった。余懐は、旧院と貢院が一本の河を隔てているという特殊な地理的位置は、そもそも才子佳人のために設けられたのだとさえ考えている。「秋風の吹く郷試の年になると、四方から受験生が尽く集まり、馬車や馬を列ねては、きれいどころを呼んで歌わせる」（『板橋雑記』五頁）。

文人と名妓の交際には様々な形がある。姚壮若の武勇伝は、その中の最も極端なものである。「嘉興の姚壮若は、十二艘の屋形船を浮かべ、秦淮河に四方から試験を受けに来た受験生、著名人百余人を招き、船ごとに名妓四人を呼んで輿を添えさせ、梨園の一座を呼び、燈火や笙歌で賑わせた。これは、当時の盛事であった」（『板橋雑記』三二頁）。方以智の寓居での集まりも、同様に明末知識人の放埒なふるまいを物語っているが、場所は秦淮河畔の屋形船から河辺の水榭に移っている。余懐や張岱が語る話の主人公は桐城の孫克咸で、彼が寵愛したのは珠市の名妓だった王月である。一般的に言えば、珠市の妓女は姿形やたたずまい、居住している建物など、いずれも旧院とは比べものにならない。しかし王月は「すらりとした美しい出で立ちに明眸皓歯で、あやしい妖艶さ」（『板橋雑記』二七頁）で殿方の心を動かした。張岱の思い出の中では、更に「廓の前後の三十年間、全く匹敵する者無く」「南京の皇族や大官が力を尽くして招いても、宴会の終わりまで引き留めることはできなかった」という一世一代の美女で（『陶庵夢憶』、「王月生」、七二頁）[42]、孫武公は彼女を心底寵愛し「棲霞山の麓にある雪洞の中に連れ立って行き、ひと月出てこなかった」。七夕の夜、孫は妓女たちを方以智が仮寓する水上閣に集め、「四方の名士の車馬で路地がいっぱいになった。梨園の俳優は三座の競演で、水上閣の外には垣根のように船が取り巻いていた」（『板橋雑記』二七～二八頁）。明滅亡後、惶恐灘〔贛江の十八灘の一つ。江西省万安県にある〕に身を潜めることになる方以智の、明末の金陵での種々の行跡――董小宛を冒辟疆に引き合わせたり、雞鳴埭で観劇の折に阮を罵ったり、夜半に李十娘の居所において侠客の出で立ちで同輩をからかったりしたことや、秦淮河の水上閣で妓女や名士たちを集めたりしたこと――は、逸楽をほしいままにする豪放磊落な名士の典型であるかのようだ。

こうした派手でパフォーマンス性のある集まりに比べ、余懐による長板橋の上で名士佳人が手を携えて漫ろ歩く光景の描写は、より静謐典雅で人を引きつける。

長板橋は旧院の垣根の外から数十歩の所にあり、遙か遠くまで草木が茂り、靄は濃い緑を成す。迴光と鷲峰の二つの寺がこれを挟むようにあり、中山王の東花園は旧院の前まで延びている。……夜涼しく人が寝静まり、風清らかに月が明るくなるころ、名士と傾城は、花を簪にして髪を結い上げ、手を携えて漫ろ歩く。欄干に寄りかかり佇み、ふと彼の美女に出会えば、笑い声のどかに、こちらが洞簫〔底を塞いでいない簫〕を吹き、あちらは妙なる曲を歌う。万籟は皆静かに、回遊する魚は顔を出して聴く。まことに太平の世の盛事である。（『板橋雑記』一一～一二頁）

屋形船、水榭、長橋の外、名妓と文士の交流は、旧院の花や樹木が生い茂る、こざっぱりした造りの邸宅で行われた。『桃花扇』の女性主人公は李香君ではあるが、その実、彼女の妓楼での仮母である李貞麗も秦淮河の名妓であり、一般的な妓楼のやり手婆のイメージとは全く異なる。芝居中の李貞麗は自分の家柄を次のように告げている。「花柳界の名妓にして風流の名家。旧院の中に成長し、長橋のほとりで客を送り迎えしております。色香は未だ衰えず、優美なる姿態をまだ保っております」（王季思等合註『桃花扇』一五頁）。これは実写であるにちがいない。李貞麗と『桃花扇』中に登場する明末の四人の若旦那の一人である陳貞慧の関係は浅からぬものがあるし（『板橋雑記』四〇頁）、楊龍友とも旧知の仲であり、そのため母娘二人が暮らす媚香楼は極めて濃厚な文人の気配に充ちている。『桃花扇』第二幕「伝歌」の中で、楊龍友が媚香楼に貞麗、香君親子の様子を見に行く場面があるが、楼閣の文人の気配と周囲の限りなく続く春の景色は、まさにこの上ない組み合わせとなっており、もとは男女が情を交わす背徳の地であったのを、雅趣溢れる秀麗なものに飾り立てている。

〔歌〕三山の景色図画に供し、六朝の風流詩歌に入る。〔セリフ〕私は楊文驄、字は龍友と申す者。科挙の郷試に合格し県令となりましたが、辞職して閑居しております。この秦淮河の名妓李貞麗は、私とは旧知の仲。この春の陽気に乗じて、彼女の所を訪れよもやま話をするとしましょう。さあここです。もう着きました。このまま入るとしましょう。（入る）貞娘（李貞麗の愛称）はどこだい？（顔を合わせる）いいものだねえ。ほら、梅の丸い花はもう落ちて、細い柳の新芽がようやく黄色くなってきた。なよやかで色濃く、庭中春景色だ。どうやって楽しもうか。（小旦（李貞麗））本当にそうでございますね。二階にいらして香を焚き銘茶を入れ、詩でも鑑賞致しましょう。（王季思等合註『桃花扇』一六頁）

楊文驄はこの後すぐに香君の部屋にやって来るが、壁に書きつけてあるのは尽く名士が贈った詩であり、楊が最も仰天したのは、張溥（天如）や夏允彝（彝仲）など著名な復社や幾社の領袖も壁に書きつけていたことであった。楊文驄はとてもかなわないと嘆息し、思い切って壁に掛かった藍瑛が描いた拳石の傍らに、幾つか蘭の花を添えた（王季思等合註『桃花扇』、十六、二〇頁）。藍瑛は字を田叔といい、『桃花扇』第二十八幕中、楊龍友の差配により、人が去り空っぽになった媚香楼の留守を守り、香君が平素身支度をしていた所をアトリエにしている。藍瑛は浙派（明代に浙江地域を拠点とした職業画家による絵画の流派）の山水画の代表的人物であり[43]、彼の絵画と張や夏といった「こうした大物」（王季思等合註『桃花扇』一六頁）による題辞の贈与によって部屋には知的な気配が漂っていた。

『桃花扇』中、第五幕には侯方域と李香君が顔を合わせて好意を確かめ、皆で詩と酒で応酬しあう光景が描かれる。この日はちょうど清明節に当たり、香君は自宅から遠からぬ卞玉京の家に「盒子の会」に出かけていたため、侯方域が媚香楼を訪れても会えず、そこで侯は柳敬亭の導きで卞玉京の煖翠楼にやって来たのだった。媚香楼は鈔庫街に位置していたので[44]、二人は幾つかの路地や橋を通り、柳がこんもり茂ったところを抜けて、飴売りの簫の音の中、煖翠楼にやって来た。まさしくさながら「墓参するに家々に柳あり、飴売り吹きて至る所簫の音聞こゆ。鶯花（鶯と花。また妓女を言う）三里の巷、靄かかる二本の橋」（王季思等合註『桃花扇』三七頁）といったところである。

ちょうど楼閣で卞玉京が「盒子の会」を取り仕切っていたため、李貞麗と香君の方は侯方域と楼閣の階下で会った。「（生〔侯方域〕、小旦〔李貞麗〕に会って）それがしは河南の侯朝宗と申します。かねがね敬慕しておりましたが、今日ようやく願いが叶いました」。「（坐る）（小旦）虎丘〔蘇州の名所〕の新茶でございます。これを淹れまして敬意を表しましょう。（お茶を注ぐ）（皆飲む）（旦〔李香君〕）緑の柳と赤い杏が、清明節を彩っております。（皆賞賛する）結構、結構。銘茶を淹れて花を見るわけですから、風流な集まりということになります」。「（末〔楊文驄〕）このような風流な集まりには、酒が無くてはいけません」（王季思等合註『桃花扇』三八頁）。「銘茶を淹れて花を見るわけですから、風流な集まりということになります」という描写は、文士、名妓の集まりという特殊な性質を、端的に言い表している[45]。侯方域と李香君が顔を合わせた後、皆はすぐさま旧院の慣例に従って、楽しく飲んで酒令〔酒席での座興のひとつ〕を行った。侯方域は即席で次の詩を一首作った。「南国の佳人の帯飾り、袖の内に蔵す勿かれ、男の団扇の影に随えば、揺れ動きて一身に香る」（王季思等合註『桃花扇』三九頁）。侯方域は「李姫伝」の中で、自分と香君の相互の交流の経過をこう描写した。「雪苑侯生〔雪苑は侯方域の号〕は、己卯の年〔崇禎十二年、一六三九〕に金陵に参り、共に知り合った。姫は嘗て侯生を邀えて詩を作り、そして自ら歌って私に応じてくれた」（侯方域「李姫伝」、何法周主編、王樹林校箋『侯方域集校箋』上、二六二頁）。こういった詩歌の応酬という特殊な返答のしかたは、芝居中の「銘茶を淹れて花を見る」という雅趣溢れる光景と互いに響き合い、更に明末秦淮河の「三山の景色図画に供し、六朝の風流詩歌に入る」という文化的雰囲気を突出させている[46]。

　南曲〔南方系の歌曲〕で名を馳せ、四方の才能ある文人が「争って知り合いとなることを光栄に思い」（『板橋雑記』二七頁）秦淮河の名妓となった李香君以外に、李大娘や李十娘、顧媚のいた妓楼も、文人が集う重要な場所であった。李大娘は他の妓女たちと同様に、豪奢を好み丈夫の気っ風があって、「その住む楼閣、庭園、居室は、極めて華麗」で、おつきの者は十余人、音曲が絶えなかった。彼女は自分が供する歌舞と色香という娯楽を非常に誇りに思っており、「世の中には暇を持て余す若様、聡明な殿方がおられるものですが、そうした方々が我が家においでになると、心を奪われ骨抜きにならない方はありませんし、耽溺してお帰りになるのをお忘れにならない方はございません」と言ったものだった。李大娘の豪放な気風及び青年貴公子、殿方を骨抜きにさせる背徳的な魅力によって、彼女は莫愁湖、桃葉渡の間にあって、任侠の妓女という名声を勝ち得たのである（『板橋雑記』一三～一四頁）。

姿形、芸ともに当代随一と称された顧媚は、端正でかしこまった感じであったのにもかかわらず、同様に人を迷わせ擒（とりこ）にする力を持っており、そのため彼女がいた眉楼（メイロウ）は迷楼（ミーロウ）〔人を迷わせる楼〕と言われた。迷楼は耳目を楽しませる音楽と色香の外、その上、凝った美食で内外に名を知られていた。「この時、江南は淫靡で奢侈の風潮があり、詩文の宴会には、着飾った妓女と黒頭巾に紫のかわごろもを纏った文士が入り交じって坐り、座に媚娘〔顧媚の愛称〕がいなければ盛り上がらず、しかも顧家の厨房特製の料理が最も見映えがした。……そのため眉楼で宴会を設ける者が、引きも切らず訪れたのだった」（同上、一五頁）。

旧院の多くの名妓の中でも、余懐本人は李十娘と最も親密で、最も多くの紙幅を割いて李十娘の個性と住居を描写している。「その性格は清潔を好み、琴や歌を能くし、文芸にも通じ、文人才子が好きだった」、「その暮らす隠れ家は、寝台のカーテンといい酒器といい、楚々として趣があった」。居宅に長い廊下を設け、長い廊下の左側には古い梅の木が一本植えてあり、右側には梧桐が二株に大きな竹が十数本植えてあった。「朝夕に梧桐を洗い竹を拭き、緑色はたいそう美しかった」。余懐は同人の詩文の会がある度に、必ず俗世にいることを忘れるかのような十娘の雅趣溢れる屋敷で行った。客ごとにいずれも気の利く婢一人が付き、硯席に侍らせ、墨を磨り香を焚かせた。宴席では茶とお茶請けを絶やさず、「日が暮れれば一同で楽しく酒宴を開き、とことん楽しんでから解散した」。当時、天下は乱れ、侯方域のように長江を渡って南に移ってきた北方の名士が後を絶たなかった。そこで李十娘の秦淮河の庭は、大儒が集って語らう隠れ家となったのである。「時に流賊〔李自成を指す〕が長江以北を乱したため、名士で長江を渡り金陵に移り住む者は甚だ多く、誰もが李十娘を敬慕したのだった」（『板橋雑記』一一頁）。

五、断裂

『桃花扇』は康熙三十八年（一六九九）に脱稿した作であり、明滅亡から已に半世紀余り経っていた。『板橋雑記』は康熙三十二年に成立しており（劉如渓点評『板橋雑記』一頁）、『桃花扇』よりやや早いが、作品の中に描写されている情景や人物は、大方が半世紀前の往事である。しかし驚かされるのは、半世紀の隔たりがあるとはいえ、二人が伝える歓楽や衰亡の気配は、ともに強烈で鮮明だということだ。表面的なことをいえば、『桃花扇』は史詩のような形式と壮大な叙事的構成になっている。『板橋雑記』が描写するのは秦淮河の歓楽地ではあるのだが、それは少なくとも洪武年間の建国初期にまで遡ることができる。ただし実際には、記述されている歓楽の時期は非常に短い。『桃花扇』第一幕「聴稗」の時間は崇禎十六年（一六四三）に設定されており、侯方域は自ら、去年壬午の年に南京での郷試に落第してから莫愁湖の畔に仮住まいしている、と言っている（王季思等合註『桃花扇』五頁）。実際には、侯方域が南京の郷試に落第して初めて金陵に仮住まいしたのは崇禎十二年であり[47]、この年の五月に南京に移り住んで以後に賓客と広く交際し、呉応箕、陳貞慧や方以智それに冒襄といった人々と知り合って、詩や酒、音曲や女色を存分に楽しんだ。「時に四方の文士が次第に雲集し、方域は傑出した才能と清新な雰囲気で、大金を使って交際し、海内の賢者や豪族と親密に議論や交流をし、詩酒や音曲、女色の場に馳せ参じ、人々は互いに重んじ、誰もが遅れまいと彼と交際したがった（謝桂栄・呉玲『侯方城年譜』、五八六頁、『侯方域集校箋』所収）。彼は崇禎十五年の秋の郷試にはおそらく参加していないものの、秋に敵方の将軍に釈放されてから、再び金陵に戻っている。『桃花扇』中に描写するように、彼はしょっちゅう陳貞慧や呉応箕らと船あそびを楽しんでいる。「南京に寓し、ちょうどその時には南京での郷試が終わったばかりで、陳貞慧や呉応箕、彭賓といった復社の名士と南京で親しくつきあい、意気揚々と過ごし、夕日が雲に遮られるころになると、いつも妓女をたくさん載せた青い帳の船で、次々と水面に波の模様を作るのを日常としていた」（前掲『侯方城年譜』、五九三頁）。しかし、崇禎十二年（一六三九）であろうと十五年であろうと、侯方域ら青年名士の金陵での逸楽は、実は、いずれも極めて短いものだったのだ。

余懐の筆による「欲界の仙都」「昇平の楽国」の記述は、基本的には動乱前のひとときに貪った歓楽である。余懐が金陵で多くの名士と親密に往来し、「雨花台や桃葉渡の間」で遊蕩した全盛期は崇禎末年で、「江南では平穏で何事もなかった」とはいえ、明朝亡国にあと数年しかないという状況であった。歓楽の時間はあっという間に過ぎ、ちょうど彼は二十歳過ぎの若さであったために、全身全霊で思う存分のめり込んだのかもしれない。個人の青春期と都市の最盛期の華やかな雰囲気が互いに響き合ったことにより、余懐は忘れ得ぬ思い出を書き留めたのだ。半世紀を経ても、繁華な逸楽の光景が色鮮やかに光り輝き、すぐに瞼に思い浮かべられるように。

だが、こうした鶯や燕が乱舞する長板橋の清風明月以外に、『桃花扇』と『板橋雑記』のもうひとつの無視できないテーマは、今は無となった歌舞と絢爛豪華な建物である。『桃花扇』の最後の曲に附された詩では「漁夫樵夫同（とも）に話す旧き繁華、短き夢寥寥たるに記憶違えず」、「笙歌西の屋敷何れの客をか留む、煙の如き雨降る南朝幾たびか主を換う」（王季思等合註『桃花扇』二六一～二六二頁）といい、繁栄の短かったことを強調している。そして芝居の終わり、それは李香君と侯方域が棲霞山中で出家して修行に励むようになってから三年後のことだが、蘇崑生が南京に舞い戻る描写には、今は無となった金陵の夢の名残りが詳述されている。

〈浄〔蘇崑生〕〉お二方に包み隠さず申しましょう。私は三年間南京には参っておりませんでしたが、急に興が沸いて、城中に柴を売りに入りました。途中、孝陵を通りましたところ、かの宝城享殿〔皇帝の棺が安置してある宮殿と位牌が祀ってあるお堂〕が牧場になっているのが見えました」、「〈丑〉〔柳敬亭〕えっ！かの御所はどのようだったのですか」、「〈浄〉かの御所は、壁は倒れ宮殿は崩れ、そこらじゅう雑草でございました」、「〈副末〉〔老賛礼〕、涙を浮かべる〕そこまでの状況になっていようとは思いませんでした」、「〈浄〉あたしはまた、そのまま秦淮に参りまして、しばらく立っておりましたが、何と人っ子一人いませんでした」、「〈丑〉かの長橋や旧院は、我々がよく遊んだところ。君も見に行ってみるべきでしたね」、「〈浄〉どうして行かないことがありましょうか。長橋はもう、板一枚無く、旧院には瓦礫が残るばかり」、「〈丑、胸を突いて〉はああ。悲しい限りだ」、「〈浄〉その時、急いで踵を返しましたが、道々やりきれなさに、北曲〔元代に起源をもつ北方の歌曲〕を一組創り、『哀江南』と名づけました。歌ってお聞かせしましょう」。

〔王季思等合註『桃花扇』二五八～二五九頁〕

【哀江南】

〔沽美酒〕青渓にかかる橋を覚えたらん。旧き紅板一枚として無し。秋の水辺、果てなき空、人過ぐるは少なく、冷え冷えとして夕日落ち、一本の柳の曲がるを残すのみ。

〔太平令〕かの旧院の門まで行きて、何ぞ戸を叩くを要せん。子犬のキャンキャン吠ゆる怖れなし。涸れ井戸、廃れし鳥の巣に非ざるは無く、煉瓦は苔むし石段には草の生う。手ずから植えし花の茎も柳の梢も、意のままに柴の如く採らる。この黒き炭は誰が家の竈なりしか。

〔離亭宴帯歇指煞〕曽て見たり。金陵の玉の御殿に鶯の鳴く暁、秦淮河の水榭に花の開く朝。誰か知らん、氷の如く消え易きを。かの人の朱塗りの楼を建てたるを見、かの人の賓客と宴するを見しに、今は楼閣倒るるを見る。この青く苔むす碧瓦重なりしところにて、曽ては粋なる夢を見るも、五十年の興亡を見飽く。かの烏衣巷住まう人の姓は変わり、莫愁湖には物の怪夜に泣き、鳳凰台には梟宿る。国破れし後の残んの山夢こそ真実なりて、昔日の境地捨てがたく、王朝の移りしを信ぜず。一組の江南を哀しむ曲を思いつくまま作り、悲しき声を放ちて老ゆるまで歌わん。(48)

（王季思等合註『桃花扇』二五九～二六〇頁）

「哀江南」という曲の最後のこのひとくさりは、千古に伝わり賞賛され、広く後世の人に知られており、人生の浮き沈み、興亡無常の典型的な描写と目されているが、もし蘇崑生の前後のセリフを併せてこれを見るのならば、王朝の興亡という壮大なイメージの背後に、さらに重層的に金陵、秦淮河、青渓、旧院、長橋など特殊な時空の光景に対する追憶と感慨が見え隠れする。前述のように孔尚任は『桃花扇』という芝居を創作する際、『板橋雑記』の叙述を多く借りた。蘇崑生がここで南京に舞い戻る描写を余懐『板橋雑記』の序文や関連のある記述と対照してみると、その関連性を見出すことは難しくない。「明清交替以降、時は移り物は換わった。南京の十年にわたる昔の夢（唐の杜牧が「遣懐」詩に「十年一たび揚州の夢より覚め、青楼薄倖の名を贏ち得たり」と詠んだことをふまえる）は、揚州を彷彿とさせる。かつての歓楽の場は、今は草が繁茂するばかり。紅牙碧串（紅牙は拍板という打楽器。碧串は青い串鼓（でんでん太鼓）か）に合わせる素晴らしい踊りに美しい歌は聞けなくなった。(49)……たまさかそこを通りかかると、辺り一面の雑草で、楼閣は灰燼に帰し、美人は塵土に埋もれていた。栄枯盛衰をしみじみと感じることは、これに勝るものがあるだろうか」（劉如渓点評『板橋雑記』「原序」、一～二頁）。

「長橋はもう、板一枚無く、旧院には瓦礫が残るばかり」というセリフは、余懐たちのこれに勝るものはないほどの「栄枯盛衰の思い」を言い表しており、かつて秦淮河の水榭に出入りした様々な人々の今の境遇は、時代の断裂の傷跡を示している。孔尚任の作品で、揃って出家したことになっている侯方域と李香君の、現実の生活の身の落ち着き先は、若き名士と秦淮の美女という似通った背景を持つもう一つのカップルである冒辟疆と董小宛とは、決して同列には論じられない。

侯方域の南京での時間は短かったとはいえ、二十歳そこそこの若者が過ごしたのは、豪奢で欲望の赴くままの放蕩三昧の生活であった。「方域は溢れる才能を誇ったが、寂しさには耐えられなかった。また、音曲を解し、金陵で過ごした日々、いつも酒席の興には美女を欠かさなかった」（『侯方域年譜』五八八頁）。「朝宗は嘗て金陵に旅し、数千金を手に桃葉渡に寓居し、日夜、知人で酒を好む者を招き、妓女を侍らせ琵琶を弾き存分に飲んだ。酒や酒肴は大変豪華で、その費用は膨大だった。料理人が気に入らないと急に怒り出して撲殺し、遺体を秦淮河に投げ捨てた。この時、侯氏は権勢があったため、それを見た者は皆、口を噤んで問題にしようとしなかった。朝宗の思うに任せた放縦ぶりは、いずれもこの類いであった」（汪琬「題壮悔堂文集」）。一六四四年九月、侯方域は一度、南京に潜かに入ったが、時に阮大鋮がほしいままに復社の人を逮捕していた。呉応箕はある錦衣衛が事前に報せてくれたために南京を離れたが、陳貞慧は不運にも逮捕され、侯方域が上から下まで賄賂を贈ったことで釈放された[50]。侯自身も捕縛役人がその身柄を四方八方捜索していた時には、土塀の中に身を潜め災難を逃れた（『侯方域年譜』五九六〜五九七頁）。その後、侯方域は史可法の幕下に身を投じ、一六四五年になって、事の成就し難いのを見て揚州に逃れた（『侯方域年譜』五九九頁）。その年の年末、二十八歳の侯方域は郷里に退居し、多くの時間を父親の侯恂とともに河南の商邱城から南に十里の地にある南園で暮らした。順治八年（一六五一）、一度は郷試の受験を強制され、副榜を得た[51]。三年後、病気によって亡くなった。僅か三十七歳であった（『侯方域年譜』六一四〜六一五頁）。

侯方域は高官の子弟として生まれ、恵まれた才能により将来を嘱望され、思うに任せた放縦ぶりで、「人に会ってもまともに相手を見ようとしなかった」（宋犖「侯朝宗伝」、田蘭芳「侯朝宗先生伝」。いずれも何法周主編、王樹林校箋『侯方域集校箋』上、五九九〜五六一頁）。順治二年（一六四五）冬、故郷に退居した時は、ゆっくり再起を図るつもりであったが、江南の復社の文人が組織した反清運動が次々と失敗してからは、復社の古い知人と終生隠居し二度とは出仕しないと約束を交わし（『侯方域集校箋』上「前言」、四頁）、南園の茅屋で、農民や隠遁者のような生活を送った[52]。かつての金陵で妓女を求め、市街で人を殺した傲岸不遜な振る舞いと比較すると、侯方域が隠遁後、古文に専心し著述に力を注いだ田舎住まいの生活は、『桃花扇』中の出家して修行する心ばえとさほどかけ離れたものではない。「（高）杰が殺害され……。公子〔侯方域〕は単身帰郷して司徒公〔父の侯恂〕に仕え郷里に潜み、失意して無聊を託っていることに苦しみ、ただ日々二、三の同志と昔の結社を復活させて痛飲悲歌し、鬱屈した不満を紛らせた。暇があれば詩や古文に存分に力を注ぎ、自ら『四憶堂詩』と『壮悔堂文』の二集、各若干首を編纂した[53]」（胡介祉「侯朝宗公子伝」、『侯方域集校箋』上、五六三頁）。

順治二年（一六四五）秋、侯方域は帰郷する前に、南京などを漫遊したことがある（『侯方域年譜』六〇一頁）。その後九年まで、ほぼ郷里から出ることはなかった。順治九年秋、方域は約束を果たすために、陳貞慧の招きに応じて明朝滅亡後初めて江南を再訪したが、これが彼の最後の南方旅行となった。まずは南京に立ち寄り、暫時滞在した。「朝にのろまなロバに跨がり旧友を訪ねたが、誰一人として会えず、日が没して帰り、むせび泣いて廃墟となった寺に泊まった」（『侯方域年譜』六〇九頁）。侯のこの時の感慨は、およそ『桃花扇』の最後の曲で、金陵を再訪して傷心のあまり「哀江南」の曲を歌った蘇崑生に劣らない。十月、侯は運河に沿って下り、無錫を経て宜興に至り、嘗て艱難を共にし逸楽を共有した陳貞慧と再会する。古い友人は落ちぶれ、山河は亡国の恨みを留め、侯の言葉には死生を思う嘆きが溢れ、彼の余生長からぬことに重ねられている。

ああ、人生惜しむべし。凡そ人生百年と謂うのは妄想である。或いは戦争により死に、或いは災害で死に、或いは盗賊に遭い死に、或いは難に遭って死ぬ。たとえ幸いにしてこの中に入らなくても、昔賢の言う七日間汗をかかぬ熱病にかかれば、やはり死ぬ。然らば人生の壮にして盛んなるは、三、四十年に過ぎず、而して私と定生とはあっという間に已に其の半ばを過ぎたのであり、何とも悲しいことだ。顧みるに往時、我ら二人を殺そうとした者は何処にいるのだろう。而るに我ら二人は猶こうやって顔を合わせていることは、幸いというべきではないか。（侯方域「贈陳郎序」、『侯方域集校箋』、九八～九九頁）

侯方域と陳貞慧の二人は阮大鋮の順治元年（一六四四）の追跡を逃れ、八年後に再度江南で会い、同時期の友人の境遇に比べ自らは不幸中の幸いだと言っている。しかし、侯方域は一方で、僅か十歳の陳郎に[54]、死の道を大いに語っており、これはまことに常軌を逸している。唯一の解釈としては、当時の死亡や離散の経験が強烈で、旧友と再会した際に、こうした強烈な感覚がまた呼び覚まされ、あふれ出て止められなかったというものだ。

侯方域の訪問を歓迎するために、陳貞慧と陳其年（維崧の字）父子及び宜興の著名人や知識人が総出でやって来て、「金を出し合って宴会を開いた」。詩と酒を応酬する光景は、侯方域に十五年前、崇禎十一年（一六三九）の方以智らとの同様の性格の集まりを思い起こさせた。美酒は昔のままだが、旧知の人々は次々と落魄していたのである。

己卯の年、金陵での仮寓を回想すれば、当時、桐城の方検討（方以智。検討は官名）が宴会を開き同人を招致したことがあった。今、その宴が再現されたわけだが、あれから十五年になろうとしている。方検討は落魄して、その消息を尋ねるすべもない。そして、同じ時代の同人であった、呉貴池（応箕）は刀を踏んで死に、李華亭は志を遂げぬまま亡くなり、梅金吾は寺に入って僧侶となり、張修撰は海のほとりに帰隠した。風が吹き煙は散じ、彼らの境遇はほとんどそのようなもので、「江山の恨み」と「禾黍の悲しみ」（ともに亡国の悲しみ）

を自ずから知ることができる。ああ、そもそも多くの美酒を飲み、詩を書いて志を表し、さらに我が歌えば君が和し、遊興にふけって詩文を作るというようなことは、いずれも太平の御代の平穏無事の者であってこそできたことである。諸兄は戦乱による国土の破壊の後に最後の仕上げをし、私もまた偶々幸いにしてそこに参与できた。酒が入れば本音も出て、この身の異郷にあることを忘れてしまう。(55)

（侯方域「陽羨燕集序」、『侯方域集校箋』上、九三～九四頁）

当時は金陵で「詩や酒、音曲や女色の場に馳せた」（胡介祉「侯朝宗公子伝」）が、今はそうした詩や酒の応酬は「いずれも太平の御代の平穏無事の者がすることだ」と思っている。宴が酣になり気分が高まってきた時には「江山の恨み」や「禾黍の悲しみ」を思い起こし、色を正して友人にこう言った。「だからこそ、新亭の涙（亡国の歌）は、子夜の歌（恋歌）より悲しいのだろう。ああ、今の江南は、昔日と比べてどうだろう。諸兄は私の言葉にいろいろ思い、詩を吟じる者は止め、酔っている者も醒めてしまうことだろう」(56)（侯方域「陽羨燕集序」）。「だからこそ、新亭の涙は、子夜の歌より悲しいのだろう」という名言が、昔日「日夜、酒を好む友人を招き、妓女を侍らせ琵琶を弾き存分に飲み、酒や酒肴が大変豪華だった（「題壮悔堂文集」）」侯方域の口から出ていることは、こうした人々の心中で、逸楽は已に断裂され、国土を喪った無限の恨みが残るのみであることを、明確に物語っている。

李香君の明朝滅亡後の境遇に関しては、記録は多くない。侯方域「李姫伝」では二人の交際について述べ、香君の人並み外れた見識と情操とを際立たせているが、香君のその後の行方については言及していない。この文章に拠れば、侯は崇禎十一年（一六三九）に南京で科挙を受験した時に、復社の領袖だった張溥や幾社の名士であった夏允彝及び李貞麗とつきあいのあった陳貞慧といった人々の紹介を通して李香君と知り合った。ほどなくして方域が落第すると、香君は彼のために桃葉渡で酒宴を開き「琵琶詞」を歌って見送り、期待や激励の外、併せて別離の情と変わらぬ志を寄せている。

若様は才能名声詩文とも素より蔡中郎に劣りません。中郎の学識は品行をつくろうことはできませんでした。今『琵琶記』の伝える詞は固より虚構ですが、かつて董卓に阿ったのは、掩うべからざる事実です。若様は剛胆不羈のお方で、加えて失意の身。ここでお別れすれば、次はいつ会えることやら。どうか自愛し、妾の歌った「琵琶詞」を忘れないで。妾も二度と歌いません。（侯方域「李姫伝」）

蔡邕〔後漢の人。元末明初に高則誠によって書かれた南曲『琵琶記』では主人公の一人〕は、後漢末の時代に才能と名声により知られたが、董卓の配下に走り左中郎将の官を拝したため、後世の人に譏られた。香君はこの物語を踏まえて言葉を侯に寄せ、併せて繰り返し「どうか自愛」するよう喚起している。彼女は明らかに、以前この侯方域が危うく阮大鋮に利用されかかり、自分の諫言でそれを止めたという体験によって(57)、侯の性格的な弱点について深く理解していたのである。いかんせん侯方域はその後、結局、出処進退を誤ったため、世に譏られる所となった。香君は十三歳から蘇崑生に付き随って『玉茗堂四夢』〔湯顕祖の戯曲四作〕を習い、どれもその音の高低、リズムの緩急といった極意をよく把握し、「最も『琵琶詞』が巧みであったが、軽々しくそれを歌わなかった」（侯方域「李姫伝」）。侯方域と桃葉渡で餞別の宴をしてから「二度と歌わないことにした」ということが、香君の秦淮での歳月が恋人の帰郷とともに終わったことを象徴している。

方域は「李姫伝」の末尾で次のようにいう。「侯生が去った後、もとの巡撫で田仰なる者が、三百金で姫に会おうとしたが、姫は頑なに拒否した。巡撫は恥をかかされたと怒り、ことに託けて姫を中傷した。姫は嘆息して『田公は阮公と同じですね。私は以前より侯の若様にご贔屓いただいておりますのに、どうしろとおっしゃるのでしょう。今、そのお金につられて出向こうものなら、妾は若様を裏切ったことになります』と言って、結局行かなかった」[58]。田仰は馬士英の親戚で、弘光朝の時に淮陽巡撫に任ぜられた。三百金で側室として娶ることを李香君に拒絶されてから、田仰は侯方域が背後で教唆したものと思い、書状を認めて問責した。そのため侯方域は「田中丞に答うる書」を書き、田仰を嘲った。この文の記述に拠れば、香君が田仰の三百金を斥けたことは、二人が別離してから半年ほど後に起こっており、それを聞いた侯方域は嘆息驚嘆して已まなかった（侯方域「答田中丞書」）。これが、我々が目下知る侯方域と李香君の短い恋愛の中で、最後のエピソードでもある。

『桃花扇』劇の中では、田仰が三百金を送って李香君を側室にしようとした物語は、第十七幕の「拒媒」、第二十一幕の「守楼」というプロットに敷衍されており、最後に香君は地面に倒れて頭をぶつけ、血を詩が書かれた団扇に飛び散らせ貞節を保った。そして、義理の母の李貞麗が身代わりとなって田仰に嫁ぎ、それぞれの難題を解決したのだった。血がポツポツとついた団扇は赤が鮮やかで、楊龍友が枝葉を描き加えたことで、芝居全体をつなぐ桃花扇となった。しかし、『桃花扇』劇以外の「李姫伝」と『板橋雑記』など関連する記述の中では、田仰が金を送り香君が「妾は侯の若様に背けません」（劉如渓点評『板橋雑記』一一二頁）として辞退したところから後、香君の行く末はわからない。『秦淮八艶図詠』が唯一、香君の行方に触れている。「福王は南京で即位し、歌姫を求めた。香君が選ばれて宮中に入った。南京が陥落すると単身で逃れ、後に卞玉京をたよって人生を終えた」[59]。その上、文中ではさらに踏み込んで香君が血に染まった桃花扇を人に頼んで侯方域に贈り、方域は香君に恩義を感じて「李姫伝」を書いたという[60]。ここの記述は『桃花扇』のプロットを彷彿とさせるが、『秦淮八艶図詠』は、光緒十八年（一八九二）の出版で、その年代はかなり後なので、むしろ『桃花扇』に材を得た可能性が濃厚だ。証拠がないため、ここでは参考に留めておく。

卞玉京は書を解し絵を得意とし、後に出家して道士となり、自ら玉京道人と号した。明末に妓女であった時、有名詩人の呉偉業に一目惚れし身を許そうとしたが、呉にやんわり拒絶された(61)。晩年は蘇州に帰郷し、名医の鄭保御のもとに身を寄せ別館を建てて住み、年中、繍仏の前で長く物忌みし戒律をきつく守った（劉如渓点評『板橋雑記』五一頁）。『桃花扇』中、侯と李の二人が初めて出会ったのは、まさに卞玉京の煖翠楼の中であった。李香君は宮中から逃げだした後、蘇崑生に随って音信不通の侯方域をあちこち探し回り、最後に卞玉京がとりしきる道教寺院の葆真庵に住みついた。『秦淮八艶図詠』の中では、香君は卞玉京を頼って人生を終えたと言っているが、『桃花扇』中の二人の関係から言っても、合理的で納得できる。呉梅村の卞玉京伝でもその他の資料中でも、いずれも証左を得ることができないのは残念であるが。

李香君は侯方域に深い愛情を寄せ、「琵琶詞」の歌に思いを込め節を守ったのに、結局は婚姻関係を結ぶことができず、顧媚や董小宛及び柳如是らに比べ、結末は大団円ではない。だが、余懐の筆による名妓数人と比べれば、李香君の行方知れずは、まだましと言えなくもない。侯方域の「贈陳郎序」中の「ああ、人生惜しむべし。凡そ人生百年と謂うのは妄想である。或いは戦争により死に、或いは災害で死に、或いは盗賊に遭い死に、或いは難に遭って死ぬ」（『侯方域集校箋』上、九八頁）という感慨は、大部分が親友や旧知の人々の現実の境遇から生まれたものである。しかし実際には名妓の無残な末路はといえば、往々にして文人名士よりひどいのである。中でも、余懐や方以智の親友だった孫克咸が見初めた葛嫩と珠市の名妓であった王月は、末路が最も凄惨であった。

「あやしい妖艶さで殿方の心を動かした」王月は、先に孫克咸と交際していた。孫は彼女と情を交わし「棲霞山の麓にある雪洞の中に連れ立って行き、ひと月出てこなかった」（劉如渓点評『板橋雑記』七五頁）。後に側室にしようとしたが、安廬兵備道〔安徽及び廬州の軍備監察官〕の蔡香君（如蘅）に奪われた。孫は鬱々として楽しまず、その後、李十娘の紹介を経て、妓楼の名妓葛嫩と逢い、出会った時から、克咸は「ここここそ温柔郷だ、私はこんなところで年をとりたいものだ」と言った。その夜に情を交わし、ひと月出てこず、遂に葛嫩を妾に迎えた。甲申の変

（一六四四年、李自成の北京侵攻により崇禎帝が縊死した事件）の後、克咸は松江あたりに家を移し、併せて命を受けて福建の唐王政権に入り、右僉都御史となった楊文驄の監軍副使を授けられた。楊文驄も孫克咸も共に浙江衢州の抗清戦争で敗れた。孫克咸は戦いに敗れて捉えられ、葛嫩も一緒に捕縛されたが、将軍が彼女を犯そうとすると「嫩は大いに罵り、舌を噛み切って血を口に含み、その顔に噴きつけた。将軍はこれを斬り殺した」。克咸は嫩が節を守って死んだのを見ると、大笑いして「孫三、本日昇天する」と言ったので、これも殺された。楊龍友父子三人は同じ日に殉死した（同前、三五～三六頁）。

王月も同様に戦乱の中で死んでいるが、末路はいっそう見るに堪えない。蔡香君は王月の父に大金の賄賂を贈り王月を奪った後、安廬兵備道の任に就き、王月を伴って赴任し益々寵愛した。崇禎十五年（一六四二）五月、張献忠が廬州府を破ると、知府の鄭履祥は節に殉じ蔡如蘅は捉えられ、「張は蔡の家を捜索し王月を得て陣営中に留め、その寵愛ぶりは陣営随一であった」。その後、王月は偶々ある事で献忠に逆らい、「首を切られ、大皿で仲間の賊兵にふるまわれた」（同前、七六頁）。張岱によって「廓の前後三十年間、全く匹敵する者無し」と記されたこの一代の名妓は、かくの如き悲惨な形で結末を迎え、「秦淮の一里透明なる水」が断裂したことの最も悲劇的な具体例となっている。

幸いに戦乱後の足跡を辿ることができる者もいる。戦乱や感情の曲折、衰残の月日を経た後の人生もまた往々にして聞くに堪えないものである。銭謙益や呉梅村がかつてそれぞれ詩に詠んだ寇湄の明朝滅亡前後の境遇は、極めて劇的であった。寇湄、字は白門、彼女は南院教坊（南京の教坊司。旧院の妓女は宮中の教坊司が管轄していた）の女性であった。十八、九の時に、朱保国公に嫁いで妾となった。「当時、兵士五十人に赤い紗の燈籠を持たせ、白昼のように明るくさせ」たのは（陳維崧『婦人集』芸文印書館、一九六七、三頁a）、絶頂の時のことであった。甲申の年（一六四四）に北京が陥落し、「保国公は生きながら投降し、家の者はお上に没収された」（劉如渓点評『板橋雑記』七九頁)。妾も次第に人に売られた。寇白門は自分の名が売却名簿の中に入っていると察し、自らを南京に一ヶ月間帰し、そこで儲けた大金で自分をもらい受けてくれるよう、保国公を説得した。「ある日、朱にこう言った。『旦那様がもし私をお売りになるとしても、計算しますと得られるのは数百金に過ぎず、あたら妾を沙吒利〔唐の韓翃の愛姫だった柳氏に暴行を加えた蕃族の将軍〕の手にかけて殺すようなものでございます。また、妾は固よりすぐに死ぬつもりもございません。まだ旦那様の奥の事のお役にたちとうございます。妾を南京に帰らせていただくに越したことはございません。そうしましたら、ひと月の間に大金を手に入れ、旦那様にご恩返しできます』。保国公は致し方ないと思い、思い通りに帰らせ、ひと月を過ぎると、果たして大金を手に入れた」〔陳維崧『婦人集』、三頁a～三頁b〕。余懐は寇白門の自分自身を身請けした価格について異なる記述をする一方、彼女の晩年について多くのことを書き残している。「白門は千金を渡して保国に身請けしてもらうと、馬に乗り軽装で一人の下女を連れて南に帰った。帰ってからは女の俠客となって、園亭を建てて賓客と交際し、日々文人や詩人と行き来した。宴席が酣になると歌ったり泣いたりで、容色の衰えと恋情の満たされぬ思いを嘆いた。揚州のある孝廉〔科挙の地方試験に合格した挙人〕に嫁いだが志を得ず、また金陵に戻った。年老いてからもなお若者たちとつきあった」〔劉如渓点評『板橋雑記』七九～八〇頁[62]〕。病の中、寵愛していた韓生という少年が自分を裏切り、下女と私通していたことに気づき、「起き上がって下女を呼びつけ、自ら数十回鞭で打ち付け、韓生の裏切りは獣にも劣る行為だと罵り、韓生の肉体に噛みつこうとした。それで病が益々ひどくなり、医者も薬も効果はなく、こうして死んでしまった」〔同前、八〇頁〕。

寇白門は明朝滅亡後に再び金陵に帰り、剛胆な気概はもとのままであったとはいえ、頗る時は我に与せずの感があった。呉梅村は「贈寇白門」の詩序の中で「秦淮にて遭遇したが、とりわけ零落した感じがした」〔『梅村集』巻一七〕と言い、一言でこの馮婦〔春秋時代の晋の人。虎の捕獲が上手で、後に商売替えをしたが、ある時、人々が虎を追っているのを見て、また虎を捕らえた。元の木阿弥のたとえ〕となった者の境遇を言い当てている。若さを取り戻せないことを嘆いたというのだから、依然として色っぽい音楽や色香を貪欲に追い求め、最期はそれに殉じたのであり、壮志報われずという感じがする。銭謙益が、返魂香〔魂を蘇らせる香〕によって、この来し方豪胆な女の遂げざる志を再び追わせてやりたいという感慨を抱いたのも不思議ではない。「叢残せし〔砕け散った〕紅粉君恩を念い、女俠誰か知らん寇白門、黄土棺を蓋うも心未だ死なず、香丸一縷是れ芳魂(63)」〔銭謙益『牧斎有学集』「金陵雑題絶句二十五首継乙未春留題之作」〕。

寇湄と同様に性格が豪胆で、当時「俠妓」の名で「莫愁湖や桃葉渡の間に名声」があった李大娘も、晩年の境遇は同情の涙を誘う。又の名を小大という李大娘は、曽て「奥の部屋にきれいどころを多く抱えている」新安の大富豪だった呉天行に嫁いだが、鬱々として楽しまなかった。一計を案じて昔の恋人であった胥生と連絡を取り、ありったけの金銀をこれに託し、天行が亡くなってから胥生と夫婦になった。胥生はもともと貧乏だったが、呉氏の資産を手に入れてから、しだいに裕福になって、「大娘と酒を飲んで肉を食らって楽しく暮らし、妓女数人に歌舞を教えた」。その後、胥生は享楽の中に死に、老け込んだ李大娘は町中を流浪し、妓女に歌舞を教えるのを生業とした。余懐が彼女と会った時、老いた徐娘〔南朝梁の元帝の妃、徐昭佩を指す。年をとっても色を好み私通を繰り返した〕のように、色香はまだ残っていた。「昔の遊楽を懐かしんで、はらはら涙を流し、まことに華清宮の宮女が開元、天宝の逸話を話すかのようであった」。余懐は杜牧が往時、洛陽の城(まち)で歌姫張好好に再会した時の詩句、「朋遊今在るや否(いな)や、落拓して更に能くするや無や、門館慟哭の後、水雲秋景の初、斜日衰柳に掛かり、涼風座隅より生ず、洒(そそ)ぎ尽くす満襟の涙、短歌もて聊(いささ)か一書せん」を白い扇に記して李大娘に贈ったところ、「大娘は扇を捧げ持って、泣いたり寝台に寄りかかってああと嘆いたりし、その声には隣家さえも心を動かされた」〔劉如渓点評『板橋雑記』三七〜三八頁〕。

余懐の記述に従えば、「大娘は老いて町中を流浪し」、歌舞音曲を教えて生業としたのであり、李大娘の晩年はかなり悲惨であったことが見てとれる。しかし、これが彼女の清朝に入ってからの唯一の落ち着き先ではない。銭謙益が順治十三、四年（一六五六、一六五七）の間に、秦淮の水榭で李大娘と再会した時、彼はおぼろげながら彼女の昔日のきらりとした流し目を覚えていたが、その人はすでに道士の身なりをし、僧名を「浄華」と言っていた。銭の詩の中には、「分明たり十四年来の夢、是の夢如何ぞ腸を断たざらんや」、「如今老い去り翻って惆悵たりて、重ねて残紅に対いて往年を説く」というような悲嘆以外に、繰り返し宗教的なイメージが現れている（銭謙益「秦淮水亭逢旧校書賦贈十二首（女道士浄華）」[64]）。幾つもの時代の変遷を経た李大娘は、卞玉京と同様、経典の中に歌舞音曲や酒宴では得られない慰めを見出したのであった。

こうした秦淮の名妓の中で、余懐は李十娘とのつきあいが最も深く、「同人の詩文の会がある時は、必ずその家で催した」。十娘には媚姊という兄の娘がおり、余懐は彼女を最も気に入っていた。崇禎十五年（一六四二）、余懐が郷試を受験した時、李媚は毎日銅銭を投げて前途を占った。合格発表の後、余懐は不運にも落第し、憤懣と鬱屈で病気になり、棲霞山の寺に逃げ、一年音信を絶った。清朝になってから、余懐は泰州刺史（刺史は地方の長官）の陳澹仙が李という名字の妓女を側室として娶ったと聞いた。帳をめくって会ってみると、秦淮のかつての恋人、李媚だとわかり、「それぞれ暗澹たる気持ちになって袖で顔を掩い涙を拭った」。二人の話から、私たちは李十娘がまだ秦淮の水楼に住んでいるとはいえ、已に引退していい人と結ばれたこと、そして昔日の園林や建物の方は、尽くなくなったことがわかる。「その家について尋ねると、『もう壊されて畑となりました』と言った。『古い梅や梧桐、竹は変わりないかい？』と聞くと、『もう切られて薪となりました』と答えた」（劉如渓点評『板橋雑記』三〇～三一頁）。こうした描写は、蘇崑生の「哀江南」や余懐の「かつての歓楽の場は、今は草が繁茂するばかり」という感慨を裏付けるものとなっている。

明末、旧院の風流な音曲は、極点まで達した時点でにわかに断たれた。それは、かの自ら最盛期に遭遇した一方で乱世を生きることになった遺民の心の中に永遠に消えない印として残されただけでなく、新王朝に生まれ育った文人墨客までも、嘆かせて已まなかった。周亮工の子の周在浚は、かつて南京に長らく滞在したことがあり、「金陵古跡詩」の中で、とりわけ旧院が清初期に無残に荒れ果てた状況を「風流の南曲已に煙となり銷（き）え、西風の長板橋剰（のこ）り得たり、却って玉人を憶い橋上に坐し、月明るく相対いて簫を吹きて報ゆ」と描写し、その自注に「旧院には長板橋があって最高の名勝であったが、今、旧院は畑となり、ただ板橋だけが尚も残っている」（周在浚「金陵古跡詩」）という。このような記述は、孔尚任や余懐の追憶の文辞と同一のもので、いずれも旧院の光景の激しい変わりようを反映している。

文人、名妓のほか、かつてともに秦淮の幻影を構築していた紳士や芸人も、明朝滅亡後、その人生は往々にして劇的に変化した。冶城道院で客を招いて花見をしていた徐青君は最も突出した例である。余懐の記述に拠れば、徐青君は弘光年間に中府都督（中府は五軍都督府のひとつで中軍都督府。都督はその長官）に封じられ、「装飾を施した剣を身につけた武士が先導し、露払いをさせて朝廷に出勤」し、当時、顕著な栄達ぶりであった。だが、順治二年（一六四五）には官籍を剥奪され、全ての財産、屋敷、歌姫を失い、一人きりで通りを流浪して下男や乞食の仲間になり、他人の身代わりになって棒打ちの刑を受けることを生業とした。「ある日、罪人と棒打ちの数幾つに対して報酬幾らという取り決めをしたが、刑を受けると、その数が倍を超えていたので、青君は大声で「私は徐青君だ」といった。兵憲（兵備道、兵備副使に同じ）の林公が驚いて部下に聞くと、部下に王室の末裔を憐れむ者があり、跪いてこう答えるものがいた。『こちらは魏国公の子息の徐青君です。貧しいので、人のために棒打ちの身代わりとなっています。この広間はこの人の家の客間でしたので、思わず悲しくて叫んだだけでございます』」。江寧府知事（清代には南京は江寧府となった）の林天擎は真相を調査した後、徐の元の園林を返し、珍しい石や柱の土台石を売ることにより生活の糧とさせた〔劉如渓点評『板橋雑記』九三～九四頁〕。

徐青君が先祖から受け継いだ東花園〔現在の白鷺洲公園〕は長板橋の前に位置し、元はと言えば金陵の景勝地であった。これに彼の豪奢な暮らしぶりと物語のような境遇が加わることでその令名が轟くようになり、戯曲や文人の記述の中で、南朝の興亡を証明するトレードマークの一つとなった。周在浚は金陵を追悼する組詩のなかで、東花園の貴族の風流と旧院の様子、秦淮の燈籠船と桃葉渡の画楼を並べて取りあげており、さらに、徐青君の中山故園が後世の人に残した印象が如何に深いかということを説いている。「春草王孫見ゆる期没きも、夕陽猶柳の絲絲たるに掛かれり。世恩楼上風流の事、独り春に来たる蝴蝶の有りて知るのみ〔東花園には、世恩楼と徐髯仙の篆書の扁額があったが、今はない〕」〔周在浚「金陵古跡詩」〕。

呉梅村は清初に中山故園を通りかかった際に、その荒れ果てた光景を「事に即きて心傷むに堪う、門を開きて我を延きて坐せしめ、破壁囲牆に低し、都指す灌莽〔雑草が生える野原〕の中、此れ即ち南廂〔南の棟〕為りと。徜舍は丘墟と成り、佃種して〔地を耕して作物を植え〕租糧を輸す〔租税の糧食を納める〕」と描写し、中山君〔徐青君〕の境遇にもかなり感じる所があった。「重ねて来たりて遺跡を訪ぬれば、落日唯牛羊のみ、吁嗟中山孫、志気胡ぞ昂る勿きや、生世苟も此くの如くんば、道傍に死するに如かず、惜しき哉裸体の辱あるも、仍功臣の坊に在り」〔呉偉業「遇南廂園叟感賦」、『梅村集』巻二〕そして、呉梅村による女道士卞玉京の「琴を弾ずる歌」に関する記載から、私たちは明清の王朝交替は徐青君一人の運命を変えただけではなく、同様に禍は肉親にも及んだことがわかる。「女道士卞玉京の琴を弾ずるを聴く歌」の中で梅村は、この明眸皓歯で比類無く艶やかな中山の亡くなった娘が、音曲を解し歌舞を善くし、一度は選ばれ朝廷に入ることになったが、後に人に妬まれ放逐されたことを述べる。「琴を弾ずる声を側聴す、借問す弾ずる者は誰かと、云う是れ当年の卞玉京なりと、玉京我と南中に遇い、家は大功坊の底路〔南端〕に近し、小院の青楼大道の辺、対門は却って是れ中山の住、中山に女有りて嬌なること無双、……音を知り曲を識り清商〔曲調の名〕を弾ず、……中山の好女光徘徊すれば、一時の粉黛人顧みる無し〔同時代の美人たちも形無しだった〕。艶色知られ天下の伝うるところと為り、高門愁いて旁人に妒まる、……憐れむ可し倶未だ君王を識らざるに、軍府名を抄して駆遣せらるるを、漫りに詠む臨春瓊樹篇、玉顔零落して花鈿を委ておかる〔美しい容貌は衰えて、髪飾りも地に墜ちた〕」（呉梅村「聴女道士卞玉京弾琴歌」、『梅村集』巻四）。

同様に落ちぶれた卞玉京は、中山の亡くなった娘の境遇にとりわけ感じる所があり、はらはらと涙を流して歌った。「数ヶ月を経て玉京はふとやってきて……黄色の衣服を身につけ、道士の身なりとなっていた。……琴を持って来させ、鹿樵生〔呉偉業〕のために琴を演奏し、はらはらと涙を流してこう言った。『私が秦淮におりました時、中山君のお屋敷に絶世の美しさのお嬢様がおられ、その名は南明朝廷の入内候補者の中にございましたが、宮殿に上がられぬうちに戦乱が起こり、軍事当局は鞭を一振りし追い払ってしまったのでございます。私どもは零落の身となったわけですが、また誰が文句を言えましょう』。聴衆は皆、彼女たちのために涙を流した」（呉梅村「過錦樹林玉京道人墓并伝」、『梅村集』巻六）。

旧院で有名だった楽師の張魁も、甲申の変以後、かなりひどい境遇となった。彼はまず蘇州に帰ったが、呉中の粋がった「優男ぶりで人に取り入る」駆けだしの若者にほしいままにいたぶられ、生活が立ちゆかなくなった。その事が合肥出身で尚書〔中央政府機関の長官〕になっていた龔鼎孶の知るところとなり、かつて愛姫であった顧媚の昔の媚楼に出入りしていた張魁を思い、厚くもてなし金を贈ったので、「〔張は〕山中に岕茶を販売に行き、利益も大いに上がり、暮らし向きはやや豊かになった」（劉如渓点評『板橋雑記』八九頁）。張魁は出身が卑賤だとはいえ、南明政権下の旧院の奢侈な気風に接したことで、精緻でえり好みする生活スタイルを身につけ、自分は卑賤の生まれだが、「茶は恵泉〔無錫の恵山にある泉〕の水に非ずんば口をつけず、飯は寒中に四度舂いて精米した米に非ずんば口に入れず、夜は孫春陽家の通宵椽燭〔夜通し照らすことができる大きな蠟燭〕に非ずんば目を開けぬ[65]」（同前、八九頁）と明末の文士のような口振りだった。しかし、まとまった金が入ってもあっという間に使い果たし、一文無しとなってしまった。六十歳以降は茶や芙蓉の露を売るのを生業としたのであり、そのさまは昔日の旧院の路地で籠を提げて花を呼び売りしていた「粋な少年」を思わせた。順治七、八年ごろ、余懐は蘇州に旅し、周氏の水閣に仮寓したところ、「魁は尚も昔のように、朝には花を生け香を焚き、岕茶の用意をして琴や文机を拭き、衣桁をセットしてくれた。酒宴が酣になり蠟燭がもうすぐ尽きてしまう時になって、青渓の往事を話し、思わず落涙した」。順治十四年（一六五七）、余懐がまた金陵を通りかかると、舞台や楼閣はすでに瓦礫となっており、朽ち果てた長板橋の附近で途切れ途切れに簫の音が伝わってきた。屋根の低い家から一人の老婆が扉を開けて出てきて、「これは張魁さんの簫の音だわ」と言った。「そのため長く嗚咽した。また数年経ち、遂に困窮の中で死んだ」（同前、八九～九〇頁）。

『桃花扇』中で物語の転換や場をつないだり案内したりするなどの重要な役割を果たしている柳敬亭と蘇崑生は、現実の生活の中では高官の屋敷に出入りして、南京の花街で講談や歌で著名であった外、さらにいずれも曽て左良玉の幕府中で厚遇を受けた。「左寧南（良玉）が武昌に駐留していた時、柳は講談で、蘇は歌で、幕下で大切にされた」（呉梅村「楚両生行并序」、『梅村集』巻五）。弘光元年（即ち順治二年、一六四五）四月、左良玉は軍隊を率いて東に下り、九江で病死した。[66] 蘇と柳という二人の明末の江南で特異な地位にいた民間の芸人は、その後は士大夫を主体とする明の遺民と同様に、追憶をよすがに患難後をやり過ごす余生を選択したのだった。

呉梅村が蘇崑生のために書いた小伝によれば、「左寧南は九江の船の中で没し、百万の人々が清に投降した。柳は事が起こる前に已に東に下っており、蘇生は慟哭して剃髪し九華山に入った。長らく経ってから山を出、武林の汪然明に付き随った」（呉梅村「楚両生行并序」）。孔尚任は「桃花扇考拠」の中で、彼が戯曲を書いたときに参考にした資料を詳細に列挙しており、呉梅村のものは、「聴女道士卞玉京弾琴歌」と「柳敬亭伝」の外に、さらにこの

「楚の両生の行并びに序」を挙げている（王季思等合註『桃花扇』一九頁）。劇中で蘇崑生が、侯方域と李香君の二人が棲霞山中で修行するのに付き添うプロットは、呉梅村が「蘇生は慟哭して剃髪し九華山に入った」とする記述と無関係ではない。汪然明が蘇州に逃げると、崑生は付き随って蘇州に行っている。呉中（蘇州）は音曲のすばらしさで海内にその名が知られているが、いずれも「ゆったり緩やかで甘ったるい」新しい曲風であり、それは蘇崑生の曲風や心情と合わなかった。ある日、蘇は梅村を訪ねて行き、伝記を書いてくれるよう頼み、こういった。「私は三十年の漂泊のうちに、王侯に知られるところとなりましたが、今は路頭に迷い憔悴しております。こちらに参りましたのは、旦那様にひとつ柳生と並べて伝記をお願いしたかったからというだけでございます」（呉梅村「楚両生行并序」）。曽て文を書いて、秦淮の名妓だった卞玉京と寇白門を追悼した呉梅村は、彼の求めに応じて蘇崑生が経験した繁栄の後に人が散々になっていく様を印象的に描いている。

　呉梅村は悲憤慷慨して伝記を書き、蘇崑生の昔日の「王侯に知られた」名声とその後の「路頭に迷い憔悴」した境遇を、王朝が換わったからといって埋没しないようにした外、さらに康熙六年（一六六七）に二度、冒辟疆に書簡を送って、蘇は魏良輔（明の中期に活躍した散曲家。崑山腔隆盛の基礎を築いた）の遺業を継いだ人物であり、「音曲の道において、そのエッセンスを得た」崑曲の名手として厚遇するよう願った。呉中の新しい曲調と相容れず孤立していた蘇崑生は、かくて特技を生かして、遺民があちこちから来ていた水絵園の中で知音を見つけることができた(67)（呉偉業「与冒辟疆書」、『同人集』巻四、一六四頁）。

　柳敬亭の講談の上手さは明末の南京では群を抜いており、たとえ料金が高くても、聴衆は引きも切らなかった。張岱の見るところ、柳の名声と地位に匹敵したのは、名妓の王月だけだった(68)。芸術面では神の領域に入る造詣の深さ、それに加えて長期にわたって左良玉の幕府の中におり、士大夫と相当なつきあいがあったことにより、明朝滅亡後、遺民グループの中で大切にされ続けた(69)。ただ、柳敬亭は遺民グループのなかでは厚遇されたとはいえ、大体において、彼が明末の江南においてその名を高位高官の中で轟かせた華々しい年月は、左良玉の九江での急死と共にとっくに水泡に帰していた。蘇崑生と同様、彼はただ鬱々として志を得ないまま過去の記憶の中で生きるしかなかった。「後に左寧南の幕府に入り、軍中に出入りした。寧南が敗れて亡くなると松江の馬提督の軍中に身を寄せたが、鬱々として志を得なかった。齢は已に八十歳になっており、時々私が仮寓していた宜睡軒を訪れて、「秦叔宝見姑娘」（講談の『隋唐演義』の一節）を上演した（劉如渓点評『板橋雑記』九九頁）。

梁啓超の評価では、清初の著名人たちが柳敬亭に贈った詩詞は「皆この人の人となりとその芸を活写している」が、「そのうち最も持ち上げている」のは、呉梅村の「柳敬亭伝」に他ならないとする（梁啓超『桃花扇註』上、三〇頁）。呉梅村はこの長文の作品の中で柳敬亭が左良玉の幕府で重用されたことを詳細に述べており、これが『桃花扇』中の各関連プロットの種本となったにちがいない。だが、呉は文章の末尾の僅か数行で、柳敬亭の寧南没後のその後の長い人生を結んでいる。「九江の変が生じるに及び、連れてきた者や軍中の者は逃げた。千金を貯めていたが再び貧困に陥り、それでも変わらず意気軒昂であった。……今、また落ちぶれたとはいえ、それでも生きているし、それに芸があれば、どうして貧乏を心配する必要があろうか。そこでまた、呉中にやってきて酒をひっかけては、よく亡くなった寧南の事を人に話し、さめざめと涙を流した。軍中に長くいたこともあり、その語りは益々熟練したが、一方でままならぬ気持ちは行き場もなく益々それを語りのネタの中に発散させたため、とりわけ晩年に芸に進展があったのである」（呉梅村「柳敬亭伝」、『梅村集』、巻三八）。

六、結論

太祖が南京に首都を置いたという歴史により、南京には一定程度の政治的色彩を有する政府の機関や太学、貢院などの常設機構が置かれ続け、南京は南方の政治と教育の中心となった。南方で起こる政治結社の活動が、最後に金陵を主たる舞台としたのは、理由の無いことではない。侯方域は阮大鋮に宛てた手紙の中で、自分が大きくなってから友を金陵で求めたことを「それがしはやや長じるに及んで学問をするようになり、友を金陵に求めた」（侯方域「癸未去金陵日与阮光禄書」、徐植農、趙玉霞注訳『侯朝宗文選』、斉魯書社、一九八八、五九頁）と言っており、こうしたことは南京の政治や教育の中心としての吸引力を明確に示している。謝国楨の研究に拠れば、復社が開催した三度の党大会のうち、第二回大会はまさに金陵で挙行されている。時は崇禎三年（一六三〇）に当たり、当時の盛事であった。実際、前年に逆案（魏忠賢事件。天啓年間に政治を壟断した魏忠賢は、崇禎帝即位後の天啓七年に問責されて自殺に追い込まれ、閹党は処罰された）に最終的な処罰が下されてから、金陵はだんだん文人や名士が雲集する重要拠点となっていた。「当時、崇禎帝は即位直後で逆案の処分を決定したばかりであり、知識人も庶民もみな太平を期待していた。……東林党六君子のうち犠牲となった楊漣や左光斗の孤児たちはいずれも成長し、みな金陵に科挙の受験をしに来ていたし、さらにかの派手な貴公子や復社の名士が、いずれも金陵に集まっていた[70]」。

名士が雲集したことで、明滅亡前夜の南京には最盛期の華やかさが再び出現した。秦淮河畔の六朝を思わせる豪華絢爛も再度、目映い色彩を放った。太祖が南京に首都を建設して秦淮に十六の妓楼を建ててから、こうした妓楼の運命は、楼閣の主人と同様に浮き沈みし、「滅びるものあり残るものありであった」（『板橋雑記』一一頁）。明末の政局の変遷は金陵に新たな役割を付与しただけでなく、秦淮河にも新たな生命をもたらした。旧院の風流は当時盛んにたたえられ、金陵もまた再度、欲望が蔓延し蠢く都市となったのである。

だが、この突如として再び勃興した風流は、南明の滅亡とともに忽然と消えた。『桃花扇』中、侯方域と李香君が棲霞山中で仏道に帰依したというのは、事実とは異なるものの、繁華や逸楽はひとたび去れば戻らないことを極めて象徴的に言い表している。そして、こうした逸楽生活の中で重要な役割を演じた名妓や楽師または高位高官や豪商は、或る者はそのまま亡くなり、或る者は個々人の人生における大きな挫折を経験し、一つの時代、一つの都市そして一つの河に生じた急激な断裂の証人となったのである。

〈付記〉

この文はかつて二〇〇五年八月に青島において行われた「第一回中国近代社会史国際学術シンポジウム」及び中央研究院歴史語言研究所の講演会で報告した。劉志琴教授、黄進興教授ならびに参加者のご提案に感謝したい。また、二名の審査員の貴重なご意見に特に感謝する。

（和泉ひとみ 訳）

【注】

（1）王鴻泰は中国都市史の研究を回顧するとともに都市史研究は、政治、軍事から経済に転換し、さらに文化、生活史に移る傾向にあることを特に指摘した。王鴻泰「流動与互動――由明清間城市生活的特殊性探測公衆場域的開展」（国立台湾大学歴史学研究所博士論文、一九九八）、一～三二頁参照。

（2）王正華「過眼繁華――晩明城市図、城市観与文化消費的研究」、李孝悌『中国的城市生活』（聯経出版公司、二〇〇五）所収、一七～四二頁。

（3）袁世碩編著「孔尚任交遊考」、『孔尚任年譜』（山東人民出版社、一九六二）、一三三～一三四頁及び余懐『板橋雑記』（『艶史叢鈔』所収、広文書局、一九七六）九頁による。

（4）冒襄『同人集』（『四庫全書存目叢書』集三八五所収、荘厳文化公司、一九九七）、巻二、六八頁。

（5）王韜が光緒四年（一八七八）に編纂した『艶史叢鈔』という書が、最もよい代表的事例である。この叢書は、余懐の『板橋雑記』を巻頭に掲げ、他に『呉門画舫録』、『続板橋雑記』、『秦淮画舫録』、『白門新柳記』及び王韜自身が書いた『海陬冶遊録』等十一種の性質の近い雑記や随筆を収集し、合わせて一書としている。艶史という名称から、この叢書の性質が見てとれ、しかも王韜が『板橋雑記』を巻頭に配置しているところにも、はっきりと彼のこの叢書に対する位置づけが示されている。即ち、この叢書は花街の道楽という角度から出発したものであり、それは、余懐の「為有りて作す〔何かの役に立つと思って書いた〕」という自負と相当大きな開きがある。この叢書の中で王韜自身が書いた『海陬冶遊録』などの文が上海を背景としている外は、大半が南京、秦淮と関係している。このアンソロジーから、我々は容易に『板橋雑記』のその後の秦淮論と花街文学に対する影響を見てとれる。

（6）『板橋雑記』によって形成された日本人の想像上の秦淮と日本人自身の花街文学に与えた影響については、大木康教授が極めて精彩を放つとともに啓発に満ちた紹介をされた。大木教授の研究の中から、我々は『板橋雑記』という書が明和九年（一七七二）に中国語の原文と日本語の訳文を併記する形式で、初めて日本で発刊されたことを知った。その後、一八〇三年、一八一四年にまたそれぞれ再版され、名を変えて改めて発行され、「この書物の影響は、江戸文芸の各処にあらわれている」（大木康『中国遊里空間――明清秦淮妓女の世界』、青土社、二〇〇二、二一四～二一六頁）。廖肇亨教授がこの本の中国語訳稿を参照するよう貸与して下さったことに感謝したい。訳者は廖教授夫人の辛如意女史である。私がここで参考にしたのは、主としてこの中国語訳稿であるが、訳書が未刊行であるため、引用頁は日本語の原書に拠る。

（7）袁世碩の考証によれば、孔尚任は『桃花扇』を書くときに、『板橋雑記』から少なからぬ資料を吸収した可能性が極めて高い。上海図書館所蔵の康熙刊本『桃花扇』巻頭に附された「考拠」の中に、『板橋雑記』から十六項目が列挙されているのが、そのよい証拠である。袁世碩『孔尚任年譜』一三五頁参照。現在出回っている『桃花扇』の各版本は、そのほとんどが上述の関連資料を収載していない。だが、呉梅と李詳が貴池劉氏暖紅室刻本に拠って校訂し重刊したテキストでは、「考拠」の項目の下に、余澹心『板橋雑記』十六項目を含み、併せて具体的に以下の項目を列挙している。長板橋、秦淮鐙船、旧院対貢院、董白死梅村哭詩、卞賽為女道士、貴陽楊龍友、李香、寇湄字白門、曲中狎客、中山公子徐青君、丁継之、柳敬亭、李貞麗及び沈石田盒子会歌などである。『増図校正桃花扇』（江蘇広陵古籍出版社、一九七九）二八頁。

（8）孔尚任著、王季思・蘇寰中・楊徳平註『桃花扇』（人民出版社、一九八〇）「桃花扇考拠」一五～二一頁。

（9）康熙帝は二十三年、南巡の途中で、山東を通り、曲阜で孔子を祭った。その折、孔尚任は推薦されて御前で経学を講じ、康熙帝の称賛を得て国子監博士に任命された。一六八六～一六八九年の間は淮揚で治水に従事し、一六九四年に戸部主事に移り、一六九九年に戸部広東司員外郎に任ぜられた。一七〇〇年春、恐らくは『桃花扇』を世に問うたために罷免された。王季思等合註『桃花扇』「前言」参照。

（10）孔尚任のこの時期における江南の士大夫との交遊に関しては、袁世碩に詳細な考証がある。袁世碩『孔尚任年譜』（斉魯書社、一九八七）四六～九二頁参照。冒襄、杜濬らとの交際は、二五七～二六二頁、二七一～二七七頁参照。この書は、前掲の袁世碩の同名書の増訂版である。

（11）呉梅撰、江巨栄解説『顧曲塵談』（上海古籍出版社、二〇〇〇）一一八頁参照。

（12）呉梅『中国戯曲概論』（上海古籍出版社、二〇〇〇）一九一頁参照。この書は前掲『顧曲塵談』とともに一書として刊行された。

（13）楊文驄（一五九七～一六四六）字は龍友、貴州貴陽の人。馬士英の妹の夫であった。一六一八年、挙人の試験に及第した。董其昌について絵画を学んだことがあり、三十歳過ぎのころには、その絵画は江南で名声を得ていた。崇禎末年に江寧県令に任ぜられ、一六四四年、貪婪で傲慢だとして訴えられ罷免された。福王が即位してから、楊は馬士英の推薦により兵部に職を得て、後に常州と鎮州二府の巡撫に任ぜられた。清軍が長江を渡ってからも楊は任地に赴き、敗れた後に蘇州に逃れ、その後死亡した。Arthur Hummel, *Eminent Chinese of Ch'ing Period*, vol.Ⅱ（Taipei, SMC, 南天書局, 1991), pp.895-896 を参照されたい。

（14）王瑷玲には、孔尚任が『桃花扇』を書くにあたって史／劇、正確な考証／誇張、虚／実、象徴／実写をひとつに融合したこと、またプロットにおいて巧妙な手法で「独創的に境地を切り開いた」ことについて、深く考察した分析がある。王瑷玲「『忖度予心、百不失一』——論『桃花扇』評本中批評語境之提示性与詮釈性」、『中国文哲研究叢刊』第二六期（中央研究院中国文哲研究所、二〇〇五年三月）一九二～一九九頁、一八五～一八六頁参照。

（15）王瑷玲はこれについて極めて精緻な分析を行っている。王瑷玲「以情造境——明清戯曲中之敘事与時空想像」（熊秉真編『睹物思人』所収、麦田出版社、二〇〇三、一四八～一五〇頁）参照。王瑷玲は別の論文で、呉偉業が『秣陵春』、『通天台』、『臨春閣』を創作した心境について、より深い分析を行い、この三つの芝居がいずれも時代交替の時期を背景にしており、象徴性を強く具えた遺民の芝居であると主張する。『秣陵春』という芝居は内容がとりわけ複雑で、呉梅村の国を失って傷心した興亡の感慨を表現するとともに、かつての主君を忘れたわけではないが、また新王朝に忠誠を示さぬわけにはいかぬ作者の矛盾した心情も伝えているという。王瑷玲『晚明清初戯曲之審美構思与其芸術呈現』（中央研究院中国文哲研究所、二〇〇五）第三章「明末清初歴史劇之歴史意識与視界呈現」二〇九～二一〇頁参照。

（16）註（15）の王瑷玲『晚明清初戯曲之審美構思与其芸術呈現』第三章「明末清初歴史劇之歴史意識与視界呈現」二一七頁。

（17）註（15）の王瑷玲「以情造境――明清戯曲中之敘事与時空想像」一四六頁参照。

（18）明中葉以降、士大夫に旅行の風潮が高まり、「旅道」や「遊具」も甚だ重んじられた。「遊具」とは、交通手段や携帯する道具を指す。巫仁恕「晚明的旅遊活動与消費文化――以江南為討論中心」（『中央研究院近代史研究集刊』第四一期、二〇〇三）一〇〇～一〇一頁。ここの「行厨」とは、遊具の一種で、重箱の中に酒や食べ物を詰めて、旅行地まで下僕がそれを携帯若しくは担いで行く。高彦頤が著書の中で示す「提炉図式」では、下部に湯や熱燗のための炉があり、中間部は粥を炊く丸鍋や急須、上部は炭を入れてある四角い箱である。また「山遊提盒図式」でも幾つもの層に分かれており、徳利、杯、箸、大皿、小皿を分けて収められる。Dorothy Ko, *Teachers of the Inner Chambers: Women and Culture in Seventeenth-Century China* (Stanford Calif.: Stanford University Press, 1994), p.46 参照。これによって士大夫が旅先で飲食を重視した一斑が窺える。

（19）阮大鋮（一五八七～一六四六）は、円海また石巣と号す。本籍は安徽の懐寧だが、後に桐城に移り住んだ。二十九歳で進士に及第、天啓中に、吏科都給事中に任ぜられた。かつて魏忠賢に取り入って仕え、東林党人士の大いに蔑む所となった。崇禎元年（一六二八）、光禄卿に起用されたが、翌年には閹党の罪状が確定したことで罰金刑の判決が下り、平民に落とされ南京に蟄居した。福王が南京で政権を樹立すると、阮は馬士英と旧知の間柄であったことにより再び起用され、累官して兵部尚書に至り、東林党や復社の人々に対する報復を心に誓った。清兵が南下すると、阮大鋮は清に降ることを乞い、清軍に従って仙霞関を攻撃したが、体が硬直し石の上で死んだ。劉一禾が『燕子箋』のために書いた前言を参照。阮大鋮撰、劉一禾注、張安全校『燕子箋』、上海古籍出版社、一九八六、一～二頁。

（20）張南垣、名は漣、堆石による築山で世に知られ、呉梅村は彼のために特別に伝記を書いた。その文に「若い時には絵画を学び人物像を得意としたが、併せて山水にも通じ、そこで山水画の心得でもって石を積んで庭を造った。そのため、彼の画家としての芸術性はそれほど突出してはいないが、その堆石の技は最も巧みであり、余人の及ばぬところである」という。呉偉業「張南垣伝」（『梅村集』巻三八）。

（21）山東京伝が一七九〇年に刊行した『傾城買四十八手（けいせいかいしじゅうはって）』の扉のページには、遊女が鯉の背中に乗って読書をしているさまが描かれ、傍らの文句に使われているのも「欲界之仙都、昇平之楽国」の十文字である。大木康は、作者の山東は明らかにこれによって江戸の歓楽街と明末秦淮のイメージを重ね合わせているとする。但しこの十文字は、『板橋雑記』の流行のおかげで世に伝わったとはいえ、大木康の考証に拠れば、余懐の独創に拠るものではなかった。余懐は実は、銭謙益の「金陵社夕詩序」中の「海宇承平、陪京佳麗、仕宦者誇為仙都、遊談者指為楽土〔天下は太平、陪都は佳麗にして、仕官する者は仙都と誇り、気ままに談義する者は楽土と定める〕」という文言を潤色したのである。しかも、銭謙益の文言もまた、恐らくは万暦年間に曹大章が著した『秦淮士女表』の序文に由来する。もっと前に遡るなら、六朝の陶弘景「答謝中書」の文に、已に「実に欲界の仙都」という使い方がある。詳細は大木康『中国遊里空間――明清秦淮妓女の世界』二一五〜二一八頁参照。

（22）王魷生（王韜、号は淞北）が『板橋雑記』のために書いた跋文参照。余懐『板橋雑記』四五頁。

（23）陳貞慧（一六〇五〜一六五六）、字は定生、格式高い士大夫家庭の出身で、祖先の陳傅良（止斎）は宋代の有名な学者であった。陳氏の一族はもとは浙江の永嘉に暮らしていたが、後に江蘇の宜興に遷り住んだ。父の陳于庭は都御史に任ぜられたが、東林党人士で時の政府を手厳しく批判した。崇禎十一年（一六三八）、陳貞慧と顧杲の主導の下、呉応箕が起草した「留都防乱公掲」は陳氏の故郷である宜興で世に問われた。阮大鋮は権力を握ってから大々的に東林党人士を逮捕し、貞慧は一度は鎮撫司〔軍事裁判所〕まで連行された。明が滅ぶと、陳氏は土室に隠れ、十年余り市街に入らなかった。Arthur Hummel, *Eminent Chinese of the Ch'ing Period*, vol.1, pp.82-83. 何法周主編、王樹林校箋『侯方域集校箋』上（中州古籍出版社、一九九二）三九頁。

（24）呉応箕（一五九四〜一六四五）、字は次尾、安徽貴池の人。陳貞慧、侯方域とは無二の親友であり、古今の文を善くし、気勢は猛々しく当時名を轟かせた。阮大鋮が勢力を得てから、周鑣を謀殺しようとした際、呉応箕は一人で牢獄に面会に行った。大鋮はそれを聞いて急いで逮捕しようとしたが、夜に逃亡した。南京が陥落すると兵を起こして清に抗い、敗走して山中に逃れたが、捕えられ悲憤慷慨して死んだ。侯方域は「祭呉次尾文」を書いて彼を悼んだ。何法周主編、王樹林校箋『侯方域集校箋』上、四二頁。

（25）『板橋雑記』の中には方以智に関する記載があり、これもこうした名士の若気の至りによる軽率さや狂気が、侠客のふるまいに近かったことを証明している。「萊陽の姜如須は李十娘の家に行って女色を漁り、入り浸って外に出なかった。方密之〔以智〕、孫克咸はいずれも屏風の上を行くことができるほど身軽で、丑三つ時に天の川が白く輝く中、袖を連ねて裏通りを歩き、趙李（『板橋雑記』の原文は「李」を誤って「季」としている―著者註）〔家々〕はカーテンを下ろして戸を閉め、人々は寝静まっていた。両人はぱっと飛び上がって屋根に登ると、そのまま寝室に行き、盗賊の如く居丈高に扉を開けて騒ぎ立てた。如須はベッドを下り跪いて「大王さま、命だけはお助けを。十娘には手出ししてくれるな」と言った。両人は剣を投げ捨て大笑いした。……また酒を注文して痛飲し、酒興を尽くしてお開きとした」。余懐『板橋雑記』三七頁。孫克咸は余懐の親友で、名は臨。文武の才と智謀を具え「筆が速く立ちどころに文章を書き、五石の弓を引いて左右に射るのが得意であった。身は短小ながら精悍で、自ら飛将軍と号した」。孫は別号を武公といい、妓楼通いを好んだことは後述する。『板橋雑記』一二～一三頁参照。文中、女色を漁り、跪いて許しを請った姜如須は名を垓といい、崇禎十三年の進士。侯方域が順治九年に再び江南を訪れた時、わざわざ蘇州に出向いて彼を訪ね、さらに「夜泊過姜如須」という詩では、彼の才能、学識と節操を崇めたて、「当時、長江の南に流寓した中で一番の人物」と言っている。詳細は何法周主編、王樹林校箋『侯方域集校箋』上所収）六一二頁を参照。このほか、方以智と孫克咸の狂気を伴う放縦な任侠じみた行為は、もとより我々のよく知る文弱な書生といったステレオタイプの印象とは大いに開きがあるが、それは逆に明中葉以降の知識人による武術の重視、武技や武芸を修練する新潮流を反映しており、言及に値する。明中葉以降は国境の有事が絶えず、「北虜南倭」が代わる代わる迫ってきて、武術が経世済民の「実学」の一部分となった。また一方で、武術は現実的側面を逸脱して、士大夫の都市的逸楽、任侠的生活の一部分となった。方と孫の二人が剣を持って夜に妓楼に闖入し、屋根に飛び上がり扉を開けて入るという芝居のようなプロットは、この新しい時代の風潮の最も鮮明な具体例となっている。王鴻泰の「武功、武学、武芸、武俠――明代士人的習武風尚与異類交遊」という論文は、このテーマについて、非常に精彩のある解釈を呈示している。

(26) 本書第三章で、冒襄等のこの「芝居を見て阮を罵」ったという史実について、私は若干の説明を加えている。

(27) 乙酉の年（一六四五）、即ち順治二年のことである。梁啓超註本は崇禎十八年と記し、王季思本はそのまま乙酉としている。ここでは梁本に拠った。『桃花扇註』上、一一二頁。

（28）王季思本は「合冊」を「合刊」とする。『桃花扇』一八四頁。

（29）謝国楨『明清之際党社運動考』、上海書店、二〇〇四、九九頁。

（30）南京で書籍の刊行が盛んであったことは、太祖の首都建設及び国子監の設置と大いに関係がある。統計に拠れば、永楽十八年（一四二〇）、成祖の北京遷都以前、南京国子監の学生はアジア各地から来た留学生を含め、九千人余りに達していた。このような規模は、当然ながら書籍の出版や流通に利益をもたらした。張秀民による南京の書房の初歩的な調査データではその数は九十三軒にも上っており、福建や建陽よりも高いばかりか、北京をも越えている。張秀民『中国印刷史』（上海人民出版社、一九八九）三四〇～三四八頁参照。こうした書房が出版した書籍には、儒家の経典や史書といった典籍のほか、さらに大量の戯曲、小説や医学書も含まれていた。『中国印刷史』三四九～三五二頁。胡応麟ははっきりと「凡そ金陵の書肆は多くが三山街及び太学の前にある」と指摘している。このため多くの書房は、「三山街書林」或いは「三山書坊」などと名称を記載している。『中国印刷史』三五二頁に引く胡応麟『少室山房筆叢』甲部経籍会通四参照。

（31）梁啓超本はここを「挙人、進士の方々といえども」（一一四頁）とするが、王季思等による合註の『桃花扇』一八三頁、及び王季思責任編集の『中国十大古典悲劇集』下（上海文芸出版社、一九八二）八八六頁は、いずれも「進士、挙人の方々といえども」とする。ここでは王季思等合註本を採用した。

（32）朱偰『金陵古蹟図考』（商務印書館、一九三六）二〇九、二一一～二一二頁参照。

（33）桃葉渡は長板橋にほど近く、秦淮河の古い渡し場である。その跡地は貢院の東、原利渉橋のあたりにある。東晋の王羲之以来、文人が集い、また詩歌を吟じた場所である。呂武進・李紹成・徐柏春編『南京地名源』（江蘇科学技術出版社、一九九一）、一三六～一三七頁参照。

（34）清初の周在浚の明代晩期の金陵に対する思い出の中にも、秦淮河の燈籠船の賑わいと人々の耳目を喜ばせた記述が含まれている。「『龍笛新たに裁つ二尺の長、中に美しき太鼓の大なること筐の如きを懸く、万人喝采して燈籠船過ぎ、百盞の琉璃月光と競う』。秦淮河の燈籠船で奏でられるのは全て宮中の音楽で、曲の半ばで葦笛を吹くと喝采の声が起こり、その音は雷のようであった。宮中の元宵節の音楽もまた、そのようであったと聞く。前王朝盛んなりし時、燈籠船は五十隻から七十隻になるほど多かった」。周在浚「金陵古跡詩」（『続本事詩』巻一一、『本事詩、続本事詩、本事詞』李学穎標点、上海古籍出版社、一九九一、三九五頁）参照。

(35) 呂武進等編『南京地名源』二四六～二四七頁。

(36) 孔尚任は「桃花扇考拠」の中で、特別に銭謙益のこの詩を列挙している。王季思等合註『桃花扇』一八頁参照。

(37) 銭謙益「寿丁継之七十四首」、「丙申春就医秦淮寓丁家水閣浹両月臨行作絶句三十首留別」は、銭曽箋注、銭仲聯評点校訂『銭牧斎全集』第四冊、一八二～一八四頁、二八〇～二九〇頁に見える。陳寅恪は、銭謙益が長らく金陵に留まっていたのには必ず人には言えない事情があるのであり、詩中にいう「医を秦淮に就」くとは、カモフラージュの言葉に過ぎず、実際には密かに明復興運動を行っていたのだとしている。『柳如是別伝』下、一〇九六頁参照。

(38) 銭謙益は順治四年始めに投獄され五月に出所したが、依然として監視下にあり青渓の笛歩にある丁継之の河房に住んでいた。「この河房は南京の比較的良い宿であり、牧斎〔銭謙益〕が軟禁の身でありながら、尚もこのような厚遇を得られたのは、丁継之や梁慎可などの友情のなせる業にちがいない」（陳寅恪『柳如是別伝』下、九三七頁）。順治十三年、銭謙益は南京の大報恩寺から丁氏の水榭に移り、それによって水榭は鄭延平の南都攻略計画に応じる準備活動の拠点となった（『柳如是別伝』下、一〇九八頁）。

(39) 旧院の名妓の服装が「シック」を主としたのは、当時流行していた蘇州のファッション、所謂「蘇様」の影響を受けた可能性が大いにある。林麗月の研究に拠れば、万暦末年以降、江南の流行ファッションは「蘇様」に大きな影響を受けており、シックが流行し始めていた。林麗月「大雅将還——従『蘇様』服飾看晩明的消費文化」、『明史研究論叢』第六輯、（黄山書社、二〇〇四）一九四～二〇八頁参照。

(40) 『艶史叢鈔』本は、ここを「おしゃれな髪型に牛の腕〔原文は油頭牛臂〕」に作るが、他のテキストに拠れば「半臂」の誤りにちがいない。その意味は半袖若しくは袖無しの一重の衣服である。余懐著、劉如渓評点『板橋雑記』（青島出版社、二〇〇二）一一頁参照。『続修四庫全書』本もまた「半臂」に作る（第七三三冊、三二八頁、上海古籍出版社、一九九七）。

(41) 蘇東坡は「江瑤柱伝」を書き、こうした美食の「珍味」の価値を定めた。関連の議論及び「江瑶柱」の明清の飲食における特殊な地位については、郭忠豪「食物製作与品饌文化——万暦—乾隆間江南的飲食生活」（国立暨南国際大学歴史研究所碩士論文、二〇〇四）一八六～一九三頁を参考にされたい。

(42) 王月生は王月の別名。

(43) 梁啓超は第二十八幕の註解の中で、藍瑛のために小伝を書いている。「藍瑛、字は田叔、蝶叟と号する。銭塘の人。山水画は宋、元を手本とし、自ら独特の風格を築いたことは、頗る沈周に類する。人物、花鳥、梅竹はいずれも昔人の真髄を獲得している。当時の浙派の山水画は、戴〔進〕に始まり、藍に至って頂点を迎えた」（『桃花扇註』下、一一二頁）。

（44）呂武進等編『南京地名録』二五三頁。

（45）張岱の記載に拠れば、王月は気に入った客に出会うと桃葉渡の閔老子茶店でデートした。「（王月は）茶を好み、閔老人と仲が良く、大嵐や大宴会でも必ず老人の家で何杯か茶を啜ってから出かける。交際する中で気に入った者がいたら、やはり約束して老人の家で会う」（張岱「王月生」七二頁）。この例は侯と李の出会いと同様、秦淮の名妓の良質なものへのこだわりを表している。

（46）「三山」は南京の西南、長江の南岸にある。李白「登金陵鳳凰台」詩にいう「三山半ば落つ青天の外、二水中分す白鷺洲」は、まさにここの景色を描写したものである。（王季思等合註『桃花扇』二〇頁）。孔尚任は楊龍友という著名な画家の口を通して、より多くの文学的、芸術的蘊蓄を秦淮や旧院の叙述の中に巧妙に織り交ぜている。

（47）梁啓超の考証によれば、侯方域はこの時ちょうど反乱軍に拉致されていたため、受験した事実は断じてないという。『桃花扇』中にいう「落第して仮住まい」云々は、いずれも崇禎十二年のことである。孔尚任は行文の都合上、時間を逆にしたのである。（『桃花扇註』上、二九、三一〜三三頁）

（48）袁世碩は「哀江南」という曲は孔尚任のオリジナルではなく、徐旭旦の「旧院有感」を改作したものだと考えている。徐旭旦は康熙十八年（一六七九）に博学鴻儒科に推挙され、康熙二十六年から二十八年の間、孔尚任と治水事業の部署で共に仕事をしたことがある。しかし、袁が言及する論拠は決して十分とはいえないため、しばらくその説をここに記すこととする。袁世碩『孔尚任年譜』（山東人民出版社、一九六二）六七、一二一〜一二六頁参照。

（49）「美しい歌」〔原文は軽歌〕を『性史叢鈔』本は「清歌」に作る。一二頁。

（50）侯方域自身の記述する所に拠れば、陳定生〔貞慧〕が逮捕されてから、侯は金を出して陳の親友である銭禧に運動させ、自らは弘光朝で前後して戸部右侍郎及び兵部尚書の任にあった練国事に援助を求めたという。侯方域「贈陳郎序」参照。

（51）『侯方域集校箋』の編纂者は、侯方域が郷試を強要された経緯について、多くの紙幅を割いている。基本的な立場は陳寅恪と同じで、いずれも侯恂が断固として新王朝の招致を拒否した上、方域自身の強情も加わって、当局の不興を買い、罪に問われようとしていた折、致仕して帰郷していた恩師で大学士であった宋権の調停の下、役所は問責をやめる交換条件として方域の科挙受験を提示したのであった。何法周主編、王樹林校箋『侯方域集校箋』上「前言」、謝桂栄・呉玲『侯方域年譜』六〇七頁参照。

(52) 侯恂は『南園記』の中で、一切の華やかさや豪華さを捨て去って、超俗の心持ちで俗世間から距離をおく隠遁生活を送ることを主張している。『侯方域年譜』六〇二頁。

(53) 田蘭芳の「侯朝宗先生伝」も、侯が帰郷隠遁の後、日々二、三の老儒と文章や性理学の意図するところを議論し、以前の非を深く後悔し考えを改めたことについて言及している(『侯方域集校箋』上、六一八頁参照)。何法周・王樹林の考証に拠れば、侯方域が「六朝の『文選』体」に別れを告げ、往昔の「整った華麗な作品」を大胆に破り捨てたのは、およそ順治六、七年ごろであった。この転向は侯の人生と思想上の重大な転換を反映しており、時間的にはまさしく復社の文人による反清運動が大方失敗し、侯方域が撤退、隠遁を決心した後のことである。『侯方域集校箋』上、四頁参照。

(54) 文のタイトルにいう陳郎とは陳宗石で、陳貞慧の三男である。八年前、宗石二歳の時、侯方域は阮大鋮による捕縛役人の追跡を逃れて宜興の陳家に避難したが、そこで清の朝廷に逮捕された。陳貞慧は船まで見送り、侯方域に幼い娘を宗石の嫁としていただきたいと頼んだ。方域の妻と陳夫人は宴席を設けて婚約させ帰って行った。侯方域「贈陳郎序」、九九頁。

(55) 呉応箕は南京陥落の後、兵を起こして清に抵抗し山中に敗走したが、捕えられ悲憤慷慨の中に死罪となった。『明史』巻二七七(台湾中華書局、一九七一)参照。李華亭は即ち李雯、字は舒章、生員(科挙の最初の試験に合格し秀才の資格を得た者)であった。父は逢甲、曽て工部尚書の官に就いたが、誣告に遭い辺境に流謫となったため、李雯は匍匐して北京に行き冤罪を訴えた。清朝成立後、大官がその親孝行を憐れみ且つその才覚を知り、推薦されて弘文院中書を授けられた。丙戌の年、父の葬儀のため帰郷、埋葬し終えた後に朝廷に戻り卒した。梅金吾は即ち梅之熉、世襲により官職を授けられる家柄に生まれ、金に糸目をつけなかった。明滅亡後、妻子を捨て、剃髪して僧侶となり、槁木と号した。張修撰は即ち張煌言。何法周主編、王樹林校箋『侯方域集校箋』上、四七~九五頁参照。

(56) 「子夜」歌は、曲名であり、『楽府題解』の中では「後世の人更に四時の行楽の詞を作り、これを『子夜四時歌』という」と言っている。描かれているのは多くが男女の愛情や悲歓離合、四時の行楽の事である。何法周主編、王樹林校訂箋注『侯方域集校箋』上、九六頁参照。

(57) 侯方域は「李姫伝」の中で、この逸話について極めてリアルな描写をしている。「初め、皖(安徽)出身の、阮大鋮という者は……正人君子の世論に斥けられた。陽羨の陳貞慧や貴池の呉応箕がその首謀者で、徹底対決した。大鋮はやむを得ず侯生にとりなしてもらおうとして、親しい王将軍の力を借りて日々酒食を用意し侯生と遊んだ。李香君は『王将軍は貧乏で、客を招くような方ではありません。若様、どうして事情をお聞きになりませんの？』と言った。そこで、侯が再三問い詰めたところ、将軍は人払いをして大鋮の意図を話した。李香君は密かに侯生にこういった。『妾は幼いころからお母様に付き随い、陽羨君陳様を存じ上げておりますが、その人となりは高潔な忠義をお持ちの方。呉さまは最も擢んでた品格だとうかがっております。今、どちらも若様とご厚誼がありますのに、阮公のために最高の友人に背いてどうなさるというのでしょう？その上、若様に対する世間の期待がございますれば、どうして阮公にお仕えになってよいものでしょうか？若様は万巻の書をお読みですので、私よりご見識が劣るということはございますまいに』と。『侯方域集校箋』、二六二頁。

(58) 何法周主編本は一カ所「姫」が漏れている。ここでは侯必昌・侯初校・賈開宗等評点『壮悔堂文集』（汲古書院、一九七八）一〇六頁に拠った。

(59) 張景所撰、葉衍蘭絵『秦淮八艶図詠』、郭磐・廖東編『中国歴代人物像伝』第四冊所収（斉魯書社、二〇〇二）三二二九〜三二三〇頁。

(60) 郭磐・廖東編『中国歴代人物像伝』第四冊、三二三〇頁

(61) 呉偉業「過錦樹林玉京道人墓并伝」の文中に、卞玉京の一生及び二人の交際の過程が描かれている。『梅村集』、『文淵閣四庫全書』第一三一二冊（台湾商務印書館）、巻六、六二頁参照。

(62) 毛奇齢は「寄寇白門」という詩で、寇湄が揚州に嫁いだという昔の逸話に言及している。「莫愁の艇子琵琶を載せ〔大琴を弾き思い人が戻らぬことを嘆く女性を載せたという南京の莫愁湖の船頭の船に、同じように琵琶を積んで乗り込み〕、慢（ゆるゆる）と青渓に向（お）いて藕（はす）の花を摘まん、旧日の侯門君記（おぼ）ゆるや否や、広陵〔揚州〕城下 邵平の家〔広陵出身の邵平は秦の東陵侯だったが、秦の滅亡後には布衣となり、瓜を植えて暮らした〕」。徐釚撰『続本事詩』、『本事詩・続本事詩・本事詞』三五三頁。

(63) 銭曽による箋注では任昉『述異記』中の返魂樹、返生香に関する記述を引用し、「香丸」という言葉の典故に含まれる意味が示されている（四一八頁）。銭謙益のこの詩は順治十三、四年（一六五六、一六五七）の間に書かれている。

(64) この詩はもともとは『牧斎有学集』に収録され、『銭牧斎全集』の総目録の中では、「贈小李大十二首」と題されているが、

誤りだと思われる。「贈李小大十二首」とするべきである。銭曽箋注、銭仲聯標校『銭牧斎全集』第四冊、四〇二～四〇六頁。〔訳者注〕原著書五二頁で、銭謙益が秦淮の水榭で李大娘と再会し、その流し目を認めた時、李はすでに道士の身なりであったといい、銭謙益の「秦淮水亭逢旧校書賦贈十二首（女道士浄華）」詩を引用している。翻訳にあたっては煩瑣を避けるため一部引用を割愛した。その詩句は以下の通り。「今日君に逢い重ねて記え取る、横波の光古き羅の衣に在るを」「宮粧に裹まず女冠せず、相逢いて只だ作す道人の看。水亭十月秦淮の上、意を作す西風面を打ちて寒し」。

(65) 明末江南のお茶愛好家の中での恵良水の地位については、張岱の「禊泉」「閔老子茶」という二篇の文の記述から幾らか窺い知ることができる。『陶庵夢憶』、二一、二四～二五頁。

(66) 梁啓超は『桃花扇註』第十九幕「撫兵」の注釈の中で、左良玉の生涯の重要な事跡を詳細に列挙している。一四一～一四二頁。〔訳者注〕原著書五七頁では、「楚両生行并序」に「蘇崑生が経験した繁栄の後に人が散々になっていく様」が描写されているとする。翻訳にあたり以下の引用部分を割愛したため、ここに記して補っておく。「将軍已に没し時世換わり、絶えたる調べ空しく随う 流水の声……掌を抵て聊か幕府の金を分け、衣を褰げて自ら江村の釣を把る。一生徴を嚼むと与に商を含み、江南の古調亡びたるを笑殺す……一朝身死して降旛を豎て、貔貅散り尽くし陣を横にする無し……草満ち独り尋ぬ江令の宅、花開き閒かに弔う杜秋の墳」（貔貅の句は、勇猛な兵士が散り尽くしたために兵士を横に並ばせる陣を形成して敵を防げなかったということ。江令は陳の江総を指す。江総は亡国の臣を象徴する人物で、唐の劉禹錫は「金陵五題 江令宅」で「南朝の詞臣北朝の客、帰り来たりて唯だ秦淮の碧を見る」と詠んだ。杜秋は唐代の人で金陵出身。憲宗と穆宗に仕え漳王の傅姆となったが、漳王が王位を廃され、晩年は困窮した。杜牧はその生涯を憐れみ、「杜秋娘詩」を作った）。

(67) 本書第三章「冒襄と水絵園の遺民世界」を参照。

(68) 「南京の柳麻子は、黒ずんだ黄色い肌で顔中あばただらけ、ひょうひょうとして朴訥であった。講談が上手く、一日に一回上演し、値段は一両と決められていた。十日前に予め贈り物を届けて予約した。というのも、空いている時がなかったからである。南京には当時二人の双璧がおり、それは王月生と柳麻子だった。……」「私はその『景陽岡武松打虎』の語りを聴いたが、『水滸伝』とは大いに異なっていた。その描写は写実的で微に入り細に入っているが、整理されていて余計なところが無く、決してくどくはなかった。……いつも真夜中になると、テーブルを拭いて灯芯を切り、白磁の茶碗を静かに出すと、おもむろに話し出す。その緩急や軽重、息づかいや抑揚は情理に適い、筋骨に沁みわたる。世間の講談師の耳を摘まんでつぶさに聴かせると、彼らはきっと舌を咬んで死ぬはずだ。柳麻子は容貌は奇妙で醜いが、その弁舌は爽やかで、目は利口そうで服装はさっぱりとし、王月生とその柔和な様子を同じくし、それ故、彼らの報酬の相場はちょうど同じであった」。張岱「柳敬亭説書」、『陶庵夢憶』四五頁。

(69) 梁啓超は『桃花扇註』（上、三〇頁）の中で、柳敬亭の幾つかの特徴と関連する文人の伝記を紹介している。「柳敬亭は講談の芸により明、清の時に各地で有名であった。この人は左良玉の幕府に最も長く滞在し、諧謔と任侠を重んじたので、知識人は喜んで彼とつきあい、そのため多くの知識人の別集には彼への贈答詩が極めて多い。……皆この人の人となりとその芸を上手く描いているが、最も持ち上げているのは呉梅村の柳敬亭伝である。黄梨洲（宗羲）にも伝記があるが、こちらはやや蔑んで斥けている」。王士禛は曽て金陵で柳敬亭の講談を聴いているが、評価は非常に手厳しい。柳の芸がもう往年ほどではなかった可能性もあるし、政治的な立場に基づく判断だったかもしれない。しかしそれはともかく、王の文章から、我々は清代には遺民グループの中で、柳敬亭が依然として重んじられていたことがわかる。「左良玉は武昌から軍隊が東に下ってくると称して、九江と安慶の諸々の配下の村を破壊し、殺戮や掠奪は流れ者の匪賊よりもひどかった。東林党の諸公はすばやく馬士英と阮大鋮の討伐を名目にし、併せて左が賊軍とならないようにした。左の幕下に柳敬亭と蘇崑生という者がおり、一人は講談に長け、一人は歌に長けていた。良玉が死ぬと……二人は江南に移り、一、二名の高官や遺民の長老で良玉に肩入れする者が、詩を作って彼らを大げさに持ち上げ、且つ彼らのために伝記を作った。私はかつて柳と金陵で知り合い、その芸を見てみたが、世間の講談師と変わらなかった。彼が出向く所では後のことを恐れるかのようにもてなし、予め台を設けて香を焚き、芥片の茶を急須に落とし、急須ひとつに湯飲みひとつを置いた。柳はやって来ると、そのまま右の座席に座り、講談をたった一段話しただけでやめ、誰も無理強いはしなかった。好きとなれば家の上の烏も好むが、憎ければ下男下女まで憎むわけである。ああ、何とも愚かなことだ」王士禛『分甘余話』、（中華書局、一九九七）巻二、五二頁。

(70) 謝国楨『明清之際党杜運動考』（上海書店、二〇〇四年版）一一一～一一二頁、引用個所は一一八頁参照。

◉ 第三章　冒襄と水絵園の遺民世界

明の滅亡後、士大夫たちは厳しい試練に直面した。まず、彼らは生きるか死ぬかというもっとも根本的な選択をしなくてはならなかったが(1)、生き続けることを選んだ者は、さらに清に出仕するのか隠居するのかという難題に直面した。王汎森の研究によると、当時少なからぬ士大夫が「嬉々として新しい王朝での功名を追った」一方で、「国が滅んだために、反省、追憶、悔恨、捨て鉢といった気持ちを懐いた」遺民も存在し、それゆえに多くの士大夫が県城のある町に入らず、講会〔思想的政治的集会〕にも赴かず、結社にも参加しないという現象が出現したのだった(2)。

明末の江南で名を馳せていた冒襄（一六一一～一六九三）は、明が滅んだときまだ三十四歳だったが、すぐに昔日の青年名士、風流な貴公子といった身分をきっぱりと捨てることを選び、江北にある故郷の水絵園に隠遁し、後半生を遺民として過ごした。冒襄は他の遺民と同じように、明末の金陵〔南京〕の華やかさと故国の淪落や喪失に対して追憶と悔恨の情を抱いていたが、そうした念をきっぱり放棄した他の士大夫達と違っていたのは、冒襄がすぐさま広々とした水絵園に、庭園や歌舞音曲の趣味あふれる、俗世を離れた桃源郷を築いたことである。彼は一方ではあらん限りの資産を使って郷民を救済し、さらに清朝の度重なる招聘を拒絶し、儒者としての志業を忠実に履行した。また一方では、水絵園に多くの賓客を招き、歌舞音曲や山水を詠じる詩文を心ゆくまで楽しみ、明滅亡後の江南の風雅を回復させ、こうした名声や風雅、名節や品行といった二つの側面を一身で兼ねた点は、悲惨で痛ましい十七世紀の遺民と比べると、確かに人々の注目を引くのである(3)。

十八世紀に庭園趣味で名を馳せた袁枚（一七一六～一七九八）と比べると、水絵園の文人世界は随園の豊かな文化生活とむしろ多くの類似点を持つ。ただし袁枚が過ごした世運隆盛の時代の悠々たる歳月には、乱世の遺民特有の悲憤の情や今昔の感といったものは見られない。この角度から見れば、冒襄の水絵園は、十七世紀明末の士大夫と十八世紀の清の最盛期の士大夫文化との間の架け橋と見なすことができよう。乱世の桃源郷の中で、冒襄は生命を託し、令名を成就せんとする拠点を探し当てた。そしてまた一方では豊かな士大夫の庭園生活を通じて、もう一つの時空環境で、過ぎし日の金陵の華やかさを再演したのである。

一、若き日の風流

義憤に燃えて慷慨し、公卿の間に名をとどろかせた冒襄の前半生にとって、明朝の滅亡は、もちろん埋め合わせることのできない巨大な断裂であった。仕官や、科挙用の学問、また経世済民を為さんとする壮大な志は、冒襄が引退を決意したことですべて水泡に帰した。水絵園を築くことで、冒襄は理想と功名の断裂の外側で、日常生活の中に彼と昔日の江南および金陵の士大夫文化との臍帯関係を、瞬く間に再構築した。このようなゆったりした時間によって、冒襄はその後半生において、伝統的士大夫文化中の最も精緻で優れた部分を十分に享受することができ、ほかの遺民のように、世俗を棄てたみすぼらしい生活を過ごすことはなかった。ただこれらすばらしい現実生活以外に、水絵園には冒襄の昔日の風流な歳月や英雄的行為についての追憶もあふれている。冒襄自身とその友人たちの多くの著述からわかるのは、冒襄の前半生についての追憶や隠遁生活の中で、水絵園が重要な地位を占めているということだ。林木が生い茂る水絵園は、過去を思い出すのに最適の場所だった。現実生活のすばらしさも、決して巨大な断裂が作り出した空虚を埋め合わせることはできず、金陵という権勢と騒々しさからなる舞台を喪失してからは、冒襄は片田舎の水絵園の中で、道半ばで失われた若き日の志と突然遠くに去って行った都市生活の中の風流な栄耀栄華を追憶するよりほかなかった。水絵園が次第にさびれ、愛妾董小宛が早世し、彼個人が経済的に困窮し、晩年幾度か災難に遭遇するにつれて、追憶は生活の中でさらに重要なものとなっていった。若き日の様々な出来事も、そうして水絵園の世界の中で切り離すことのできない一部分となったのである。

冒襄、字は辟疆、号は巣民、万暦三十九年（一六一一）揚州府如皋県に生まれた。記録によると彼は「幼いころから神童の誉れが有り」、十三歳ですでに詩を賦することができたという。（『冒巣民先生年譜』、『北京図書館蔵珍本年譜叢刊』第七〇冊所収、以下『年譜』）。一見すると、こうした陳述はよく目にする世辞のようである。しかし当時の著名な文人によるそれについての証言や冒襄の交友関係からすれば、彼の早熟な才華がいかに衆人の称賛を勝ち得たかは想像に難くない。十四歳の時には、著名な文人にして画家である董其昌と陳継儒から詩を褒められ、二人が序を書いた詩集が刊行されている（前出『年譜』）。崇禎九年（一六三六）、冒襄は郷試に参加したが、この時年老いた董其昌は愛する弟子への期待を込めて、二ヶ月かけて一幅の山水画を描いた。

> 秋、冒襄が江南一帯で首席をとれば、それは真に文運を再興させることになろう。そこで私は佳き練り絹を求めて絵を描き、合格の吉報を期待してこれを言祝ぐことにした。五日で一山、十日で一水を描きながら、齢八十八の老人が二ヶ月を制作に費やしたのだから、私の平生の思いがこもっており、必ずや具眼の士のお眼鏡にかなうであろう。且く（しばら）このことを書き留めて、芸林の佳話とする。(4)（『年譜』三九一～三九二頁）

董其昌のこうした感動的な真情の吐露は、冒襄が彼の心の中で占めていた地位を物語っている。

冒襄が後に交わりを結んだ清初の詩人王士禛と比べて、科挙や仕官といった面で、冒襄は挫折続きだった。彼の明末の文壇での肯定的評価は、王士禛の清初での盛名を想起させる。冒襄二十九歳の時の自述は、虚言ではないだろう。「そのとき私冒襄は蘇洵が科挙のために発憤したのと同じ年になっていた。五たび科挙で苦杯を嘗め、身内に朗報を届けることができない。なのに誤って虚名を博し、当代の名だたる人物の知遇を得て、詩文も書画も瞬く間に私の所に集まってきた」（『年譜』三九九頁）。しかし詩文や書画は、冒襄が明末江南で博した名声の唯一の要因というのではなく、彼の時の政治を痛烈に批判する儒生的風格と慷慨激昂した義侠心ある行動、加えて風流で含蓄に富んだ挙措と装いが一体化して、明末金陵における貴公子の物語となっていたのである。

冒襄の墓誌銘の作者韓菼は、明末の混乱した政局下における冒襄の地位を見事に概括している。

亡き明の熹廟（天啓帝）の時に、宦官による禍が起こり、黄門北寺の獄が発生して、諸賢が相次いで逮捕され鞭打たれて死んだ。かの六君子がその最も顕著なる例である。国の政治が上方で乱れ、下では清議が激しくなり、名流俊彦が雲のごとく集まり風のごとく駆け回り、それがただ義によってのみ為された。こうした人々は自らを高く評価し、それはいわゆる顧廚俊及（後漢末の清流派の著名人を八顧・八廚・八俊・八及と呼んだ）の如くであった。当時は四公子の名声が最も高かった。四公子とは、桐城の方以智、陽羨の陳貞慧、帰徳の侯方域と冒襄先生である。（韓菼「冒潜孝先生墓誌銘」、前出『年譜』四九九頁）

冒襄は朝政の混乱に思うところが有り、東林党の士人の後を継いで、士大夫による清議に加わった。それ故に方以智らとともに明末の四公子の列に加えられたのである。この四人は、個性は異なっていたが、みなプライドが高く、現実の政治に対して強烈な関心を抱いており、そのために卓越した名声を得た。冒襄らと同輩の呉偉業は、冒襄の個性について以下のように述べている。

むかし天下に難事が多かった時でも、江南は落ち着いており、当時高貴な家の子弟で、才能と家柄の良さを自認する者は、互いに南都で出会い、明の宗廟にて名を名乗りあった。陽羨の陳定生は若くして名声があり、冒辟疆と深い交わりを結んでおり、どちらも貴公子であった。定生の人となりは、威風堂々としていて、いかにも得意気であった。冒辟疆は所作がゆったりしていて、言葉は風流であった。両者を比べると同じではないようだが、名節を好み、議論に自信がある点では一致していた。これによって深い友情を結び、道義上許されないことがあれば、声高にこれを排除し、為政者を品評し、高官を裁断し、相手が強権を有していても、屈服しなかった。（「冒襄五十寿序」、『梅村集』巻二六、『景印文淵閣四庫全書』第一三一二巻所収、二七一頁）

冒襄の時の政治を議論して強権を畏れないという態度は、阮大鋮に対する攻撃にもかなり明確に表われている。阮大鋮は万暦十五年（一五八七）の進士で、熹宗の天啓年間、魏忠賢にへつらったために、東林党の士人に軽蔑されていた。崇禎二年（一六二九）、魏忠賢一派は逆賊とされ、阮大鋮は刑を受ける代わりに、平民に落とされ、南京に隠れ住んだ。魏忠賢は天啓年間に禁衛の軍を差し向け江南一帯の東林党の人士を逮捕させたことにより、江南の民衆の強い反発を招いた[5]。阮大鋮はすでに宦官派に名を連ねていたので、もともと江南士大夫の批判の対象であった。崇禎十一年（一六三八）、馬士英が朝廷に起用され、彼は南京に隠れていた阮大鋮に援助の手をさしのべ始めた。阮大鋮の勢力が蘇ったことは、すぐに黄宗羲を含む天啓年間に彼らに殺された人士の遺児や東林党の子弟の激烈な反発を招いた。顧杲（子方）、陳定生（貞慧）、呉応箕（次尾）、侯朝宗（方域）らは阮大鋮を駆逐しようとする「南都防乱掲」を先頭に立って唱えた。冒襄は呉応箕らが著した掲文に修正案を提出し、また百四十人の署名者の中に名を連ねていたため、阮大鋮から排除すべき元凶と見なされた。

顧子方、呉次尾、陳定生、侯朝宗が懐寧〔阮大鋮〕を駆逐しようとする公掲を首唱し、合わせて数十名数百名がその罪を掲げて責めたてたが、懐寧は屈服せず、秋になって逃走したが隠れる所もないほどだった。申酉〔福王の南明政権時期〕になると懐寧が報復し、その首謀者を一網打尽にしようとして、定生、朝宗と私について、公掲はこの三人が関与したことだと言った。(6)（『年譜』四〇二～四〇三頁）

崇禎十二年（一六三九）、観劇の際に阮大鋮を罵ったエピソードは、冒襄と阮大鋮の間の溝を一層深くし、取り返しのつかないものにした。陳定生の遺児であり、長い間水絵園に住んだ陳其年の追憶によれば、この年、二十九歳だった冒襄は、大いばりで、太平を謳歌し大乱が目前にあることも知らない南京にやってきた。「その時亡父〔陳貞慧〕は冒先生と金陵にやってくると、車騎を飾り、賓客とつきあい、とりわけ、桐城〔左光斗〕、嘉善〔魏大中〕の遺児たちと交際することを喜んだ。遊ぶ時には、かならず宴席を開き、歌妓や舞妓を招いた」（陳維崧「奉賀冒巣民老伯暨叔母蘇儒人五十双寿序」、『同人集』巻二、四六頁）。

阮大鋮は戯曲の創作に精通しており、『燕子箋』は後世に伝わる名作である。彼の家班〔家内劇団〕も遠くまで名を馳せており、かつて阮家でその家班の芝居をみた張岱は、これを大絶賛している(7)（『陶庵夢憶』巻八）。南京で東林党の遺児と交友があった冒襄は、酒席で、歌妓や舞妓を招いた際、全く偶然に阮大鋮が心を配って派遣した家班による『燕子箋』を鑑賞した。そしてそこで奸臣を酔って罵るというかの『桃花扇』に描かれるシーンになる。

金陵歌舞の諸部は天下一であり、懐寧の役者がそのまたトップであった。歌詞はその主人が作ったものである。諸先生はその役者がよく知られているのを聞き、それを招いた。懐寧は、もともと諸先生たちから辱められており、日夜それを挽回しようとしていたが、そのてだてがないのを深く気に懸けていた。そこでただちに役者を送り、自分の老奴も行かせたのである。その日、懐寧が作った『燕子箋』を演じた。諸先生はしかと酔い、酔ってかつは罵り、かつは賞讃したのである。懐寧はそれを聞いて、特に恨みを含んだのであった。(8)（陳維崧「奉賀冒巣民老伯暨叔母蘇儒人五十双寿序」、『同人集』巻二、四六頁、大木康訳による）

もともとこの機会に関係を修復したかった阮大鋮は、この屈辱で恨みを心に残した。後に福王が南京に樹立した南明政権の後、阮大鋮は機に乗じて報復のため知識人を投獄し、冒襄もこれによって危うく災いに見舞われるところだった。弘光の小朝廷（福王の南明政権）はあっというまに壊滅したものの、『燕子箋』という劇はこれと共に滅びず、それどころか清初の各地、および水絵園で上演された。冒襄が南京で『燕子箋』を鑑賞した時に酔って奸臣を罵った出来事は、それから二十年あまり後になっても冒襄の遺民仲間の間で語り草になっていた。この点については、後段でより詳しく言及しよう。

若く血気盛んな冒襄は政治活動に参加し、阮大鋮を大いに攻撃したほか、地元の仕事に熱心に参与し、士紳としての職責を忠実に履行した。崇禎末年、天下は大いに乱れ、「長江南北の地域はおおよそ飢えに苦しんだ」。被災情況は崇禎十三年が最も深刻であり、穀物の価格は高騰し、人々は人肉相い食むまでに至った。冒襄は如皋県の城門に四つの粥小屋を設け、亭長と地方の長老に協力を仰いだ。四、五ヶ月が過ぎ、城内城外で数十万人の命が救われた。冒襄の行為は、当然地元の民衆を感激させた。二年目、彼が南嶽の父のところに行く時、「被災者支援に当たった地元の長老四人が飢民数千人とともに河岸まで見送ってくれ」、その場面は壮観であった。同様の大規模な被災者救済活動は、以後何度か行われた。そのため冒襄は疫病に感染し、何度も死の危機に瀕したが、宗教的力によって死から蘇った。冒襄はこうした神秘的な生死のいきさつについて、怪力乱神に満ちた詳細な描写を行っており、それによって水絵園での隠遁生活はマジックリアリズムによる田舎の雰囲気が充満したものとなっている。そ

してまた、我々はそれによって伝統的な士紳の複雑で個性に満ちた生活の様子についてより多くのことを理解するのである。(9)

冒襄の父親の冒起宗は進士の出身で、崇禎十二年に襄陽で職に補せられた。十五年、襄陽は李自成と張献忠が率いる部隊に攻め破られ、形勢が危うくなる。襄陽に父を見舞って帰郷していた冒襄は、陥落間際の土地に身を置いている父親を思うと、「帰っても眠ることができず」、家族に隠れて血の涙を流して上書した。朝廷で任官していた何人かの同郷人が「こぞって冒襄の才能を褒め称え、その孝行心を称賛し、彼のために進言した」ことから、冒起宗は宝慶に転属になり、次いで辞職を願い出て帰郷してきた。帰ってきて二ヶ月経たないうちに、襄陽は再び撃破された（『年譜』四一九頁）。冒襄が血の涙を流して上書し、父の命を守ったという経緯は、黄宗羲が父に代わって仇を討つために、刑部の公堂で、父を殺した宦官の頭に鉄槌を投げつけたように、悲壮でドラマチックなものではないにしろ、いずれも乱世において儒生の倫理規範を実践したものであった。

明の滅亡まで、冒襄はついに挙人〔郷試の合格者〕の肩書きを持つことはできなかったが、しかし幾度かの任官の機会はあった。一回目は崇禎十五年、冒襄三十二歳の時、総督漕運の史可法が冒襄の才能と徳行を知り、特別に上奏して彼を監軍に推薦した。巡漕御史、巡江御史、督学御史らも奏上して推薦したが、冒襄はみな断った。もう一回は、崇禎十六年、恩貢をもって台州の推官に抜擢されたことだが、赴任する前に大乱が起こった。侯方域の甥の侯玄涵によれば、冒襄が史可法らの推薦を断ったのは、以前父親が監軍として各地に赴くのにしたがったとき、「中原の情勢を窺うに、挽回はできない」と感じ、固辞したのだという（侯玄涵「祝冒辟疆社盟翁先生双序」、『同人集』巻二、五一頁）。

南京が冒襄にとって後日水絵園で夢に魂をつなぐ場所になったのは、彼が何度も科挙受験や東林党の遺児との会合に赴いたりしたこと、さらには観劇時に阮大鋮を罵って一時の奇譚となったという理由以外に、南京には豊かな文化生活と秦淮河畔の歌舞を演じる舞台があったからである。より重要なのは、ここ南京において、彼は後に九年間の黄金の年月をともに過ごす名妓董小宛を初めて識ったことである。崇禎十二年（一六三九）、観劇時に阮大鋮を罵った同じ年に、二十九歳の冒襄は、呉次尾、方密之、侯方域の強い勧めで、初めて董小宛に会った。

崇禎十二年、郷試を受験するために南京の秦淮に来た。呉次尾〔応箕〕、方密之〔以智〕、侯朝宗〔方域〕らはみな、辟疆〔冒襄〕に対して口々に董小宛の名前を告げた。冒辟疆は「まだ王平子〔東晋の王澄、高い鑑識眼ある人物として知られる〕の目できちんと評価したわけでないから、決められない」と述べた。董小宛もまたしばしば名士たちが集まる酒宴に侍り、人々が冒子について話すのを聞いており、冒子はどのような人なのかと尋ねた。客が「彼は今の高名な才子だよ、意気軒昂で、風流を楽しむ人物だ」と言った。……辟疆が以智と董小宛を訪ねた時、彼女は秦淮の喧噪を嫌い金閶〔蘇州〕に移っていた。（張明弼「冒姫董小宛伝」、『同人集』巻三、一〇四頁）

この後、二人の交際は幾多の紆余曲折をたどった。これより以前、冒襄のもう一人の愛姫陳円円は有力者に奪われ、[10]董小宛もちょうど母を亡くし危篤になるという人生の瀬戸際にいた。河の上で「月夜に舟を浮かべ、四処に飄泊」していた冒襄は、船で半塘〔蘇州の花街〕の同橋の内に至ると、「絵のような小楼が、門を閉ざして水辺に静かに立っているのを目にした」。河岸の人に尋ねたところ、秦淮の董姫の住まいだと分かった。「辟疆はこれを聞いて狂わんばかりに驚喜し、その門をしっかりと叩き、ようやく入ることができた。楼に登ると、灯火には光なく、薬鐺〔薬を造る鍋〕が散乱していた。帳をあげて彼女を見ると、弱々しく息をしている人がいてそれが小宛であった。彼女は襄の姿を目にするやいなや、疲れた目をこらし、雨のように涙を流した」。喜びの余り、董小宛の病状は半ば良くなったようで、身をゆだねることを願った。しかし、冒襄には考慮するべきことがいくつかあり、襄樊の父親に人をやって伝えなくてはならないことがあるので、董姫に別れを告げた。二日目、「彼女はあでやかに化粧を施し着飾って、荷物をまとめ、そのまま船にのり、何度も帰らないと言い張った」。二人はそこで一緒に各地を巡った。董小宛は薄い蟬紗〔うすぎぬ〕のような西洋の布で、くすんだピンク色をした軽衫を着て、冒襄と「江山のもっとも素晴らしい場所を見て回った」時、「たくさんの人に取り囲まれ、江妃がつれあいと波を踏んで遡っている、と言われた」。この各地を遊覧した二十七日間に、冒襄は二十七回別れようとしたが、董小宛はひどく泣いた。最後には、冒襄は、董小宛に郷試が終わったら家に連れて行き結婚すると応えたのだった。

愛にひたむきな董小宛は、家に帰ると門を閉ざし肉食を断った。彼女は八月初め単身蘇州から船を雇って、秦淮に至り、郷試が終わるのを待って、二人はやっと再会した。冒襄が前回南京で郷試に挑み、初めて董小宛を知ってからちょうど三年のことだった。しかし三年前の観劇時に阮大鋮を罵ったように、『燕子箋』という劇は、もう一度冒襄の生涯で銘記すべき重要な事柄に登場する。

当時郷試に参加していた貴公子たちが、みな酒席にいて宴たけなわであった。中秋の夜の宴席で、彼女と辟疆は河辺の亭で懐寧の新しい戯曲『燕子箋』を観た。そのときその場にいた秦淮の妓女たちは、皆感激して羨み、董小宛が落籍されることを喜び、感涙を流したのだった。（張明弼「冒姫董小宛伝」、『同人集』巻三、一〇五頁）

続いて、銭謙益と柳如是が表に出て手はずを整え、董小宛の父親が抱えていた債務を解決し、遠近を問わず人を集めて董小宛のために餞別の酒宴を設け、その後船を雇って、彼女を如皐に送り届けてくれたのだった。

虞山宗伯（銭謙益）がこれを聞いて、みずから半塘におもむき、彼女を船の中に迎え入れ、上は紳士から下は市井の庶民に至るまでの借金を、大きな金額のものも小さな金額のものも細かく気を使いながら、三日かけてすっかりかたづけてくれ、一尺以上にものぼる証文を取り返してくれたのである。それから楼船で宴席を張り、彼女を虎丘で餞別すると、ただちに船を雇って、わが如皋に送り届けてくれたのであった。（冒襄『影梅庵憶語』、『続修四庫全書』第一二七二冊、二三六頁、張明弼「冒姫董小宛伝」、『同人集』巻三、一〇五頁、大木康訳による）[11]

三年の紆余曲折を経て、董小宛はついに念願かなって冒襄と一緒になることができた。董小宛が船で如皋に入ったことは、水絵園の遺民世界に数多の彩りを添えることになったのだが、別の一面では、冒襄が南京等の地での侠客的豪情と名士的風流にピリオドを打ったことを象徴している。明末の金陵に多くの官吏や群賢が挙って集った局面はここで閉幕となった。かつて『板橋雑記』を著すことによって、明末の南京の風流なる往事を詳細に述べた余懐は、温かい筆致で彼らが過ごした黄金時代と冒襄の鮮明なイメージを追憶している。

ちょうどこの時、江南地方は平穏で、国の各地の俊才がこぞって副都南京に集まった。雨花台、桃葉渡のあたりは、舟や車でいつもいっぱいだった。私は当時、年若く意気盛んであり、自らこそ当世に雄たりと得意になり、諸名士とともに後漢の才子の気節を気取り、六朝の文人のごとき文才を自負していた。……巣民は意気鋭く権勢を誇り、一時を睥睨（へいげい）していた。（余懐「冒巣民先生七十寿序」、『同人集』巻二、六八頁）

崇禎九年夏、方以智の紹介を通して、冒襄と親交を結んだ陳名夏は、他の人々同様冒襄の才能に対し常に敬服しており、「天下の才」と見なしていた。

その時冒辟疆は秀才として知られる漢の終軍と同じく弱冠の年で、揚雄の「羽獵賦」や「長揚賦」にも匹敵する文才の誉れを独占し、嶽が聳(そび)え立ち淵がじっと止まるような荘重さで、玉が映え霞が挙がるように意気軒昂であった。江南地方では三事〔地方の長官や副官〕より以下の者は、みな彼が訪ねてくると履き物を逆しまにして熱烈に歓迎して、我が党は「冒辟疆と方密之、子一〔魏学濂〕が文苑の鼎足だ」と言い、また彼を天下の才と目していた。〔陳名夏「冒襄重訂樸巣詩文集序」、『同人集』巻一、二五頁〕

冒襄の才華や威儀、容姿、来客を好む性格は、彼を自然と明末の江南の衆目を集める人物へと押し上げた。後に得全堂で『燕子箋』を鑑賞した時、悲しみの涙が止まらず、最後まで居ることができなかった陳瑚は、崇禎十五年揚州で初めて冒襄に会った時、彼の風采に驚き、神仙界の中の人かと驚嘆した。

昔崇禎十五年、維陽〔揚州〕に遊んだ。……そこで冒襄を識った。冒襄は車騎を飾り、衣装は鮮やかで、珠樹瓊枝のごとく、その光に左右は驚かされるようで、私は神仙世界の人かと驚嘆した。〔陳瑚「得全堂夜讌記」、『同人集』巻三、八五頁〕

物質文化盛んな明末に暮らしていたので、冒襄は張岱などの江南士大夫と同様、世俗的生活中の優れた事物を享受していた。また日常的な衣食住あるいは旅行でも、精緻な趣味に対するこだわりをみせている。彼はこういった「車騎を飾り、衣装は鮮やか」で「光が左右を驚かせる」といったイメージで、明末の江南に別れを告げ、後半生の水絵園での遺民生活を始めたのである。

二、水絵園

明清鼎革の時、天下は大いに乱れ、順治二年、江淮には盗賊が蜂起し、如皋でも「外には竈戸〔塩の闇業者〕があり、内には軍営があった。白昼に殺人が行われ、県門の火は夜を徹して絶えなかった」。冒襄は一家で塩官〔浙江省海寧〕に逃げ、幾度もの艱難を嘗めた。体だけは無事だったものの「これまで蓄えてきた玩物や衣服や家具で手元に残ったものはなかった」(『年譜』)。翌年如皋に戻ると、すぐに新しい朝廷の官員に推薦された。冒襄は「病気の体と悲しみのために、仕官しなかった」。元々顔見知りではないものの、冒襄の素性を知る新王朝建立に寄与した大臣の保護の下、冒襄は故郷に帰り居を定めることができた。さらに古い友人である龔鼎孳の庇護を受け、冒襄は後半生四十年あまりの隠遁生活を開始した。

冒襄の先祖は代々官に就き、如皋で相当の事業基盤を築いており、水絵園は冒襄がこの基盤の上に成したものである。水絵園は元々冒襄の曾叔祖冒一貫が万暦天啓年間に建築した別荘であり、順治十一年(一六五四)冒襄の父冒起宗の名義となった[12]。厳格にいえば、冒襄と水絵園との関係は、この年からとすべきである。実際は、彼は生涯大半の時間を町の北東の水絵園内で過ごしたわけではなく、集賢街の先祖伝来の家(後の冒家巷)とその他二つの場所で暮らしていた[13]。董小宛と仲良く暮らした影梅庵は、如皋県の南の郊外に建てられた別荘である。しかし、私は本論では、緩やかな基準で水絵園を冒襄が一六四四年以後に作り上げた隠逸世界の代名詞としている。それには二つの理由がある。一つ目は、最も主要な理由だが、水絵園の名前は早くから存在しており、順治十一年に始まったものではない。にもかかわらず後世の記録によると、水絵園の名前はまるで冒襄と同等に扱われていることが関係している。水絵園は、冒襄が明末清初の際に博した名声と、さらには水絵園の後を引き継いで行った積極的経営と文化活動とによって、後世に伝わり、一代の名園となり得たと言ってよい。冒襄の八十年あまりの鮮やかで起伏に富んだ一生は、水絵園の存在によって、最も素晴らしい表象の媒体を得たのだ。後世の記載では、冒襄の一生の志業とイメージは、みな水絵園に還元されるし、ひいては董小宛との縁も水絵園と密接に関連しているのである。

冒襄と水絵園との密接不可分な関係は、地方志あるいは正史にも非常にはっきりと書かれている。『如皋県志』中では幾度となく水絵園と冒襄の隠逸生活とをイコールで結んでいる。「水絵園は町の北東の隅、中禅寺と伏海寺の間にあり、もとは文学（生員）の冒一貫の別荘であり、水絵園という名だった。後に司李（司法官である推官のこと。ただし冒襄は台州推官として赴任する前に明が滅亡）の冒襄がここに隠棲し、園を庵に改めた。……当時の海内の巨公や知名の士が、みなやってきて酒を飲み、詩を作った。何度か持ち主がかわり荒廃した遺跡が残っていた」。「すなわち当時の水絵園である。園は固より巣民先生の隠居したところであり、当時の文人学士がここでの酒宴に会し詩を贈答をした。今数十年を経てもその様子が眼前に浮かんでくるようであり、私は名残惜しく立ち去るに忍びない」（楊受延ら修、馬汝舟ら纂『如皋県志』三、嘉慶十三年刊本、成文出版社、一九七〇、巻二二、古蹟、二一五〇～二一五一頁）。『清史列伝』で冒襄の一生を略述する際には、水絵園の当時の盛況ぶりが特に賞賛されている。「国変の後、無官のまま官途に就こうとしなかった。性格は客をもてなすことを好み、家にはもともと水絵園があったので、景観に勝れる池沼や亭館を独り占めし、四方の名士を次々と招いた」（『清史列伝』、中華書局、一九二八年、七〇冊、七a～七b頁）。水絵園が後世の人々の記憶の中で、冒襄が遺民世界と文化活動を構築する際の舞台であるという印象は、はっきりしていて少しも揺らぐことがない。

水絵園と冒襄とをイコールとみなす二つ目の理由は、冒家の先祖の別荘逸園と冒一貫が所有していた水絵園が、実は洗鉢池を介してつながっていて、全盛期の水絵園が逸園と洗鉢池を包括していたということにある。康熙年間の詩壇で名声を得ていた施閏章は、逸園中の著名な放生池と水絵庵とを一体のものとして扱っている。「水絵庵前一池の水、花発（ひら）き芙渠十里香る、冒家三世皆な放生し、水族波臣は紀すべからず」（施閏章「逸園放生歌」、『如皋県志』、一九九一頁)。冒襄が順治十一年に冒一貫の水絵園を手に入れる前でも、冒襄と董小宛は常に逸園と洗鉢池を娯楽と休息の場所としていた。冒襄の旧友である陳焯が「影梅庵憶語題詞」で「冒襄が如皐に招き、やって来た客は我が逸園に宿るが、……それは冒襄と董小宛が小舟で遊泳する所である。……冒襄がしばしばその美しく彩った楼閣で茗茶やお香を出して、これをすすりかつこれをくゆらせる。みな董小宛による手ずからのもてなしで、普通の味とは全く異なる素晴らしいものだ」(陳焯「影梅庵憶語題詞」、冒広生輯『如皐冒氏叢書』第十五冊所収)と言っていることと、杜濬が董小宛を悼んだ「洗鉢の池辺明月の夜、香魂は面に当たり化して雲と為る」(14)と詠じた詩句が、そのことを証明している。嘉慶、道光期の文人の記述でも、往々にして董小宛と水絵園が一緒に言及されている。陳文述「董小宛小像」中に「射雉の城南秋草緑にして、水絵園は荒れ寒瀑濺ぐ、羅裙已に彩雲と作りて飛び、画里依然として人は玉に似たり」とあり、郭麐の同題の作に、「前身応に是れ董双成なるべし、略ぼ人間に向かいて旧盟を証す、水絵園荒れて桑海換わり、瑶天鶴返り太だ凄清なり」(15)とあるのは、ともにその好例である。そのため水絵園という鮮明なイメージを以て冒襄の後半生を概括することは、その実これに勝る適切なものはないことになる。

絵は会である。「東西南北、みな水でつながっている」ので、園中の樹林や小山、草花は互いに他を引き立て合って絵画のようであり、そのため水絵と名づけられた(作者不詳「水絵庵記」、『同人集』巻三、八三～八四頁)。様々な流れが集まっていることが、水絵園の基本的景観を構成しており、洗鉢池は「水竹に富む」庭園の中心であった。「水絵庵は水の名勝地であり、満々と水をたたえさわさわと音を立て、青く澄んで奥深いところは、洗鉢池である」(冒襄「水絵庵六憶小記」、『巣民文集』巻四、『叢書集成三編』所収、新文豊出版公司、五三、六一八頁、以下『文集』)。洗鉢池は十畝を占めるが、もともとは郭兵憲の所有地であった(袁充美「如皐冒氏逸園祠堂碑記」、『同人集』巻三)。おそらく冒襄の祖父の奉直公冒夢齢が引退後のために買ったのだろう。天啓三年(一六二三)、冒襄十三歳の時、奉直公と大伯父が前後して職を辞して郷里に戻り、洗鉢池のほとりに逸園を造営し、その土地は二畝であった。二人の老人は酒飲みで、招かれた客も酒がいけた。枕元から門外に至るまで酒具でいっぱいで、いつも夜中に二人の老人が酒に酔って騒ぐ声が聞こえていた（『年譜』三六八、三七七〜三七八頁）。冒襄自身は酒を好まなかったが、彼は祖父が園内で客人をもてなす伝統を明らかに継承している。

洗鉢池の出口に一つの赤い橋があり、赤い橋の外にはまた銭京兆の廃池五畝があったが、これも冒家によって購われた。全てを加えると、水絵園の面積は数十畝になる。冒襄らの描写によれば、水絵園の地理的位置や分布は大体以下の通りである。かつての水絵は県城の北だった。冒襄は南に向かって数十畝開拓して延長した。西側に見えるのは「高くそそり立つ」碧霞山である。碧霞山から東に向かって七十歩のところに、小さな橋と茅葺き屋根の亭があった。その亭を過ぎると「蓮の花は岸を挟み、桃と柳の木が互いの影を交えながらくねくねと続いているが、これを画堤と言う。堤の広さは五十尺で、長さは三十丈余り有る」。画堤の突き当たりが水庵門であり、門の上には水絵庵の三字があって、冒襄自ら書いたものである。門を入って百歩余り歩くと、妙隠香林が広がっている。二本の道があり、一本は枕煙亭に、一本は寒碧堂に至る。「堂の前は、白波が広がっており、洗鉢池という。そもそも宋の尊宿〔年老いた徳の高い僧侶〕がここで鉢を洗ったことから、このように名付けられた」。「洗鉢池の前には逸園があり、右側には中禅寺が連なっていて、寺には曾文昭の隠玉斎〔北栄の名文家曾鞏の弟でのちに宰相となった曾肇の幼い頃の勉強部屋〕があり、緑の樹木が環のようにとり囲んでいる」。さらに北に折れると小浯渓といい、浯渓からさらに西に折れると鶴嶼といい、以前はいつも白鶴がここに巣を作っていた。冒襄はこれを改築して亭にし、小三吾といった（「水絵庵記」、『同人集』巻三、八四頁）。順治十年年（一六五三）、冒襄四十三歳の時に完成したが（『文集』巻二、六〇三頁）、冒襄と友人とが唱和した「小三吾」詩は、この亭に由来する。

王朝の交代によって、冒襄の仕官や科挙、経世への遠大な計画は断たれてしまったが、そのことは逆に彼を全身全霊で生活を享受し、俗世の外にある雅致と逸楽に満ちた桃源郷を運営することに向かわせた。現実の政治世界で大きな痛手を負った冒襄は、水絵園で自己の癒やしを探し当てただけでなく、急速に索莫としていく雰囲気の中で、江南の士大夫達のための文化的楽園を再建したのだ。明末の南京で冒襄と知り合う機会のなかった葛雲芝は、冒襄五十歳の誕生日に、水絵園の文化的意義をこのように論評した。

私が見るに、元の末年、賢人志士が鬱鬱とし不平不満を抱えていれば、そのたびに酒を飲み詩を賦して自らを愉しませたものだが、その時には必ず賢明で豪傑なる長者がその主人となった。……今の世に伝わっている玉山草堂〔元末明初の詩会〕や月泉吟社〔南栄遺民の詩会〕の詩集を読み返せばわかる。ここ十年あまりの間に、長江の南側は、物寂しい風がさっと吹き寄せ、さきに称えられた風台月榭や歌楼舞館といった場所は、皆跡形も無くなってしまった。しかも数人の賢人志士はちぢこまり、冬ごもりの虫や寒蟬のように鳴きもしなければ踊りもしない。世に伝えられる玉山草堂の会や月泉吟社のような風流は、もはや仙人の国や華胥氏の地のようなもので、その名を聞くけれどもその存在を信じることはできなくなった。今冒襄は一切を捨て、ただ友人達と詩や酒に耽溺しており、その園亭や音楽の盛大な様は、昔日をしのぐほどだ。（葛雲芝「五十双寿序」、『同人集』巻二、五一頁）

この論評は、水絵園の集まりが元末の鬱屈苦悶した文人の詩酒結社と比べて、音楽が盛んであったことを褒めたたえている。別の詩人はかつて小三吾亭での唱和に参与した友人の口を借りて、水絵園を雲散霧消した金陵の後継と見なしている。

（水絵庵は）蓮の池に囲まれ、柳の堤を帯びており、亭台は映え合って、風景は絵画のようである。長江の北に山は無いが、巣民は石好きで、石を数十年にわたって集め、曲がりくねった洞穴を作り、折り曲がった水路を作り、積み重ねて峰にし、虚空を凌ぐようにまでなり、雲気がその上に生じている。巣民は同志とそこで読書し詩を賦し、暇があれば酒を飲んで清談をし、そこに音楽が加わる。……ああ、当世にこうしたものがあるだろうか。いったい天下において形勝を独占し、亭榭を建造して、人や物が集まって遊覧して楽しむ場所といえば、長江の北は揚州、長江の南では金陵である。金陵は皇帝や王族が集まるところであり、申と酉の年（明滅亡の甲申と清兵南下の乙酉の年）以降兵火は最も激しく、江山は変わらぬとはいえ、馬はいななき草は暗く、雲は惨憺として塵が飛びかう中、烏衣巷や繡春園の旧所を尋ねようとしても、もはやどこかも分からない。……思うに天が巣民に遠く望みを託し、巣民を深く愛し、彼の所にこの煙霞、竹石、魚鳥、林泉を留めさせ、その孤高にして純潔なるものを全うさせたのだろう。（孫朝譲「五十双寿序」、『同人集』巻二、五〇頁）（図1～8参照）

この序で述べられているのは、人物と風景とは、揚州と金陵が天下の景勝地たりえた重要な要因であり、水絵園はまさにこの二つを兼ね備えているということだ。「馬はいななき草暗き」大乱の後ですらなお、この別世界を保持できたのは、天恵といえる。次の二つの文章からは、行き交う車が途切れること無く、訪れる客も川の流れのように止まない水絵園の盛況ぶりがはっきりわかる。

家は元々亭や館の素晴らしい景色に恵まれており、水絵、三吾、匿峰、深翠山房の各所には、みな山峰を備え、もやが漂う湖水がある。四方の賓客はまるで家に帰ったかのように感じ、四公子と称される人々以外に、上は東林党、幾社、復社の先達や高官を経験していた者達から、下は方術や隠逸の徒、あるいは僧侶まで、やって来てここに逗留しない者はなく、逗留してもすぐ去る者はなく、去ってもまた再びやって来ない者はい

図 1：桃渡臨流（『金陵図詠』より）

図 2：長干春遊（『金陵図詠』より）

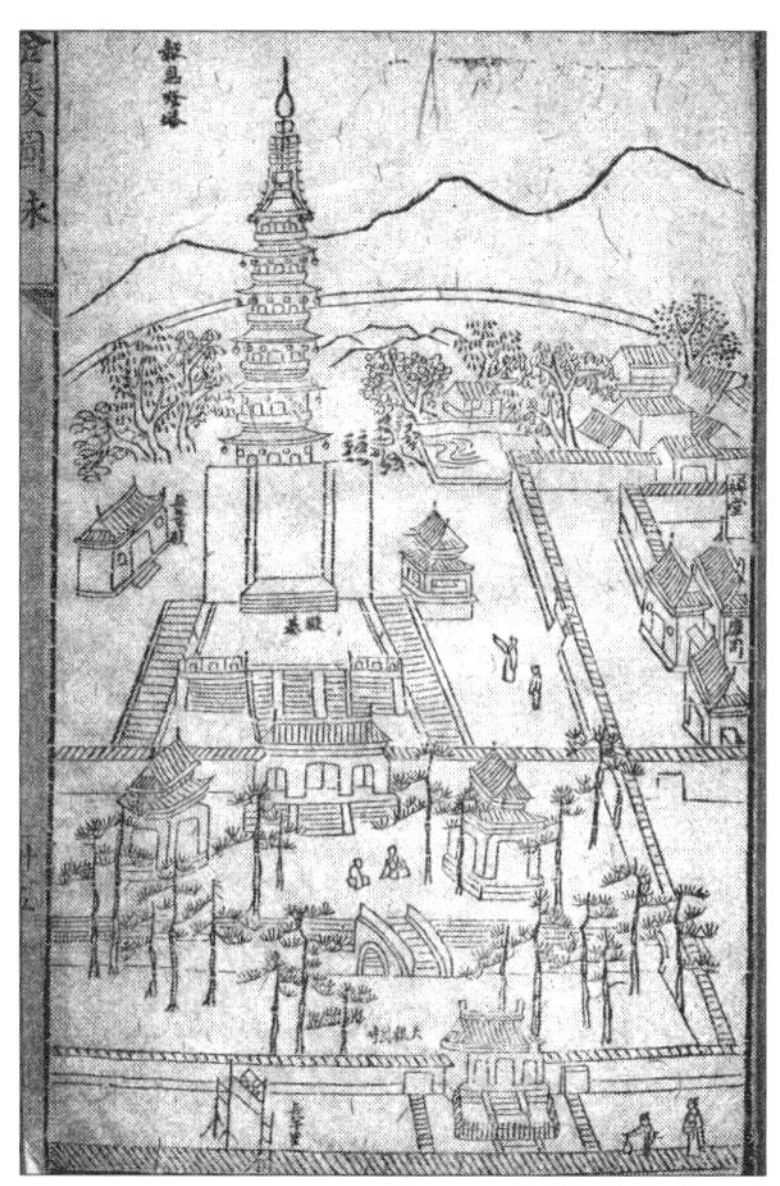

図 3：報恩寺塔（『金陵図詠』より）

図 4：秦淮漁唱（『金陵図詠』より）

図５：烏衣晩照（『金陵図詠』より）

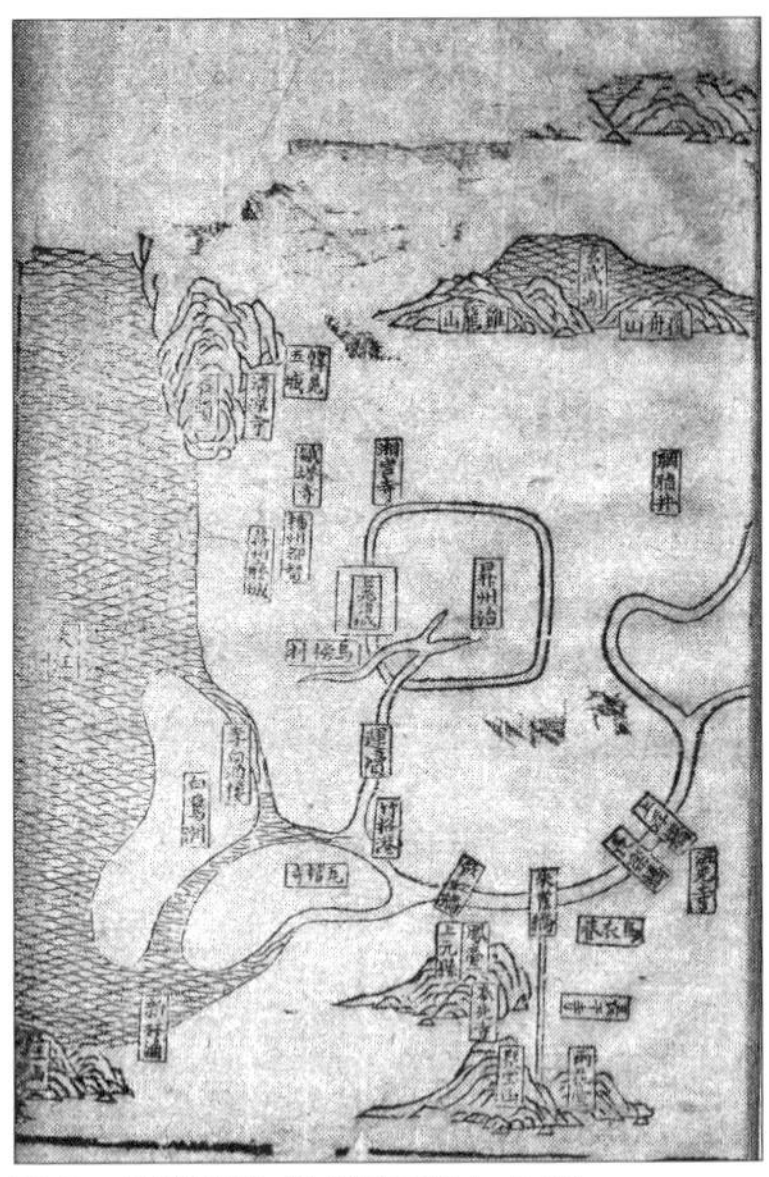

図６：昇州図考（『金陵図詠』より）

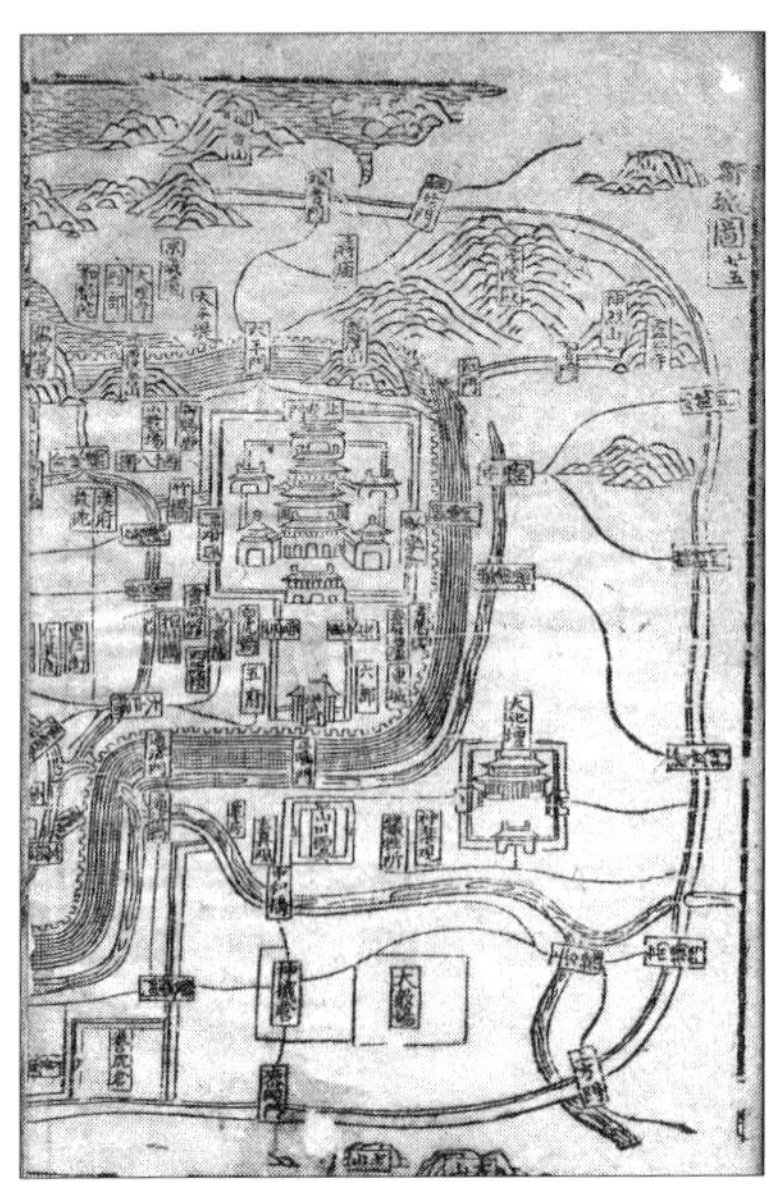

図７：国朝都城図（『金陵図詠』より）

図８：国朝都城図（『金陵図詠』より）

なかった。（『年譜』四四八～四四九頁）

如皋の冒氏の水絵庵は、積み上げた石が屹立しており、五岳のような気勢を備えている。垣根を設けず、碧水を巡らし、竹や樹木が生い茂り、群れを成したカラスが万を数えるほどここに集まった。庵の四方は山林と田園に囲まれており、鳥は他の屋敷には止まらずここ水絵に止まる。先生はその中に歌姫や妓女を呼び、花の無い朝は無く、月の無い夕べはない歓楽ぶりだった。世の賢士大夫でここに立ち寄らない者はおらず、しばしばここに逗留して去るのが忍びない様子だった。貧賤時の知友や同門の子弟が、ここに雲集し、数年帰らず、主人も彼らに食を提供し、少しも嫌がらなかった。名賢が水絵をテーマに題詠した詩作は、積み上げれば棟木に届くほどであった。四十年もの間客人の多さでは、長江の南北で一番である。（鄧林梓「匿峰廬記」、『同人集』巻三、八九頁）

冒襄は崇禎九年（一六三六）、二十六歳の時、すでに金陵にて東林党の遺児らと大規模な集会を催している。四方の同人を招待するために、甚だしい場合は「百金余りを拠出して、桃葉渡の河房の前後の広間や楼閣など九つの建物を借り、食客が日々百人ほどあった」（『年譜』三九四頁）ほどで、義を重んじて金銭を気にかけず、意気慷慨で豪胆な侠士の風格を発揮していた。このような個性は、南京から水絵に至るまで、数十年間変わること無く、手元の資金が尽きて、水絵園が荒廃するまで変わることはなかった。水絵園に往来していた賓客は、上は高級官僚や風流名士から、下は方術の士や隠逸の輩、貧賤な子弟まで、全て含まれていた。それゆえ水絵園という清初における塵外の桃源郷には、かつての金陵の、繁華にして殷賑なる様相も少なからず加わっていた。

こうした往来客には、短期間の者もあれば長期間の者もあり、杜茶村や陳其年のように長年にわたって居住する者さえいた（冒襄「己巳端陽詩序」、『同人集』巻一、四三頁）。陳其年は順治十五年（一六五八）、冒襄四十八歳の時から、水絵園に十年間住み、[17]冒の二人の息子とともにそこで学問を修め、冒のお気に入りの歌童紫雲とも識り合い、恋愛関係になった。彼は康熙四年〔一六六五〕、王士禛らと水絵園で修禊〔陰暦三月三日に水辺でみそぎを行う〕の盛大な行事を催した際、水絵園が一歩一歩衰退に向かっていくのを目の当たりにし、深い感慨を覚えた。

康熙四年の修禊は、王士禛の記述では狂歓の彩りに満ちており、美酒や佳肴、糸竹管弦の音楽や山水の美しい景色が、水絵園での楽事を完璧なものとした。この時の修禊の行事は、水絵園にとってもあるいは清初の文化界にとっても、銘記するに値する里程標であった。王士禛の文化的記号に満ちた詩句によれば、ごく短い数日間の集会は、まるで極限の文化的エキシビションであった。[18]しかし実際、こうした活動は、普段から程度や密度、組み合わせは違えども、水絵園中では頻繁に行われていた。「月明るく風細やかな夜はいつも、老夫と佳客とがそれぞれ舟をこぎ、それぞれの舟には、一台の琴、一本の笛、一つの茶釜を用意する。青い簾を下ろした白い大船は、煙を帯びた柁に霜のおりたような蓬を葺き、右から進んだり、左から入ったりし、参会者挙って小三吾亭の下に集まり食事をする」（『文集』巻四、六二八頁）。これは比較的静かな方法で、園での日常生活における閑適や風雅を示している。「陳子は私に水絵園の素晴らしさを話してくれた。樹木は映え、亭閣や台榭がそこにまじり、カーブを描く小川がめぐらされて、山亭は一つだけ立っており、かつてはそこに名士を集めて宴席を設けた。芸を仕込まれた童子は、節や拍子を外すことはなく、極めてあでやかであった。紫雲は舞が、楊枝は歌が得意であり、秦の蕭史の演奏のごとく優美明快で、音声には感情がこもっており、北曲をも演奏することもでき、聴く者はその声に心を震わせた。冒氏の楽しみは、これに勝るものはなかった」（王梃「五十双寿序」、『同人集』巻二、五二頁）。つまり、まるで歌や踊りで太平を謳歌する盛世の情景だったのだ。

長江の南北からの賓客の往来は途絶えること無く、水絵園と冒襄の名声も、途切れること無く伝えられていった。『同人集』中に集められた「五十双寿序」という文章から、作者の中には、水絵園を全く訪れたことがなく、甚だしい場合は冒襄と会ったことすらない者もいたことがわかるが、しかし彼らは友人からの又聞きを通して、水絵園の景物の盛大さと冒襄のおっとりしていて賓客を好むといった種々の行いを褒め称えている。この後、冒襄七十歳過ぎの老年まで、類似の記述が繰り返し出現している。この時水絵園はすでに斜陽を迎えていたのだが、車馬が絶えない昔日の盛況ぶりは逆にコピーされ続けた。

士君子が時世に遇うことに関しては、幸不幸がある、それはどうにもできないものだ。世の中には才も徳も有り、性格がさっぱりとしていて雄々しい男子なのに、内には前漢の金日磾や張安世のような権勢のある高官の援助が無く、外には後漢の李膺や郭泰らからの推薦が無い者もいる。官僚の子弟で、先祖から受け継いだ財産が多く、客をもてなすことを楽しむことでは、巣民に劣らないのに、里門から出ることなく、名が地元にとどろいていない者もいる。そうした者を巣民と比べると、一体どちらが遇であり不遇であろうか。私の本籍は北京ではあるが、淮揚呉越の辺りに何度も往来しており、これまで会った高官から平民まで、口を揃えて巣民を褒め称えない者は無かった。（楊周憲「冒巣民先生七十有二寿言」、『同人集』巻二、七四頁）

冒襄は功名や富貴によって世に顕れることはできなかったものの、こうした世俗的栄達を得た人々の名声を超越することができ、長江の南北で多くの人々に称揚された。明の遺民の中では、希有の例といえるだろう。

冒襄や友人の記述から、水絵園はおおむね冒襄の七十歳前後の時にはすでに廃れていたことがわかる。ただ陳其年の簡単な記述から見ると、彼はおそらく五十歳過ぎの時には、すでに水絵園に頻繁に来て客をもてなしていたわけではなかった。其年は、父親が他界してから二、三年後に初めて水絵園にやって来たが、当時冒襄は自分が苦心して作り上げたこの塵外の桃源郷をしょっちゅう訪れていた。康熙四年、王士禛と水絵園で修禊の催事を行った時は、冒襄は五十五歳、おそらくこの時期すでに全力を出し切っていたのであり、その後は明らかに興味を失っていった。「初めて私が東皋のこの庭園にやってきた頃は、風月の美しい朝、煙雨の美しい夕べに、冒先生が来なかったことはなく、私もそれに付き従わなかったことはなかった。その後は一年に十数回、さらにその後は年に四、五回訪れたが、甚だしい場合には、年に一、二度になった」（陳其年「水絵庵乙巳上巳修禊詩又序」、『同人集』巻一、三七頁）。

その中でも重要な原因は、経済的資源が日々乏しくなったことである。冒氏一族は代々仕官しており、冒襄の時代には一定の資財を蓄えていたが、災害救済のための見舞金を何度も拠出し、財産を使いはたした。さらに十数年にわたり客の訪問が途絶えることがなかったため、其年が水絵園に居所を定めた時には、冒襄の経済状況はすでに以前のようではなかった。「私は近年東皋に居を構えたが、一方冒先生の家の内実はかつてのようではなくなっていた」（陳其年「水絵庵乙巳上巳修禊詩又序」）。しかし、家の経済状況は往事のようではなかったとはいえ、冒襄はそれでもなお門を閉ざし客を断ることは無かった。康熙十四年、冒襄六十歳の時、以前のように虞山から来た戴洵を招待し、水絵園にしばらくの間滞在させた。三月の終わり、戴洵は得全堂に来て冒襄に暇乞いをしたが、冒襄は戴洵の懐の金が尽きることを心配し、彼に留まるよう望んだ。戴洵の回答は冒襄の困窮と心境を繰り返している。

先生は逸民であり、遺老である。酒が尽きて歌が終わると、気が抜けて楽しまれなくなられるが、私もその思いが分かる。先生は、人と争わず、白黒をつけたりしない。時々口ごもって言を発せられないが、私はその感じるところがわかる。養うべき者が数百人おられ、賓客朋友が座に満ち、歌妓に歌を唱わせること、日に夜を継ぎ、手持ちの金が足りないこともあられただろう。私は先生の心配がわかるのだ。（戴洵「贈別冒巣民先生序」、『同人集』巻一、三八頁）

この後、冒襄は前後して火災や盗賊に見舞われ、さらに祖父が引退後に築いた逸園を悪人に巧みに奪い取られたこともあり、基本的な外観も整える気にさえなれず、かくして水絵園は次第に寂れていった。康熙二十一年（一六八二）、冒襄七十二歳の時、ここを訪問した友人は、水絵園の無残な様子を目にして、感慨無量であった。

康熙二十一年（一六八二）仲春、私は崇川に用事があり、如皋を通りかかったところ、冒襄が匿峰廬に招いて酒を飲ませてくれた。壊れた舟で、昔水絵園と称した所まで一緒に漕いでいった。傾いた台と壊れた高殿、枯れた藤と大きな石とが崩れた垣根と夕陽の中に見えた。この庭園は冒襄が造ったもので、人口に膾炙した。一人の身になって、数年もたたずにこのように荒れ果てるとは、なんと不思議なことではないか。道を折れて南に行き、逸園があったところを求めようとしたが、冒襄は手を振って嗚咽し何も語ることができなかった。……したがって水絵園を荒廃に任せたままにし、一度として足を踏み入れなかったのは、実は逸園が目に入るのが耐えられなかったからだ。（楊周憲「冒先生七十有二寿言」、『同人集』巻二、七四頁）

三十年あまりのうちに、このかつて長江の南北に風華が知れ渡っていた名園は、「崩れた垣根と夕陽の間に見える」末路をたどり、それは、遺民世代の終焉を象徴することでもあった。

三、親密な関係

董小宛は崇禎十五年（一六四二）に如皋の冒家に嫁いだ。そのとき、冒襄三十三歳、まさに怖れを知らぬ気ままな年頃であり、対する董小宛はわずか十九歳であった。順治八年（一六五一）春、董小宛は「労瘁によって死去した」（『年譜』四四二頁）。冒襄は長文の『影梅庵憶語』を書いて彼女の死を悼んだ。私たちが冒襄の細大漏らさぬ描写を通して、彼の奇異で幻想的な宗教世界に入り込むことができるのと同じように、冒襄の細部へのこだわりは、さらに私たちを、熟知しているように見えて実はその機微をうかがい知ることができぬ才子佳人の世界へと連れて行く。この退廃した才子佳人の世界は、まるで冒襄の宗教信仰と同じく、伝統的士大夫文化を構成する重要な礎石であり、五四新文化運動の主要な言説の中では斥けられ解体されたものであった。したがって、冒襄が提供した種々な豊かなディテールは、我々が新たに明末文人士大夫の生活図像を再び集めるときの重要なようすがであるだけでなく、同時に文化史思想史的な意義も併せ持っている。

ハシャッタ（Hershatter）の二十世紀における上海妓女についての研究から、私たちは五四時期の新しい婚姻観を知り得るが、それは基本的には、伝統的士大夫が妾を持つ習俗と、士大夫と妓女間の親密な関係に対する直接的な否定であった。この新たな言説では、婚姻とは平等な男女間の伴侶の関係と見なされている。一方この種の知識や情緒面での伴侶の役割は、伝統的士大夫文化では、基本的には妓女が担うものであり、正室の役割ではなかった。士大夫と正室や元配〔最初の妻〕との関係は、多くは媒酌を介してなされるもので、自由な選択ではなかったし、結合の目的は代々血統を継ぎ、家の資産や地位を強化することにあった。妓女との交際は、血統を残すことよりも、男女が恋愛感情や肉体的欲望を満足させたり、あるいは知的会話への欲求を満たすという意味が強い[19]。

冒襄と董小宛の縁は、ちょうど士大夫と名妓の間の、知識や感情の上での伴侶関係についての、最も意を尽くした説明となっている。冒襄は明の遺民というデリケートな身分であったので、多くの著作は清代に禁書に入れられ、その行方をたずねる者も少なかったが、ただ悼亡の文章だけは、刊行されるや直ちに広く流伝し、「時の名士は、呉園次以下、詩を作って贈らない者は無く」（『影梅庵憶語』付録、二四八頁）、後世にきわめて大きな影響を与え、悼亡或いは男女の閨情を描く作品の鼻祖となった。

冒襄が董小宛を悼んだ文章が、同時代や後世に大きな影響を与えた理由は、このような題材に手をつける者がいなかったからではない。冒襄の憤りに近い前書きからは、当時の多くの退屈な文人や物好きが、皆喜んで閨中の情事を描写したり想像したりし、「やたらと男女の奇遇を語り」、西施、卓文君、薛濤といった千古の美女を、どの家でもコピー可能な卑俗なものにしてしまっていた。「かくして西施夷光、文君〔卓文君〕、洪度〔薛濤〕などが、どの家の高殿にもいることになってしまった。これはまた優れた女性たちにとって思いがけない濡れ衣であり、名をむさぼり求めようとする悪しき習いによるものにほかならない」（冒襄『影梅庵憶語』一二三頁、大木康訳による）。

冒襄が怒ったのは、董小宛の世俗を超絶し、世に稀な特異性を強調するつもりなのに、退屈な文人と物好きがコピー、量産した「麻姑のような幻想的な女性の物語」や「神女のような出鱈目な伝承」は、冒襄にとって「たくさんの人に取り囲まれ、江妃がつれあいとともに波を踏んで遡るかのようだ、と言われた[20]」董小宛および二人の俗世間とは異なる男女の縁に対するひどい冒瀆であったためだ。

冒襄の憤怒と憂慮には、明中葉以降の士大夫と文人が苦心して生み出した精緻な味わいと風雅な文化が繰り返しコピーされ、それによって雅と俗を弁別しようとする動きが誘発されたことがかなり反映されている[21]。士大夫が得意とし独占していたエクリチュールは、この時期「日に日に低俗化する」状況にあった。祭文の隆盛と普及はまさにその一例である。明の中葉以降、墓誌銘を求める社会的風習が大いに流行し、「その卑賤なる人も、一杯の食べるご飯があれば、その死後には必ず一篇の墓誌がある[22]」（唐順之「答王遵巌」、『荊川先生文集』巻六）にまで到った。一般の富裕な商人あるいは文人出身ではない地方名士が、自身や父母の誕生日を慶賀するために、金を出して文人に寿序〔誕生日を祝う文章〕を書いてもらうことが流行した。明の中葉、浙江天台の夏鍭が、「私の村の礼俗として、村の裕福な人は寿筵〔誕生会〕や居室の文章を、皆私に求め、私も喜んでそれに答えた」（「衍慶堂記」、『夏赤城先生文集』巻一六、『四庫全書存目叢書』集部第四五冊、三八五頁）と自ら述懐しているのは、まさにその良い証拠である。寿序の世俗化は、明清両代において士大夫の批判を引き起こした[23]。この歴史的文脈に照らして考えてみると、冒襄の憤慨の言辞は、決して的外れなものでなく、一種の普遍的な文化現象を反映したものだったことがわかる。

ただし、これらの大量にコピーされたたくさんの西施や卓文君の中にあって、後世に伝わり、大きな影響を及ぼすことが出来たのは、ただ冒襄の『影梅庵憶語』だけである。董小宛の名声と冒襄との恋愛は、かくして朽ちること無く世に伝わり、李香君と侯方域を除いて、明末の文人／名妓の物語の中で最も人々に賞賛されるものとなった。二十世紀初頭の一部の評論では、この悼亡の長文を冒襄のあまたの著述の中でも真に不朽の価値があるものとさえ評している。

悼亡の文学を瑣細な憶語という形で書き表すのは、清初の如皐の名士冒襄が始めたものである。冒氏は明末の四公子の中で風流で文才があることでは、侯方域に優るとも劣らない者であった。彼と董小宛の哀しくも艶やかな物語は、『桃花扇』に描かれた方域と名妓李香君の恋愛と比べても甲乙をつけ難い。……これはまことに悼亡の文学の中でも新局面を開く作品である。数百年来、冒襄が残した身の丈ほどもある大量の著作の中で、ただこの『影梅庵憶語』だけが人口に膾炙し、不朽の価値を有したと言える。そのため、一般の文人は、悼亡の機会に当面すると、冒の格式と哀感のある文辞を真似ることをとりわけ好んだのである。（朱剣芒「香畹楼憶考」[24]、『足本浮生六記等五種』）

『影梅庵憶語』は感動的な作品であり、作者の冒襄は明末清初の大才人であった。ただ、彼の大量の著作の中で、後世に伝えられて、人口に膾炙したものはただこの『影梅庵憶語』だけである。彼の『樸巣集』や『水絵集』などは、散逸したわけではないものの、誰も注意して探し求めたりせず、あるいは原書を得ても、それが再度刊行されることはなかった。ここで、特殊な価値のある文学は自ずから永久に流伝する、それは期せずしてそうなるのだ、ということを私たちは認めなければならない（朱剣芒「影梅庵憶語校読附記」一頁）。

朱剣芒の考証によると、陳裴之（小雲）が道光四年に亡き妾王子蘭を悼んで書いた『香畹楼憶語』、及び蒋坦が咸豊年間に書いた、蒋氏と愛妻関鍈との奥向きの事を綴った『秋燈瑣憶』（以上楊家駱主篇『美化文学名著叢刊』所収）には、すべて『影梅庵憶語』の影響が見て取れる。沈復が乾隆嘉慶年間に書き綴った『浮生六記』は、兪平伯や林語堂らの評論や英訳によって、伝統的な中国の夫婦生活の情緒や人生の境遇を描いた最も優れた代表的作品となった。『浮生六記』は近代において閨房の事を描いた典型的作品と見なされるのだが、ただその「些末で、日常の話」というスタイル[25]は、明らかに『影梅庵憶語』の流れを受けている。事実、早くも同治三年（一八七四）に、『浮生六記』の熱心な読者が、すでに両者の関係を指摘している。「冒巣民（冒襄）の『影梅庵憶語』、方密之（方以智）の『物理小識』、李笠翁（李漁）の『一家言』、徐霞客（徐弘祖）の『徐霞客游記』らの諸書を合わせると、ばらばらでありながら一貫しており、それは前漢の王氏五侯一門の珍膳を合わせた佳肴「五侯鯖」のようであり、花卉にまつわる歴代の詩文を集めた類書『群芳譜』のようであった」（近僧（潘鍾瑞）「浮生六記序[26]」）。

この瑣事を綴る手法は、まさに『影梅庵憶語』や『浮生六記』などの奥向きの事を描いた作品の最大の特徴である。『影梅庵憶語』の時代を超えた理解者である朱剣芒にとって、この本の特殊な価値は、描かれる対象が絶世の美女である董小宛であることを除けば、まさに真情が横溢するこうした細々とした些細な話にこそ在るのだ。

『影梅庵憶語』は、悼亡の文学の中では独創的な作品である。古今の悼亡の文学は、情のこもった真に迫った言葉で、生き生きと書かれているものが少なくない。ただ『影梅庵憶語』所載のものは、極々瑣末な出来事を綴ったものであり、普通の小伝や家伝、事略、事述などとは全く異なっていて、実は悼亡という作品と見なせる。冒氏がこれを憶語と名づけたのは、もともと董小宛は妾であり、正妻と同様に扱うことができないためである。したがって、もっぱら追憶が及ぶところの、断片的で些細なことを記していて、決して何かの家伝を作ろうというのではない。なんと、ただ記憶にまかせて書き、文章を飾ることもないのに、そこにかえって真情が露われ、古今の絶妙の作品となったのだ。……歴代の少なからざる名文家が亡き妻あるいは亡き妾のために書いた伝記が、いかに細やかで、写実的であったとしても、やはり憶語の文章が自然体であることには及ばない。（朱剣芒「香畹楼憶語考」、『足本浮生六記等五種』所収）

冒襄は、『影梅庵憶語』の冒頭部分で、当時の文人がイメージした、空疎で虚構的なまやかしの記録や出鱈目な伝承に対して、強烈な嫌悪感や取るに足らないものとする感情を露わにした。真情を吐露し、文飾を加えないことは、冒襄がこうした文章を作るために意識していた最も根本的な基調と言えるだろう。「愛情は親しみから生まれるが、親しい相手を描くとなると、どうしても飾りばかりになってしまうものだ。愛情に虚飾が加わると、天下に真に愛すべきものはなくなってしまうのである」。「彼女のことを悲しく思い出すたびに、ともに過ごした九年の間の思い出のシーンが一気に心の中によみがえってきて、目をふさがれてしまい、たとえ鳥を呑み込み花を夢見る程の文才があったとしても、彼女の思い出を追懐して述べることはできないのである。涙に濡れたわたしのつまらぬ筆はなかなか進まず、折角書いてもいやになって消しているばかりで、わたしたちの愛情をうまく伝えることができない。それでどうして虚飾など加えることができようか」（『影梅庵憶語』、大木康訳による）。

朱剣芒と同時代の鴛鴦胡蝶派の作家趙苕狂[27]はとりわけ冒襄のこの悲痛な言葉を理解し、文が世に伝わった主要な理由は、その中の真実と豊富な感情に在るとしている。

『影梅庵憶語』は、明末清初の人冒襄（巣民）が書いたものだ。それは当時からすでに世の中に伝えられていたが、現在ではさらに筆記類において一つの地位を占めており、多くの人が好んで読む書となっている。多くの人が好んで読む理由を考えてみると、その文辞の裏側に、きわめて豊富な感情が含まれているからであり、人々がそれを読んだときに、一つ一つの心情が極々自然で、それに心をわしづかみにされるからだ。その上、この「憶語」の中で述べられているいろいろな事柄は、みな本当のことであり、作り事ではない。これがとりわけ貴ぶべき点なのだ。加えてこの「憶語」を書いた冒襄は、彼自身才子であり、さらに憶語の主人公である董小宛もまた当時の秦淮の楽籍では卓越した名声を誇る美人であった。時代がどのような変遷の中にあろうが、才子と美人の奇縁や艶事はやはり人の耳目を引く。この書があっという間に世間に広まったのも、そのことが理由の一端となっている。言葉遣いの優美さに至っては、副次的なことでしかない、おまけと言うしかない。（趙苕狂「影梅庵憶語考」一頁、『足本浮生六記等五種』所収）

才子と美人の物語、加えて董小苑は清の順治帝が寵愛した董鄂妃であるという世に広まった伝説は、『影梅庵憶語』という書の知名度を高めはしたが、二人の九年にわたる田舎暮らしの全貌を明らかにするには十分でない。『影梅庵憶語』の貢献の一つは、まさに世の中の人が想像する男女の恋愛と秦淮の名妓というステレオタイプのイメージの外で、董小宛が嫁いだあとに世俗的生活の中で温和で慎ましく、毅然と暮らしたことを示した点にある。冒襄の生涯に青年名士、地方郷紳、現世的儒生といった様々な面を見てきたのと同じように、私たちは冒襄の追憶の文章の中に、秦淮の名妓、あるいは賢淑な若夫人としての董小宛といった多重の役柄を見るのだ。

董小宛の賢淑な夫人としての一面は、冒家に嫁いだ後に明らかになったものであり、だいたい冒襄ですら予想外のことであった。「わが家の門に入ってから、そのさまざまな智慧や才識が、はじめて明らかにあらわれた。それから九年の間、上下内外大小のものたちとも、争うこともなく、仲たがいすることもなかった」。「彼女は、わたしが書物を著すのを手伝って、ともに俗世間から逃れ、わたしの妻を助けては裁縫に通じ、みずから水汲みや臼ひきをし、さらには艱難に際会した時にも、わたしが重い病気にかかった時にも、たいへんなことを何でもないことのようにやってのけ、にがなを食べながらそれをあたかも飴をなめているかのようにして一心に引き受けていた」（『影梅庵憶語』二三三頁、大木康訳による）。さらに董小宛が「管弦をしりぞけ」「おしろいを洗い落として」、「にがなを食べながらそれをあたかも飴をなめているかのようにして」過ごすといった、側室としての生活を願望した理由は、根本的に酒色の途絶えることの無い盛り場での歳月が嫌になったからである。「にわかに万頃の炎の雲の中から出て、清涼世界に憩うことができました。色町での五年の月日を思い起こすと、夢のようでもあり牢獄のようでもあります」（『影梅庵憶語』二三八頁、大木康訳による）。

冒襄の描写に拠れば董小宛は数ヶ月かのうちに各種の女性の仕事を身につけ、その上技能も並外れたものになった。「その針さばきは神業のように絶妙であって、古人も及ばぬほどであった」（『影梅庵憶語』二三八頁、大木康訳による）。父母に仕えるときはうやうやしく行き届いており、見る人は同様に深く感じ入った。「彼女が左右のものに仕え、命を受けて仕事をするさまは、下女と比べてもはるかにそれ以上であった。お茶をいれ、果物を剝く時もかならず手ずから進めた。にっこり笑って人の思惑を察し、かゆいところに手がとどくようであった。寒くて膠が折れ、暑くて金属が融けるような時でも、必ず隅っこに恭しく立っていて、座って食べるようにいっても、すぐに座ってすぐに飲食をすませてしまうと、またすぐに立って仕事をし、前のように恭しくひかえているのであった」。冒襄の母親や長男の嫁及び親戚もみな董小宛をとてもかわいがって「彼女の人柄ものごしは遠く常人をこえている、といった」（『影梅庵憶語』二三八頁、大木康訳による）。

日常生活以外では、董小宛は財務管理に励んだ。「わたしが出かけたり人と付き合ったりする費用と、妻の日用の金銭はみな彼女が管理していた」（『影梅庵憶語』二三八頁、大木康訳による）。崇禎十七年、甲申の変の知らせが伝わって以後、長江淮河一帯には盗賊が蜂起し、如皋城内でも人々はおびえおののいた。董小宛は冒襄が家屋敷に留まり守るのを手伝い、奥の間にカギをかけ、「衣服、書画、文書などを整理し、それぞれ大事なものとそうでないものとに分け、下男下女に分散して託し、自分で封の識語を書いた」（『影梅庵憶語』二四三頁、大木康訳による）。彼女は乱世の中で、色々画策し、家を切り盛りする能力を発揮した。その綿密周到に思慮をめぐらせることや、整然とした秩序だった手腕は、冒襄とともに避難していた父親を大いに驚かせた。

> まず抜け道づたいに微服して父とともに靖江から行くことにした。真夜中に父上が私にいった。「道中小銭がいるだろうが、それを用立てる手だてがない」と。わたしが彼女にたずねてみると、彼女は一つの布の袋を出してきた。それには分から銭までの単位で、十両ごとに数百ほどの小さなかたまりに分けてあり、その重さがすべて上に書いてあって、急場ですぐに使えるようになっていた。父上はそれを見て、おどろきかつためいきをついて、「彼女はいったいいつの間にこれだけ細やかな心配りができたのだろうか」といわれた。（『影梅庵憶語』二四三頁、大木康訳による）

年長者を敬い、家事を取り仕切る以外に、董小宛は冒襄が重病にかかったときも心をこめて世話をしており、彼女も冒襄と同じように、儒家の核心である道徳観念を実践し、人の婦（つま）としての職責を果たすことに最善を尽くした。冒襄は一生のうちに少なくとも四度病で命を失いかける重体に陥り、そのうちの三度は、順治二、四、六年であったが、それはすべて冒襄と董小宛がともに過ごした九年の内に起こったことであった[28]。

順治二年、冒襄は戦乱の危険を避け、家人とともに塩官に移り住んだ。逃げる途中、冒襄はひどい驚悸（極度のストレスによる動悸〕にさいなまれ、「さらに飢えと寒さに襲われ」、病は百五十日に及び、二年目の春にようやくやや好転した。この間董小宛は、尋常ならざるやり方で「やさしく」意識を失った冒襄の世話をした。

彼女はぼろむしろ一枚をベッドの横にしいて、わたしが寒がれば抱きかかえ、暑がればあおぎ、痛がればなでさすってくれた。あるいは彼女の身体を枕にし、あるいはわたしの足をまもり、わたしが伸びをしたり寝返りをうったりすれば左右からささえてくれた。病気の症状があると、そこをすぐにいたわってくれるのであった。長い夜、光も音もないところでも、彼女は神経をとぎすまさせていた。煎じ薬はみな彼女が毒味してから飲ませてくれたし、糞便などに至っても、目鼻に近づけ、よくその色や香りを観察して、心配したり喜んだりしたのであった。（『影梅庵憶語』二四五頁、大木康訳による）

崇禎十二年（一六三九）、冒襄が南京で郷試を受けた際、方以智が初めて董小宛の名前を挙げて褒めたたえた。「秦淮の美女たちの中では、今は双成（董小宛）が、とても若く、才色とともに一番だ」。その後、冒襄は何度かの曲折を経て、ついに董小宛と会い、小宛の「かぐわしき容色は、天然自然ともいえる」さまを目にして驚き、心を奪われた。このように才色が当世一番だった江南の名妓が、人の妻になったり、自分から進んで「糞便を、目鼻に近づけ」たり、さらには「えくぼが蠟のように血の気を失い、かぼそい身体がたきぎのようになっている」ほど憔悴するという、その間の変化は非常に大きい。董小宛の、「夢のようでもあり地獄のようでもあった」「五年の歳月」の妓院での暮らしに対する深い憎悪と、普通の男女関係への渇望とは、もちろん彼女がこのような犠牲をいとわぬことのエネルギー源であったのだが、もしも強い愛情という支えが無ければ、おそらくこうした尋常ならざる境地にまで至ることはなかったであろう。『牡丹亭』に見える、杜麗娘が花が錦のように咲き乱れる後花園で、情のために死に、情のために生きるというドラマチックなプロットは、水絵園の主人にとっては、当然この上ないほど熟知している愛情物語であるが[29]、冒襄と董小宛は現実の生活でより身近な人生の細々としたことや難しさでもって、この種の「死を嫌わない」愛情物語を、再演してみせたのだ。冒襄の記述に拠れば、冒襄の母親と妻子は董小宛の「えくぼが蠟のように血の気を失い、かぼそい身体がたきぎのようになっている」姿を目にするたびに、「それを憐れみ感動し」て、「自分たちが代わって彼女を休ま」せようとした。ただ董小宛は夫に殉ずる決心をはっきりと表明した。「私は心のたけを尽くして、夫に殉じようと思っています。旦那さまが生きているなら、私は死んでも、生きているのと同じ事です。もし旦那さまに万が一のことがあれば、わたしはこんな戦乱のさなかにあって、いったいどこに身を寄せたらよいというのでしょう」(『影梅庵憶語』二四五頁、大木康訳による)。冒襄は、董小宛が苦界を脱した後の唯一の拠り所であり救いであった。

　順治四年と六年の二度の奇病は、順治二年の時ほどひどくなかったが、やはり死に至る危険があった。董小宛も先の時と同様に昼夜離れることなく夫の枕元に侍った。冒襄が「わたしは五年の間に三回も危険な病にかかり、それはみな命に関わる病であった。わたしはそれらの病気に死なずに対応できたわけだが、もし彼女の力がなかったとしたら、死なずにいられたかどうかわからない」(『影梅庵憶語』二四六頁、大木康訳による)と言っているのは、実情に基づく評価にちがいない。さらに董小宛は自分が病にかかって瀕死の時であっても、依然として冒襄の安否を気に懸けていた。「いまわの際に、彼女は自分が死んだことでわたしの病気が増すのではないかということを心配し、またわたしが病気になったら彼女が面倒をみられなくなることを心配していたのである」。このような生死を問わない愛情に、冒襄が無限の痛惜を感じたのは当然のことである。「彼女は生きても死んでもわたしのことをこれほどまでに気にかけていたわけだ。ああ、痛ましいことである」(『影梅庵憶語』二四六頁、大木康訳による)。この思いに触発されて、真摯な情愛を注ぎ込んだ哀悼の文をつづったことは、董小宛の尋常ならざる行いを、杜麗娘と同じように永遠に伝承させることになった。

董小宛の女性としての徳行が余すところなく繰り広げられている以外に、冒襄との生活にも普通の夫婦関係にはあまり見られない雅趣が満ち溢れている。詩文や書画、あるいは飲食や器物でも、冒襄と董小宛の二人の家庭生活には、明清士大夫と秦淮の名妓との間の閑雅な文化が極限まで発揮されている。

士大夫文人の恋人として、名妓は芸事に通じているほか、その多くが文筆を弄することができた。柳如是や余懐が言及した秦淮の名妓は、どれもその好例である。(30) 董小宛は柳如是ほど詩文の創作において世に知られてはいないが、古典文学についての造詣は、知識人である冒襄と議論を戦わせることができるほどのレベルにあった。冒襄は数年間心を尽くして唐詩を探し集めていたが、董小宛はもっとも良い助手となった。「彼女は一日中わたしを助けて調べものをしたり書き写したりし、注意深く校訂し、昼も夜も向かい合って仕事に精を出し、彼女はいちいち指示しなくても仕事がわかっていた。彼女は詩を読めばすっかり理解し、また気の利いた解釈を出したものだった。特に『楚辞』、杜甫、李商隠、そして王建・花蕊夫人・王珪の『三家宮詞』を好んで熟読した。身の丈ほどの書物を机のまわりに積み上げ、真夜中のベッドでもなお数十家の唐詩集をかかえて横になった」(『影梅庵憶語』二三九頁、大木康訳による)。

筆写したり校訂したりした他に、董小宛は冒襄が女性に関する珍しい記事をまとめた書物編纂の手伝いもしていた。

乙酉の年(順治二年、一六四五)、海塩に寄寓した時、よく友人たちから書物を借りて読んだ。変わった珍しい記事があると、彼女に命じて書き写させた。彼女は女性に関わる記事があると、別に一冊のノートに書き写していった。家に帰ってから、彼女といっしょに諸書をあまねく捜してそれを続けて完成させ、『奩豔』と名づけた。その書は珍しく変わっていて詳しくもあり、昔の女性について、頭から足の先まで、衣服食事家具、亭台歌舞、裁縫や文才から下は禽獣鳥魚、無情の草木に至るまで、少しでも情に関わるものであれば、香わしく美しい言葉で表現し収録したのである。今彼女の細かい文字で書かれた赤い原稿紙が、項目ごとに分類整理されて化粧箱の中にはいっている。（『影梅庵憶語』二三九頁、大木康訳による）

この原稿の整理が終わると、董小宛の秦淮の身内である顧媚と龔鼎孳がそれを借りて読み、「そのすばらしさをほめちぎった」。王士禛の兄王士禄は、これを彼が編纂した『然脂集』の中に収めた[31]。この書が最終的に冒襄の企画したように「悲しみをこらえて、これを校訂し職人を集めて、彼女の志を遂げて」やれるものになったのかどうかはわからないが、その書物中に収録された各種の項目、衣服食事家具、亭台歌舞から裁縫文才植物などまで、すべてには冒襄と董小宛の現実生活が反映されている[32]。

董小宛が詩文書画に対して深い造詣を有し、またそれをそこに投入したために、二人の結婚生活はさまざまな芸術趣味で満たされ、冒襄も隠居した庭園で十分に読書と著述の楽しみを享受することができた。ただしこれらの知的活動の他に、真に明末文人の退廃した生活スタイルを体現していたのは、飲食や不要不急のものへの二人の耽溺ぶりであった。董小宛は柳如是と同様にいける口だった[33]が、冒襄があまり酒に強くなかったため、茶を酒の代わりにしていた。これに関する冒襄の記述によると、二人の茶文化へのこだわりは、同時代の張岱（一五九七～一六八九[34]）に全く劣っておらず、また文震亨（一五八五～一六四五）の『長物志』に示される明人文化の遺産[35]を忠実に物語っていることがわかる。

二人が最も好んだ茶葉は岕片といい、まさに『長物志』中で品質が最も素晴らしいとされている茶種である。「品質が最も素晴らしいのは、沈香と岕片を一番とする[36]」。岕の原義は嶰と同じく、二つの山の間という意味である。岕茶は特に浙江の長興と江蘇の宜興一帯の山でとれる茶葉を指す[37]。冒襄の記述によると、長興産で、羅という隠士が育てた「羅岕」が、当時最も流行していたことがわかる[38]。その中の洞山岕は品質が最もよく、仙品と見なされていた[39]。冒襄は岕片の産地と品質について精密な区分を行っただけでなく、茶摘みの時間や時期についても十分に吟味した。これらはみな彼が礼楽や政道以外の小道にいかに耽溺していたかを物語っている。

岕中の人は、夏前でなければ摘まない。初めて試しに摘むことを、開園という。正夏より採ったものを、春茶という。……かつては秋に摘むことはなかったが、最近は七、八月にもう一回摘み、これを早春といって、その品質は非常によく、やや薄味であるのも悪くない。

茶は穀雨〔二十四節気の第六番目、陰暦三月中頃〕以前に摘んだものが佳いのだが、ただ羅岕だけは立夏に開園する。呉中で貴ばれているのは、茎が太く葉が厚いもので、蓬や笹のような臭いがする。立夏の六、七日前に採れる雀舌が佳いが、手に入れるのが最も難しい。

岕茶は穀雨以前は精気がまだ足りない。立夏の後は、茎も葉も太く厚なりすぎるが、細かく柔らかいものが妙品である。茶摘みは当然交夏の時にすべきで、天気は晴れて風が穏やかな日に、月露とともに摘み、かごに入れられるのを自ら監督する。強い日差しの下では、かごの中が蒸れるのを防ぐため、傘で覆って室内に行き、速やかに籠を空けて洗浄し、平たく並べ、枯れた枝病んだ葉をより分けること。(『岕茶彙鈔』)

董小宛が如皐に嫁いで来る前、冒襄は長年にわたり陽羡の茶山に精通している柯という姓の茶商に依頼して、山に入って十余種の岕茶を厳選し、竹かごにいれて持ってきてもらっていた。「その最も素晴らしいものは、一斤もないのに数両もし、味は深く香りは淡く、芝蘭や金石のような品格を備えていた」(『岕茶彙鈔』)。董小宛が嫁いで来てからは、「岕片は必ず半塘の顧子兼より、黄熟香は必ず金半叔より求め、茶香とともに妙品であれば、より神秘的なものになる。しかし顧や金の茶香をいただくのは、毎年必ず虞山の柳夫人が先であり、我が邑では隴西の蒨姫と私や小宛であり、そのあとで他の人の番になる」（『岕茶彙鈔』）。「茶香ともに」という言い方は、まさに『長物志』中の香と茗とを並列させた精神を体現している。そして、毎年専門の代理商人から優先的に高級品を提供してもらうやり方にも、柳如是・董小宛・冒襄ら名妓と文人の非凡なこだわりがよく現れている。

このような選りすぐりの、「虫や蟬の薄い羽のように素晴らしい」上等な岕片を、董小宛は必ず自ら洗滌し、焙煎した。茶具の清掃、何度も行う茶葉の洗浄、烹出す時間の掌握など、至る所に二人がプロの生活者として、全身全力をいかに暮らしの中の些末なものに投入していたかが現れている。「烹るときはまず上質の泉の水で茶を淹れる器を洗いすすぎ、清潔に保つようにする。次に熱いお湯で茶葉を洗うが、お湯が熱すぎると、洗うだけで味を損なってしまう恐れがある。竹製の箸で茶葉を挟み、茶洗の中で何度もすすいで、塵やほこりを取り去る。黄色い葉や古い枝はすべて手でもんで乾かし、茶洗の中に入れる。蓋をしてしばらくしてから、開けて覗くと、色は青く香りは清冽なので、急いで沸いたお湯をそれに注ぐ。夏はまず水を入れてから茶を入れ、冬はまず茶を入れてから水を入れる」（『岕茶彙鈔』(40)）。

通常客人をもてなす時は、急須は小さいものが貴ばれ、かつ必ず「一人の客に一つの急須を用意し、好きに飲んでもらう」、それではじめて飲茶の情趣を味わうことができるとされる。ただ董小宛と二人で飲む場合は、全く別の光景が広がっていた。花を前にして月明かりの下、二人静かに相対して茶を嗜む時は、いつも茶の香りが四方にあふれ、「木蘭が露にうるおい、瑶草が浪に臨み」（『影梅庵憶語』二四〇頁、大木康訳による）、水絵園の中の遺民生活に無限の閑雅を添えたのであった。冒襄は、自分の「一生の清福は彼女と過ごした九年の間に窮め尽くし、九年の間にすっかり使い果たしてしまったのである」（『影梅庵憶語』二四〇頁、大木康訳による）と述べるが、『影梅庵憶語』

の種々の生活のディテールの描写が虚妄の言ではないことを証明している。

明末士大夫の世俗の享楽の中で、美食と音楽、女性という要素はどれも重要なつながりをなしている。『影梅庵憶語』の中の飲食に関する記載は短く、袁枚の『随園食単』の詳細な記述とは比較しようがないが、そのこだわりや技能からは、明清の飲食文化の奥深さをうかがうことができる。劉志琴は明代飲食文化を検討するにあたり、『影梅庵憶語』中の関連する記述をその他の飲食に関する大部の著作と比較して、董小宛の調理の技術について言及している[41]。まさに『奩艶』で女性の逸事を追い求めたのと同じように、董小宛は様々な食譜と四方の著名な料理人の技術について丹念に調べ、探し求めた。さらに腕によりをかけて、質の高さと変化を求めることで、ハムは脂気をなくし松柏の味わいに、干物魚は麃〔鹿の一種〕の肉の味わいに、酒漬けのはまぐりは桃の花のような色合いに、酒漬けのちょうざめの頭の軟骨は白玉の色合いに、えびのそぼろはアスパラガスの鬚のように、あぶった兎の肉や柔らかくした雉は饅頭のように、腐湯は牛乳のように、といったレベルのものを作り上げた（『影梅庵憶語』二四二頁、大木康訳による。一部改変）。董小宛は花草植物に並々ならぬ思いや愛情を持っていたが、このため彼女が料理する食事には、秦淮の名妓特有の芳香が溢れていた。「（そのほか、）冬春のさまざまな野菜のつけものは、黄色いものは透き通った蠟のように、緑のものは色鮮やかな苔のように作った。がま、はす、たけのこ、わらび、花、野菜、クコ、よもぎ、芙蓉、菊の類など、何でも食材として取り入れられ、よい味がテーブルにみちみちていた」（『影梅庵憶語』二四二頁、大木康訳による）。

董小宛のつくるシロップは、さまざまな色の鮮花や果物を用い、彼女独特の風格に満ちていた。

水飴をかもしてシロップにし、それに塩漬けの梅で味をつけ、色鮮やかで香りのある花のつぼみがあれば何でも、花が開いたばかりの時に採ってそれに漬けておく。年を経ても香りと色は変わらず、赤く鮮やかなさまはまるでたった今摘んできたばかりのようである。そして花のエキスがシロップの中に融け込み、口に入れれば鼻にひろがり、その変わった香り珍しい美しさはめったにあるものではなかった。もっとも愛らしいのが秋海棠のシロップであった。……その味のすばらしさは諸花に冠たるものである。それに次ぐのが梅の花、野薔薇、バラ、丹桂、甘菊のたぐいである。だいたいたちばな、仏手柑、シトロンなどは、白い糸のような繊維を取り去ることによって、色も味もさらにすぐれるのである。（『影梅庵憶語』二四二頁、大木康訳による）

これらの花のシロップは、色が鮮やかなだけでなく、人々がよだれをたらすほど美味であり、そのうえ酔い醒ましの効果もあった。「酒の後などに数十種を出せば、あざやかな五色が白磁の器の中にゆらゆらゆらぎ、二日酔いをさまし、喉のかわきをいやすことができる」（『影梅庵憶語』二四二頁、大木康訳による）。董小宛の巧みな手さばきの下では、「あざやかな五色が白磁の器の中にゆらゆらゆらぐ」などの工夫は、まさに当時の人の美学と味へのこだわりを十分に反映している。

明の中葉以降、士人の閑雅な文化の主な特色の一つは、世の中や人心には何の役にも立たない、些細な愛玩物への耽溺である。伍紹棠はこれら無用の長物の具体的内容について、勘どころをおさえた説明をしている。「明の中葉は、天下太平で、士大夫は儒と雅の両方を重視していた。書や画を品評し、茶を煎じて香を焚き、琴を弾き石をえらぶなど、どれをとっても精通しないものはなかった」[42]。冒襄と董小宛の「焚香」についての探究は、茶と同じく、これらの閑隠文化の良い例となっている。

「彼女は私と部屋で静かに座っている時にはいつも、名香を細かく品評したものであった」（『影梅庵憶語』二四〇頁、大木康訳による）。細かくこれを分けて、これらの香には横隔沈、蓬萊香、真西洋香、黄熟、生黄香、女児香などさまざまな名称がつけられていた。人を誘うほのかな香りの中で、水絵園の一隅に引きこもっている青年名士冒裏は、少しずつ人生の中の最も美しい時間を腐食させていった。「また沈水香で、まだ完全に凝結しておらず、……「蓬萊香」という。わたしはそれをたくさん持っていた。焚く時にはいつも火をゆるくし、灰を隔てて煙がたたないようにする。すると、部屋の中は伽羅の香りが風によって吹き送られたかのよう、露が薔薇に注いだかのよう、……な味わいがあるのであった」。沈香は人肌の香りと一緒になって、夢ごこちの境地を作り出すのであった。「時間をかけて布団や枕の間にくゆらせば、人肌の香りと一緒になって、そのなまめかしさは尋常ではなく、すばらしい夢ごこちになれるのであった」（『影梅庵憶語』二四〇頁、大木康訳による）。

黄熟は茶の木の根から取り、木の根のこぶにある斑点模様は、「なでさすって愛玩するのによろしかった」。真夜中の寒いとき、二人だけで部屋の中に居て、四方にカーテンを垂らし、しきものを重ね、「二尺ほどの赤いろうそくを二、三本灯してある。室内はちらかっており、台や机もあちらこちらにめちゃくちゃに置かれている。大小いくつかの宣爐にはずっと熱く火が燃えさかっており、炎の色は金を溶かしたよう、玉の粒のようである。そこに気をつけながら燃えている炭を一寸ほど離して、灰の上に砂を隔てて香を選んで置き、蒸してやると、真夜中になって、香がたちもとほり、焦げず尽きず」甘く熱い香りの中に混ざる梅の花と蜜梨の香りは、かつての二人の生活の中にまとわりついて離れない記憶である。「年来この味この境地を楽しみにしていつも夜明けの鐘がなってもまだ床につかず、……わたしたち二人は、さまざまな香気ただよう蕊珠宮の奥深くにいるように思われるのであった」。今ではすでに雲散霧消してしまい、空しく余韻を留めているだけとなった。「今や人も香気もともに散じてしまった。返魂香の一粒でも手に入れて、この暗く閉ざされた部屋にたってほしいものである」（『影梅庵憶語』二四〇頁、大木康訳による）。

四、戯曲

水絵園では、美食や茶のたしなみ、詩文の唱酬や金石書画の鑑賞のほか、音楽の演奏も当時盛んであり、観賞者には忘れ難い経験となった。

明代の士大夫は戯曲の上演を非常に愛し、芝居は生活の中で欠くことのできない一部分となっていた。万暦年間から、個人が歌や芝居を上演する家妓や役者一座を抱えることが大いに行われ、一大ブームとなった。張岱や阮大鋮以外に、申時行、鄒迪光、銭岱、何良俊、屠隆、包涵所、祁豸祥といった官僚が抱えていた家班はみな当時その名を轟かせていた(43)。冒襄は園林に隠居していたとはいえ、明末江南士大夫の文化を引き継いでそれを育くむことへの思いは断ちがたく、水絵園に自分の家班をつくり、人を楽しませ自分も楽しんだ。前述した紫雲や楊枝はみな冒氏の家班の著名な歌童である。

水絵園は「水を以て勝る」特殊な景観を有していたことにより、その家班が洗鉢池に船を浮かべて行う小曲の清唱（化粧せず、せりふ無しで、簡単な伴奏で歌うこと）は、水絵園内にて客をもてなす催しにおける重要な項目となった。前述した冒襄の「佳客とともに各々船に棹さして、船の中で音楽を聴きながら茶を沸かす」（冒襄「水絵庵六憶小記」、『文集』六二八頁）というスタイルは単純だが興のあるものだ。王士禛の水絵園での修禊の時の情景は「船に乗り、洗鉢池に浮かべる。明るい窓をすべて開けはなてば、水と雲とがとけあって一色となっており、一匹の小さなトンボが清らかな笛の合奏に乗ってその後ろに続いていて、歌や弦楽器の調べが水音と重なってむせび泣くかのようであり、いつまでも耳に纏わり付いて離れない」（『漁洋精華録集釋』上、四八四頁）というように、とても賑やかであった。こうした池を遊覧する船上にて恒常的に行われた小規模の上演は、陳其年と同様に康熙四年から長く水絵園に住んだ杜濬(44)（茶村、一六一一～一六八七）により詳細な描写がある(45)。

私はこの時ちょうど冒襄のところに客として滞在していた。日々冒襄に付き従って受月堂の前から船を出して朴巣の前を過ぎ、奇幻なる風景を存分に堪能した。逸園に戻ると、洗鉢池、水絵園を経て、霞山に到り、その後の丘に登る。下りて流旗亭に遊び、弦楽の調べを数曲聴いて、それから船に戻った。もう夕陽はほんのわずかで、林と水が波間に無限に広がっている。召使いの紫瀾が洞簫を吹き酒の余興としたが、その音はこの上なく冷やかで悠然としており、水とともにめぐり、茫々たる海と空も、さして遠くはないように感じた。私は心からこれを楽しみ、冒襄にお願いした。私に一日をくれるなら、一日中ここに居ようと。（杜濬「樸巣文選序」、『同人集』巻一、一二六頁）

こうした恒常的な池上での上演以外に、冒氏の家班はさらに寒碧堂や得全堂において正式に昆曲の大曲を上演することもあった。[46] 王士禛が水絵園での修禊に参加した時、冒襄は特に歌児に命じて寒碧堂を開き、『紫玉釵』や『牡丹亭』などの劇を上演して、客たちをもてなした（『漁洋精華録集釋』（上）四八二頁）。宴会の主役はこの風流で洒脱な青年官僚であったが、楽器の調べと歌声の中で、まるで明末江南の太平の日々に戻ったかのようであった。

しかしこうした太平の世の音色の背後には、かすかに亡国の遺民の悲しみが託されていた。順治十七年、冒襄の古い知り合いの陳瑚が講学のために如皋を通りかかった際、冒襄はわざわざ得全堂で酒を用意して夜宴を開き、役者達に『邯鄲夢』を上演させた。[47] 明の滅亡後の十七年間、「歌舞を観るのに嫌気がさしていた」陳瑚はその夜の主人と客の反応を記録している。

役者は、巣民が教えた少年である。徐郎は歌が得意、楊枝は舞が得意、秦簫という者は哀音をなすことができ、声を発するたびに、きまってその声をのばして激するのである。その悲しさに、一座はすすり泣きをした。主人（冒襄）がわたしを顧みていった。「ああ、人生はまことに夢のようですね。今日の会も、夢のようです。」わたしは天を仰いで嘆じ、うつむいて思いにふけったのである。（陳瑚「得全堂夜讌後記」、『同人集』巻三、八六頁、大木康訳による）

『邯鄲夢』という劇は、もともと士大夫が「ハエやタカのように功名や富貴にたかる」という末世の退廃した気風に対する嘲笑と諷刺に満ちており（陳瑚「得全堂夜讌後記」、『同人集』巻三、八六頁）、そしてそれは遺民である観衆の心の声を十分に反映したものだった。しかし本当に陳瑚が強く反応したのは、前日の夜、得全堂で上演した『燕子箋』という劇に対してであった。

『燕子箋』は阮大鋮が崇禎初年に官を辞した後に南京に隠れ住んだ際に書いたもので、唐の扶風の秀士霍都梁と曲江の妓女華行雲および官僚の家の娘酈飛雲との愛情物語を主軸にしたものである。劇中の一部のプロットは『牡丹亭』を換骨奪胎したものだが、大団円の喜劇で終わっている。プロットが曲折に富んで感動的であり、言葉も典雅で清麗であるため、発表されるや否や熱烈に歓迎された。阮を見下していた文人士大夫でさえも、みなこの劇を非常に褒めたたえた(48)。

名妓を娶った冒襄から言わせると、この劇はさらに違った意味を持っていた。二十九歳の時、観劇中に阮を罵ったこと、あるいは三十二歳の中秋節の夜に、董小宛と共に秦淮河畔で一緒に郷試を受験した文士と秦淮の名妓達から祝福を受けたこと、いずれの場でも『燕子箋』は、まるで運命の主旋律のように時を知って響いた。

董小宛が病気で亡くなった後、かつて愛姫と『燕子箋』を観た時の、「もやに煙る水辺の楼台、新作の戯曲と明月」といった種々の情景が、またありありと心に浮かび、これを思って悲しみがこみあげてきた。

秦淮で迎えた中秋の日、同社の各地の友人たちは、彼女が盗賊や風波の危険をも辞さず、わたしのために道中苦労して追いかけてきたことに感動して、桃葉渡の水辺の酒楼で一席設けてくれた。その時その場にいたのは眉楼の顧夫人、寒秀斎の李夫人で、みな彼女と最も親しい人々であった。彼女たちは彼女がわたしのもとに来ることをすばらしいと思い、祝福しに来てくれたのである。この日、新作の『燕子箋』を上演したが、曲は豔なる情を描き尽くしており、霍都梁と華行雲とが離ればなれになる場面で、彼女は涙をこぼし、顧や李も涙をこぼした。その時の才子と佳人、もやに煙る水辺の楼台、新作の戯曲と明月、いずれも永久に伝えるに足るものであった。今思い出すと、遊仙の枕の夢幻にほかならなかったのである。（冒襄『影梅庵憶語』一三七頁、大木康訳による）

冒襄はこれら「ともに千古に足る」往事をしのぶために、五十歳の年に、得全堂で再び『燕子箋』を上演して賓客を歓待したのかもしれないが、思いがけず陳瑚の深い亡国の痛みと今昔の感を呼び起こしたのであった。陳瑚は激しい性格で、明末の風流な華やかさに対する記憶が強烈だったため、逆にそれを回顧するに忍びなかったのである。「私が歌舞を観たくなくなってもう十七年になる。昨年太原の王氏の館に泊った時、その家の張という役者は年七十五で、大江東曲を歌うことができた。主人が彼を呼び、私のために歌わせたが、古なじみは歌手の何戡（かかん）だけ（唐の歌手。劉禹錫の詩に「旧人唯だ何戡の在る有り」の句あり）という思いにとらわれた」（陳瑚「得全堂夜讌後記」、『同人集』巻三、八五頁）。加えて『燕子箋』という劇は、より多くの往時の素晴らしい時間と若き日の豪毅さを思いおこさせるため、陳をもっと正視できなくさせたのだ。

昔、崇禎壬午（十五年、一六四二）、わたしは揚州に遊んだ。……冒子は車騎を飾り、きらびやかな衣装を着、珠樹瓊枝のようで、その輝きは左右を動かすようであった。わたしはつねに驚嘆し、神仙中の人かと思った。時に四方は戦乱にあったが、淮海の地方はまだ落ち着いていて、揚州十二楼の燈火はまだ盛んであり、二十四橋の名月もつつがなかった。わたしは魯子戴馨の家に奇遇しており、魯子はわたしのために宴席を催し、『燕子箋』を歌わせてくれた。そのころわたしとつきあいがあったのは、冒子、魯子のほか、さらに王子螺山、鄭子天玉などの諸君であった。いずれも年少で意気盛んであり、遊説し文章を書き、中原を駆け回って、みずから高しとしていた。それからいくばくもしないうちに、江河陵谷、一変してここに至ってしまった。（陳瑚「得全堂夜讌後記」、『同人集』巻三、八五頁、大木康訳による）

崇禎十五年（一六四二）壬午の時、冒襄は三十二才であった。当時天下はすでに大いに乱れていたが、長江の南北一帯は妓楼の明かりがさんざめき、歌舞も賑やかであった。陳瑚はここで衣裳も馬もきらびやかな冒襄に出会い、寄寓していた友人の所で『燕子箋』の上演を見たのである。十八年後、得全堂で再び『燕子箋』を見た時、陳瑚は感傷に駆られて劇を最後まで見ることができなかった。「昔の友人は、死ぬ者は死に、老いる者は老いた。わが「揚州雑感」詩にかく言う、「春衫夜に踏む瓊花観、綺席新たに歌う燕子箋」と。眼前の事に触発されて往事が忍ばれる、どうして涙がはらはらと流れるのを止められようか」（陳瑚「得全堂夜讌後記」、『同人集』巻三、八五頁）。

冒襄は陳瑚の悲しみに満ちた言葉を聞くと、天を仰いで嘆じ、そのあと笑いながら客人に自分の心中の重い哀痛を述べた。

君は『燕子箋』に心動かされるかい。わたしはなおさらのことだ。梅村祭酒（呉偉業）がわたしのために序を書いてくれたのを見なかったかい。いまでもはっきり憶えている。金陵で一座を罵った時、悲憤慷慨、奮迅憤懣、あるいは机をたたき、あるいは手をうち、あるいは大杯を飲み干し、かつは飲み、かつは罵ったのであった。その時、役者たちはみな歌をやめ、拍子を止めたほどだ。彼らが帰って懐寧にそれを告げ口し、それから禍が次から次へとやってきた。その時のことについていえば、『燕子箋』がほとんどわたしを殺したということだ。今では、懐寧はすでに敗死し、その体は手の届かぬところにあり、役者達はまた幾たびかその主を変えた。私と君はなおも酔天を仰ぎ、濁世に疲弊して、黄塵玉樹の悲しみを興し、喚宇弾翎の怨みに心動かされる、これを幸いと言おうか、不幸と言おうか。（陳瑚「得全堂夜讌記」、『同人集』巻三、八五頁）

王朝交代の後、景色は変わらないが人は変わった。冒襄はなおこのような雅致に富む林園の中で笛を奏でて客をもてなし、気骨を保つことができたが、それが結局幸せなのか不幸せなのかということは、訪れる友人と冒襄自身との間に発せられた感慨であった。ただ冒襄が陳瑚に向かって発した言葉によれば、こうした柔和で華麗に見える音曲の背後に、実際は悲壮な烈士の感情が隠されていた。

私はこの歌童に、「風雨蕭蕭」とは荊卿〔荊軻〕の歌であり、「明月に寐ねず」とは劉琨の笛であり、さらにその「生死を追維し、旧遊を憑弔す」とは、謝翶の竹如意だ、と教えた。（陳瑚「得全堂夜讌記」、『同人集』巻三、八五頁）

荊軻が秦の始皇帝を刺そうとしたのは、燕国のための復讐であった。劉琨（二七〇～三一八）は晋の大将軍で、祖逖友と親しくしており、一度敵に降参したものの、中原を回復しようとする志を持っていた。謝翶（一二四九～一二九五）は文天祥の参軍であったが、文天祥の死後、慟哭し続け、浙江の釣台に天祥を神主として祭り、楚歌を作ってその魂を招いた。このように三人の事績は皆亡国の遺恨に関係している。冒襄はこれによって、曲中の言葉に込められた微妙な意味を明らかにしているが、そこには遺民が共有する心情をある程度反映されている。つまりこのような悲惋と悲憤に満ちた遺民の心情が、水絵園での戯曲に、明末江南文化の中の華やかさとは別の、巨大な断裂を出現させたのであり、それは埋めることのできない空虚であった。

実際、冒襄自身が訓練していた歌童は悲涼なる哀音を発していただけでなく、招きに応じてやって来た著名な楽師らも往々にして旧時代の痕跡に染められていた。康熙六年（一六六七）、呉偉業は続けて二通の手紙を書き、冒襄に左良玉の幕中の崑曲の名師蘇崑生を推薦した。呉偉業の説明によれば、蘇崑生は「声楽の道に秀で、その精微に達してい」て、明末に戯曲の専門家から高い評価を受け、「魏良輔の遺響、尚（なお）蘇生に在り」と言われた。時勢が変わり、蘇氏に代表される「古道」は、尋ねる者も少なくなり、長江の南北では、ただ冒襄だけが彼の才能がわかり「これを水絵園に引き抜いた」。

> 古道をまことに愛し、今人の多くが弾かないものであった。かつての知り合いは大半が世を去り、江湖に淪落し、ほとんど斉王の門に瑟を持ってゆく〔好みの合わない人のところに引き立てを願うこと〕のと同じであった。今、長江の南北の風流で学のある士、新声を選んで楚調を歌う者、わが老盟翁に過ぎるものがあるだろうか。わたしはそのため、〔蘇崑生を〕あなたに一目お目にかからせたい。……ああ、宮仕え先をさがすことはなかなかつらいことで、扁舟に鉄笛を乗せ、風雪の中、江を渡って、知己を求めているのだ。もし、これを引き取ってくれるものがなかったら、帰るところもない。名園の扉を開いて、客としてお招きいただき、朗歌数曲を後日披露することができれば、一段の佳話を添えることになるだろう。〔呉偉業「与冒辟疆書」、『同人集』巻四、一六四頁〕

蘇崑生は明末の金陵と深い因縁があり、説書芸人の柳敬亭と名を斉しくしていた。作曲が得意であり、かつて左良玉の幕中にいた。左良玉の死後、江南を流寓し、一度阮大鋮の家班に職を得、後に妓院に身を投じ、名妓李香君の崑曲の師匠となった。『桃花扇』で彼は柳敬亭の後に続いて、第二幕に登場し、李香君に『牡丹亭』を指南する。(49)呉偉業はこの当時赫赫たる名声を誇った崑曲師を大変崇拝しており、かつて柳敬亭と並べて詠じた歌を彼に送っている。(50)『桃花扇』の主要な登場人物である侯方域や陳貞慧はそれぞれ亡くなり、蘇崑生も落魄してほとんど命をつなぐことができぬほどであったため、呉偉業は、冒襄のように生き残ったわずかな昔日の江南名士に支援を求めるほか無かったのである。

康熙九年（一六七〇）の冬、呉偉業に絶賛された琵琶奏者白珏も水絵園にやって来て、冒襄と訪問客のために演奏した。これ以前のことだが、呉偉業はある日気の向くままに太倉の有名な官僚王烟客の屋敷南園を訪れた際、低い垣と叢竹から突然流れてきた琵琶の音に引き寄せられた。門に入って音を探したところ、「琵琶に巧みで、好んで新曲を作る」白珏が弾くものであったことがわかった。「すぐに、花の下で酒宴になり、白生は私のために一曲高らかに弾いてくれた。それは先帝の崇禎十七年以来の事で語りはとぎれがちで、音はせわしくもの悲しかった。その場にいた客の中に、前の中常侍姚公がおられ、避難して江南に流落されていた。そこで先帝が玉熙宮に居られたとき、梨園の子弟が水上の技芸や過錦などの芝居を上演していたが、……河南の騒乱が起こって、天子のお顔が悲しみにくもるようになってからというもの、こうした楽しい催しをなさることは二度となかったと話された。ともに悲しみのあまり長いこと声を出さずに泣いた」（呉偉業「琵琶行並序」、『梅村集』巻四、三三頁）。白生の演奏は、崇禎朝の遺事を述べるもので、その場にいた明の遺臣たちの脳裏にあった、宮中演劇に対する記憶を呼び覚ましたのであった。

白珏の琵琶の演奏は、この明の遺民達の感情をことのほかかき乱したようであり、水絵園での上演も南園と同じく見る人の涙を誘った。

白生、名は珏、字は璧双。琵琶の第一人者で、呉梅村が彼のために「琵琶行」を書いた。ある日、琵琶を抱いて冒襄の水絵庵にやってきて、弦をかき鳴らし拍子を取り、なめらかで抑揚ある演奏で陳や隋の調べを数曲演奏した。陽羡生はさらに摸魚児一闋を吟じ、弦に合わせてこれを歌い、聴く者は皆凄然として涙を流した。[51]（『年譜』四七二頁）

水絵園が全盛の時は、笙歌は途絶えることが無かったため、冒氏の家班の名声もたちまち広まった。ただ七十歳以後は、冒襄は種々の災難に遭い、祖先が残した墓地や建物は豪家によって尽く奪われ、「家を売って転居し、陋巷に一人で住み」、売文と家班の上演で生計を立てていた。

毎晩灯の下で蝿頭の文字数千を書き、それによって朝米酒にかえるのである。家には十余名の童子があって、みずから歌曲を教え、劇団を作って人の宴会に供する。それで年に一二百両をかせぎ、それによって客をもてなすのである。（『同人集』巻三、一一七頁、大木康訳による）

八十歳のこの年は、こうした基本的な生活レベルさえも維持できなくなっていた。「今年は宴会も少なく、長年坐して食らっていたために、主人も奴僕も枯魚の肆に入ることになってしまった」（冒襄「附書部公木世兄寿詩後」、『同人集』巻三、一一七頁、大木康訳による）。

昔日、「車騎を飾り、鮮やかな衣装を着」ていた青年名士は、ここに至って行き場の無い苦境にたどり着いてしまったのである。

五、往事の追憶／今昔の感

順治八年春、董小宛の病死は、水絵園での隠逸生活に一つの影を落とした。その後、水絵園はおおよそ十数年間その繁栄した景観を保ち、頻繁に客が訪れ、宴会、風雅な集まり、園庭の散策、観劇活動が続いた。冒襄が六十歳になっても、小規模な宴会と上演はまだ続いていたが、追憶と歎息が徐々に生活中の目立った位置を占めるようになった。

康熙三年、冒襄五十四歳の時、王士禛は用事で南京に行き、公務の合間を利用して、鶏鳴寺、烏龍潭などの名勝や霊谷寺と金陵の城南の諸々の名刹を遊覧し、八篇の遊記を書き、まとめて『金陵遊記』という書物で刊行した。それは、再度冒襄の金陵の残夢を呼び覚ました。

> ああ、青渓水道と桃葉渡の間は、私が数十年前遊んだ場所だ。紅板橋のほとり、烏衣巷の辺りはみな旧跡となり、さらに悲しみが沸いて来る。毎回夢から覚め酔いから醒めると、昔がありありと思い出されて、思わずむせび慟哭しそうになる。今先生が書いたものをみると、神明にして美しく輝き、昔の景観がにわかに眼前に戻ってくる。老いた今、この書物を開くと、その場にいながら旅をするかのようで、まことに山の神霊を次々に喜ばせ、千年もの長きにわたって色づかせるのだ。（冒襄「金陵遊記序」、『漁洋山人集七種』七所収）

この後、現実の生活は日を追って逼迫したため、人生の追憶は悲哀の情を発散する重要なパイプとなった。

冒襄は著名な父を持つ人物であった。十四、五歳の時、董其昌ら名士達に書簡を送って交わりを結び、その俊邁ぶりは日々評判となり、交際していたのは天下の奇士ばかりであった。長江を渡って北に向かい、黄河を渡って南に向かう士大夫で、如皋に立ち寄らない者は無く、贈答したり謝礼をいう者が数十年にもわたって道に連なっていた。家が日々貧しくなっても、客を断ろうとしなかったが、自身は白髪交じりの老人になっていた。……冒襄は名声を得てから久しく、また高齢ということもあり、友人たちの零落や生平の豪遊ぶりを思えばすべて夢まぼろしのように感じ、しばしばそれを述懐して、悲しみを吐き出していた。（劉体仁『悲咤一篇書水絵庵集後』、『同人集』巻三、一一三頁）

冒襄五十歳の誕生日に、友人達が贈った寿辞は、彼が郷里の人々を救済した様々な善行と、水絵園における庭園や歌舞音楽の盛観に集中していた。七十歳の誕生日になると、寿序は往々にして、冒襄が訪問客と酒を酌み交わしながら滔々と談義に耽る情景の描写になる。こうした談義には世のありとあらゆることが含まれるが、最も冒襄の興味を引いたのは、やはり前代の明の遺事や自身の若き日の風流であった。酒が尽き明かりが消え、聴衆がうとうとする時間になっても、話を終えようとはしなかった。

冒襄先生は病がすでに重く、二人の童僕に支えられて客に会っていたが、つややかな顔に美しい髯をたくわえて、飄々として神仙世界の人のようであった。古今のことを論じ、当今の時勢についてあれこれ言う様子は、金石を打ち鳴らすかのよう、大河に水が一気に注がれるかのようで、英気がまだ額にあふれていた。家にはいつも客を招き、酒と音楽で、必ず客を満足させた。時には天啓や崇禎朝の遺事や、江南の妓院での遊び等もろもろの事について話した。宴たけなわとなり明かりが消え、客がうとうとと眠たそうにしても、話をやめよう

とはしなかった。（徐倬『恭祝大徵君前司李辟翁冒老伯七袠栄寿序」、『同人集』巻二、五九〜六〇頁）

水絵園は廃れてきていたとはいえ、冒襄がその生活を維持する支えとしていた家班は、以前と同様楽器の音を絶やさず、主人と訪問客が集まり歓談するのに快適な場を提供していた。冒襄の話のおもしろさは、特に人々に深い印象を残した。話が慷慨激昂する場面に至ると、人々ははらはらと落涙することさえあった。

私は有り難いことに先生との交際がとりわけ長く、お会いするたびに、酒を手にして文学を論じ、人生の喜びを尽くした。先生は往時の文壇、詩文、清渓、郭遊びなどの素晴らしさをとても喜んで話した。宴たけなわになると、客の多くはこの話をもとめた。その言葉を聞く者は、心がゆったりとし、楽しくてたまらなかった。先生御自身も喜びの色を浮かべてらっしゃった。しかし、存分に語って快心を得られている時であっても、天啓や崇禎朝の時のご自分の家の話を聞く人がいると、先生は必ず顔色を変えて大きなため息をつき、その理由を詳しく話された。賢人と悪人とが互いに攻撃し合い、国政が崩壊し、どうしようもなくなることに話が及ぶと、髯が逆立ちまなじりが裂け、声の調子も悲壮感を帯びて憤激なされていた。客たちは残らず静まりかえり、悲しみと恐れが混在して、涙を幾筋も流し、仰ぎ見ることができない者もいた。（許承宣「恭祝大徵君前司李巣翁冒老年台先生七十大寿序」、『同人集』巻三、六七〜六八頁）

話をすることと追憶することとは、冒襄の晩年の生き甲斐であり、挫折に満ちた日常生活にわずかな高揚感と喜びをもたらした。ただ傍で見ていた友人にとっても、また冒襄自身にとっても、今と昔の違いは堪えられないほど激しいものであった。

私は如皋に行くようになってからほとんど十五年になり、伯母〔冒襄の妻蘇孺人〕の家に住んでからも十数年になるため、如皋の冒氏の栄枯盛衰もたくさんみてきた。中でもかつての汝南〔袁紹〕のような立派な車騎も扶風の人〔馬融〕のようなすばらしい音曲も、今は昔のことである。趙壱が「疾邪賦」を書き、劉峻〔孝標〕が「広絶交論」を書いたように、悪夢の恐怖が怒濤のように押し寄せることが、もう毎日であった。先生は家で座っては憂い歩いてはため息をつき、穀梁と青若〔冒襄の息子冒禾書と冒青書〕は落魄して外で志を得ることができなかった。〔蘇〕孺人は日々息子が帰るのを望み、一方でまた息子が早く帰ってくることを心配もした。そしてとうとう息子達が成功することは無かった。（陳維崧「蘇孺人伝」『同人集』巻三、一〇三頁）

陳其年は長年水絵園で読書しており、冒襄の二人の息子である穀梁と青若とは兄弟のように親しかった。そのため冒家の盛衰と息子たちの科挙で意を得られなかったことや母親の矛盾した心情について、生き生きと描写している。一方冒襄は六十歳の時友人に宛てた書信の中で、今と昔の大きな落差と対比について骨身に刻むような描写を行っている。

数十年来、生死をともにせんとする約束をした者、貴賤に関わらない友情を結ぶ約束をした者、貧賤患難を共にした友人が数多くいたが、すでに亡くなった者はここでは論じない。今交遊のあるものは富貴なる人が多いが、昔私をずばぬけた才能があると褒め称えた者は、今私をひどく愚かだと言う。昔私を尊んで、年を重ねれば有徳の長老と成るだろうと言っていた者は、今は年を取って役立たずとなったと揶揄している。昔私を経世の才があり、高潔であり、千古に伝わる厚誼の者だと褒めていたものは、今はみなで時代遅れだと笑っている。昔私にかつての賢者にまつわる出来事を尋ね、私のことを高くそびえて唯一無二のものだと見なしていた者は、今は恐れはばかることを知らない者だとして憎んでいる。甚だしい場合は、根拠も無く非現実的だとそしる始末である。昔は私の一諾は千金の価値、私にちょっとした言葉を吐かせれば一生涯の価値があるとされていたが、今は手を払い顧みることはなく、口をそろえて競って痛めつけ、甚だしい場合は是を非とし、恩義を仇とする有り様。……私はわずか七年で人に陥れられて、数多くの詐欺と屈辱に見舞われ、二人の息子は三年で妻を亡くし、家は傾き借金が積み重なった。ただ骨と皮も尽きてしまったが、ひたすら人に憐れみを乞うのをよしとしなかったので、そしる者は裕福だと思い込み、友人達も事情察すること無く、裕福なのではと疑っている。平穏な時に危急に赴くような厚誼を示したことも、今は誤った使い方だったと悔いている。（冒襄「答南海程周量書」、『文集』巻三、六二一～六二二頁）

「年を取って役立たずとなった」「時代遅れ」等種々の嘲笑と風刺に直面して、冒襄の乾いた文章には、遣り場の無い憤怒が充満している。そこに風流で洗練された青年名士であったという痕跡をみるのは難しいであろう。冒襄と交際すること三十年であり、清初の文壇と官界で重要な位置を占めていた龔鼎孶は、華麗な文学性に富んだ叙述により、旧友が六十年間に経験した巨大な変化について総括している。

冒襄は揚州の名士にして、名家の貴公子であり、その風流は一座に照り映え、その名声は万物を掩い、大きな町の美人は、かわるがわる付き従った。気前よく穀物や家を他人に分け与え、全財産を傾けるのも厭わなかった。彼の居所には客が万里もの遠方より訪れ、年中艶麗なる歌が止むときはなかった。まことに賢豪が集う美麗な場であり、文人たちにとっての幸福なる土地であった。ところが今は、紙を張った窓の雪降る夜に、あるいは仏寺にて清涼なる昼間に、ただ二、三人の徳高き者や僧侶とともに、尽きかけの香と炭火の前で、あるいは暗い灯を点したほろ酔いの中で、詩歌を苦吟哀詠しており、その声はあたかも琵琶をかき鳴らすかのようであり、哀しい響きを発する玉を叩くかのよう、奥深い谷間に咲く蘭が雨に降られているかのようであり、秋深い城内の砧の音のようだ。思うにその煩悩や豪胆さは尽く消え、霜がおり川の水位が下り、清みきった心持ちで道を味わっている。故に一切を棄て去って、天真を披瀝しうるのだ。（龔鼎孳「水絵庵文二集題詞」、『同人集』巻三、一一〇頁）

水絵園中には中禅寺があり、冒氏が園林を築く前から存在していた。冒襄は水絵園に引退する前、ある神秘的な体験をし、隠遁を決意してからは、自ら「将に黄冠緇侶（道士や僧侶）と遊ばん」と考えた。それゆえに、園中の僧侶と「私はここでは客で、僧が主人」なので、「園を庵に改める」と約束し、これ以後水絵庵の名が水絵園と交互に使用されることとなった（作者不詳「水絵庵記」、『同人集』巻三、八三頁）。このとき、長年華やかに暮らした冒襄が「仏寺にて清涼なる昼間に、二、三人の徳高き者や僧侶」らと交遊したことは、「将に黄冠緇侶と遊ばんとす」という前言が果たしてその通りになったのである。

六、結論

冒襄の晩年はいろいろな挫折と困窮の時期があり、また売文と家班の上演に頼って生計を立てなければならなかったが、同時代の有名な文人や士大夫と比べると、彼は遺民の気節と精緻な文化的生活を共に有しており、際だった特殊な例であることは間違いない。彼と並べられる明末の四公子の例を挙げれば、明末金陵に放浪していた方以智（一六一一～一六七一）は、一六七一年に惶恐灘で入水した。[52]陳貞慧（一六一八～一六五四）は一六四四年に一度「留都防乱掲」の作成に関与したという理由で逮捕、投獄され、明の滅亡後、「土室に身をかくし、城市に入らずに十餘年過ごした。遺民の故老が時々陽羨山を訪れると、とどめて痛飲し、驚歎して往事を悼んだ」(『清史稿』巻五〇一)。冒襄と同じように、秦淮の名妓とロマンチックな関係となっていた侯方域(一六一八~一六五四)は、順治八年(一六五一)、郷試を受験し、冒襄の崇禎十五年の郷試と同じように、副榜〔補欠合格〕となったため、却って時の名声を失ってしまい、その代り「両朝に挙に応ず侯公子、地下で何の顔もて李香に見(まみ)えん」[53](陳寅恪『柳如是別伝』中巻)と当てこすられた。

方、陳、侯の三人以外に、私たちはさらに冒襄と文震亨や張岱を引き合いに出してもよい。この二人は冒襄と同じく、代々官僚で読書人の家柄であり、みな科挙で挫折を経験しており[54]、明末の精緻な文人文化についての言説があることで、文化史の研究上では非常に重要な地位を占める。ただ明滅亡後、文震亨は剃髪令が発せられたのを聞き河に身を投げて自尽し、家人に助けられたのだが、結局は絶食して国に殉じた(『長物志図説』二頁)。張岱は明の滅亡後、四年の逃亡生活の後、最終的には紹興の郊外の快園に住み、二十年近く「粗末な綿の服と素食で、米も炊けない」という極貧生活を過ごした[55]。

このような人々は、明末の江南において極限まで発達した士大夫文化を十分に堪能したが、明の滅亡後は、国に殉じたり、世俗を避けたりして、貧しく孤独な生活を送るか、さもなければ侯方域のように、不注意から非難を招いたりした。冒襄のように、気骨の維持と、生活の享楽という二つを兼備できた者はいない。侯方域と異なり、冒襄は新王朝に対して断固たる態度をとり続け、何度も召し出されるのを断り、その名声を確固たるものにすることができた[56]。ただ彼はまた方以智や文震亨のように、激しい行動をとることで明朝への忠誠を表現することはなかった。文震亨が身を以て国に殉じ、張岱が長く三度の食にも事欠くような状態であった時、冒襄は水絵園において楽器の音を絶やさず、客が絶え間なく訪れる楽土を再構築し、明末江南の風華と教化を継続させたが、これは実に乱世の遺民の中でも極めて稀な結末だった。

水絵園に現れた、種々のすばらしい生活に関する記録は、もちろん『長物志』や『陶庵夢憶』の中で描かれる情景と呼応しているが、より多くの時代的意義を有する。『長物志』が概括している庭園文化や、『陶庵夢憶』の中の江南生活への追憶が表しているのはすべて明末江南及び士大夫の精緻で逸楽に富む文化的精髄とそれが発展した極致である。水絵園で行われた種々の文化活動は、もちろん明末江南士大夫文化の延長と見なせるのだが、この新しくコピーされた逸楽文化の背後には、明の遺民の悲憤と悼亡が充満している。明末の江南とは異なり、水絵園での逸楽は亡国の影を交錯させており、その文化の継続と日常文化の中の楽事は、巨大な政治的断裂ゆえに、沈痛な悲劇的色彩を帯びる。

水絵園のこのような遺民と逸楽、継続と断絶がない交ぜになった特殊な雰囲気は、一面では、明末の文化的コンテクストを背景として考察できるが、また別の面では、清の最盛期の士大夫文化に接続する、すばらしい拠点を提供してくれている。乾隆十三年（一七四八）、冒襄が水絵園を建築してから一世紀を隔てて、袁枚は南京城外の小倉山の随園に、もう一つの代表的な隠遁文人の庭園を建設した。袁枚が全力を注いだ結果、随園の詩文の宴集は絶えること無く続き、すぐに四方の文士が集まる重鎮となった。「四方の士が江南に来ると、必ず随園に赴いて詩文を投じ、それが無い日はなかった。袁君の園館内の木竹水石は、奥深くて優美で静かであり、欄干や家具に至っては、どれも精巧だったので、賓客としてもてなした者は数多く、人と遊楽に耽って倦むことを知らなかった」（姚鼐「袁随園君墓誌銘」[57]）。この一時の盛況ぶりは、水絵園の「四十載賓朋の盛んなるは、大江の南北に於いて甲たり」という情景を連想させる。唯一異なる点は、これが南京で新たに築かれた逸楽文化であり、そこには明末の金陵特有の放蕩的で退廃的な末世の雰囲気は無く、また水絵園の死者を哀悼するという暗い影を脱していたということである。

〈付記〉

蘇州大学の季進教授が資料を提供下さったことに特に感謝したい。また季教授は私を水絵園と冒氏の故居にも案内して下さった。

（上原徳子 訳）

【注】

（1）何冠彪『生与死——明季士大夫的抉択』（聯経出版公司、一九九七）を参照のこと。

（2）王汎森「清初士人的悔罪心態与消極行為——不入城、不赴講会、不結社」、周質平・Willard J. Peterson 編『国史浮海開新録——余英時教授栄退論文集』（聯経出版公司、二〇〇二）四〇五～四五六頁所収。引用文は四〇六頁。

（3）王利民・丁富生・顧啓等共著『冒辟疆与董小宛』（中華書局、二〇〇四）では、専門の節を設けて冒襄の明滅亡後の抗清活動について論じており、彼が頻繁に南京、揚州、儀征、泰州、蘇州の間を行き来し、明の鄭和らの抗清活動と関係し、水絵園で多くの南明抗清人士を接待したとしている。そして自らが「通海復明活動（海外勢力と協力して明の復興を企てる活動）に参加している足跡」をごまかすために、「葯爐経巻の間に従事し、道士や僧侶と往来して俗塵の外に身を置き、世間から離れ我が身の安全を図った」（一四四～一四九頁）とする。呉定中編著『董小宛匯考』（上海書店、二〇〇一）も、冒襄が銭謙益の主導する抗清活動に関係し、前半は反清志士黄毓祺の援助をし、後半は鄭成功の「奇兵が海を渡り、直接金陵を目指す」行動の応援していたとしている。ただ呉定中も、冒襄の抗清活動はタブーであり、文献も多く欠落し、考察は容易でないことを強調している。呉はさらに冒襄の二十世後の子孫冒広生（一八七三～一九五九）の見解を引用し、この点を次のように説明している。「巣民徴君冒襄は明が滅びた後、祖父の憲副公冒起宗を奉じて門を閉ざし、明清二世代にわたって遺老と称された。しかししばしば家系断絶の災禍に遭遇したことから、記載は全く無い」（九四～九五頁）。私は冒襄の抗清活動のいかなる新資料も見たことがなく、本論では、この部分について検討しない。陳寅恪は『柳如是別伝』

（三聯書店、二〇〇一）下巻、第五章「復明活動」の中で、順治五年に銭謙益が黄毓祺の挙兵事件により逮捕されて南京に送られ投獄された経過と、さらに順治十六年に鄭成功が南京を奪取する計画のために行っていた各種準備について詳細に考証している。この過程において、銭は頻繁に虞山と金陵を行き来していた。金陵の大報恩寺と丁継之の水閣〔水辺に建つ高殿〕は、どちらも銭謙益の抗清活動の中心であった。その中でも丁氏の水閣はもっとも鍵となる位置を占める。陳寅恪は「私の考えでは銭謙益が順治十三年春の初めに大報恩寺から丁氏の水閣に移った理由は、水閣が青渓笛歩の間に位置して、場所が適当であり、諸々の復明の志を持つ文士の往来には大報恩寺より便利だったからである。そうであれば、丁氏の水閣はこの時鄭成功が南京を攻め取る計画を支援する活動の中心であったといえるだろう」（一〇九八頁）。『冒辟疆与董小宛』は、順治十四年冒襄が二人の息子を連れて丁氏の水閣に居住し、無き友の師弟たちと大きな集まりをしたことに触れている（一四五頁）。しかし陳寅恪の考証では、冒襄には触れていない。王利民らは冒襄が水絵園を庵に変えたのは、「一種の韜晦の態度であり、生きるための策略」（一四九頁）にすぎず、復明活動にたずさわっていることをごまかすためだとする。これは陳寅恪が銭謙益の各種文化活動の本意について下した論断と同じである。「そもそも当時復明の志をもった諸人は、往々にして仏教に自分を託した。――この言葉は禅僧とともに仏典を研究したことを述べるものだが、恐らくは取り繕った言辞に過ぎない。後に牧斎は再び金陵に行き、報恩寺に滞在したが、順治十六年鄭成功が大挙して南都を奪還する準備のためであった」「牧斎は順治十一年蘇州に至り、ひそかに復明活動をした。表面はもろもろの文士と一緒に遊宴し、歌伎や美女を招いたりしたが、これは一種の煙幕弾でしかなかった」。引用文は『柳如是別伝（下）』一〇五八、一〇七四頁にみえる。私は本論の中で、水絵園を遺民世界の縮図とし、第一義的な意味では、冒襄がこれにより、人生の取捨選択と進退に対して最も根本的な選択をしたことを説明する必要がある。ただそれによって過度に解釈を広げ、冒襄の水絵園での交友と文化活動は純粋にただ人々の耳目をごまかす煙幕だったとすることはできない。冒襄の精緻な生活に対する享楽と耽溺は、彼の情操や志節、儒生としての振る舞いと同様に、本当に強烈で目をみはるものがあるのだ。

（4）なお、『四庫全書存目叢書』集部三八五所収の『同人集』巻四では「八十八老人」は「八十二老人」となっている。

（5）楊国楨・陳支平著『明史新編』、雲龍出版社、一九九五、四五五～四五八、五五〇頁。

（6）銭穆は黄梨洲の伝略の中で、「南都防乱掲」の顛末について、要点を押さえた記述をしている。その中に冒襄についての記述はないものの、冒襄がいた時代の背景をかなりはっきりと理解することができる。「崇禎十七年、北京が陥落し、福王が南京で即位した。これ以前に、崇禎十一年に馬士英が起用され、阮大鋮をしだいに援助しようとしたので、宜興の陳貞慧、寧国の陳寿民、貴池の呉応箕らは、「南都防乱掲」をつくり、大鋮を非難した。東林の子弟は無錫の顧端文の従子杲を推したが、天啓年間に諸家に非難されたので、公（黄宗羲）を首領に推し、残りはそれに名を連ねた。この時、大鋮は政権を掌握し、掲示にあった百四十人の姓名を調べ上げ、そのすべてを殺そうとした。たまたま清の軍隊がやってきたことで最悪の事態を免れた」（銭穆『中国近三百年学術史』上冊、台湾商務印書館、一九七六、二二頁）。また、銭杭らは「南都防乱掲」が書かれた背景と顛末についてさらに詳細に論じている。銭杭・承載『十七世紀江南社会生活』（南天書局、一九九八）七七～八六頁を見よ。冒襄はかつて崇禎九年に南京の秦淮河の桃葉渡で東林党の孤児たちと会を開いた。これは『年譜』三九二頁に詳しい。顧杲や黄宗羲は、みなこれに参加していた。銭杭は崇禎十一年の公掲事件は、この桃葉渡の集会の延長だと考えている。前掲書八五頁を見よ。

（7）「阮円海家の俳優は、芝居のかんどころ、情理、筋の運びにこまかな研究を積んでいて、他の一座のようなよい加減なのとわけがちがう。しかもその演ずる脚本がみな主人の自作で、一字一字の筆の運びにあらゆる苦心がにじみ出ていて、これまた他の一座のようなお粗末なのとはわけがちがう。だからその演ずるものは、どの芝居も出色のできばえであり、その脚本も出色のできばえであり、一場一場が出色のできばえであり、一句一句が出色のできばえであり、一字一字が出色のできばえである」（張岱「阮円海戯」『陶庵夢憶』巻八）。〔訳者注：訳文は、松枝茂夫訳『陶庵夢憶』、岩波書店、一九八一による。〕

（8）『桃花扇』第四幕「偵戯」では、劇を観て阮を罵る話で、活き活きとした描写がされている。その中には、特に陳貞慧と方密之、冒襄が鶏鳴埭上で酒を飲むうちに、阮大鋮の新作『燕子箋』を見たくなり、陳貞慧が名帖を出して芝居を借りるというくだりがある。王季思・蘇寰中・楊徳平らの合註『桃花扇』（人民文学出版社、一九八〇、三〇頁）を見よ。袁世碩の考証によれば、孔尚任は康熙二十五年（一六八六）、そのとき七十六歳の冒襄と知り合い、大変楽しく語らったという。次の年の九月、冒襄はまたわざわざ如皐から興化の孔尚任の住まいに出かけ、「三十日間滞在した。」冒襄はおそらくその機会を利用して孔尚任に弘光小朝廷の出来事を詳細に話しただろうし、『桃花扇』の創作に極めて大きな助けとなったはずである。袁世碩『孔尚任年譜（附「孔尚任交游考」）』（山東人民出版社、一九六二）三五～三六、一三一～一三三頁を見よ。

（9）冒襄の宗教活動及び儒生としての信念と、宗教的救済活動の間の関係については、本書の第四章「儒生冒襄の宗教生活」

で詳細に論じている。

（10）詳しくは注（3）の王利民ら『冒辟疆与董小宛』八一～八四頁参照のこと。

（11）訳者注：本章中の『影梅庵憶語』の本文および関連する文献の日本語訳は、大木康『冒襄と『影梅庵憶語』の研究』（汲古書院、二〇一〇）からの引用である。また明示している以外にも参考にしたところがある。

（12）注（3）の呉定中編著『董小宛匯考』中に引用される冒襄二十世の族孫冒広生の記述、一四頁を見よ。王利民等が著した『冒辟疆与董小宛』では、冒起宗が水絵祖園を手に入れた年代を順治九年（一六五二）に訂正している（一四九頁）が、その基づく所は不明である。

（13）呉定中の前掲書一〇頁。

（14）呉定中の前掲書五八頁。

（15）陳文述は嘉慶年間の挙人、郭麐は嘉慶年間の貢生。二人の生涯の簡単な紹介およびここで引用した詩文は、ともに呉定中の前掲書一九、六八、七〇頁に見える。

（16）王士禛「水絵園修禊詩」に「谽谺の一径 略彴 紅なり」の句があり、広い澗谷に一本の丸木橋がかかっていることを言っているが、それが指しているのがまさにこの橋である。「上巳辟疆招同邵潜夫陳其年修禊水絵園八首」、李毓芙、牟通、李茂肅整理『漁洋精華録集釈』（上）（上海古籍出版社、一九九九）、四八五頁。

（17）陳維崧は「蘇孺人伝」の中で、「私は東皋に行くようになってからほとんど十五年になり、伯母の家に住んでからも十数年になるため、如皋の冒氏の栄枯盛衰もたくさんみてきた」（『同人集』）と述べている。ここで言う伯母とは、蘇孺人であり、冒襄の最初に娶った妻で、康熙十一年に亡くなっている。冒広生も陳其年が水絵園で十年間勉学していたとする。「広生が謹んで調べてみると、其年は順治十五年より水絵園で読書し、前後十年ばかりになる」（『文集』巻二）。『冒辟疆与董小宛』では陳其年が如皋に住んだのを八年とする（一五七頁）がおそらく誤りであろう。

（18）本書第五章「士大夫の逸楽——揚州時代（一六六〇～一六六五）の王士禛」参照のこと。

（19）Gail Hershatter, *Dangerous Pleasures:Prostitution and Modernity in Twentieth-Century Shanghai*（University of California Press.1997).pp.20. 120.

（20）これは崇禎十五年（一六四二）、董小宛が冒襄に身を委ねることを決意した後、二人が鎮江の金山の前で長江の端午の節句の船漕ぎ競争を見たことを述べている。『同人集』巻三、張明弼「冒姫董小宛伝」一〇五頁を見よ。

(21) 関連する研究として、巫仁恕「晩明的旅遊活動与消費文化——以江南為討論中心」(『中央研究院近代史研究所集刊』四一期、二〇〇三)、王鴻泰「閒情雅致——明清間文人的生活経営与品賞文化」(『故宮学術季刊』第二二巻第一期(二〇〇四)を見よ。私も本書第一章「明清文化史研究の新課題」で論じている。

(22) 関連する研究として、費絲言の『由典範到規範——従明代貞節烈女的弁識与流伝看貞節観念的厳格化』(台大文史叢刊、一九九八、一三一~一三二頁)を見よ。

(23) 邱仲麟は明清慶寿文化の世俗化及び士大夫の批判に対して、全面的な研究を行っている。「明清の慶寿文化には、文字、図像、演劇などが内包されるが、これらは元来士大夫の慶寿文化の中で、「自己を独特なものとする」「その帰属性という特徴」を有している。ただ、社会が変遷する中で、これらは挑戦を受けるのである。その中でも士大夫の慶寿の文学に対する攻撃が最も強烈であった。これは自己のグループが有する文化が内包するもの(寿序、寿詩)が侵犯を受けたことへの不満である。士大夫が自ら雅とみなす寿序や寿詩が、交換可能な物として扱われるようになると、「俗人」(例えば商人や一種の非士大夫グループの地方人士)がただお金さえ出せば獲得でき、学識の有無を問われなくなった。加えて、いかなる人でも書くことができるようなり、……そうして「雅」の意味するものは、すでに転落して「俗物」の奴隷と為ってしまった」。邱仲麟「誕日称觴——明清社会的慶寿文化」(『新文学』一一巻三期、二〇〇〇年九月)一〇一~一五四頁。ここに引用した文は、一二五、一二六頁と一五一頁に見える。

(24) ここで引用した『足本浮生六記等五種』は楊家駱主編(世界書局、一九六二)である。朱剣芒(一八九〇~一九七〇)は、江蘇省呉江の人、南社の社友。早年期、劉大白と世界書局のために全五十冊の『初中世界活葉文選』を合編した。三十年代、上海国学整理社の編集を務め、『陶庵夢憶』『影梅庵憶語』『浮生六記』『香畹楼憶考』『秋燈瑣憶』など十種類の作品を集めて『美化文学名著叢刊』をつくり、世界書局から一九三六年に出版した。陳玉堂編著『中国近現代人物名号大辞典』(浙江古籍出版社、一九九三)一五六~一五七頁を見よ。本論で引用した楊家駱主編の版本は、一九三六年版の複製であろう。

(25) 傅昌沢『浮生六記注』前言(北京師範学院出版社、一九九二)の前言を見よ。該書は兪平伯が校点し、傅昌沢が注釈を加えたものである。

(26) 傅昌沢『浮生六記注』一〇九～一一三頁。

(27) 趙沢霖（一八九二～一九五二）、浙江呉興の人。朱剣芒と同じく南社の社友である。大東書局『游戯世界』の編集をしており、鴛鴦胡蝶派の作家で、探偵小説を得意とし、自ら玄関の隅のホームズと号していた（陳玉堂編著『中国近現代人物名号大辞典』、六二六頁）。

(28) この他順治九年、冒襄四十二歳の時にもう一度重病にかかり、その際冒襄は印象的で神秘的な体験した。本書第四章「儒生冒襄の宗教生活」を参照のこと。

(29) 関連する研究として、鄭培凱『湯顕祖与晩明文化』（允晨文化公司、一九九五）二二二、二七七頁が参考になる。

(30) 陳寅恪は『柳如是別伝』中で「寅恪嘗て思うに、河東君と同時代の名妓は、その多くが吟詠を善くし、書画に巧みであり、呉越の党社の著名人と交流し、男女の情と師友の情誼を兼ねている。その記録は流伝しており、古も今も楽しく語られる」（上、七五頁）と述べる。柳如是はとりわけ書法と詩文に長じていた。幾社の陳子龍は当時才子にして神童を兼ねると見なされていたが、陳子龍と恋愛関係にあった柳如是は、才女にして神女を兼ねるとされた。『柳如是別伝』（上）、六六頁、一四〇～一四一頁を見よ。余懐『板橋雑記』巻中（『艶史叢鈔』上、広文書局、一九七六）九～三〇頁。

(31) 『然脂集』は全部で二百三十巻余り、王士禄が十五年の時間を費やしておおむね完成した。しかし、巻帙がおびただしいために、印刷刊行されなかった。『四庫全書』には王が書いた『然脂集例』一巻が収められているだけである。『叢書集成続編』（上海書店、一九九四）集部第一五六冊、一〇一～一〇二頁を見よ。王士禛は特別にこの書に収録された董小宛の『奩豔』三巻について言及している。「先兄西樵先生は古今の女性の詩文を選んで『然脂集』を作り、二百巻にも及んだ。詩部は言うに及ばず、文部も五十巻余りあり、二十一史を閲覧して採取していて、宏博精覈であるといえる。そのうえ説部はとりわけ新味があり、古人の書物にはないものである。今その書目のみをここに載せる。……董白の『奩豔』上中下三巻……。その全書は今篋笥にしまっており、刊刻する力がない」（王士禛『香祖筆記』巻八、上海古籍出版社、一九八二）一六一～一六二頁。王士禛が王士禄のために書いた年譜では、この本は二百三十巻余りだとしている。「今先生が著した書は、ただ『然脂集』二百三十巻余り、その条目はほぼ出来上がっていた」。『王考功年譜』（『王士禛年譜』所収、中華書局、一九九二）九四頁を見よ。陳其年も王士禄の著述の中で董小宛の作品を参考にしていることに触れている。呉定中『董小宛匯考』（上海書店、二〇〇一）一九頁を見よ。

(32) 現在通行している『奩史』は清の乾隆嘉慶年間に蘇州の生員王初桐が編纂したもので、巻帙はおびただしく、全部で百巻ある。作者の編目からは、全書の性質が女性を主題とした類書であり、董と冒の編輯した『奩豔』が精密に細かく選び、二人の関心と吟味を反映しているのとは異なるということだ。王初桐『奩史』は『続修四庫全書』(上海古籍出版社、一九九五)一二五一〜一二五二冊、李永祜主篇『奩史選注――中国古代婦女生活大観』(中国人民大学出版社、一九九四)に収められている。

(33) 柳如是は酒が飲めるだけでなく、酒をかもすことができた。陳寅恪『柳如是別伝(上)』一〇一〜一〇六頁を参照されたい。

(34) 張岱の茶道に関する造詣については、「閔老子茶」という文章の記述からその内容をうかがうことができる。張岱がいうには、友人の一人が南京の桃葉渡の閔紋水で入れたお茶を絶賛していたので、わざわざ崇禎十一年(一六三八)出かけて飲んでみた。閔という姓の老人は茶芸が人より優れていると自負しており、背丈が高く、茶葉の産地とお茶をいれた水の来源について、わざと人をだまし、やってきた者の技量を試していた。張岱が一々正確に答えると、老人はおおいに屈服し、交際するようになったという。張岱「閔老子茶」(『陶庵夢憶』巻三)三九〜四〇頁。

(35) 『長物志』は天啓年間(一六二一〜一六二七)に書かれており、冒襄が園林奥深く遊んでいた歳月より二十〜三十年先んじる。書中の花木、水石、書画などの事物に関する描写は、どれも皆冒と董二人の現実生活に見ることができる。巻一二「香茗」部分の文章は、とりわけ二人の生活がその注釈となっている。

(36) 文震亨著、海軍・田君注釈『長物志図説』巻一二(山東画報出版社、二〇〇四)四七三頁。

(37) 海軍・田君注釈『長物志図説』四七五頁による。范金民は江南商業についての研究で、江蘇宜興の岕茶を取り上げている。「常州府の宜興県は茶葉を盛んに生産しており、品種は一つではないが、総じて岕茶といわれている」。「いつも初夏になると、商人が集まってきて、役所が茶の販売のための手形を与え、売りに出かけるのである」。「北京の辺りの商人が山に来て買い付ける」。范金民『明清江南商業的発展』(南京大学出版社、一九九八)一八頁。冒襄は専ら浙江長興の岕茶の産地を紹介している。「長興周辺で作られる茶は、羅岕、白巌、烏瞻、青東、顧渚、篠浦など数え切れないが、中でも羅嶰が最も優れている。嶰から十里離れた所で嶰としているものも、数え切れない」。冒広生輯『如皐冒氏叢書』(清光緒から民国のころの如皐冒氏の刊本)第十四冊所収、二一a頁。訳者注:茶に関する翻訳には以下の書を参考にした。岩間眞知子『喫茶の歴史　茶薬同源をさぐる』(大修館書店、二〇一五)、朱世英、王鎮恒、詹羅九主編『中国茶文化大辞典』(漢語大詞典

出版社、二〇〇二)、鄭培凱、朱自振主編『中国歴代茶書匯編校注本』(商務印書館、二〇〇七)、方健匯校証『中国茶書全集校証』(中州古籍出版社、二〇一五)

(38) 張岱「閔老子茶」において、張岱が飲んでいたのがまさに羅岕であった。以下の冒襄の記載がそのことを証明している。「江南の茶は、唐人は陽羨が一番だとし、宋人は最も建州を重んじた。……今日最もよいとされるのは、長興の羅岕だけである」。冒襄の『岕茶彙鈔』二b頁を見よ。羅岕という名前に関しては、冒襄は以下のように解釈している。「(羅岕は)おそらく古の顧渚紫筍というお茶である。山の中に挟まったところを岕といい、羅隠がここに隠れていたので、だから名前を羅という」。

(39) 「嶰は岕といい、二つの山に挟まったところである。羅氏がここに住み、そこが小秦王の廟の後ろだったので、廟後羅岕と呼ばれている。洞山の介は、南側は朝日がさし、夕日は雲に覆われ霧が立ちこめる。だから味が格別なものになる」。「茶を生産している山の夕日は朝日よりも優れている。廟後の山は西向きであるゆえに佳いと言われるが、総じて言えば洞山の南向きで陽気を独占し仙品と称されるものには及ばない」(『岕茶彙鈔』2b頁)。

(40) 『長物志』の香茗巻では、洗茶、候茶、択器について、皆しかるべき方法を紹介し、守正の人と風雅の士だけが、焚香、煮茶の各種の方法を極めることができると述べる。「第だ焚煮に法有り、必ず貞夫、韻士にして、乃ち能く究心するのみ」(『長物志図説』)四七三、四八二頁。冒襄の記述とともに参照。

(41) 劉志琴「明代的飲食思想与文化思潮」(『晩明史論――重新認識末世衰変』(江西高校出版社、二〇〇四)二四二～二七八頁。

(42) 伍紹棠「長物志跋」(海軍・田君注釈『長物志図説』四九七頁)。王鴻泰は明清文人の閑雅文化について非常に詳細な分析をしている。注(21)王鴻泰「閒情雅致――明清間文人的生活経営与品賞文化」六九～九七頁。

(43) 明代の私人家楽の流行については、王案祈が非常に詳しく論じている。『明代伝奇之劇場及其芸術』(学生書局、一九八六)九四～一一五頁を見よ。

(44) 杜濬は字を于皇、晩号を茶村といい、しばしば科挙試験に失敗し、馬士英と阮大鋮が権力を握って以降、仕途を断念した。呉応箕、呉偉業、方以智らと多く交際し、詩で有名で、人々に尊重された遺老である。注(8)の袁世碩前掲書一〇六～一〇七頁を見よ。

(45) 冒襄の「已巳端陽詩序」(『同人集』巻一、四三頁)を見よ。

(46)寒碧堂は水絵園の中の洗鉢池の畔にあり、得全堂の方は冒氏の故居集賢巷内にあり、冒襄の祖父冒夢齢の別荘であった。楊受延・馬汝舟ら編纂の『如皋県志』巻二二を見よ。

(47)王利民らの考証によると、陳瑚は順治十七年の夏、学生を連れて太倉から江北に遊び、興化を経てから水絵園に到着している。『冒辟疆与董小宛』一七一頁。陳瑚、字は確庵、陸桴亭と名声を等しくする理学家である。陳瑚が八十歳の時、冒襄はわざわざ一篇の寿序を著し、陳の生涯と二人の交際について叙述した。陳瑚は崇禎十五年の郷試に合格し、冒襄も同じ年に副車〔郷試の補欠合格候補者〕で合格していて、二人の仲は極めて親密であった。冒襄「寿陳太公八十序」、『文集』所収。

(48)劉一禾注、張安全校『燕子箋』(上海古籍出版社、一九八六)前言を見よ。

(49)孔尚任『桃花扇』(王季思主篇『中国十大古典悲劇集』下、上海文芸出版社、一九八二)七八五~七八七頁。

(50)呉偉業「与冒辟疆書」、『同人集』巻四。

(51)白珏が演奏したその日、大雪が舞い、冒襄はお茶や酒、飲食、書画で観賞した友人一同をもてなした。「庚戌(康熙九、一六七〇年)の冬、淮揚の間、雪花が手のひらのようで、他の人は折しも布団を抱き横になっていた、……先生だけは孝威や散木とともに……湘中閣に座り、岕茶を煮出し麞肉を炙り、……大杯の罰酒を飲み、董思翁が先に書かれた擘窠大書を観賞し、白が三たび琵琶を弾く音色を聴き、悲憤慷慨した」(程可則「水絵庵詩文二集小引」、『同人集』巻三)。

(52)余英時『方以智晩節考』(允晨文化公司、一九八六)、「方以智自沈惶恐灘考」(『中国思想伝統的現代詮釈』、聯経出版公司、一九八七)四八七~五一八頁を参照のこと。

(53)陳寅恪は侯方域の科挙受験について以下のように力を込めて弁明している。「前の一年、侯方域は父を守ろうとして、郷試に挑戦し、やっと副榜〔補欠合格〕に合格したが、これは実はやむを得ないことであった」。ただし、梁啓超は侯方域が新王朝の科挙に応じたことは、晩節を保持できず、「つまらぬ」ことだったと断じている。『桃花扇註(上)』(『飲氷室専集』第一〇冊、台湾中華書局、一九七二)二九五頁。

(54)文震亭は若くして諸生となったが、郷試に何度も失敗した。天啓五年(一六二五)恩貢に挙げられた。彼の曾祖父は著名な画家文徴明で、官位は翰林院侍詔に至っていた。祖父や父もみな書画で有名であり、兄の文震孟は天啓二年の状元で、官位は礼文尚書東閣大学士に至った。海軍・田君注釈『長物志図説』二頁を参照のこと。張岱も同様に赫赫たる功績のある一族の出身で、高祖父から祖父まで、三代にわたって進士となり、長年名声を博したため、彼は前半生で派手な生活を送ることができた。張岱も冒襄と同じように、幼い頃から神童と目されていたにも関わらず科挙に及第できず、かくて官途に就くことを断念した。陳万益『陶庵夢憶』解説文、一～二頁を見よ。胡益民『張岱評伝』（南京大学出版社、二〇〇二）三一、三八～三九頁、五七～五九頁を参照のこと。

（55）明の滅亡後二十年あまり、張岱の生活は最も苦しく、いつも衣食に困っていた。七十歳以後も、依然としてかなりの清貧生活だったが、息子や娘がしだいに成長してきたため、生活状況は少し好転した。陳万益が『陶庵夢憶』のために書いた解説文、一～二頁、さらに胡益民『張岱評伝』三一、三八～三九頁、五七～五九頁、七三頁を参照のこと。

（56）『清史稿』には次のようにある。「冒襄はすでに隠居して出仕しなかったが、名声はますます高まった。督撫は監軍に推薦し、御史は人材に推薦したが、どちらも親が年老いていることを理由に断った。康熙年間、再び山林隠逸および博学鴻詞に推薦されたが、前回同様に官に就かなかった」。

（57）王鏡容「従小衆到大衆──「随園」的文化図景」（『中極学刊』第二期、暨南国際大学中文系、二〇〇二、一七三頁）からの引用。この書は、随園の文化活動について極めて精彩に富む紹介をしている。

◉第四章　儒生冒襄の宗教生活

一、はじめに

私は第三章で、明末清初の江南文人冒襄（一六一一～一六九三）の、一人の青年知識人にして風流名士、また歌舞音曲と山水詩文の楽しみをほしいままにした乱世の遺民の様々な側面を詳細に紹介した。ただその一方で、風流名士として人々が抱く姿以外に、冒襄は時の政治について議論し、強権的な士大夫を懼れず経世済民の志業を忠実に履行した地方士紳だということも強調した。さらに興味深いのは、まさに現世の儒生という役割を忠実に演じると同時に、冒襄が驚くほど細かいところまで、超現実的な宗教的信仰への狂乱ぶりを展開していることである。冒襄の儒家としての道徳的信念、士紳としての現実的関心、超自然的神秘信仰、五感の快楽を刺激する山水と園林、飲食、男女、戯曲のどれもが一緒になって彼の生活の全体像を構成していたのである。

冒襄自身の記録と関連する他の人の記述によれば、少なくとも四度の不思議な宗教体験があったことが判る。それは冒襄の曾祖母、母親、冒襄本人と、そして彼と董小宛の恋愛に関するものである。中でも曾祖母と董小宛については、記述が簡略で、かつ冒襄の儒生としての志業とはさほど関係しない。対して母親と冒襄本人の部分は、記述が非常に細かく、かつ冒襄の、孝子や地方士紳としての立場と密接につながっており、不可分でもある。しかし、前者は冒襄の宗教的環境と、彼が一貫して持ち続けた信仰を理解しようとするとき、大きな手助けとなるので、本文では後者と併せて論ずることにする。

二、籤詩

冒襄の神秘的な宗教体験は、少なくともすでに四歳の時には始まっていた。この年（万暦四十二年（一六一四））、曾祖母である沙太孺人は半年もの長きにわたり重い病に臥していた。江西の会昌で県令を務めていた祖父の冒夢齢は、統治に優れた業績を上げ、「神君」との賞賛を博していた。県令に対する尊敬の念から、万民が彼に代わって祈禱をし、沙太孺人はその結果全快したのだが、併せて変わった症状「万民が代わって祈禱したところ、病は癒えた。快復後、黒髪と歯が生えるという不思議が起こった」（冒広生編『冒巣民先生年譜』、『北京図書館蔵珍本年譜叢刊』七〇、三七三頁、以下『年譜』）。冒襄は二歳の時から、祖父と共に会昌に赴いており、「万民が代わって祈禱」して曾祖母が危篤状態から全快したこと、さらには「黒髪と歯が生えた」という情景は、彼に深い印象を残したに違いない。

四歳の年の体験は、冒襄の宗教生活におけるドラマティックな初めての出来事とも見ることができるが、彼が二十八歳の時に書いた「夢記」の記述に拠れば、冒襄の宗教生活は生まれたときから始まっていた。「私は幼い時から関帝（三国時代蜀の武将関羽のこと。死後神として祭られ信仰の対象となった）に師事し、しばしば変わった兆候があった」「弟子として関帝を敬い事えること二十八年」（冒襄『巣民文集』巻四、『叢書集成三編』五三、新文豊出版公司、一九九七、六二四～六二五頁、以下『文集』）といった関帝に対する信仰は、生命の危急存亡の時に決定的な救済の力を発揮しただけでなく、日常生活の中で心を慰めたり、道を踏み外さないように諭す働きをもたらし続けた。順治三年、冒襄は新しい王朝の役人への推薦を婉曲に拒み、如皋の旧宅に隠遁することを決意した。それから九年間、人情の移ろいやすさと世間の冷たさを味わった彼は、毎日朝晩二回関帝を祭ることで心の憂いからの解脱を願った。長い夏「丁亥（順治四年）金をとかすほどの手ひどい讒言にあい、……私の胸の中に五岳のようなつかえができた。長い夏のあいだ鬱鬱として、朝晩に二枚の願文を焼いて関帝君にお願いするばかりであった」（冒襄『影梅庵憶語』、『続修四庫全書』一二七二冊、上海古籍出版社、以下同じ）[1]。

日常の祈禱のほか、毎年元旦には、冒襄は必ず関帝の前で占いをしておみくじを引き、一年の運勢を予測した（『影梅庵憶語』二四七頁）。崇禎十五年（一六四二）元日、冒襄は例年通りお参りをした。そこで得た籤詩〔占いの詩句〕は霊験あらたかに、乱世における冒襄と董小宛の間の纏綿としつつも短い縁を予言していた。この年、政局はすでに危機的状況に陥っていたが、三十二歳になったばかりの冒襄は胸に壮志を抱いていた。「功名心が非常に強い」と自認する彼は、おそらく秋に南京で行われる郷試のために落ち着かない気分であったのだろう、関帝の前で卜占を行った。しかし、そこで手にした籤詩は難解で、心の中で思っていた科挙合格や出仕とは無関係なものだった。「わたしはその時、口ずさみながら考えてみたが皆目分からず、籤詩全体を考えても、それは科挙に合格するといったことではなかった」（『影梅庵憶語』二四六頁）。この謎は、順治八（一六五一）年に董小宛が死去した後にやっと完全に解き明かされるのであった。

崇禎十二年（一六三九）、冒襄は南京で科挙を受けた時、呉応箕、方以智、侯方域らの強い推薦で、初めて董小宛に会っている。この後幾多の紆余曲折を経て、崇禎十五年に董小宛は念願かなって冒襄に嫁ぐ。九年後、わずか二十七歳の董小宛は、「労瘁で死去」し、「冒襄は二千四百字に及ぶ『影梅庵憶語』を書いてこれを悼んだ」（『年譜』四四二頁）。往時を振り返ってみると、籤詩の玄妙で不吉な予言は、逐一的中した。

籤詩の最初の文字は「憶」の字から始まっており、運命では二人の縁が最後には一生の追憶を以て終わることが定まっていた。彼は、「ああ、わたしは生ある限り、いつまでも彼女を憶い続ける」（『年譜』四四二頁）という。また籤詩も、はっきりと二人の波瀾万丈の交際の顛末を示している。「憶う昔蘭房に半釵を分つも、如今（いま）忽ち信音を把りて乖る、痴心連理を成すを指望するも、到底誰か知らん 事諧（かな）わざるを」。

冒襄は崇禎十二年元旦にこの籤詩を得た時、まだ董小宛とは知り合っていなかった。その年の秋に秦淮河で会っているのだが、その後、二人にはそれぞれ別の相手がいた。十五年の春、冒襄は、陳円円との婚約を履行するつもりで蘇州に赴いた。しかし、陳はその少し前に富豪によって落籍されてしまっていた。冒襄は鬱々とし、夜に滸墅に遊び、河岸の小楼に再び病身の董小宛を訪ねた。董小宛はこの訪問を嬉しく思うあまり、身を許そうとするのだが、冒襄の方に肝心な時にためらう気持ちが起こってしまう。彼は急いで船を雇って帰ろうとしたが、董小宛はひたすらついていこうとした。董小宛は二十七日間彼の後をついて来て、金山〔鎮江近くの長江に臨む山〕まで来たところで冒襄の説得を受け、ついには暫時離れることを受け入れ、二人は秋の科挙の後に南京で結婚について話し合うことも約束する。董小宛は蘇州に帰ると、門を閉ざして誰とも会わず、精進ものを食べて過ごした。その後種々の曲折を経て、その年の冬、銭謙益と柳如是の手助けで、郷試に不合格だった冒襄のもとに嫁いだのである。[2]

十五年春の再会から、その年の暮れに念願かなって如皋に嫁ぐに至るまで、董小宛の積極的な求愛と一途さこそがこの結婚の主な原動力であったことは疑いがない。冒襄は結婚までは優柔不断な態度をとり続けたが、その後の九年は、神仙のような夫婦生活を十分に享受した。籤詩の四句の文字の大半は、董小宛の心境を示すが、書き出しの一字目の「憶」の字は、冒襄の後半生を取り巻く主旋律となっている。「到底誰か知らん事諧わざるを」の一句は、董小宛が懸命に追求した恋の終わりと解釈することができるが、冒襄の力をなくすほどの悲しみと解釈できないこともない。[3]

さらに奇妙な点は、冒襄が年初に占った際に得られたのと同じ籤詩が、つづいて董小宛が祈った際にも現れたことである。秋の科挙試験の後に、二人は秦淮で出会い、友人が二人の代わりに西華門で占ったが、その時もやはり同じ籤詩を得た。冒襄の追憶はさらりと書いてあるが、二人につきまとう不吉な予言への驚きと恐れが非常によく現れている。

金山で分かれて以来、彼女は精進ものを食べ、敬虔に虎丘の関帝廟の前で、終身わたしに仕えることができるかどうか願いながら占ったところ、得たのはまさしくこの籤であった。秋に秦淮を訪れた時、彼女はわたしにそのことを告げ、一緒になれないのではないかと心配していた。わたしは聞いて不思議に思い、元旦の籤と合致していたことを話した。その時いあわせた友人が、「私が二人のために西華門で占ってあげましょう」と言ったが、それもやはりこの籤なのであった。彼女はいよいよおそれの気持ちを抱き、わたしがこの籤を見たために、彼女に対する気持ちがうすれるのではと心配して、憂わしげな様子が表情にあらわれていた。（『影梅庵憶語』二四七頁）

十五年の元旦、「功名を求めんとする気持ちが非常に強かった」頃、「口ずさみながら考えてみたがわからず」「全体を考えても、それは科挙に合格するといったことではない」天のおつげを得てから、二人が蘇州で再会し、金山で分かれ、精進ものを食べて占いをするまで、運命の図録は一ページ一ページめくられて行った。そして、九年後、「到底諧わず」という宿命がとうとう訪れた。尽きることのない思い以外に、冒襄が残したのは、ただ籤詩の予知能力に対する度重なる嘆きであった。

ところが、後についに彼女の願いがかなったのである。「蘭房」「半釵」「痴心」「連理」というのはみな閨閣中の語である。「到底諧わず」というところ、今日それが実現してしまったのである。ああ、わたしの生ある限り、いつまでも彼女を「憶」する時である。「憶」字の不思議な因縁は、このようにあらわれたのであった。（『影梅庵憶語』二四七頁）

毎年元旦に必ず占いをすることや、「朝晩に二枚の願文を焼いて関帝君にお願いする」など、冒襄の信仰は尋常の敬虔さを超えているといえるが、当時の士大夫文化の中で考えると、冒襄の関帝信仰は突出した例ではなかった。彼と同時代で交際があった清初の詩人王士禛は、順治十五年（一六五八）進士に合格した後、わざわざ北京の前門にある「つとに奇験ありと称せられ」た関帝廟で籤を引いて、自分がどのような職に任命されるのかを知ろうとした。籤詩を引いた直後の王士禛は、冒襄と同じようにその中の玄妙なる神意を見通せなかった。数ヶ月後、辞令が出てはじめて、王は最初の答えを得た。五年後、詩文の第二句もその通りとなった。康熙十九年（一六八〇）、王士禛は皇帝から国子監祭酒に抜擢されたことで謎はすべて解け、籤詩の予言は逐一裏付けられた。籤を得た日から二十二年後のことであった。王士禛は感激して「諺に一飲一啄もすべて前世の定めと言うが、全く本当だな」と言った。王は関帝への信仰という点では、冒襄ほどではないかもしれないが、彼個人や家族の歴史、および全ての著作の中で怪異な話が占める比重は、冒と比べても遜色ないのである(4)。

三、起死回生

冒襄の一生で最も劇的な二度の宗教体験は、一回目は二十八歳の時、もう一回は四十二歳の時のものである。どちらも生死の瀬戸際で、超自然的な力が働いたことで、個人と家族の運命が変わった。論述の都合上、私はまず四十二歳の時の出来事を検討し、次に遡って二十八歳の時の経験とその意味について考える。

順治九年、冒襄四十二歳の年は「大飢饉の年」であった。冒襄は「日々餓死者があふれる中、自分の病気も深刻になっていった」（『年譜』四四三～四四四頁）。実際は、これが冒襄の郷里に於ける最初の被災者救済だったわけではないが、彼は崇禎十三年、「大飢饉の年」にも同様に被災した人々を全力で救済していた。長期にわたって水絵園で勉強していた陳其年は、この時の飢饉を以下のように述べる。

崇禎の末年、長江の北も南もすべて飢えに苦しんでいたが、庚辰の年〔崇禎十三年、一六四〇〕が最も酷かった。米一斗の値は銭千貫、麦は銭四百した。その他の蕎麦は、米穀とほとんど同じ値段であり、それを食べることができない者もいた。多くが人肉相食むまでになり、先生はこれを憂い、路上で粥を作って、飢えた者に食べさせた。門に粥を提供する小屋を四つ設け、亭長や邑中の文学〔下役人または知識人〕にこれを分担管理させた。十二月の初めから明くる年の四月末までに、全部で数十万人以上の命を救い、さらに五百三十石以上の米を買い入れた。その他彼が買い入れた薬や細々したものもそれに見合う量で、さらに城外の……諸々の村々で、救ったのは十余万人を下らなかった。みな冒先生のお力である。（陳維崧「恭賀冒巣民老伯暨伯母蘇孺人五十双寿序」、『同人集』巻二、四六～四七頁）

この年の「蝗が空を覆うほど飛び、不毛の土地が果てしなく続く」といった被災状況はややましになったが、次の年もまた干魃に見舞われた。そこでも冒襄は前年同様に有り金をはたいて人々を救済した。「その年は干魃で、上官才先生に委嘱され村人を救済したが、そのやり方は非常に行き届いていて、救った者は数え切れなかった。不足分は自らの財を使いそれで足りなければ、簪や耳飾りを差し出した」（『年譜』四一五～四一六頁）。

冒襄は悲憤慷慨してすぐに行動を起こしたことで、役所の信頼を得ただけでなく、被災民からも敬愛された。災害後に彼は衡陽に任官していた父親に会いに行ったが、その時には「被災者支援に当たった地元の長老四人が飢民千人とともに河岸まで見送ってくれた」（『年譜』四一六頁）。地元の知識人は、順治九年、干魃が再度発生した時、当たり前のように「民衆を水火から救済する」責務を負ったが、冒襄も往事のように知恵を絞って全力で救済を行った。

如皋中の道に餓死者があふれていた。土地の人はみな冒襄を死の淵から救い出してくれる者と期待し、冒襄もまた奮然として二度目となる任務を引き受けた。あまねく施しを行い、細かいところまで心配りをして、遂には家財を売り衣服を質に入れ、慰問に奔走し、頭を焦がし足にたこができても少しも後悔しなかった。（華乾龍「冒巣民先生暨配蘇孺人双寿序」、『同人集』巻二、五十四頁）

ただ以前と異なっていたのは、今回は「力が尽きて精神も疲弊した」がために「病に倒れて危篤状態になった」ことである。以下は右の寿序の作者華乾龍が小説家のような筆法で、一連の不思議な体験について記した内容である。それに拠ると、冒襄が病に臥せっていた際、同じ村の疫病に感染し瀕死の状態だった住民が、冥府の取り調べリストに五十名あまりの人名があるのを見たというのである。銭某、許某などの名が含まれていたのだが、冒襄の名も確かに列ねられていたという。まもなく、銭、許などリストに挙がっていた者は次々に亡くなった。その頃亡くなった者は数万人に達していた。

しかし、同様に死者のリストにあった冒襄は、奇跡的な体験をした。「彼だけは、精神が瀚海に遊び、身体が天に入ると、四方に霖雨が降り、床簀（寝台の足のついている部分）に清らかな歌が聞こえた」と同時に、「突然目を醒まして、たちまち起き上がった」。彼の曾祖母と同じく、死んで蘇ったのである。冒襄と一緒に災害救援をしていた十六人の家僕も皆「死んで蘇った」という。袁枚は『子不語』の中で、虚実ないまぜになった書き方で、彼とともに「乾隆三大家」とされている蔣士銓が、夢の中で冥府の役人とともに地獄を巡り、閻魔大王と激しく争い、最後には大悲心陀羅尼を念じることで逃げのびた話を記している(5)（袁枚「蔣太史」、『子不語』巻九）。冒、蔣二人の経験は、細かなところでは多くの違いが見られるが、主題の上では多くの共通点がある。異なっているのは、蔣士銓の話は怪力乱心を記した筆記小説に入っているのに対し、冒襄の神秘体験は事実として伝えられ、年譜の中に一字の遺漏もなく書き入れられているということである。

華乾龍は寿序の最後で、冒襄が死んで蘇ったことを天の意思だと見なしており、さらに修徳勧善の角度から、天意がそう仕向けた理由を推測している。「巣民の命は天にあり、天は『汝は如皋の死者達を死から救った。わたしが汝を生き返らせられなければ、徳を修めても何の効めも無く、善行をしてもいいことが起こるわけではないと言われてしまう』と考えたのだ」（華乾龍「冒巣民先生暨配蘇孺人双寿序」、『同人集』巻二、五四頁）。冒襄は一介の凡夫、一介の儒生でありながら多くの人々の命を救い、それによって生死の境をさまよっている。もし、人の禍福や命を司る超自然的力が然るべき時に手助けしないのならば、結果として天理を明らかに示すことができないというわけである。

華乾龍のいう天意とは抽象的な存在であるが、年譜中の別の箇所に「県令の陳が泣きながら神に祈ると、死んで三日後に蘇った」（『年譜』四四四頁）とあるのは、より具体的な事実を暗示している。県令の陳の名は陳秉彝であり、泣きながら祈った神は城隍（土地神）であった。「告城隍文」で、彼はまず冒襄のもとを自ら訪れ、救済に参与してくれるよう頼みにいったことを述べ、次いで災害救援の仕事の仔細を述べている。

> 毎朝何も食べず、風雪を侵して、粥をふるまったほか、多くの家僮を連れ、自ら遠近の近況を調査した。死者を埋葬し、老人や幼児を助け、病気の者を救い、家の何年もの食料をつぎ込み、息子の嫁のための数百金の結納金を散じ、それが無くなるまで救済を行った。三ヶ月あまりこれを続け、救った者の数は数え切れなかった。（陳秉彝「告城隍文」、『同人集』巻三、一〇八頁）

しかし全力で救援した結果、逆に自分が袋小路に追い込まれた。「突然疫病にかかり、生存が危うくなり、今棺桶に入ろうとしている。それに救済に随行したため死にかけている者が十六名もいた」。

祭文中には続けて、県令が情と理の両面から神に願い、当時の人に広く信じられていた因果応報の説によって、神に力を貸してほしいと祈っている。

> 冒襄の父母は老いており、二人の息子は非常に幼い。今彼の寿命はすでに尽きようとしているが、人々を救おうとするその真心に鑑みると、彼の寿命は延長させるのにふさわしい。ましてや冒襄のこれまでの半生の父母への孝養と兄弟への慈しみや、文名や徳沢は、内外で称賛されている。この人がもし死ねば、天道は無いということになる。……伏して願うに上帝が生を大切にするという仁愛を体現し、善行を積めば寿命が延びることわりを明らかにし、すぐに冒襄を生き返らせていただきますように。どうか善行の報いが、影が形に従うごとくすぐに現れますように。天の人の誠への感応が、呼吸のようにすぐに現れますように。（陳秉彝「告城隍文」、『同人集』巻三、一〇八頁）

華乾龍の寿序中の冥府の死亡リストや死からの復活についての描写にしても、陳秉彝「告城隍文」中の延命や因果応報の説にしても、これらにはみな当時の人々が共有していたある種の宗教上の信念が忠実に反映されている。ただし、これらの信念について余すところなく縷々述べているのは、冒襄本人である。

冒襄はこの年の三月十七日、被災者の救援中に病を得て起き上がれなくなったのだが、そこからいろいろな不思議な噂があっという間に広まった。二十八日、県令陳秉彝はこれらの伝聞にもとづいて、自ら進んで「告城隍文」を書き、廟の前で拝礼し焚祭を行った。この日の午後、県令が祭文を燃やしていくばくもせぬうちに、冒襄は病床で「帰って来た」「許されて戻った」とつぶやいたという。事件は、収拾がつかないほど尾鰭がついて誇張され、「人々は、かくて天と人との感応があってそうなったのだと思い、遠きも近きもこれを喧伝し、神だの鬼だのと言い合った」。冒襄は逢う人ごとに同じ話を繰り返すのが煩わしくなり、思い切って長文をしたため、災害救済と病気および起死回生の経過を仔細に述べた（「答丁菡生詢回生書」、『文集』巻三、六一四頁）。

災害救済と怪異な出来事という二つの主題をめぐるこの「答丁菡生詢回生書」は、儒生としての冒襄の俗世の志業と、十七世紀の伝統的士大夫としての心性世界についての、極めて貴重な資料となっており、詳しく論ずるに値する。冒襄の記載によると、この災害は順治八年十二月にはすでに始まっており、冒襄と父親の冒起宗は前例に倣い、町の門に粥小屋を開設した。冒襄は家から非常に遠い、被災民が最も多い西門の責任者となった。毎日仕事は夜明けには始まり、「冷たい風をおかして」、同志や召使いと共に「小屋に赴き郷村の長老たちとともに、粥の厚薄を味見し、米の量の出入りを量り、飢民の数を調べ、皆が役目をしっかり務めているのか監督し」、物資と人力を管理する仕事をした。そして毎日接触するこれら三千人を超える被災民以外に、冒襄は県内の「貧窮している者、痩せている者、老人、子供、病気に罹（か）かっている者」に対して一人一人自らその家を訪問し、実情に合わせて、日割あるいは月割で米を買う金を与えた。

西門の粥小屋での災害救援と実際の戸別訪問の後、冒襄は被災民の様々な境遇について、より詳細な描写を残している。

ある者が粥小屋にやってきたが、その家には飢えと病気を抱える老人や幼い子供が複数いて、連れてくることができないそうだ。また飢えと病気で苦しむ者が同じ部屋に居り、半ば死んで地面に横になっている者もいるそうだ。差し迫った叫び声、悲惨な様子、臭い匂い、奇怪な死にざま、どれも自らの目でつぶさに見てから、施しと埋葬を行った。死と生は隣り合わせである。もっとも耐えがたかったのは、顔中あばたでおおわれた幼い子供が道傍に伏し、そこに吹雪がかぶさり亡骸をおおっていることだった。老人や病人は数十里もの道を食にありつくためにやって来るが、寒さと疲労で、倒れて死んでしまう。たとえ虫の息があっても、夜は仮の宿すら無いので、凍え死ぬ者はさらに増え続けた。（「答丁菡生詢回生書」、『文集』巻三、六一二頁）

これらの遠くから食を求めてやって来た被災民が、「夜は仮の宿すら無い」ので戸外で死なないようにするために、冒襄はわざわざ粥小屋の近くに別の小屋を作って、蘆の草で温かくし、さらに僧に依頼して夜に人々に粥をふるまい、「熱いショウガスープを添えさせた」。しかし死者は減るどころか増え続け、災害救援の僧侶たちも「穢れに触れて皆亡くなった」。原因の一つは、死体は当初は窪地に埋めておくことができる量だったのが、災害が拡大するにつれ死者が増え続け、最後には死体を一角に集めておくぐらいしかできなくなったということにある。たとえ地面が凍るほどの寒さで死体を適切に処置できなかったのだとしても、それがもたらした結果は軽視できないものだった。「多くの僧侶たちも病に冒された人に触れてみな死んでいった」ということが、問題の重大さをはっきりと示している。冒襄および使用人もそれにともない危険な状況に陥っていた。

順治九年二月、冒襄は南門での災害救援が手薄だったため、そこに駆けつけた。二十八日、南門で米を配っていた時、暴風雨に遭い、すでに「頭と目がずきずきと痛く」なっていた。冒襄の父親と友人は、冒襄が「毎朝早く霜雪の中で、穢気に触れていたが、虚弱体質の彼にとって良いことではない」ので、活動を控えるべきだと思っていた（「答丁菡生詢回生書」、『文集』巻三、六一二頁）。冒襄は、一方では「私たちが暖かい服を着て十分な食事を取っているのに、どうして人々の飢えと寒さを放置できよう」という同情心から、もう一方では華乾龍や陳秉彝らと同じく「上天は善人を守るはずである」というロジックと盲目的な信念を抱いていたので、「人々を飢えと寒さによる死から救うことで、私自身が死ぬなどと言う理屈はない」（同上）という論法で自己を武装し、積極的に南門での救援に没頭したのだった。

三月初め、疫病が大流行した。冒襄は長男が妻を迎えるのための結納金二百金をすべて銅銭に変え、町中に施した。「四日で一周し、一日に一つの門に行き、一日二万銭を極貧や重病で苦しむ人々に施した。そのため他の三つの門の貧者や病人は私が足を向けた門に集まってきた」（同上）。

三月十七日、千金を使い果たした冒襄はついに疫病に感染し、どうすることもできなくなった。彼自身の言い方では、まったく万毒攻心〔あらゆる毒が心臓を攻め立てる〕というべきものだった。

> 私はそもそもこの三ヶ月あまり、一日に二、三千人と接触した。日にちで計算してみると、伝染病の者とともに、朝な夕なに泣き、その申し立てに対応し、その数は二十万あまりを超えた。この二十万あまりの人々の飢えと寒さと疫病の気を、わたしの心が呑み込んだのだ。空心をもって諸々の悪味を受け取っただけでなく、また毎日腹を空かせ午後ようやく帰り着くので、常に食べ過ぎになっていた。空腹と満腹のバランスがとれず、脾臓が弱り消化できなくなったので、どうして病にならずにいられようか、一たび病気になるやどうして激しいものにならずにいられようか。（「答丁菡生詢回生書」『文集』巻三、六一三頁）

ここに至り、冒襄は自分の命でもって、「人が飢えれば自分も飢え、人が溺れれば自分も溺れる」という、儒生の最上の見本を現出したと言えよう。しかし、冒襄はこの現世での関心事が極致に至ると、混乱した幻の中で、神仙と鬼怪、天国、地獄、魔法、巫術から成るはかり知れぬもう一つの別の世界のことを語り出す。経世済民の儒家的観念が冒襄をにっちもさっちもいかない状況に追い込むと、神仙と鬼怪が登場し、虫の息の冒襄を無辺の現世の苦界から救い出すのだ。

冒襄は文章の冒頭で、平静かつ理性的な口ぶりで、当時盛んに喧伝された自分をめぐる鬼神の説についてこれを正そうとしている。彼は、「人の疾病死生は、もともと不思議なものではないのに、私の今回の病状は大げさに言われて誇張され、そのまま四方に誤って伝わってしまい、鬼神の力は測りしれないなどと盛んに言いふらされた」(「答丁菡生詢回生書」『文集』巻三、六一二頁)といっている。しかし三千字を超える文の中で、彼はほぼ三分の二を使って、怪異の世界のディテールの一つ一つを画像のように描いている。そこには風聞を正そうとするいかなる意図も見て取れないだけでなく、それどころかそれはかえってさまざまな怪異の説を権威的かつ筋道立って裏書きするものとなっている。

冒襄は三月十七日病に倒れ、三月二十八日に「許されて戻ってきた」。十数日間の天上と地下世界の奇怪で幻想的な世界を巡る中で、次に挙げるいくつかのことは、如皋での三ヶ月あまりの悲惨で残酷な現実世界との対比という点で特に紹介しておくべきだろう。

冒襄の奇想天外な世界の一つ目の駅は、天宮と蓬萊であった。十七日に病に倒れて後、冒襄は大半の時間高熱で床に伏しており、人事不省の状態であった。ある日たまたま目覚め、数千人の飢えた民が、「服を引っ張って泣き叫び、食を求め銭を求め」るのを目にした。このような死ぬまで続く逃げ場のない苦しみ中で、冒襄はこの三ヶ月間で初めての慰めを得た。「二十二日目の夜、突然ある偉丈夫を見た。山東人で、私と旅をしに来たと言う。どこに行くのかと尋ねると、天上に天宮があり、豪華絢爛で一見の価値がある、というので、これに付き従って次第に上っていくと、高くそびえ立つ宮殿と、その周りを取り囲む楼台観閣が見えた。……どれも外は黄金の彫刻が施され、ところどころ翡翠で装飾されていて、太陽が黄金の光線を四方に飛ばし、まばゆさに両目を覆いたくなる」という。この「善見」と称される三十三天(須弥山の頂上にある天。中央に帝釈天がいて、頂の四方に各八人の天人がいるので、合わせて三十三天となる）の中央の城は、純金や翡翠で造られており、このときすでに千金を使い果たしている冒襄からすれば、とりわけきらびやかに見えたのだった。天宮に遊んだ後、冒襄は使者に従って大海を渡り、蓬萊山に上ったが、視界の及ぶところ全てが秀麗な木々と草花であり、また人間世界ではお目にかかったことのない飲食器具であった（「答丁菡生詢回生書」、『文集』巻三、六一三頁）。

一息ついた後、寝ても醒めても思いが続く冒襄にさらに新しい任務が加わる。山に登り雨を降らせることである。冒襄が自ら述べたところによれば、彼は二十六日の朝再び目覚めると、二十数人の神仙が彼にお辞儀をしていた。「目を開けると、朝礼用の礼装姿で、象牙の笏を持った人達が、一列になって私に向かってお辞儀をしていた。およそ二十人あまりであった。その人達はおしろいをつけているようであり、その誰もが神仙世界の中の人であった」。次にさらに、顔がやや黒く、彫りが深く、口に二本の長い髭を生やした人が二十数名おり、やはり衣冠を身につけ象牙の笏を手にして、非常に恭しく礼をした。冒襄はこれらの人々の来訪の意図とその出処に困惑し、詳しく尋ねたところ、何と後ろの山が干ばつに苦しみ、冒襄に雨を降らせに来てほしいとの頼みだった。冒襄は驚きながらも快くそれに応えると、「許すという声がして、寝台の後方の壁がぱかりと開き、四十人あまりの人達が私を頭にいただき、天空を飛んでいった」。一行は一人しか立てないような万山峰の山頂に着くと、冒襄は一人その峰の頂に座り、四十数名の神仙や怪人は、一体どのようにしたのかわからないやり方で空中で静止して左右に控えていた。冒襄は雨を降らせる道具はどうするのかたずねたところ、皆が言った。「あなた様はただ両手をまっすぐ伸ばし、手のひらをお広げください、私たちには、あなたの手のひらにしたがって下すものがございます」と。試してみたところ、「山の中腹に拳のような雹や大雨が滝のように四方に垂れ、ほどなくして万山全体に雲霧がわき起こるのが見えた」。冒襄は両手を二日二晩ずっと伸ばし続け、終にやりとげたのだった（同上）。

冒襄の後の解釈によれば、二十六日朝から二十七日の晩に雨を降らせに出かけたのは、彼の体内から抜け出していた魂であった。二十八日に県令の陳秉彝が祭文を焚いて神に祈る前、父の冒起宗は先に城隍廟で待っていたが、冒襄の魂はずっと父につき従い、父とともに廟の傍らの道士の部屋に入った。そこへ、突然孝服を着た者が闖入し、人々に混じって座って御斎を食べると、すぐにいなくなった。冒起宗はこれを怪しみ、不吉の兆しだと思った。印象が特に強烈だったので、冒起宗は冒襄の病が癒えてから、当時の種々の細かな出来事を話した。冒襄も、父親の話が自分が天上で魂となって遊歴した経験と寸分も違わないことに驚いた（「答丁菡生詢回生書」、『文集』巻三、六一五頁）。

夢で天宮・蓬萊に遊び、魂を飛ばして雨を降らせていたまさにその時、疫病によって打ち砕かれた現実の肉体もまた最後のいまわの際の状態にあった。もし冒襄の記述が信頼できるならば、彼は病のさなか自分の魂がすでに肉体を抜け出して浮遊していることを明確に認識しており、さらに肉体のなせる業と霊魂のなせる業を区別していたことになる。肉体部分では、いまわの際におけるさまざまな突拍子もない振る舞いについて、冒襄はできるだけ合理的な解釈を行い、それを現実の関心事の延長であり最高潮に達したものだと見なした。彼は言う「ふだん恐れたり、裏切ったり、傷ついたり、ためらったりしても敢えて表に出さなかったものが、事ここに至って、それが火のように吹き出して、掩い隠すことができなくなった。私は数十年来……ものや人に夢中になると往々にして余力を残さないほど徹底的になり文学や妓女、音楽については非常に精神を使った。だから死なんとするとき、心から発せられたのは、これらのことであった」（同上）と。ただし、冒襄がいったん信仰の領域に入るやたちまち、彼がその中で生まれ育った志怪〔怪を誌す〕の伝統が、洪水や猛獣のように辺り一面から流れ込み、彼が苦労して打ち立ててきた理性のまがきを叩きつぶしてしまったのだ。意識混濁の際に仏典を朗誦し、関帝に大声で命乞いしていたのは、いったい自分自身であるのか、それとも分身であるのかについて、冒襄はすでに判別の能力を失っていた。冥府の使者に魂を取られようとした時には、彼は私たちが思うステレオタイプの儒生という立ち位置からもはや完全に撤退していた。

華乾龍の寿序は、冒襄が冥府の役人に許され死んだ後で生き返ったエピソードに簡単に触れていた。冒襄の自述の中では、このエピソードはさらなる具体的なディテールが加えられている。表向き、彼は死後の世界に行き、城隍神に謁見したという噂話を否定しているが、実際は「鬼神を語り」「遠くにも近くにも喧伝される」鬼怪な話にさらなる尾鰭をつけて誇張している。地名や人名、さらに多くのディテールを加えたことで、魂が脱け出す話はよりまことしやかなものへと変化した。

同じ時期に村で疫病に罹かった者が死にかけ、まさに死のうとする時、死者のリストに私の名が見えるとよく話していた。また、南街の宣化門で冠婚葬祭用の紙製品の店を開いている張という者が、我が家にやって来て、あなたの家の主人は病気なのかと聞いた。家の者がそうだと答えた。張が言うには、私の弟もこの病気に罹かっているが、昨夜急に、冥府の役人が一枚のリストをチェックしており、全部で五十人あまりの名があり、自分と冒襄、銭敬谷、許一水の名前が有った、と語ったのだそうだ。父はそれを聞いて死ぬほどびっくりした。

張という店主が訪ねてきて質問をした次の日、銭敬谷と張の弟が相次いで亡くなった。ほどなくして、許一水も続いて亡くなった。張は死ぬとき、冒襄がすでに彼の側に座っていて、共にあの世に行く約束なのだと何度も言ったという（「答丁菡生詢回生書」、『文集』巻三、六一四頁）。

同時に、県城から百三十里にある掘港場の管という人物は、病気の時に、城隍門の外に立て札が掛かっているのをみたという。それには朱筆で「冒襄の命は保たれる、引き続き善行を行え」と書いてあった。さらに、その他に石という家の召使いが、「冒襄の家には病人が多い。おまえは一日に十回水を運んで、その家に送り、病人にこれを飲ませよ」（同上）という城隍の指令を受けた。話の流れから推測すると、城隍は明らかに県令の願いを受け入れ、奇蹟によって冒襄の善行に報いたのであり、さらに普通の人々の証言や言伝てを通じて、因果応報、天人感応の信仰を強固なものにしたのだ。

この文の中では、虚無縹渺たる海上の仙山と曖昧朦朧たる幻境以外の超自然的な力は、実際は儒生としての徳行の実践と極めて密接に対応する形で示されており、土地の守護神である城隍は、天と人とが感応する中で中心的役割を演じている。一年前に董小宛を喪い、神力の霊験を深く実感している冒襄にとって、順治九年三月のこの起死回生の経験は、至る所に神秘的力が存在するということを再度証明するものになった。異なっているのは、関帝君の籤詩が提示したのは、婚姻の因縁が前世の定めであることと宿命からは逃れがたいということであり、もう一方の城隍による赦免は、天意とは人の積極的努力によって変わることを物語っていることだった。

四、「夢記」

如皋の地元の士紳と民衆にとって、冒襄と家僕が生き返った話は、当然のことながら文字や言葉で伝承されるに値する郷里の怪異譚であった。しかし、冒襄からすれば、天人感応の不思議な力は、十四年も前、冒襄二十八歳の時に家庭が最初に災厄に見舞われた時、「不思議で奇怪なことが、人には予測不可能」（冒襄「夢記」、『文集』巻四、六二六頁）な方法で出現していた。子供を失うという、人には言えない痛みに関わることだったためだろうか、冒襄はこの事件の記録を二十六年後、五十四歳（康熙三年）の時にようやく世間に公にした。冒襄が「夢記」という旧稿を出版しようと決めた主な理由は、年の離れた弟冒裔がこの時ちょうど『太上感応篇』を刊刻し、「夢記」を

『感応篇』の後に附してその例証とすることを望んだからであった（同上）。「夢記」全体が語っているのは、功罪に天が感応するという理であり、「夢記」を『太上感応篇』の注釈とすることは、筋が通っていると言える。『太上感応篇』は南宋の初めに出現するや、すぐに統治階層に重視され、帝王や士紳によって刊刻されたり、序文が執筆されたり、また注釈が作られ続けた。冒襄の父親冒起宗が、万暦年間学校に入り学問を開始した際にも、これを恭しく念じ、その後注を増やすことを発願し、その結果進士に合格したと伝えられている[6]。このプロセスは極めてドラマティックであり、教化のための寓意性に富むことから、清代に広く流布した二種類の『感応篇』の注釈本――順治十四年（一六五七）輯刻の『感応篇図説』と乾隆四十六年印行の『感応篇彙篇』――の中では、特別にその例証として取り上げられている[7]。清の順治十二年、世祖順治帝の大々的な呼びかけの下、『感応篇』の刊刻や注釈、その流通は新たなピークを迎えた[8]。したがって時代背景や、あるいは家族の伝統からいっても、冒裔が康熙三年に新たに『太上感応篇』を刊刻したことや、冒襄が自分自身の経験を感応の事例とすることに同意したことは、どちらも至極当然のことだった。

冒起宗の友人が神のお告げの夢を見て、冒起宗が願い通り進士に及第したとされる痛快な話とは対照的に、冒襄の「夢記」はとりわけ気味悪く恐ろしい。

崇禎十一年（一六三八）五月十七日深夜、冒襄は夢を見た。祖父の冒夢齢が中堂（母屋中央の部屋）に座って、冒襄に「今日は何日かといえば、正月の十五日だ。おまえの母親は生涯私に仕えて非常に孝行であった。……しかし今はそうではない」と言う。冒襄はすぐに大広間にもどると、母親が着飾って真珠を身にまとい、よそに行こうとしている。冒襄は母を抱きしめ、痛くて目が覚めた。実際、崇禎十年の冬、冒襄は人に頼んで勝手に母の命運を占ってもらったが、その結論は「今年は不吉である」とのことであった。そこで十一年の元旦、彼はわざわざ県内の各神々に祈禱し、自分の功名や寿命および二人の息子の命を母の寿命に代えてもらうよう願った。思いがけないことに五月十七日にもこの夢を見たのである。これは後日、冒襄と董小宛の二人の宿縁の籤詩が繰り返して現れたのと同じで、不吉な主旋律の始まりだった。

五月十七日に夢を見た後、冒襄は早起きし、観音と関帝の前で密かに祈禱をし、元旦の際の「どうか自分と二人の息子を母の身代わりにしていただきたい」ということを重ねて願った。五月十八日の真夜中、警示が再びあった。「急に異界の怪物を見た。背が一丈あまり、ざんばら髪で素っ裸、顔はざっとおしろいを塗り黛をつけ、とばりの前に立ち、じっと私を見ていた」。寝台の下にも怪物がおり、容貌は先に目にしたものと瓜二つであった。二匹の怪物は冒襄の身代りの約束によって、先に命を取りに来たという意味のことに言及した。冒襄は再び夢の中で泣いて目が覚め、悲嘆に暮れた。「肉親がいない者はいないし、死なない人間もいない。なのに私だけがこの怪物を目にし、かつ死期を明示された。思うに私は実に罪深いのだなあ」（「夢記」、『文集』巻四、六二四頁）。憂鬱な思いが収まらないうちに、冒襄の母馬恭人が「その日のうちに乳に突然しこりが生じ、医者には危篤だといわれた」。夢に見た悪い兆しが現実になるのを目の当たりにして、冒襄は祈禱のほかにさらに現実的な方法を採ることにし、功徳を積むことで母親の寿命を延ばそうとした。「五月十八日から毎月千の善行を行おうと勉め、十ヶ月の間で万の善行を行った。その善を行う格〔功過格を指す〕は高僧である蓮池大師や袁了凡先生のものを主とし、これにやや増減を加えた」（同上）。

六月には、冒襄は喜捨が足りず、善行の数が不足したので、夜半にとばりの中に人が入ってきて警告される夢を見た。その者は一方では冒襄に財物を惜しまぬようにと勧め、他方では高圧的に脅しながら、「冥府は既に判官一人と獄卒二人に命じて、日々おまえの居所に向かわせているから、行いがたるんではならぬぞ」と語った。数日が過ぎたところで、冒襄は偶然城隍廟を通りかかり、かつて観音や関帝、それに各神々にお参りしたことがありながら、この地の守護神にお参りし損なっていたことをふと思い出した。城隍廟に参った後、その晩やはりまた夢を見た。「夜すぐに全身が神のような者の夢を見た。私の家の中で座り、こう言った、『人は一つの善を行えば、寿命を一回り十二年伸ばすことが出来る。まして善行の数が万を満たすとそれ以上だ』と」。冒襄は自分のちょっとした思いつきで城隍廟を参ったのに、その夜即座に反応があるとは予想だにしていなかった。「私の一つの言葉一つの行動に、かくもすばやい神の感応があるのであれば、少しも怠ることはできない」。

この年の年末まで、冒襄は七ヶ月間懸命に善を行い、七千あまりの善功を積んだところ、馬恭人の病気も次第に癒えていった。しかし、十二月六日の日、長男の冒兗が突然水疸を発症し、十日後突然夭折した。同じ頃、冒起宗は関帝廟で籤を引き、「戸内を祈求し嬋娟を保つ」というお告げを得た。冒襄の父は理解できなかったが、冒襄は自分が関帝と神の前で発した誓いがすでに効き目を顕わしていることを知っていた。長男は突然亡くなったが、母親の命は保つことができた。「私は喜びの表情が浮かぶのを押さえ、痛みとつらさに耐え、妻子に涙を流さないよう戒めた。私の妻もまたこのことを知っていたので、隅でやや声をひそめて泣いただけだった。この日、胸中から急に五岳のような大きなつかえが消えたかのようだった」（同上）。

冒襄は年頭に神前で「自分の功名と寿命及び二人の息子を引き換えにするよう願い」、功名への気持ちを絶ったが、しかし両親が強く求めたので、以前と変わらず十二月二十日に強いて科挙受験に出発した。船上でぐっすりと眠っているときに、五月十七日の夜の夢の世界が再度出現した。「祖父が前のように家の中堂に座られている夢を見た。祖父はまたこう言われた、『正月十五日の事をおまえは忘れたのか。傷ましいことに変わりは無いぞ。家中がおおいに乱れている様子は、葬儀を営む者のようだぞ』と」（「夢記」、『文集』巻四、六二三〜六二四頁）。冒襄は船上で三日間絶食し、その間密かに上帝の名を数十万回呼び、一月十五日の期限が来るまでの二十五日以内に、残りの三千の善行を追加補充することを決めた。旅の途中ではあったが、冒襄は至る所で金を借り、衣食を喜捨した。同時に、彼は福縁庵の得宗和尚が「人の未来を言い当てることができる」と聞き、駆けつけた。「僧侶の法徳の程度はわからなかったが、庵にはあたかも大士関帝がおられるかのようであった。僧侶は言った、『あなたが急いで三千の善行をやり遂げたいというのなら、私は三日であなたの望みをかなえてやることができる。この厳冬の吹雪の中、当地の飢民一万人あまりの食がない。百金でも二百五十金でもいいから、目の前の人をお救いなさい』と」（「夢記」、『文集』巻四、六二五頁）。二十八日、冒襄がまさに教えを受けているとき、次男もまた水痘を発症し危篤状態になった。「その奇怪な症状や有様、声は、全く亡き息子の時にそっくりであった」。医者は手の施しようが無いと断言した。冒襄は「地に隠れるところもなく、天に身を置くところも無く、ただ昼夜関帝の前で哀願した」。二人の息子を母の身代わりとすることは、すでに自ら納得ずみの願いではあったが、もし次男も死んでしまうと、自分の母がそれを受け入れることができず、上元の日（一月十五日）まで無事でいられないのではないかと心配した。事がそこに至ったら、自分だけが大丈夫なはずはなく、「三代一緒に殺(や)られることになる」。

一月三日、次男の奇怪な症状は突如おさまり、自分で「ぼくは関帝の部屋の中に隠れていて、今帰ったよ」と言った。冒襄はこの時非常に困窮していたが、七人から金を借り、百五十金を得て、使者を徹夜で福縁庵に向かわせ、その金で二千名以上の僧侶と八千人以上の貧民に施しをした。ここに至り、崇禎十一年五月十八日に立てた一万の善行を行うという誓願は円満に達成され、母親の馬恭人も上元の日の災厄をうまく避けられた。驚くべきことに、冒襄のいとこの十七歳の妻が、十二年の元旦に突然水痘を発症し、次いで上元の日に亡くなっていた。冒襄の長男が夭逝した時、「顔のあばたは黒くへこみ、家人がおしろいと薬でこれを塗り隠したものの、死んだときの髪は結んだままで櫛を通すことはできなかった」のだが、いとこの妻が亡くなった時の様子は冒兗と全く同じであった。冒襄はこの時はっと悟った。五月十八日の夢の中で「背が一丈あまり、ざんばら髪で素っ裸、顔はざっとおしろいを塗り黛をつけ」ていた二つの怪物は、何と長男といとこの妻だったのである。明らかに、いとこの妻は次男禾書にとっての贖罪のいけにえであり、同じく身代わりとなったのだった。冒襄の妻はかつて六度流産していたが、十一年の夏に懐妊し、十二年三月に八ヶ月で男の子を出産した。「その姿は亡くなった息子に酷似していた」。明らかに、天がわざとこの子を母の身代わりで死んだ愛息の代わりにくださったのである（「夢記」、『文集』巻四、六二五～六二六頁）。

「夢記」における不可思議な話の内容と偶然の一致は、まるで袁枚が創作した筆記小説の『子不語』のようであるが、冒襄個人の生涯と当時の文化の伝統の中に置いて考えると、少しも突飛なことではない。四歳の時曾祖母が万民の祈禱の声の中で蘇生した時から、冒襄の一生はまさに神秘的な宗教の力と密接で不可分なものだった。冒起宗が科挙受験の中で体験した種々の不思議な話を、本人が認めていたかどうかはわからない。ただ順治十四年に『感応篇図説』が広まり始めた時点では、冒襄はまさに壮年期に入っており、江南一帯で幅広い交友関係を持つ文人となっていた。さらに冒起宗本人が『太上感応篇箋注』を書いていたことも考えれば、冒襄がこの本の中の父に関する不思議な伝説について詳しく知っていたという仮説も十分成り立つ。父親の不思議な体験が彼の信仰にどれほどの影響を及ぼしたのかを、正確に判断することは難しい。しかし「筶丁菡生詢回生書」と「夢記」の二篇に溢れている細やかなマジックリアリズムの筆致からみると、私たちにとって冒襄の自分語りは冒起宗の神話の続編であり、それはともに『感応篇』の例証に入れてもよいものだ。もし、冒家の家族の歴史と冒起宗の科挙受験時の伝説が冒襄の信仰に明らかに一定程度の影響を与えたのだとしたら、冒襄の個人史と彼自身による体験を再現するような記述は、家族の伝説の信憑性に対する私たちの解釈も変わってくる。より正確にいえば、冒襄ないし冒氏の家族全体からみて、個人の「真実」の人生遍歴は、荒唐無稽にも見える神秘的な伝説と実は緊密に絡み合っているのだ。私たちがもし現代人の理性と科学的観点から、明清士大夫の人生の中で真実／幻覚、歴史／伝説を切り離そうとするならば、おそらく彼らの精神世界に入ることはできないだろう。

「夢記」の中では、関帝信仰は、極めて突出した役割を果たしており、場面転換とシーンごとに登場するかのようだ。冒起宗が請願した籤詩と次男の蘇生でも、みな関帝君の在らざる所無き神の力が顕われている。前述した『影梅庵憶語』中の記述と併せて見てみると、関帝信仰が冒襄の生涯において鍵となる地位を占めていることに気づくのである。

明が滅亡する前、冒襄は積極的に政治に関わった。崇禎六年（一六三三）、二十三歳の時復社に加入し、南京での東林党の集会に何度も参加した。さらに「留都防乱公掲」の連署や起草に参与し、阮大鋮から排除すべき政敵とされた。明の滅亡後は、抗清活動に参加し、地元の災害救援に全力を尽くす一方で、何度も清朝からの任官の招きを拒絶し、遺民として一生を終えており、儒家の経世済民の理想と儒生の忠孝の節義の気骨を十分に実践したと言える。しかし、これと同時に、彼は関帝に恭しく仕え、危急存亡の節目では、いつも神に救済を乞うた。文芸と戯曲の趣味を除けば、関帝が彼の人生の中で占める地位は、儒教とほとんど同等で、むしろそれ以上ですらあった。デュアラ（Duara）の研究によれば、一七二五年、雍正帝の命令で、各県の関帝を祭るすべての道観や寺廟の中から最大規模のものを選び、それを官立の関帝廟とした。いわゆる武廟である。これらの武廟は、位階が最も高い都の白馬寺の管轄下に置かれた。このようにして、関帝祭祀は孔子を祭るのと同じように、全国的な祭祀システムとなり、文廟と武廟の制度もここに確立したのである。(9) 冒襄の関帝信仰は、文廟と武廟が国家の重要な祭祀典礼として確立される時期より前のものだが、一人の儒生の人生で文と武とが双方ともに働くという興味深い傾向が現れている。

「夢記」「答丁菡生詢回生書」の二篇の文章は、もう一つ言及するに値する主題を有している。それは夢中世界の精緻な描写と、夢の啓示の重視である。夢は伝統文学の中では一つの重要な題材であり、湯顕祖の『玉茗堂四夢』や蒲松齢の『聊斎志異』、袁枚の『子不語』はみな冒襄が生きた時代と比較的近い。ただこれら文学や戯曲創作および筆記小説の怪を誌す伝統と異なるのは、冒襄の夢の中の警告とその状況が往々にして現実の生活の中で発生した事実と呼応しており、さらに具体的な行動の重要な根拠となっている点である。現実は夢中世界の延長であり、神の啓示は実践の源泉となっている。『子不語』中の多くの物語は虚実の狭間にあるとはいえ、筆記小説の枠組みや文体の中で作られているため、人にでたらめという印象を与えるのを免れ得ない。一方冒襄の記述は夢幻と怪異のディテールにあふれているが、それは至極真面目に、泣かんばかりの哀しみをこめて書き記した個人の記録となっている。

夢中世界が個人の歴史に影響を及ぼすのは、主に「感応の理」という働きを通じてだが、ふつう私たちが熟知する天人感応や陰隲延寿という言葉以外に、「夢記」という文章は、実はやはり強烈にその時代の痕跡を反映したものだ。袁黄（了凡）の功過格の影響がここではっきりと見られる。功過格の起源はかなり古いが、明末になってようやく善書という形で流行した。袁黄はこのような新しい形態の善書を流行させたキーパーソンであった。[10]

袁黄『立命篇』の自叙によると、彼はもともと人の寿命や功名、息子の有無にはみな宿命があると信じていたが、彼は求学の過程で、さらに易者の予言を寸分も違うことなく実証してみせた。穆宗の隆慶三年（一五六九）に彼は雲谷禅師に出会い、運命も変化させることができることを知った。袁黄はそこで雲谷禅師が授けた功過格に基づいて善行を積み、宿命を改善しようとした。彼は初めに科挙合格のため、三千の善行によってその望みをかなえてもらおうと十数年後の善行の満了を願い、袁黄はまず願い通り隆慶四年（一五七〇）に郷試に合格した。次に息子の誕生を願い、やはり三千の善行を誓った。万暦九年（一五八一）に長男が生まれたが、袁黄は五年間で三千の善行を満了した。続けて彼はさらに大きな要求をした。すなわちもし進士に及第できたならば、一万の善行を行うというものだった。万暦十四年（一五八六）、袁黄は進士に及第したが、同時に彼はどうやって一万の善行を積むかに神経をすり減らすことになった。後になってまた夢に現れた神人の指示に従って、県全体の年貢を減らし、万民に恵みをもたらして、円満にその誓願を完うした。[11]

袁黄が一六〇一年に「立命篇」を発表すると、読書人の間に極めて大きな反響を引き起こした。十七、十八世紀の間、様々な書名で様々な版本の功過格が途切れること無く出現し、その条目もより煩雑になった[12]。しかし、基本的にあらゆる功過格は、みな功と過の二つの部分から成り立っており、善行と悪行の大小によって、例えば一、五、十、百、千功（格）等の賞罰が与えられる。この功過を数字に換算、さらにこれによって懲罰の基準とする思想は、『抱朴子』にすでにその雛形が見える。「仙人になろうという者は、要するに忠孝、和順、仁信を本とすべきだ」、「大きな悪事を行った者は、冥府の司命が人の寿命のうち何年かをとりあげる。小さな過失に対しては、何日かをとりあげる。犯した罪の軽重に随って、とりあげる年数日数にも多い少ないがある」、「人が地仙になろうと思えば、三百善を修めよ。天仙になろうと思えば、千二百善を修めよ」（葛洪『抱朴子内篇』巻三）。「さらに晦日の夜、竈の神もまた天に昇って人の罪状を報告する。罪の大きな者に対しては紀を奪う。紀とは三百日である。罪の小さな者に対しては算を奪う。算とは三日である」（葛洪『抱朴子内篇』巻六[13]）。しかし明末に至って、もともと単純な数字と功過の換算は、数字と徳行がさらに複雑な対応関係へと発展した。「夢記」は一六三八年に書かれており、袁黄が『立命篇』を発表してから三十年あまり経っているので、その影響を随所に見ることができる。冒襄が「善行の格は蓮池大師や了凡先生を主とし、やや増減を加える」と語っている以外にも[14]、禅師が教えを示したり夢中の神人が難題解決の糸口を示唆するといったプロットには、『立命篇』に類似するところがある。このことから帰納して明清士大夫の生活経験中にある幾つかの共通要素を導き出すのは難しくないだろう。

「夢記」の中で、最も功過格の精神が現れているのは、数字についての細かい記述である。『立命篇』の三千の善行と一万の善行を行うという基本的枠組みを取り入れているほか、冒襄の数字に対するこだわりは、「青は藍より出でて藍よりも青し」と言ってよい。「銭六千文を借りて物乞いに施した。また一万八千六百文を借りて、食に困っている囚人に施した。銀二十六両を借りて、古い綿の衣服を百十九着買い、雪の中で凍えて倒れている人に施した」、「買っていた米の麺を銭に交換して僧二千人あまりに食事を施し、貧しい八千人あまりを救済した。私がこれまでの七ヶ月に行ったことを算すると、病気や冤罪に苦しむ十三人の命を救い、布団や綿の服やスカート、ズボン合わせて二百七着を施し、棺桶を二十基、薬三千服あまり、お茶四十一日分、米と麦六十三石、放生（ほうじょう）した命二千七百あまり、道中で焼いた紙銭二十九斤四両である。念仏を唱えて食を施したり、物乞いや獄囚、貧しくて嫁ぐことができない女性、流浪して帰れなくなった旅人を救済すること併せて銀百十両七銭、銭五万二千枚であり、これらを合計すると一万の善行が円満に完了した」（「夢記」六二五頁）。本来曖昧模糊としている感応の理や宗教体験は、ここでは正確無比な数字や計算によって極めて功利的な取引に変わっている。

五、結論

「夢記」と「答丁菡生詢回生書」には二種類の別々の天人感応のモデルが現れている。前者は夢の兆しや命相（運命や顔相、生年月日）など超自然的な現象によって感応のメカニズムが発動し、それに特定の信仰体系を通じて、俗世の善行によって神明を感動させることで、超自然的力が予言する危機的状況が解消されるというものだ。後者は、表面上儒家の道徳理念――人に忍びざるの心でも、良知良能あるいは経世済民でもよい――を基点とし、現実世界で積極的に善を行うが、一方で実践の過程で起こった危機によって感応のメカニズムが始動し、超自然の力の助けによって救済されるというものである。このモデルの中では善行の駆動力そのものに既に因果応報という宗教的要素が入ってはいるが、基本的方向性は儒家の道徳理念に符合しており、行動内容も郷紳に対する期待を忠実に反映したものとなっている。

だが、感応のメカニズムを始動させるのが儒家の道徳理念であれ超自然的宗教信仰であれ、夢や幻のような感応のプロセスにおいて、儒生としての冒襄の現世の関心事――特に孝道と経世済民――と、超自然的な神秘の力という二つの主旋律は絶えず寄り添い、緊密に交錯していた。

私がここで強調するのは、儒生と宗教、道徳と神怪、現実と超自然そして善行と奇蹟は、疑いなく冒襄の人生の中でもきわめて突出した特色であるということだ。しかし冒襄の生活の中で、宗教体験には独立した存在空間がなく、それらが儒家の現世の道徳的関心に付随して、感応の形で現れるといっているのではない。冒襄と董小宛の乱世での縁を示した関帝の籤詩は、その良い例である。籤詩で何度も予言された運命は、玄妙にして霊験あらたかではあるが、独立したものであり、いかなる人為的な力を以てしても変えることはできない。「私は幼い時から関帝に師事し、しばしば変わった兆候があった」「弟子として関帝を敬い仕えること二十八年」(「夢記」、『文集』巻四、六二四、六二五頁)、「また大きな声で関帝君を呼び、弟子として謹んで尊神を奉ること三十年、自ら省みても平生過無く、ただ神だけが私のことを知っている」(答丁菡生詢回生書」六一四頁)、「私は毎年元旦には、必ず関帝君の前でおみくじをひいて一年の事を占ってみることにしている」(『影梅庵憶語』二四七頁)などの記述から、関帝信仰はもともとすでに冒襄の人生に溶け込んで、日常生活の一部となっており、非常の危急存亡の折でなくとも、非凡な感応によってその存在は明らかだったのだ。

冒襄は日常生活と神秘的宗教体験のディテールについて、並外れた偏愛と記憶を有しており、私たちはこれらの豊富な資料から、一人の十七世紀の文人／儒生の生活史を再構築することができる。冒襄の事例は、宗教が明清士大夫の文化の中で演じた役割を理解しようとする時、きわめて有意義な参考例になるはずである。

(上原徳子 訳)

【注】

（1）訳者注：本章中に引用された『影梅庵憶語』の訳文については、大木康『冒襄と『影梅庵憶語』の研究』（汲古書院、二〇一〇年）を参照した。

（2）張明弼「冒姫董小宛伝」（『同人集』、『四庫全書存目叢書』集部三八五、荘厳文化事業有限公司、一九九七、一〇四～一〇五頁）は二人の交際について詳しく述べている。王利民・丁富生・顧啓合著『冒辟疆与董小宛』（中華書局、二〇〇四）は通俗的な筆致とスタイルで書かれてはいるが、豊富で参考になるディテールを包んでいる。八四～九六頁を参照のこと。

（3）訳者注：この籤については、小川陽一『明清のおみくじと社会―関帝霊籤の全訳』（研文出版、二〇一七）二六九～二七〇頁を参照のこと。なお、同書三一～三四頁にも関連した記述がある。

（4）本書第五章「士大夫の逸楽―揚州時代（一六六〇～一六六五）の王士禛」を参照。

（5）これについては本書の第六章「袁枚と十八世紀中国の伝統における自由」に詳しく論じている。

（6）冒起宗による注はまだ見る機会を得ていないが、彼の著作中には確かに『太上感応篇箋注』という書物があった。王利民・丁富生・顧啓著『冒辟疆与董小宛』一八頁を見よ。

（7）『感応篇図説』の最も早い版本は、松江の許纘曾によって出版されたものである。その後二百年間に何度も改刻重訂されている。本編で用いたのは、民国十七年の刻本で『蔵外道書』第二七冊（巴蜀書社、一九九二）所収のものである。『感応篇彙編』の作者は不詳であるが、乾隆四十六年の彭芝庭が書いた序文の断簡からは、長州の陳生が「旧本を斟酌」して成ったものであることがわかる。民国初年の印光大師はこの書に対して極めて高い評価を与えており、「雅俗同観の最上の善本」としている。林立仁が整理した『太上感応篇註講証案彙編』（正一善書、一九九三）の為に書いた周邦彦の序、一～二頁を見よ。私が参照したのは、民国初期の林立仁が編纂した版本である。この二部の著作の刊刻経過については、游子安『勧化金箴――清代善書研究』（天津人民出版社、一九九九）二八～三〇頁を参照のこと。

『彙編』は、冒起宗が『感応篇』を誦読し、注釈を加えた経緯について以下のように記載する。「明の冒起宗は、万暦丙午（一六〇六）の年に学校に入って読書を開始したが、すぐに『感応篇』を敬虔に誦読するようになり、戊午の年（一六一八）に郷試に合格した。試験に臨んだ際は、病気にかかり危険な状態であった。試験場では、四肢は疲労困憊し、答案の枠が目に入らず、どこに書いたらいいかも分からなかった。試験場から出ても、書いた文章は一字も覚えていなかった。試験に合格後、答案の原本を見ると、字が大変端整に書かれていたので、試験会場において神の助けがあったようだと気づいた。己未の年（一六一九）の会試では不合格となったので、また『感応篇』に博引旁証し、極めて詳細な増註を付せんとする願を立てた。書が完成すると、進士に及第し、官職を歴任して布政使になった」（林立仁整編、上掲書七頁）。この伝説は『感応篇図説』中にも収録されている。異なる点は、『彙編』中では、冒の経験は正文の前に置かれており、全編の基本的主題—感応の効験—の具体的な例証となっているところである。編者は縷々この事例の真実性を強調する。「感応の効験については、古今の文献に収載してあり、述べ尽くせないが、今上述した幾つかの事例は、どれも確実に人の見聞に基づいており、信頼性が高く顕著なものであり、それによって感応の定理を証明しうる」。『彙編』七頁を見よ。『図説』では、正文中の「見他色美、起心私之（他の色美を見れば、心起こりて之を私せんとす）」という条目の下で、演繹されている。以下の記載によれば、冒起宗が増補を加えんと発願した『感応篇』中では、少なくともこの条目に対してかなりの思い入れがあったことがわかる。「己未の年（一六一九）の礼部試で不合格となって帰郷し、『感応篇』に増註を付せんとする願を立てた。思うに好色はとりわけ徳を損なうものであり、士人は多くこの点をないがしろにしているので、「見他色美」二句の下に、古今の貞潔と荒淫に対する応報を列挙し、脱稿後、それを神前で焚いた」。崇禎元年に、冒襄の教師であり、冒起宗を助けて『感応篇』の注の編纂を行った羅憲岳が、突然夢をみた。それは黄色い服を着た老人の口から、冒起宗は間もなく試験に及第することを聞いたというものだった。試験の結果が発表されると、冒起宗は果たして願い通りに合格した。『図説』全体の案語を作った徐白舫太史は結論の中で、冒起宗の二回の神秘的な科挙での経験は、彼が二十年あまりの間に『感応篇』に対して行った努力の賜だとしている。「徐太史は言う。病にかかって試験に臨むと、体すら保てない、まして名などなおさらである』。冒起宗は戊午の郷試の合格者でなかった。それでも合格した。科挙の受験生として十年行き悩み、冒起宗は、戊辰の会試の合格者でなかった。それなのに一回目は試験場にて神が助け、もう一回は夢のお告げがあった。これらは二十年来刻苦勉励して経典を奉じ、始終怠らなかったがために運命が変わったのだ。益信文帝が云う、士子が科挙に合格するのは作文の勉強だけではないぞ、と」『感応篇図説』二一九～二二〇頁を見よ。

（8）順治の『感応篇』の重視および清初の『感応篇』の注釈、流通については、游子安『勧化金箋——清代善書研究』（天津人民出版社、一九九九）二六～三〇、四〇～四一頁を参照のこと。

（9）Prasenjit Duara, "Superscribing Symbols: The Myth of Guandi, Chinese God of War", *The Journal of Asian Studies*, 47, no.4（Nov.1988）, pp.778-795.

（10）Cynthia J. Brokaw, *The Ledgers of merit and Demerit: Social Change and Moral Order in Late Imperial China*（Princeton University Press,1991）,p. 26.

（11）袁黄『了凡四訓』は藍吉富主篇『大蔵経補編』（華宇出版社、一九八六）、八〇五～八〇九頁に収められる。『了凡四訓』は四篇に分かれ、「立命之学」から始まる。

（12）雲谷禅師が袁黄に伝授した功過格が、具体的にはどのようなものであったかについては、私たちは知りようが無い。しかし「立命篇」の影響により、功過格は袁黄としばしばイコールの関係にあるものと見なされる。陳宏謀（一六九六～一七七一）が乾隆初年に編纂した『五種遺規』には、所謂『袁了凡当官功過格』を収録しており、吏部、戸部、礼部、兵部、刑部、工部などの六つのカテゴリーに倣って、百あまりの具体的な功過内容を列挙しており、これは『従政遺規』の一種と成っている。陳宏謀『五種遺規』第五冊（中華書局、一九三九年）、七頁b～一四頁bを見よ。この袁黄が著したとされる『当官功過格』は明末に流行した雲谷が伝授した功過格とは明らかに異なる系統に属するが、袁黄が実際に著したものであるかどうかについては、確認しがたい。これに関わる考証は、酒井忠夫『中国善書の研究』（図書刊行会、一九六〇）、三七五～三七六、三九三～三九四頁を参照のこと。私がここで参照したのは許洋主訳「功過格的研究」（劉俊文主篇『日本学者研究中国史論著選訳』巻七（中華書局、一九九二）所収、五一三～五一五頁、五三二～五三三頁）である。

（13）ここで参照したのは『抱朴子内篇校釈』（中華書局、一九八五）、五三頁、一二五頁である。訳者注：日本語訳は、『抱朴子・列仙伝・神仙伝・山海経』中国古典文学大系第八巻（平凡社、一九六九）を参照した。

（14）蓮池大師とは明末の著名な僧侶雲棲袾宏で、彼が書いた『自知録』は、基本的には現在知り得る最も早い功過格である『太微山君功過格』（一一七一）を基礎として、刪修や改訂、増補を加え、名を改めて成ったものである。注（12）の酒井忠夫前掲著（三七五～三七八頁）、許洋主訳文、（五一三～五一七頁）を見よ。袾宏は年若くして、まだ出家していない時期に『太微山君功過格』を読み、喜びのあまり、印刷し、無料で刊行した。しかし注意すべきは、刪修改訂を経て万暦三十二年（一六〇四）、袾宏七十才の時に出版した『自知録』では、すでに原書の儒家／道家的色彩が儒家／釈家の方向に変わり、条目も大いに拡充されて、善門が二〇二条、過門が二七九条になっている、という点である。于君方はこの書に対して詳細な紹介と分析を加えている。Chun-fang Yu, *The Renewal of Buddhism in China: Chu-hung and the Late Ming Synthesis*

(New York: Columbia University Press, 1981) ,pp. 101-137, 233-259. を見よ。

◉ 第五章　士大夫の逸楽――揚州時代（一六六〇～一六六五）の王士禛

王士禛[1]は清初の文壇の領袖である。彼の門人が「詩歌は当代の称首為りて、風雅を維持すること数十年」（黄叔琳「漁洋山人本伝」および孫言誠点校『漁洋山人精華録訓纂補』所収『王士禛年譜』、中華書局、一九九二、一一二頁。以下、『年譜』と簡称）というのは、当時の一般的な見方を代表している。近年の研究においても清初の詩壇における王士禛の地位や広陵詩壇への影響[2]は研究者の重要なテーマである。また王自身が著名な文人であることから、文学史の技術面の問題を出発点として、彼の貢献やその功績を検討すること、あるいは彼の主要な詩歌理論「神韻説」を批評あるいは解明することも、王士禛研究の主な課題となっている。[3][4]

しかし、歴史学者の立場から言うと、王士禛の豊富な詩作品や筆記小説は、文化史研究にもすばらしい素材を提供してくれている。トビー・メイヤー・フォン（Tobie Meyer-Fong、中国名：梅爾清）の研究は、その好例である。[5]彼女は王士禛が紅橋の修禊などの文化活動や江南各地への旅行を通じて、いかに自らの威光を高めていったかについて仔細に分析している。そして同時に揚州や紅橋の名声も王の詩文や地位によって高まったことも指摘する。[6]

私は本論で、生活史の角度から、王士禛の揚州における五年間の仕官生活の詳細を観察してみようと思う。赴任前の躊躇、公務上の努力と挫折、官僚と詩人という二つの役割の切り替え、絶え間ない訪問客から、日常的な酒席や詩会、揚州や江南の山水に対する愛着、および文人や友人との宴遊など、すべてを一つ一つ見ていこう。私たちはこれまで思想史や学術史、あるいは政治史の角度から大きな影響力を有した人物について検討するのに慣れてしまい、こうした人物の生活のディテールが、士大夫の文化を形作るうえで重要な役割を果たしていることをおろそかにしてきたようだ。その結果として、私たちがこれまで見ていたのは、いつも厳めしく堅苦しい、あるいは冷たく味わいに欠ける上層の文化だった。都市や園林、山水を欠き、宗教的イマジネーションや詩酒への狂乱を欠いたままでは、私たちの明清の士大夫文化論は、必ずや元々もっていた血脈や精髄、声や色彩を失ってしまうであろう。私はかつて鄭板橋を例に、生涯不運続きだった文人／芸術家が回顧した揚州での生活について論じたことがある。(7) 王士禛は秀でた才能、精力、名声でもって、物質生活面では充分とはいえない清初の揚州において、大いに趣を異にする生活情景を造り出しており、それはじっくり味わうに値するものである。

一、涙を揮(ふる)いて揚州に下る

順治十五年（一六五八）、王士禛はわずか二十五歳で殿試を通過し、進士となった。その前年、彼は済南の明湖にて土地の名士らとともに唱和し、四首の「秋柳詩」によって大いに名声を得たばかりで、今また若くして進士及第を果たしたのだった（『年譜』一三〜一四頁）。輝かしい前途を思い描き、この時の王士禛は得意絶頂だったはずである。しかし、翌年に下された揚州推官（揚州府の司法官）への赴任の命は、彼を意気消沈させたことだろう。

本来の規定では、進士二甲の及第者は京師で任官できたはずだが、順治十五年からこれが改められ外任となったのである。こうした変更は明らかに王士禛を失望させたが、運命として受け入れるほかはなかった。この任官が発表される数か月前、彼は京師の前門にわざわざ出かけ、霊験あらたかと評判の関帝廟でお御籤を引き、次のような籤詩を引き当てた。

今君庚甲未亨通　　今君 庚甲 未だ亨通せず
且向江頭作釣翁　　且(しばら)く江頭に釣翁と作(な)る

玉兔重生應發跡　　玉兔重生すれば 応に跡を発し
萬人頭上逞英雄　　万人 頭上に英雄を逞しうすべし

王士禛は最初この籤詩を見た時、その示す意味が全く判らなかった。揚州推官に任じられてようやく「未だ亨通せず」の意味が解った。王自身の解釈によれば、彼は順治十七年――つまり庚子の年に正式に揚州任官とし着任し、当地で五年を過ごした後、甲辰の年十月にようやく礼部侍郎にうつった。籤詩の第一句の「庚甲 未だ亨通せず」とは、庚子の年から甲辰の年を指す。揚州は長江のそばに在り、ゆえに「江頭に釣翁と作る」という。「玉兔重生すれば」については、王が崇禎七年（一六三四）閏八月の生まれで、庚甲の年（康熙十九年、一六八〇）の閏八月に皇帝から国子監祭酒に抜擢されたことを指す。つまり「庚甲」、「江頭」、「玉兔重生すれば」などの予言はすべて一つ一つ当っていたのだ。彼はこれを結論づけて「諺にいう『一飲一啄、全てのことは前世の定め』を信じないわけにはいくまい」と言っている（『年譜』一五～一六頁、および『池北偶談（下）』巻二二、中華書局、一九九七年版、「籤驗」五二八頁）。

王士禛は明らかに自身のこの神秘体験を固く信じて疑わず、筆記小説的な性格をもつ『池北偶談』の中で言及しているのみならず、自分で編んだ年譜の中でも真面目な態度で正式に記載しており、彼がこうした奇怪で不思議なことを重視していたことがわかる。怪力乱神の説に対する嗜好は、中国士大夫の著述の大きな特色であり、筆記小説はそのために最も常用される文学のジャンルである。王士禛と同様に清代の文壇に覇を唱えた袁枚は、その好例である。彼は『子不語』と『続子不語』中で、名の通った官僚や士大夫の事跡を虚実ないまぜの筆法で変化自在に描き、読む者を半信半疑の気分にさせている。(8) 王士禛が違うのは、筆記という簡略で史実に近い筆法で神秘的で奇怪な事を記す一方で、さらにより正式な文体である行状や伝記でそれについて触れることを忌避していないということである。『年譜』の冒頭にも、幻想的なタッチで自分の家族の起源と興隆の様子が記されている。[9] 神秘体験は宗教信仰と同じく、王の生活の中で切り離すことのできない一部分であった。[10]

順治十七年（一六六〇）の年の初め、王士禛は揚州に向けて出発し、彼の母親孫太夫人は彼が「少年にして法吏と為る」ことについて懼れを感じていたが、揚州は王の祖父のもとの任地でもあることから、彼に「務めて職守を尽くし、以て前烈を嗣ぐ〔先祖の業績を継いで職務に励むように〕」ようにと励ました。[11] 身内との別れの詩文には、彼の感傷が溢れている。「靡靡として長道に即き、鬱鬱として具陳し難し」、「昨宵一堂の宴、明日は千里の人」、「車に登るも別れを成さず、涙下ること糸を懸くるが如し」（王士禛「滙水上留別家兄太液礼吉子側暨諸猶子二首」、『漁洋詩集』巻七、『四庫全書存目叢書』集部二二六、六一二頁。以下、『四庫全書存目叢書』は『四庫存目』と簡称）。滂沱の涙にくれる情景は、もとより離別の哀しみによるものではあるが、順風満帆とはいえぬ仕官の道と、不安な前途への鬱悶の情の投影でないとはいえまい。

孫太夫人は王士禛が年若く血気盛んで、法吏という重責に堪えうるかを心配していた。しかし、すでに詩で名を揚げていた王士禛の心配は、詩作が続けられなくなるのではということだった。彼の古くからの友人汪琬[12]（一六二四～一六九〇）の記述によれば、推官の任命を聞いた後、「王子 愀然として憂色有り。客或いは予に謂いて曰く、王子の憂や、夫の吏治の故を以て其の詩を廃するを憂うなりと」だったという。汪琬はそのような心配は無用で、王士禛の才能をもってすれば、吏治も公明正大であるばかりか、公務によって詩が出来ないというようなことには絶対にならないとしている。汪琬はいう。「してみると、司法官の職に在るからといって、どうして詩作の暇がないということになりましょうか。王君は何も心配することはないはずです。もしも王君が清静の心構え〔上の者が清静であれば、人民はおのずから正道にかえるとする『老子』の政治術〕で政治を行えば、王君の才はますます優れたものになり、訴訟の文書は減り、国中の盗賊も減少することでしょう。そうであるにもかかわらず、詩が作れないなどとおっしゃっても、私は信じませんよ」（汪琬「贈王貽上序」、『鈍翁前後類稿』巻二四、『四庫存目』集部二二七、六一四頁）。

事実が示すとおり、王士禛は確かに心配のしすぎであった。ただし、その理由は彼が汪琬の推奨する清静無為の政治術を採用したからではない。揚州での五年間、彼は大量の詩詞を創作しただけでなく、さらに清初の文壇の領袖としての地位を確固たるものにした。王の伝記の作者は彼の詩詞面の成功が政治面での事跡を覆い隠してしまうのではないかと恐れ、「王公のことを聞きかじっただけの者は、ただ明三百年以来の詩人の冠だというばかりで、公が清廉で政治上の業績もこれほど傑出していることを知らないのだ」（「漁洋山人本伝」および『年譜』一一四頁）と述べている。実情を知らぬ「聞きかじっただけの者」のことを思えば、このような懸念も理の当然であった。大量の文学作品の創作やひっきりなしにやってくる訪問客、そして頻繁な詩の酬唱や宴游は、王のことを本業に力を注がない軽薄な文人なのではと人に思わせるものがある。しかし、王と深い交遊があった当時の賢才にとって、王が人に慕われ、賞賛されたのは、彼が司法官僚と詩人という二つの役割をいともやすやすと行き来していたということにあった。ただし、このテーマに入る前に、王の推官としての仕事ぶりや挫折について説明しておく必要があろう。それは王の生活や感情などの面についての全体的な理解にもつながる。

順治十六年（一六五九）、王士禛が赴任する前の年、鄭成功が率いる軍が長江沿岸に押し寄せ、そのまま鎮江に到り、金陵を包囲し、江南の人士たちの心は沸き立った。明の鄭成功の軍が敗れた後、清の朝廷は江南の各府州県で鄭成功を迎え入れた者を追及調査し、少しでも関わりのある者はすべて引きずり出されて罰せられた[13]。順治十八年（一六六一）、王が赴任して二年目、清の朝廷は戸部侍郎や刑部侍郎などの官僚を江寧に派遣し、こうした敵に通じた者の審理を担当させた。巡撫以下は、審問で少しでも意に添わぬことがあれば、すべて故意に犯人を逃がしたという罪を着せた（『年譜』一七～一八頁）。王士禛は慎重な態度で証拠のない官員や民を釈放し、勝手に他人を誣告する奸人を捕えて獄に下した。それで多くの人が救われた。「巻き添えになって獄に繫がれた者が多かった。

王士禛の公正無私かつ人におもねらずに案件を審理する態度が知られよう。こうした己が意見を曲げず、上司の意向に逆らうことを懼れずという姿勢は、この事件でまずい結果をもたらしたわけではないが、次の年には降格処分を招くことになった。『年譜』は、「山人は在職中、公正で物事をゆるがせにせず、権勢を笠に着た脅迫を懼れなかった。難しい重大な事件の審理でも、いつも机に向かえば立ちどころに判決を下し、公文書が滞ることはなかった。しばしば法の適用が厳しすぎたため、案件が刑部による再審になり、降級処分になった」という。こうした挫折について、『年譜』は孫太夫人が「人命はとても重いものですから、あなたは公正寛厚のみを心掛けるようにして、昇格や降格のことなど考えないようにしなさい」と述べたことを記している。王士禛は黙って母親の訓えを受け入れたようで、是非善悪を誤らずに多くの冤罪を晴らした（『年譜』二〇頁）。

ただし、彼が冒辟疆〔名は襄〕とやりとりした書信からは、彼がこの処分に意気阻喪したことが推測される。実際、その前年には彼は「全くつまらぬ事」で、中央から減俸一年に処せられており、「私は元々官界生活に興味はなく、浮沈に身を任すのみです」（冒辟疆『同人集』巻四、『四庫存目』集部三八五、一七〇頁。以下、巻と頁のみ記す）と漏らしている。壬寅の年（康熙元年、一六六二）に降級処分を受けたあとの彼は、いっそうやる気を失くしたようで、次のように述べている。「私の近況はますます悪くなる一方で、手紙では言い尽くすことができません。庾信がいう『この樹は婆娑にして〔ざわざわと揺れて〕、生意尽きたり』〔「枯樹賦」の句〕の状態です。ご老人殿は私のことを息子のように大事に思ってくださいます、私に何かご教示下さい。私は棧豆のごとき餌のために恋々とする駑馬に甘んじており、なんともお笑い草です」[14]（『同人集』巻四、一七一頁）。同じ年の冬、別の手紙でも、「このごろ諸事に煩悶するばかりで、やりきれません」（『同人集』巻四、一七一頁）と言っている。短い言葉ではあるが、彼の憤懣が表れている。同じような恨み節は康熙三年にも登場する。「このごろすべてがうまくいかず、経済的にもどん詰まりの状態です。杜甫が言うところの『心死して寒灰〔冷たい灰〕と作る』〔「喜達行在所」其二〕であり、人間らしい気持ちも失くしてしまいました」[15]（『同人集』巻四、一七三頁）。

ここでいう「すべてがうまくいかず」とは、恐らく長兄の王士禄が科挙の試験官だったときに、監督不行き届きということで獄に下されたことと関係があろう。王士禄は順治九年（一六五二）の進士であるが、康熙二年に「河南の郷試の試験官だったときの磨勘〔試験答案の再点検〕で吏部の処分対象になり、逮捕されて獄に下っていた」[16]（『年譜』引『清史列伝』巻七〇「王士禄伝」）。王士禛は兄のために都へ赴き冤罪を訴えることができないことに、もどかしさを感じており、このように言ったのだ。

康熙元年五月の書信からは、王士禛がやる気を失くしただけではなく、妻や二番目の兄の王士祜（字は子側）と一緒に精進潔斎して仏を祭るようになっていたこともうかがえる。「私と子側および妻はみな長い間、腥（なまぐさ）を断って仏を奉じており、鶴柴〔鶴の檻〕や竹亭もひっそりとして僧舎のようです」（『同人集』巻四、一七〇頁）。この手紙では腥を口にしなくなった理由を語ってはいないが、時期から推測して、官途上の挫折と関わりがあることが推察される。王氏兄弟にとって、官途で困難に遭ったときに腥を断って仏に祈るのは、通常の対処法となっていたようだ。康熙三年に王士禄が罷免されて吏部の審議対象となったとき、王士祜は省試に下第したばかりで、京師に滞在していた。家じゅうの者がびくびくした生活を送っており、「みな震え上がって泣いていた」。ただ王士禄だけは泰然として、毎日写経と精進によって心の平静を保っていた。彼はまた「長斎詩」を作り、「我　憂患従（よ）り来（こ）のかた、毎（つね）に食すは惟だ茹素〔精進もの〕のみ」となった事情を説明している。さらに苦難の中での敬虔な信仰心を示すべく、人に頼んで「長斎繡仏図」を描いてもらってもいる（『年譜』所収『王考功年譜』七六～七七頁）。

二、官員／詩人の役割の転換

王士禛の挫折感は本物でかつ強烈なものだったが、彼の長兄や同僚、あるいは揚州の歴史上の著名人（たとえば鄭板橋）と比べると、その官途は比較的平穏で順調だった。個人的な書簡からは、彼がたまに漏らすほの暗い気分は感じられるものの、大多数の人々が思い描く彼は、ゆったりと優雅な態度で二つの異なる領域を行き来する人物であった。誰もが賛嘆している世間のイメージの中には、先に述べたような陰鬱な情景は一切見出すことができない。彼の長兄の王士禄が言うところの「貽上〔王士禛の字〕は若いときから才能に恵まれ、その風采は清らかで、瓊林の玉樹のように明るく人を照らす」（『年譜』二三頁）[17]とは、こうした世間のイメージをうまく説明していよう。

王の賛美者たちが彼の文化活動を語る際には、彼の大量の詩詞作品と頻繁な宴遊からくる誤解を避けるために、必ず揚州が治めにくい地であることや、彼が政務上傑出した人物であったことを強調する。まず恵棟は『年譜』の中で、王士禛が朝廷に納めるべき揚州の税賦の滞納を解消するのに努めたことを記録している。順治二年（一六四五）から十七年まで、揚州が滞納した税額は二万両以上で、このために多くの官員やその親族が獄に下され、「牢獄は満杯状態」だった。王士禛はこれらの芋づる式に獄に下された人々の「飢えてやせこけた」様子を見るに忍びず、彼の上司や下僚に公文を送り、衆人の力を借りて、この欠債を穴埋めするように願い出た。彼が依頼した人々の大半はかつて順治十六年に鄭成功や張煌言の軍隊が長江下流域に進攻したときに、無辜の罪に連座して獄に下されたもの[18]の、王の助力によって救われた者たちである。そのため彼らは意気に感じて私財を投じ揚州の賦税の欠債の穴埋めに協力し、獄に繋がれた者たちは釈放されたのだ。恵棟はこれに関して揚州の推官という職務の難しさを、「山人は揚州で官に在ったが、そこは繁劇の地とされている」[19]と説明している（『年譜』二七頁）。

冒辟疆は生き生きとした筆づかいと誇張した表現で――「側仕えの侍史十余人が逃げ出すほどだ」と、王士禛の尋常ならざる公務の処理ぶりを描写している。

広陵〔揚州〕は江南の繁劇の地であり、高官は判断が難しい事があればこれを按察使に下し、按察使はまたこれを推官に下す。明け方に執務室に座れば、緊急を要する書類が山積みで、軍書や檄文が雨のように次々に届く。王公は左から右へ流れるように公文書を処理し判決文を書き、〔あまりの激務に〕側仕えの者十余人が次々と逃げ出した。数か月で中央から指示のあった案件数千を処理したことがあり、当時の人々はそれをきっと神異に違いないとした。夜分に食事や就寝の時間になっても、大きな蠟燭をともして文書を処理し、少しも手を休めなかった。（『年譜』一八頁）

さらに人を引きつけたのは、王士禛が激務をこなすと同時に優れた文人の役割も演じていたことである。揚州に赴任する前、彼を激励した汪琬は、その詩集の序文でくりかえし彼の才能をたたえている。「貽上は広陵に着任されてから、白門〔金陵〕に二度来られた。一回目は庚子の歳に郷試の試験官として、もう一回は裁判の審理のためである。いずれも忙しく奔走する日々でなかなか時間が取れない中で、貽上はどうにかして時間を作り、三山の名勝や六朝の古跡を巡った。詩作は全部で若干篇、どれも短時間で書き上げ、しかも優れていた。それでいて公務もおろそかにはしない。彼が非凡な才能の持ち主だからこそできたのだ」。「〔そのころ〕広陵は凋落していたため、司法官が扱うもめ事も多くなっており、日々職務に励んでも、間に合わないほどだった。ただ貽上は政務に奮闘する一方で、また風雅の道も大切にし、山に登ったり吟詠したりする楽しみを味わっていた。私はそれで彼の才能が並はずれたものだと分かったのだ」（汪琬「王貽上石門詩集序」、『鈍翁前後類稿』巻二九、『四庫存目』、集部二二七、六五一頁）。

康熙元年から三年までの三年間に王士禛は三百篇以上の詩を作っているが、これは驚くべき数である。陸圻はこの三年間の詩集の序文で、何度も彼の政務上の優れた功績と「非凡で卓越した」詩とを並べて論じている。王士禛は役所の庁堂に唐詩の「流水声中に公事を見、寒山影裏に人家を見る」の句を手づから書いて掲げ、自分のスタイルを表明していた。陸圻はさらにこのことについて、「公文書がひっきりなしに届いても、かの嵆康(けいこう)のように常に五弦の琴を手放さず、天がける鴻を見上げる境地にあった」と述べている。まさに詩人と法吏としての二つの役割を兼ねていたことにより、王士禛の詩作は一般の文人の域を超えた特別のものとなっている（陸圻「阮亭壬癸甲詩総序」、中央研究院歴史語言研究所傅斯年図書館蔵乾隆年間刊本『漁洋山人集』七種之一所収『阮亭壬寅詩』）。

陸圻は王士禛の詩の多くは、公務を終え「役人たちが帰って人が稀になった」後、「香を焚き地を掃き、門径蕭然たる」静かな環境で書かれたものだと見ている（同前）[20]。しかし、他の記録からは、王は賓客とのにぎやかな宴席の場で筆を揮って詩を作ったこともよく分かる。恵棟の『年譜』は、王が揚州の欠債を弁済したという事跡のすぐあとに、つづけて次のように述べている。「漁洋山人は揚州で官に在ったが、そこは繁劇の地とされている。公務が終わると賓客を呼んで船を浮かべ、紅橋や平山堂に行った。酒が入ると詩を賦すので、墨で書きつけられた布切れや紙きれがあたりに散らかっていた」。恵棟は呉梅村〔名は偉業〕が「貽上が広陵にいたときは、昼に公事をこなし、夜には詩人に接していた」と言っているのは、本当の話であるという（『年譜』二七～二八頁）。

呉梅村が形容した「昼に公事をこなし、夜には詩人に接す」は、王士禛の五年間の揚州での生活の大筋を的確に言い当てている。彼と同じく詩をもって文壇に雄たる呉偉業は、このときすでに老境にあったが、しかし銭謙益と同様に、この後輩の才能に対して崇敬の念を抱いていた。彼はほかのところでも王士禛の昼と夜の二つの役割について、詳細に記録している。

吾が友新城の王貽上は揚州の法吏である。その地は殷賑で政務は繁劇、賓客も毎日押し寄せる。早起きして執務の堂庁に座し、文書に目を通し、口頭で指示を出し、多くの声が飛び交う中、その手から公文書が次々出来上がる。役所を退ける（ひ）と、客を呼んで蠟燭に印をつけて蠟が溶ける間にすばやく詩を賦す。清らかな言葉がすらすらと出て来るので、居合わせた客人はびっくりして「王公は真に天才だ」といったものだ。(21)

多くの人々の噂や称賛により、王士禛の「蠟が溶ける間にすばやく詩を賦す」ようなロマン溢れる奔放さは、日々の激務やよどみなく物事を処理する彼の驚異的な能力とともに、揚州の町の一つの伝説となった。そして彼もまた明らかに、昼と夜とで二つの身分を行き来することを楽しんだ。現在残っている記録のなかで、彼が公私ともに多忙な中で、疲労を訴えたのは二、三回に過ぎない。一回目は順治十六年であり、彼は自ら「三、四日間判決文のやりとりのほか、審判が日に十余件あり、寝食もままならならない」（『同人集』巻四、一六九頁）と述べている。次は康熙四年（一六六五）の春で、彼は如皋の冒襄の水絵園で行われた修禊会（三月三日の水辺での厄払いにかこつけて行われる詩酒の会）に参加しているのだが、それより前、山のように積み重なった公務を処理する必要から、冒襄の誘いを婉曲的に断っている。「昨晩は楽君の論を拝聴し、音曲管弦のすばらしさともども、ありがとうございました。連日、山積の公文書を少しずつ片付けています。明日には曲水の宴の招きを受け、金谷の宴の罰盃を受けましょう。しかし、今日はとても行けそうになく、どうしようもありません」（『同人集』巻四、一七四頁）。さらにもう一回は、四日間の徹夜の水絵園での清談と昼間の激務のあと、体力の限界が来て頭も働かなくなり、再度欠席せざるを得なかった時である。「連日、朝まで徹夜が続き、さらに公務でも差し迫ったものがあり、四日間寝ていません。今日のお招きには本来行くつもりで、書画を鑑賞する約束も果たしたかったのですが、頭がずきずきし、我慢できません。取りやめにするのは情誼に反しますが、行こうにも行かれず、どうしようもないのです」（同上）。

王士禛は揚州での任期中、公務上の必要から近隣の都市に行く機会が少なからずあった。そうしたあわただしい日程でも、彼は官員／詩人の二つの役割を演じた。水絵園での修禊の「頭がずきずきする」散々な状況は、例外だったと言える。多くの場合、彼は公務出張の合間に山水に遊んだ。「私は若いころから山水が好きで、いつも古人の『身の到る処、放過する莫し〔その地に行く機会があれば、機会を逃しはしない〕』という言葉を胸に刻んでいて、そのため揚州にいた頃も、金陵、京口、梁谿、姑蘇などの名勝にはみな公務出張の機会に必ず登臨し、公務のほうもまた滞らせたりはしなかった」[22]（『居易録』巻四）といい、また「審判を終えるたびに、輿に乗って烏龍潭や霊谷の瓦官寺、城南の高座寺や長干寺などの古刹に行き、探幽訪古を楽しみ、しかも公務もなおざりにはしなかった」（『年譜』一八頁）という。こうした揚州の地以外での「探幽訪古」は王士禛のこの時代の詩作の主な内容となっている[23]。『過江集』や『入呉集』などに収録されている詩篇は、全てこの時期の遊覧の成果である。康熙三年十月、王士禛は「江寧に仕事があり」、仕事のあと、金陵一帯の名城古刹をあまねく尋ね、多くの遊記や散文を書いた。劇作家の尤侗はこの『金陵遊記』と題された文集のために序文を書き、王の文章は謝霊運や柳宗元を凌ぐものだと褒め称えている。王の旅行は本来、公務の合間に心を慰める楽しみにすぎなかったのだが、彼が文字に記したことは山川にとっては幸運でもあった。

> 山水の美にそれにふさわしい文学がないのはなんと残念なことだろう。ただ王阮亭使君〔阮亭は号、使君は地方官の美称〕は揚州の推官として赴任してきて、竹西路や瓜歩山の景勝地を踏破し、さらに近くは金陵や鉄甕〔鎮江〕に囲まれて、長江の流れる音や山の景色に親しむ機会が多かった。王使君は役所勤務の合間に、徒歩や舟でそこを訪れ、人が訪れないような奥深いところを探り、それを詩文に表現した。思うに謝霊雲や柳宗元ができなかった、官員と詩人の両立を成し遂げたのであり、それは使君の楽しみにして、江山の幸運でもある。

（尤侗「金陵遊記序」、『漁洋山人集』七種之七、「金陵遊記」）

三、士大夫の逸楽

江南の名山古刹を遊歴する以外、文士や友人たちとの宴会や集会もまた、王士禛の閑逸生活の中の不可欠な要素であった。康熙三年から四年にかけての紅橋と水絵園での修禊は、王士禛の五年の仕官生活の中でも特筆すべき重大事であった。修禊が通常の文人の集まりとは異なるのは、それがたまさかの盛事だったからではない。修禊が作り出す情景が詩の応酬や宴飲、その他の文芸活動をより洗練し、より集中的なものにするからである。それに参加した者にとっては、その規模の大きさ、[24]あるいは内容の濃さゆえに、まるで洗礼でも受けたかのように、畢生の忘れられない経験となった。そして文字による記述や伝承、および後人の追憶や誇張によって、これらの文人の風雅な集まりの意味も、個人の生活のなかのイベントから清初の文化史上の盛事へと拡がったのである。

水絵園は冒襄が揚州府如皐県にて長期にわたって所有していた、先祖伝来の園林である。その土地は水や竹が豊富で、その中に入ればまるで深林大壑に遊ぶかのようであった（李毓芙・牟通・李茂肅整理『漁洋精華録集釈』上冊、上海古籍出版社、一九九九、四七八頁に引く金鎮『揚州府志』。以下『漁洋精華録集釈』は『集釈』と簡称）。王士禛が記すところでは、美酒やおいしい肴、そして絲竹管弦や山光水色が彼の江南との別れの盛宴を狂おしいほどの果てしない歓楽へと染め上げた。この「上巳辟彊招同邵潜陳其年修禊水絵園八首（上巳に辟彊は邵潜・陳其年を招同して水絵園に修禊す八首）」の詩句は、一句一句に典故のある奥義の書のようであり、記号の規則や古典の伝統に精通していない者は誰であっても寄せつけない。しかし、恵棟のような該博な知識をもつ考証学者の案内によって、我々も華麗で幻惑的な文字の迷宮を抜けて、清初の士大夫の極度に洗練された文化世界の奥座敷に入ることができる。幾重にも覆いのかかった記号ではあるが、一旦解読できれば三百以上前の愉悦がすぐさま溢れ出てくるのである。王士禛は最初に「今来三月青春深し、浯渓窈窕(ようちょう)たる桃花の林」〔其二〕とこの詩作の時間と空間について簡単に説明した後、次に明代の儒者である楊慎が酒を飲んで「胡粉もて面(おもて)に傅(つ)け、双丫髻を作(な)して花を挿し〔おしろいを顔に塗り、総角(あげまき)に髪を結って花を挿し〕」、「諸妓觴(さかずき)を捧げて、城市に遊行」〔『集釈』四八一頁〕した典故(25)を誰憚ることなく用いて、暮春三月の狂おしいほどの歓楽の基調としている。そしてこのような痛飲狂歓の青年の遊興は、「春衣明歳杜陵の遊、汝(なんじ)の狂歌して金戟を拓(と)るを憶ゆ」〔其三〕〔『集釈』四八一頁〕とあるように、必ずや前途ある皆の鮮烈な記憶として、後々まで残ったに違いない。

水絵園では、「未だ洛下の羊酪の法を伝えざるも、且(しばら)く酔わん淮南の桜筍の厨に」〔其二〕〔『集釈』四八〇頁〕というように、洛陽の羊肉やヨーグルトを食することはできなかったが、南方の初春の、旬の野菜はあった。もっと重要なのは、新しく醸した美酒があったことである。

暮春三月爲水嬉　　暮春三月 水の嬉(たの)しみ〔水遊び〕を為し
棠梨葉大山禽啼　　棠梨の葉は大にして山禽啼(な)く
田家社酒壓缸面　　田家の社酒は缸面〔新酒〕を圧(しぼ)り
雪白橙香玉練槌　　雪白 橙香 玉練槌
夜聽醉頭滴春雨　　夜に酔頭に春雨滴るを聴き
曉報提壺如潑乳　　暁に提壺の潑乳の如きを報ず
醉鄉大戸百分空　　酔郷の大戸 百分空にして

起花喚奴自撾鼓　　起きて花奴を喚びて自ら鼓を撾つ(26)

〔其七〕（『集釈』四八四～四八五頁）

王士禛にとってここで酔わないのは、満園の春景色に背くことであった。そして主客が巻物を静かに見ているさまは、千年前の王羲之の蘭亭の修禊の場面がまるで水絵園で再現されているかのようであった。

西豪里中訪老友　　西豪里中に老友を訪う
況復陳生與我厚　　況んや復た陳生〔陳其年〕は我と厚し
辟彊園敞羅羣賢　　辟彊の園は敞くして羣賢を羅し
大兒小兒唱銅斗　　大児小児　銅斗に唱う
煙際鸕鷀一隻飛　　煙際に鸕鷀一隻飛び
呉歌水調欲沾衣　　呉歌水調は衣を沾さんと欲す
風光如此不成醉　　風光此くの如くして酔を成さずんば
帽影鞭絲何處歸　　帽影鞭糸〔出遊〕何れの処にか帰せんや(27)

〔其四〕（『集釈』四八二～四八三頁）

廻溪綠浄不可唾　　廻渓　緑浄くして唾す可からず
碧蘿蔭中棹船過　　碧蘿の蔭中　棹船過ぐ
落花遊絲春晝閒　　落花　遊糸　春昼閑かにして
獨許先生此高臥　　独だ許す　先生の此に高臥するを

劇憐風物共披襟　劇しく憐れむ 風物共に襟を披くを
蕭然絲竹皆清音　蕭然として糸竹は皆な清音なり
永和三日今千載　永和の三日 今 千載
坐使清風滿竹林　坐ろに清風をして竹林を満たさしめん
　時出衡山『蘭亭巻』同觀　時に文衡山の「蘭亭巻」を出だして同に観る（其六）（『集釈』四八四頁）

詩の末尾の自注からは、主客一同が園中で王羲之の蘭亭の修禊を主題とする絵画を鑑賞していたことが分かる。この絵を収蔵していた冒襄は、「水絵庵修禊記」の中で、さらに詳細に「枕煙亭の机の上に文待詔の「蘭亭修禊図記」一巻を出しておいた。画巻は赤や緑がくすんでいたが、林木や竹はこんもり生い茂って美しく、開いて賞玩するさまは王褒や庾信の諸子弟とともに払子を手に清談をしているかのよう」（同上）と描写している。

茂林修竹と山水の清音、(28)および広々とした庭園は、士大夫の洗練された文化に不可欠な時空を提供した。(29)しかし、静かな芸術鑑賞やひそやかな琴や笛の音のほかに抑揚に富む音楽――呉歌や水調といった歌あるいは銀の筝や琵琶の伴奏がある戯曲の上演もまた、水絵園の風雅な集まりの一要素であった。冒辟疆は水上に舟を浮かべたときの笛の合奏や園内の寒碧堂での戯曲の上演を詳細に記述している。

船に乗り、洗缽池に浮かんだ。明るい窓をすべて開け放てば、水と雲とがとけあって一色となっており、一匹の小さなトンボが清らかな笛の合奏に乗ってその後ろに続いていて、歌や弦楽器の調べが水音と重なってむせび泣くかのようであり、いつまでも耳に纏わり付いて離れない。（『集釈』四八四頁）

すでに日が暮れようとする時刻になってようやく寒碧堂を開き、歌童に命じて『紫玉釵』や『牡丹亭』などを数劇演じさせた。なかなかうまく音が合っていた。時刻も二更を過ぎ、紅や碧のガラスを数十枚、築山の頂や水際になどに置くと、高いところと低いところできらきら輝き、人の姿を照らして光が乱反射する。笛の音色と管弦の音が雑じり合って山上から起こり、鴉も辺りを徘徊する。王阮亭は「これはまるでたくさんの星をバックに緱山で昇天したという王子晋の笙の音を聴くようなものだ」といった。（『集釈』四八二頁）

図１：明『程氏墨苑』「修禊図」

このような管弦がさんざめく狂歓の夜に、王士禛が十石の酒を飲もうと豪語したのも納得できる（『集釈』四八一～四八二頁）。

水絵園での修禊に士大夫のエリート的上品さやこだわりが伴うのに対して、揚州の町を背景とする紅橋の修禊には、麗しい春景色のほか、都市の生活についての描写が多くなっている（図1）。

紅橋での修禊は前後二回行われている。康熙元年、王士禛は陳其年らとともに紅橋で修禊の会を催し、そのとき酬唱した詩文を『紅橋唱和集』として編纂した。康熙四年、二回目に紅橋の修禊を催した際、王士禛は「冶春詩」二十首を賦している[30]。これらの詩の中で、まず目に飛び込んでくるのは、三月の春景色をこれ以上ないほどになまめかしく引き立てる桃の花と枝垂れ柳である。

今年東風太狡猾　今年 東風 太(はなは)だ狡猾
弄晴作雨遣春來　晴を弄し雨を作し 春をして来らしむ
江梅一夜落紅雪　江梅一夜 紅雪落ち
便有夭桃無數開　便ち夭桃の無数に開く有り

〔「冶春絶句」其一〕

野外桃花紅近人　野外の桃花 紅は人に近く
穠華簇簇照青春　穠華 簇簇として青春に照る
一枝低亞隋皇墓　一枝低亜す 隋の皇墓
且可當杯酒入脣　且つは杯に当りて酒脣に入るべし

〔「冶春絶句」其二〕

三月韶光畫不成　三月の韶光 画は成らず
尋春步屧可憐生　春を尋ねて歩屧すれば可憐生ず
青蕪不見隋宮殿　青蕪に見えず 隋の宮殿
一種垂楊萬古情　一種の垂楊 万古の情

〔「冶春絶句」其三〕（以上、『集釈』三八六～三八七頁）

同じ隋の宮殿とその陵墓であっても、鄭板橋の詩ではそれは荒蕪衰敗の象徴として現れる。一方、王士禛の筆では、それらは千年を経ても変わらぬ古都の春景色として描かれ、文化と歴史のしつらえとなる。春真っ盛りには桃の花が燃えるように赤くなるだけでなく、海棠も錦繍のようにあでやかに咲き誇り、王は花を前に杯を停めることはできなかった。

海棠一樹淡胭脂　　海棠の一樹は胭脂淡きも
開時不譲錦城姿　　開く時は錦城の姿に譲らず
花前痛飲情難盡　　花の前にて痛飲すれば情は尽き難く
歸臥屏山看折枝　　帰臥して屏山〔屏風〕に折枝〔折枝画〕を看ん(31)

〔「冶春絶句」其八〕（『集釈』三八九頁）

俗世と隔絶された水絵園で、王士禛が遺老や名士とともに名画を鑑賞し、管弦の世界へと誘われる姿は、それ自体が明末士大夫の頽廃の図であった。「冶春詩」はうららかなる春景色の中、着飾った男女の姿をスケッチしており、清初の揚州の風情が想像される。

紅橋飛跨水當中　　紅橋は飛跨して水は中に当り
一字闌干九曲紅　　一字の闌干〔一の字の形の欄干〕九曲 紅なり
日午畫船橋下過　　日午 画船〔屋形船〕橋下に過り（よぎ）
衣香人影太匆匆　　衣香 人影 太だ匆匆たり

揚州少年臂支紅　　揚州の少年 臂は紅を支え
桃花馬上柘枝弓　　桃花 馬上 柘枝の弓

〔「冶春絶句」其三〕（『集釈』三八六頁）

風前雉鴝雕翎響　　風前の雉鴝 彫翎響き
走馬春郊如巻蓬　　馬を春郊に走らせること蓬を巻くが如し(32)

さらに「東風の花事（花だより）江城に到り、早に人家の餳を売るを喚ぶ有り、他日の相思忘るるを得ず、平山堂下の五清明」（「冶春絶句」其六）（『集釈』三八八頁）とあるように、市井の物売りが飴を売る情景もまた、揚州の花だよりと同様に彼の記憶の中に長く留まったに違いない。

紅橋は山紫水明で亭榭園林も多いことから、もともと一般の行楽客も訪れる景勝の地であった。「行楽の人は平山堂に登り、そのまま法海寺まで行き、船を下りて陸に上がり、まっすぐ行けば紅橋の下に出る」とある。王士禛も「私はしばしば北郭に行くことがあったが、そのときは必ず紅橋を通り、振り返って紅橋の風情を楽しんだ。橋から周囲を眺めたり、またその辺りを徘徊して感嘆したものだ。哀楽の感情が胸に沸き起るのだが、いつもそのわけを自ら説明することはできない」（『年譜』所収王士禛「紅橋遊記」）と述べるように、幾度となくそこを訪れ、哀しみと喜びが入り混じった名状しがたい思いを味わった。そして二度の紅橋での修禊と文士たちの唱和を経て、紅橋の名声は瞬く間に世にとどろき、揚州を象徴する名勝地になったばかりか、王士禛個人の容姿や才能にも尾鰭がついて古人をなぞったような物語に仕立て上げられた。『年譜』は康熙元年の一回目の紅橋の修禊の後にその名がとどろいたことについて、次のように記している。「王山人は「浣渓紗」三闋を作った。いわゆる『緑楊の城郭是れ揚州』というのがそれだ。それに唱和する者が茶村（杜濬）以下数名おり、長江の北にも南にもすこぶる流布した。あるいは絵画に描く者もいて、揚州を訪れる者の多くは紅橋のことを尋ねた」（『年譜』二〇～二一頁）とある。

王士禛の兄王士禄が二回目の紅橋での修禊の後で語った論評は、ただ王士禛物語の誕生についての感動的な描写というだけでなく、実際にはこうした物語を形づくる一部分でもあった。

西樵先生〔王士禄〕云う「貽上は若いときから才能に恵まれ、その風采は清らかで、瓊林の玉樹のように明るく人を照らす。揚州の推官だった時、名士たちを蜀岡や紅橋などに集め、制限時間を決めて詩を賦した。香は清く茶は熟し、詩を書きつけた絹布が盛んに飛び交った。ゆえに陽羨の陳其年の詩に「両行の小吏神仙艶なり、争いて羨む君侯の断腸の句」とある。今に至るまで揚州を訪れる者は、そのエピソードを口にする。それは欧陽脩や蘇軾を彷彿とさせるもので、揚州といえばここで風流の限りを尽くした唐の杜牧だけというわけではないのだ」と（『年譜』二三頁）。

王士禛の揚州推官在任中の政治上の業績は、その後の四十年近い仕官生活の重要な基盤となったが、陳其年の回顧によれば、人を引きつけてやまない王の人となりについての名声は、実は花盛りの中で頽廃的な気分が溢れる詩酒の遊楽の中で築かれたものだという。

官舫銀鐙賦冶春　　官舫〔官僚が乗る立派な船〕銀鐙「冶春」を賦し
廉夫才調更無倫　　廉夫〔清廉な士〕の才調は更に倫無し
玉山筵上頽唐甚　　玉山〔王士禛の姿の喩え〕筵上にて頽唐甚しく
意氣公然籠罩人　　意気は公然として人を籠罩す

（『年譜』二三頁）

尤侗が言う「使君の楽しみにして、江山の幸なり」には世辞的要素が含まれるものの、純然たる虚飾の言というわけではない。少なくとも揚州においては、名勝古跡を訪ねるという王士禛の文化活動と文学的叙述は、確実に山川や古跡にとって実質的な貢献をもたらした。トビー・メイヤー・フォンは王士禛が讃えたことで歴史に名を残すことになった紅橋について分析しているが、これは一つのよい例である。禅智寺の蘇軾の断碑が、王が訪れて品評したことで再び世に知られるようになったことも、もう一つの例である。

紅橋以外の隋の古跡や欧陽修の平山堂は、ともに清人の揚州についての語りにもっともよく登場する文化記号である。こうした周知のシンボルコードによって、士大夫階層は揚州という都市についての共同の記憶を構築する。そしてそれによって時空を超越し、この古都千年の歴史の中での最も輝かしい思い出とつながることが可能になるのだ。しかし歴史の記憶や文化記号を共有する以外にも、私たちは個別の文人や士大夫が、その個人の特殊な境遇や気質ゆえにある特定の記号あるいは人物を選択して自己の感慨を投影するということを知っている。たとえば、鬱鬱として志を得なかった鄭板橋は、紅橋や平山堂以外にも特に隋朝の古い塚や遺跡がかもし出す荒涼とした感じや歴史の有為転変を偏愛し、自己の落魄や盛世の揚州への疎外感を示した。対照的に、才気溢れる王士禛は蘇軾を選択し、蘇軾のこの都市に対する特殊な感情を顕彰したのだが、そこには彼の気質や自負が現れているだけでなく、蘇軾にアイデンティファイすることでこの歴史的古都の文化系譜を書き換えようとする企図があることも明らかである。(33)

四、蘇東坡へのアイデンティファイ

王士禛は、明の崇禎年間の生まれであるが、明が滅亡したときには、まだ十一歳であった。彼の官僚としての生涯は、完全に清朝建国以後のものである。彼は何人かの著名な明の遺臣と密切な個人的関係を築いていたが、これでもって彼が政治あるいは民族アイデンティティの問題に向かい合っていたと仮定することはできない。これについては、後段で検討することにする。ここで強調しておきたいのは、文化系譜を構築することあるいは各王朝の名公鉅卿たちにアイデンティファイすることは、王士禛のような政権交替期に置かれた士大夫が、政治や一族のごたごたから抜け出し、歴史や文化の伝承を通じて自己が置かれている境遇や存在についてより豊富な意義を創り出す最も簡単な方法であったということだ。

王士禛は揚州に赴任した翌年（順治十八年、一六六一）の上元節（旧暦の一月十五日）に、友人と一緒に平山堂を游覧し、そのついでに町の北東の蜀岡にある上方禅智寺へ蘇東坡が書いた断碑を見に訪れている。上方禅智寺は竹西寺ともいい、隋の煬帝がかつて夢で兜率天の宮殿に遊んで弥勒仏の説法を聞き、目覚めた後に自分の離宮を寺として喜捨したものである。[34] 宋の元祐七年（一〇九二）、蘇軾が揚州の知事だった時、同族の蘇伯固とともに嶺南に使者として赴こうとする李孝博を伴い、蜀岡に遊んだことがある。蘇軾は、「次韻伯固游蜀岡送李孝博使嶺表（伯固の蜀岡に游び李孝博の嶺表に使いするに次韻す）」の詩をつくり、上方寺の石碑にそれを刻した（「蜀岡禅智寺唱和詩」、『漁洋山人集』七種之六）。王士禛がここを訪れた時には、蘇軾が揚州を治めていた頃からすでに六百年近くが経っており、「寺は荒廃し、石碑も倒壊した建物の間でぼろぼろになってはげ落ちていた」。王士禛は断碑を探し出したあと、「それを拭い、撫でながら何度も慨嘆し、まるで蘇東坡と語り、唱酬するかのようであった」。彼はまた石碑の詩の韻で唱和詩を制作し、それを石に刻して断碑の傍らに立てた。[35]

昔出蜀岡道　黄葉鳴秋蟬　昔出づ　蜀岡の道、黄葉に秋蟬鳴く
今來上方寺　綠蕚破春煙　今来る　上方寺、緑蕚は春煙を破る
坦步寶帶側　延眺隋城巓　宝帯の側を坦歩し、隋城の巓（いただき）を延眺す

古刹龍象寂　残碣蛛絲懸
緬思峨嵋人　文采眞神仙
……
空堂響人語　怖鴿飛聯翩
後遊慨今昔　憑弔當同然

古刹は龍象寂として、残碣に蛛糸懸かる
緬思す峨嵋の人、文采真の神仙たるを
……
空堂に人語響き、怖鴿は飛ぶこと聯翩たり
後に遊びて今昔を慨き、憑弔は当に同然たるべし

（王士禛「上方寺訪東坡先生石刻詩次韻」、『漁洋山人精華録訓纂』巻一下、『四庫存目』、集部二二六、二六頁）

上方禅智寺は王士禛が最初に訪れた時には荒廃して鳩が飛び交い、断碑も蜘蛛の巣でおおわれていたのだが、「文采真の神仙たる」先賢への仰慕の念を抱くことの妨げにはならなかった。清初の詩壇に覇を称える王士禛は、石碑を撫でて三嘆したあと、千古風流を遙かに思う〔蘇軾が赤壁で三国時代の「千古風流の人物」を遙かに想って詠じたことを踏まえる〕必要もないぐらい、すぐさま蘇軾が生きた世界に入り、盃を片手に彼と歓談したのである。

王士禛は詩を賦して蘇軾を弔い、さらに原碑のかけらの石を禅智寺の寺壁に埋め込んだ(36)。それから四年の間、彼はずっと原碑の「汚れを取り除いて補修し、旧観に戻そう」と思っていたが、しかしそれを実行する暇がなかった。康熙四年の冬、王は礼部への転任がはっきりすると、「出発までに日がある」ので、石碑修復のことを「ひたむきに思い続け」、翌年の春、学生宗元鼎に特に命じて、東坡の詩を禅智寺の壁面に刻させた（王士禛「答碩公」、『漁洋山人集』七種之六、「蜀岡禅智寺唱和詩」）。

王士禛の親友汪琬は、王が着任後まもなく傾きかけた古寺に行き、崩れた石碑を捜したことを称賛している。「雀の影蟬の声懋くして径長く、髯翁の遺墨は斜陽に冷かなり、游人は尽く愛ず迷楼〔隋の煬帝の宮殿〕の景、誰か残碑を訪ねて蜀岡を蹋まんや」（『鈍翁前後類稿』巻三、『四庫存目』、集部二二七、四六二頁）。もし王に蘇東坡に対する

特別な感情がなかったとしたら、おそらく迷楼の遺跡をさしおいて蜀岡に向かうことはなかったであろう。彼は京師の官に転任になろうという時でも、なおも断碑補修の宿願を忘れず、ついに揚州を去る前にそれを完成させている。このことは彼が蘇東坡にアイデンティファイしたことの証拠でもある。

このときの上方寺の住持は、霊隠寺から来た碩揆（せきき）上人であった。清明節〔春分から十五日目〕当日、石碑が完成すると、王氏兄弟と碩揆上人が詩を賦し経緯を記し、冒襄や陳其年ら諸名士がこれに唱和したことは、当時の文化的な盛事となった。江南一帯の士大夫は、王士禛と碩揆上人の間の唱和を、蘇東坡と了元和尚〔北宋の仏印禅師。黄州時代の蘇軾と詩を唱酬した〕の故事になぞらえた。[37]

以上のように一つの断碑は揚州の文化系譜を構築する橋渡しの役を果たしたが、王兄弟の別離と官途での挫折もまた、蘇東坡の文学と人生の中に自己を投影させることができた。康熙二年の大みそか、王士禛は一年間の詩篇を書物にまとめ、序文の冒頭に、子どものころ兄たちと郷里で蘇東坡の集を読み、悲しみのあまり最後まで読み終えることができなかったことを述べている。

かつて読んだ東坡先生集にこういうくだりがあった。「若い頃、子由〔蘇轍〕とともに懐遠訳に寓居していたとき、ある日秋風が吹き、雨が降り出し、夜中にふと離合集散についての感慨がこみあげてきたことがあった。その後、官僚として四方を点々とし、二人はほとんど会えなくなった。秋風が吹いて、木の葉が落ち草が枯れるたびに、このことが悲しく思い出される、思うにあれから三十年だ」〔「感旧詩」序〕と。だから昔のことを回顧した詩に「西風忽ち凄厲〔肌寒く〕、落葉戸牖を穿つ、子起ちて裌衣〔袷の着物〕を尋ね、感嘆して我が手を執る」〔「初秋寄子由」〕とあるのだ……私はこれに目を通すたび、悲しい気持ちになって最後まで読み通すことができなかった。[38]〔「癸卯詩巻自序」、『漁洋山人文略』巻三〕

ただし、最初に読んだときには最後まで読み通せなかったとはいえ、そのとき王はまだ別離のつらさを体験しておらず、「未だ此の語の悲しむべきを知らざるなり」の状態であった。二十歳以後になると、「俗事のために四方に奔走し、かつての故郷の家での団欒の楽しみを懐かしく思うもそれを得られず、蘇兄弟の詩の悲嘆が昔の十倍身に染みるようになった」(同上)。

兄弟の別離は、王士禛に蘇軾蘇轍兄弟の離合集散の感慨を詠じた応酬の作を思い起こさせた。康熙三年、王士禄が礼部の試験答案の点検不行届きにより獄に下されると、王士禛はすぐさま蘇東坡の湖州詩案[39]のことを連想し、自分が蘇轍のように兄に代わって宮闕に赴き、冤罪を訴えることができないことに対して疚(やま)しさを抱いた。

実兄に起こった思いがけぬ出来事に、魂は熱湯に入れられた鶏のように飛び上がらんばかりに驚いた〔蘇軾「獄中子由に寄す」の「魂飛湯火命如鶏」に基づく〕こととといったら、蘇軾の湖州詩案〔新法を譏ったとして逮捕された事件〕のようなものです。そして私はこれを決して捨て置けず、昔の蘇子由のように宮闕に赴き冤罪を訴え、身代わりになることを願い出ようと思いながら、なおも毎日飽食しベッドに寝て安穏と暮らしており、どうして世間に顔向けできましょうか。(『同人集』巻四、『四庫存目』集部三八五、一七三頁)

事件の当事者である王士禄も、王士禛の蘇氏兄弟にする強烈なアイデンティファイを共有した。「私たち兄弟は名声も地位も蘇兄弟に及ばないものの、その兄弟愛は同じで、その別離も同じで、時流に合わないという点でも同じで、その轗軻(かんか)不遇や俗世間から指弾され見捨てられている点でも同じなのだ」(王士禄『十笏草堂辛甲集』、巻首、「拘幽集自序[40]」)。

王士禛の同じく揚州で官についているという経歴や、清初の文壇での高い地位、さらに蘇東坡へのアイデンティファイは、蘇軾との間の文化系譜上の伝承関係の構築、そして他者からの承認も得やすいものにした[41]。この一連の蘇軾へのアイデンティファイと他者からの承認の過程の中で、王が禅智寺の断碑を訪れ唱和したことは、大きな効果をもたらした。王巌は「蜀岡禅智寺唱和詩序」で、蘇軾と王士禛を同等に扱っている。「先生の政治上の事績は蘇公に劣るものではなく、また文章の風雅も広く江淮に及び、蘇公に劣るものではない」（王巌「蜀崗禅智寺唱和詩序」、『漁洋山人集』七種之六）。了元和尚になぞらえられた碩揆上人の方は、王と蘇の共通点を次のように述べている。

蘇東坡から今まで六百年あまりだが、どうして王阮亭に至ってはじめて東坡に和すことができたのだろうか。阮亭の文学や詩詞は、当代の崇拝の的という点では東坡と同じである。揚州に赴任してからは、清廉で民を慈しみ、政務もてきぱきとこなし、万民が徳を養うことができたという点では東坡と同じである。他者の善行を見て己のことのように喜び（『孔子家語』）、士人をよく励まし、古の賢人や公卿が士を敬いこれにへり下るという点でも東坡と同じである。古と今は時代が違うというが、単に時代をもって古と今とを区分することなどできないのだ。

因果輪廻を重んじる禅師として、碩揆上人は王士禛の精神が東坡と相通じているだけでなく、もともと東坡の生まれ変わりなのだとする。

王阮亭は揚州の推官として着任したばかりの時、すぐに船を仕立てて自ら歩き蘇東坡の遺跡を訪ねた。阮亭が来なければ、蘇東坡の碑は寺とともに毀たれていただろう。両者の精神が相い通じ、微妙なところまで一致しているのでなければ、どうしてこのようなことがあろうか。つまり阮亭は髯なし東坡の生まれ変わりということだろうか。（以上、釈元志（碩揆）、「唱和詩」、『漁洋山人集』七種之六）

碩揆上人が唱和詩のために作ったこの説明文は、康熙四年の清明の季節に書かれたものである。王士禛は断碑を補修するという宿願を果たしたあと、冒襄の水絵園の修禊に参加するべく如皋に行き、すぐに揚州に戻って旅支度をして、京師で新しい職に就くために北上した。碩揆上人による最後の結論は、疑いようもなく王が揚州での任期中に打ち立てた文化系譜のための、最も有力な裏書きとなったのである。

五、交游

順治二年（一六四五）、王士禛が十二歳のとき、南下した清軍は揚州城の西北の角を砲撃し、揚州城内の東と西の二つの町を陥落させ、虐殺をほしいままにした。万暦以来天下一の繁栄を誇ってきた揚州は、凄惨かつ重大な打撃を受けた[42]。王士禛が揚州で任官したのは動乱から十五年後のことであり、社会秩序はすでに回復していたが、のちに鄭板橋が絵を売って生活した頃[43]（雍正元年、一七二三）の豪商が雲集するような揚州の繁栄には、まだほど遠い時代だった。王士禛の揚州での五年にわたる交游や文化活動には、塩商の影はまだ見られず、このときの物質生活はかなり不足していたということもできる。

しかし揚州は交通の要衝の地位にあり、また王士禛自身が文壇で日に日に名を上げていったこともあり、彼はすぐに遺民や文人、官僚および下層士大夫をふくむ交游のネットワークを築くことができた。こうした人たちは任官のために上京したり官を辞めて南帰したり、父を葬るために帰郷したり、あるいは遊覧旅行や通りがかり、王士禛に会うための訪問などさまざまな理由で揚州に立ち寄った。その中には朱彝尊のように、王士禛と入れ違いになった者も少数はいるが[44]、その他の多くはさまざまな形で王に会っている。

官僚の中でも、汪琬と王士禛の間には深い情誼があり、汪琬の訪れに対して、彼は決してこれをなおざりにはしなかった。蔣寅の考証によれば、汪琬は順治十八年（一六六一）の秋、刑部員外郎の職を辞めて郷里蘇州に帰る途中、揚州を通りかかり、風のために足止めをされた。王士禛はその知らせを聞くと、「蕪城の暮雨に君の到るを聞き、急ぎ扁舟を訪れ郭を出でて来たる」[45]というようにわざわざ町の城壁の外に出て出迎えた。汪琬自身の記述からは、多くの人が高談する宴席の場面が想像される。「朱筵に席を接して坐し、紫陌に鑣を聯ねて騰がる、雄文は芸苑に誇り、高論は談僧を摧く」（汪琬「揚州留別貽上二十八韻」、『鈍翁前後類稿』巻三、四六二頁）とある。三日目の宴席で、王士禛は「揚州の鶴は天下一品」だとして、ちょうど自らが飼っていた十羽の鶴のうち二羽を、汪琬の耿介で孤高な性格にかこつけて彼に贈ろうとした。汪は最初固辞したが、同席した冒襄や陳其年の強い勧めもあって、喜んでそれを受け取った（汪琬「載鶴記」、『同人集』巻三、九二頁）。

汪琬は蘇州の故里に帰った後、あまり時を置かず、翌年の春に再び任官のために上京した。清明節後に再び揚州を通りかかったとき、王士禛としばし会い、王士禛は公用で淮陰に北上する必要があったため、汪琬を誘って一緒に邵伯湖で舟遊びをし、その後それぞれが旅途に就いた[46]。このころの王士禛は、まだ審判が厳しすぎるという理由で降級処分になってはいなかったが、公務のためにかなり心を煩わせていた。彼は汪琬が京師に行くのを見送った詩の中で、汪琬が二度揚州を訪れたときの、冷たく煙る雨の中で共に遊ぶ情景、鶴を贈ったことや梅見などの近年の出来事を追憶し、尽きることのない離別の情と感謝の念を伝えている。「淼淼として江湖に春水生じ、淮南の風景は清明を過ぐ、故人恰かも愁中に至り〔友人はちょうど私が愁えている時に来てくれ〕、感激す真に難従り後に平らなり〔つらい気持ちが治まったことに感謝します〕、竹外の寒煙　瓜歩鎮、花時細雨の広陵城、謝公埭下の通宵の語、酒冷めて香り残す十載の情」。「南徐〔長江の南〕へ鶴を載せ江を横りて去り、西磧にて花を看て圧帽もて帰る〔西磧山で花見して帽子に花を挿して帰ってきた〕、此れより去れば故人京洛に少なく、遠道に尺書を稀ならしむこと莫れ〔遠く離れるがせめて手紙を絶やさないでほしい〕[47]」〔王士禛「送茗文之京二首」、『漁洋詩集』巻一三、『四書存目』、集部二二六、六五二頁〕。

王士禛はたまに自ら旧友を訪ねることもあったし[48]、また汪琬のように仕途で挫折を味わった仲間も大切にした。例えば汪琬が官を辞めて南帰した後すぐに王士禛と同年の進士である丘象升が翰林侍読から瓊州府〔海南島〕の通判へと流謫となり、王は彼のために平山堂にて餞別の宴を開いた。丘象升は十五年後にそれを回顧し、最大級の感謝の念を述べている。「平山に高会すること十五年、燕雲と楚水と各おの風煙たり、両家の兄弟還た相憶う、霜後に螯を持つ晩菊の天[49]」。王士禛はこの旧友の「夕べに潮陽に貶され路八千」〔韓愈「左遷されて藍関に至り侄の孫湘に示す」の句。韓愈が「仏骨を論ずる表」を奉り、その日の夕方に突然八千里離れた潮陽に左遷されたことを指す〕の境遇に臨んで、人の世の移り変わりについて感慨を抱きつつも、勉めて道徳に関する励ましを与えている。「学士の文章は洛下の尊にして、嶺南の此の別離魂を愴ましむ、舟は瓊海の重浪に浮かび、春は到る梨人〔現地の先住民黎族〕の第幾村」「相逢うて寄語す江陵子〔丘象升を指す。かつて江陵に左遷された唐の元稹になぞらえた言い方〕、珠崖〔海南島の地名〕に放跡せられしは是主恩なりと」〔王士禛「送丘曙戒侍講謫判瓊州兼寄姚子上推官二首」、『漁洋詩集』巻一一、『四庫存目』集部二二六、六三九頁〕。

王士禛は二十歳過ぎから順調な士官生活をつづけていたが、彼の交游圏は「談笑して鴻儒有り、往来は白丁無し」〔劉禹錫「陋室銘」。語り合うのは高名な儒者ばかりで、下人とは交際しない〕といった旧套なものにかぎられていたわけではない。揚州にいた五年間、彼は自ら出かけて幽勝を探訪した際に、陋巷に住む下層文人に対して援助の手を差し伸べることもあったし、その誠意に感動した近隣の文人がわざわざ礼を言いに揚州に来ることもあった。

王と往き来のあった在野の文人の中でも、丁胤はかなり特殊な人物である。彼は若いころから歌舞音曲に習熟し、南曲（南方の芝居）に特に造詣が深かった。秦淮の河畔に住んでいたことから、妓院の色事にもよく通じていた。順治十八年、王士禛が南京に来たとき、彼は丁の家に滞在した。丁は王士禛を連れて秦淮を漫游し、彼のため廓の遺事を解説し、それは王士禛の『秦淮雑詩』の題材となった（『年譜』一八頁）。丁胤は銭謙益の旧友であり、彼の勧めと仲立ちによって、王と銭の二人は文学上の縁を結ぶことができた。

丁胤の風流で雅趣あふれる生活スタイルや交游に比して、邵潜はおそらく我々が布衣に対して思い描くイメージによりぴったりである。邵潜は通州の処士（仕官していない在野の士人）であり、「性格は傲慢でひがみっぽく世俗と合わず、人をよく罵るので、彼を憎む者が多かった」。五十歳で娶った後妻は、「彼の貧老を嫌って彼のもとを去り、一人いた婢女もまた権勢ある者に奪われ、かくて独り身で如皐の城西門に寓居していた」。このように偏屈で傲慢で、自分の妻からも相手にされない窮迫した書生であっても、王士禛によって引き立てられた。康熙四年、王は彼を訪ねるために如皐に赴いた。邵潜が住んでいたところは道幅が狭く、車馬が通れないため、王はわざわざ車を下りて徒歩でそのうらぶれた門をくぐった。この茅屋三間の、「漆のように真っ黒にすすけた」陋屋で、王は邵潜が刻行した書物の版木が部屋いっぱいになっているのを目にした。邵はこの賓客をもてなすために出かけて酒を買い、王は彼に満杯の酒を注ぎ、「思う存分歓を尽くした」。如皐の県令は王士禛が邵潜を訪れたという報せを聞き、すぐに彼の徭役を免除するように命令を下した（「邵潜」、『池北偶談』巻一八、四三四頁および『居易録』一五〇頁）。

骨の髄に若いときのやんちゃな気質をとどめていた王士禛は、[50]邵潜の傲慢で人ずれしていないところと、うまが合うところがあった。彼の家を訪問したあと、王は特別に彼を冒襄の水絵園での修禊に招待している（『年譜』一四頁）。

林古度（一五八〇～一六六六）は著名な遺民詩人であり、丁胤と非常に親しかった。万暦年間、彼は北京で王士禛の祖父と知り合い、ともに詩作について議論したことがあった。順治十八年、丁胤が王士禛を秦淮に案内したとき、八十を過ぎていた林古度は招かれて、古い友人の孫に会うことになった。王は自分の詩を林古度に見てもらい、林はそれを絶賛し、彼は家門の学風を極致まで発展させたのだとした。「王先生は若くして科挙に合格し、任官して政務に就いておられ、それはまるで真新しい型から宝剣が姿を現し、柔らかい蕚から大輪の花が吐き出されたかのようである。そこには精鋭の力と、秀逸な才能がある」[51]。二人は五十歳ほど年の差があったが、それぞれの詩の力量を認め合ったことから、すぐに頻繁に行き来する関係が生まれた。林は何度もわざわざ南京から揚州の王士禛のもとを訪れ、紅橋の修禊や平山堂での宴席にも参加した。

康熙三年（一六六四）、林古度は自身の万暦三十二年（一六〇四）から六十年間の詩を揚州に持参し、王士禛に刪定を乞うた。王は「清新にして美しく、六朝や初唐の風格をもつ」百五、六十首の作品を選んだ。揚州に立ち寄った友人は王士禛が林古度のために選んだ作品を読んで、「世間はこの青年のような老人の真面目をほとんどわかっていない。きみは本当に林古度の知己だ」と驚嘆した。翌年、王士禛は南京で偶然林古度に会ったとき、彼はすでに両目を失明しており、「涙を流しながら別れ」、そのあとしばらくして、彼は物故した（『池北偶談』巻一三、二九五頁）。この明朝の遺老は、人生の最後の数年に王士禛という年若い知己を得て、心血を注いだ彼の畢生の作も王の評価によって当代の人の目に触れることになったのである[52]。

このときの王士禛の詩壇での地位の高さゆえに、彼から称賛を受けた人にとってはおそらく「一字の褒め言葉は、礼服を賜るよりも栄誉なこと」という感覚だったに違いない。泰州の布衣呉嘉紀こそはその典型的な例である。王士禛は別の詩人汪楫の詩集のために書いた序文の中で、彼がどのように汪楫を経由して人伝えで呉嘉紀という貧しい無名の詩人を知ったかを、感動的に描いている。

私は揚州に住んで三年してから海陵の呉嘉紀のことを知った。嘉紀は貧士であり、住まいするところは海辺の荒れ地であり、その老屋は瓦が崩れ、苦竹が数畝にわたってこれを覆っている。蛇や虎が隠れていそうで、猿やムササビの鳴き声もする。昼でも人影がなく、賓客が訪れるようなところではない。嘉紀はその中で苦吟し、人に知られるのを求めず、その名が百里の外を出ることはない。揚州は海陵から百里離れており、嘉紀のいるところも海陵の町から百里離れている。その詩を目にすることはあってもその人に会うことはできない。

（王士禛「悔斎詩集序」、『文略』巻二）

白昼でも人の往来がないようなこんな海辺の町に住んでいては、たとえ詩名があったとしても、名士の品評がなくては呉の名声はおそらく永遠に百里の外には伝播するはずもなく、彼の家族や郷里の身内にも理解されなかったであろう。「嘉紀のような才能ある人を、天下の人は知らず、郷里の人も知らず、その妻ですら訝しんで唾棄していた」（同上）。汪揖の推薦を経て、呉の才能は戸部侍郎の周亮工の知るところとなった。周は呉の『陋軒詩』を読み終えたあと、それを近代第一と評し、すぐにそれを刊行した。康熙二年（一六六三）年の初め、周亮工は揚州に立ち寄った際に、彼が人に頼んで刻した『陋軒詩』を王士禛に贈った[53]。王は静かな雪の夜に明かりをともしてそれを読んだあと、自らその序文を書き、翌日手紙を急いで届けている。「ある晩、雪が深く、風の音もなく、時刻を報せる街の太鼓の音もひっそりとしていたとき、灯の下で文箱の中の古い書物に、呉嘉紀の詩を見つけた。読んで感嘆し、序文を作って翌日急ぎの便で二百里彼方の呉嘉紀の住む陋軒に届けた」と述べている（「悔斎詩集序」、『文略』巻二、一〇八頁）。

呉嘉紀は王からの思いがけぬ手紙を得て、「望外の喜びで、礼を言うため舟を雇って揚州に行き、かくて二人は交わりを結んだ」（『居易録』一五二～一五三頁）。

こうしたへり下って身分の下の者と交わりを結ぶという逸話は、もちろん度量を大きく見せ、万物を包容するイメージを作り出すための意図的な策略やパフォーマンスと解釈することもできる。しかし王のまるで絵を見ているような感動的な描写は、今日それを読んでも、そこにある誠意を十分感じとることができる。(54) 彼はおおらかで度量の広い性格と詩壇の領袖としての確固たる地位により、詩歌を媒介として階層や地域、都市や農村といった境界を越え、揚州を起点とする交遊のネットワークを存分に築くことができたのである。

官僚や処士のほか、王士禛は著名な明の遺臣や遺民とも、程度の差こそあれ、さまざまな接触があった。その中の銭謙益や呉梅村などは、年代や年齢の違いゆえに、自由で密切な往き来があったわけではないが、(55) しかし彼らの王に対する賛誉は相当なものだった。特に銭謙益は、詩風の点で王士禛に大きな影響を与えたのみならず、王の詩壇の盟主としての地位を決定づけることでも、キーマンの役割を果たした。ただし、蔣寅の研究からは、二人の交遊には紆余曲折があったことがわかる。王士禛が揚州に到着したばかりのころ、ほかの遺民との往来は多かったものの、銭謙益の負のイメージについてははばかるところがあった。翌年になって〔一六六二〕、銭謙益は八十歳の誕生日のとき、丁胤の伝言を通じて、王士禛の善意と好意を知り、二人はようやくよい関係を築き始めた。銭はまず彼のために『漁洋山人集』の序を書き、さらに扇面に五言古詩を書いて、丁胤を通じて王士禛に贈った。そこに付した手紙には、銭の王士禛に対する推賞の意が示されている。「この人でなければ、一体誰に従えばいいのか」〔原文の「微斯人、其誰与歸」は、もとは范仲淹の「岳陽楼記」の一節〕、「私は八十で老いぼれているところに、ちょうど王貽上が私に代わって擡頭してきてくれた、…なんと幸いなことか」。(56) このような推挙を受けたために、王士禛はその後誰かが銭謙益を攻撃するたびに彼を擁護したし、書信のやりとりを通じても、彼は銭に対する敬愛を示した。しかし後に王が京師の官に就いて、地位が日増しに高まるにつれ、銭謙益の弐臣〔明と清の両朝に出仕した不忠の臣〕という悪名に対する忌避の念が起こり、できるだけ銭と一線を画そうとし始め、彼の創作観に対する批判が多くなった。[57]

銭謙益と交際することへの王士禛のためらいや態度の変化は、かなりの程度、社会や士大夫の公論へのはばかりから出たもので、決して彼の政治的なアイデンティティを反映したものではない。夙に名声があり、明末の四公子の一人に列せられている冒襄との交際は、清に仕えることを拒む明の遺民と緊密な個人的友情を築くことを王が決して恐れていなかったことを示している。

順治十八年（一六六一）、冒襄と朱克生はともに揚州に王士禛を訪ねている。一行は王の役所で酒を飲み、「王郎の斎閣 晩香焚き、相対して詩を題し夜分に坐す」と詠じるように、夜中まで詩を唱酬した。[58] 端午の節句あるいは王士禛の誕生日には、冒襄はいつも人をやって手紙や贈り物を届けた。[59] 康熙四年の春、王士禛は公務の合間に、冒襄の水絵園での修禊に参加した（『年譜』二四～二五頁）。四晩つづけての不眠不休の宴会や清談は、王とこの明の遺民の代表的人物との情誼の深さを物語っている。

王士禛は前朝に仕えていた存命の名士と良好な関係を維持したほか、過激な手段で清朝に抵抗した貞烈の士に対しても称揚を惜しまなかった。清兵が南下した際、史可法によって揚州の知府として任命されていた任民育は全力で清に抵抗し、最後は殉死している。王は任民育のために小伝を書き、そのなかで、彼が揚州に殉じたことについて感動的でドラマチックな描写をしている。「清の大軍が攻めてきたが、民育は城壁に上がって毎日毎晩それをしっかりと防御していた。……たまたま雨が降り、城壁が毀たれ、ついに清軍がそこから入った。民育は緋の衣をまとい座敷に座った。そこに清朝の兵が来て、降伏を迫ったが、民育は従わず、刃を飲んで死んだ。揚州の人はそれを聞いて、皆泣いた。その前の日、星が役所に落ち、馬小屋の馬は皆驚いたという」（「任民育揚定国伝」、『文略』巻五、一三九頁）。明朝のために壮烈に殉じた官僚をこれほど好意的に描くのは、時代の雰囲気が比較的寛容だったことの反映というだけでなく、王が二つの政治的アイデンティティの間を自由に出入りし、それが少しもぶつかり合うことがなかったことを示している。

王士禛はもう一篇の伝、つまり郷里である済南新城の張処士についての伝に、「張処士は万暦年間の生まれである。そのころ天下は平穏で、彼は仕官することを好まず、詩を賦し酒を飲むことを楽しんでいた。よい酒を醸すことで郷里でも有名だった。…中年になって王朝が替わると、ますます俗を離れて隠遁するようになり、ゆったりとした儒生の衣を着て、田野にとどまり生涯を終えた。…一生城市に入らないし、役所にも挨拶に出向かないと公言していた」と記している（「張処士伝」、『文略』巻五、一四七頁）。この文章はおそらく康熙二十四年（一六八五）に、張処士が亡くなったあとに書かれたものであり、王の官職はそのとき翰林院侍講学士であった。このような身分でありながら公然と一生城市に入らないと誓った処士を称揚していることは、私たちに清初の政治気風と、境界を超越するという王の性質を再認識させるものである。

冒襄もまた、トビー・メイヤー・フォンがいうようなかの遺民たちと同じで、明の文化価値についての信念を固守し、さまざまな文化活動（たとえば紅橋での修禊のような）を通じて、彼らの明朝晩期文化イメージを再建しようとしていたのかもしれない[60]。しかし王士禛にとっては、政治的なアイデンティティの違いは問題ではなく、彼の遺民との交際は、多くは明文化に対する特別な関心や追憶、あるいはそれを再編することから出たものであり、このことはより深く探究に値する問題でもある。

王士禛の伯父王与允は甲申の年（明滅亡の年）に「一家で首を吊って」おり、王自身が順治十四年（一六五七）に書いた四首の「秋柳詩」を「明が亡びたことを弔う作」だとみなす者もいる。しかし、明が亡びた時にはわずか十一歳だった王士禛が、彼が交際したかの明朝の遺民のように政治的アイデンティティについて煩悶を抱えていたことを示すような証拠は何もない[61]。一方で、王は明の遺民との交際を忌避しなかったが、それは彼が天真爛漫で、政治的敏感さを欠いていたということを意味しない。厳迪昌は「遺民や野老たちの政治色の強い集まりや活動には決して参加しなかった」と指摘している。[62] 張宇声もまた「王漁洋は揚州での遺民詩人との交際のなかで、しばしばその詩芸を褒めるのに彼らの写景の名句を引用しているが、政治的傾向が鮮明な詩作については忌避している」と述べている。[63] これらの研究から、王士禛は事が微妙な政治的立場の問題に及ぶとなると、慎重に距離を置いていたことがわかる。しかし、最後のレッドラインを越えさえしなければ、彼は二つの世界を自由に出入りすることができた。彼は北京でともに科挙を受け、そののち各地に仕官していった同輩やその他の新王朝の官僚たちと、温かく密接な友情を維持し続けた一方で、清に仕えることを拒む名士や布衣とも良好な関係を築いた。彼の神韻詩は遺民詩人の哀切で悲憤慷慨する詩風とはかけ離れたものだが、それは彼らの間の心底を披瀝するような交わりを妨げるものではなかった。[64] 王士禛が出身や背景、立場を問わず広く交友する際に適切なルールと慎重さを保っていたことはよくわかる。しかしこのことから「漁洋山人の詩学や学術、交遊あるいは詩の唱酬といった活動は、実は多くは権謀術数の企みと相い俟ってものだった」[65]とみなすのは、明らかに公平さを欠いた偏狭な説である。[66]

清初の詩壇の盟主あるいは広陵詩派の領袖としての王士禛の交遊圏には、詩詞や戯曲に特別な関心と業績を有する文人が自然と引き寄せられた。李漁や尤侗らはみな彼に会いに揚州にやって来た。[67] しかし最も目を引くのは著名な詞人陳維崧（字は其年、一六二五～一六八二）との交際である。陳維崧の父親陳貞慧は、冒襄とともに明末の四公子に列せられている。このような縁で、陳維崧は水絵園で冒襄が寵愛する男優徐紫雲と知り合い、恋に落ちた。冒襄は二人の恋情を知ると、陳の梅を詠じた一百首の絶句との交換で気前よく紫雲を陳其年に贈った。これによって陳はこの高位高官の間に名を馳せた男優の雲郎（紫雲の愛称）と、十数年間同性愛関係にあった。[68]

陳其年と男優紫雲との恋愛は、当時江南の文化圏においては耳目を集めた艶事であった。紫雲はその後、陳其年のもとを離れ結婚して家庭をもったが、しばらくして世を去った。二人の交際の顛末や文人による題詠は、のちに『九青図詠』と『雲郎小史』という二冊の小冊子にまとめられ、世に流伝した。[69]

王士禛は陳其年と紫雲との同性愛についてもちろんそれを詳しく知っていたはずである。康熙四年に、冒襄、邵潜、陳其年らと水絵園で修禊を催した際、王士禛は詩と交換で紫雲を硯の側に侍らせることを特別に要求している。「私は名士諸君と冒襄の園で修禊し、詩体を分担する形で詩を賦した。私は戯れに其年に『紫雲が硯の側に侍ってくれるのならやりましょう』と言った。紫雲とは、冒襄の歌童で、もっとも見目麗しく、其年のお気に入りである。其年はこれを許したので、私は湘中閣に座ってすぐに七言古詩を十首作り上げた」とある（『年譜』二五頁および『清詩話』上冊所収『漁洋詩話』、一六八頁）。

冒襄は陳其年の一百首の絶句と引き換えに寵愛していた歌童を陳其年への贈り物とした。そのほかの文人や士大夫も陳其年という有名詞人との関係を維持するために、彼と歌童の艶事について次々とそれを称揚し、尾鰭をつけて喧伝した(70)。この点に関しては、王士禛もほかの士大夫と同様で全く違いはない。しかし注目すべきは、王とこの同性愛で世に知られた詩人の間には、そのほかの付き合いのあった文人よりも、より強烈でより濃厚なある種の感情があったということである。二人はまたお互いの交際や感情を描写する際、普通とは異なる表現を用いている。

王士禛が揚州に赴任したばかりの最初の年と次の年に、陳其年はすぐに彼と良好な関係を築いた。「最初、庚子から辛丑〔順治十七～十八年〕にかけて、私は維揚〔揚州〕で、毎日王先生阮亭と遊んでいた。……日々平山堂や紅橋といった景勝地を訪れ、酔うと音楽を奏で、天を仰いで詩を賦し、杯を重ね盛んに詩を唱酬した」（陳維崧『南芝堂集』序(71)）。その後、陳其年は揚州や如皋、陽羨を絶えず往き来し、冒襄に代わって端午の贈り物を届けたり、王士禛の誕生日を祝いに来たり、王の紅橋での修禊や「冶春詩」の唱和にも参加したりした。「両行の小吏神仙艶（あでや）なり、争いて羨（もと）む君侯の断腸の句」、「玉山筵上にて頽唐甚しく、意気は公然として人を籠罩す」（『年譜』二三頁）などの句からは、王の風采や才能に対する傾慕の念が見て取れる。

王士禛も陳其年との交際に対して、恋々とした情をみなぎらせている。康熙元年（一六六二）、王士禛の二十九歳の誕生日に、陳其年は揚州にやって来て三、四日逗留し、「二人は燭の下で茵を連ね、大変親しくぴったり寄り添った」（『同人集』巻四、一七〇頁）。この年の冬、王自身がいうには「一日中悲愁と苦境の中にいて」、冒襄の手紙が来るのを待ち望み、冒襄の息子が陳其年と一緒に訪ねて来てくれないものかと待ち望んでいた。「其年や青若（冒襄の息子）は来ず、私は虚しくここ十日ばかり夢想しています。上元節の前に手をとりあうことができたら最高ですのに」（『同人集』巻四、一七二頁）。康熙三年夏、陳其年は再び王士禛に会いに揚州に来ており、「其年兄さんがここに居続けてくれたので、とてもうれしく、毎日会わない日はなかった」（同上、一七三頁）。王士禛の幅広い交遊圏の中でも、おそらく陳其年ほど頻繁かつ深い関係を持ち続けた人は少ないだろう。「其年と私の交わりは、まるで宿縁があるかのようで、その冷淡なさまや細やかな愛情の極致は、別れたあとも夢寐にも忘れられません。年末に陽羨に帰るときは、どうか必ず邗江を通る道をお選びください。久闊を叙しましょう」とある（同上、一七一頁）。

康熙四年、王士禛は水絵園での修禊に参加したあと、荷物をまとめて北に帰り、揚州での五年間の仕官と詩を唱酬する生活を終えた。旅立ちに当たって、冒襄と陳其年らが川岸まで見送ってくれ、詩を賦して別れを惜しんだ。陳其年は詩の中で二人の交情について、より細部にわたって感傷的に描写している。

念彼王瑯琊　于我夙所敦　念う彼の王瑯琊、我に于いて夙に敦き所なり
目我爲上流　憐我非寒門　我を目して上流と為し、我を憐れみて寒門に非ずとす
對床啖茗粥　促坐敷栞尊　床を対べて茗粥を啖い、坐を促して栞尊を敷く
當其纏綿時　能不銷人魂　其の纏綿たる時に当たりては、能く人の魂を銷さざらんや
憶昨曲水戲　款款情彌溫　憶う昨の曲水の戯、款款として情弥よ温し
十日九見詣　延眺窮郊園　十日に九たび詣でられ、窮郊の園を延眺す（首を長くしてまつ）

……臨水傷情多　願契前達言
人生非麋鹿　焉得同朝昏……

水に臨みて傷情多し、願わくは前達の言を契らんことを
人生は麋鹿に非ざれば、焉くにか朝昏を同にするを得んや〔人はとなかいや鹿ではないので、いつまでも一緒にいるわけにはいかない〕

（『同人集』巻七、二八六頁）

詩文の唱酬では、しばしば決まった技法や誇張した表現によって、喜怒哀楽の感情を過度に、あるいは定型化して述べるものである。しかし王士禛が「纏綿之致〔細やかな愛情の極致〕」あるいは「虚我夢想〔我を忘れて夢想〕」、「夢寐不忘〔夢寐にも忘れられない〕」という言葉を繰り返し使用して二人の交情を描写しているのは、明らかに彼自身の、あるいは一般的な唱酬詩の常套表現を越えている。そして陳其年の詩句には、二人が意気投合したことだけでなく、その比類のない愛情が露われている。最後の別れの詩の中で、陳其年は満腔の悲痛と綿綿として絶えることのない恨みを抑えきれず、二人が揚州で共に羽目を外して過ごした歳月を追憶している。こうした美しい思い出があったために、生涯多情に苦しんだ陳其年は、王士禛から秋風が吹く頃もたらされた転任の知らせをどうしても受け入れることができなかった。

王君三十何堂堂
出李維揚耀朱襮
兩人相見便抵掌
坐上狂歌歌自若

王君三十　何ぞ堂堂たる
出でて維揚〔揚州〕に李〔吏〕たりて　朱襮〔赤い襟〕耀く
両人　相見えて便ち掌を抵ち
坐上に狂歌して歌は自若たり

馬稍清談街鼓動
哀絲豪竹春燈落
作官祇辦設茗荈
對客何曾噉蒜酪
六年游處無事無
口不能言記猶昨
今秋七月涼風盛
王君告我適京洛
雲帆破浪誰不羨
況復同舟載花萼
嗟余一生情苦多
別人毎作數日惡
矧君與我比膠漆
此意誰能喩輕薄
昔游翻悔識君非
茫茫從此無歸著

馬稍　清談　街鼓動き〔街鼓が鳴るほど遅くまで長矛を振り回したり清談したり〕
哀糸豪竹　春灯落つ〔春には灯りが消えるまで糸竹を奏で〕
官と作(な)りては祇だ辦(さば)くに茗荈を設け〔官僚としての務めの際はいつも茶を飲み〕
客に対しては何ぞ曽て蒜酪を噉(くら)わん〔客をもてなすのはいつも北方ではなく南方の美食〕
六年の游処　事無きは無く
口に言う能わざるも　記すること猶お昨のごとし
今秋七月　涼風盛んにして
王君　我に告ぐ京洛に適(ゆ)くと
雲帆　破浪　誰か羨まざる
況んや復た舟を同(とも)にして花萼を載するを
嗟(ああ)　余は　一生　情苦多し
人に別るるに毎(つね)に作す　数日の悪
矧(いわ)んや君と我とは膠漆の比(ごと)くんば
此の意　誰か能く軽薄に喩えん
昔游　翻(かえ)って悔ゆ　君を識るの非を
茫茫として此れ従り帰著〔心の帰着する所〕無し

（陳維崧「贈別王主客阮亭」、『湖海楼詩集』巻二）

王士禛は陳其年との交際は、「まるで宿縁があるようだ」としている。陳の方も六年間何をするにも常に一緒だった二人には膠や漆のごとき感情があったと認めている。通常の別離もまたしばしの悲痛をともなうが、しかし彼の王君阮亭に対する情の深さは、かえって彼に「相見えて便ち掌を抵つ」以来の、互いを思う二人の縁を後悔させるまでになった。

「その風采は清らかで、瓊林の玉樹のような」王士禛は、陳其年と纏綿たる深い情誼を結んだが、それは必ずしも陳其年が期待するような強烈な同性愛の感情ではなかった。しかし一方では、陳其年は天下周知の同性愛者であり、二人の交際にはいかなる障壁もなかった。陳は王に比べて十歳年長ではあったが、父の友人の世代に当たる冒襄あるいは七、八十歳の銭謙益や呉梅村、邵潜、林古度と比べると、年齢や気質の上でも、明らかに王士禛と純粋な詩の唱酬にとどまらないプライベートなよしみを築きやすかったといえる。

六、結論

一人の推官としての王士禛は、「公正厳粛で権威を恐れず」、ゆるぎない立脚点ではっきりと是非を峻別する厳粛な人物という印象を抱かせる。しかし、一旦こうした特定の立場を離れると、王士禛は壁を打ち破り、垣根や境界を超越することができる浪漫詩人であり風流名士であった。王士禛の詩文、唱酬、宴飲、遊覧に対する嗜好は、政治的アイデンティティや王朝、地域、階層、年齢、都市や農村、貴賤や性向の違いを超えて、揚州を基地とする交遊のネットワークを築くことを可能にさせた。この境界を思い切って越えるような個性と広範な交遊圏は、彼が全国的な名声を築くのに大きな助けとなったことは明らかである。(72)

王士禛のみなぎる才能、充実に向かう人生、そこには全国的な知名度がそなわっており、つまり彼は典型的な「ラウンド・キャラクター」(round character)である。我々はもちろん彼の生活体験を個性や才能が平板な文人や士大夫いわゆる「フラット・キャラクター」（flat character）として概括することはできない[73]。しかし、王士禛の生活体験は冒襄や袁枚あるいは鄭板橋と同じく、私たちが近代世界とは異なる文化のありさまや生活パターンを再構築するためのよい例証を提供してくれている。この近代世界と断絶した文化の雰囲気のなかで、若く情熱的な詩人王士禛は、詩人や儒生としての現身の使命を首尾よく果たし、さらに日夜詩歌や文化の伝統にひたることで、さまざまな境界を飛び越え、豊満で人に称賛されるようなライフコースを歩んだ。私たちは王の記述や恵棟らの乾隆嘉慶年間の学者の考証によって、暮春三月、揚州の花盛りの光景を想像することができただけでなく、さらに明清士大夫の文化世界への津梁を探し当てることもできた。

洗練された文字と記号によって作られたカムフラージュを抜けて明清士大夫の文化の奥座敷に入るや否や、私たちはこうした複雑な「ラウンド・キャラクター」に向かい合うには、伝統的な分析カテゴリーあるいは学術上の手法——学術史であれ、思想史であれ、政治史や文学史であれ、それだけでは事足らないことに気づかされる。こうした学術上の視野を一つの専門に絞ることは、それぞれの領域内の技術的な問題を解決し、明清士大夫のある面の精密な分析を深めるものだが、しかし同時に士大夫の全体像を曖昧にし、中身が豊満な人物を細かく散り散りの断片にしてしまう。生活史の研究はちっぽけなことに見えるが、往々にして特色ある伝統文化の姿を再構築するためのすっきりした横断面と統合面を提供してくれる。「士大夫文化」という言葉は幅広く一般的に用いられているが、士大夫文化の「文化」が一体なにを指すのかということを立ち止まって考えようとする人が少ない現在、我々の士大夫の日常生活のディテールについての研究は、大いに参考にする価値があろう。

〈付記〉

この文章は、中央研究院歴史語言研究所と中国文哲研究所の討論会で報告したものであり、特に胡暁真教授および多くの同僚から提出された貴重な意見に感謝したい。それによって私は文中のいくつかの論点について加筆している。また王鴻泰教授と郭忠豪氏は資料収集の点でご協力いただき、感謝している。さらに二人の論文審査員が丁寧に全文を読み、多くの具体的な修正意見を提供してくださったことにも感謝したい。二〇〇二年、中央研究院「明清的社会与生活」研究プログラムとアメリカコロンビア大学東アジア学部とが共催した"Discourses and Practices of Everyday Life in Imperial China"というシンポジウムが行われた。シンポジウムの基調講演で、ドロシー・コウ教授による「日常」と「非日常」に関する議論があり、その後私の研究はそれに大いに啓発された。特にここに謝意を示す。

（野村鮎子 訳）

【注】

（1）王士禛の名は、彼の死後、雍正期に皇帝の諱「胤禛」を避けて一旦「士正」と改められたが、乾隆三十九年（一七七四）に、「士正」の名が原名と大きく異なっていて誤解が生じやすいという理由で、再び詔によって「士禎」の名を賜った。そのため、王士禛の名は時代によってさまざまな形で現れる。孫言誠点校『王士禛年譜』（中華書局、一九九二）点校説明、三頁を参照。本論では原則として原名の「士禛」を用いることとする。

（2）蔣寅『王漁洋与康熙詩壇』（中国社会科学出版社、二〇〇一）一〜二三頁には、銭謙益から啓発や奨励を受けた王士禛がのちにどのように銭に代わって清初の詩壇の盟主となったかが論じられている。

（3）李康化『明清之際江南詞学思想研究』（巴蜀書社、二〇〇一）一八七〜二〇一頁参照。

（4）「神韻説」は基本的に淡白で清遠なる創作の境地を指し、飄逸なる詩情と言外の意を追求するものである。王の理論と詩は清初に大きな影響力をもったが、当時すでにそれについての批判もあった。その最たるものが同時期の詩人趙執信である。趙執信は康熙十八年（一六七九）にわずか十八歳で進士に及第したが、二十八歳のとき、皇太后の忌日に『長生殿』を上演したことにより免官となり、これ以後、鬱屈の日々を送った。詩作には悲憤の気が満ちている。趙は四十八歳のとき『談龍書』を書き上げ、王の「神韻説」に挑戦した。厳迪昌『清詩史』（五南図書出版有限公司、一九九八）上冊、五八五～六三〇頁に詳細な検討がある。このほか、徐振貴「趙執信与王士禛詩及試論評弁」（『斉魯学刊』一九九五年第二期、九一～九六頁）は、王と趙の相違点を公平かつ要領良くまとめたうえで、「清遠を尚しと為す」は神韻説の全てではないし、神韻説もまた王の詩論の全てではないこと、彼の詩には写実的な作品もあることを指摘している。近年のその他の研究も王の神韻説は決して「沈着痛快（力強くのびのびしていること）」の美学を排斥するものではないことを指摘している。また、王は詞では婉約派を尊崇するが、豪放派を貶めたり排斥したりするものではないという。これについては、張少康「董其昌的画論和王漁洋的詩論」（『蘇州大学学報』哲学社会科学版、一九九五年第二期、四三～四六頁）や蒋寅「王漁洋与清詞発軔」（『文学遺産』一九九六年第二期、九一～九九頁）を参照されたい。

（5）Tobie Meyer-Fong, "Making a Place for Meaning in Early Qing Yangzhou", *Late Imperial China*, 20 (1), pp.49-84. 本論では董建中による中国語訳「緑楊城郭是揚州——清初揚州紅橋成名散論」（『清史研究』二〇〇一、四）によった。

（6）注（5）のp.53.p58を参照。

（7）本書第八章「都市での彷徨——鄭板橋のうたかたの人生」を参照されたい。

（8）本書第六章「袁枚と十八世紀中国の伝統における自由」でも簡単に触れている。

（9）『年譜』の冒頭には、祖先の瑯琊公が元末に乱を避けて新城に移り、ある大きな家の小作人となったことが記されている。「ある日大風が吹いて空が暗くなり、一人の娘が空から降ってきた。しばらくして天が晴れたとき、瑯琊公は塵土の中から彼女を見つけた。娘がいうには、諸城県の初氏の娘で、朝起きて火を起こそうとしたところ、知らない間にここに運ばれたとか」。瑯琊公は天から降ってきた初氏の娘と結ばれて夫婦になったのである。「二百年間、進士甲科で連続して合格したのは、すべて初夫人から生まれたのだ」とある。『年譜』一頁参照。

（10）王士禛は科挙や功名と神秘的な力の関係について、大変興味をもっていた。彼は『居易録』中で、自分の家族が挙業で輝かしい成功をおさめることができたのは、祖父の王象晋がよい場所を選んで先人を埋葬したからだと言っている。反対に伯祖父の王象乾は風水を信じ、常々家に風水師を招いていたが、埋葬の地を誤ったため、跡継ぎができなかったという。「祖父の方伯贈尚書府君と伯祖の兵部尚書太師府君とは同じ母から生まれた兄弟である。伯祖父は風水学を熱心に信じ、家にはいつも風水師を数人置いていた。祖父はつねにこれを非難していた。祖父は自分で墓所を高祖の忠勤公の墓の西に決め、いつも私の父に語っていた。最初にこの地を訪れたとき、足元の歩みが高いところに乗っているかのように感じた。しかし実際は平地だった。それでここはよい土地だと思い、祖母にあたる二人の夫人を葬ることにしたと。一方、伯祖父が選んだのは淄川県の北の、新城から六十里のところであり、とうとう彼には後継ぎができなかった。祖父には子や孫が多く、私たち母を同じくする兄弟四人のうち三人が進士に及第した。祖父は最初戸部左右侍郎を贈られ、さらに刑部尚書を追贈された。どちらも経筵講官の肩書を帯びている」『分甘餘話』(『文淵閣四庫全書』台湾商務印書館、一九八三、第八七〇冊、五五一頁)。

『居易録』には、ある学生の先祖が良い風水を懸命に求めた経緯のことも記載されている。「人間の科挙での首尾はどれだけ学問を積み徳を修めたかに在り、風水の説は関係ない。しかしながら明らかに信じるしかないものもある」のであり、彼の門人呉昺はその好例だというのである。呉の曾祖父である呉体泉は父親の洞天福地の安葬場所を探すために、特別に風水に通じた福建人簡堯坡を家に招き、報酬をたっぷり支払った。簡は三年経っても好い地を見つけられず、ほとんど諦めかけていた。そして陳家市と呼ばれる酒屋で酒を飲んでいた時のことである。「欄干にもたれて遠くを眺めていたが、しばらくすると、酒を飲むのをやめて起ちあがって、『不思議なことだ、私はよい土地を遠くまで求めていたが三年経っても見つからず、それなのにここにあるとは』といった」。二回そこを往ったり来たりして見た後、簡は喜んで「天の賜である。ここに依頼主に報告することができる土地を見つけた」と叫び、さらに予言した。「孫の代になってその効果が発現する、発現するときは必ず兄弟一緒である。文筆に優れた者同士が並び立ち、発現するときは必ず三番以内の成績で合格するだろう。しかし偏りがあるので必ずしも状元ではなかろう、もしかすると第二位、第三位だろう。また一代限りでは終わらない」と。後になって果たしてその予言の一つ一つが当った。王士禛は学生の話を聴いて「簡の術も亦た神なり」と讃嘆している。王士禛『居易録』巻一〇(周光培編『清代筆記小説』六六、河北教育出版社 一九九六、三八七~三八八頁)。

彼は筆記に学生の霊験あらたかな家系について記載しただけでなく、墓誌銘においても同僚である山西道監察御史傅扆(彤臣)の特異な能力と体験について記述している。「公は普段から神秘体験が多くあった。諸生だった時、社の鬼が憑依した占い師がいた。傅公が行くと鬼は逃げ出し『傅公は正人だ』と言ったとか。辛亥の冬、傅公は風邪をこじらせて危篤状態になり、夢の中で観音大士が甘露をその頂に灑ぎ、君の至孝は天に届いている、寿命を十二年のばすべきだというのを見た。こうして危篤を脱した。それから十二年して傅公は亡くなった。」「敕授文林郎掌山西道事山西道監察御史彤臣傅公墓誌銘」、『漁洋山人文略』（以下、『文略』）巻八、『叢書集成三編』五四、新文豊出版公司、一九九七、一七九頁。

（11）王士禛の祖父王象晋は、崇禎年間に揚州兵備副使に任じられていた。『年譜』四頁、一六頁。

（12）汪琬は王士禛と同じ順治十二年の進士であり、古文家として名を成し、詩は宋詩を尊んだ。しかし、彼は狷介な性質で、軽々しく他人を認めたりしなかった。そのため人は多くの場合、汪を捨て王につき、王のことを「春風中に坐すが如し」と言った。蔣寅『王漁洋事跡徴略』（人民文学出版社、二〇〇一）三四頁、および宋犖「誥授資政大夫経筵講官刑部尚書阮亭王公暨元配誥贈夫人張夫人合葬墓誌銘」（『年譜』一一〇頁）参照。蔣寅の『徴略』は王士禛に関するこれまで最も優れた年譜であり、王漁洋の事跡、交友、作品などについての精緻な整理と考証は、本論の執筆に際し大きな助けとなった。

（13）張宇声「王漁洋揚州文学活動詳述」、『淄博師専学報』一九九六年第一期、五〇号。

（14）この書簡には下注に「辛丑（順治十八年、一六六一）」とあり、これからすれば降格処分の二年前のもののようであるが、この一つ前の書簡には「壬寅九月」とあり、一つ後には「壬寅秋」とある。そのため私はこの書簡は壬寅の年に書かれたものではないかと推測した。

（15）この書簡には甲辰の年の作だと記されている。

（16）『王士禛年譜』所収の『王考功年譜』には、康熙三年に受けた処分についてより詳しい記述がある。「三月、礼部は試験答案を集めて、その語句の瑕疵を指摘した。通例では試験官は三か月の減俸処分だが、この時の人事査定は峻烈で、先生の処分を吏部送りとした。五月には、刑部の獄に下された」。なお、明清の科挙の試験では、礼部は規定によって人を派遣して郷試や会試の試験答案を再点検させた。語句や書法が規定に適合しているかを検査するものであり、これを磨勘といった。

（17）王士禛による生前の自作年譜の記事は、かなり簡単なものである。雍正年間に、王の門人の恵周惕の孫で、著名な考証学者である恵棟が『漁洋山人年譜』を作り、王の生平の事跡についての記事をかなり補充した。後に両者を合体させたのが今日の『王士禛年譜』である。本論に引用した王についての賞賛の言葉は、すべて恵棟が補記したものである。

（18）『年譜』（一七～一八頁）はこれについて次のように記載している。「話は戻るが、海賊〔鄭成功〕が江上、宣城、金壇、儀真に攻め入った時、ひそかにこれに通じていた者がいた。皇帝の命を受けた大臣がそれを審理することになり、これに巻き添えになって獄に繫がれた者が多かった。巡撫以下は、審問で少しでも意に添わぬことがあれば、すべて故意に犯人を逃がしたという罪を着せた」。

(19) 雍正年間には正式に「衝、繁、疲、難」という四つの基準が定められ、府州県に地方官の人員を配置する際の等級の根拠となった。「交通の要衝を衝という。政務が多い所を繁という。税金の滞納が多いところを疲という。民風が狡猾かつ凶悪で、殺人や強盗事件が多いところを難という」。この基準からみれば、王士禛がいた時の揚州は、少なくとも衝、繁、疲の三要素を兼ね備えていたことになる。実際、順治十二年に府州県に対して行われた三等の区分では、揚州は「政務が繁雑」、「地方の要衝」ということで、そのほかの二十九の府とともに全国で百以上あった欠員ポストの中の「最重要なもの」とされている。これに関連する研究は、劉錚雲「『衝、繁、疲、難』――清代道、府、庁、州、県等級初探」(『中央研究院歴史語言研究所集刊』六四－一、一九九三、一七六～一七八頁)を参照のこと。恵棟が「揚州を繁劇」と述べたりあるいはその他の記載に「広陵は江南の繁劇の地」とあるのは、ともに文学的な修辞ではない。「緊急を要する書類が山積みで、軍書や檄文が雨のように次々に届く」といった描写や揚州が滞納していた賦税からは、揚州が「繁劇の地」とみなされていた理由がわかる。

(20) 尤侗の「阮亭壬寅詩」の序(『漁洋山人集』七種之一所収)も、王が公務の合間に文雅を楽しんでいたことを強調している。「揚州は東南の一大都会である。その地に官として赴任する者は、訪問客の車馬が絶えることなく、面会人もひっきりなしである。事務を片付ける暇さえないのに、どうして詩を賦す暇などあろうか。それなのに阮亭は頭巾を脱いで詩を詠み、一日中それが続く。それはまるで門を閉ざして客を拒む隠居した閑人のようだ」。

(21) これは呉偉業が程康荘の『自課堂集』のために書いた序文である。蔣寅『王漁洋事跡徵略』一二四頁より引用。

(22) 王士禛のように公務の合間に山水を遊覧するやり方は、決して特殊な例ではない。巫仁恕の研究によれば、明朝晩期から旅行ブームが盛んになり、地方官が公務出張の合間に四方に出かける現象は、士大夫の旅行文化の主要モデルとなった。詳しくは巫仁恕「晩明的旅遊活動与消費文化――以江南為討論中心」(『中央研究院近代史研究所集刊』四一、二〇〇三、九八～一〇三頁)参照。

(23) 王士禛は「阮亭壬寅詩自序」(『漁洋山人集』七種之一所収)の中で、丙申(一六五六)から辛丑(一六六一)までの六年間で総計一千二百首あまりの詩を作り、詩にはこの六年の間の「居処、游宴、友朋、贈答、山や川の様子、宮闕の壮麗さ、風煙の草樹、江湖の霜雪といった自然の移り変わり」が描かれていると語っている。

（24）両淮塩運使の盧見曾が乾隆二十二年（一七五七）に主催した紅橋の修禊には七千人以上が参加したという。戴震や恵棟など著名な考証学者は上客として招かれている。李斗『揚州画舫録』巻一〇（中華書局、一九九七、二二九～二三〇頁）参照。トビー・メイヤー・フォンは盧見曾は同じく揚州で任官していた王士禛を手本にし、修禊の催しや詩文の出版などの活動を続けることで王との一体感を強めようとしたのだとする。*Building Culture in Early Qing Yangzhou* (Stanford. Stanford University Press, 2003) p.74参照。盧見曾が王士禛に対して抱いていたシンパシーは、本論の後半で論及する王士禛の蘇東坡へのシンパシーにもつながるものであり、揚州文化の伝承と系譜はこうした著名な官僚／士大夫によって絶えることなく綿々と続いていたのである。

（25）楊慎（用修）は酒に酔うと様々な狂癲ぶりを発揮し、友人の目をそば立たせた。友人が諫めると、彼は「はやる志をいささか紛らわせて余世をやり過ごしているのだ、老顚 風景を裂かんと欲す（老いぼれて見苦しくなっている）というのなら、確かにそうかもしれないが、私のことを知らない者はこの言葉を耳にしないだろうし、私が知っている者にこの言葉が届かないはずはない」と答えたという。王士禛はこれに基づいて「老顚 風景を裂くを怪しまずして、名園上日 相い逢迎す」（「上巳辟彊招同邵潜夫陳其年修禊水絵園八首」）と詠んでいる。詳しくは恵棟の考証を参照のこと。

（26）恵棟の注釈によれば、「缸面」は新酒、「玉練槌」は唐の美酒の名であり、「唐の時甘醴を造り、玉練槌と名づく、口に入れば香美なり」なのだという。「潑乳」は酒を指す。恵棟の注釈は梁の張率の「対酒詩」に「花の如きは良に貴ぶ可し、乳に似たるは更に珍するに堪う」とあり、岑参の「青門歌送東台張判官〔青門歌もて東台の張判官を送る〕」詩に「花様の玉缸酒は乳の如し」とあるのを引用する。「大戸」は虚構の酔郷の中の「飲材有る者〔飲酒の才能がある者〕」である。「花鼓」の典故も唐朝のものである。金栄の注によれば南卓の『羯鼓録』に、「明皇嘗て琴を聴く、未だ終わざるに、遽かに之を止めて曰く、『速やかに花奴に羯鼓を持ちて来らせよ、我の為に穢を解け』と」とあるのに基づく。

（27）恵棟は「風光…」の句の注釈に張謂の「湖上対酒行」の「風光此くの若くして人酔わずんば、参差として東園の花に辜負せん」を引く。「帽影鞭糸」の出典は陸游「斉天楽左綿道中」詞の「寒月征塵、鞭糸帽影、常に把りて流年虚しく占めん」である。

（28）恵棟の注釈によれば、ここの糸竹清音の出典は、左思「招隠詩」の「糸と竹を必とするに非ず、山水に清音有り」だという。

(29) 王鴻泰は時間と空間の両方の角度から士大夫がどのように庸俗や流行といった俗文化と雅文化を区別したかについて、極めて説得力のある分析をしている。ニューヨークのコロンビア大学で二〇〇二年に開催された「中国日常生活的論述与実践学術研討会」で発表された「明清士人的生活経営与雅俗的弁証」を参照されたい。彼にはほかにも専ら都市の園林と文人文化の関係を論じた論文がある。「美感空間的経営――明清的城市園林和文人文化」(収入『東亜近代思想与社会』、月旦出版社、一九九九、一二七～一八六頁)を参照されたい。

(30)『漁洋詩集』には原詩二十首が収録されているが、『漁洋精華録』には王士禛は二十首のうち十二首のみを選出しており、これが今日一般に知られている「冶春絶句十二首」である。

(31) 恵棟と金栄の注釈により、海棠の開花は臙脂を点々と散らしたようで、しかも成都の海棠はさらに艶やかで花の中でも卓絶していることがわかる。次はこれに関する詩文である。陸放翁の『渭南文集』に「故の蜀の燕王の宮は海棠の盛んなること成都第一為り」とある。また『格物叢話』には「唐の『李贊皇集』に花木の海を以て名とする者は悉く海上より来りとあるは、海棠是れなり。花は五出し、極めて紅にして、胭脂点点たり。其の色有りて香る者は、唯だ蜀中の嘉州のみ然りと為す」とあり、陸放翁「見故屛風海棠有感詩」に、「成都二月 海棠開き、金繡裏城 巷陌に迷う」とある。

(32) この詩は後に選定された『漁洋精華録』には収録されていないが、もとは「冶春絶句二十首」中の一首である。『漁洋詩集』、六六六頁。

(33) 孫康宜教授もまた蘇軾が王士禛にとって偶像的地位にあったことに注目している。教授は王には古代の巨匠や権威のある詩人に連なり、それと対等に「競争」したいという「焦慮」があったという。さらにもう一つ重要なのは、王は詩を王朝で区切ろうとする詩派の考え方に反対であり、唐詩を高く掲げる一方で、宋代詩人も尊崇した。さらに六朝の詩も学び、明詩に反対したりもしていない。孫康宜「典範詩人王漁洋」(陳平原・王徳威・商偉編『晩明与晩清――歴史伝承与文化創新』、湖北教育出版社、二〇〇二)所収、五五三頁を参照せよ。

(34) 恵棟の王士禛「上方寺訪東坡先生石刻詩次韻」の注釈を参照のこと。恵棟注『漁洋山人精華録訓纂』(『四庫存目』集部二二六)、巻一(下)、二六頁。

(35) 王巌「蜀岡禅智寺唱和詩序」(『漁洋山人集』七種之六)および王士禛「次蘇公韻」(『漁洋山人集』七種之六)を参照。

(36) 蔣寅『王漁洋事跡徴略』(人民文学出版社、二〇〇一)五九頁参照。『王漁洋事跡徴略』は、以下『徴略』。

（37）蔣寅『徵略』、一一三〜一一四頁を参照。実際には上方寺の残碑は王士禛が揚州在任の五年間に修復した唯一の蘇東坡の遺跡というわけではない。彼は着任後、あちこちを遊覧しており、高郵の文游台に立ち寄ったとき、文游台を修復することを思いついた。文游台は高郵の城東に在る。かつて蘇東坡が秦観や孫覚らとともに訪れ、ここで文を論じながら酒を飲み、その地の長官がそれに因んで台を築き文游と名づけ、そのすばらしさを記した。王士禛は台に登って詩を賦しただけでなく、故人の勝游の地を修復することを発願し、地元の官紳の協助の下、順治十八年から始め、康熙三年に修復を終えた。その「重修文游台記」では、王士禛は蘇東坡が貶謫された後、江淮をさすらい、ここを訪れたことを記している。さらに王は古跡の修復を通じて東坡の風流が、五、六百年後の現在にも伝わるようにと願っている。「考うるに公の生平の蹤跡は、多くは江淮に在り、又た嘗て孫莘老、秦少游、王定国の輩と遊ぶ処最も善し。而も孫、秦の二君子は、皆な高郵の人なり、故に郵は楽して公を得て顕わる。而して文游台は城東北里許りに在り、即ち公三君子と与に嘗て遊びて眺める所の者なり。……余 順治十七年を以て来りて広陵に李〔吏に同じ〕たり、文書の暇に、多く小艇を浮かべて三十六湖の上りを往来し、因りて是の台に登りて之を悼む。其の頽廃荒落を嗟き、諸れを州の守及び州の士大夫に謀り、以て修葺して之を振起する所の者を思う。辛丑より始まり甲辰迄で、四歳と三守を閲して台の工以て成れり。方公洎び三君子は、直道を以て世に容れられず、跡を湖海に放ち、是の台に登りて以て嘯詠し、其の無聊不平の気を発抒す。宋自り今まで、五六百載を閲す、所謂僉壬〔小人〕なる者は、其の人と骨は皆な已に朽ち、而るに斯の台は巋然たり。公の風流は無窮に映え、然らば則ち公は不幸と謂うべけんや」と（『集釈』三五四、三五九頁）。

（38）王士禛が自分たち兄弟二人の感情を蘇軾蘇轍兄弟になぞらえたことには十分な理由がある。蘇轍（一〇三九〜一一一二）が生まれた時には、長女と長兄はともに夭折しており、そのため他の二歳年上の仲兄蘇軾と特に仲が良かった。『宋史』蘇轍伝には、「蘇と兄（軾）の進退出処は、相い同じからざるは無し。患難の中、友愛弥いよ篤く、少しも怨尤無し。近古罕に見る」とある。曽棗荘『蘇軾評伝』（五南図書公司、一九九五、三〜一二頁）も、蘇氏兄弟二人が幼い時一緒に学問し、成長した過程を詳細に紹介している。

（39）湖州詩案が発生したのは宋の神宗元豊二年（一〇七九）である。一般の通称は「東坡烏台詩案」である。蘇軾は熙寧年間、王安石の変法新政に反対したことで、朝廷から排除された。王安石が宰相を罷めた後、党争は益ます深刻になった。元豊二年二月、知徐州を解任され、湖州に転任となった。四月末に着任したが、わずか三か月で朝廷から派遣された者に逮捕された。原因は彼が「湖州謝上表」に愚痴を二句書いたからであり、新法を推進する者に罪せられたのである。これらの人は蘇東坡の詩文を集めて、こじつけの解釈をし、事実を捻じ曲げて蘇東坡が悪だくみをもち、皇帝を怨嗟し、誹謗しているという罪名をなすりつけた。この烏台詩案は北宋の有名な文字の獄であり、蘇軾はこれでほとんど命と喪いかけた。のちに王安石らの援助でようやく難を逃れた。蘇轍もわざわざ「為兄軾下獄上書」を書いて神宗皇帝に奉り、小さいころから助け合って生きてきた兄のために命乞いをした。上書には「臣は早くに怙恃を失い、惟だ兄軾一人のみ相い須ちて命と為す、今竊かに其の罪を得て、逮捕せられ獄に赴くを聞き、家を挙げて驚号し、憂いは不測に在り。……手足の情に勝えず、故に為に死を冒して一言す」とある。詳しくは曽棗荘等著『蘇軾研究史』（江蘇教育出版社、二〇〇一）一七～二三頁を参照。

(40) 王士禄の『十笏草堂辛甲集』巻首「拘幽集自序」は、蔣寅『徵略』一一四頁からの引用である。

(41) 厳迪昌は、王士禛の一生の詩作はもともと「大音希声」の唐韻の域を越えるものではなく、中年以後の「三唐を越えて両宋に事う」という言い方は、「時流の趨勢に便宜的に順応」するためだとみなしている。そしてその時流の趨勢とは、当時の詩選の編集者が平素から蘇軾や黄庭堅ら宋人の作品を好んだことを指す。王はそのため「光を和らげて塵を同にする（自己の本領をかくして、世俗とつきあうこと）」ように各方面の詩芸を奉じる人と付き合ったのだという。これは厳迪昌氏の『清詩史』四四九～四五〇頁に見える。ただし、私のこの節の叙述からは、厳氏の説には史実との重大なズレがあることがわかろう。王士禛の蘇東坡への愛好やシンパシーは若いころから始まっており、揚州で任官していた時はそれがより思いのまま存分に発揮されていた。中年から時流に乗るため宋詩に改宗したというのは、極めて無責任な説である。王士禛の門人兪兆晟が引用する王の晩年の自述は自分の詩論は数度変転したのだという。「少年初めて仕えし時、惟だ博綜該洽に務め、以て兼ねて長ずるを求め」たというのからも、揚州時代の王は唐や宋の詩歌の伝統について時代を取捨選択の判断基準にしていなかったといえよう。王士禛「『漁洋詩話』序」、『清詩話』（中華書局、一九六三）、上冊、一六三頁参照。彼の揚州時代の神韻詩とは、唐音を主要な基礎としつつも、そこには蘇軾や陸游らの影響があり、このことは確かに彼自身のいう「博綜該洽」が反映されたものといえる。前掲の張宇声「王漁洋揚州文学活動評述」五六～五七頁を参照。

(42) 王振忠『明清徽商与淮揚社会変遷』、三聯書店、一九九六、七七頁。

(43) 鄭燮は雍正元年（一七二三）から「十載 揚州にて画師と作る」という生活をしていた。本書第八章「都市での彷徨――鄭板橋のうたかたの人生」を参照されたい。

(44) 蒋寅の考証によれば、朱彝尊は康熙三年（一六六四）閏六月の下旬に雲中に行き、侍郎曹溶に謁見しており、その際揚州に立ち寄ったが、王士禛はちょうど南京に行っていたため会えず、思いを綴った詩を残して立ち去った。王はその詩を見てすぐに詩を彼に送った。『徴略』一一三頁参照。

(45) 蒋寅『徴略』七六頁参照。

(46) 蒋寅『徴略』八三～八四頁参照。

(47) 王は自注で、特に鶴を贈ったことと梅見のことに言及し、「皆な余と茗文の近事なり」と言っている。

(48) 侍郎経験者の李敬は王士禛が揚州に赴任する前、北京で知り合った忘年の友である。順治十八年（一六六一）、李が揚州を通りかかった際、王はみずから彼を舟中に訪ね、当代詩人の功について議論した。王士禛「李侍郎」、『池北偶談』（下）、巻一三、三一七頁。

(49) 丘象升『南斎詩集』、ここでは蒋寅『徴略』七七頁より引用。

(50) 王士禛自身、『年譜』の順治十八年、二十八歳のときに呉郡に出張した折の遊覧について次のように記している。「舟を楓橋に停泊させ、寒山寺に立ち寄った。すでに薄暗く、風も雨混じりであったが、山人は衣をからげて下駄をはき、松明を並べて岸に上がり、そのまま寺の門に行き、二首の絶句を書きつけて去った。当時の人には狂だとされた」。『年譜』、一八頁参照。これを張岱が夜に金山寺に闖入し、大殿で灯火を掲げたのに比べると王士禛の方はやや小粒であるが、王は自分が松明を並べて岸に上がり、夜分に名寺に詩を書きつけたという振る舞いを自ら誇りたかったのだろう。張岱については『陶庵夢憶』巻一をみよ。

(51) 林古度が王士禛の『入呉集』のために書いた序文である。『漁洋山人集』七種之五に収入されている。

(52) 同じような話を王士禛は『居易録』（一五〇頁）に次のように記載している。「施愚山（閏章）はこれを見て言った。『私は林翁との付き合いが長いが、君の手になる詩選がなければその本当の値打ちがわからなかった。というわけで、君の林翁についての功績は大きい』。王は詩を取捨選択するに当たり、特に林の若い時の作を選び、彼の特色が際立つようにしたのである。

(53) 蒋寅『徴略』七七、七四頁参照。

（54）厳迪昌は王士禛が揚州に着任して三年後にはじめて呉嘉紀のことを知ったというのはあり得ないとし、そこから王には最初呉嘉紀を軽侮する気持ちがあったと推断する。そして王の『分甘余話』中の評論を引き、呉に対する賛美が世辞であったことの証左としている（『清詩史』一三四頁）。『分甘余話』は康熙四十三年（一七〇四）に王士禛が官僚を辞めた後の回想であり、彼が呉嘉紀と最初に知ってからすでに四十年が経過している。王の晩年における呉に対する評価は明らかに大きく変化しており、王が彼を揚州の交流圏に引き入れて以後、そのため「四方の士と交游唱和し、漸く本色を失う」、「其の詩も亦た漸く落ち、其の魏野・楊樸〔ともに北宋の隠逸詩人〕為るを終えず」（『分甘余話』巻四、五九二頁）という。王の晩年の評論から判断して若いころの賛美は心のこもらぬ虚飾の辞だとするのは、明らかに公平を失していよう。実際、王が最初に呉を褒めたのは、彼の詩文が古淡で高寒だったからであり、晩年の批判は、一人の「寒々とした呉の野人」が、仲間に「持てはやされ」、隠逸詩人としての本色を失ったことによるものである。王は康熙二年に『陋軒詩』を読んだ後、特別に新刻の詩集のために序文を書き、呉の詩を「孟郊賈島」になぞらえている。厳迪昌はこれを貶辞だとするが、実は全体を誤読している。王士禛は当時流行していた六朝の物まねをし、空疎な辞を飾り立てる詩作に大きな不満を感じており、そのため呉の「古淡高寒」の作風に引かれたのだろう。王士禛「陋軒詩序」にいう。「一読してみると、古淡高寒で、金石から発せられた音楽のようで、孟郊や賈島の類に近い。最近は詩人と名乗っている者が多いが、漢魏の真似をし、六朝から盗んで、互いに褒め合って高名を気取り、詩語を分類した書物を作ることで生計を立てたりしており、こうした汚らわしく荒廃した有様が久しく続いている。君は白髪頭で貧乏暮らし、海のほとりに逼塞して詩を作り、思いを遠くに託しており、門外のことを知らない者のようだ。楽天知命でなければ、どうしてこの境地に至ることができようか」（『続修四庫全書』、上海古籍出版社、二〇〇二、第一四〇三冊、三九一頁）。

（55）呉梅村に対して王士禛は師の礼を執っている。『居易録』には「呉梅村（偉業）師は私が広陵にいたころ公務を終えると夜は詩人に接していたとおっしゃった」とある。

（56）蔣寅『王漁洋与康熙詩壇』二～六頁。王士禛は『年譜』の中で特に銭謙益が序文の中で「君に代替わりだ」と託されたことに言及している。一九頁。

（57）蔣寅『王漁洋与康熙詩壇』七～二一頁。

（58）この詩は朱克生の「同冒辟疆飲阮亭署中憶茗文西樵石臞（冒辟疆と同に阮亭の署中に飲み茗文・西樵・石臞を憶う）」であ

る。蔣寅『徴略』七八頁により引用。

(59) 順治十八年端午に、冒襄（辟疆）は如皋から息子の冒丹書を派遣して贈り物を届けさせた。翌年とその次の年の八月にも、冒襄はそれぞれ祝いの品と寿詩を送っている。康熙三年五月、陳其年は揚州に行く際に、冒辟疆は陳に冒の妻が作った紈扇や約履などの端午の節句の挨拶の品をことづけている。蔣寅『徴略』八四、八八、一〇九、一一六頁参照。

(60) Tobie Meyer-Fong, Building Culture in Early Qing Yangzhou, pp.51-53

(61) 厳迪昌はこの詩の意味についてポイントを押さえた分析している。厳によれば王士禛兄弟はともに自ら新王朝に出仕しており、しかも王が「秋聊詩」を詠じたのはまさに進士への路に邁進している時であり、若者が志を得ようというのに、「明が亡びたのを弔う」詩で面倒を引き起こす必要など全くなかったとする（『清詩史』四二〇～四二三頁）。

(62) 『清詩史』四二八頁。

(63) 張宇声、「王漁洋揚州文学活動評述」、五二頁。

(64) 同上、五二～五三頁。

(65) 厳迪昌、『清詩史』、四三〇頁。

(66) 厳迪昌がこのように判断する主要な証拠となっているのは、王士禛は『居易録』の中でふだんの交遊にまつわることを多々述べているが、そこに言及されるのがすべて官員や郷紳といった層の詩人で、布衣や遺民との交流が列挙されていないということである（『清詩史』、四二九～四三〇頁）。しかし、文章の前後の文脈から考えて、「庚子の揚州に官たるや、揚州の衣冠輻輳し、論交は四方に遍く、又た数しば金陵、姑蘇、毘陵に之き、至る所文章の友多く、従い遊ぶ者亦た衆し」という言い方は、極めて自然であり、多くの従い遊ぶ者や四方の友を一つ一つ並べる必要などない。実際、王は『居易録』の別のところで、丁胤、邵潜、林茂之、孫枝蔚、呉嘉紀、杜濬などの遺民や布衣との交際について、頗る詳細に記している（一四九～一五四頁）。晩年、自ら書いた『年譜』、あるいは自編の詩集でもこれらの人との交際を抹殺消去しているわけではない。厳氏のこうした一部の証拠のみを採用しての論には、説得力がない。

(67) 蔣寅『徴略』、九七、一三一頁。

(68) ソフィー・フォルプ（Sophie Volpp、中文名：袁書非）「如食橄欖――十七世紀中国対男伶的文学消受」、陳平原・王徳威・商偉編『晩明与晩清――歴史伝承与文化創新』、湖北教育出版社、二〇〇二、二九一～二九三頁。

（69）注（68）のソフィー・フォルプ「如食橄欖」による。『雲郎小史』は冒襄の子孫の冒広生（鶴亭、一八七三～一九五九）が編纂したもので、陳其年と紫雲の交際に関する各種の資料を集成したものである。徐紫雲は字を九青という。陳其年は水絵園で彼と出会い、彼の肖像画を描き、あちこちに題詩を乞い、『九青図詠』一巻を作った。上掲の二書はともに張江裁（次渓）輯『清代燕都梨園史料続編』（一九三七年双肇楼排印本、中央研究院歴史語言研究所傅斯年図書館蔵）巻一に収録されている。冒襄は陳其年の死後に書いた悼亡詩の中でも特にこれに言及している。「水絵詩千首、園林景物添う、……選声は極豪の髪、図画は楚腰の繊」、「其年密かに紫雲の小像を画き、遍く題詠を求めて巻を成す」（冒襄「哭陳其年太史倡和詩」、『同人集』巻九、三九六頁）。「雲郎小史序」によれば、徐紫雲は崇禎十七年（一六四四）に生まれ、康熙十四年（一六七五）に没している。陳其年は順治十五年（一六五八）に水絵園で学問していた時に紫雲と情を交わし、康熙七年（一六六八）に京師に行ったときにも、紫雲を同行させている。張次渓「雲郎小史序」は『雲郎小史』の一a頁を参照。『九青小像』は別名「雲郎出浴図」ともいい、これに題詠した者は七十人余りで、そこには冒襄、王士禛、林古度、呉嘉紀、孫枝蔚らの著名な文人士大夫の詩が一百五十首余りも含まれている（『雲郎小史』七a～b頁）。その後この書物は雍正、乾隆、光緒年間にも翻刻され、文人に所蔵され購入され、品評された。次に挙げる関連資料からは、陳其年と紫雲の同性愛がいかに頌揚され潤色され続けたかがよくわかる。「先生は後に鴻博に挙げられ検討に官し、康熙壬戌に京師に卒す、今且（まさ）に五十年ならんとす。忽ち賈人子の此の図を持ちて諸（こ）れを市に售（う）り、余は之を購い得たり。……乃ち装潢して之を蔵し、復た詩一章を為り、巻末に書す。時に雍正辛亥夏五月なり」（『九青図詠』一八a頁）。「此の巻は呉公諸（こ）れを市中に得たり、装輯して巻を成し、持ちて金棕亭教授に贈る、棕亭転じて以て余に贈る。……今は之を篋中に蔵し且に十年ならんとす、後日誰か復た此れを得る者なるかを知らず、願わくは世世（よよ）之を宝とすれば、可なるのみ」（同、一九b～二〇a頁）。「乾隆乙卯五月、弢園侍読広陵の羅山人の聘を倩（こ）い副本を重摹して以て之を蔵す。原巻の題詠燦（さん）として日星の如く、今迄人の抄写する無し。嘉慶庚午、長夏暑逭（さ）けるに、七里塘の友人出だして是の巻を観て、尾に重録を為すを嘱す。……此の後に同声館倡和雲郎詞三十首を附し、……又た巻端に百穫山農の序一首有り」（同、一九a頁）、「『九青図詠』（即ち『出浴図題詠』）は揚州に旧と刻本有り、光緒中沈太倅覆刻して『拜鴦楼四種』中に入れ、余為に「紫雲小伝」を補撰す」（『雲郎小史』八a頁）。

（70）注（68）論文、二九三頁。

（71）この序文は蔣寅『徵略』五三頁からの引用である。

（72）蔣寅は王士禛が江南の遺民と築いた関係に特に着目し、揚州での五年の経歴が王士禛の生涯の仕途で果たしたキーポイントだと分析し、「揚州での任官の経歴は王漁洋にとってたいした政治資本となったわけではないが、彼が江南の遺民詩人群の支持を勝ち得たこと、これは後日、順調な仕途と赫赫たる名声にとっての重要な資本となった。江南の遺民詩人群の強大な輿論をバックに、彼が当代随一の詩名を得てこれによって翰林院に入り、文壇の中心へと向かったことに、計り知れない影響があった」という。二〇〇四年五月二七日、台北の中央研究院中国文哲研究所にて開催された「王士禛及其文学群体学術研討会」で蔣寅が発表した「王士禛与江南遺民詩人群」による。

（73）私がここで借用したのは、イギリスの英国小説家E・M・フォスターの理論である。フォスターは小説の登場人物をフラット・キャラクターとラウンド・キャラクターとに分類する。フラット・キャラクターとは「ある種の類型的あるいは漫画的といわれる人物」で、「最も純粋な形式において、単純な理念あるいは性質として描かれ」、「本物のフラット・キャラクターとは単純で一つの言葉で形容できる」。一方、ラウンド・キャラクターとは一つの単純な言葉で描き尽くせず、次々に変化し、複雑で多様な人物である。フォスターが指すのは小説中の人物ではあるが、私はこうした概念は我々が研究しようとする歴史上の人物についてもヒントを与えてくれると考えている。歴史上の人物――特にある重要人物について解釈あるいは再構築しようとする時、類型化という陥りやすい紋切り型をいかに脱するかは我々が直面する課題である。Edward Morgan Forster, *Aspects of the Novel* を参照のこと。原書は未見である。私がここで用いたのは次の中国語版である。仏斯特著、李文彬訳『小説面面観、現代小説写作的芸術』、志文出版社、一九七三、九二～九四頁参照。

◉第六章　袁枚と十八世紀中国の伝統における自由

一、中国の伝統と自由主義

二十世紀の中国の知識人の自由主義に対する検討や提唱では、主に政治や制度における自由が重んじられてきた。言論、思想、結社など基本的権利の保障によって、あらゆる抑圧的な政治支配に対抗しようとしたのである。張仏泉の『自由与人権』はこれを論点とする代表的な著作である。該書の巻頭では、自由という概念を二つの範疇に分けている。一つは政治面の保障、もう一つは「人間の内面的生活のある種の状態」である。この二つの意味の自由は、それぞれ独立した別個の「意味系統」に属している。前者は政治の自由、つまり具体的に挙げられる基本的人権を指すが、後者はやや曖昧で抽象的な道徳の自由や意志の自由を指す。彼が該書の中で関心を示しているのは、前者の意味における自由である(1)。

張仏泉の見方によれば、前者の人権を求める政治的自由は、中国の伝統の中ではずっと形成されてこなかった。それに対し、後者の道徳あるいは精神的自由は、早い時期に中国に出現しており、孔子の言論や禅宗の思想に、この意味の自由を見出すことができる(2)。張仏泉は基本的人権に対する関心から出発し、中国における政治的自由の欠乏を論証した。それは一般の読者にとっては理解しやすく、受け入れやすいものであろう。だが彼は同時に後者の自由の意義を指摘したうえで、中国の伝統とこの自由との関連について略述している。それは伝統を激しく攻撃する五四時期の言論に比べて、ある種の進歩と言えなくはない。ただし彼にとっては、この種の自由は論の中心ではなかった。

抑圧的政治支配――伝統的な専制皇権、軍閥政治、国民党の独裁や権威主義的統治にせよ、共産党の全体主義的統治にせよ――に対抗する行動哲学として、二十世紀の中国や台湾における自由主義に関する言説は、基本的人権を求める政治的自由に偏らざるを得ない。極めて強い目的性を持つこの行動哲学には、もちろんそれが出現した歴史的背景や道徳的正当性がある。だが、言説の形成と変遷にともない、あらゆる行動綱領や指針から生じ得る問題――歴史や伝統の簡略化――が起こるのは避けようもない。中国二十世紀の歴史的文脈から見れば、この簡略化は一方では自由主義自体に対する解釈で、もう一方では自由と伝統とを対立させる過程で起こったものである。自由主義の重要な発端であった五四新文化運動は、中国の伝統を激しく攻撃し、そのことで自由主義は往々にして西洋的、近代的、進歩的思潮、そして中国的、伝統的なもののアンチテーゼとして存在した。

張仏泉の腑分けは簡単のように見えるが、問題の複雑性をはらんでいる。人権リストを自由の基本的意義とする一方で、彼の二つの自由についての論は、少なくとも、中国の伝統には自由のある種の意味と一致しているものがあること、そして中国の伝統と西洋の自由は截然と対立する二つの実存ではないことに気づかせてくれる。

文献を細かく調べると、激烈な反伝統の指導者と自由主義の代弁者という二つの役割を兼ねる胡適にとっても、西洋の自由主義と中国の伝統は完全に対立する二つの命題ではなかった。彼は民国十九年〔一九三〇〕に書いた学術的文章「呂氏春秋を談ず」の中で、『呂氏春秋』における自己重視の個人主義を非常に高く評価している。

『呂氏春秋』の第一紀の第一篇は「本生」で、第二篇は「重己」である。第二紀の第一篇は「貴生」で、第二篇は「情欲」である。ともに全体の主旨を明らかにする文章であり、それが提唱しているのは「貴生主義」と呼ぶべき健全な個人主義である。(3)

胡適らからすれば、儒教思想もしくは宋明理学の「天理を存して、人欲を去る」という主張は、完全に人を食う礼教であり、全力を挙げて討伐しなければならないものである。それに対して、『呂氏春秋』は政府の働きは人間の情欲を満足させることだと主張するゆえに、胡適に大いに称揚された。

『呂氏春秋』は……なんと正直に、政治の運用は人間の欲望によるもので、それが政治の綱紀であると認めていることか。欲望が多い人ほど使える。欲望が少ない人ほど使えない。無欲の人は、誰も使うことができない。そのため、「腕利きの統治者は人に無窮の欲を持たせることができるゆえに、人を無窮に使うこともできる」（「為欲」）というのだ。

このように人間の欲望を尊重し、政府の働きは「人に無窮の欲を持たせること」にあると認めることは、一種の楽利主義の政治学説といえる。(4)

胡適のいう「楽利主義」は、すなわちベンサムやミルらが提唱する功利主義である。

したがって、健全な楽利主義の政治思想は、己を重んじ、生を重んじる健全な個人主義のもとに樹立されねばならない。（近世の楽利主義 utilitarianism の提唱者は、ベンサムにせよ、ミルにせよ、みな個人の快楽と利益から出発している。）『呂氏春秋』の政治思想は、人民に欲望を遂げさせることを目的とするため、楽利主義といえる。(5)

周知のように、ミルはベンサムが提唱する功利思想に含まれる卑俗さや画一的な傾向に不満を覚えたため、個人の差異を重んじる自由主義を提唱するようになった。だが胡適にとっては、明らかに、このような差異は問題の中心ではない。彼の関心は、むしろ急進的政治思想としての功利主義が、個人を国家の上に置き、個人の享楽を統治の基礎とするところにある。中国の主流的〔儒教的〕統治哲学に対して、胡適は『呂氏春秋』の中で同じように人を興奮させる急進的要素を発見した。このような個人主義と情欲の肯定から出発した、中国の伝統と近代西洋の主流価値をつなげる努力は、本稿の主旨とは前提が異なるが、アプローチは似ている。この点について、以下に詳しく述べる。

民国十九年〔一九三〇〕に発表した上掲の文章では、胡適はまだある特定の思想に焦点を当てて、中国の伝統における自由思想の要素を見出そうとしていた。民国三十八年〔一九四九〕三月、胡適は台湾に到着し、二十七日には、中山堂で「中国文化における自由の伝統」と題する公開講演を行った。この講演で黄朝琴や傅斯年につきそわれ、中国の伝統はまるごと自由思想の宝庫となっている。彼は最初に、「自由」という名詞は外から来た舶来品ではなく、古くから中国に存在していたものだと述べる。「中国には昔から信仰、思想、宗教などの自由がありましたが、牢獄に入って命を懸けてでもこれらの自由を手に入れようとする人たちも、数え切れないほどいたのです」。

その次に、彼は諫官〔君主をいさめる官吏〕と史官〔歴史編纂官〕の制度について長々と論じており、これらを言論の自由や思想の自由の最適な表徴と見なした。そのほか、老子の「無為の政治」や、孔子の教育重視と教育平等の主張、孟子の「民を貴しと為し、君を軽しと為す」の思想も、自由主義の伝統として解釈された。王充、范縝、韓愈、王陽明などによる批判的言論も、みな思想の自由を求める例として見なされた(6)。かつて中国の伝統を激しく批判したことによって思想界のリーダーに躍り出た代表的な人物が、ここで逆に中国主流の伝統の中に同時代的意義を持つ要素を探し求めようとしたことは、実に興味深い転向である。このような転向は、おそらく胡適の闘う対象が共産党に転じたことと関連していよう。日増しに深刻になっていく赤化の危機に対応するために、批判と自由の精神を顕彰することに用いることができる伝統の中の例が、全て掘り尽くされた。胡適のこの大ざっぱな類比に意味があるかどうかは、もちろん一つの問題ではある。しかし自由の伝統を、『呂氏春秋』という傍流から、主流の思想や人物にまで広げることは、注目に値する指標である。このことは一方で、伝統の複雑性と豊富な内容が重視されるようになったことを物語る。また一方で、伝統の多くは、主流にせよ傍流にせよ、近代的な価値基準に適うのだということも物語っている。

西洋化の急進派の代表で、コロンビア大学で哲学の教育を受けた胡適は、中国の伝統に自由主義の要素を見出そうとした。三十数年後、コロンビア大学で中国哲学を教えていたドバリー（William Theodore de Bary）は銭穆講座〔「銭賓四先生学術文化講座」のこと。香港中文大学新亜書院が学者を招いて開く講座〕を担当した際に、同様に中国における自由の伝統をテーマに、さらに深く掘り下げて述べた。ドバリーはアメリカの学界で新儒学〔宋明理学〕の研究者として知られるが、その研究のきっかけは黄宗羲と『明夷待訪録』に対する興味であった。君主制に対する黄宗羲の容赦ない批判は、十九世紀末以来、中国の民主思想の先駆けと見なされてきたが、ドバリーは黄の主張を中国固有の自由の伝統の重要な代表と見なした。ただし、一方でドバリーは、黄の思想は実は偶然の個別現象ではなく、新儒学の長い自由の伝統を引き継いだものだとも強調した。

胡適は孔子の「教え有りて類無し〔身分にかかわらずいかなる人でも学ぶことができる〕」という思想や、御史〔官吏の監察〕、史官などの制度から中国の自由の伝統を探究したが、ドバリーは御史、史官のほか、経筵〔侍講〕や書院〔講学所〕の制度、および朱熹の教育思想における自由の意味にも言及した。(7)

胡適の見解は、近代／西洋の視点から中国の伝統を批判することに慣れた読者にとって、すでに唐突に見える。ドバリーはさらに、五四以来もっとも容赦なく批判されてきた宋明理学に焦点を当て、この学術の伝承の中から、偉大な自由主義の伝統を発見した。それは一般の人々にとって、一層受け入れにくいものかもしれない。だが私の目的は、ドバリーが構築した自由の伝統の有効性、あるいはその意味の適切さを論証することではない。指摘したいのは、胡適とドバリー、この立場の異なる二人の学者の見解が、中国の伝統と自由主義の関係を再検討する視野を開いてくれたということである。

二、政治的自由の外

実際、張仏泉の言う通り、西洋自由主義の伝統においても、自由の意味に含まれるものについては諸説紛々としている。近代自由主義の代表的人物の一人であるフランスの政治思想家コンスタン（Benjamin Constant）は、一八一九年のある講演で自由には古代的自由と近代的自由があるとした。ギリシアを代表とした古代的自由は、「集団的権力の行使への積極的・持続的参加」を意味する。近代的自由は「個人的・私的独立の平穏な享受」を意味する[8]。

ポスト・ナポレオン時代（一八一五～一八三〇）に積極的に市民的自由と議会政治のために努力した活動家として、コンスタンは実際に近代的自由の危険性を目睹してきた。それはあまりにも独立した自己の快楽と個人の特殊な利益を追い求めることに浸ってしまい、政治参与の責任を忘れてしまうという危険である。このような政治生活の縮小あるいは脱政治化の発展は、往々にして君主の暴虐的統治を助長してしまう。後者は不幸にも、彼の育った帝政フランスに出現した。ただしコンスタンはほかの啓蒙思想家とは違い、古代ギリシアの市民全員参加の政治生活にロマンチックな憧憬など持っていなかった。彼からすれば、古代的自由と近代的自由は相互に支え合い、不可分なものであり、過度の政治化も過度の私生活化も、自由と社会秩序に脅威をもたらすものであった[9]。

コンスタンは人々が個人の私的領域への耽溺が引き起こす政治の悪弊についてよく承知していたが、その一方で、彼は過度の政治干渉が生み出す深刻な結果をも理解していた。個人の独立を保障できなければ、いかなる政治権力も無意味なのだ(10)。

コンスタンは政治参加と個人の私的生活の間でバランスをとろうとする一方で、個人の自由とプライバシーを守ることを雄弁に主張した(11)。それに比べて、ミルの立場は、私的領域を守ることの方を重視しているように見える。ミルは、集団の幸福のみを強調するあまり、個々の差異を重視しないベンサムに不満を感じたことから、論証の中心を個性の擁護や伸展に移した。政治的抑圧は確かに恐ろしいが、道徳や美の基準において多数派によって形成される主流意見は、個性を損ないかねず、暴虐的な抑圧にもなりうる。個人を政治力の猛威から守るだけでは不十分であり、一歩進んで個人を主流の意見や感覚による抑圧から守らなければならない。換言すれば、集団の意見による個人の独立に対する干渉は、制限されなければならないのだ(12)。

ミルが極力擁護したこの社会からの干渉を受けない個人の領域とは、次の領域を含んでいる。第一に、個人の内在的意識の領域である。これは思想、感情の自由、およびあらゆる主題についての意見や感想の絶対的自由を含む。第二に、個人が趣味と探究の自由を有することである。自分の個性に沿って一生の計画を立て、自分の好きなことをすることができる。第三に、個人同士はいかなる目的でも団結する自由があるということである。いかなる政治体制の社会でも、上述の自由を保障できなければ、自由な社会とは呼べない。自由を最も易しい言葉で言えば、人はその人自身の方法で、その人自身にとって最良のものを追求できることである(13)。

ロマン主義詩人から大きな影響を受けたミルは、人間の幸福を機械的に計算するベンサムの主張に同調することができなかった。彼はトクヴィルと同様に、このような民主的幸福の哲学が内包する卑俗、画一、同調圧力、非寛容といった数の暴力に、大きな嫌悪感を抱いている。彼にしてみれば、平等的民主がもたらす「一様化のカセ」は、かつての専制皇権よりも、個人の自由に脅威を与えるのである(14)。

この種の画一的で人の頭数だけにこだわる幸福哲学よりも、ミルは個人の趣味や感受性を育むことをより重視している。彼は個人が自分の性向によって、個性を極限まで発揮することをより重視している。民主的一様化を恐れるため、彼は繰り返し個性、独創性、天才や奇人（eccentric）の重要性を強調した。自由の究極的意味は、何物にも干渉されない土地を提供し、上述の特質をいかなる拘束もなく自由に樹木のようにすくすくと成長させることにある[15]。

ミルの平等的民主の中にある画一性に対する懐疑、そして個人の趣味、個性および独創性へのこだわりは、後にかなりの批判を招いた。その中の主な批判は、ミルが主張する個人の自由は、実際は、必ず民主へと結びつくわけではないというものである。専制制度やその他の社会形態、組織の中でも、個人にそれを発揮する十分な空間を与えることができるからである[16]。

ミルに投げかけられた問題は、実は、まさに本論の核心問題である。以上の簡単な紹介から分かるように、西洋の自由主義の歴史の中で、自由が指す意味は固定しているものではない。それぞれの思想家には、それぞれ重きを置く点がある。政治的自由以外にも、ミルのように個人の自由の擁護に力を入れる代表的人物もいたのだ。そのような自由は、必ずしも民主制度と結びつくものではない。

三、袁枚と十八世紀の私的空間

もし、ミルによる自由の定義――個性、独創性、多様性および天才、趣味に対する追求と擁護――を用いるとしたら、我々は十八世紀の伝統中国に十分な空間を見出すことができる。その空間では、特異な才能を持つ士大夫は個性を表現し、独特な趣味の士大夫文化を作り出すことが可能であった。このような欲望のままに生きる自由な空間は、二十世紀の中国歴史の大部分においては、極度にないし完全に圧縮されてしまったのであった。このような視点から出発すれば、専制皇権の下にあったその広大な自主的空間は、我々にとって一段と貴重なものに感じられるだろう。

袁枚の生涯に特別に取り上げる価値があるのは、その豊富な作品や自適の人生が、伝統的士大夫の洗練された文化や生活の様相の一つの手本となったからだけではない。彼個人の歴史が、十八世紀の中国の政治と社会の性質を再検討する機会を与えてくれるからである。十八世紀の歴史に関する従来の叙述は、帝王による治政への精勤、国力が頂点に達した太平の世とするか、当時の乾隆嘉慶年間の考証学とそれに関わる思想を封じ込める文字の獄とに重点を置いたものである。乾嘉の学者による三礼五礼の学問に対する研究は、最近では儒教道徳の保守主義が擡頭する例証としても解釈されている(17)。

清の最盛期に関するこれらの新旧の説は、もちろん、この複雑な時代のある面を捉えてはいる。しかし袁枚の生涯は、十八世紀の専制政権が政治、思想、道徳、文化の全てにわたり抑圧的統治を行ったという解釈を疑わしいものにする。もちろん、これまでの説を全般的に否定するつもりはない。ただ、これらの説は多くの場合、ある特定の資料のみに基づいており、そのため十八世紀の社会について一面的で同義反復的な解釈になっていることを私は証明したい。

専制皇権の抑圧性という点では、皇帝の権力や意志は、法律よりも効力を持ち制限されにくい絶対的権威になっていたことは、もちろん疑うまでもない。フィリップ・キューン（Philip Kuhn、中文名：孔復礼）による十八世紀の一連の弁髪切り反逆事件についての研究は、皇帝個人の猜疑心が、ありもしない噂をいかにまことしやかに全国的な反逆冤罪事件に仕立てあげたかを明らかにした。皇帝は個人の臆測で、個人の独断的意志を官僚の理性の上に押し付け、わけもなく無辜の民を殺すことができた(18)。

だが、このような理論的には挑戦困難な専制皇権であっても、実際の運営においては、官僚の意識的もしくは無意識的な怠惰や婉曲的な拒否によって制約を受ける可能性もある。そのためにキューンはこう考える。「今やいかなる君主にとっても、官僚制に対する安定して秩序のある確実な統制を維持することは、大変困難なものとなっていた」。「ここには、専制権力に対してある種『立憲的な』抑制力があったと提示するつもりはない。……しかしある特別な場合に、最高級の官僚が、あらゆる政府にも作用できる至高の規範を発動することによって、専制権力を抑制できたのも明らかである」。

従来の学者は思想、道徳のレベルにおいて主流の乾嘉考証学を過度に重視してきたため、その他の伏流、反主流あるいは「下」流の文献の存在を忘れてしまっていた。彼らが主流のように見える考証学者のみに注目したことは、自然と後の解釈者にこの思想しか存在しないと思わせることになり、この思想の影響が誇張されることになったのである。考証学あるいは朱子学は士大夫が出世するための唯一無二の道ではあるが、乾嘉の礼学や朱子学が社会全体あるいは実際の生活においても独占的な地位にあったわけではない。絶対多数の上層官僚は袁枚と同じように、官僚と文人という二重の身分を持っていることを忘れてはいけない。彼らは右手で威風堂々たる上奏文を書きながら、左手で軽薄短小、怪力乱神の文学作品を大量に制作しているのかもしれない。この上層官僚たちのほかにも、蒲松齢、華広生[19]のような科挙に受からず、怪奇、情欲の作品に打ち込むことに転じた下層の文人がいたことも忘れてはいけない。特に忘れてはいけないのは、この人口の一パーセントにも達しない知識人階層以外の、礼教が及ばない一般庶民のことである。

遊びに耽溺しながらも当時の人々に賞賛された袁枚の一生は、我々が礼学者や朱子学者の著述から出発すると、十八世紀の思想、道徳の抑圧性を過大視し、この時代の複雑性や多様性を過小視してしまう可能性があることを示している。

袁枚は康熙五十五年（一七一六）に浙江銭塘で生まれ、嘉慶二年（一七九八）彼が一生涯心血を注いだ小倉山の随園で死去した。乾隆四年（一七三九）進士となり、一七四〇年から一七四八年にかけて江南の各地で官吏を務めた。その後、昇進の見込みがなく、「大官の奴僕となる」ことに甘んじなかった彼は、官職を辞めて文学に打ち込み、江寧織造〔南京に置かれた宮中に納める織物を製造する機関の長〕曹頫の後任である隋赫徳の「隋織造園」を購入し、随園として改造した。幾度かの大がかりな工事により、自分の後半生のために満ち足りた天地を造営した。

特筆に値するのは、袁枚の風流な文才によって一代の名園になった随園は、彼が購入した当初は、実のところほぼ廃園に等しい状態で、袁枚は俸給で得た三百金でこの庭園を購入することができたことである（袁枚「随園記」、『小倉山房文集』巻一二、王英志校点主編、『袁枚全集』二、江蘇古籍出版社、一九九三、二〇四頁）。袁枚が人に羨ましがられる園林の暮らしを送ることができたのは、完全に個人の意志による選択であり、経済面あるいは出身といった面で常人よりも優越的な地位にあったからではない。実際、一七五二年に袁枚は一度経済的に追い詰められたため、再び出仕ししばらく陝西へ赴任せざるを得なかった[20]。

天資聡明で、二十四歳で進士に受かった袁枚は本来、ほかの上層の士大夫と同様に、平凡だが多くの人に羨ましがられる仕官の生涯を送ることができたはずである。それにもかかわらず、自分の気持ちに従って、「大官の奴僕となることに甘んじなかった」ため、別天地の生活を選択したのである。

袁枚の独立独行で多彩な後半生は、随園という独立した空間から始まった。随園は織造の隋公の持ち物として、一時名を馳せたが、袁枚が江寧県令に就任した時には、すでに荒れ果てていた。「卑しい者たちで騒がしく、鳥も宿るのを厭がり、花は枯れ落ち、春風が吹いても花も咲かない」（「随園記」、同、二〇四頁）。庭園を購入し、改修して落成した後、袁枚は難しい選択に直面した。もし官職に在り続けるのなら、「月に一回来ることができる」。しかし官職を辞めたら、「毎日来ることができる」。袁枚はあまり考えず、病気と称して辞めることに決めた。自分の選択を総括して、彼は「私は官職をこの園と交換した。この園のすばらしさが知られよう」（「随園記」、同、二〇五頁）

と述べている。

袁枚は随園に隠退した三年後、短期間ではあるが陝西で官となった。随園に戻った後、「植えた花はすべて枯れ、瓦も落ちてしまっていた」。彼は自ら人夫を率いて石を取り除き、地形を調べ、一年以上かかって修繕し、千金を費やしたが、完成に至らなかった。ある人から、「あなたの費やしたお金で、家を手に入れようとしたら、どんな豪華な住宅でも手に入れられるでしょう。どうしてこの荒涼とした土地に執着するのでしょう」と聞かれた。彼は、「どんな素晴らしいものでも、自分で手がけたものでないと大切に思わないのです。どんな美味しいものでも、自分で味わないと美味しくないのです」と答えた。どんな豪邸、庭園でも、自分の理念、精力を注いだものでなければ、意味がない。たくさんの時間と金銭を費やしても園は完成しなかったが、彼には十分な時間があり、ゆっくりと改修や補修ができる。官職に就いていた頃のように、様々な期限に迫られなくとも済むのである。「かつてのように笏を持って腰をかがめ、村役人の言い争いを聞くのよりましではないか」、「雑草を取り除くのも、曲がり枝を切るのも、ただ私の意によるもので、制約したり妨げる者は誰もいない。かつてのように上官の顔色をうかがい、指示を仰ぐのよりましではないか」（「随園後記」、『袁枚全集』二、二〇五～二〇六頁）。

袁枚は隠退を決めた後に再び出仕したものの、自分はやはり人の鼻息をうかがい、身を屈するような官界の生活に適応できないと気づいた。この私的な庭園の中でこそ、彼は完全に自分の意志、好み、リズムに従って、自由自在に暮らすことができた。

袁の故郷は銭塘（現在の杭州）であるが、小倉山は南京にある。故郷への思いを表すために、彼は庭園を造る際に、しばしば西湖を手本としている。「それを模倣し、堤を造り、井戸を造り、裏湖と外湖を造り、花港を造り、六橋を造り、南峰と北峰を造った」（「随園五記」、同、二〇八頁）。三十すぎで随園を購入した時、一面荒れ果てていた中庭は、二十年間の全心全霊の造営を経て、ようやく満足できる出来になった。自分が長い間耕したものが花開

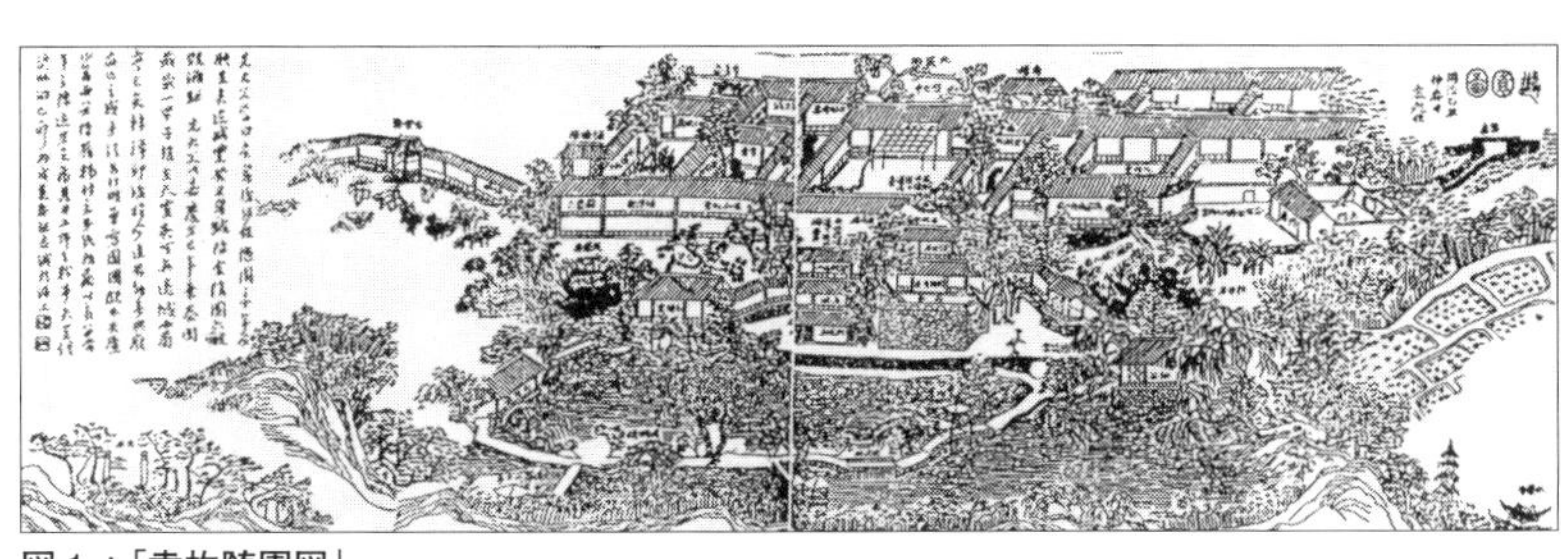
図１：「袁枚随園図」

いたことに対して、彼は無上の喜びを感じている。

私はこの二十年来、朝も夕もここを造営していた。建物を次々と増やしただけでなく、手ずから植えた木も、芽が萌え出すところから、大きくなって天を衝くまでになるのを、全部この目で見た。まるで自分の子孫が、乳児から大人になってそして白髪になるのを全部見てきたように。これらはみな人の世で願っても得られないものである。なんと幸せなことか。（同上）

政治の干渉を受けない自主独立の空間を有した袁枚は、随園を基地として、考証学や三礼五礼の学の外で別天地を拓くことができた。彼は随園の中で賓客と宴会を開いて詩を唱和したり、外出して思う存分に山水を楽しんだ。しかも大量の詩や文章で、園林への思いを寄せ、想像をたくましくして個人の体験を詳細に記載し、我々の十八世紀の士大夫生活史研究に、豊富な資料を提供してくれた。それと同時に、十八世紀の中国社会には厳格で、抑圧的で、あるいは息の詰まるような礼学や専制統治の外側に、実は広い空間があり、そこではミルの想定した天才や独立独行の人が、自足した豊かな生活形態を創り出していたことが見えてくるのである。（図１）

１．閑静な風景画

袁枚の作品や生活の中において、情欲、美食、そして奇抜な宗教的イマジネーションは、ともに人目を引くテーマである。だが、袁枚の生活には、このような人を高揚させる人生のほか、実は、風景画のような閑静で安らかな断片もたくさん存在した。

たった二十文字の短い詩の中で、彼はこう言っている。「静かに坐す西渓の上、春風白日斜めなり、吹き来たりて香気雑じり、辨（わきまえ）ず是れ何の花なるかを」（「静坐」、『袁枚全集』一、二三九頁）。

隠棲生活ののんびりした様子は、次の詩句によく表れている。

支枕悠悠午夢餘　　枕を支え悠悠たり 午夢の余
開門仍是閉門居　　門を開くも仍お是れ門を閉ざして居る
客來下馬有閑意　　客来たりて馬を下りれば閑意有り
未見主人先看書　　未だ主人に見（まみ）えずして先に書を看る

（「支枕」、同、三二一四頁）

折竹當藜杖　　竹を折りて藜杖（れいじょう）と当（な）し
閑行過小亭　　閑（のどか）に行（ある）きて小亭を過（よ）ぎる
無人獨自語　　人無くして独（ひとり）自語れば
溪上一鷗聽　　渓上に一鷗聴く

雨久客不來　　雨久しくして客来らず
空堂飛一蝶　　空堂に一蝶飛ぶ
閑坐太無聊　　閑（のどか）に坐れば太（はなは）だ無聊なり

（「閑行」、同、三二一九頁）

數盡春蘭葉　　数え尽くす 春蘭の葉

（「閑坐」、同、三二九頁）

空山三伏閉門居　　空山の三伏 門を閉ざして居り
衫著輕容汗有餘　　衫は軽容〔無地の薄手の紗〕を著(き)るも汗余り有り
卻喜炎風斷來客　　却って喜ぶ 炎風の来客を断つを
日長添著幾行書　　日長く 添えて著す幾行の書

（「三伏」、同、四六八頁）

雨の日が続き、客が来ないと退屈になる。しかし、ただ家で花を見るためにむしろ門を閉ざして客を断りたい時もある。

我寧負人不負花　　我は寧ろ人に負(そむ)くも花に負かず
花開時節常歸家　　花開く時節 常に家に帰る
今年出門語芍藥　　今年 門を出づるに芍薬に語(つ)ぐ
留花待我歸來誇　　花を留めて我の帰り来たりて誇(ほ)むるを待てと
果然歸時花正盛　　果然 帰りし時 花正(まさ)に盛んなり
烝紅爛紫騰雲霞　　烝紅 爛紫 雲霞を騰(あ)ぐ
……
人生長得對花坐　　人生長(つね)に花に対して坐するを得たり

比拖金紫誰爲佳　　金紫〔金印と紫綬。高官を指す〕を拖くに比ぶれば誰れか佳と為さん
況我衰年急行樂　　況んや我 衰年にして行楽を急ぎ
看春生怕斜陽斜　　春を看て生に怕る 斜陽の斜めなるを
此樂豈可使卿共　　此の楽 豈に卿を共にせしむべけんや
爲花辭客客休嗟　　花の為に客を辞す 客嗟くを休めよ

（「供芍薬数十枝、終日対花独坐」、同、五八三頁）

客を断って花を見ること自体が脱俗の楽事だが、朝に花の露を飲むことは、さらに道教の仙人を想起させる。

日飲芭蕉花露鮮　　日び飲む 芭蕉の花の露の鮮なるを
采來常與雀爭先　　采り来たりて 常に雀と先を争う
瓊漿何必千年計　　瓊漿〔玉の汁。仙人の飲み物とされる〕は何ぞ必ずしも千年の計ならんや
一滴甘時一刻仙　　一滴の甘時 一刻の仙

（「毎日晨起折芭蕉花上露飲之」、同、六六六頁）

2. 情欲と男色

五四新文化運動のリーダーによる伝統への最も猛烈な攻撃は、人を食う礼教という点にあった。礼教制度の中でも、女性を束縛する貞操観念と婚姻制度、そして子女を抑圧する孝道観念と家族制度のほか、最も指弾されたのは朱子学者の「天理を存して人欲を去る」という主張であった。胡適が『呂氏春秋』を大いに称揚したのは、その思

想の政治哲学が人の情欲を満足させることに基づいているからである。胡適から見れば、このような主張はベンサム、ミルの功利主義と遠くでつながっているものだった。もし我々が胡適の論点をそのまま用い、情欲の満足を近代の需要に合致する進歩的思想と見なすのならば、袁枚の情欲に関する言説や実践は、功利主義の代弁者のようにも見える。実際、もし前述したミルの自由に対する定義――人はその人自身の方法で、その人自身にとって最良のものを追求できる――に従えば、袁枚の情欲に対する言説と実践は、当然自由主義の現れの一つと見なすことができる。さらに具体的に言えば、袁枚の男性同性間の恋愛と欲望に対する公然たる礼賛や、当時の人々の袁枚の色恋沙汰に対する肯定、ないし美談とするような称揚は、次のことを示している。十八世紀の中国では、政治的自由はなくとも、ほかの多くの事柄においては、同時代や近代の多くの社会に比べてより大きな包容力や自由が存在していたということだ。

袁枚の情欲礼賛は、詩文、雑記のほか、議論文にも見られる。「『復性書』の後に書す」（「復性書」は唐代の李翺（りこう）（字は習之）の著作。「情」の動きは「性」（善なる本性）の発見のさまたげとなるとして、心が静かな状態に復帰することによって聖人に至る道を説いた。）という文章では、袁枚はまず、七情六欲は聖人さえも肯定するものだと述べる。「古の聖賢で性を尊んで、情を斥ける者はいなかった。喜、怒、哀、楽、愛、悪、欲、この七つのことは、聖人でも同じであった。同じだからこそ、欲するものに集まり、憎むことは施さず、それで王道が立ったのだ」「孟子は公劉、太王のために、『貨（たから）を好む』『色を好む』ことを忌むことをしなかった（出典『孟子』梁恵王下篇）。にもかかわらず李習之が堯、舜のために喜怒を忌んだことは、すでに理に悖（もと）るのではないか」（袁枚「書『復性書』後」、『袁枚全集』一、三九五～三九六頁）。

「清説」という文では、彼はさらに一歩踏み込んで情欲を治道の基礎と見なしている。

まして天下が聖人に治められるのを望み、聖人が天下を治めるのは、何故だろう。ほかでもなく、情欲があるからである。老いたる者が聖人の存在に安心し、若き者が聖人に懐く〔出典『論語』公冶長篇〕のは、人間の情である。……「貨を好む」「色を好む」ことは、人間の欲である。その人々に「積倉」や「裹糧」を持たせ、「怨女」「曠夫」を無くすのは、聖人である〔出典『孟子』梁恵王下篇〕。人々に情欲がなければ、人類は絶滅し天下を治める必要もなくなる。聖人に情欲がなければ、聖人は無関心になり、天下を治めようともしない。……むやみに清く正しい者が登場し、婦人の部屋で寝ないということになれば、人の妻を寡婦にし、人の子を孤児にしても平気でいられる。……ゆえに人の情に近くない者は、大きな患いをもたらすのだ。〔「清説」、『袁枚全集』二、三七四〜三七五頁〕

いわゆる道徳保守主義が復興した十八世紀で、袁枚が「人の情に近くない者は、大きな患いをもたらす」と言ったことには、明らかに大きな挑発あるいは脱構築の意味があった。彼はさらに、日常生活の中で自分の情欲観を実践した。袁は四十歳の時点で、すでに十数人の妾がいたが、なお満足せず、至る所で美人を物色し「佳麗を得よう」としていた〔蔣敦復「選艶妙語」、『随園軼事』、『袁枚全集』八、附録四、一一頁〕。七十歳でも、「花見」への興味が減退せず、友人から忠告を受けている。袁はこう答えた。「人それぞれ好みがあり、お互いに無理強いはできないものだ。あなたは七十にして官職を求め、私は七十で花を見る。二人の習いには優劣などあるのだろうか」〔蔣敦復「答沈観察諌看花」、同、一三頁〕。山水と女色は、彼が官途での成功をあきらめた後の最大の嗜好となった。「『臨水登山、尋花問柳〔山水を楽しみ、色事を追求する〕』の八字は、先生が一時非常に愛好していたものだ。『精神や毛髪は、だんだん衰えてきたが、まだ少し息が残っており、両眼は昔のままだ』と先生は自分について言ったことがある。古稀の歳になってもなお妾や子どもを連れて西湖に行き……平山堂に行けば滞在は数ヶ月間にも及び、往々にして麗人を共に乗せて行楽した。手にするのはみな春、花を見ればそれを賞で、歳を取れば取るほどこの趣味が強くなるのは、天性のなせる業であろう」（蔣敦復「載美同游」、同、一九頁）。

妾をもつことも、「尋花問柳」も、伝統的士大夫の生活の常態ではあり、袁枚はただこの生き方を極致まで発揮しただけであった。多くの士大夫と異なるのは、女色のほか、袁枚の情欲の対象は男性にも及んでいたことである。しかもこの趣味は、若い頃から老年に至るまで、一生絶えることはなかった。彼は乾隆三年（一七三八）、二十三歳の時に郷試に受かり、翌年に進士に受かった。そしてほどなくして、都の当時の名優許雲亭との間にロマンチックな恋が生まれた。

乾隆己未、庚申（乾隆四、五年）の間、都の役者許雲亭は、当時最も名声が高く、学者や文人たちはみんな心を寄せていた。彼の芝居には金が集まった。許の声価も高くなり、かなりそれを自慢に思っていた。先生は歳は若かったが、服飾が質素で車馬もみすぼらしいので、許を惹きつけるものなどないと思っていた。ところが許は舞台に上がると、流し目で微笑みかけたり、先生を見つめたりして、親しくなる意思があるように見えた。先生は心の中で感じてはいたが、何も言わなかった。翌日の明け方、許はなんとやって来て扉を叩き、二人の心が通じ合った。先生は大いに喜び、許を生涯の知己とした（蔣敦復「許雲亭」、同、一九頁）。

この記事の注目すべきところの一つは、なんと一介の俳優が、都の上層社会（学者や文人たち）を夢中にさせたことである。もう一つは、記録者がこの同性同士の恋を記述するにあたり、全く肯定的な筆致でそれを描いていることである。両者は十八世紀の中国において男色が許容されていたことを示している。

男色が上層社会で許容されていたことは、次の例にも表れている。尹文端公は両江総督であった頃、時々袁枚と詩を唱和していた。詩を作り上げるたびに、侍者の李郎を遣わして袁枚に送る。時間を経て、袁枚と李郎は「はじめは顔見知りになり、次は昵懇の仲になった。李は年が若く容姿も優れ、先生の目を引いたのだろう」。後に文端公の知るところとなり、彼は袁枚に手紙を書き、「君は本当に水銀が地面にこぼれるように、いわゆるどんな穴でも潜り込んでしまうというものだ」と言った。書き終えると、いつも通りに李郎を遣わして送った。袁枚はこれを読んだ後、にやにや笑い続けていた。その後、文端公が転任し、袁枚と李郎は久しく会わなかった。再会した時には、文端公はすでに他界していた。李郎は随園で数月間滞在し、袁枚と一緒に文端公が袁枚に宛てた詩や手紙を読み返し、昔のことを振り返り、感慨無量であった（蔣敦復「尹文端公侍者李郎」、同、一八〜一九頁）。

若い男性と恋に落ちるという話は、袁枚だけに起こったのではなく、彼の周辺の人々にも起こっていた。ある時、門下生の劉霞裳が袁枚のお供をして広東の東部を遊歴した時、呉県令の門番だった袁師晋という少年に出会った。歳はわずか十七歳で、明眸皓歯であった。袁師晋は劉を見てすぐ想いを打ち明けると、二人の想いは一緒だった。なんとか二人きりで会う約束をしてほっとしたものの、突然、袁師晋の主人が上からの命令を受けたため急ぎ出発することになった。熱愛の仲となったばかりの二人はつらい気持ちで別れるしかなかった。袁枚はこの儚い恋に感じるところがあり、特に詩を詠んで記念とし、序文にこのことを詳しく書いた。

広東東部にいた時、袁師晋という十七歳の少年がいた。聡明で歌が上手であり、呉県令の門番であった。劉霞裳に会ったとたん彼に一目惚れし、想いを打ち明けたが、なかなか逢い引きすることができなかった。なんとか会う約束ができて、想いが遂げられそうになったところ、主人は上官から至急出発せよという公文書を受けた。袁も留まることができず、霞裳と川の上で別れ、涙が止まらなかった。男二人が愛し合うことは書物にもあまり例がないため、私はこの詩を作り、桑間濮上〔『礼記』でいう淫乱な音楽〕の変奏曲とすることにしよう。

珠江吹斷少男風　珠江に吹きて断つ 少男風〔北東の風の別称〕
珠涙離離墮水紅　珠涙離離として 水に堕ちて紅なり
緣淺變能生頃刻　縁浅く変じて 能く頃刻を生ず
情深誰復識雌雄　情深ければ 誰か復た雌雄を識らん
鄂君翠被床才疊　鄂君(がくくん)の翠被〔船頭の思いに応えた鄂君子晳は自らの衣で船頭を覆い共寝をした〕床に才(わずか)に畳むも
荀令香爐座忽空　荀令の香炉〔美男子の荀彧が坐ったところには香りが三日間も残ったという故事〕座は忽ち空し
我有青詞訴眞宰　我に青詞〔天帝に上奏する文書〕の真宰〔天帝〕に訴うる有り
散花折柳太匆匆　花を散らし柳を折ること 太(はなは)だ匆匆たりと

（「袁郎詩為霞裳補作（有序）」、『袁枚全集』一、七四〇〜七四一頁）[21]

袁師晋と劉霞裳の儚い恋は、袁枚の筆によって、もの哀しくて人の心を打つものになった。ただし、袁枚は劉霞裳との別の旅の道中、気前よくこの弟子のために欲望を遂げさせてやっている。

先生は男色を好み、桂官、華官、曹玉田など、相手は何人もいたのだが、金鳳という者が最もお気に入りだった。先生は出かけるたびに、必ず鳳を連れて行った。ある年、天台を遊覧するのに、鳳も同行していた。先生の弟子である劉霞裳秀才もたまたま同じ船に乗り合わせ、鳳を一目見て好きになった。劉は歳が若く、容姿も美しく、鳳も心を奪われていた。先生は二人の気持ちを推し量り、劉と鳳が床をともにすることを許し、詩を作った。そこには「野の鴛鴦を成就し、諸天(しょてん)の色歓喜す」という句がある。このことから先生の風流三昧ぶりが分かろう。（蔣敦復「金鳳」、『随園軼事』、『袁枚全集』八、七七頁）

この記述は、袁枚の男色好みは周知のことだったことを示している。次の記載は、男色は公にしてもかまわず、さらに周りの羨望の的になりうることも示している。

先生と桂官の親密さは、金鳳にも劣らないものだった。桂官の姓が銭であることから、先生には「小子は桂枝の仙なり、銭郎劇しく可憐なり」という句もある。ある日、先生は春を尋ねて桂と共に揚州へ行った。桂は歌が上手なので、舟の中で先生のために歌い、先生は洞簫の笛でそれに和した。姜石帚（姜夔）のいうところの「小紅低く唱い、我は簫を吹く」の趣があった。先生はその時、歳は六十を過ぎていたが、市中を歩くのに杖をつかず、桂が手を添えた。市中の人々はそれを羨望し、神仙だとした。（蔣敦復「桂官」、同、七七頁）

このような袁枚に関する男色の記録の多くは蔣敦復の『随園軼事』に見られる。この本が書かれた同治三年（一八六四）は、袁枚が亡くなった年（一七九八）から、すでに六十年以上経っている。蔣の資料は袁枚の子孫からのものが大半だったが、一部分は又聞きした話で、確かな根拠はないものもある（蔣敦復、『随園軼事』序、『袁枚全集』八、一頁）。ただ、資料の出所がどうであれ、蔣敦復の筆では、袁枚らの半世紀も前の同性同士の恋は、すべて美談とされている。蔣敦復がこれを執筆した時代、中国は次第に近代的国際社会になっていき、西洋の価値観が徐々に中国士大夫が元々信奉していたものを剝ぎ落とし始めていた。それでも蔣が描いた随園の世界では、同性同士の情欲はなおも公にしてもよい言説であり、称揚してもよいテーマであった。これらの記録が示すものは、政治領域の外では、士大夫たちはなおも広い私的空間を享有し、思いのままに、様々な道を拓くことができたということである。

3. 飲食

精力が尽きることなく、探究心が強い袁枚は、「飲食男女は、人の大欲焉こに存す」という至理名言を極致まで追求した。飽くことを知らぬ女色や男色のほか、口腹の欲に対しても全身全霊で追求した。人と違うのは、単に味わうのにとどまらず、飲食を学問の一分野として丁重に扱い、部門別に研究し、記録したことである。『随園食単』の序文では、彼はこの本が成立した経緯を次のように述べる。

> 古人は魚の背鰭の向けかたにも、牛羊の肺臓の取分けかたにも、皆作法があって粗略にはしなかった。さて孔子は人と歌うて、その節が善ければ、必ず繰返させて、しかる後それに和して自分も歌った。聖人は小さな芸ごとにおいても、かくのごとく善く人から学び取ったのである。
> 私も平素この旨を慕い、いつも誰かの家で御馳走になって来ると、必ず自宅の料理人を彼の家の台所に遣わし、弟子入りして学ばせるようにして、四十年このかた、美味の製法が相当集った。完全に学び得たのもあれば、十分中の六七を得たのもあり、わずかに二、三を得たのもあり、またついに伝え得なかったのもある。私はすべてその仕方を問うて、ほぼ書き集めて保存しておいた。一々はっきりとは覚えていないが、それでも某家の某味と記して、敬意を表した。それは学ぶを好む心持は、当然このようにして表わすべきである、と私は思ったからである。（『随園食単』序、『袁枚全集』五、一頁。〔青木正児訳による〕）

このように人に聞くのを恥とせず、四十年にわたってこれを積み重ね、文人随筆的な趣を帯びたレシピが完成した。本の冒頭の二つの章ではそれぞれ、料理で知っておくべき様々な知識とタブーを列挙している。そして食物を海産物、川魚、豚肉、獣類、鳥類、有鱗水族、無鱗水族、精進料理、副菜などに分け、それぞれ条目を立てて紹介している。主菜のメニューのほかに、点心、飯粥、茶酒の部もあり、よどみなく続き、全てを包括している。

精進料理の部では、豆腐料理だけで九種類もあり、食通のこだわりが窺える。特別なところがないように見える豆腐名でも、調理するのに手間がかかるものがある。例えば芙蓉豆腐というものは、豆腐脳（豆腐と豆乳の中間形態）を井戸水で三度ふやかして豆の臭気を去ってから、鶏のスープの中に入れて茹で、鍋をおろす時にさらに海苔と剥き海老を加えるものだ（「芙蓉豆腐」、『随園食単』『袁枚全集』五、六一頁）。

凍豆腐という名称はごく普通に見えるが、作り方は決して簡単ではない。

> 豆腐を一夜凍らせ、方塊に切って、ゆでて豆の臭味を去り、鶏の汁・火腿の汁・豚肉の汁を加えてこれを煮る。卓に上す時は鶏や火腿の類を取り去り、ただ香蕈と冬筍のみを留めておく。豆腐は永く煮ると面が鬆くなり蜂の巣が出来て凍豆腐のごとくなる。故に豆腐を炒めるには嫩かいのがよろしく、煮るには老いのがよろしい。わが家の致華（袁枚の甥）分司（官名）が蘑菇を用いて豆腐を煮るのに、夏でも凍豆腐の法に準じて作るが、甚だ佳い。決して肉類の汁を用いてはならぬ、清い味が損われる。（「凍豆腐」、『随園食単』、『袁枚全集』五、六一～六二頁。（青木正児訳による））

ほかの豆腐も、蒋侍郎の豆腐、楊中丞の豆腐、王太守の八宝豆腐など、名称から見てもただの豆腐ではない。官僚の家の豆腐であるからには、当然庶民の家とは違う手品がないと名前負けする。その中でも、「蒋侍郎の豆腐」の手間暇かけたこだわりは最も人の目を引く。

> 豆腐を両面とも皮を去り、一塊を十六片ずつに切り、よく乾かしてから豚脂で熬る。油から青い烟が起こった

ら豆腐を入れ、塩を一撮みぱらっと振りかけ、豆腐を裏返して後、好い甜酒を茶呑茶碗一杯、乾海老の大きいの一百二十個――もし大きいのがなければ小さいの三百個を用い、先に乾海老を煮て二時間ほど泡しておく。そして醤油小杯に一ぱいを用いて、再び一回煮る。砂糖一撮み加えてもう一回煮る。細い葱を半寸ばかりに切ったもの一百二十段を用いて、緩々鍋をおろす。（「蔣侍郎豆腐」、同、六〇頁。〔青木正児訳による〕）

このような飲食に対するこだわりは、一方では袁枚のような上層の士大夫が、いかに悠々自適な世界を生きていたかを示しているが、もう一方では、士大夫が趣のある暮らしを極致まで追求したものだと見なすこともできよう。

4．宗教的イマジネーション

西洋の自由主義の言説では、信教の自由は重要事項である。このような宗教や信仰の自由の強調は、もちろんキリスト教会の異端信仰への圧迫や虐殺と密接に関係している。しかし中国では、民衆の叛乱に関わった宗教や信仰を除き、異端の抑圧に起因する激烈な行動はめったに見られなかった。私は別の論文で、このテーマについて簡潔に論じたことがある。そこでは明清の官僚や士大夫は、僧侶、道士や民間信仰などのいわゆる異端に対し、かなり柔軟な態度を取っていたことを指摘した[22]。

官僚や士大夫が、僧侶や道士、民間信仰に対して寛容であるのは、もちろん彼ら自身が仏教や道教、民間信仰の信者であることに大きく関係している。儒教の教育を受けた知識人は、一方では経世済民、修身斉家といったかしこまった文章を書きながらも、一方では超自然的で神秘的な領域に浸ることも可能であった。筆記小説や志怪の流行は、伝統中国の士大夫が主流の正統的な儒教思想の外で、無限に広がる宗教世界に入り、想像をふくらませることができたことを十分に証明している。『子不語』と『続子不語』の出現は、さらに以下のことも明らかにしてくれる。我々の十八世紀の思想の様相に対する理解は、思想統制的な文字の獄や乾嘉の考証学によって支配されがちではあるが、専制統治のピークと言われる十八世紀でも、豊かな発想を持つ知識人は、相変わらず宗教の領域を思いのままに駆けていたのである。このことは、思想の自由、信教の自由について検討する際に、無視することはできない。

『子不語』は二十四巻、『続子不語』は十巻で、これを合わせると膨大な神怪世界が構築されている。『子不語』の序で、袁枚はこれらの作品を書いた趣旨について簡単に説明している。「私はふだん趣味が少ない。飲酒、音曲、賭博など、大勢の人と一緒に遊ぶものは一切苦手である。文学や歴史以外には自ら娯しむところがなかったのだが、心を楽しませ耳を駭(おどろ)かすものを広く採ることにし、たとえ妄言妄聴でも記録に留めたが、それに惑わされているわけではない」(「『子不語』序」、『袁枚全集』四、一頁)[23]。袁枚の生涯がはたして彼自身が言うように「趣味が少な」かったかどうかについては、もちろん検討の余地がある。同様に、『子不語』に収録された物語が全て妄言妄聴なのかどうかについては、さらに検討する価値があろう。

この短編物語集には、志怪小説や『聊斎志異』的なフィクションがあふれているが、多くの物語に登場する人物、官職名、時間、地点はさもありそうな話で、袁枚がこれらの物語について意識的に「実在であること」を印象づけようとしていたことは明らかである。『袁枚全集』の編者である王英志はこの書の前書きで、「(子不語は)戯れ書きのように見えて、実はすべてがそうではない。この本は又聞きの風説あるいはフィクションが作り出した鬼神や妖怪だけでなく、自らの体験あるいは根拠のある実在の人物や事柄についても書いている。戯れ書きもあるが、諷刺の文章も多い[24]」と言っている。

次に、いくつかの「実在の人物や事柄」を紹介し、この時代の儒家士大夫が正統的な儒教思想に縛られずに、ほしいままに俗世の官僚体系と神怪の幽冥世界との間を往き来していたことを検討しよう。

次の物語は、士大夫が仕官する前の科挙での出来事である。句容の楊瓊芳は康熙年間のある年の科挙の解元〔郷試の第一位〕である。彼が受験した時の試験の題は「譬如爲山」〔『論語』子罕篇〕という一節であった。試験場を出た後、楊はとても満足していたが、ただその中の二段落のうちの数句のことだけが心残りだった。夜に夢で文昌殿〔学問の神である文昌帝君の在所〕の中へ行くと、文昌帝君は上座に座り、傍らに炉が並んでいて、「かっかっと火が燃えている」。楊がそばにいた長い髭の判官に聞いてみると、判官は「慣例によって試験場の文章は必ずここの煉丹用の炉で練りなおすのだ。もし不出来なものがあれば、炭火を追加して鍛錬し、これを完璧なものにした上で上帝の御覧に呈するのさ」と笑って答えた。楊瓊芳はそれを聞くと、急いで炉から自分の文章を取り出して入念に見た。不本意であったいくつかの文はすべて直されており、「一字一字みな黄金の光を放っていた」。楊はそれで直された文をしっかり覚えた。

まもなく、貢院〔試験場〕で火事が起こり、答案用紙二十七本が焼失したので、担当の監督官は受験者を入場させ、再びもとの答案を書かせた。「楊瓊芳は入場後、夢の中の炉で改鋳された文をひき写した。こうして彼は第一位の成績で合格した」〔「鋳文局」、『子不語』巻一一、『袁枚全集』四、二一六頁〕。

夢の中の神力の助けによって無事に科挙に受かるというのは、明清の筆記小説によく見られる題材である。袁枚の特別なところは、物語にさも事実であるかのような細部を描写することによって、「妄言妄聴」の信憑性を高めたことにあった。

文昌帝君のほかに、扶乩（フーチー）〔降霊を行い、乱筆で砂盤にしるしを書かせることによって神意を知る占いの方法〕も明清の士大夫や文人の間で広く流行っていた宗教的行為であった。(25) 次の二つはともに官吏が扶乩をする物語である。

揚州の太守謝啓昆が扶乩をしたところ、砂盤に「正気の歌」の数句が現れた。彼は文天祥〔南宋末の忠臣、元に幽閉されて「正気の歌」を作る〕が降霊したのではないかと思い、衣冠を正しこれを拝して、神の名を尋ねた。相手は「亡国の庸臣、史可法〔本書第二章五二頁参照〕である」と答えた。太守はその時ちょうど史可法の祠墓を修築しているところであったため、そのことをご存じかどうかと史に尋ねた。史は、「知っている。この仕事は地方長官たるものの職分であるが、俗吏のよくなし得るところではない」と答えた。今後の官途について問うと、「地位のないことを患えるな。如何にすれば、任に耐え得るかを心がけよ」と答えた。太守はさらに、自分には将来息子ができるかどうかを問うと、「子有りて名滅するは、子無くして名存するに如かず。太守よ、励むがよい」と答えた。史にすでに神になったのか、何の神になったのかを聞くと、相手は「天曹稽察大使」と答えた。扶乱の字を書き終えると、史は太守に紙一幅を求め、「一代の興亡は気数に帰す、千秋の廟貌は江山に傍う」という対聯を書いた。筆勢は雄渾であった。謝啓昆はこの対聯を祠に掛けた〔「史閣部降乱」、『子不語』巻一九、『袁枚全集』四、三六四〜三六五頁〕。

降霊するのは、大義を貫いた史可法というケースもあれば、人の心を惑わす鬼や狐の類であることもある。寿州の刺史劉介石が出会った馬盼盼は、まさに災いをもたらしうる幽霊の類である。

寿州の知州劉介石は扶乱を好んだ。泰州の知州であったとき、彼は西庁でよく乱仙を招いていた。ある日、乱盤が大いに動き、「盼盼」の二字が現れ、また、「両世縁」の三字も現れた。劉は大いに驚き、これは関盼盼〔唐代の舞妓〕のことだろうと思った。そこで劉は乱神に「両世の縁とはいかなる縁を言うのか」と問うた。「ことは『西湖佳話』に載っている」と相手が答える。さらに劉が紙の上に「会うことができるか」と書いてこれを焼いた。答えは「今晩」と出た。夕暮れになると、果たして劉は病気になり、目はあらぬかたを見つめている。妻妾は大いに驚き、周りに坐ってこれを見守った。灯上にさっと陰風がかかった。と、一人の女子が現れた。絶世の容色で衣服、履物など身につけているものはすべて甚だ華美である。手に紅紗灯をとり、戸外から入るや、劉に向かってまっすぐつかみかかって来る。劉は雨のように冷や汗を流し、後悔の念が起こった。「あなたは、私が怖いのね。縁がまだ来ていないみたいね」と女が言った。女子は戸外に出て行き、劉の症状はややおさまった。その後、劉がその気になれば、女が現れるのであった。（「馬盼盼」、『子不語』巻二、『袁枚全集』四、二五〜二六頁）

劉介石は「後悔の念が起こった」にもかかわらず、盼盼の「絶世の容色」の魅力に抗うことができなかった。ある日、揚州の天寧寺に寓居し、秋雨に閉じ込められて坐っているところ、ふと盼盼のことを思い浮かべた。思わず扶乩の道具をとり紙を焼いて、鬼神と通じようとした。しかし今回現れたのは美女ではなく、彼を助けに来た神仏であった。

乩盤に堂々とした文字が現れた。「我は韋駄仏であるぞ。お前が妖魔にとり憑かれているのが気になって、特別に救いにやって来たのだ。お前は天の掟を知っているかな。上帝の最も悪(にく)みたもうは、生人にして鬼神と交接することじゃ。その邪悪は淫乱をも凌ぐからな。お前は今よりは速やかに宜しく改悔すべきである。仙媚の鬼を近づけるではないぞ。自らその命をまもれ」。劉はぞっとして叩頭したあと、乩盤を焚き、おふだを焼いた。その後、妖魔は現れなくなった。（同上）

数年後、劉介石は『西湖佳話』を読んで、はじめて泰州の役所の左側に宋代の営妓馬盼盼の墓があることを知った。『青箱雑志』の記載によると、馬盼盼は聡明で、蘇軾の書法をよく学んだという。劉刺史はその時、以前降霊したのは関盼盼ではなかったとはじめて気づいた（同上）。

『青箱雑記』は宋代の呉処厚によって書かれたもので、『西湖佳話』は清代の呉墨浪子によって集録された小説集である。これらの実存する当代と昔の文献は、史可法の対聯と同じように、袁枚が記する宗教世界に歴史の厚みを添える働きをしている。歴史と虚構、現世と彼岸とが、巧みに交錯している。

真偽の入り雑った話のもう一つの例は、尹文端公の身に起きたことである。上述した通り、尹は袁枚と親交があって、時々手紙のやりとりをし、しかもそのおかげで侍者の李郎と袁枚の恋が成就している。乾隆十五年（一七五〇）、尹文端公は陝西の総督であった時、華陰県の県令からの上申書を受け取った。上申書には、妖神の祟りで、自分は間もなく死ぬとあった。

本官の三庁の前に一株の古槐がありました。部屋を遮って甚だ暗いので、これを切ろうとしますと、邑中の小役人たちがみな、「この木に神がついております。切ってはなりません」と言います。自分は信じないで切ってしまい、その根まで掘り返しました。根がつきると下から真四角の肉塊が現れ、肉の下には一幅の絵があり、裸の女子が横になっているのが描かれていました。本官は内心これを憎み、絵を焼き、肉は犬に食わせました。その夜は精神が落ち着かず、病気でもないのに日ごとに憔悴するばかりでした。禍々しい音がやたらに起こり、目には見えず、耳には聞こえるのです。本官の命はいくばくもないことを、自ら知った次第です。どうか、大人、本官に代わるものを派遣してくださいますように。

尹総督はこの上申書を受け取ると、自分の顧問たちに見せ、このような公文書をいかに処理すべきかと問うた。まだ話が終わらないうちに、華陰県から県令の病没を報告する文書が届いた（「尹文端公説二事」、『子不語』巻七、『袁枚全集』四、一二五頁）。

もちろん、上中書を書いた時の県令は、身体も精神も既に深刻な状態に陥っており、祟り云々はまさに精神疾患の表れであると推測することはできる。しかし、袁枚の叙述から分かるのは、儒教思想の薫陶を受けた当時のこうした士大夫や官僚たちにとって、理性と神怪という二つの範疇は対立するものではなかったということである。現実の生活では、宗教はしばしば別の想像と行動のよりどころとなっている。

童其瀾は華陰県令と同じように、自分の死期を予知できた。紹興出身の童は、乾隆元年〔一七三六〕の進士であり、官職は戸部員外であった。ある日、役所の宿直にあたり、同僚の数人と酒を飲んでいたのだが、突然天を仰ぐと「天の使いの到来だぞ」と叫び、朝服を着て平伏して拝んだ。同僚がどこの天の使いかと聞くと、童は笑って「この世には二つの天はないさ。いまさら何を聞くのだね。天より一巻の勅書が届いたのだ。この世の中書閣で行われる叙勲みたいなものだ。金甲の使者が雲に乗り勅書を捧げ持って来た。自分を東便門外の花児閘河神にお命じになったのさ。君たちともお別れだね」と答えた後、泣き出した。同僚たちは彼が狂気の病にかかったと思い、あまり気に留めなかった。

翌朝、大司農の海望が戸部に行くと、正装をした童は海望に向かって長揖をして官を辞し、その理由について説明した。海望は、「君は読書の君子で事務処理もてきぱきしている。もし病があるなら休暇を願い出るのも結構だ。なにも神がかりなことを持ち出して人を惑わすことはあるまい」と不満を述べた。童其瀾は弁解もせず、車に乗って家に帰り、飲まず食わず、三日間で家のことを片付けた後、端座して世を去った。

東便門の外で、住民たちは一晩中何かの音を聞いたので、大官が通るのかと思い、外に出て見物しようとした。花児閘河神廟の葉という道士は、夢で新しい河神が着任したのを見た。白皙で髭がうすく、それはまさに童其瀾の容貌だった（「童其瀾」、『子不語』巻一三、『袁枚全集』四、二五六頁）。

この物語の中の大胆な想像は、細部がはっきりと書かれているため、本当の話なのかと人を混乱させる。次の蔣士銓に関する記述も、同様に不思議な話である。蔣は清朝最盛期の詩壇で高い地位に在り、袁枚、趙翼とともに乾隆三大家と称されている。彼は中書の官にあった時、都の賈家胡同に住んでいた。十一月十五日、息子が病気だったので、彼は妻の張夫人と別のベッドに寝ていた。夢の中で招待状を持った小役人が迎えに来て、蔣は思わずついて行った。二人は宮殿らしきところに着いた。外には井戸が二つあるが、左に「極楽」と、右に「地獄」と書かれている。地獄の王様が任期が満ちて去るので、蔣士銓に代わってもらいたいとのことだった。蔣は母が年老い子どもが幼いので、それに応じられないとして、王様と激しく言い争った。蔣が大声で怒鳴って目が覚めると、自分はベッドに横たわっており、手足は氷のように冷たく、汗だくになっていた。

四更になると、蔣はこんこんと眠りに入り、再び冥界にやってきた。今度は殿堂には五つの座席があり、四つの座席にはみな人が座っており、五番目の席が空けられ蔣士銓を待っている。三番目の席に坐っているのは蔣の先生馮静山だった。二人は頭を抱えて泣き合い、馮は蔣に後事を処理して十一月二十日に赴任して来るようにと言った。

蔣は目覚めると、平素から親交のある藩司の王興吾を訪れ、別れを告げた。王は彼の顔中に鍋の煤を塗ったような、気味の悪い顔を見て驚き、原因を尋ねた。蔣は夢のことを話したが、王は、恐れずに家に帰って大悲咒を唱えれば災いから逃れられるかもしれないと彼をなだめた。二十日の日はちょうど冬至であった。三更の頃、蔣は空中から輿が一台下りてくるのを見た。輿の周りに何本かの旗と数人の輿夫もいて、彼を迎えに来ているようであった。蔣が急いで大悲咒を唱え出すと、空中の光景は煙のように消えていった。

三年後、蔣士銓は進士に及第し、翰林院に入った（「蔣太史」、『子不語』巻九、『袁枚全集』四、一七九～一八〇頁）。

荒唐無稽なプロットに、実在の主人公と本物に近い時空の設定を付け加えるのは、袁枚が『子不語』を書くにあたって一貫して用いた技巧や策略だったのかもしれない。このような虚実を混交させる手法を用いることによって、袁枚は随園という自分の世界で、次々と自他とも楽しませる神怪物語を紡ぎ出した。あるいはもう一つの可能性もある。それは、物語の主人公たちは実際に本に書かれた夢あるいは出来事を経験し、袁枚はそれを又聞きし、話に尾鰭をつけて人を驚かせる伝奇小説に仕立て上げたというものだ。ただ、完全な作り話にせよ、あったようななかったような加工物にせよ、それは十八世紀の専制皇権と礼教の言説の外に、政治勢力や主流的学術が圧殺したり、干渉したりできない想像の世界があったことを示すものだ。むしろ、この種の物語の中で、官僚制度や儒家の士大夫というものこそが、自由な想像の素材と出発点となっていたのである。

四、結論

十八世紀の高名な詩人、作家として、衣食の憂いがない袁枚は、広大な園林のほかにも、宗教、情欲、飲食の国を、気ままに探求できる十分な時間と興趣を持っていた。彼は文人という名声と優れた創作の才能ゆえに、ある程度の免責特権を与えられ、一般の礼教の尺度で判定されることはなかった。換言すれば、理詰めでは、彼はもしかしたら独立独行の特殊例であり、いかなる面でも代表性を持たないと考えることもできる。

しかし私は十八世紀の情歌についての研究で、自由奔放な情欲は袁枚のような少数派の上層文人士大夫の特権ではなく、普遍的な社会現象であることを明らかにした。妓楼、宿駅、街道、町、田舎において、次々と伝唱されていく大量の情歌は、豊富で多彩な情欲世界を作り出している[26]。

上層の文化――特に明末の士大夫文化――の文脈において考えても、袁枚の言行は本当の意味での異例とは言いがたい。前述した袁枚の生活の個々の様相は、程度の差こそあれ、他の士大夫の生活の場面にも見えるものである。袁枚の特別なところは、早い時期に仕官の道をやめ、人一倍の才気をもって、上述した士大夫の生活のあらゆる様相——庭園、情欲、飲食、宗教——に、全身全霊で打ち込んだことにある。このような生活の実践は、独創的で際立ったものではあったが、中国士大夫の生活の伝統から完全に逸脱したものではなかった。彼はこの個々の様相を一身に集中させ、頂点を極めたにすぎない。

袁枚の何にも束縛されぬ振る舞い、さらに民間の情歌の豊富で多彩な情欲のパターンから明らかになるのは、十八世紀の中国社会には、専制皇権と礼教の言説にそれほど干渉、統制されない、かなり広い私的領域が存在していたということである。

二十世紀の中国の知識人たちが、政治的自由と基本的人権を勝ち取ろうとしてきた歴史的文脈の中で考えれば、袁枚が生涯をかけて追求した目標は、ある人たちにとっては消極的ないし軽佻浮薄に見えるかもしれない。しかし、ミルからバーリンに至るまでの西洋自由主義の伝統では、私的領域あるいは消極的自由の擁護は、厳粛な課題であり続けた。胡適の著作における楽利主義の重視や、宋明理学者の人欲を滅する主張への攻撃は、ある意味では、まさに西洋自由主義の消極的自由に対する懸念を受け継いだものと言える。

袁枚および十八世紀の宗教、情欲についての言説に注目すべきもう一つの理由は、二十世紀の中国の知識人たちが政治的自由と基本的人権を求めると同時に、信教の自由や情欲の自主など同じく基本的人権と見なされた私的な領域において厳しい抑圧と侵害を受けたことである。このような侵害はもちろん、一九四九年以後に全面的に起こったものである。しかし一九四九年以前でも、新文化運動が称揚する「賽先生（サイエンス）」が権威のある主流的言説になった後、宗教的イマジネーションあるいは宗教の実践の空間はすでに大きく圧縮され、伝統士大夫の著述の中の重要なカテゴリーから、日の目を見ない底流に落とされてしまった。熱烈に情欲を称揚すると同時に、胡適らは力を合わせて宗教をゴミの山に掃き捨ててしまった。

中国の伝統には強固で制度化された政治的自由が欠けていることは、否めない事実ではある。ただし、今日直面している人権問題から出発し、二十世紀以来中国の自由主義の発展の歴史を振り返ってみれば、実は二十世紀中国の自由主義には、伝統が具有していたある種の寛容さが欠けていることがよく見えてくるのである。

（辛　知思　訳）

〈付記〉

本稿は、二〇〇一年、香港中文大学中国文化研究所当代中国文化研究センター主催の「中国近現代思想的演変学術研討会」で発表したものである。

【注】

（1）張仏泉『自由与人権』（亜洲出版社、一九五五）、第二章、特に一一、一五、二一、二三頁。

（2）注（1）、二一〜二二頁。

（3）胡適「読呂氏春秋」、『胡適文存』第三集（遠東図書公司、一九八三）、二二九頁。

（4）注（3）、二三六〜二三七頁。

（5）注（3）、二三七頁。

（6）胡頌平『胡適之先生年譜長編初稿』、第六冊（聯経出版公司、一九八四）、二〇七八〜二〇八一頁。

（7）William Theodore De Bary, *The Liberal Tradition in China* (Hong Kong: Chinese University Press; New York: Columbia University Press, 1983)、中国語訳『中国的自由伝統』（聯経出版公司、一九八三）、李弘祺など訳。〔日本語訳は山口久和訳『朱子学と自由の伝統』、平凡社、一九八七〕ドバリーは経筵の討論や史官の記録は、官史の言論の自由を奨励し、擁護する作用を持つと考える。地方の書院が所蔵する図書や文献は、朝廷の管理に縛られない学術自由の場となったとする。

（8）Stephen Holmes, *Benjamin Constant and the Making of Modern Liberalism* (New Haven: Yale University Press, 1984), p.31.

（9）Ibid, pp.18-20.

（10）Ibid, p.20.

（11）アイザイア・バーリン『自由四論』、陳暁林訳（聯経出版公司、一九八六）、二三五頁を参照。

（12）John Stuart Mill, *On Liberty* (The Bobbs-Merrill Company, 1956), p.7.

（13）Ibid, p.16.

（14）Franklin Baumer, *Modern European Thought: Continuity and Change in Ideas,1600-1950* (New York: Macmillan Publishing Co., 1977), p.326. Roland N. Stromberg, *European Intellectual History since 1789* (New Jersey: Prentice-Hall Inc., 1986, 4th ed.), pp.97-98. を参照。

（15）Mill, *On Liberty*, pp.72-79.

（16）バーリン『自由四論』、二三七～二三九頁を参照。

（17）Kai-wing Chow, *The Rise of Confucian Ritualism in Late Imperial China: Ethics, Classics, and Lineage Discourse* (Stanford University Press, 1944).

（18）Philip Kuhn, *Soul Stealers: The Chinese Sorcery Scare of 1786* (Harvard University Press, 1990)〔日本語訳は谷井俊仁・谷井陽子訳『中国近世の霊魂泥棒』、平凡社、一九九六〕

（19）華広生は無名の文人であり、嘉慶二、三年から故郷山東歴城の俗謡を蒐集し始めた。道光八年（一八二八）、彼は男女の情愛を歌うこれら民間の情歌を『白雪遺音』という書名で刊行した。本の序言から、これらの情歌は蒐集の過程でほかの下層の知識人から熱心な協力を受けたことが分かる。詳しい議論は本書第七章「十八世紀中国社会における情欲と身体——礼教世界の外のカーニバル」を参照。

（20）以上の袁枚の一生についての紹介は、王英志『袁枚全集』一の前書き（一～二頁）によるものである。

（21）この逸話は『随園軼事』の「袁郎」の条（『袁枚全集』八、一八頁）にも見られる。

（22）李孝悌「明清的統治階層与宗教――正統与異端之辨」、郝延平・魏秀梅主編『近世中国之伝統与蛻変――劉広京院士七十五歳祝寿論文集』上冊、（中央研究院近代史研究所、一九九八）、八三～一〇二頁。

（23）訳者注：『子不語』の訳文は、主に手代木公助訳『子不語』より引用しているが、一部、訳者の判断で改めたところがある。

（24）王英志「前言」、『袁枚全集』一、八～九頁。

（25）許地山によると、「文人の扶箕（フーチー）は大概宋代から始まり、最も流行ったのが明清の科挙時代であった。ほぼ各府各県の町には箕壇があり、特に学問が盛んな江蘇、浙江などの省には、箕仙を信じなければ受からないと思われていた」。許地山『扶箕迷信底研究』（台湾商務印書館、一九八六年五版）、三二頁。また、游子安『勧化金箴――清代善書研究』（天津人民出版社、一九九九）、五二～五三頁を参照。

（26）本書第七章「十八世紀の中国社会における情欲と身体――礼教世界の外のカーニバル」を参照。

◉ 第七章　十八世紀の中国社会における情欲と身体
——礼教世界の外のカーニバル

一、礼教と情欲——問題提起

周知のように、十六世紀初期以後の江南と華北各地における経済の発展は、当時の社会秩序や人々の衣食住行と価値観に大きな衝撃をもたらした。経済的な繁栄と政治的締め付けの緩和により、束縛が少なくなり、人々は自由で解放的な生活を送ることができるようになった。多くの文人士大夫は、既存の政治の枠組みや哲学思想の改変に挑戦するだけでなく、思いのままに生活を享受し、趣味の良さを追求するようになった。彼らは自己の価値観を堅持し、自己の個性を発揮しようとし、この時代には自由奔放な気風が満ち溢れた。(1)

さて、士大夫の独特な文化以外に、十六世紀と十七世紀の庶民文化にもはっきりとした特徴が現れるようになった。印刷術の普及により、都市の富裕層は各種の大衆的読み物をより簡単に享受できるようになった。また一方で、大衆市場の存在は大衆的読み物の市場を発展させた。(2) 宗教的な小冊子やさまざまな日用百科類書のほか、最も注目されるのが「三言二拍」のような通俗小説や『金瓶梅』を初めとする好色本である。(3)

そもそも「エロチシズム」は民間文化の特色であり、人々の心理構造の深層にあるものだと言っても過言ではない。明末の経済的な豊かさと思想面の解放とがこの種の作品の出現を助長させた。事実、このような通俗的好色本の出現は、ある程度、上層文化の情欲解放の声に呼応したものである。(『牡丹亭』は後者の最もよい代表的な例である。(4))

明末の社会の各要素における著しい進展は、ますます多くの学者の興味を情色文学に引きつけている。私がここで問いたいのは、満州族の入関、つまり前向きで有能な別の専制政府の出現によって、十六世紀初頭以来の各方面での進歩が、槿花一日の栄の如く突然停止するだろうかということである。

士大夫の文化についていうと、答えは明らかである。王汎森の研究から分かるのは、明代晩期の士大夫と清代の士大夫の間には、生活の形態においても文化活動においても大きな変化が起きたということだ。個人の道徳修養の重視は明代晩期の「浮囂奔競〔浮わついて名利を追求する〕」の風潮に取って代わられたのだ(5)。

本論のテーマについていうならば、より具体的な問いとは次のものである。明の中葉以後の春色たゆたうエロチシズムの文化は、質朴で勇猛な北方民族の侵入によって、明の王朝と共に本当に滅びてしまったのか。

清帝国の学術思想の潮流を少し確認するならば、この問いが理に適ったものであることは理解できよう。宋や明の儒学が心性の学を重んじたのに比べ、十八世紀の乾嘉学派は本質的な思想問題に触れなかったと思われている。しかし、最近の研究では、乾隆、嘉慶年間の学者の三礼や五礼の学への研鑽は、単に保身のための無味乾燥な学問ではないと指摘されている。礼学研究の復興は、ある意味、礼法に対する重視が含まれているのだ。

乾嘉学派の「礼」学重視の主な目的は、古礼の解釈の名に借りて、彼らが思う合理的な社会秩序を回復・再建することであった。周啓栄は「乾嘉学者の礼学への重視は、社会の保守勢力の勃興と密接な関係があり、乾嘉学者による礼学の研究は、実際は士紳主導の文化改革運動であった。新興の政権は新しい政治秩序をもたらしただけでなく、明末からずっと存在しつづけた社会問題も解決しようとした」と指摘する。

統治者と士大夫側からみれば、明末の社会問題の一つの表象が、まさに淫猥な戯曲と通俗小説の流行であった。そのため、清朝の統治者と乾嘉の学者は、退廃的で淫猥な通俗文化に対して強烈な嫌悪感を示し、絶えずそれを排除しようとした(6)。乾嘉の学者の礼学研究は通俗文化の改良以外にも、さらに家族や婦徳に関する礼儀と規範——二つは儒家思想が主導する社会秩序の基盤である——に注力した。(7)「礼」の強調は、道徳上の厳格主義と社会の保守主義をもたらした。おそらくその影響であろう、清朝では寡婦の人数が増加している。費絲言は「明朝における貞節烈婦の選抜は、すでに一種の常規化した政策となっており、地方の士紳や士大夫の記述も寡婦を生産する構造をより強化した」と述べている。(8) スーザン・マン（Susan Mann、中文名：曼素恩）らは「清朝の地方志の、寡婦が再婚を拒絶したり、また夫の死後にもそのまま舅姑に仕えるという記載は十八世紀に急激に増えた」と指摘する。(9) この類の記載が増えたのは十八世紀の人口の激増と関係があるのかもと考える学者もいるが、マンは、「節婦の記載の増加比率は人口増加の比率より高い」と指摘する。また、マンは「人口増加によって科挙の競争はますます激しくなり、下層階級の士大夫が科挙合格で家柄を輝かせる可能性はますます低くなった。そのため、家族に『節婦』がいることが、彼らの地方社会での身分を示す新しいメルクマールとなった」と解釈する。

これらの地方社会における「節婦」の言説は、当然のことながら男性知識人による言説である。ただし、マンは一歩踏み込んで、「実のところ知識人の言説も、哲学者と学者の影響を受けたものだ」と指摘する。ここでいう「哲学者と学者」とはまさに乾嘉の学者を指す。他方、異民族を主と戴く清朝政府は、自らが儒家の正統であることを強調するため、忠孝や節烈などの三綱五常を大いに提唱した。政府と士大夫による二重の裏書を経て、地方の知識人による「節婦」の言説はますます天経地義の正道だとされたのだ。(10)

上記の研究から、かつてただ無味乾燥で煩瑣な考証学だと思われていた乾嘉の学は、実はそうではなく、社会的な意味があったことが分かる。清朝政府が「勤勉に国家を治め」たことは、よりいっそう道徳と保守思想の傾向を強化させた。そのため、我々が、明末における思想の著しい進展や解放は一瞬のうちに過ぎ去ったのではと思いがちなのはゆえあることである。しかし、私はなおも問いたいと思う。政府や学術思想の主流派の立場からの見方は、一面的なものに過ぎないのではないか。乾嘉学者の礼学研究あるいは地方のエリートによる節婦についての記述は、ただ「一つ」のテキスト、「一つ」の言説に過ぎないのではないか。もしも別の異なる性格のテキストを用いれば、異なる結論が出てくるのではないか。私が本論で論じたいのはまさにこの点である。

私は十八世紀に流行した情歌と戯曲を用いて、表面の「礼学」や「節婦」の言説の裏側に、ひそかな流れ、もっと言うならば「反」主流の人間の欲望がありつづけたのではないかということを検討したい。そして、十六世紀初期から十七世紀中葉にかけて見られる「情欲」の言説は、本当に北方民族の侵入と共に滅びたのか、十八世紀の中国社会は、我々の第一印象が示すような保守的かつ厳格的なものなのかについても考えてみたい。

本題に戻る前に、再度「節婦」の問題についてもう一つの視点を提供したい。周知のように、明末には通俗、エロチシズム文化あるいは都市の大衆文化のほか、民間教派の領袖が執筆した「善書」も多く見られる。東林党をはじめとする士大夫は、通俗的な道徳宣伝と道徳教化を目的とする「善会」での救済活動に大いに力を入れた(11)。後者の大量の出現は、急に降って沸いたのではなく、前のことと関わりがある。言い換えれば、前提として庶民の道徳の堕落と社会秩序の崩壊があったからこそ、この善書運動が現れたのだ(12)。勧善書が大量に刊行されたことと、道徳の講習活動が頻繁に行われたことは、社会の「不道徳」な気風の猖獗ぶりを示している。十八世紀の礼学の言説もこれと同様に道徳と社会秩序の崩壊の反映なのではないか。

梁其姿の研究はこの仮説の有力な証拠になる。梁は乾隆中期以後の「惜字会」、「清節堂」などの組織の出現は、下層の儒生らが苛酷な戦いに直面したことを反映しているという。彼らは自身の尊厳を守り、道徳理念を堅持するため、十八世紀後期から、「惜字会」、「清節堂」を大量に設立した。実際、十八世紀初期あるいはもっと早い時期から、寡婦の守節はすでに単なる個人の道徳行為ではなかった。貧困と夫家の貪欲という要因以外に、十八世紀の江南には土地の無頼らが寡婦を脅迫、誘惑したりして、だまして再婚させる事件が次々と起こり、大きな社会問題となっていた。清節堂のような組織は、寡婦の貞節を守る最後の砦となった[13]。

もちろんさまざまな外在的客観的要素が女性の貞節にとって大きな脅威とはなっていたが、しかし女性自身の押しとどめることのできない情欲、さらに男性の情欲への渇望とそれへの後押しも、人倫綱常にとっては衝撃だったのではないか。だからこそ国家に裏書された大きな「礼学」の言説でそれを抑圧する必要があったのではないか。

二、情歌、戯曲選

本論で用いる資料は、『霓裳続譜』と『白雪遺音』の二冊の情歌選と、戯曲選『綴白裘』の中のいくつかの戯曲の歌詞である。以下、この三種類の資料について簡単に紹介しておく。

『霓裳続譜』の収集者は民間楽師の顔自徳である。彼は天津の人であり、十八世紀初め、康熙から雍正年間に生まれ、長期にわたって乾隆年間の皇室の祝典での音曲の上演に参与していた。顔自徳は晩年、記憶に基づき、かつて都の歌館や妓院で聴いた芸人たちの歌を記録し、王廷紹に校閲を依頼した。乾隆六十年（一七九五）、王廷紹は彼が校閲して序を付けた『霓裳続譜』を上梓した。

楽師の顔自徳は無名の民間芸人であったが、王廷紹は詩書に精通した朝廷の官吏である。彼は『霓裳続譜』を刊行した時点ですでに郷試〔科挙の地方試験〕に合格しており、その後ほどなくして会試〔科挙の中央試験〕を通過し、仕官し始めた。紀昀が彼の科挙合格時の主任試験官であり、阮元とも付き合いがあった。このような士大夫の身分で情欲が溢れる俗曲集を校閲、刊行したことは、当然世間の注目を浴びた。

王廷紹は傲慢かつ諧謔的で、世間一般とは異なる個性で知られている。顔氏が輯録した歌曲を大変気に入り、友人にもそれを写させている。しかし、正式に刊行するかどうかについては、ずっと決心がつかなかったようだ。恐らく士大夫からの攻撃を恐れたのだろう。その後、友人らに促され、ようやく冒険を試みる。刊行後間もなく、おそらく反響があったのだろう、王氏は同じ年に第二版を出している[14]。

ここで注目すべきは、傲岸不遜な王廷紹でさえも、情欲を称揚した俗曲集を刊行するにあたり、世間からの攻撃を恐れて再三躊躇したということである。彼は序文の最後に、自分は「友人の命に従い」本書を刊行したという。しかし、彼は「私はただ文字の誤りを正しただけで、下品で粗野なところについては修正していないので、題籤を書いてから大変不安になった。しかし歌詞は彼らのものであり、良いところに私の手を加えられないし、悪いところも私がさらにそれを悪くすることなどできない。文壇の諸友はどうかご諒解ください」（「霓裳續譜序」）と言っている[15]。

これは、明らかに責任を逃れるための自衛の辞である。王廷紹の「大変不安になった」という言葉からは、主流社会の価値観の威力が想像できよう。それも乾嘉の礼学の言説であると解釈できる。まさに周啓栄が言っているように、「それは道徳の保守化と厳格な雰囲気を作り出し、広範囲に作用した」のである。

しかし、王廷紹に出版を勧めた親友盛安は、明らかにこうした制約を受けていなかった。盛氏も同じく朝廷の官吏で、彼は勇敢に皇帝を諫めたことで世に知られているが、彼の民間文化に対する開放的な態度は、注目に値する。この書の序文に「朝菌は晦朔を知らず、蟪蛄（けいこ）は春秋を知らず」（『荘子』逍遥遊より、井の中の蛙、大海を知らずの意）という古典を用いて、士大夫らが自分の殻に閉じこもりがちなのを諷喩した。「民間の俗謡は、いつも文人に軽んじられる」が、同時に「飾り立てた言葉は、市井には届かない」とも言う。彼はこの選集には一部、文人才子の作もあり、また一部には「村の婆さんや娼妓の歌謡」もあると指摘した。そして彼は、「情感も歌詞も麗しい」雅曲はもちろんのこと、同時に「抱腹絶倒の作」も楽しむことができるとした[16]。

盛安は文人の作品と淫蕩で面白おかしい俗っぽい作品を同等に見なしており、このことから士大夫階層でも礼教に縛られない人も存在していたことがわかる。

『霓裳続譜』は六百二十二曲の歌を収めており、そのうち前三巻の二百十四曲は文人の創作した雅曲であるが、後半の五巻は芝居から採ったものであり、その他の多くは「街の巷の語」、「市井の歌謡」である[17]。以下、私が引用する歌詞は、後半の五巻から選んだものである。

『白雪遺音』は華広生による編輯である。彼が郷里の山東歴城の俗曲を集め始めたのは嘉慶二、三年からで、その後、「あちこちの同士がみな新しい曲や珍しい曲を探して、書簡で送ってくれ」、各地から歌曲が集まった。嘉慶九年（一八〇四）には、『白雪遺音』の収集作業は終わっていたようで、華広生はこれに自序を書いている。ただし道光八年（一八二八）になるまで、正式に上梓することはなかった。

『霓裳続譜』と異なり、『白雪遺音』の編者華広生は無名の人である。字を春田といい、乾隆、嘉慶年間に山東歴城あたりに生まれ育ったこと以外、他の事跡は全くわからない。この書に序を寄せた人たちも同じく無名の人である[18]。

彼らは華広生と同様、ある程度の教育を受けたものの、科挙受験には至っていない。そのうちの一人は、自分のことを「見識に欠け、何事も成しえず、異郷に身を寄せている」と言っており、もう一人は「二十歳で学問を投げだし、各地に寄食し、各地の山水に遊び、名勝旧跡を尋ねた。音楽や戯曲は、いつも私の気持ちを晴れ晴れとさせてくれた」という。また、その他の者も、「私は若いときから卑しい身であり、魚釣りや鳥を射ったり、馬を駆ったりする以外、何の取柄もない」、「勉学のため家を離れてからは、専ら漫遊を楽しみ、故に滇（てん）、黔（けん）、川、楚、閩、広、呉、粤（えつ）の奇山秀水と風流人物で、目睹していないものはない。……特に文芸や音曲には大変心を奪われた」と言っている[19]。

この人たちは科挙の試験で意を得られなかったが、しかし文筆を忘れず、しかも大半は各地を放浪したため、人情と世事についての豊富な体験を有した。いわゆる農村社会に常に見られる下層士大夫（もしくは文人）である。彼らは都市の一般市民や農村の民衆に接触する機会が多く、彼らと同じ宗教や信仰を持っていたはずである。儒家の教育を受けたとしても、恐らく上層士大夫のような礼教による強い縛りはなかっただろう。

彼らが民衆のストレートで奔放な感情表現に共鳴したことも理解できる。こうした下層の文人や一部の上層士大夫が、共に淫猥な民間の情歌を楽しんでいたのだとすると、十八世紀の道徳の厳格主義の程度についても、慎重に見直す必要が生じよう。

『霓裳続譜』の蒐集者の顔自徳は河北天津の人であり、『白雪遺音』の華広生は山東歴城の人である。そのため、二つの選集に選ばれた歌は、大半が北方で流行した俗曲である。これは歌曲の言葉づかいと文字の使い方からもわかる。しかし、多くの歌曲は広範囲に伝播していたため、厳密に地域を限定することは難しい。例えば『白雪遺音』に収録された最も多い曲牌は「馬頭調」であり、四、五百首はある。[20]「馬頭調」の重要さは、この種の曲調の大半が交通の要衝や旅籠、駅舎などで歌われたことにある。

楊蔭瀏は『中国古代音楽史稿』で、「馬頭」の二字は「碼頭」の二字の同音仮借であると言っており、斉如山も『馬頭調』は「官路の宿場や、埠頭で歌われた曲調である。例えば、北京から漢口に至る幹線道路、および北京から揚州や鎮江にいたる運河の水路、陸路の各駅や埠頭もこの種の曲調である」と述べている。その他、嘉慶年間の記録にも、「山東の西の斉河や茌平の道では、以前から歌手が多い。旅客が宿に入ると、琵琶を持ってついてくる。彼らが歌っていたのがいわゆる『馬頭調』である」とある。[21]このような曲牌は、交通の要路や旅館で、各地を往来する商人に好まれ、街道に沿って広まった。歌詞の中に描写された情欲の横溢も、たぶんそれにしたがって四方に広まったのだろう。曲調自体にしても、後には一つの曲牌を指すのではなく、一種の通称となった。なぜならば南方でもこれとは別の多様な曲調を含む「南馬頭調」が発展しているからだ。そのため楊陰瀏は「馬頭調とは、埠頭で広まったいくつかの曲調の泛称であり、専ら一つの曲調を指すのではなく、多くの曲の総称であり、一つの曲の曲名ではない」と指摘する。[22]「馬頭調」の広範な流行は、私たちに、『白雪遺音』に選ばれた歌曲は山東或いは華北に限られたものではなく、各地で歌われた情歌である可能性があることを気づかせてくれる。

これらの流行曲は相当広い範囲で流行していたほか、一部は数百年にわたって歌われた可能性もある。『霓裳続譜』と『白雪遺音』は、編集刊行の時期が非常に近い。しかし、『白雪遺音』には「馬頭調」の歌が大量に見られるのに対して、『霓裳続譜』には「馬頭調」は少なく、「寄生草」が主流である。もちろん華広生が民衆の音に近いものとして「馬頭調」を選んだ可能性もある。ただし趙景深によれば、「『馬頭調』の曲調は『寄生草』の借用だ」という。二つの選集を比較すると、確かによく似た箇所がいくつかある。鄭振鐸もかつて『白雪遺音』の一部の歌が明の俗曲「掛枝児」の中の一節と似ていることを指摘した。一部の歌はカバーされつづけてきたことがわかる。[23]『霓裳続譜』の輯録は『白雪遺音』のそれとは大きく異なる。後者は華広生と友人らが四方を捜し、郵便逓送によって情報を交換し、集めたものである。前者は曲師が長年の演奏経験により、晩年、都の芸人たちの曲目を思い出して記録したものである。

しかしながら、芸人による演奏曲であれ、文人が収集した曲であれ、その多くは歌手や妓女たちが歌い継いだものである。(「馬頭調」の歌い手の多くは宿場の旅館の妓女である)。人々は当然疑問に思うだろう。こうした歌手や妓女たちが歌う情歌は、どのくらいその時代や人々を代表しているのかと。これらの問題を具体的に解決する最も確実な方法は、まず詞曲自体を研究することである。二つの選集には妓女の感傷や愁傷を描写していることがはっきりしている作品が結構あることから、私は以下の分析では意識的にこれらの作品を除外することにした。残りの作品は、そのかなりの部分が妓女と無関係であるとはっきりと区別でき、これらには一般女性の情欲の多様な様相が表れている。

技術レベルでのこうした初歩的な弁別を行ったうえで、次にこれらの情歌の伝播について説明しよう。私は、基本的にこれらの歌曲の中で歌手や妓女が演じた役割は、曲師顔自徳と文人華広生との間で本質的な違いはないと考えている。その役割の違いは歌い継ぐことと記録することの違いである。一方では妓女と歌手は彼らの肉体で、はっきりそれとわかる情欲の城塁を構築し、四方からの旅人はそれに一時の慰めを得た。そして他方では、彼らの歌声によって、各地に散らばっていた情歌の集散地と媒介の中心地が築かれたのである。

各地に散らばっていた情欲溢れるテキストは、紛々として妓女や歌手のいる場所に集まり、そして彼らが歌うことで、各地から来た旅商人に伝わった。彼らは一枚一枚情欲の網を織りなし、さらに各地から流れ込んできた情欲を絡めとり、それを呑みこみ吐き出すことで、四方から流れ込んだ情欲を交流させ、放射させる役割を果たした。妓女や歌手による歌声と場所の提供は、十八世紀中国社会の情欲を助長する役割を担ったといえよう。華広生と王廷紹（あるいは顔自徳）はこれらの情欲を一つに集めて文字化し、選集という形式を用いて、形あるものにまとめたことによって、口伝の情欲はさらに遠くへと広まった。こうした人々によるさまざまな媒介形式によって、十八世紀の中国各地で歌い継がれた率直で豊かな情歌は、遥か時空を超えた現代の私たちにもその魅力を伝えているのである。

民間に流布した情歌は、短小軽薄かつ淫猥で広まりやすいものだが、意識的に蒐集しなければすぐに散逸してしまう。また、人の情欲に関わるものであり、そのうえ蒐集作業は容易ではなく、類似の選集はけっして多くない。『霓裳続譜』と『白雪遺音』の価値はここにある。戯曲の蒐集は情歌と通ずるところもあれば、大きく異なるところもある。民間で演じられた草芝居も情歌と同様に卑俗で淫猥だということで、文学に通暁する人には記録されにくかった。しかし同時に、戯曲の創作と上演は士大夫の生活の重要な一部にもなっていたため、文人や士大夫は戯曲の選集に従事しつづけていた。『綴白裘』はその一例である。戯曲の収集が情歌と違う点は、この膨大な巻帙の戯曲選の中に、民間の色彩が濃厚な「梆子腔」が挿しはさまれていることである。これらの民間の草芝居の選本から、私たちは民間文化の特色の一部を分析することができるのだ。

ここで用いた『綴白裘』の版本は最もよく通行している版である。[24]この撰集は銭思沛〔徳蒼〕が、玩花主人の編んだ『綴白裘』を底本とし、当時舞台で流行していた崑曲〔江蘇省の崑山を発祥とする劇曲〕と花部〔地方劇〕を加えたり一部を削去したりして成ったものである。乾隆二十八年から三十九年（一七六三～一七七四）の間に、全部で十二編まで増刊された。この選集は何度も『綴白裘』の名で増刊されつづけており、編者はおそらく一人ではない。ただし、彼らの生涯については、何も分からない。分かるのは、この選集に収録された曲は当時各地で流行していた演目であり、そして乾隆本『綴白裘』以前のものだということである。康熙及び雍正年間の他の版本もあり、それは日本にも伝えられた。[25]幾度となく増削、刊行されていることから、この書の当時における人気のほどが窺がえる。王廷紹が『霓裳続譜』の刊行に当ってかなり躊躇したことに比べると、戯曲が当時の人々から大歓迎を受けていたことの表れである。事実、乾隆帝自身も日ごろから戯曲を好んでいたことから、塩商は多くの楽団を抱え、南巡中の皇帝の歓心を買おうとしていた。十八世紀の地方劇の繁栄と四大徽班〔安徽省の芸人を中心とする四つの代表的な劇団〕の北京進出は、すべてそれと関わっている。後の戯曲禁止は偶発的な例であり、それでもって乾隆時期のことを語ることはできない。なぜならば、戯曲禁止は文化の改革運動であり、戯曲の上演に大きな打撃を与えたからである。

以下、三種類の資料を用いて、その中の情欲と身体に関わるテーマを整理し、そのうえでテキストに表れている情報について分析を試みる。

三、十八世紀の女性における複雑で多様な情欲世界

『霓裳続譜』と『白雪遺音』の二つの選集の中には、たまに社会的なテーマや歴史物語に関わるものもあるが、絶対的多数を占める情歌は情欲というテーマをめぐるものである。これらの情欲を分類してみると、別離から閨怨、思春、私通など何でもござれである。最も驚くのは、これらの情欲の語りがほとんど女性の立場からのもので、時に婉曲的に、時には率直に心情を訴えており、私たちはこうした女子が本当に「三従四徳」の礼教の国に身を置く人だったのかと疑わしい気持ちになる。父権至上の男性社会では男性の情欲の訴えは聞こえてこず、このことは興味深い現象である。こうした社会では、男性は主動的に欲望を追求し、簡単に欲望を満たすことができるので、文字の形で吟詠したり哀訴したりする必要がなかったためではないか。あるいはこうした情欲の語りは、男性の性妄想による想像の産物だったのだろうか。

王廷紹の序文には「その歌詞はあるいは芝居から抜き出したものか、あるいは貴顕や文人の作から選んだもの、街の巷の語、市井の歌謡まですべて備わっている」とあり、盛安の序文には「文人才子の筆から村の婆さんや娼妓の歌に至るまですべてが備わっている」と記されている。要するに『霓裳続譜』の前三巻には、確かに男性の文人墨客や貴顕の手になるものもかなりある。しかし、具体的な内容に関して言えば、男性の手になる情歌は、ほとんど生気に乏しい陳腐なもので、「紗窗に倚り、翠袖を掩う」「迴廊を転り、妝楼に上る」「香肌の骨、月影花陰」といったワンパターンの歌詞ばかりで、そこから造形されるのは千篇一律な虚弱な女性像と貧苦にあえぐ蒼白な女子の片思いでしかない。こうした想像力を欠いた士大夫文人による「女子の情欲の語り」から、理の当然として以下のことを推測できよう。それは、『霓裳続譜』の後ろの五巻や華広生が四方から収集した『白雪遺音』の中の多種多様な女性の情欲の語りは、男性が想像し得たものではないということである。さらに、これらの歌の多様な主題

と様式からは、これらの情歌には、さまざまな階層や背景をもつ女性の多様な情感世界が表出されていることも予想できる。

1．別離の浪漫情歌

別離は当然感傷的なものである。まずは、これらの感傷的な浪漫情歌から十八世紀の中国女性の未知の後方世界に入ってみよう。〔以下、出典の『霓』は『霓裳続譜』、『白』は『白雪遺音』を指す〕

送郎送在大路西、手拉著手捨不的。懶怠分離、老天下大雨、左手與郎撑起傘、右手與他拽拽衣。恐怕濺上泥、誰來與你洗。身上冷、多穿幾件衣、在外的人兒要小心、誰來疼顧你、那一個照看你。（「送郎送在大路西」、『霓』八-九b）（図1）

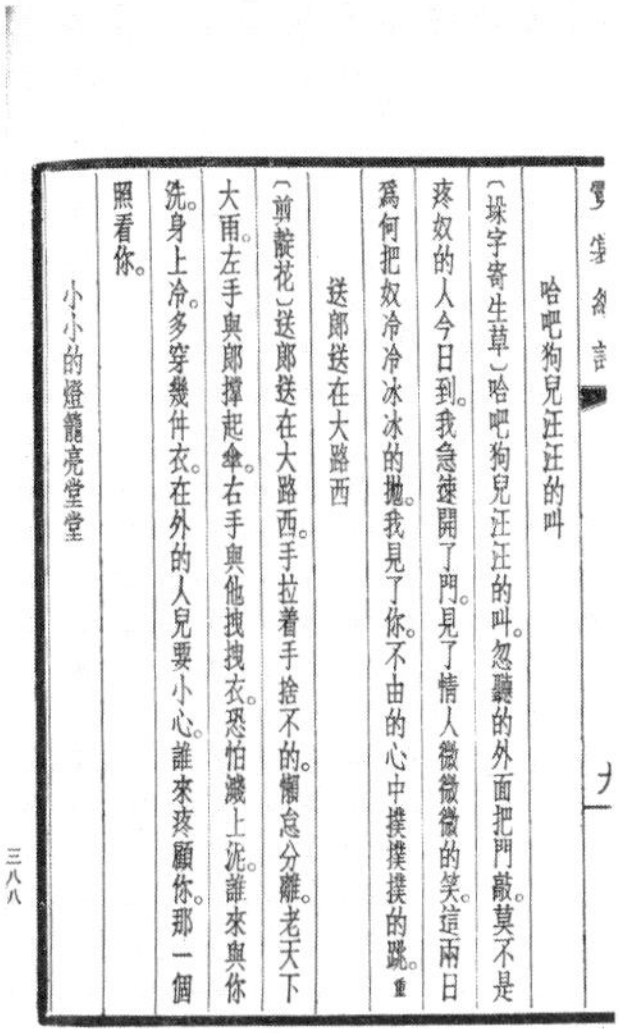

霓裳續譜　九

哈吧狗兒汪汪的叫
〔垛字寄生草〕哈吧狗兒汪汪的叫。忽聽的外面把門敲。莫不是疼奴的人今日到。我急速開了門。見了情人微微的笑。這兩日爲何把奴冷冷冰冰的拋。我見了你。不由的心中撲撲撲的跳。重

送郎送在大路西
〔剪靛花〕送郎送在大路西。手拉着手捨不的。懶怠分離。老天下大雨。左手與郎撑起傘。右手與他拽拽衣。恐怕濺上泥。誰來與你洗。身上冷。多穿幾件衣。在外的人兒要小心。誰來疼顧你。那一個照看你。

小小的燈籠亮堂堂

三八八

図1：情歌詞：『霓裳続譜』巻8

いとしい人を見送る大路の西、つないだ手を離したくない。ぐずぐずしてたら、大粒の雨、左手で彼に傘をさしかけ、右手で彼の服をひっぱるの。泥が跳ねるわ、誰が洗ってくれるの。冷えるといけないから、服を着こんでね、異郷の人は気をつけないと、誰があなたを大事にしてくれるのよ、どなたがあなたの世話をするの。

このような単純かつ素朴な文句は、絶対に文人士大夫には書けない。次の同じように「手をつなぐ」という内容の

情歌には、山東女性の剛毅な性格が現れている。

手拉手兒把黃河下、就到了黃河也不把手撒、偺二人、就死死在一處罷。免的偺、思思念念常懸掛。轉世爲人、還是偺倆。長大時、你不娶來我不嫁、到那時、方稱你我心中話。（「手拉手兒」、『白』二-二七a）

手をつないで黄河に飛び込み、黄河に入っても手を離さない、二人で一緒に死のうよ。死ねば恋しく思わずに済むから。生まれ変わっても、あたいたちは一緒よ。大きくなったら、あんたが娶ってくれるまであたいは嫁には行かないわ、その時にあたいの胸のうちを話すから。

右の素朴さや剛直さに比べて、次の長歌には明らかに多くの伏線を張って離別の悲しみを訴えている。

聽說離別、一陣一陣心酸痛、面帶憂容（白）心酸痛、心酸痛、淚珠兒點點拭不淨、滿滿斟上一盃酒。我與情人餞餞行、罷喲嗳喲。今日離別、何日相逢、嘆氣問多情。問多情、問多情。二人彼此都有情。生生拆開鴛鴦伴、低頭不住恨蒼穹、罷喲嗳喲。閃的我慌慌忽忽神不定、魂夢之中。神不定、神不定。迷亂魅亂魂不定。身子好似涼水冰、霎時改變了舊形容、罷喲嗳喲。你去了、好教我難割難捨恩情重、海誓山盟。恩情重、恩情重、光奴有情不中用、偺二人恩情好換好、情與情交一般同、罷喲嗳喲。親口兒囑咐、細細叮嚀、緊記在心中。千囑咐、萬叮嚀、我的話兒要你聽。早下店、晚登程、過水疊橋莫要搶行、罷喲嗳喲。只要你、一路平安多保重。莫忘奴花容。身保重、身保重、你的身子不非輕、千留萬留留不住、要不奴家送你一程、罷喲嗳喲。到而今、不離別來不中用。二人痛傷情。（「心酸痛」、『白』一-五〇b）

別れ話を聞いてから、胸がずきずき痛みます、愁い顔（セリフ）胸が痛くて、胸が痛くて、拭いても拭いてもこぼれる涙、なみなみと注いだ一杯の酒。いとしい人を送る送別の宴。ああ、ああ。今日別れたら、次にお会いできるのはいつの日かしら、ため息まじりに問いかける、聞きたいわ、聞きたいわ。二人は相思なのよ。生木を裂くように鴛鴦の仲が引き裂かれるなんて、うなだれて天を恨みつづける。ああ、ああ。ふらふらの私は落ち着かなくて、落ち着かなくて魂は夢の中。ぼうっとしたまま、ぼうっとしたまま。乱れて、惑って、魂がどこかへ行ったよう。体は水のように氷のように冷たくなって、あっという間に面変わり。ああ、ああ、あなたが去っても、あなたへの愛は変わらない、永遠に変わらぬ愛を誓う、愛は深い、愛は深い。だけど私だけが愛してもどうにもならない、二人で互いに愛し合い、あなたも私と同じように想ってね。ああ、ああ。何度もあなたにお願いして、こまごまとお願いするわね。どうか忘れないで。千回でも、一万回でも念押しするわ、どうか私のいうことを聞いてね。宿には早めに着いて、暗いうちから出発しないで、河や橋を渡るときは慌てないでね。ああ、ああ。私の願いは、あなたの道中の無事だけ。でも私の顔を忘れないでね。お身体をお大事に、お大事に、あなたの身は軽くないのに、千回留めても、万回留めても、引き留められない、せめて途中まで送らせて、ああ、ああ。この期に及んでも、離れられないなんて駄目ね。二人ともに悲しむ。

この完成度の高い情歌は、一見、文人が創作したようにみえるが、しかし言葉遣いに新鮮な息吹が感じられる。歌の中の「奴（わたし）」が妓女である可能性も完全には排除できないが、もしそうであれば、ここに吐露された切々たる恋情は刮目に値する。文字に通暁した女性（あるいは明清の才女か）の作品である可能性は大きい。

同じく永遠の愛の誓い、離れたくないという哀願でも、温和で婉曲的な別の表現もあり得る。

情人送奴一把扇、一面是水、一面是山。畫的山層層疊疊真好看、畫的水曲曲灣灣流不斷、山靠水來水靠山、山

要離別、除非山崩水流斷。(「情人送奴一把扇」、『霓』四-二〇b)
あの人の贈り物の扇子、片面は河、片面は山。山は幾重にも重なりとてもきれい、河はうねりながらとぎれることなく流れる、山は河に寄りかかり、河は山に寄りかかり、山が離れるのは山が崩れ、河が途切れる時だけよ。

扇子を贈る者もいれば、髪の毛を贈る者もおり、それは恋人との再縁のためである。

情人進門你坐下、袖兒裏掏出一籽子頭髮。淚汪汪、叫聲情人你可全收下。我的爹合娘、今月打發我要出嫁。你若想起奴家、看看我的頭髮。要相逢、除非等奴來走娘家。那時節、與奴再解香羅帕。(「送頭髮」、『白』二-三三a)
いとしいあなた、ここに座って、袖の中から取り出す髪一束。涙ぽろぽろ、どうかいとしい人、これをもらって。父さん母さんは今月私を嫁に出そうというの。もし、私のことを恋しくなったら、私の髪を見てね。逢おうにも、次はもう私の里帰りの時しかないの。その時、私の羅衣を解いてね。

さらに唇や身体を差し出す者もいる。

手拉手兒把情人送、斟上杯水酒、與你餞行。你去了、不知何日纔回程、倒叫俺、逐日盼望心不定。嘴對著香腮、親口兒叮嚀、但願你、一路途中多保重、見了那、野草鮮花莫把心來動。(「手拉手兒其四」、『白』二-二十七b)
手を握っていとしいあなたをお見送り、お酒をついで、あなたの旅立ちのはなむけとしましょう。出発したら、お帰りはいつかわからないけど、あたいは日々あなたの帰りを待って心配するわ。ほっぺに口づけして、何度も念を押す、道中ご無事で、どうかあの野の草花〔遊び相手の女〕を見て、心を動かさないでね。

未曾斟酒先流涙、奴勸情人多吃幾盃。今夜晩、我與情人同床睡。到來朝、相逢不知何時會。你可保重身軀、早早回歸。切不可、花街柳巷瞧姊妹。常言道、酒不醉人人自醉。（「未曾斟酒」、『白』二-二七b）

別れのお酒を注がぬうちに、涙が先にこぼれるわ、何杯でも勧めたいわ。今夜は、いとしいあなたと枕を共にしたいの。明日の朝になれば、今度いつ会えるかは分からないから。お身体大切に、早く帰ってきて。けっして、花柳の巷で若い娘に見とれないで。ほら、ことわざにもいうでしょう、酒が人を酔わせるのでなく、人が自分で酔うのよ。

たとえ廓遊びが公然とできた昔であっても、花柳の巷はやはり女性の情欲を脅かすものだった。次の一首は、ややおかしみもあるが、しかし情熱が感じられる。

我爲你情多、我爲你銷磨、我爲你搥床搗枕睡不著。我爲你手拿針線、懶怠作活。我爲你後花園中長禱告。我爲你戒酒除葷、把齋齋喫過。我爲你手拿著素珠兒、念了幾日佛。（「我爲你情多」、『霓』七-八b）

あなたのせいで物思いが多くなり、あなたのせいでやつれ、あなたのせいで何度も寝返りを打つ。あなたのせいで針仕事も手につかないの。あなたのために裏庭でお祈りしています。あなたのためにお酒と肉を断って、斎戒よ。あなたのために数珠を手に、何日も念仏を唱えたわ。

2. 婉曲的に主題へ

多種多様な事物に恋情を託したり伝えたりする形式は、婉曲的に主題に入る形式によく見られる手法である。

一面琵琶在牆上掛、猛擡頭看見了他。叫丫嬛摘下琵琶、我彈幾下。未定絃、涙珠兒先流下、彈起了琵琶、想起了冤家。琵琶好、不如冤家會說話。(「一面琵琶在牆上掛」、『霓』四‐九b、一〇)[26]

壁にかかった琵琶、顔を上げるとそれが見えた。女の子に琵琶を下ろさせ、弾いてみたの。だけど弦を合わせないうちに、涙が先にこぼれ出す、弾けばあなたのことを思い出す。琵琶もいいけど、あなたとのおしゃべりには及ばない。

情愛が深まれば、周囲の景物もいっそう憂いを増すものになる。

八月十五、是那、敬月光、手捧著金樽。是那、涙汪汪。思想起我那有情的郎。思想起我那有情的郎。去年與你、是那、同賞月。今年不知你可流落在何方、貪戀著女紅妝、貪戀著女紅妝。(「八月十五是那敬月光」、『霓』七‐一七b、一八a)

十五夜は、それはね、お月様を敬う日、金の樽を捧げましょう、それはね、涙であふれんばかり。想い出すのは愛しい恋しいあの人。想い出すのは愛しい恋しいあの人。去年はあなたと、それはね、お月見をしたわ。今年あなたはどこに行ってしまったの、あの娘っ子に夢中になったりして、あの娘っ子に。

青山在、綠水在。你的人兒不在。風常來、雨常來、他的書信不來。災不害、病不害、我的相思常害。花不戴、翠不戴、你的金釵懶戴。茶不思、飯不想、你可直盼著他來。前世裡債、今世裡債、他留下的牽連債。（「青山在綠水在」、『霓』五-一九ａ）

青い山はそのまんま、緑の川もそのまんま。それなのにあの人はいない。風は来るし、雨も来る、なのに手紙は来ない。天災なんてへっちゃら、病気もへっちゃら、それなのに彼への想いで恋煩い。頭には花はつけない、翡翠もつけない、金のかんざしも挿したくない。お茶もいらない、ご飯もいらない、ずっと彼を待っている。前世の因縁、今世の因縁、彼が残した腐れ縁。

人兒人兒今何在？　花兒花兒爲的是誰開？　雁兒雁兒、因何不把書來帶？　心兒心兒、從今又把相思害。淚兒淚兒、掉將下來。天兒天兒、無限的淒涼怎生奈。被兒被兒、奴家獨自將你蓋。（「人兒人兒」、『白』二-一三ａ）

恋人よ、恋人よ、今どこに？　花よ、花よ、誰のために咲くの？　雁よ、雁よ、何故手紙を届けてくれないの？　心よ、心よ、また恋わずらいよ。涙よ、涙よ、こぼれ出す。天よ、天よ、この無限のやるせなさをどうすればいい？　布団よ、布団よ、それを被るのはあたし一人なの。

これらの歌は、最も簡単明瞭な言葉を用いて最も美しい情歌を創り出している。一途な思いはいかなる方法でもそれを消すことはできない。

熨斗兒熨不開滿面愁象、快刀兒割不斷心長意長。算盤兒打不開思想愁賬。鑰匙開不開我眉頭鎖。汗巾兒止不住我淚兩行。……縱有那張天師的靈符、哎、那靈符、再也壓不住我心頭兒上的思想。（「熨斗兒熨不開滿面愁象」、『霓』四-二九ｂ、三〇ａ）

火熨斗でも愁い顔は伸ばせない、どれほど切れる刀でも私の想いは断ち切れない。算盤も思愁の帳簿は計算できない。鍵があっても私の眉間の錠を開くことはできない。手ぬぐいも私の涙をとめられない。…たとえあの張天師のお札でも、ああ、あのお札でも、心の想いをねじ伏せられない。

しかし、お札でも抑えきれない恋の病は、恋人がかじった瓜の種で癒されるかもしれない。

瓜子磕了三十個、紅紙包好、藏在錦盒、叫丫環、送與我那情郎哥哥、對他說、個個都是奴家親口磕。紅的是胭脂、溼的是吐沫。都吃了、管保他的相思病兒全好卻。都吃了、相思病兒全好卻。(「瓜子磕了」、『白』二-二九b)[27]

瓜の種を三十粒噛み割って、赤い紙に包んできれいな箱に入れました。女の子を呼んで、恋しいあの人に届けさせ、一粒一粒みんな私の口で噛み割ったと言ってやりましょう。赤いのは私の口紅、濡れているのは私の唾よ。全部食べたら、きっと恋の病もすっかり治るわ、全部食べたら、恋の病もすっかり治るわ。

口紅や唾がついた瓜の種は、おそらく現代情歌でも想像できないテーマであろう。しかし、また一体どんなご令嬢がこの「瓜子磕了」のような情歌を書いたのだろう。

恋煩いの(あるいは恋に恋する)女性は、時にはちょっとしたことで疑心暗鬼になり、ブラックコメディーを演じる。

獨自一人房中悶、猛然回頭、看見個燈影兒照著一個人、慌的奴、忙向前去將他問。一連七八聲、他自是一個不答應、忽聽窗外刮了一陣風、吹滅了燈、不見影兒奴好恨。恨將起、我和那風拚了命。(「房中悶」、『白』二-三四

b）

一人ぼっちの部屋の中、振り向くと、光の中の人影。びっくりして私、すぐに飛び出て声をかけたの。七、八回声をかけたけど、ちっとも返事がない。窓の外からの風で、光が消えたら影も消えたわ、恨めしいわ。風の奴を恨んでやるわ。

細細的雨兒濛濛淞淞的下、悠悠的風兒陣陣的刮。樓兒下、有個人兒說些風風流流的話。我只當情人、不由的口兒裡低低聲聲的罵。細看他、卻原來不是標標致致的他。唬的我不由的心中慌慌張張的怕、嚇的我不由的慌慌張張的怕。（「細細的雨兒濛濛淞淞的下」、『霓』六－一二a）(28)

小雨がしとしと、しょぼしょぼ、風がそよそよ。階下で誰かが恋の囁き。あの人だと思って、小さい声で責めたのよ。よく見たら、素敵な彼じゃなかったわ。びっくりした私は焦ってどきどき、焦ってどきどき。

重畳語を連用し、雨が止まず、風が続く雰囲気や女子が慌てている様子を同時につくりだすという、こうした高度な写実のテクニックをもつ「ブラック」情歌を前に、我々は十八世紀の民謡作者の創意と生命力に刮目させられる。次は、素敵な夢が破られたという歌で、同じくブラックコメディー的な効果もあるが、多くの同情を引くと思う。

斜倚欄杆做一夢、夢見情人轉回了程、慌的奴、無限的慇懃將他迎、敘離情。紅綾被內鸞交鳳。有一個大膽貍貓、抓到玉瓶、噹啷啷的一聲響、驚醒奴家的南柯夢。一把手抓住了、花貍虎、虎貍花、那尾巴尖上那第三十三根毛。不還我的情人、還我的夢。你若是不還我的夢來、要你的命。（「鸞鳳夢」、『白』二－一一b）

手すりに倚りかかり、夢を見たの。愛しい人が帰ってきた夢を見たの。どぎまぎした私は、うれしくて彼を出迎え、離れ離れになっていた間の想いの丈をぶつけたの。赤い絹布団の中で鸞鳳の契りも交わしたの。だけどあの憎たらしい猫が玉瓶を倒し、コトンと音がして、はかない夢から目が覚めた。憎い猫をつかまえたら、山猫、三毛猫、トラ猫の尻尾の毛の三十三本だった。愛しい人を返して、だめならせめて夢を返してよ。返さないなら、おまえの命はないからね。

この歌はもちろん寂しい女の春情を描写したものであるが、その情欲に対する大胆な描写は、礼節と音楽から成る儒教式文化秩序についての私たちの思い込みを転覆させるものだ。

しかしさらに、この大胆な女子の春夢から覚めた時の八つ当たり気味の反応から言えば、この歌には実は人間らしい弱点（ここでは当然欲望が満たされないことへの不満）への揶揄や諧謔がみえる。そして、このような完璧とはいかない人生に対する揶揄や諧謔こそが当時の民間文化の特色である。この点については、第四節で身体を考察する時に詳しく分析する。

さて、もう一首、外的な事物を借りて恋情を引き出す次の情歌は、恋の痛みを訴えながらも、遊びも感じさせる。

一更一點正好意思眠、忽聽的蚊蟲叫了一聲喧。蚊蟲我的哥、蚊蟲我的哥、你在外面叫、奴在繡房聽。叫的奴家傷情、叫的奴家痛情。枕邊的相思、越思越傷情。娘問女孩這是什麼叫。一更裡的蚊蟲、嗡嗡子嗡嗡、叫到二更。（「日落黄昏」、『白』一-四九ａｂ、五〇ａｂ）

夜中の一更の時間帯、みんながすやすや眠るころ、蚊の音が聞こえたわ。蚊の兄さん、蚊の兄さん、あなたは外で音を立て、私はそれを部屋で聴く。その音に心が痛む、悲しくなる。枕辺で、あなたを思えば思うほど胸が痛い。母さんに何の音かと聞かれたわ。蚊の音はブンブンと二更まで続く。

この後の歌詞は二更から五更まで繰り返され、主役は蚊虫から「蟋蟀兄さん、蟋蟀兄さん」、「蛙兄さん、蛙兄さん」、「鳩兄さん、鳩兄さん」、「金鶏兄さん、金鶏兄さん」と続くのだが、その娘が想う「兄さん」だけは登場しない。

外の物によって憂いが千千に乱れるものもいれば、却って今その時を楽しもうという結論を出す者もいる。

玫瑰花兒頭上戴、挽了挽烏雲、別上金釵。女孩家、十五六歳人人愛、有一個俏郎君、引的奴家把相思害。二十三四、花兒正開。人到了三十、就是朵鮮花、也叫風吹壞。頑頑罷、誰知誰在誰不在。（「玫瑰花兒」、『白』二-一七b）

薔薇の花を頭に飾り、黒髪を結い、金のかんざしも挿した。十五、六歳はみんなに好かれ、優男に参ってしまって恋患い。二十三、四は花の盛り、三十になったら、きれいな花も、風に枯れる。遊ぼうよ、楽しもうよ、誰にも見られていないから。

景物は人を感傷的にすると同時に、期待と春情を喚起させることもある。

眼睛皮兒撲簌簌跳、耳朵垂兒常發燒。未開門喜鵲不住喳喳叫、昨夜晚上燈花兒爆、茶葉棍兒直立著、想必是今夜晚上情人到。（「眼睛皮兒撲簌簌跳」、『霓』四-八b）

臉がぴくぴく、耳たぶもずっと熱い。門を開ける前からカササギが鳴いている。昨夜は蠟燭の火花が爆(は)ぜたし、茶柱も立ったわ、きっと今晩恋しいあの人が来るのね。

昨日晚上燈花爆、眼皮兒亂跳。今日吃茶、茶棒兒豎著、有個喜兆。想必是、疼奴的人兒今來到、心痒難搔。急慌忙、拿個菱花照一照、打扮甚窈窕。硃唇輕點、柳眉淡描、烏雲重梳了。猛聽的樺拉兒響、哎喲、是誰把門敲。放下菱花、奴去睄睄。開了門、就是郎來到。拂去衣上塵、哎喲、茶兒慢煎著。用罷酒飯、太陽落了。伸紅綾、一路辛苦早睡覺、早早歇著。卸去殘妝入羅幃、同床同枕同歡笑。喜上眉梢。（「燈花爆」、『白』一-二四b）

昨夜、蠟燭の火花が爆ぜた、臉もぴくぴく。今日もお茶を飲んだら、茶柱が立っていた。よい前触れ。きっと私のことを想っている人が来るのだわ。じれったくて我慢できない。鏡を見ておかなくちゃ、きれいに着飾って。唇に薄く紅をつけ、柳眉を軽く描き、黒髪を結い直す。がらっという音が聞こえみたい。あら、びっくり、誰かが扉を叩いているわ、そしたら私は鏡を置いて、様子を見にいくの。扉を開くと、彼なのよ。上着の埃を払って、あら、お茶をゆっくり煎じて、ご飯を済ますと、日が落ちるでしょう。赤い綾絹の着物を脱ぎ、彼は道中お疲れでしょうから早めに寝るの、早く早く休もう。お化粧を落として寝床に入ったら、同じ床で同じ枕、一緒に笑いましょう。うれしくて眉尻が上がるわ。

幸い恋人が来れば、おのずと嬉しい逢瀬の一夜になるが、もし来なかったらどうなるかというと、

噯喲喲實難過、半夜三更睡不著、睡不著。披上衣服、我坐一坐。盼才郎、脫下花鞋占一課。一隻仰著、一隻合著。要說是來、這隻鞋兒那麼著。要說是不來、那隻鞋兒這麼著。（「噯喲喲實難過」、『霓』四-八a）

ああ、本当につらい、夜中になっても眠れない、眠れない。服を羽織って、起きあがって座ってみる。恋しい人が来るか来ないか、鞋とばしの恋占い。片方は表向き、片方は裏向きだわ。もし来るというのなら、この鞋はああいうふうにならないと。来ないのなら、あの鞋はこうならないといけないのに。

「嗳喲喲実難過（ああ、本当につらい）」お嬢さんのネジが外れたような感じに、聴衆あるいは読者は無限の心地よさを味わう。

これらの飢渇状態の女子にとって、もっとうれしいのは、もちろん彼女たちの情欲を引き出すことができるシンボルだ。

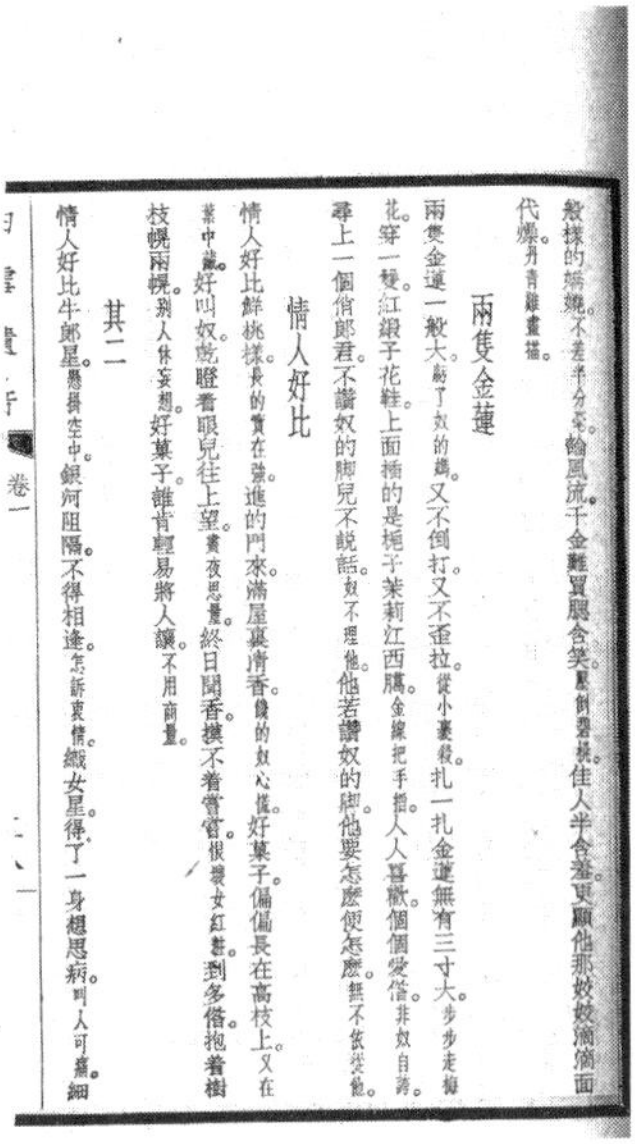
般樣的嬌娆。不差半分毫。論風流。千金難買腮含笑。眼斜斜挑。佳人半含羞。更顯他那嬌嬌滴滴面
代燦。丹青難畫描。

兩隻金蓮

兩隻金蓮一般大。窮了奴的嬌。又不倒打又不歪拉。從小裏殺扎一扎。金蓮無有三寸大。步步走梅
花。穿一雙紅緞子花鞋。上面插的是梔子茉莉江西臈。金線把手掐。人人喜歡個個愛。偺非奴自誇。
尋上一個俏郎君。不讚奴的脚兒不說話。奴不理他。他若讚奴的脚。他要怎麽便怎麽。無不依從他。

情人好比

情人好比鮮桃樣。長的實在強。進的門來滿屋裏清香。饞的奴心慌。好菓子偏偏長在高枝上。又在
葉中藏。好叫奴乾瞪著眼兒往上望。晝夜思量。終日聞香摸不着嘗嘗。恨壞女紅粧。到多偺。抱着樹
枝幌兩幌。別人休妄想。好菓子誰肯輕易將人讓。不用商量。

其二

情人好比牛郎星。懸掛空中。銀河阻隔。不得相逢。怎訴衷情。織女星。得了一身相思病。叫人可憐。細

白雪遺音　卷一

図2：情歌詞：『白雪遺音』巻1

情人好比鮮桃様、長的實在強。進的門來、滿屋裡清香、饞的奴又心慌。好菓子、偏偏長在高枝上、又在葉中藏。好叫奴、乾瞪著眼兒往上望、晝夜思量。終日聞香、摸不著嘗嘗、恨壞女紅妝。到多偺、抱著樹枝幌兩幌、別人休妄想。好菓子、誰肯輕易將人讓、不用商量。

（「情人好比」、『白』一—二八a）（図2）

恋しい人はまるでみずみずしい桃のよう、とっても強い。門を入ると、部屋中にいい香りがいっぱい、欲求不満のあたしは待ちきれない。おいしい果物は、とっても高いところにあるの、それに葉っぱの中に隠れている。あたいの眼はそれに釘付けよ。昼も夜も

よ。一日中いい匂いがするけど、つかめないし味わえない。うらめしそうな娘っ子。いつかは枝をつかんで揺らしてやるわ。ほかの娘は想っても無駄よ。おいしいのは誰にも譲らないわ。絶対に。

もしこの山東の娘[29]の熱狂と物狂おしい表現に驚いていたら、次の娘の表現にはさらに言葉を失ってしまう。

荼蘼架下成雙對、鴛鴦戯水。顛鸞倒鳳、連連幾回、甚是嬌美。猛擡頭、一對蝴蝶空中配、來來回回。玉針棒、輕輕插在金瓶內、不瘦不肥、揉碎了雞冠、濕透了紅梅、好似風雨催。露水珠、點點滴滴在花心內、花枝兒擅微微。回繡房、四肢酸軟如酒醉、懶去畫眉。(「荼蘼架」、『白』一-一四a)

牡丹イバラの棚の下で一つに、鴛鴦は水に戯れ。鸞鳳は上になったり下になったり、何度も何度も、とても愛くるしい。見れば、二匹の蝶々が空中で一つに、行ったり来たり。玉の棒よ、やさしくやさしく金の瓶に挿して、太すぎず細すぎず、とさかをもみつぶし、紅梅をずぶ濡れにする。まるで風雨にあったように。露の玉よ、一滴一滴花の蕊に、花の枝が揺れる。閨房に戻れば、体はぐったりして酒酔いのよう、眉を描くのも面倒だ。

退屈で仕方がない娘は、蝶々の交配を微細に観察するだけでなく、雄猫や雌猫を見て羨やましがる。

姐在房中繡荷包、忽聽的門外鬧吵吵、推開紗窗往外瞧、一對狸貓鸞鳳交。相思情一槆、有個鸞鳳交。雌貓歡歡叫、雄貓把眼瞧。兩下裏一湊不差分毫。哎喲、好風騷、好風騷。死在了黃泉變做貓、可是變做貓。妙人呵、思人哪。(「姐在房中繡荷包」、『霓』七-一七a)

姉さんは部屋でポーチを縫い取り、外が騒がしい、窓を開けて外を見ると、つがいの山猫があれの真最中。恋の想いがひとたび溢れると、あちこちで鸞鳳の交わり。雌は鳴いて喜び、雄はそばで見ている。愛を交わすのにちっとも間違わないのね。あら、なんてエッチなの、エッチだわ。死んであの世に行ったら猫になろう、本当に猫になるわ。すてきなあなた、好きよ。

さらに退屈のあまり蠅の交配まで細かく観察したものもある。

姐兒房中織紅絨、忽聽耳邊鬧嚶嚶、原來是一對蒼蠅、原來是一對蒼蠅。牡蒼蠅、雌蒼蠅、他在楞兒底下把事行。臊的奴臉通紅。哎喲、兩眼一瞇縫、牡蒼蠅和那雌蒼蠅、多麼點子東西他會調情。竟比人還能、哎喲、兩眼直瞪瞪。（「織紅絨」、『白』三-七a（30））

姉さんは部屋で赤い織物を織っている。耳のそばでぶんぶん、なんと蠅がひとつがい。雌蠅に、雄蠅、隅っこでいいことをしているんだ。恥ずかしく顔が真っ赤よ。ああ。目を細めて、雌蠅よ、雄蠅よ、小さいくせにいちゃいちゃしている。人より上手だわ。あらあら、私の両目は釘付けよ。

さらに弱者に肩入れし、助太刀したりもする。

夏日天長、時候難熬、獨坐在房中、寂寞無聊、奴好心焦。……只見一對蒼蠅鸞鳳交、雄的上面巍巍樂、雌的輕擺柳細腰。他兩個正在情濃處、苦煞哉、又被個蜘蛛兒驚散了。那裡去哉、啊喲哈。一個兒似飛在梧桐樹、哪、一個兒飛在楊柳稍。一個兒害了相思病、一個兒得了旱血勞。苦壞了兩個小嬌嬌、從今只恐命難逃。姐兒惱恨怎消、拿住了蜘蛛定打不饒。（「夏日天長」、『霓』六-八a）

夏の日は長くて、退屈ね。独りぼっちで部屋に座って、つまんなくて、じれったい。……ふと見るとひとつがいの蠅が鸞鳳の契りの真っ最中。雄は上で巍々と楽しそう、雌はしなやかな腰をぷるぷると揺らして。二匹は今いいところ、どうにもならないわ。そこへ蜘蛛が来て、驚いて逃げちゃった。向こうに行ってしまった、あらぁら。一匹は梧桐の上に飛んでゆき、どこ？　一匹は柳の枝にとまった。一匹は恋煩い、一匹は貧血になった。とても苦しそうなちっこい二匹、運命からは逃げられない。けど姉さんの恨みは消えないの、蜘蛛を捕まえたら絶対勘弁しないわ。

この二つの選集には類似した歌がたびたび登場しており、明らかに人気のテーマだったと思われる。歌の鍵となる素材（たとえば、蠅・野良猫・退屈な娘・部屋の中での刺繍）から見て、これらの歌には決まった型があるようで、妓女が客の歓心を買うための歌という可能性を排除できない。ただ、類似した歌詞がさまざまな曲調で歌われていることから、いかに流行していたかが良くわかる。この二つの選集の他の歌からも、周りのいかなる物でも美醜を問わず、譬えにしていたことが分かる。

こうした歌の俚俗的な性質は庶民女性の生活環境にぴったり合致しており、もし民間芸人の創作だとしても、とても自然である。たとえ妓女による興を添えるための淫靡な小唄だったとしても、やはり民間まで広まっていた可能性もある。さらに重要なのは、この類の情歌は本論が示そうとした主題——十八世紀の中国社会における情欲の表現手法（あるいは内容）の豊かさを裏付けているということだ。

3．閨怨と恋の病

浪漫的で象徴的な意義をもつ情歌以外に、この二つの集には閨怨と恋の病を描写した歌も多く見られる。教育を受けた女性が使う言葉は優美ではあるが、しかし普通の文人の字句の彫琢と異なり、強烈な情緒がなお文字を通して伝わってくる。字が全く読めない、あるいは少ししか読めない女性も、素朴で素直な言葉を通じて人を感動させる哀歌を発するのだ。

この種の情歌に最もよく見られるのは、恋の苦しみをストレートにぶつけたものである。次の「相思印」は面白いことを述べている。

得了一顆相思印、領了一張相思的憑文。相思人、走馬去到相思任。相思城、盡都害的相思病。新相思告狀、舊相思投文。相思役、個個執定相思棍。難殺人、新舊相思怎審問。（「相思印」、『白』二-一七a）
恋の印章をもらい、恋の証文を受け取った。恋人は馬に乗って、恋の任地へ赴任した。恋の町ではみんなが恋煩い。新しい恋がお上に訴えれば、古い恋も訴状を出す。恋の町の下っ端役人が持つのは恋の棍棒。でも人を殺せないのに、新旧の恋をどう裁く？

不幸なことに、この恋の町で訴え出ているのは皆か弱い女性である。

害相思、害的我、害的我剛剛的止剩下一口游氣兒、斜倚著門、拄著一根枴兒、坐著一個草墩。咳咳喲、單等那順便的人、他與我捎書傳信。我的那病兒到有十分重、那裡等到了初六七。自從冤家去後、思想直到而今、書信半點全無。閃的我沈沈昏昏。冤家若是來到、我的病兒減去了十分。冤家若是不來、有一句話兒、我就難云。閃的我一點什麼也就不吃、最可憐、一日只喝一口涼水。（「害相思」、『霓』七-六b、七a）
恋煩い、恋煩い、そのせいでもう息もできない。気だるくて扉に寄りかかって、杖をついてわらの座布団に腰掛けて、ためいき、ひたすらこっちに来る人を待っている。彼の言づてか手紙をもってくるはず。私の恋の病気は深刻で、正月の初六七までもつかしら。あの人が行ってから、ずっと思っているのに、手紙はちっともない。置き去りにされて沈んでいるの。もし彼が帰ってきたら、私の病気も治るけど、彼が帰らなければ、もう話もできなくなるわ。置き去りにされた私は何も食べられなくて、とても可哀想、一日中、水しか飲めないの。

次の二首は、字句はやや整っているが、情欲は同様に強烈だ。

相思害的魂飄蕩、懶下牙床。走不的路兒、手扶著牆。酸軟難當。傍妝臺、強打精神、面對菱花照形像、吃驚非常。蹙春山、瘦卻奴的嬌模樣、又瘦又黄。……怒狠狠、銀牙一咬無指望、錯認負心郎。小命兒、生生喪在你身上。燒了斷寒香。（「相思害的」、『白』一-三四a）

恋のせいで魂が抜けたよう、ベッドから下りるのも面倒。歩けずに、壁を伝い歩き、だるくてたまらない。化粧台に寄りかかって、無理に元気を出そうとするけど、鏡に映った姿に、びっくり。美しくひそめた眉、やつれて、痩せてげっそり。…腹立たしい、歯を食いしばりもう期待しないわ。薄情者を見分けられず、私の命は、むざむざ消えてしまうわ。最期の香をともすわ。

我是一個實落心、生生教你溫存透、全然不顧羞。溫存透、溫存透、可恨奴家無來由、夢赴陽台把佳期湊、醒來獨宿在繡樓。我也是想迷了心、一片痴心情無彀、淚珠兒常常流。情無彀、情無彀、茶飯懶餐把眉頭縐、自從那日將奴丟、常把初五當十六。……只怕小命不長久、輾轉思量更添愁。……蕩悠悠、蕩悠悠、心腹事兒似山丘、

口兒裡常說是捨答了罷、放不下那掛心鉤。(「念多情」、『白』一―五〇b、五一a)

私の真心はまんまとあなたのものにされ、恥かしさもおかまいなし。隅々を愛撫され、愛撫され、いつのまにか夢の中で陽台〔男女が愛を交わす場所〕で逢引し、目覚めると部屋に独りぼっち。私のあなたを思う気持ち、こがれる心に薄情な仕打ち、涙ばかりよ、薄情者、薄情者、ご飯も喉が通らず曇り顔。あの日捨てられてから、日にちも分からず。…この命ももう長くないわ、輾転反側して愁いは深い。…ゆらりと、ゆらりと、心にたまる思いは山のよう、口ではいつでもあきらめるといっているのに、あきらめられない。

このような愛憎の念が入り混じた矛盾した気持ちは、恋の歌ではよくみられるテーマである。

望江樓兒、觀不盡的山清水秀、猛然擡頭、錯把那打魚的船兒、當作那薄倖的歸舟、顧水東流。想當初、誓海盟山、賭的是何等樣的咒、全當無有。到而今、無限的想思、害到何時候、我也害羞。他說奴是一個紅顏薄命、奴說奴是一個苦命的丫頭、前世少修。恨將起、提著愛你的乳名將你咒、暗氣在心頭。我又思想起、從前的恩愛、又捨不的咒。兩眼淚交流。(「望江樓兒　其三」、『白』一―一九a、一九b)

江楼から眺めれば、どこまでも続く青々とした山水、急に顔をあげて、魚釣りの船を、あの薄情者の帰り船かと思ったわ。ただ川は東に流れ。あの時、永遠の愛を誓い、誓いを立てたのに、全部無駄でした。あなたへの思いは今も尽きず、いつまでも、恥ずかしくもあり。彼は美人薄命と言ったけど、実は哀れな娘なの、前世の修行が足らないのかしら、恨みは消えず、あなたの幼名を呪ってやるわ。いやな気分よ。でも相思相愛のころを思うと、呪えないのよ、涙がとまらない。

次の一首も情が深く言葉に尽くせない。

這封書兒寫停當、手拿著封筒要往裏裝。淚珠兒、點點滴在書皮上、上寫著、拜上拜上多拜上、拜上情人莫要改常。要改常、要改常、後會佳期無指望。要改常、奴命喪在你身上。（「書寫停當」、『白』二―三四ａｂ）

この手紙を書いたら、封筒に入れましょう。涙がこぼれ、便箋にぽとぽと。手紙にはお願い、お願い、本当にお願い、どうかいとしいあなた心変わりしないでと。心変わりしたら、もう会わないかも。心変わりしたら、私は死んでしまうから。

熱愛と愛撫の後で棄てられた悲痛な思いには、実に同情を誘われる。しかし、この種の情歌の中で最も新鮮に感じられ、この上なく楽しいのは、間違いなく次の二首の「売相思（恋を売る）」である。

相思牌兒門前掛。買相思的人兒、他來問偺。他問聲、這樣的相思、你要多少價?・這相思、得來的時節價兒大。買的搖頭、賣的把嘴砸。請回來、奉讓一半與尊駕。講相好、情願白送不要價。（「相思牌兒」、『白』二―一七ａ）

恋の看板を門に掛けました。恋を買いたいあの人があたしに聞いたの。この恋のお値段はいくらって。この恋は時価だから、高いのよ。買い手は頭を横に振り、売り手は舌を鳴らした。戻ってきてよ、あなた様なら半値で差し上げますわ。話がつけば、ただでもいいわ。

從今不把相思害、猛然害起相思來。怕相思、偏偏入了相思寨。無奈何、手提花籃把相思賣。大街過去、小巷出來、叫了一聲賣相思。誰來把俺著相思買。這相思、賣與那有情的人兒把相思害。（「賣相思」、『白』二―三二ａ）

恋に煩わされないつもりが、突然やってきた恋の病。恋が怖いのに、結局恋の檻に捕まった。しょうがないから花かごを提げて恋を売りに参ります。大通りから小路まで、恋売りますと声あげて。どなたか恋を買ってくださらない？　この恋を、有情の人に売って恋の病にしてやるわ。

「売相思」のような歌は、民間文学の珠玉といっても過言ではない。

前述したように、これらの情歌の内容にはさまざまな階層と背景をもつ女性の情感が含まれている。歌の内容から、間接的にあるいは直接的に作者の身分が分かるものもある。

你疼俺也罷、你恨俺也罷、就是不疼俺也罷、今三明四、也不是個長法。為什麼、空留下個虚名叫奴常牽掛。你想想、待你的恩情差不差、我受了你的糖垛、你當作我是一個癡心的傻瓜。原許下燈節會、吱喲、等到你四月八。九月重陽、開放了菊花。一年倒有三百六十日、何曾與奴說句知心話。奴家的命兒苦、你的那心腸比那薑還辣。（「你疼俺也罷」、『白』二一-二一a）

あなたに愛されたり、恨まれたり、冷たくされたり、ころころ変わるのはだめよ。どうして私を引きずり回すの？　考えてみてよ、あなたを待つ気持ちがいけないの？　わたしはあなたの甘い言葉を信じたの、わたしを馬鹿だとおもっているのね。初めは燈節会に会う約束をした。ああ。次に会ったのは四月八日。そして九月重陽節の菊の花の咲く頃。一年は三百六十日があるはずなのに、私に恋を囁いたのは何日あった？　私の運命は哀れなものね、あなたの心はあの生姜よりもぴりぴり辛いわ。

「生姜」、「傻瓜」、さらに冒頭の「疼俺」「恨俺」などの歌詞を作った女性は、詩書に精通した女子でないことは明らかである。次の「楊柳青」は歌い手の社会的背景をはっきり示している。

俺家住在楊柳青、是啊、緊靠著御河。把奴聘在了獨柳。這是怎麼說、也是我前生造定受折磨。……二更裡月兒纔出來、思想兒夫淚滿腮。毎日裡編蒲蓆、累的我手難擡。……丈夫拉短縴、一去不見來、撇的奴家、冷冷清清、孤孤單單、獨自一個。思想起、也是我爹媽沒主意、就聽信了媒婆。（「楊柳青」、『白』三-一二a）

私の家は楊柳青、そうね。御河の傍なの。だけど嫁いだ先は独柳なの、これはどういうこと？　前世に定められた苦しみなの？……二更にやっと出たお月さん、夫を思えば、涙が頬を濡らす。毎日蓆を編み、疲れて腕も上がらない……夫は船の綱を引きに行ったまま帰ってこない。置き去りの私は、寂しくて、ぽつねんと、ひとりぼっち。思うに、これはお父っさんおっ母さんがだらしないから、仲人を信用してしまったから。

ある歌からは、女性のしぐさから質朴な性質が感じられる。

黄柏樹下一座廟、苦命的人兒把那香燒。上上香、自言自語胡禱告。磕下頭、淚珠兒只在腮邊上掉。手拍著供桌、苦死我了。苦死了奴、在外的人怎知道。苦死了奴、在外的人怎知道。（「黄柏樹下一座廟」、『霓』七-一八b）

黄檗の樹の下のお社で、哀れな人がお線香を立てている。お線香を立て、でたらめなお祈りの言葉。額づけば、涙がぽろぽろ落ちる。供物台を叩きながら、死にそうだって。このつらさは、他郷にいるあの人には分かりっこない。この苦しみは、他郷にいるあの人には分かりっこない。

この哀れな婦人は樹の下のお社ででたらめなお祈りをしているだけだが、次の粗野な庶民の女性は思い切り怒りをぶちまけている。

相思害的我活受罪。吃了袋青葉子、懶磕煙灰。土坑上、臭蟲漊汇[31]咬的我實難睡。起了大怪風、刮的那草簾子、鏗鋘嘩啦、唧鋘咕咚、砸碎了盆子鑵子、惹起我相思如酒醉。街坊上的鴨子、呱呀呱呀叫的我甚是傷悲。無奈何、拿過蓑衣蒙頭睡。恨將起、拉他一個粉粉碎。（「相思害的　其五」、『白』二―一六b）

恋の病は生き地獄。キセルを一服するけど、灰を落とすのも面倒。オンドルでは、南京虫や蚤に咬まれて眠れない。怪しい風に、すだれがザワザワ、ガサガサ、それに壊れた鉢や壺が酒酔いのような恋わずらいを引き起こす。町のアヒルは、ガアガアと私の気持ちを滅入らせる。どうしようもない、蓑をかぶって寝てみるけど、恨みは消えない、彼を粉粉にしてやりたいわ。

街の中のアヒルがガアガアと鳴き出す時、簾の中の蚤に悩まされる女の恋の苦しみには、我々に悲痛な感情を抱かせる。

目に一丁字もない下層社会の女性たちは、時には激烈な身体の反応によって恋の苦しみを訴えるのだが、他の文字形式を借りて、胸中の気持ちを寄託することもある。

欲寫情書我可不識字、煩個人兒又使不的。無奈何、畫幾個圈兒爲表記。此封書惟有情人知此意。單圈是奴家、雙圈是你。訴不盡的苦、一溜圈兒圈下去。但願你見了圈、千萬莫要作兒戲。（「欲寫情書」、『白』二―三四b[32]）

恋文を書きたいけど、字を識らないの、誰にも頼めないし。仕方ないから、丸をいくつか書いたの。この手紙はあなたには通じるわ。一重丸は私、二重丸はあなたよ。伝えきれないこの苦しさ、丸がいっぱいよ。どうかこの丸を、子どもの遊びと思わないでね。

文字を知らない人が丸印でどんなふうに恋文を書くかを文字を用いて説明することは、一種の模写である。しかし、この模写自体が味わい深いうえに、それはさらに当時の情欲描写の豊富さを物語っている。

4．性に目覚める娘

少女はみんな性に目覚めるが、しかし、よくしたものでそれぞれ異なっている。ほとんどは恋情を抱くのみでそれをぶちまけることはない。まず、最も単純なものから見てみよう。

高高山上一廟堂、姑嫂二人去焼香。嫂子焼香求兒女、小姑子焼香求少郎。再等三年不娶我、挾起個包袱跑他娘、可是跑他娘。思人哪。（「高高山上一廟堂」、『霓』七－一六b）

高い山の上のお社に、兄嫁と一緒に焼香に行きました。兄嫁は子どもを授かることを願い、あたしは旦那様が欲しいとお願いしました。あと三年間待って娶ってくれないなら、よそに行ってやるから、本当によそに行ってしまうから、好きよ。

これは、最初は丁寧だが、うまくいかなければ力づくというべきもので、初めは天の助けを乞い、だめなら自力で実力行使というものだ。次の娘はまさしく自らを誘惑される場に置いている。

姐兒無事去遊春、手拿著紅紙糊的哪吒鬥海大風箏。上掛著紅燈、上掛著紅燈。郎問姐兒你往哪裡去、先到平山堂、大佛寺、八大景、大紅橋、看看清、散散心、再放風箏、再放風箏。又來到萬松林、又過了接駕亭、遠遠望見遊湖的船、盡都是俏郎君、盡都是俏郎君。彈的是琵琶箏、絃子共月琴。唱的是寄生草・劈破玉・滿江紅・剪剪花兒甚是精、引動奴的情。哎喲、不願回程。（「遊春」、『白』三―九a）

姉さんは退屈まぎれに春のお散歩、赤い紙で作った哪吒（なた）が描かれた凧を持って。上には赤い提灯が掛かっている。男にどこに行くの？と聞かれ、まず平山堂、大仏寺、八大景、大紅橋を見て気晴らしをして、それから凧を揚げるの、それから凧を揚げるの。それから、万松林、接駕亭を通り過ぎ、遠くに見える水遊びの船、みんなかっこいい、みんなかっこいいわ。琵琶、琴、蛇皮線に月琴を弾き、「寄生草」「劈破玉」「満江紅」「剪剪花児」を歌っているわ。心が蕩けそう。ああ。帰りたくない。

平山堂、大紅橋、接駕亭といった名勝が出てくることから、我々はこの何らすることがない娘が揚州の運河に沿って瘦西湖に来て、船に容姿の美しい若者がたくさん乗っているのを見ていたことが分かる。しかも、美少年らが歌っていた曲も当時の流行歌であり、まさしくこの二つの選集の中にある曲牌である。この日常生活に溶け込んだ歌から、我々は十八世紀の女性の想いが現実の中でどのように自然に吐露されていたかをイメージすることができる。

門を出ると、誘惑が待っている。しかし門を出ずに、春景色いっぱいの庭を前にすると、どうしても親に愚痴を言いたくなる。

二月春光實可誇……鳥兒叫喳喳、哎喲、鳥兒叫喳喳。姑娘房內正吃茶、忽聽的門外吹喇叭。輕移蓮步把繡房出、溜到門前看看他。又只見、燈籠火把花花轎、原來是鄰舍的妹妹嫁人家。姑娘此刻把春心動、十指尖尖好難抓。

自思量、怨爹媽、奴若大年紀少一個他。又記的東家女、西家娃、他們的年紀比奴小、去年已經嫁人家。今年見他回家轉、懷中抱著一個小娃娃。又會吃咂咂。哎喲、又會叫噠噠。傷心煞了我是涙如麻。不知孩子的噠噠奴的他、將來是誰家。哎喲、落在哪一家。（「二月春光」、『白』三-二b、三a）

二月の春景色は本当にすてき……小鳥がチッチと鳴き、あら、小鳥がチッチと鳴く。姉さんが部屋でお茶しているると、外でラッパの音が聴こえた。そっと部屋を抜け門に出てみると、提灯や松明に嫁入りの籠、隣の娘が嫁に行くんだわ。これには姉さんの春情も動きだし、白魚のような指ではとても抑えられない。思えば、お父ちゃんお母ちゃんのせいよ。私はいい年なのに相手がいないの。東家の娘、西家の娘、みんな年下なのに去年嫁に行ったわ。今年の里帰りの時に赤ちゃんを抱いていたわ。おっぱいもチュウチュウ飲んで、ああ、父ちゃんと言えていた。つらくて涙がしとど流れるわ。わたしの子どもの父ちゃんになるのは、どこの誰？　ああ、私はどの家にお嫁入りするのかしら。

歌の中の「咂咂〔おっぱい〕」や「噠噠〔山東省辺りの方言でお父さんの意〕」などの口語表現は、その後胡適が白話文学を提唱した際、大いに称揚した俗字、俗語である。このような表現からは歌の庶民的性格がみられる。近所の赤ん坊が「噠噠」を呼ぶのを見て、まだ会ったこともない彼を思うという、少女の「そのことばかり考えている」思春期の気持ちを巧みに現わしている。赤ん坊からその父親を連想するなど、焦りすぎの感はあるが、まだコントロールが効いている。次は同じく美しい春景色の中でなすところがない恋の飢渇に苦しむ女子だが、こちらには目を見張るものがある。

桃紅柳綠好春光、……和風冉冉送清香。風流女子呆呆坐、思想奴家年已芳。雙親未肯扳親事、蹔我孤單冷半床。春色惱人眠不得、難挨漏盡五更長。欲圖尋個風流客、幹幹無天事一椿。幾次思量行此事、只因膽怯怕爹娘。心煩悶、淚成行。慾火難禁怎抵當、可惜了鮮花豔豔無人採。一隻床兒不成雙、越思越想無擺佈、越睡越涼甚淒涼、厭死了風吹鐵馬響叮噹。（「桃紅柳綠」、『白』四-四b、五a）

桃花は紅く、柳は緑の春景色、……柔らかな風がゆっくりと清々しい香りを送る。お年頃の娘はぼうっと座って物思い、私はもういい年なのに、両親はまだ縁談を決めず、寝床の半分は冷たいまま。春景色は悩ましい、眠れないまま五更になった。遊び相手を求めてちょっと大胆なことをやってみようと、何度も思うけど、やっぱり怖い父ちゃん母ちゃん。やるせなくて、涙が止まらない。抑えきれない欲望の炎、こんな艶めかしい花を摘まないなんて、もったいないわよ。ひとり寝の寝床、思えば思うほどこの思いをどうしようもない、寝れば寝るほど冷たくて寂しい。本当に憎らしい、リンリンとなる風鈴の音。

この色気づいた娘は、欲望の炎を抑えきれず、誰かを見つくろって発散したがっており、たとえ現代の流行歌の基準尺度から見ても、その大胆さに驚く。仮にこういった歌が男性によって書かれ、さらに妓女の歌唱を通じて男性の遊客に伝わったのだとしたら、それが礼教に対する「浸食」として作用したことを軽視することはできない。少なくとも男性が心の中では女性の情欲は認めていたことを示しているのだ。

もし、この歌に表れる女子の情欲は突出しすぎているのではという疑問があるのだとしたら、次の「王大娘」という長歌は、明らかに典型的な「性に目覚める娘」に近い。

物語の最初には少女が春情で病んでしまったことが述べられる。隣の仲人の王おばさんについて「まったく私のところに来ない」と愚痴をこぼしていると、そこへちょうど王おばさんがやって来て、ひとくさりの諧謔的な会話が交わされる。

姑娘要不給你尋個喇嘛送送罷?尋個喇嘛、奴家不要他。尋個喇嘛、咿溜又哇啦。……姑娘要不給你尋個和尚罷?尋個和尚奴家不要他、尋個和尚、砰砰又磕磕……、可是奴害怕。姑娘你這也不要、那也不要、你這個病、可是怎麼得的呢?(「王大娘」、『白』二-五一ａｂ)

お嬢さん、なんならラマのお坊さんを寄越そうか? ラマ僧は要らないわ、ラマ僧が来たら、鳴り物がウォンウォンワーワー。……お嬢さん、なんなら和尚さんを探してあげようか? 和尚さんは要らないわ、和尚さんが来たら、木魚をポコポコ、数珠をジャラジャラ……まっぴらゴメンよ。お嬢さん、あんたはこれもいらない、あれもいらない、じゃあ、あんたの病は、どこから来たの?

和尚もラマ僧も医者もすべて要らない。原因は娘が三月の春のお出かけの時に、名門の家の若君に出会ったからだ。

奴家愛他、年小是書生。他愛奴家、粉紅是佳人、臨行說了幾句調情的話、咿哈咿哈咳。調情不調情、不怕你爹媽知道麼?奴的爹爹、七十又加八。奴的媽媽、耳聾又眼花。爹爹媽媽、可是奴不怕。(同上)

彼が好き、若くて書生なの。彼も私が好きで、私のこと紅粉の美人だって、別れる前にいちゃいちゃしたの。あはは、あはは。いちゃいちゃしたのを父さん母さんに知られていいの? 父さんは七十を八つ越え、母は耳が遠く目もかすんでるの。父さん母さんは怖くないわ。

続いて、性に目覚めた少女は悩みを話し出す。兄や兄嫁や、姉妹も怖くないと言って、王おばさんの助けを哀願し、かんざしを一対、ハンカチを一枚、青絹のスカートと藍のひとえ一着を持って、仲人に行ってほしいという。

この長歌には明らかに小芝居の形式がみられる。歌の中での面白可笑しい会話も、戯曲中の道化に似ている。しかし異なっているのは、仲人に媒酌をせがむのが男性から女性になっているということだ。ここからも女性が情欲を求めることに対して積極的な役割を果たしていることがわかる。「王大娘」の芝居風の誇張表現は、むろん女性が主体的に情欲を求めることの転覆性を減じてはいるが、しかし、おそらく歌い手と聴き手とが全く警戒していない状況下では、いつの間にかこのようなアグレッシブな感情に「汚染」させられてしまうだろう。

特定の相手がなくても、いろんなことを考えがちだが、特定の人がいればさらに情欲は耐えがたくなる。

一見尊容無主意、一陣陣糊塗、一陣陣的發迷。十分魂、勾引倒有九分去、剩一分、悠悠蕩蕩難調治、眉來眼去、勾引到幾時。團圓了罷！　一塊石頭纔落地。團圓了罷！　免得奴在心裡記。（「一見尊容」『白』二―三二a）

お顔を見れば我を忘れ、時にぼんやり、時に惑う。魂のうち、十分の九があっちに行き、残りの一分は、ゆらゆらのまま。色目の誘惑、いつまで続くの？　くっつきましょう！　そしたら心の重石が取れるわ。くっつきましょうよ！　私ももう思わずにすむから。

冤家在我窗前唱、時興的小曲拿著新腔。引的奴、心裡不住魂飄蕩。睄見他、風流俊俏好模樣。瘦瘦的腰兒、臉兒慢長。怎能彀、奴家與你配成雙。到多偺、你我同入宵金帳。（「冤家在我」、『白』二―一九a）

あなたが窓辺で歌う、流行の小唄は新しい曲調。それに引っかかた私、魂がゆらゆら抜け出した。ちらちら見ると、見目好く、格好いい。ほっそりした腰つき、面長の顔。どうしたら仲良くなれるかしら、いつになったら、床入りできる？

この歌によって我々は、具体的に情歌がどのように世間の男女に吟じられたのかが分かる。「流行の小唄は新しい曲調」は、窓の内側にいる少女の心を動かし、気持ちを揺らす。素朴でかわいい、ストレートな歌詞は、今日の我々の脳裏に十八世紀の華北社会の青年男女が熱烈に愛を求めている図を鮮明に浮かび上がらせる。また、我々はこの青年男子像を少女の目を通して見つめ、その姿を目に焼き付けるのである。

流行の小唄に挑発されて我慢できなくなった少女がまだ果てなく続く春夢を見ていた頃、こちらの娘はもう急いで色恋に走っていったようである。

姐在房中梳油頭、見了個情人趯外走。急忙上繡樓、哎喲、急忙上繡樓。昨日晚上失了奴的信、覗著個臉兒不害羞、又來哀求、哎喲、又來哀求。金釵拿在手、牙梳桌上丟、繞上一個纂兒且去風流。回來再梳頭、哎喲、顧不得兩手油。(「梳油頭」、『白』三-六b)

姉さんは油をつけて髪を梳く。恋しい人が来たのをみて、慌てて二階に、あら、慌てて二階に。昨夜は約束を破ったのに、厚かましく、恥も知らずに泣きついてきたのね、あら、また泣きついてきたのね。櫛を投げだし、金のかんざしに代え、髪を結って逢いに行くわ。髪を梳くのは帰ってからよ、あら、両手についた油なんて気にしないわ。

これらの情歌に含まれるコメディ的な効果は、二百年、三百年を経た今も色褪せることなく、我々を心ゆくまで楽しませてくれる。

5．私通とその成り行き

我々が想像しうる私通のパターンは、十八世紀の情歌の中にすでに登場しており、また、創意豊かな歌詞の作者は、我々が想像しえない過程とプロットについても情報を補塡してくれている。他の種類の情歌と同様、印象的なのは女性が主役だということだ。

まず、謝家胡同に住んでいる女子が、どのように恋人を一歩一歩欲情の楽園へと導くのかをみてみよう。

當眞恩愛在胸前掛、並無半點假。太平之世稱什麼典雅、不必閒磕牙。奴家住在謝家衚衕的東角下、一去是不差。有一座、青石灰門樓不甚大、並無二家。自要你前去、細細的訪查、休當玩耍。門前有三顆柳、哎喲、院中有數顆花、有柳有花、就是奴的家。哎喲、你咳嗽聲、奴就懂你的話。這月初七八、哎喲、俺娘不在家。斟下美酒、倒下香茶、哎喲、等情郎。站在簾籠下、佳期莫要差、哎喲、佳期莫要差。錯過佳期把奴想殺、想殺奴、奴的魂靈兒將你罵、怎肯干休罷。須知道、人生情義原無價、不是強逼他。（「當眞恩愛」、『白』一-三三b）

本当の愛が胸の中、少しの嘘もない。太平の世に何を気取っているの、つべこべ言わないで、私の家は謝家小路の東の角よ。来れば間違わないわ。青い石灰の門はあまり大きくないわ。一軒だけよ。来るときは、あたりに気をつけてね。冗談じゃないのよ。門前に三本の柳があるわ。ほら、庭に何株かの花があるわ、柳があって、花があって、そこが私の家なの、ほら。咳をしたら、私がすぐに気づくから。今月の七日と八日は、ほら、母さんがいないの。美味しいお酒を注ぎ、香りのいいお茶を淹れて、ほら、お越しを持ってるわ。すだれの下で立っているわ、チャンスを逃さないで、ほら、チャンスを逃さないで。これを逃したら、私は恋しくて死んでしまうかも、恋しくて死んでしまうし、私の魂はきっとあなたを責めるわ。どうしてもあきらめきれずに。わかっているでしょう、人間の情義は何より大事よね。強制ではないけれど。

歌の最初に女が単刀直入にいう「太平の世に何を気取ってるの」には、少しも物おじしない個性が表われている。具体的に道順を指し示すことで、この情歌は抽象的な描写ではない、具体的な位置を有するものになった。もともと曖昧模糊としていた庶民の情事は、これで幾分明瞭に見えてくる。やさしい誘いや熱い期待、そして桃色の脅しの後に、それは情義によるもので、強制ではないとも宣言する。この女子の苦心惨憺ぶりと知恵とには舌を巻く。

前述したように、少女らはいつも日常生活中の光景や事物など、身近にあるものを用いて譬えとし、時にはそれに媒体の役割を演じさせる。すでに蠅や蝶々やノラ猫などを見てきたが、今回は猫と犬の出番になる。

哈叭狗兒汪汪叫、這事好蹊蹺、忽聽的外面、把門輕敲、不敢聲高。奴就即速開了門、一見情人微微笑、問問根苗。你這兩日、卻為何冷冷冰冰的把奴抛、你可說分曉。閉了雙扉、把燈兒高挑、少要發謅。奴家見了你、不由人心中撲漱漱跳、為何來遲了。想必是、另有知己將你靠、把奴撇了。（「哈叭狗」、『白』一―三二b）

チンがワンワン、とても怪しいわ。戸を軽く敲く音、大きな音を恐れて。すばやく戸を開けると、愛しい人がにこにこと立っていた。問いつめる。この二日、どうして私をほったらかしにしたの？ はっきり言いなさいよ。扉を閉めて、灯りを掲げて、ひどいことはやめて。あなたに会えば、わけもなく胸がどきどきするわ。なぜ遅れたの。きっと他の女に迫られたんでしょう。私を放っておいて。

女の「大きな音を恐れ」、「すばやく戸を開ける」という反応から、馴染みの情人が夜中に訪ねてきたのは明らかだ。最初の「とても怪しい」は多少わざとらしい。これに比べると、次の女子の振る舞いはずいぶん手馴れているようだ。

夜至三更你來到、靜靜悄悄。既至相逢、別把門敲、怕有人聽著。再要來、趲戶外面學貓叫、連聲嗷嗷。叫一聲、奴家房中就知道、是你來了。我可身披著衣服、故意地喚貓、開門睄睄。我一開門、你可嗽的一聲往裡跳、忙把門關好。獃殺才、可是你來的輕來去的妙。不知不覺。（「夜至三更」、『白』一-三一a[33]）

夜中の三更に来たあなた、あたりは静か、私に会いに来たのなら門を敲かないで、あたりに聴こえるわ。今度来るときには、戸の外で猫の鳴きまねをしてね。にゃおにゃおと続けて、鳴いたら私はすぐに分かるから、あなたが来たと。私も服をきて、猫を呼ぶふりするから、戸を開けて見てみるから。戸を開けたら、あなたはにゃあと中に跳んできてね。急いで戸を閉める。このお馬鹿さん、あなたは本当にそっと来て、パッと行ってしまうのね。あっという間に。

同じく猫の鳴き声のまねだが、次の長歌の男女の会話には、さらに多くの動きと活力が溢れている。

姐在園中採蓮苔、大膽的書生、茉莉花兒開、撩進磚頭來、哎喲、撩進磚頭來。你要蓮苔奴房裡有、你要風流、茉莉花兒開、風流晚上來、哎喲、風流晚上來。你家牆高門又大、鐵打的門閂、茉莉花兒開、叫我怎進來、哎喲、叫我怎進來。我家牆外有一棵梧桐樹、你手攀著梧桐、茉莉花兒開、跳過粉牆來。哎喲、跳過粉牆來。你在園中粧一聲貓兒叫、奴在房中、茉莉花兒開、情人進房來、哎喲、情人進房來。房門口一盆洗腳水、洗腳盆上、茉莉花兒開、放著好撒鞋、哎喲、放著好撒鞋。梳妝台上一碗參湯在、你吃一口參湯、茉莉花兒開、情人上慳來、哎喲、情人上慳來。青紗帳中掀起紅綾被、鴛鴦枕上、茉莉花兒開。情人赴陽台。（「採蓮苔」、『白』三-五b、六a）

女：私が庭で蓮根を取っていると、大胆な書生が、ジャスミンの花が開く、煉瓦を投げてきて、こら、煉瓦を投げてきたの。蓮根がほしいなら部屋にあるわ、アレがほしいなら、茉莉花が開く。アレならば夜にきて、あら。

男：あんたの家の塀と門は大きくて高い、立派な門のかんぬき、ジャスミンの花が開く、僕はどうやって入るんだ？　あれ、どうやって入るんだ？
女：塀の外に梧桐があるから、それをつかんで塀を乗り越えて、あれ、乗り越えたら、庭で猫のふりして一声鳴いてね、私は部屋の中にいて、ジャスミンの花が開く、愛しい人が入ってくる。ほら、愛しい人が入ってくる。玄関に足を洗う水、そこに、ジャスミンの花が開く。上履があるから、ほら、上履が置いてあるから。化粧台に人参湯が置いてあるから、それを一口飲んで、ジャスミンの花が開く、愛しい人、こっちに来て、ほら、こっちに来て。青い紗帷の中には赤い絹布団、鴛鴦の枕、ジャスミンの花が開く、二人ですてきな世界に行きましょう。

歌全体に流れている合いの手の「ジャスミンの花が開く」が示すのは、逃れようとしても逃れられない宿命に似た男女の悦楽であり、また演劇的効果もある。生き生きとした描写は人を引き付けてやまない。

このような不義の行いは名門の令嬢であろうが田舎の娘であろうか、一旦見つかれば必ず大きな代価を払うことになる。しかし、その甘美な悦楽世界を思えば、他の事はどうでもよくなる。

一輪明月照小鎭、佳人移步下樓台。……明月下等候多才子、薄倖冤家不見來、他幾番把我佳期誤、錯過良宵大不該。……姑娘正在來想念、柳陰下走出個小書獃。深深施禮忙陪笑、有累姐姐犯疑猜。雙雙挽手進了羅幃帳、密語甜言把鈕釦開。姐姐呀！　我情痴拚了這條風流命、前來與你赴陽台。一枝梅插在錦瓶內、玉簪輕刺牡丹開。臨起身贈我一方姣綃帕、表記還留紫金釵。轉身再三來囑咐、今晚還須早些來。冤家呀！　你前月在奴繡枕邊、偷去一隻紅繡鞋、千萬帶了來。（「偷情」、「白」四－一b）

月が街を照らし、美人が楼台から降りてくる……明月の下でずっと待ってたのに、薄情なあの人は来ないの。彼のせいで何度も婚期を逃したわ、このすてきな宵を無駄にしないで。……あれこれ思っているところに、柳の陰から彼が出てきて、深いお辞儀に追従笑い、姉さんは疑ぐります。手をつないでお床入り、甘い言葉でボタンをはずし、姉さん！　私の情は深いからこの逢瀬に命がけ、あなたと一緒にすてきな世界に行くの。梅一輪を錦瓶に挿し入れ、玉簪を軽く刺せば牡丹が開く。起きたとき、素敵なハンカチを贈ってくれた、お印に紫金の簪も残してくれた。何度もお願いしたわ、今夜も早く来てね。恋しい人！　先月に私の枕辺から盗んでいった紅い刺繍の靴、必ず持ってきてね。

このエロチックな描写から分かることは、女性がすでに情欲の味を深く知ってしまい、情人に房事のために夜毎通ってくるように懇願するまでになっているということだ。このことは、情欲の炎に身を焦がし、死んでもかまわないとして私通に走る女性が情歌の選集の中でいかに多いかということでもある。

開到荼蘼三月三、佳人房内嘆孤單。家家夫婦如魚水、獨有奴家枕上寒。年及笄、親未扳。時常相思動愁煩。雖只我、暗中結下私情事。也只好、掩耳偷鈴做一番。又懼雙親知道了、又防外人談論敗門楣。若然不幹無天事、獨宿淒涼苦不可言。正在心焦聞咳嗽、才郎進内笑含含。説幾句、風風月月知心話、即把香閨門戶關、輕輕款款會巫山。（「開到荼蘼」、『白』四-四b）

牡丹イバラの盛りは三月三日までなのに、美人が部屋でひとりぼっち。どの家も夫婦は魚と水のようなのに、私の枕辺は冷たいの。年頃なのに、縁談が決まらない。いつも悩んで恋煩い。だけどね、こっそり逢引したの。仕方ない、仕方なかったのよ。両親に知られるのも怖いし、家門を汚したと周りの人に非難されないようにしなくちゃ。でもね、天理に反することでもしないと、惨めなの。そこへ咳の音、恋しい人がにこにこ入ってきたわ。愛の言葉を囁きあったら、すぐにドアを閉めて、しっぽりと巫山の雲雨。

宋明の理学家らはいつも「天理を存し、人欲を去る」という大道を宣揚し、それは全く効果がなかったとは言えないものの、少なくとも歌の中のこの文句に通暁している女性は、自分の行為が家門を汚す、ひどい悪事だと分かっていたはずである。しかし、彼女はそれほどの葛藤もなく、愛する人の咳声と優しい言葉で、急いで門戸に鍵をかけ、うきうきと悦楽の世界に落ちていく。これは十八世紀の理学を提唱していた士大夫にとって、大きな皮肉ではなかろうか。

次の山東の姉さんも恋人からの熱のこもったまなざしに抗がえず、命がけの悦楽世界に赴く。

冤家進門答答戳、心裡好似滾油煎。要偷情、又恐怕人來睄見。奴這裡、不忍的回身把門關。話兒慢講、身子未沾。小冤家、兩眼不住睄著俺。我合你、捨著性命完心願。(「冤家進門」、『白』二-一九ａｂ)

愛しいあなたが入ってきて、あたいはどきどき。心は熱い油で焼かれているよう。こっそり情を交わそうとするけど、人目が恐い。私はね、我慢できずすぐに戸を閉じた。あの人はのんびり話なんてして、あたいに触れようとしない。憎い人、あたいをちらちら見るだけ、あたいはあなたと、命をかけても思いを遂げたいの。

上掲の三人の女性の生活背景は異なるものの、こうした歌を総合的に見れば、命を捨てるのも厭わぬ逢瀬への願いというものは全く同じである。

未婚の男女はふだんの生活の慰めを得るために密通するが、既婚の男女も同様に儒教の風俗教化に背くさまざまな理由を見つける。最もよく見られるのは、醜い、愚鈍な夫を言い訳にすることである。

愛你的容顔放不下。趁著醜貨無有在家、偺二人、快上床來頑頑罷。你不必、心裡耽驚又害怕、摟抱起來、遍體酸麻小乖乖。我今與你說句知心話、切記著、休把奴家來撇下。（「愛你容顔」、『白』二-三二a、三二b）

あなたのお顔が好きでたまらないわ、醜いあいつがいないうちに、わたしたち二人で、寝床に。怖がったりしなくていいのよ、抱き合ったら全身がぐんにゃりよ、私のお利口さん。あんたに思いの丈を言うから、忘れないで、私を棄てないでね。

次の女も同じく情熱的かつ積極的で大胆である。そのうえ智謀もある。

情人進房床邊坐、你要如何。冰冷的手兒、将奴的匝咂摸、唬奴一哆嗦。摸的奴、渾身上酸麻實難過、不顧針線活。問情人膽顫心驚怕那一個、你忒疑心多。上無有公婆、又無有兄弟、就是那鄰舍、也管不著你我、誰來把姦捉。我那當家的、實是一個痴呆漢、怕他做什麼。倘若是碰見了、你就說俺娘家兩姨哥、特來瞧瞧我。（「偷情」、『白』一-二五b、二六a）

恋しい人がベッドのへりに座り、どうしたいの？　冷たい手でおっぱいを触った。ぶるぶると震えた。触られて、私の身体はぐんにゃりよ。針も持てない。何に怯えているの、心配しすぎだわ。舅姑もいないし、兄弟もいない。いるのはお隣さんぐらいで、口出しできないわ。誰が密通の現場を押さえに来るの？　亭主は、ほんとにお馬鹿なの、あいつはなんにも怖くないわ。もしも鉢合わせしたら、実家の従兄と言ってね。私を訪ねてきたのだと。

この歌の続きは、すでに情を交わした主婦が、うまくごまかす場面である。。

情人不必你害怕、有的是奴家。外邊叫門、原是俺家的他、他是個老亡八。若是害怕、悄悄藏在床底下、極好的方法。等他來、自有開發他出去的話、先叫他把鍋刮。打油買鹽、稍帶著倒茶、還要把酒打。叫情人、趁個空兒你偷跑了罷、奴去把門插。撞見他、只說錯走把禮下、不要得罪他。(「偷情其二」、『白』一-二六a)

恋しい人よ、心配しないで、ここは私の家。誰か扉を叩いているわ、うちの亭主だわ。彼は馬鹿な男なの。怖いなら、こっそりとベッドの下に隠れて、なんていい方法かしら、彼が来ても、追い出す口実があるの、まず鍋洗いに行かせるわ。油と塩を買いに行かせて、ついでにお茶を汲み、そのうえ酒を買いに。だからすきをみて逃げてね。私は扉に閂をかけに行くわ。もしも亭主と鉢合わせになったら、お辞儀して間違えたと言ってね。気にしなくってていいのよ。

これらの歌におけるいくつかの重要な点についてもう一度強調しておく必要があろう。一つ目は、女性が演じた役割である。二つ目は、生活に根ざした場面と描写であり、これによって我々は華北地区の農村社会の実情を一瞥するような感じを抱く。たとえ歌の作詩者は男性であっても、歌詞にはパターン化された特徴が見られることから、作詞者は自分がよく知る社会や生活にもとづいて描写していると推測できる。三つ目は、歌の中の合いの手である。これは曲全体の娯楽性を高め、本来は礼教に背く不道徳な行為を、笑い溢れる人間喜劇に変えている。

次の二つのほほえましい歌は、事態を収拾するやり方を歌っている。

東方亮、寃家又睡著了、天哪、叫奴怎麼好。奴只得、摟抱腰、輕輕慢推搖、你醒來喲。怕只怕、爹娘知道、奴的命難逃。快穿衣服走、莫被傍人曉、你轉來哟。嘴唇上胭脂粉、奴與你餂掉了。你嘴唇上胭脂粉、奴與你餂掉了。（「東方亮」、『白』二-四二a）
東の空が白むのに、彼はまだ寝ている。どうしよう。どうしたらいいの？　彼の腰をゆするしかないわ。あなた起きてよ。父さん母さんに知られたら、命はないわ。早く服を着て帰ってよ、他の人に見つからないうちに、こっちを向いて。あんたの唇の口紅を、こすり落としてやらないと、唇の口紅を、こすり落としてやらないとね。

右の歌はしばしの遁走、次の歌は永遠の別れである。

俏人兒、我勸你、回心轉意、休想奴容顏好。奴是別人妻、將釵環、贈與你拿回家去、尋上一房妻、早早會佳期。到後來、人談論、反是奴誤了你、反是奴誤了你。（「俏人兒」、『白』二-四三b）
わたしのいい人、あなたに忠告しておくわ。私の顔なんて忘れてちょうだい。私は人妻になったのよ。かんざしと耳飾りをあげるから、お嫁さんを探して、早く身を固めてね。後で人に取沙汰されたら、あんたのためにならないから、あんたのためにならないから。

一夜の契りは、人に見つかる危険があるだけでなく、もっと切実なのは不注意で妊娠してしまうことであっただろう。避妊術が発達していない時代では、こうした問題は、よくあったはずだ。この二冊の情歌の選集の中にも貴重な資料が残っている。

自從那日相交上、與你頑耍、受了點風涼。小肚子不覺有些膨膨脹。我的娘、說我不像人模樣。是病兒還好、是胎兒難當。我的俏冤家、我這條小命兒活活坑在你身上、我這條小命兒活活坑在你身上。（「小肚子脹」、『白』二―四一a）

契りを交わしたあの日、いちゃいちゃして、少し冷えたみたい。知らぬ間にお腹が膨れてきたの。母ちゃんにみっともないと言われた。病気ならいいけど、子どもなら困るわ。あたいの愛しい人、私はあんたのせいですっかりひどい目に遭ったわ、あんたのせいですっかりひどい目に遭ったわ。

恋人といちゃいちゃしていた時に身体が冷えてお腹が膨れたというこの娘は、にっちもさっちもいかない状況にあるようだ。次の男と女の反応は誰もがよく知っているものだ。

秋季庭前黃葉飄、風流男女赴桃夭。事完彼此身疲倦、姐把情郎背上搖。郎嚇、奴家一朵含花蕊、被你這遊蜂採幾遭。不轉經期三個月、腰粗乳大又胸高、腹中定有你的根苗在。怕只怕、早晚爹娘看破了。那時節、有氣淘、家法凶時怎肯饒。你卻只顧尋歡不圖患、也應該、商量平安大家好、郎聽說、喚多嬌、此須小事犯急躁。卑人早已安排定、母子分離藥一包。吃下去、打掉了、風不吹來樹不搖。何須著急動心焦。（「打胎―其二」、『白』三―五二b、五三a）

晩秋の庭に枯葉が舞うころ、いい仲の二人は悦楽の世界。事を済ませてどちらもぐったり。姉さんは彼を揺らす。彼はびっくり。あたしはまだ花蕊のようなのに、あんたのような野蜂のせいで台無しよ。アレが三か月もないの。腰も太くなりおっぱいも大きく張り出して。できちゃったのよ。どうしよう、父ちゃん母ちゃんに知られちゃう。そしたら、きっと怒鳴られる。家のおきては厳しいから許されないわ。あんたは遊び惚けて何も

> 考えないけど、あんたも、いい手がないか考えて。これを聞いた彼が言ったとさ。かわいい人、こんなこと心配しないで。もう手を打ってあるから。母と子が離れる薬一包、飲んで下してしまえば、誰にもわからない、心配する必要はないのさ。

この措辞も描写もあけすけな堕胎の歌の中に登場する二人は、現代社会でもどこでもみられる若い男女である。歌の中の「卑人〔俺〕」は、まるで好色漢そっくりで、花に群がる蝶々のように、娘を孕ませても悪びれることがない。それは堕胎の万能薬を準備してあるからだ。

もう一曲の「打胎歌」にはこれとは異なる状境が現われている。男は彼女の愁い顔を見て、その原因を当てようとしていたが、まさか彼女が身ごもっているとは思わなかったようだ。こちらの情義にあつい青年の反応は、前のあの好色漢とは大いに違って、こうだった。

> 哈哈哈、眞有幸、實妙哉。若是姐姐懷了胎、乃是你我造化來、時時刻刻抱嬰孩。
>
> ははは、それはうれしい。実に素晴らしい。もし姉さんに子ができたなら、それは二人の果報だよ。いつも赤ちゃんを抱けるんだ。

逆に彼女の方は冷静で、我を忘れている男に、未婚で妊娠することの重大さを説く。次はそれを受けての男の反応である。

> 呆一呆、有語開言告裙釵、待我去買服靈丹妙藥來吃下去。落了胎、也無禍來也無災。太太平平就丟開、何須愁

悶不開懷。（以上「打胎」、『白』三-五二a、五二b）

ちょっと待って、男は女にこういいました。僕が妙薬を買ってくるから、それを飲むといい。おろしてしまえば、禍はなくなるさ。無事に捨て去れば、何も心配いらないさ。

好色漢と情のある男は、お互い性格の違いはあっても、いずれもすばやく同じ解決策を思いついている。我々はこのことについて疑問を禁じ得ない。十八世紀、堕胎はすでにシステム化されていたのではなかろうかと。(34)

四、希望とからかいの対象としての身体

前段で紹介したように、十八世紀の情歌には、女性の欲情の様相に関する微細で奥深い描写が見られる。むろんこれらの情欲は周囲の事物に託することで表出されているが、情欲の主体としての身体を無視することはできない。上述の情歌には、まれに男性の容貌や身体について輪郭をスケッチしたような描写もある。以下、女性の身体がどのように具体的に描かれ、男性の欲望を挑発したのかをみてみよう。

まず見ておきたいのは、ごくごく典型的な身体である。

喜只喜的花容貌、風流俊俏。愛只愛的眉黛雲翹、百媚千嬌。喜只喜、櫻桃小口腮含笑、難畫難描。愛只愛、玉腕又把金釧套、纖手摘碧桃。金蓮步穩、楊柳細腰、最怕風兒搖。探香肩、掐了一朵鬢邊俏、叫人愛睄。今夜晚、陪伴著才子回歡笑、趁此度春宵。（「花容貌」、『白』一-二四b、二五a）

好きなのは、花のようなかんばせ、あだっぽくてきれい。愛しているのは、眉と高髷、美しくて色っぽい。好き

なのは、さくらんぼのような口と可愛い笑顔、名状しがたい。愛しているのは、金釧をつけた玉の腕、優美な手で碧い桃を摘む。ゆっくりした金蓮〔纏足のたとえ〕の歩み、柳のような細い腰、風が吹いたら揺らぎそう。色っぽい肩を傾けて、摘んだ花を耳際に挿して、見とれてしまう。今夜は、才子とご一緒してお楽しみですね。春の宵を過ごすのですね。

「ゆっくりした金蓮の歩み、柳のような細い腰」はもちろん男の欲望を喚起するが、ふくよかな美人の入浴後の姿にも別のあでやかさがある。

玉美人兒身體胖、玉朵粉妝。匀過粉面、浴罷香湯、換上羅裳、款金蓮、搖搖擺擺把牙床傍、不慌不忙、傍牙床。用手掀開芙蓉帳、仔細端詳、燕語鶯聲、喚了聲才郎、攜手出繡房。你瞧瞧、滿園的鮮花都開放、風過陣陣香。奴與你、同到花亭望一望、莫負好時光。（「玉美人」、『白』一―二六a）

玉の美人の身体はふくよか、磨いた白玉みたい。おしろいを塗って、香りの湯で沐浴し、薄物に着替え、ゆっくりと金蓮の歩み、ゆらりゆらりとベッドに寄りかかり、急がず、慌てず、ベッドに寄りかかり。芙蓉の蚊帳をめくりあげ、しげしげとみる。鶯や燕のような優しい声で、才郎を呼び、手を取り合って閨房を出る。ほら、庭中の花が満開よ、風の後に香りが立つ。一緒に花亭で見ましょうよ、こんないい時を逃さないで。

玉美人はゆらゆら、ふらふらの様子だが、話すとやわらかで魅力的である。同じ玉美人のシリーズの中でも、目線を美人のスタイルから纏足の脚や玉のような手、赤い唇、ほっそりした腰に移していくものもある。

玉美人兒生的俏、唇似櫻桃。十指尖尖、亜賽過銀條、楊柳細腰。小金蓮、咯登咯登咯登登的把樓梯超、歩歩登高。

玉美人は生まれつき綺麗で、唇はさくらんぼのよう。十本の指は白魚のよう。腰も柳のように細い。小さい金蓮でとことこと階段を上る。一歩一歩登ってゆく。

このような「とことこ」と歩く三寸金蓮の美しい佳人も、見る者に幸せな気分をもたらすだろう。「とことこ」と階段を登る彼女は、花いっぱいの庭の景色を味わっているのだろう。

上樓來、四面八方都瞧到、快樂逍遙。叫了聲春香、喚了聲碧。快些來瞧。你看那、滿園花兒開的俏、美景良宵。還有那對鳥兒在樹上哨、聲音瀟條（「玉美人―其三」、『白』一―二六b）

上に登ると、四方八方がよく見える、たのしいぶらぶら歩き、春香さん、碧桃さん、早く来て見て。あちらをごらん、庭中の花が綺麗に咲いている。きれいな宵の景色。それにひとつがいの小鳥が木の上で鳴いているわ。鳴き声はやさしく。

女性の身体の一部である纏足の描写はかなりの割合を占めている。当然、女性も三寸金蓮の小さい足が男性を誘う武器であることを自覚しているはずだ。

兩隻金蓮一般大、虧了奴的媽、又不倒打、又不歪拉、從小裹殺。扎一扎金蓮無有三寸大、歩歩走梅花。穿一雙、紅緞子花鞋、上面插的是梔子茉莉江西臘、金絲把手掐。人人喜歡、個個愛偺、非奴自誇。尋上一個俏郎君、不讚

奴的腳兒不說話、奴不理他。他若讚奴的腳、他要怎麼便怎麼、無不依從他。（「兩隻金蓮」、『白』一―二八a）
三寸金蓮の二本の足は、お母さんのおかげです。ねじれてないし、歪んでもない。小さい頃からきつく巻いたから。巻いた金蓮は三寸ぐらいかしら？　梅花を一歩一歩歩く。紅い絹の鞋を履き、鞋には梔子、茉莉と蝦夷菊の模様、金糸の縫い取り、みんなが喜ぶ、みんな大好きよ。自慢じゃないけど。美男子さんを募集中、彼があたしの脚を褒めてくれなかったら、口を利かないわ。相手にしてやらないわ。私の脚を褒めてくれたら、好きにさせてあげるわ。何でもすべて従うわ。

情人愛我的腳兒瘦、等他來時賣些風流。大紅鞋上面就拿金絲扣、穿起來故意又把鞋尖露。淡勻粉臉、梳上油頭。等他來站在跟前、被他看一個彀。今夜晚上和他必成就。（「情人愛我腳兒瘦」、『霓』四―五b）
あたしの恋人はあたしの小さい脚が大好き、彼が来たらしなを作って、真っ赤な紅い鞋の上に金糸の縫い取り、わざと足先を見せてやるわ。薄化粧に、油で髪を結い、彼が来たら、思いっきり見てもらおう。今夜は絶対事がうまくいくわ。

これらのコメディー調の「金蓮賛美の歌」の中には、纏足の痛みや暗い部分は全く見えてこない。この時代の女性は完全に男性の目を通して、自分の小さい足を欲情を追い求める武器とみなしていたのだ。そして金蓮を見せるという策略も、あらかじめ設定した目的に、うまく達成するためのものであった。

情人愛我的腳兒瘦、我愛情人典雅風流。初相交、就把奴家溫存透。提羅裙、故意又把金蓮露。你恩我愛、是那般的溫柔。手兒拉著手、哎喲、肩靠肩兒走。象牙床上、羅幃懸掛鉤。哎喲、偺二人、今夜晚上早成就。舌尖嘟著口、哎喲、情人莫要丟、渾身上酥麻、顧不的害羞。哎喲、是偺的、不由人的身子往上湊。湊上前、奴的身子夠了心不夠。（「情人愛我」、『白』二―二四b、二五a）

あの人は私の小さい脚が好き、私は粋な彼が好き。初めて契った時から、私を隅々まで愛撫してくれたの。スカートを上げて、わざと金蓮を見せたのよ。愛し合い、あんなにもやさしく。手をつないで、ああ、肩を寄せあって歩くの。象牙の寝床で、とばりを鉤に引っ掛けて、ああ、今夜は早く寝ようよ。舌で口を塞いで、ああ、恋しい人よ、やめないで。身体はぐんにゃり、恥なんかどうでもいいわ、ああ、身体はいうことを聞かず、勝手に、あなたに、くっつくの。くっついて、身体は満たされても心はまだ満たされないの。

男女が一線を画する社会では、手をつなぎ肩を寄せ合う行為は、目を側立てられるものである。性愛の過程での「渾身上酥麻、身子前湊（身体はぐんにゃり、身体をくっつける）」といった大胆な描写は、敵陣の中枢を一気に突いたかのように、伝統社会が女性の身体に科していた最後の束縛を一挙に粉砕している。そして最後のくだりになると、我々は更に驚くような発見をする。この「脚児痩」や「金蓮露」に登場する十八世紀の女性は、身体だけではなく、心の救いをも求めているのだ。

三寸金蓮の他にも、未成年の少女の「雪のように白い肌」は、どれほど若者の野性的な欲求を刺激することか。

玉美人兒纔十六、挽了挽烏雲、欲梳油頭。露出了、鮮紅的兜兜雪白的肉、勾惹的年輕的玉郎望上湊。手扶著肩膀、要口吃個舌頭。佳人便開口、哎喲、你莫要瞎胡摟。梳罷油頭、再去風流。哎喲、玉郎說、這陣慾火實難受、木梳往桌案上丟。哎喲、顧不的兩手油、垂下帳幔、落下金鉤、哎喲、他二人、重入羅幃把佳期湊。二人到了情濃處、口對著香腮、叫聲乖乖又叫聲肉。（「玉美人―其三」、『白』二―二八a）

玉美人はやっと十六歳、黒髪を巻いて、油で髪を結おうとしたら、真っ赤な腹掛けと雪のように白い肌が見えて、男がくらくらして寄ってきた。肩をつかんで、口づけしようとした。娘がいうには、あらら、馬鹿な真似はおよしなさいな。髪を結ってからにしましょうよ、ああ、男が云う、欲望の炎に焼かれてどうしようもないんだと。櫛を机に投げだして、あら、両手の油も気にしない、帷をおろして、鉤からおろして、あら、二人はまた羅帳に入っていいことをする。二人の思いは絶頂で、可愛い頬に口づけして、お利口さん、恋しい人と喘ぎ声を上げだした。

歌うために作られた曲という点からみれば、作者の精彩を放つ緻密で写実的な描出には感服せざるをえない。黒々とした髪から雪のように白い肌、露出した肩、舌先、頬っぺたへの口づけまで進み、また雪のように白い肌に戻るまで、短い情歌の中に身体による誘惑の力が存分に発揮されている。

身体は欲望を遂げる対象であるほかに、からかいや悪ふざけの題材でもある。容貌の醜さ、太っていること、纏足をしていない大脚など全てが笑いのネタになる。

久聞姑娘名頭大、見面也不差。脚大臉醜、賽過夜叉、渾身怪腌臢。何曾懂的説句交情話、開口令人麻。若問他的床舗兒、放屁咬牙説夢話、外代著争開發。一張臭嘴、焦黄的頭髮、虱子満身爬。唱曲兒、好似狼叫人怕怕、又不會彈琵琶。要相好、除非倒貼兩吊大、玩你後庭花。（「久聞大名」、『白』一―一八b）

姉さんのご名声は以前から存じております、お会いしたらその通り、脚は大きく、顔は不細工、夜叉でも勝てませぬ、全身ひどい、何で恋が囁けよう、口に出すとむしずが走る。彼女の寝床のご様子は、おなら、歯ぎしり、寝言やら、おまけに厚かましい。口は臭いし、髪も黄ばみ、全身シラミだらけ。歌えばまるで狼が吠えているよう、それに琵琶も弾けませぬ。相手してほしいなら、二両のお金をくれないと、アレは後ろからだよ。

この歌は女性を徹頭徹尾けなし、最後には「アナルセックス」までに貶めているが、そこには悪意と同時に、強烈な笑いを取ろうとする意図も現れている。

次の丸々太ったご婦人の不運にはただ笑うしかない。

寃家進門你別睡、街坊出了個匪類、走過來、走過去、說奴生的肥。我是一個婦人家、怎肯出去與他對。等他來時你去把他推、你在外面推、奴在窗戶洞裡幫著你碎。（「寃家進門你別睡」、『霓』四-一三b）

恋しい人よ、寝ないで、近所に悪いやつがいて、行ったり来たり、私のことをデブだと言いふらしているわ。女の私が、どうして刃向かえるの。今度やつが来たら、あなたが出ていってやつを押し倒してね。あなたが外でやつを押し倒したら、私は窓から唾をかけてやるわ。

この「私は窓から唾をかけてやる」という「夫唱婦随」を想像できようか。こうした愛すべき歌は相当人気があったらしく、二つの選集にはこれ以外に三首ほど収録されている。太った身体から大きな足まで、歌の題材は何でもいい。「寃家進門你坐下、街坊上面出了油滑。走過來、走過去、口中只說奴家的脚兒大（あなた、座ってちょうだい、近所にずるいやつがいて、行ったり来たり、私の脚がでかいと言いふらしているわ）」、「寃家進門你別睡、街坊上面出了匪類、走過來、走過去、口中說奴脚兒造的肥（あなた、寝てしまわないで、近所に悪いやつがいて、行ったり来たり、私がデブだと言っているわ）」、「情人進門你坐下、街坊家出了油花。走過來、走過去、說奴的腳兒大。（恋しい人よ、座ってちょうだい、近所のチンピラが、行ったり来たり、私の脚がでかいと言っているわ）[35]」。

もしも歌に登場する回数のみで考えれば、十八世紀では女性が肥えていたり大足〔纏足していない足〕であることは、決して愉快なことではなかろう。なぜならば歌では町の悪たれや口達者のものらに悪口を言われつづけるからである。しかし、面白いことに、歌を通して表現されているのは、女性の怒りではなく、コミカルな笑いなのだ。ミハイル・バフチン（Mikhail Bakhtin）は中世ヨーロッパの民間文化の研究で、「笑い」（laughter）が民間文化の最も重要な要素であることを見出している[36]。

我々は上述の多くの情歌の中にも実際はコメディーの特質があることを見てきた。デブ、大足、醜い顔や身体などすべてが笑いの対象になる。こうした正常の基準から外れた身体上の欠陥——さまざまな性指向によってもたらされた器官の役割の倒錯を含む——によってもたらされるコメディの効果は、民間の芝居にもはっきりと見られる。以下、『綴白裘』の幾つかの折子戯〔全幕ではなく一幕を独立させて演じる劇〕の芝居を用いて説明する。

まず「看燈」、「鬧燈」を見てみよう。この劇は、汴梁〔今の河南省開封〕の町の老若男女が元日に飾り提灯を観る光景を描いている。劇は初めから笑いの要素が溢れている。「金さえあれば朝な朝ながお正月、夜毎が良宵になる。自分はこの家の若様でござる、今日は汴梁の町に飾り提灯が掲げられて、士女は街中にあふれ、美人がそこかしこにいる、これ、これ、野郎ども。（雑）はいここに。（小生）ちょっと行って道中に器量良しがおれば、さらって連れて参れ、いうとおりにしろ」。このシーンはおふざけに見えるが、決して勝手な捏造ではない。梁其姿の研究によれば、十八世紀の江南などの地方では略奪婚、脅迫婚のような悪習が一般的だったという[37]。

上層の士大夫階級や皇室で上演された戯曲の演目にも、この類の太平の世を慶祝する節日の戯曲があるが、登場するのは菩薩や仙人である。片や、民間の草芝居が太平を言祝ぐ際に登場する人物は、さまざまな欠点を持つ凡人俗人である。この芝居では、まず「お経は三巻の経だけしか知らず、七つの磬子をぶっ壊した」肉饅頭のように不細工な和尚、次に盲人が登場する。続いて仲立ち女、醜女、女房が稼いだ金で女郎屋に通う夫をもつ洗濯女、二、四人の息子や養子を抱えている女将、器量よしばかり狙う土豪が描かれ、これらはともにマージナルマンによって構成される人間世界を作り上げている。

役柄の特徴を極端に誇張する筆法によって我々が目にするのは、完璧ではない現実世界のありようではないだろうか。人生は完璧とはいかないものの、苦しみの中で楽しみを求め、精神を鼓舞しながらもその役割を人生で演じていく必要がある。すべての肢体の欠陥と俗世間のいう「正常基準」から外れた立場や情欲は、虚構の舞台の上で、すべてが諧謔と笑いの素材に転換するのである。

まずは、盲人の場面を見てみよう。「瞎子生來眼不明、終朝下雨當天晴、飯食拿來看不見、不知吃了多少死蒼蠅。（生まれつき見えず、一日中雨が降っても晴れだと思っています。ご飯も見えず、これまでどれだけ蠅の死骸を食べてしまったことか）」。親戚が新年の挨拶のついでに彼を灯籠の鑑賞に誘った。彼は「見えない者がなんで灯籠を観る？」と言い、親戚は「燈が見えなくても銅鑼と太鼓の音でもいいだろう」と勧め、ようやく説得されて出かけたが、不注意にも途中で溝に入ってしまい、臭い泥水まみれになった。戯曲の作者が人の障碍を笑いにしたことは一見残酷に見えるが、しかしこれも残酷な現実の反映ではないだろうか[38]。

引き続き、仲人の王大娘〔おばさん〕の登場する場面はこうである。「奴奴生來嬌態嬌態、一表人才誰不愛、王母娘娘來做媒、九天玄女下插帶、嫁與托塔李天王、好似二郎降八怪、連我老娘弄九怪。（あの娘は生まれつき愛くるしい。その容姿に誰もが夢中。西王母が仲立ちすれば、九天玄女が下りて契りの簪を挿し、毘沙門天に嫁がせて、まるで二郎神が揚州の八怪を降したようで、私を入れれば九怪になる）」。このような典型的な誇張の手法を用いて、王大娘が凡人とは違う怪異ぶりをわざと浮かび上がらせる。しかし、その後の叙述から、王大娘の本当のコンプレックスは自分の大足であったと分かる。「寃家嫌我的腳兒大、不怨爹來不怨媽、單只為我從小兒就不肯裹腳、我的媽未曾動手、我就將他的罵。到如今一雙腳兒到有兩雙大。去年九寸、今年兩跨。恨只恨、丈夫的鞋子穿不著。恨只恨、丈夫的鞋子穿不著。（彼氏は私の大足が嫌い。父さん母さんのせいじゃない。私が小さいときに纏足を嫌がったから。母さんが触ると怒っていた。今では一本の足が他の女の二本ぐらいの大きさだ。去年は九寸だったのに今年は二倍になった。恨めしい恨めしい、亭主の靴さえ履けやしない。恨めしい恨めしい、亭主の靴さえ履けやしない）」[39]。

続く醜女は農民の妻である。四十九歳で阿狗という名前の息子がいる。夫の勧めで一緒に汴梁に飾り提灯を観にきた。彼女は我々がよく知っている曲の形式で自分の心中を明かす。「這幾日街坊上出了一班的小促壽、他在人前人後嚼他娘的舌頭。他説些什麼？他説我眼大眉粗嘴又臭、我那當家的拿我當做心兒上的肉。你看我行動説話、那有一點兒的不風流。那些二八強兒想我到手也不能個。（この頃、近所のチンピラどもが人前でわての悪口を言っている。何だって？　わての目がでかい？　眉が太い、口が臭い？　わての旦那はわてを宝物にしているんだ。わての振る舞いのどこが変だって？　お前らみたいな若造がわてを想っても無理さ）」[40]。

お祝いで楽しい雰囲気があふれる正月の提灯祭りの場面に、このようなからかいの言葉を用いて、人間のあらゆる欠陥を配したことの狙いについては、深く考察する必要がある。

もちろんこれらを滑稽な身振りと言葉で観衆を楽しませる単なるドタバタ喜劇と見なすことも可能である。創作者にとっては、登場人物の造形はもともとパターン化されたものである。しかし、もしこれが観衆の生活環境の中でよく知る人物や場面でなかったとしたら、おそらく強い共感を引き出すことはむずかしいだろう。観客にとっては、芝居は伝統社会で一般民衆が価値観の基準と社会行為のモデルを築くよりどころの一つである。我々は現代社会のマスメディアから身体的障碍や欠陥に対しては同情もしくは尊敬の態度を持たなければならないことを学んでいる。伝統社会の民衆はこのような草芝居の中から、どのように人生を観照する態度を学び取ったのだろうか。表面的なからかいや揶揄の一方で、民衆はドタバタ劇によって身体の欠陥や不満足に承認を与えていたのではないだろうか。民衆は思う存分笑ったり、直接嘲笑する一方で、現実を寛容し承認する態度によって淡々と運命のいたずらに対応していたのではないか。

むろん舞台上の芸術を安易に現実中の価値観あるいはモデルに転化することはできない。さらに同時に民間の一幕芝居で中国民衆の全体の精神構造を推断することもできない。しかしながら、戯曲の誇張の表現力を否定することはできない。なぜならこれらはおそらく民衆の価値観や行動モデルを形づくるうえで重要なパイプラインを提供していたからである。

もちろん常識や人間性に対する一般的な理解にもとづき、伝統社会における中国民衆はきっと他人の身体や道徳上の欠陥に否定的かつ横暴的な態度で対応していたに違いないと推断することもできる。私の目的はこうした推断の有効性を完全否定することでは決してなく、草芝居が提供するテキストや証拠をもとに、欠陥へのもう一つの向き合い方の可能性について世に問うことである。

カーニバルのような場では、我々は愉快なお笑いの気分になりがちだが、このようなお笑いで「異常」に対応することは決して珍しいことではなく、民間芝居の一貫した特色でもある。

次の男色をからかうシーンも一つの例証になる。この幕芝居の背景は我々がよく知っている観灯会からもう一つの民間で普遍的に行われていた習俗——妖怪退治——へと変わる。杭州に住む小生〔劇中の若い男役〕の周徳龍が妖魔に憑りつかれ、わざわざ王法師に妖怪退治をお願いしに行く場面から劇が始まる。

王法師の名乗りからすでに怪しい感じがする

「杭州鼓楼の前、山の麓に住まいし、生涯お尻を上に向けてきた。金が要るなら、ばくちや酒代が要るなら小官〔男性同性愛の主に女役〕をつかむ」

自己紹介が終わると、外から呼ぶ声が聴こえた。なんと周徳龍がもう玄関先に来ていた。王法師の一言。

「お前は、小官をやって、いい尻の穴で金儲けしているんだろう?」

これはこの劇全体のテーマである。男色の身体を笑いの対象としたドタバタ喜劇の幕が開いた。王法師は周生の来意を聴いたあと、彼と一緒に周生の家に行く。


「着いたよ!　門を開けるから待って」

「おや、生臭いね!」

「もしかして妖気?」

「間違いない。妖気だ」

「王法師、これは何の妖怪?」

「とても臭いからおならの精だ!」

「おいおい、おならに何の精がある?」

「ああ、お前は分かってないが、坊ちゃんは兄さんたちとやりすぎてこれらの精を受けて、お腹の中で孕んでしまい、兎となって生まれ、それが妖怪になったんだ」


続く一連の滑稽な演技と笑いの後、王法師は剣を取り出し、たたらを踏み、奇妙な動作をしだした。

「王法師、そこで何しているんだい？」

「陽を調伏しておる」

「陰を調伏するとは言うが、陽を調伏とは聞いたことがない」

「お前は知らないだろうが、以前は陰を調伏していたが、わしの弟子がある家の法事に行って、そこで陰を調伏していたら、なんとそいつは蘇州の男色家で、わしの弟子が尻を突き出してしゃがんでいるのを見て、ついにその気になってやっちまったんだ。だから、わしら道士はみんなそろって陽を調伏することになったんだ！」(41)


観灯会のような賑やかで民衆がよく知っているシーンでは、不完全な肉体、または普通とは異なる身分の卑しい人物が次から次へと登場し、観衆の笑いをとる。ここの道士による妖怪退治もまた民衆の慣れ親しんだ光景である。しかし、からかう対象は男色家の身体の最も人目を引く器官――お尻に変わっている。劇自体が男性同性愛者のお尻の話から始まっているのだ。劇中の主役の身分はさまざまだが、彼らの欠陥や、あるいは常人と使い方が異なる肉体は、観客に片時の愉快な気分をもたらしている。(42)

この二本のシナリオを分析すると、盲人はもちろん、大足の王大娘、醜い阿狗の母親、それに特殊な肛門を持つ周小官、どの役もからかいの対象として劇中に現れていることが分かる。さらに、これらのシナリオのベースになっているものを吟味すると、こうした登場人物は常人とは大きく異なるということで注目されてはいるが、決して悪意にさらされてはいないことがわかる。特に「請師」の一幕は劇全体がお笑いとなっている。ミハイル・バフチンは中世ヨーロッパのカーニバルの分析で、「カーニバルはすべての既成の秩序を転倒させる祭日であり、この日は、既成の規則や役割や習慣、道徳戒律などが一時的になくなり、人々は転倒した世界をほしいままに楽しむ。

カーニバルは厳めしい中世社会に普段は得られない快楽をもたらす」のだとしている(43)。

「看燈」や「請師」などの民間戯曲もその性格上、バフチンのいうカーニバルと類似している。これらの劇には「正常ではない」、「人と異なる」といった場面が登場するからこそ、爆笑が生まれるのである。しかも「看燈」や「鬧燈」の場面は、典型的なカーニバルの場面である。しかし私が問いたいのは、これらの劇に現れる愉快な場面は、ただ舞台上でのみ構築されていたのだろうかということだ。観衆は舞台上でのみしばし憂いを忘れ、異常な身体に対して悪意のない笑い声を発していたのだろうか。

私は異常な身体が、どの時代においても残酷な現実であることをもちろん否定しない。しかし、十八世紀の民歌や芝居が笑いの形式でこれらの身体を取り上げていたことには、特別な意味があるのではなかろうか。作者はどうして、残酷な蔑視や悪意のある攻撃、真面目な人道的配慮、または役所による禁止といった視点からこの身体を扱わず、お笑いの形式を好んだのか(44)。このことは次のようなことを意味しているのではないか。十八世紀の中国社会では、民衆は元々これらの「異常な身体」に対して、からかいや宿命、受容或いは同情といったものがないまぜになった態度をとることを好んでいたのではないか。

現実社会においては、元々さまざまな常態とは異なる不完全さが存在しており、そのため、常態とは異なる欠陥はすでに生活の中の常態になっていたのではないか。もしも街や村の至るところに王大娘、阿狗の母親、盲人、和尚、女将、小官の類が存在していたのだとすれば、人々はより寛容的になり、仕方ないとか諧謔といった態度でその現実を受け入れようとしたのではないか。さらに言えば、前述したように、こうした歌や戯曲を見たり聞いたりしていた民衆は、それによって知らず知らずのうちに歌や戯曲が提供する感情表現を受容するようになったのではないか。

五、歌の作詞者と伝播、およびその社会的意義

「礼学」の復興から人々が連想するのは、厳粛で真面目くさった道徳システムが再度社会全体の局面を掌握し、もともとあった娯楽的、退廃的、淫猥的な要素を一掃したというものだ。上述したように、私は基本的にこうした見方は成り立ちにくいことを証明したいと思っている。むろん礼学家の著述や役所の布告にはさまざまな厳めしい道徳や礼法に関する要求がみられる。しかし、一方で、上述した流行歌や芝居のシナリオの中には、揺れ動く情欲や粗野な哄笑がみられる。礼教の言説とお上の禁令は、下層社会の情欲文化をある程度禁ずることはできたが、しかし、だからと言って情欲が礼教に圧倒されたと認定することはできない。役所が重点的に一部の演目の公演あるいは歌本の販売を禁ずることができたとしても、昔の政府の統治能力では、おそらく「禁じられたものはやらないが、上演できるものは上演され、歌えるものは歌われる」の程度にすぎなかっただろう。

前にも言及したが、民間の芝居の身体や「欠陥」を扱う態度は、おそらく民衆にそれを見習うための手本と「異常」を扱う視点を提供したことだろう。この点で、民間芝居は実際、庶民文化の価値形成の機能を果たした。同様に、歌の中の複雑な情欲表現も経書典籍以外の、別の価値観と情欲を表現するモデルを提供した。

ここまでは基本的にテキストを分析してきたが、ここから私はこれらの歌詞を社会のコンテキストの中に置き、その意義を考察したい。ただ資料に限りがあるため、ここでの検討は主に情欲に関する部分になる。この部分でも私は概略的な考察しかできないし、特定の歌の制作と流伝を仔細に分析することはできない。しかし私はこのような周辺からの概述的な証拠でも十分に本文の目的を達することができると確信している。その目的とは、十八世紀の中国における情欲の言説と礼教の言説は併存し、背反しないもので、その時期の社会や文化の様相に極めて大きな影響を及ぼしたと証明することである。

まず作者の問題である。これらの流行曲の個別の作詞者を特定することはもちろん不可能である。だが、私はここで作者の性別を少しはっきりさせておきたい。むろん男性の作者だからといって、繊細な女性の感情世界を推測し叙述することができないとは言えない。しかし、多くの歌詞の中の切実かつ悲痛な叫びが女性自身から出た作品ではないとは想像しにくい。

盛安は『霓裳続譜』序文の中で、はっきりと文人才士の筆になる作品のほか、一部は「村嫗蕩婦之談（村の婆さんや娼妓の歌謡）」だと言っている。礼教の束縛を受けない「村の婆さんや娼妓」、あるいは都市や農村の思春期の少女でも、みな心に感じるものがあれば、歌を介して思いを発していたと想像できよう。

次の李開先（一五〇二〜一五六八）の『詞謔』の記事は私の推測を可能にしてくれる。この段が述べるのは明末の状況ではあるが、ここに言及されている曲牌の「鎖南枝」は『霓裳続譜』にも五首が収録されている。[45] 歌詞は異なるが、これによって一部の流行歌の歌詞が女性の手によって創られたものであることを証明できる。

李崆峒の下で詩文を学ぼうと、隣の郡から汴省（開封）にやってきた者がいた。崆峒が「もし鎖南枝が歌えるようになったら、詩文を学ぶ必要などない」というので、詳しいことを尋ねた。崆峒は「はっきりは覚えていないが、街に行ってぶらぶらしていれば、必ず歌う者がいる」と答える。数日後、それを聞いた男は、まるで宝物を得たように喜び、すぐに崆峒のところに来て「誠にご高説の通りです」と礼を言った。その後、汴省にやってきた何大復も鎖南枝を大変愛した。彼は「この流行の歌詞は状元である。まるで『詩経』の十五国風のようで、いろんな町の巷の婦人の口から出たもので、情感も歌詞も婉曲的で、後世の文人墨客が作詩や作文する際の、苦吟や苦悶している輩がかなわないことは、確かだ」。もし李や何が評価した流行歌を辺鄙の田舎の淫猥なものとするならば、それは作詞の法、詩文の妙が分からない者だ。歌詞を以下に録し、識者の判断をまつことにする。「傻酸角、我的哥、和塊黃泥兒揑咱兩個。揑一個兒你、揑一個兒我。揑來一似活托、揑的來同床上歇臥。將泥人兒摔碎、著水兒重和過。再揑一個你、再揑一個我――哥哥身上也有妹妹、妹妹身上也有哥哥（お馬鹿の酸角は、私の恋しい人、粘土をこねて泥人形を二体作る、一つはあなた、一つは私。そっくりね。同じ寝床で横になる。泥人形を壊して、水を注いでまたこねて、またあなたを作り、私を作る。あなたの身体に私がいる、私の身体にあんたもいる）[46]」

歌の中の「泥人形をつぶしてまた新たにこねる」というモチーフは、現代作曲家李抱忱の歌「你儂我儂」にも使われている。しかし、嘉靖年間には「鎖南枝」という名で民間に広く流布していた。引用文にある何大復と李崆峒も同様にこの民謡を高く評価し、『詩経』の十五国風と同じように「あちこちの巷の婦女らの口から出たもの」と考えていた。多くの士大夫は「下品で卑猥」なものだとみていたが、しかし街を歩くと必ず「これを歌う者がいた」という。

これらの歌詞は、巷間から出て、それに「村の婆さんや娼妓」の口から歌われたため、当然、儒家の経書にはないものであり、李開先の記述によれば「いっそう貴重なものである」という。李開先はまたかなり長い詞曲「趕蘇卿」を摘録しており、併せてこれの簡単な紹介を書いている。「『又中呂』、『趕蘇卿』はおおよそ歌妓の王氏が想いを寄せたものである。婦人であっても音律に通暁しており、元代、歌詞で名を馳せたのも不思議ではない[47]」。

歌は元朝の作品であり、ここで検討している十八世紀の流行歌とはかなり隔たりがあるため、ここでは引用しない。だが推論はできるだろう。十八世紀の流行歌にもきっと類似した感情を寄託した作品があるはずだと。おそらく歌妓や他の同じ気持ちを持っている女性たちはみなこの歌の歌詞の作者なのだ[48]。

直接『霓裳続譜』、『白雪遺音』の作者の身分や性別を証明することはできない。しかし、李開先が言及した「鎖南枝」の「いろんな町の巷の婦人の口から出た」ものから始まり、盛安の「村の婆さんや娼妓の歌」まで、我々はすでに十分な証拠を有しており、情歌の中には必ず女性作者の手（口）によるものがあると推測できる。たとえ一歩譲っても、作者の性別はその実歌の伝播や影響には全く関係がない。作者の身分、性別がどうであれ、いったん民間で広く伝わると、間違いなく士大夫の「礼教の言説」の外で、それと拮抗するもう一つの「情欲の言説」が現れる。換言すれば、これらの名字も分からない、大半が下層社会の出身である作者が、幾重もの様相を持つ「化外世界〔儒教による教化が及ばない世界〕」を共同で創り出したのだ。

前述したように、これらの流行歌の多くは、行商人や街頭の歌芸人、娼妓によって広まったものである。十八世紀の汪啓淑は北京の社会生活と日常の風俗を記述した作品の中で、宴会に歌い手を招く時の様子について言及している。

以前、最も人気があった大衆演目は、おおむね十一、二歳の清童に淫詞小曲を教えこみ、都の婦人の装束を着せたものである。宴会をする時に呼ぶとすぐに来る。宴席の前に絨毯を敷き、腕を連ねて、ステップを踏む。時には秋波を送り、時には投げキッスする。観客らは大いに喜び、おひねりを投げて、数え切れないほどの銭と帛があたりに散らばる。その害毒たるや小さくはない。幸いなことに今はすでに厳禁となった。(49)

汪啓淑は当時の有名な塩商で、乾隆時に慣例により金銭を役所に寄付して官となった。それに彼は江南の有名な蔵書家でもあり、程晋芳、翁方綱などの著名学者とも唱和している。(50)ここの「淫詞小曲」、「害毒たるや小さくはない」には道学家の論調が溢れているが、かえって貴重な資料を残してくれたことになる。だが、文中にいう厳禁に、いったいどれほどの効力があったのかは疑問である。

図3：清吟小班：（『娼妓的歴史』北京図書館出版社、2004年）より

李家瑞も北京の民間の俗曲について論及した際に、娼妓、俳優、歌童、盲女は、時には妓院で客のために上演し、時には「清唱小隊」を組んで「お客の邸宅で歌を歌う」と言っている。この「お客の邸宅で歌を歌う」「清唱小隊」および汪啓淑がいう「檔子」は性質がよく似ており、どちらも流行情歌を広めたものである。

これ以外に、道光朝以後、茶館の中に付設された「雑要館〔寄席演芸館〕」、「唱清音小曲〔四川の演芸の一種、琵琶と二胡を伴奏にした物語〕」がある。(51)

「清唱班」のサービス対象は、かなり限られた上層社会のようだが、一方の茶館の「雑要館」で観賞する群衆は拡大発展していった。禁じられたはずの「檔子」は根絶されるどころか、類似の演芸団は却って民間に浸透していったのだ。（図3）

このような口頭での伝播以外に、歌本の販売も流行歌が歌い継がれ、伝播したもう一つの重要なルートである。歌本を販売した書店の中でも、最も有名なのは北京西直門の「張姓百本堂」（あるいは「百本張」）である。乾隆年間にできた書店で、各種の俗曲歌本を専売し、その数は千種類を超えたという。ほぼ同時期に北京にはもう一つの規模がやや小さい専売店「智寿斎」(52)があった。中央研究院歴史語言研究所に所蔵されている俗曲資料は主にこの二軒の書店から出されたものである。

これらの歌の一部は『霓裳続譜』や『白雪遺音』に収録されており、この二冊の情歌選中の歌と同じ曲牌であり、内容も大同小異である。多くの歌本の印刷は非常に劣悪で値段も低廉であったため、おそらく都市の一般庶民を対象としたものであろう(53)。

妓院や「清唱小隊」と「雑要館」以外、専門の俗曲の販売店が現れたことからは、北京という皇帝の声威と教化の模範たるべき都でも淫詞小曲が普及していたことが分かる。蘇州についても類似した記載がみられる。かつて道光年間に、蘇州の郊外である閶門や桃花塢、虎邱などの重要な観光地に色情印刷物が次々と現れたため、裕謙という蘇州按察使がたびたび厳しい禁止令を出した。次はその中の一通の禁止令であるが、裕謙はこれらの悪俗が発生した時間、地点について、興味深い描写をしている。

虎阜や霊岩などの名山景勝地は、春秋の佳日になると、自由に遊びに行くことができる。ただ憎たらしいことに、あちこち遊び歩いている子弟らが、遊覧を名目としてわざと婦女を狙う。花が咲く頃には、また狡猾なごろつきが、庭園を借りて、切符を刷り、妓楼の妓女を集めて群芳会と称し、音楽を上演し寄席の演芸を行う。みんなが園中に集まり、良民や賤民の隔てもなく、男と女も一緒くたになっている。

このような賑やかな場所には、噂を聞きつけた青年男女や色情物を売るたくさんの小商いが自ずと引き寄せられる。

若い男女は、〔猥雑なものを〕普段から見聞きしており、ふらふらと夢中になってしまう。それで画舫の灯船、龍船の漕ぎ比べなど、年から年中、楽しい行事を追っかけている。その上、市では淫詞が並べられ、山塘〔蘇州の花柳街〕では淫本が売られ、劇場では淫劇が演じられる。放恣で節度のなさがあちこちに見られる。

若い男女が頻繁に訪れる観光地に売られている淫詞淫書は、おそらく北京の「張姓百本堂」や「知寿斎」よりも流動性があるだろう。印刷物の販売以外に、歌曲の上演も普及してきたことが分かる。

崑曲や徽劇の劇団に上演が許されているのは、忠孝節義の物語だけある。もし『水滸伝』、『金瓶梅』、『来福山歌』などの奸盗不義の物語を劇場で演じる者がいれば、地方官は即刻劇団の頭と劇場の支配人を厳罰に処する。……各茶館の弾詞についても、男女入り混じって座ったり、深夜まで行なったりしてはいけない。(54)

裕謙の布告文からは、劇場や茶館など至るところで淫猥な上演が行われていたことが分かる。観衆も男女混同で深夜までにぎわっていた。乾嘉年間の重要な町である江南都市においても欲情の浸食を防ぎ止めることができなかったことは明らかである。

裕謙の布告は道光十八、十九年に発布されている。その効果については、社会の様子に対して敏感だった余治の記述にみられる。余治（一八〇九～一八七四）は江蘇省無錫の人で、咸豊二年（一八五二）五回目の郷試を受けたが、受からず、仕官をあきらめた。その後、積極的に慈善事業「善会」や勧善書の編纂と出版に励み、当時の人に「余善人」と称された。彼は道光二十九年（一八四九）に「古今の種々の慈善事業会の定款を集めて、模倣するに足るものを、一書に集成した」、これが『得一録』である。その後本書は火事で焼けたが、同治八年（一八六九）に再度これを刊行している。(55)

前段で梁其姿による明清の慈善組織についての研究に言及したが、梁の研究によれば、清の中葉以後は慈善組織が「儒生化」する傾向があったという。一方また地方コミュニティ化する傾向もあった。その原因は、一般の儒生が服膺した道徳条目と価値観とが大きな挑戦を受けたからである。自身の信念と尊厳を守るため、道徳教化としてのあらゆる対抗手段が用いられた[56]。余治はまさに下層の儒生の代者である。彼は淫詞戯曲は人々の道徳心にとって害になると考え、大量に道徳教化の劇を作った[57]。さらに自ら劇団を作り上演した。彼が編纂した『得一録』の内容は、溺女〔生まれたばかりの女の嬰児を溺死させること。男尊女卑の陋習〕を戒めることから、淫書の禁止、義荘、嬰児保護、清節、義倉、飢饉救済などをテーマとし、下層の儒生らの関心事を広く掬いあげたものである[58]。

彼は周囲の道徳破壊の現象について強烈な思いを抱いており、そのため彼が摘録あるいは創作した文の中には、他の資料では見られない詳細な記録がある。

これらの記述を通して、当時の情欲の語りと普及、流通を考察することが可能になる。彼の記録からは、裕謙の禁止令は特例ではなく、その前後にも色情の出版物についての取り締りの布告が出ていたことがわかる。

道光十七年、地方官は布告を出して、淫書版本の毀棄を行っている。各書店は役所の呼びかけに応じて、うやうやしく会議を開き、具体的な方法を協議したという。

直ちに協議し、証文を制定した。書業堂……等は、臬憲〔刑法を司る按察使〕が布告した淫書の版木を毀棄せよとの命を奉ずることになった。ここにおいて十月十二日に同業者が集まって、城隍廟で規程を合議した。その結果、書版の大小や新旧によって買い取り価格を決め、大きい新版は一枚百文、大きい旧板は一枚七十文、露店に並べられている小さいものは一枚二十文、歌本は板一枚三十文と定めた。道光十七年十月□日共同で証文を作成した。

書業堂、掃葉山房、酉山堂、興賢堂、文淵堂、桐石山房、文林堂、三味堂、歩月樓など〔書坊は多く、すべては掲載しない〕合計六十五軒の書坊が一堂に会し、神の前で線香を立てて誓い、花押を書き、按察使に報告した[59]。

この資料において最も人目を引くのは、もちろん参加した書店の数である。協力した書店は六十五社に達したという。このことから当時の蘇州における印刷業の発達が窺える。(60) むろんすべての書店が好色物を発行していたわけではないが、しかし出版業の勃興発展が好色物の流布に近道を提供したことは事実である。業者が出資して買い取った処分品の中で、歌本は独立して分別されており、価格も比較的廉価である。このことは歌本が遍く流通していた証拠と見なすことができる。

六十五社の書店がうやうやしく城隍廟の神前で一札を入れたが、しかし二年目になると、他の地方長官がまた何度も禁止を声高に叫ばなければならなかった。このことから禁止措置の効果があまりなかったと推測できる。風紀をつかさどる地方長官が二代にわたって強硬な取り締まりを続けたが、まるで「野火焼けども尽きず、春風吹いて又た生ず」の結果に終わった。

その後、余治が出版した『得一録』は次のように記している。

もともと暗愚な性を善に導くのは難しいことである。淫猥な言葉は、人をあっという間に変えてしまう。たとえば淫詞小説のようなものは良俗を破壊しており、法ではっきり禁じるべきだ。往年、蘇州の紳士らは長官が出した布告を奉じ、専門の機関を設けて本を買収し、各書店の淫書の版木を一律に毀棄し、石碑に刻んで永久に禁じた。数百年の人心を害していた悪習が取り除かれたことは痛快事で、世の盛事でもあった。しかし悪徳商人は利を貪り、こちらで退散してもあちらで集まり、次から次へと販売し、邪悪な炎は依然として盛んに燃え盛っている。心ある人が提唱して、定めどおりに実行し、頻繁に没収毀棄しなければ、毒種を根絶するのは難しい。(61)

余治の記録から、役所が本格的に淫書の取り締まりを行ったにもかかわらず、大きな効力はなく、利を得ようとする商人たちによる販売が続いていたことが確認できる。余治は心ある者が禁止運動を推進し続けない限り、好色物は永遠に根絶できないと実感したようである。ここで、余治のような下層の儒生や道徳の番人がどのように醜悪な社会の実情に対峙していたかを見ておこう。

以下は余治の文章の重要な部分である。

さらに憎たらしいことに、近頃ではまた山歌や小唄、灘簧戯、歌謡曲が出てきて、多くは男女の野合の事にかかわるものだ。有識者にすれば一笑にも値しないが、それが次から次へと刊行され、至るところに行き渡り、値段も安くて、よく売れ、これらの本は殆どの家にもある。青少年が少し字を識っていれば、すぐに語り歌える。田舎の男女雑居の場所では放蕩の徒がこれを誘惑の道具とする。さらに名門の令嬢も喜んで聞き、廉恥のかけらもない。この害は計り知れない。これらは強い意志をもって根絶しないと、おそらくますます遠く広まり、天下に禍が及ぶだろう。聖賢の千言万語を理解できる者は十人中に一人、二人しかいないのに、これらの粗野淫乱の小本を知る者は十人中に八人、九人もいる。……このような邪悪で淫乱な毒種は、どの家でも読み歌われており、聖賢の経伝のはるか上を行く。これは我が儒教の仇敵である。[62]

この話には分析に値する多くの重要かつおもしろい情報が現れている。第一に、余治は歌本や歌謡曲の流行を指摘しており、このことは本論と密接な関わりがある。ここの「男女の野合の事」をテーマとする小唄や歌謡曲や山歌は、妓院、旅館、埠頭などの場所以外でも同様に流行していたことが分かる。余治が言うには、全ての「有識者が一笑にも値しない」としていた流行歌の歌本には、著作権がないため、書商は次々と翻刻することができる。それに値段が安く、簡単に買うことができるため、「殆どどの家にもある」本になった。

第二に、これらの歌本はおそらく言葉が簡単かつストレートで、内容も若い男女に身近なテーマであるため、「少し字が読めれば」歌ったり語ったりできる。田舎の男女がこれによって互いを誘惑するのみならず、「書を知り礼に通暁している」はずの大家の令嬢も寂しさのあまり、この「恥知らず」の列に加わった。たとえ余治の叙述にある程度誇張があったとしても、この種の男女の情歌は都市と農村、またさまざまな階級の女性の読者や聴衆の間で、相当な反響があったと推測できる。

第三に、彼が「どの家でも読み歌われており、聖賢の経伝のはるか上を行く。これは我が儒教の仇敵である」というのは、さらに私が前に述べたことを裏打ちしている。清の中葉以後、儒生らが忠実に守ってきた価値観は大きな試練を迎えた。そのため彼らは深刻な危機感を抱いた。上層士大夫は乾嘉の考証学や「礼学の言説」に殺到したが、世間一般の男女にとっては理解不能な別の世界の寝言に見えた。上層士大夫はたとえこの世界の情報に接触したとしても、往々にして媒介物――多くは「忠孝を説く」戯曲、あるいは教化の色彩を帯びた宗教的な媒介物――を介してである。それに比べて、淫詞小曲と好色物は直接人々の本能を揺さぶる。かくして、山歌や小唄や歌謡曲が「どの家でも読み歌われ、聖賢の経伝のはるか上を行き、「儒教の仇敵」となったのは、むしろ自然な流れであろう。

余治は義憤に満ちたこの警告の後に、約六十種の「淫猥演芸店の歌本」のリストを公表している。その中には「繡荷包」、「九連環」、「鬧五更」、「楊柳青」、「紅繡鞋」、「王大娘補缸」、「小尼姑下山」、「姑嫂開心」、さらに『霓裳続譜』や『白雪遺音』の中に収録された歌もあった。曲名から見て全く同じものもあれば、やや異なるものもある。リストからはこれらの歌が選集に収録されただけでなく、単行本としても度々刊行され、民間で広まっていたことが分かる。

余治によれば、淫猥な冊子や歌本は値段が安いため、庶民も簡単に買うことができ、読んで歌えるようになる。さらに、買った本の歌をそのまま上演して観客に見せる。余治が例に挙げた歌は寧波、紹興辺りで流行していた「串客戯〔にわか芝居〕」である。この種の民間の草芝居と短い情歌の間には体裁上の区別があり、規模が比較的大きい「大戯〔本格的な芝居〕」とも異なっており、要するに短い歌と本格的な芝居との中間に相当するものである。『白雪遺音』に収集された曲牌は、例えば「両親家頂嘴」、「母女頂嘴」、「王大娘」などの比較的長い歌で、二人による掛け合いの形式である。

さらに、『白雪遺音』巻四に収録されている「玉蜻蜓」は、弾詞〔江蘇省、浙江省で広く行われている弾き語りの一種〕や宝巻〔仏教説話を起源とする説唱文学の一種〕の一つとみなされており、蘇州の方言が大量に用いられている。おそらくは江南の説唱芸人〔講談芸人〕が使っていた底本であろう。[63] これらの曲目は余治が批判した「串客戯」と体裁や内容が類似している。また、『綴白裘』の中の淫猥な色彩を帯びた笑劇も、余治が批判する「串客戯」の類であろう。

以下、余治のこうしたエロチックな有様についての描写を見てみよう。

そもそも淫猥劇は演じるべきではなく、串客〔素人〕の淫猥劇はなおさらである。思うに大班〔正式の劇団〕は正統劇が多く、淫戯が少ない。演目をリクエストする側も淫戯を要望しない。劇団内でも絶対に創作したりしない。串客による花鼓〔男女二人で一人が銅鑼を鳴らし、一人が太鼓をたたきながらの掛け合い劇〕の淫戯はすべて醜悪で憎むべき卑猥なもので、まともなものはまったくない。そのうえ、全部、仕事もせずぶらぶらしている下品な奴らである。普段からちっとも恥を知らず、専ら淫蕩を好んでいる。小さな歌本を買ってきて、一方が歌い、他方が唱和し、舞台に上ると一人が男役、一人が女役と、男女に扮して醜態をさらし、不真面目極まり

図4：綴白裘絵図：『絵図綴白裘』より

ない。そのセリフ回しもみんな地元の言葉で、婦人や子どもらが聴いて覚えられるものである。……そのため、大班の演劇を観る婦女は少ないが、どこどこに串客の芝居があると聞ければ、すなわち嫁や姉妹を誘いあい、子どもを連れて、近所を誘い群れを成して、互いを引っ張ってみんな観に行く。一日芝居がかかっていれば一日中ずっと観ており、一晩中やっていれば一晩中観て全く飽きもしない。串客戯をする奴らは観客に若い女が多ければ多いほど、わざと卑猥に演じる。女たちはすぐに目がくらみ、欲望の炎が燃え上がり、抑えきれなくなる。そこに、軽薄な子弟や遊蕩者、女たらしの役立たずがあの手この手を使って悪ふざけし、至るところこんな調子である。……恥知らずの女が淫念を起こすと不義密通があちこちで出来する。往々にしてこのような芝居を観た後には、私通したり、密会するものがおり、密約してかどわかして逃げるものもおれば、身分の差を考えない主人と奴僕の姦通もあり、亭主が長く留守で帰ってこないと言って不埒な若者を家に誘惑する女、孤閨を守らずごろつきを家に引き寄せて夫にする未亡人もいる。(64)

この引用文の中で、余治はまず大戯（正戯）と小戯の区別を説明している。大戯の上演は、一般にリクエストがなければ、劇団から積極的に公演することはない。小戯はそうではない。花鼓小戯と通称される串客戯は、前に引いた『綴白裘』の道化芝居や淫猥で卑俗な草芝居と似ている。二、三人いればいつでもどのような場所でも臨機応変に上演できる。それに出演する者も必ずしも玄人の役者とは限らない。余治の記述によると、これらの人の多くはぶらぶらしている市井の若者である。彼らは各地の書店から台本を買ってきて、見よう見まねで、即席に街頭で演じる。（図4・5）

余治は文末で「各地の紳士、郷里の長老に奉じ、主管、県の名士に厳重禁止を仰ぐ」と役所に淫猥な芝居の取り締まりを呼びかけた。当地の地方官もこの呼びかけに直ちに応え、「串客淫戯を禁ずる告示」を発布した。この告示からは、機動力のある小戯の上演についてより詳しく知ることができる。「串客戯というのは、専ら淫猥の言葉を学び、男女の私通を演じて、街頭で舞台をしつらえるもので、醜態の極みだ。男女が集まって観る」、「前の咸豊年間に幾度も各紳士から禁止令についての進言があり、前の道と府の司直の尽力により、県や主要な都市や市井での禁止が命じられた。それから都市や村々ではあえて上演するものはなくなった。しかし、いかんせん、禁止以後、町には収斂の跡が見えるが、四方の村々は遠く離れていて全部禁ずることは難しい[65]」。

この記載からは、市井の無頼が台本を買って、すぐに街頭で芝居を上演していることが分かる。地元の士紳は絶えず報告を挙げ、役所も何度も取り締まるが、大きな効果はなかったという。街の中では少し収まったように見えたが、田舎のほうになると思うに任せな

図5：綴白裘絵図：『絵図綴白裘』より

い。文字化された情欲はコピーされ、このように上演されることで四方に広まっていった。

余治の記述のうち三番目に引用したくだりが重要なのは、無頼の子弟が上演する際にはしばしば現地の方言を使い、そのため「女子どもでも理解」できたということだ。彼の生き生きとした描出から、淫猥な小唄は女性観客に人気があったことが分かる。また、余治の細かい観察から女性の不貞行為が多種多様であったこともわかる。前述した『霓裳続譜』と『白雪遺音』の情歌には、士大夫の礼教の言説からは想像もできない情欲の世界が現れており、それは情欲の見本と手本を提供したのではないか。余治の観察は、確かにこのような推論を裏付けている。

本来、自由奔放な情欲は、ただ虚構の芸術的想像というだけでなく、現実社会の反映でもある。もちろん、これらの情歌や唱本の流行が女性の現実生活の不貞行為に影響を与えたのか、それとも先にこのような生活があってこうした作品が生まれたかについては明らかにすることはできない。あるいは、現実の生活が情欲作品に豊かな素材を提供して、またさらに今度は作品が現実世界の手引きになったのかもしれない。

花鼓小戯は都会や農村でその場で即席に演じることができるし、茶館で弾き語ることもできる。『得一録』には花鼓淫戯の上演禁止を論議した長文の文章があり、茶坊での淫詞の弾き語りについて言及している。文の最初で彼は、花鼓淫戯は特定地域の産物ではなく、民間で広く流行している悪俗であると指摘している。「近頃の民間の悪俗のうち、最も世を淫猥に導き、教化をそこなうものは花鼓より大きいものはない。呉の辺りでは灘簧という俗称で、楚中では対対戯という名で、寧波では串客班という名で、江西での名は三脚班である[66]」。『得一録』は引き続き、茶坊での演出にも言及している。「近頃、茶坊に弾き語りが現れ、男女が掛け合いで歌い、多くは閨房の醜事を語るという点では、灘簧戯と同じだ。さらに集会場の茶坊でも、灘簧を歌うものが居て、多くの観客を動員しており、害が日増しにひどくになる[67]」。この記述から、我々は茶坊で演じられた弾き語りは灘簧戯と似ているが、ただし「戯」とは呼ばず、一種の演唱であったことが分かる。内容も大体閨房醜事で『霓裳続譜』と『白雪遺音』中の男女の情歌に近いものである。このことからみれば、俗曲の演唱は北京の茶館に付設された「雜耍館」に限らず、各地の茶坊でもさまざまな名称で行われていた。

名指しで批判される花鼓小戯以外に、弾唱もしばしば良風美俗を破壊するものとされた。

近頃、若い男女の盲人らが、詞曲を弾き、佳人才子の野合の歓やいやらしいあれこれを語り、その情致を楽しませる。若い子弟らの情懐を開かせ、無知な女性の春情をそそのかして、醜いことをさせる。すべての家長は、決して奴らを家に入れてはいけない。(68)

こうした堂々と奥座敷に入り込んだ「説唱文学〔語りもの〕」は、女性聴衆の間で大きな反響を呼んだ。

通りに沿って声を張りあげ、太鼓をたたき、語り物を行う人がいる。詞は七言で韻を踏んでおり、婦女らがとりわけ喜んで聴く。粗野で分かりやすく、それにお金もかからないので、大家でも小者の家でも、しばしば呼び入れて演奏させ、混じって座り、群がって聴く。初めは屋敷のきざはしの下でやっていたのが、しばらくすると奥の座敷で演じるようになった。最初の頃は賢徳孝行や節義の事を語っていたのが、次第に駆け落ちや野合の話になった。婦女らは艱難労苦や悲惨な話を聴くと、いつもため息をついて涙を流す。艶っぽい私通の話を聴くと、必ず心が動く。私は、婦女には学問させてはいけないし、特に劇を観たり説唱を聴かせるべきではないと思う。(69)

士大夫は「女子の才無きは便ち是れ徳なり」とみなすが、しかし、女性に学問させ、字を覚えさせなければ、聖賢経伝の感化を直接受けることはできない。こういうときにこそ、自然と戯曲や説唱文学などがそのすきに乗じて入りこむのだろう。一般的にいえば、「弾詞」と「宝巻」が特に女性聴衆に人気があるのは、明らかに女性が字を識らないことに関係している。知識人にとっては文字が主な知識と娯楽の源になるが、字を識らない人にすれば、戯曲や講唱などが最も重要な知識や娯楽の媒体になるからである。

この資料の最後では、女性の学問を禁じ、そのうえ劇を観ることや、説唱を聴くことも禁じている。このことは女性の知識と娯楽の道を全て封鎖するに等しいことで、これは儒教の教条主義派の代表的な言論と見なすことができる。ただし、この記述からは、情欲の言説があらゆる層の女性聴衆にいかに簡単に大きな影響を与えたかを知ることができる。

六、結論

本論では叙述の都合上、時代を十八世紀に限定した。しかし『霓裳続譜』と『白雪遺音』が蒐集した歌曲の一部は明代にすでに流行しており、一部は十九世紀まで流行が続いた。『霓裳続譜』は乾隆六十年（一七九一）に刊行されていることから、十八世紀の標準的な情歌選と見なすことができる。『白雪遺音』には嘉慶九年（一八〇四）の序があるが、刊刻の時間は遅れて道光八年（一八二八）になる。蒐集された歌曲の一部にはおそらく十九世紀初めのものも含まれ、十八世紀のものとは限らない。その中で、特に注意すべきものは巻四の「南詞」である。趙景深は「巻四の『南詞』にある極端に短い曲詞の一部は（前文にすでに引用、論じている）実際、嘉慶道光年間の長編弾詞の前置きである」と指摘している。巻四の二番目に挙がっている九回の長さに達する南詞「玉蜻蜓」は、道光十六年（一九三六）と咸豊年間、同治十二年（一八七三）にその選刊本や全刊本がある。趙景深は「『白雪遺音』から転録された九回本「玉蜻蜓」は最も早く世に出回っただけでなく、講談芸人の底本であった可能性が極めて高い」という。[70]

さらに、彼の考証から『白雪遺音』に蒐集された一部の短歌と春情溢れる長編の弾詞は、十九世紀中葉にも流行っていたことが分かる。換言すれば、前節で引用した余治が十九世紀に記録した彼の観察は、『白雪遺音』ないし『霓裳続譜』に編集された情欲がどのように現実生活の中で伝播されたかを裏付けているのだ。

また、上層社会の思想が厳格化していく十八世紀であっても、我々は一部の特殊な資料を通して民間文化の中に綿々として息づく情愛を体験することができる。ならば道徳観念がやや揺らいだ他の時代では、なおのこと十八世紀のような民衆心理を窺うことができよう。明末の『山歌』や『掛枝児』はよい糸口になる。しかし、資料は限られており、それに本論の目的は十八世紀の思想文化史に関する問題の解決にあるため、ここでは余計な推論をしないことにする。『霓裳続譜』、『白雪遺音』、『綴白裘』の存在は、この時代の情欲世界のディテールを説明することができるが、自由奔放な民衆の欲情が十八世紀特有の文化であるとは言えない。我々が言えるのは、十八世紀特有の資料によって、情欲という普遍的あるいは構築的なテーマについて、具体的かつ緻密に、かつ血の通った人間らしい考察が可能になるということだけである。この立脚点をもつことは、情欲という波乱に満ちた世界を探索する際、時代を往き来できる座標を有することでもある。

前掲の『霓裳続譜』と『白雪遺音』の二つの選集に収録された情歌は北方由来のものが多いが、各地から集められたものもかなりある。歌は旅籠、妓院、埠頭、街道、交通の要衝を通じて各地に伝播しており、これらの歌曲の起源を弁別することは難しい。個別の例について、ある歌が山東由来であることや、ある芝居に蘇州あるいは上海の方言が用いられていることが判別できるだけで、これによって明確な結論に至ることはできない。そのため本論では、おおまかなことを論じるにとどめ、これ以上、地域の差異についての分析は行わなかった。また、性別についていえば、情歌の主役は主に女性であるが、おそらくその階級はさまざまであり、文化的素養も一様ではない。ただし、出身の違い、教育レベルの違いはあるものの、欲情に対する渇望という点では同じである。

十八世紀、乾嘉の礼学が現れると、明末の上層の文化や思想における解放の傾向は突如停止した。[71] 新しい道徳は厳格で保守的であり、当然、一般市民に影響がなかったわけではない。しかし、以上のように、私は礼学家が庶民文化を改良したその成果を過剰に評価する必要もないと考えている。

実際、上層階級の士大夫の間でも、王廷紹、盛安のように活発で奔放な庶民文化に共感し、厳格で味気のない道徳観による束縛をこころよく思わない人もいる。言うまでもなく華広生のような下層階級にいる士人はなおさらである。

『霓裳続譜』、『白雪遺音』、『綴白裘』に収録された草芝居からは、厳粛かつ禁欲的な上層（表層?）文化の裏に、もう一つの活発で奔放、抱腹絶倒の笑いという卑俗な文化が見える。ここは儒教による教化が及ばない歓楽世界であり、女性は倫理や礼教の束縛を脱し、大胆かつ自発的に官能的欲望を満たすことができた。不完全な肢体も特殊な性質として、しばしの救済を得たのだ。清朝全盛期の中国はこのような歓楽、笑いの世界ゆえに、豊穣なものになったのではないだろうか。

（竹田治美 訳）

〈付記〉

本文は中央研究院歴史語言研究所生命医療史室で行われた「健与美的歴史研討会」で報告したものである。梁其姿・彭小妍教授と各専門家及び胡錦媛教授からのご意見ご提案を頂いたことについて、この場を借りて感謝する。また、陳永登教授と二人の論文審査員が丁寧に全文を見てくださり、多くの貴重なご意見を頂いたことにも特に感謝の意を表したい。お蔭で論文の内容を充実させることができた。原文は『中央研究院歴史語言研究所集刊』（七二、七三号、二〇〇一）に発表したものである。

【注】

（1）明末の経済、社会、思想、文化の各方面での急激な進展は、近年多くの学者の注意を引くようになり、ホットな学派に成っているようだ。ここでは全ての例を挙げず、要点のみを紹介する。社会秩序と士大夫の価値観の変化について余英時先生の「中国近世宗教倫理与商人精神」、『中国思想的現代詮繹』（聯経出版公司、一九八七）を参考にされたい。商品経済の発展と、それにともなう社会風紀の変遷については、以下のものを参考にされたい。徐泓「明代社会風気的変遷―以江、浙地区為例」、『中央研究院第二届国際漢学会議論文集』（中央研究院、一九八九）、徐泓「明代後期華北商品経済的発展与社会風気的変遷」、『第二次中国近代経済史研討会論文集』（中央研究院経済研究所、一九八九）、劉志琴「晩明城市風尚初探」、『中国文化研究叢刊』第一輯（復旦大学、一九八四）、林麗月「衣裳与風教晩明的服飾風尚与『服妖』議論」、『新史学』第一〇巻三期（一九九九）、巫仁恕「明代平民服飾的流行風尚与士大夫的反応」、『新史学』第一〇巻三期（一九九九）。また、個性の解放に関する一般的な論述についてはTheodore de Bary, "Individualism and Humanitarianism in Late Ming Thought," in de Bary ed., *Self and Society in Ming Thought* (New York: Columbia University Press,1970), pp. 145-247 を参考にされたい。この論文でde Baryは左派王学の発展と個人主義の出現について述べている。趣味の良さの追求については、張岱の散文『陶庵夢憶』の中によく表れている。

（2）Doro Thy Ko（高彦頤）は明末清初の印刷術の普及について詳しく論じている。*Teachers of the Inner Chambers: Women and Culture in Seventeenth-Century China* (Stanford: Stanford University Press, 1994), pp. 34-67.

（3）明末の善書運動と日用類書籍などの大衆書物の出現については、酒井忠夫に大変詳しい研究がある。『中国善書の研究』（国書刊行会、一九六〇）、「明代の日用類書と庶民教育」、『近代中国教育史研究』（国土社、一九四七）。その他、酒井にはこれらの課題について要約した次の英文論文もある。Tadao Sakai "Confucianism and Popular Educational Works," in de Bary の序言　pp.331-366. また、「三言二拍」の研究については王鴻泰『三言二拍的精神史研究』（台湾大学文学院、一九九四）を参考にされたい。なお、明末を代表する宗教的な作品として、羅教の教祖羅夢鴻が布教に用いた宝巻『五部六冊』

が挙げられる。台湾で比較的目睹しやすいのは、正一善書出版社（台北県板橋、一九九四）が刊行したものである。羅祖と『五部六冊』に関する研究は、馬西沙・韓秉方の『中国民間宗教史』（上海人民出版社、一九九二）、一六五～二四一頁に見られる。

（4）『牡丹亭』についての一般的な研究は、鄭培凱『湯顕祖与晩明文化』（允晨文化実業股份有限公司、一九九五）を参考にされたい。夏志清は湯顕祖のすべての作品には、「一つの共通の主題があり、それは時間である。しかし『牡丹亭』のみは、時間を超越したものがあり、それは愛である。愛は人を生かす力もあり、人を死なせる力もある」と指摘する。ただし、夏志清は「この時間を打ち破った愛は、夢の中のみに存在するからこそ、時間の制約を受けない」ともいう。これについてはC.T.Hsia, "Time and the Hunan Condition in the Plays of T'ang Hsien-tsu", in de Bary ed., *Self and Society in Ming Thought*, pp. 273-279を見てほしい。

（5）王汎森「日譜与明末清初思想家——以顔李学派為主的討論」、『中央研究院歴史語言研究所集刊』第六九本第二分、一九九八年、二五六～二六〇頁。

（6）Kai-Wing Chow, *The Rise of Confucian Ritualism in Late Imperial China: Ethics, Classics, and Lineage Discourse* (Stanford: Stanford University Press, 1994), pp. 2-8.

（7）上記同文、pp.204-216.

（8）費絲言『由典範到規範——従明代貞節烈女的辨識与流伝看貞節観念的厳格化』、台湾大学歴史研究所修士論文、一九九七。

（9）Susan Mann, "Widows in the Kinship, Class and Community Structures of Ch'ing Dynasty China," *Journal of Asian Studies* 46.1 (1987), p40.

（10）Ibid,pp.40, 45-50.

（11）東林党組織の「同善会」については以下の論を参考にされたい。夫馬進の「同善会小史——中国社会福祉史上における明末清初の位置づけのために」、『史林』、京都大学史学研究会、第六五巻第四号、一九八二、三七～四五頁。梁其姿「明末清初民間慈善活動的興起——以江浙地区為例」、『食貨月刊』復刊第一五巻第七・八期、一九八六、五八～六五頁。

（12）Brokaw は『功過格』のような勧善書が十六、十七世紀に大量に現れた原因について、経済、社会、政治、思想などの変化から、全体的に考察している。Cynthia J. Brokaw, *The Ledgers of Merit and Demerit: Social Change and Moral Order in*

Late Imperial China (Princeton: Princeton University Press, 1991), pp.3-27.

(13) 梁其姿『善与教化――明清的慈善組織』(聯経出版公司、一九九七)、第五章、一五九～一六三頁。

(14) 以上は張継光『霓裳続譜研究』(文津出版社、一九八九)、三頁、一一～一五頁による。

(15) 以下、すべて北京中華書局が一九五九年に刊行した本を用いる。なお、『霓裳続譜』『白雪遺音』および明の馮夢龍編『山歌』は、ともに中華書局の『明清民歌時調叢書』に収録されている。

(16) 盛安「霓裳続譜序」、同前書。

(17) 王廷紹序文による。

(18) 以上は、黄志良『白雪遺音研究』(東呉大学中文研究所修士論文、一九九二)四四～四五頁を参考にした。

(19) 『白雪遺音』の高文徳、南楼朱文、陳燕の序による。

(20) 曾永義の統計によれば『白雪遺音』には四三八首の「馬頭調」が収録されている。『説俗文学』(聯経出版公司、一九八〇)四四頁による。趙景深は変調の「馬頭調」を加えるならば、『白雪遺音』の二巻には合計五百十五首の「馬頭調」が収録されており、全書の半分以上を占めるという。趙景深の中華書局『白雪遺音』の序、一～三頁による。

(21) 上の引用は、張継光『霓裳續譜研究』(文津出版社、一九八九)、九四、九五頁による。

(22) 楊蔭瀏『中国古代音楽史稿』(丹青図書公司、一九八六)、第四冊、三〇頁。

(23) 趙景深『白雪遺音』「序」六頁。鄭振鐸『中国俗文学史』(商務印書館、一九八六年重印本)、下冊、四四二頁。

(24) 私が用いたテキストは、王秋桂主編『善本戯曲叢刊』(台湾学生書局、一九八四)中の『綴白裘』である。

(25) 林鋒雄「船載書目所録綴白裘会集积義」、『天理大学学報』一四〇、一九八三、一～一五頁。林鋒雄は、多くの『綴白裘』の翻刻本を発見している。銭徳蒼による乾隆二十九年と三十四年の二種類の刊本以外に、乾隆年間だけでもほかに七種類の刊本があり、また、嘉慶、道光年間にもそれぞれ二種類の版本があるという。林論文の注一、注二、一五～一六頁を参照。これは『白雪遺音』や『霓裳続譜』が受けた待遇とは異なっており、同日に論じるべきでないのは明らかである。

(26) 『白雪遺音』一－二五ａの「有面琵琶」も同じ内容である。

(27) 同巻四二頁の「瓜子仁」も同じ主題である。

(28) 『白雪遺音』二－二八ｂの「細細雨兒」もこれと類似している。

（29）「到多偺」は山東省の方言で、「〜をまって」の意味である。
（30）類似した歌詞として、『霓裳続譜』七‐一五ｂの「姐在房中織紅絨」がある。
（31）蚤を指す。蕭璠教授の情報提供に感謝する。
（32）『霓裳続譜』四‐一八ｂの「欲写情書我可不識字」はこの「欲写情書」と全く同じものである。ただ、最後の二句が多い。
（33）『霓裳続譜』四‐三五ｂの「夜半三更你來到」と内容が類似するが、『白雪遺音』の「夜半三更」には合いの手が入っていることから、調子がより生き生きして面白味がある。
（34）フランチェスカ・バライの研究によれば、明清時期、堕胎は意識上も技術上も難しい事ではなかった。妊娠した母親の健康が脅かされる場合、医者は躊躇なく堕胎を勧めた。一般的に使用される薬として「仏手散」、「香桂散」があり、それに強力な止血効果がある「桃仁」、「紅花」も堕胎薬として使われる。現在でもこの二種類の薬は民間で広く用いられている。熊秉真は、薬を服用する以外に鍼灸と按摩も堕胎の手段として使われたとする。ただ、明清時代において最もよく見られる方法は、薬を飲むことである。通常妊娠の初期に女性は「通経薬」という薬を買い、自分の妊娠をチェックするが、この薬は堕胎薬としても使われた。Francesca Bray, *Technology and Gender:Fabrics and Power in Late Imperial China* (Berkeley and Los Angeles: University of California Press,1997), pp. 321-325を参照されたい。この二つの歌の男の落ち着いた反応からは、当時、堕胎薬が普及していたことが推測できる。
（35）以上の三首は「冤家進門」其二、其三、『白雪遺音』二‐一九ａ、及び「情人進門你坐下」、『霓裳続譜』四‐二三ａｂ。
（36）バフチンの中世ヨーロッパの民間文化の研究については、主に *Rabelais and His Word* を参照されたい。該書はバフチンの最も重要な代表作の一つであり、ルネサンス研究の権威的な著作である。一般に該書の最も大きな貢献は、中世ヨーロッパの民間文化の主旋律――「笑い（laughter）」を再構築したことだと考えられている。Aron Gurevich, *Medieval Popular Culture: Problems of Belief and Perception* (Cambridge, New York: Cambridge University Press, 1988), translated by Janos M. Bak and Paul A. Hollingsworth, pp.177-178.
（37）梁其姿『施善与教化』一六〇〜一六七頁による。
（38）「看燈」は王秋桂主編『善本戯曲叢刊』七〇『綴白裘』（乾隆四十二年冬武林鴻文堂増輯綴白裘外編十一集方集）に収録されている。四五八七〜四五九九頁。

(39)「看燈」、『綴白裘』四五九一頁および「鬧燈」、『綴白裘』四五九九～四六〇〇頁。

(40)「看燈」四五九四頁。

(41)「請師」、『綴白裘』四六三一～四六三五頁、四六四四～四六四五頁。

(42) グロテスクな身体（grotesque body）についての研究は、バフチンのもう一つの研究重点である。バフチンは、教会の身体の各種機能や活動、特に性機能や性活動に対する抑制に比べて、カーニバル中に現れる民衆の自由な身体の交合には全く抑制というものがなく、飲食や排泄、交媾を含む身体の各機能が恥じらいもなく人目にさらされると指摘する。彼はまたこうした「下半身」に言及することを通じて、まじめくさったお上の文化とは全く異なる価値観や文化の様相を提示してみせた。カーニバル中の庶民の身体は、機能上で上層社会の人士と異なっているだけではなく、構造的にも大きな差異がある。上層社会の人士の身体は、彼らが代表している国家と同じく、神聖で完璧であり、凛然と冒すべからざるものである。しかし、カーニバルに現れる変わった身体は、グロテスクな形状をしており、随意に外の世界と接することができる。このような身体は、欠損、不完全であるからこそ却って多くの可能性に溢れ、絶えず成長し、自己の限界を超越することができる。Katerina Clark and Michael Holquist, *Mikhail Bakhtin* (Cambridge: Harvard University Press, 1984), pp. 303-304, 311 を参照されたい。劉康もこのような文化と身体の特徴について次のようにいう。「これは肉体が感じる官能と欲望を称揚する反文化的かつ大衆文化の声であり、お上の文化や宗教と伝統文化に対抗するものである」、「誇張され、変形した肉体は、『グロテスク・リアリズム』そのものである。思う存分に謳歌され、嘲笑され、解消され、留保された『肉体の下の部分』と『穴の開放』は、高尚と低俗、官と民、士大夫と賤民といったあらゆる差異と隔たりを平準化した」。劉康『対話的喧声――巴赫亭文化理論述評』（麦田出版社、一九九五）、二六二～二六三頁を参照されたい。中国のカーニバル――看燈や鬧燈などのシーンでも、よく似たグロテスクな身体や、肉体の下方部位への嘲弄や戯謔、そして解消が確認できる。

(43) Aron Gurevich, *Medieval Popular Culture*, Chap.6 による。ただし、グレヴィッチはバフチンのような上層の文化と民間の文化を截然と区分する主張に賛同していない。

(44)「男風」への称賛は、民間の草芝居以外の、明清時代の文学作品や文人の文集にも溢れている。十八世紀江南の著名詩人であり文学家でもあった袁枚（一七一六～一七九八）も自分が年若い歌童に夢中になったことを隠し立てせず、寵愛する歌童に多くの詩を贈っている。それに当時の人や袁枚の名声を慕った後進たちも、彼の特殊な性的指向を忌避することなく、それどころか美談としている。同治三年に『随園軼事』を刊行した蔣敦復は袁枚の子孫を訪ねて回り、彼の風流な逸話を聴き、それを嬉々として記述した。具体的な例は本書の第六章「袁枚と十八世紀中国の伝統における自由」を参照されたい。清朝士大夫の男風について参考になるのは呉存存「清代士人狎優蓄童風気敘略」、『中国文化』一五、一六号、一九九七、二三一～二三四頁である。

同じように文学作品に表れた同性愛では、写実的な性格が強いものもあれば、他方ではロマンティックな雰囲気のものもある。しかし、政府側の資料では違う側面が見えてくる。マシュー・H・ソマーは「以前から男性の同性性交に対する処罰は、女形を演じる男娼に限られていた。明の嘉靖年間、初めて法律で男性間での性行為禁止令が出された。清朝に入ってからも関連する条例は存続していたが、大きな変化もあった。男性同士の性行為が初めて「姦」の項目のもとで処罰されることになったのである。鶏姦されることに合意した男性が受ける懲罰は、男性と性行為をもつことを合意した女性と同様である」と指摘する（p.146）。ソマーが引用した資料は、同性愛関係において男性役を演じた男性は、社会に受け入れやすいことをはっきりと示すものである。中には得意げに自らの同性愛について喧伝する男もいる。一方、女性役を演じる男性は社会からのバッシングが強く、名声が地に落ち、非行に走る者もいる。ソマーは「十八世紀の初めから、統治者側は男性の同性性行為に対する憂慮を、徐々に深めて行った。おそらく挿入される側の男性がもしもこのような行為を楽しみそれに耽るならば、伝統的に男性に付与されてきた特性（例えば子孫を残すことや雄としての特質）に不利益をもたらすのではないかと心配したのだろう。これは女性の強姦被害と同じことである。男性が女性の役割を演じることと女性の貞操が汚されることは、同様に正統的儒家イデオロギーへの大きな挑発とみなされ、法律による抑制と懲罰が必要だった」と指摘した。詳細はMatthew H. Sommer, "The Penetrated Male in Late Imperial China : Judical Constructions and Social Stigma", *Modern China*, 23(2), 1997, pp. 140–180、特にpp. 140, 146, 172を参照されたい。

刑罰の判例と文学資料の間の、男性の同性愛に対する態度の差異については、より深く研究する価値がある。おそらくこれらの判例は普通の喧嘩や殴打事件ではなく、殺人事件に及ぶ可能性がある。そのため、内容も愉快で明るいものではなかろう。そのほか、これらの殺人事件の多くは農村で発生し、犯人も殆どが下層階級の人であり、（江南の）都市の士大夫の手になる文学資料とは、都市と農村、地域、階級といった点で明らかな差異がある。ただし、視点を換えれば、十八世紀のこれに関する法令が苛酷なのは、礼学の言説の興隆と同様に、さまざまな背徳的情欲行為が蔓延していたことの反映ではないだろうか。そのため、統治者はさまざまな手段でそれを抑制する必要があったのではないだろうか。

(45) 張継先の統計を参照。『霓裳続譜研究』七五頁。

(46) 李開先『詞謔』、『中国古典戯曲論著集成』(三)(中国戯劇出版社、一九八〇)、第二七条、二八六～二八七頁。

(47) 李開先『詞謔』三一二頁。

(48) 李開先の別の記述によれば、作者は女性ではないものの、下層階級の職人が登場する話から、明清の民歌の誕生や流布の過程を知ることができる。ここに紹介しておく。「職人らは常に嘘を言うが、特に仕立て屋と鍛冶屋がひどい。我が家は長い間に馬恵善製衣という仕立て屋を使っているが、少しも手抜きをしなかった。他のところはそうではない。馬家には長い間使っていなかった錠があり、さびて開けにくい。それに壊れているところもあったため、靳循という鍛冶屋に少し修理を頼んだ。取りに来たのだが、日にちが経っても納めにこない。ある日、道で靳循に出くわしたが、靳はすぐに酒屋の便所に逃げ込んだ。そこで馬も便所に行き、彼の耳を引っ張って外に出した。周りに聴こえるように大声で唱った。『わたしが訪ねたって逃げないで、錠一つをちょっと磨くくらいで、正月の前にもって行ったのに、まだできない。あんたの嘘が私よりでっかいなんて』。みな抱腹絶倒した。この歌は今も巷で歌われている」(李開先「詞謔」二八一頁)。この歌は情欲とは無関係だが、しかし、下層階級の職人が如何に日常生活から題材にしていたかがわかる。単純で卑俗な歌詞は十八世紀に見られる情歌と同工異曲の妙がある。職人さえも歌が口をついて出て、それが巷間に広まるのだから、当然春を思う少女や閨中の怨婦も心に感じることがあれば、身近な譬えで日常の生活や景色を背景とした「淫詞小曲」を作りだすだろう。

(49) 汪啓淑『水曹清暇録』巻八「檔子」の条。この書の最も早い版本は、作者が乾隆五十七年(一七九二)自ら刊行したものである。ここで用いたのは、楊輝君の点校本(北京古籍出版社、一九九八)である。一一九頁を参照。

(50) 同上「前言」一頁。

(51) 李家瑞『北京俗曲略』(中央研究院歴史語言研究所、一九三三)、六～七頁。

(52) 李家瑞「智寿斎的唱本」、『李家瑞先生通俗文学論文集』(台湾学生書局、一九八二)、一五七～一六〇頁。

(53) 詳細な紹介は、李孝悌「娯楽、情色与啓蒙――俗文学的幾個面向」、『古今論衡』(中央研究院歴史語言研究所)三(一九九九

九、一二)、四〇~五〇頁を参照されたい。

(54)王利器輯録『元明清三代禁燬小説戯曲史料』(上海古籍出版社、一九八一)、一二九~一三〇頁からの引用である。

(55)余治の生涯については、游子安「清代善書与社会文化変遷」(香港中文大学歴史系博士論文、一九九四)、一一一~一一二頁を参照。

(56)梁其姿『施善与教化』第五章、第六章。

(57)そのうち、二十八種は、彼の没後に『庶幾堂今楽』として編輯印行された。

(58)游子安「清代善書与社会文化変遷」一一二~一一五頁を参照。

(59)余治『得一録』(中央研究院歴史語言研究所蔵同治八年(一八六九)刊本)巻五、四四頁上~四五頁下。

(60)蘇州の印刷業は明代、非常に発達し、南京とともに印刷業の中心地になった。清代でも、その土地の主要な産業でありつづけ、規模も相当大きかった。ここに挙がっている何十かの書籍商が共同で取った行動は決して特別な例ではない。乾隆二十一年にも、町の紙工場の主人十四名が連名で石碑を立て、地方長官に職人のストライキの禁止令を求めた。道光二十五年にも、呉県の書坊の印刷工が組合を作り、書籍商と争った例もある。邱澎生「明代蘇州営利出版事業及其社会効応」、『九州学刊』第五巻第二期、一九九二、一三九~一五九頁、特に一四九~一五〇頁を参照。また、紙商や印刷工、書坊の共同行動は、蘇州の印刷業の発達と分業の細分化を示すと同時に、集団行動がすでに業界の固有文化であったことが分かる。

(61)余治「勧収毀小本淫詞唱片啓」、『得一録』巻五、四七頁下~四九頁下。

(62)同上。

(63)中華書局『白雪遺音』趙景深の序文(七頁下~八頁上)を参照されたい。

(64)余治『得一録』(同治八年得見斎刻本影印、華文書局、一九六九)、『中華文史叢書』第一〇輯六種、八二一~八二二頁。この版本は歴史語言研究所の所蔵刊本と同じく同治八年(一八六九)に刊行されたが、しかし内容詳密さが異なる。この「勧禁演串客淫戯俚言」は得見斎刻本のみに収録されている。

(65)「禁串客戯告示」、『得一録』(得見斎刻本)八二一頁。

(66)「禁止花鼓串客戯議」、『得一録』(得見斎刻本)八一五頁。

(67)同上、八二〇頁。

(68)『至賓録』内篇、注(54)の王利器の書(一七七頁)より引用。

(69)李仲麟『増訂願体集』巻一、王利器輯録『元明清三代禁燬小説戯曲史料』(一七九頁)より引用。

(70)趙景深「白雪遺音序」七頁下～八頁上。

(71)実際、王汎森の研究によれば、道徳の厳格主義は十八世紀になって登場したわけではない。清朝初期の陳確や顔元などにもある種の厳格主義がみられる。しかし、興味深いことに、この種の思想は情欲解放の主張と同じ思潮——いわゆる「自然人性論」思想から出た可能性がある。この理論は、天理を存して人欲も存する「理欲合一」の人性論である。明末の王陽明学の中ではかなり普遍的な考え方であった。換言すれば、単に思想自体の意味から論ずれば、明末の思潮は同時に情欲解放と道徳の厳格主義という二つの方向に発展したといえる。明末清初における道徳修養を重視した思想家らは、おそらく人欲の重要性も肯定したはずである。王汎森「明末清初的一種道徳厳格主義」、『近世中国之伝統与蛻変——劉広京院士七十五歳祝寿論文集』(中央研究院近代史研究所特刊五、一九九八)、上冊、六九～八一頁を参照されたい。この分析は、明から清にかけて上層の思想の連続性に注目しているが、それは断裂に重心を置いたここの議論とは道が異なっている。ただし、この連続性に対する分析は、明清思想の複雑さについての我々の理解を深めてくれる。それは我々のような明清の上層思想の断裂についての理解と、実質的には何ら矛盾しない。

◉第八章　都市での彷徨——鄭板橋のうたかたの人生

一、はじめに

近年の研究傾向の影響の下、私たちは明末の社会について述べるとき、すぐにも経済の発展、そして文化思想の多元性と解放を想起する。しかし、課題が一転十八世紀に移ると、私たちの焦点は皇帝による専制政治や学術思想の閉塞感、さらに文化道徳の保守的な抑圧に集中する。明清文化はここに一つの明確な断層が出現するかのようである。わたしは本書第七章「十八世紀の中国社会における情欲と身体」において、下層文化の角度から、十八世紀の文化が決して私たちが仮想するような、冷酷で厳めしいものではないことを証明した。また私はさらに第六章「袁枚と十八世紀中国の伝統における自由」の中で、たとえ士大夫階級であっても、十八世紀の様相は、私たちが文字の獄や乾隆や嘉慶年間の礼学から得る印象とは異なっていることを指摘した。

袁枚の独自の生活方式は、私たちに十八世紀社会を詳細にうかがう新しい視野を与えてくれる。もちろん袁枚が退廃した気ままな生活を送っていたのはたまたまの例外であって、広範な文化史あるいは思想史的な意義はないと見なすこともできよう。しかし、より多くの士大夫の生活史について深い分析を加えなければ、このような仮説は、その実、私たちが乾隆や嘉慶年間の礼学の社会的影響力を過分に強調してしまうのと同じように、堅実な基礎を欠くことになり、その結果、私たちは十八世紀の中国社会をより全面的に掌握することができなくなる。

本論の目的は、個別の研究を通して、私たちの十八世紀の士大夫についての知識を積み重ねることにある。対象を揚州と鄭燮とに集中するのにはいくつか理由がある。第一に、ここには多くの塩商が集まっており、富裕層の経済生活がもたらされていたからである。研究によると、明の万暦年間には、数百の塩商がすでに揚州の「富めること天下に甲」たる状況を形成していたという。清の康熙や雍正年間には、揚州の経済は明末清初の動乱の後、再び安定した成長の中にあった。康熙帝と乾隆帝は何度も揚州に南巡し、都市の風貌にさらに大きな変化をもたらした。[1] 袁枚は乾隆五十八年（一七九三）、揚州の歴史を追憶した際に、四十年前に揚州の西北にある平山堂に遊んだことに触れ、水路が狭く「旁らに亭台少なし」だったと述べている。しかし、乾隆十六年（一七五一）に皇帝が南巡して以後、山水、樹木、園林はすべて劇的に変化した。

> 水は広々として、深い水は九たびも折れ、山は険しくて、隥約（山に設えられた階段や橋）は横斜している。樹は切り株を焼いて畑を耕し、桃梅が植えられている。苑落（園林のまがき）は魚の鱗が並んでいるようにびっしりとしき並んでおり、さっと暗くなったかと思うとぱっと明るく視界が開ける。ああすばらしいことだ。その壮観な異彩は、顧愷之や陸探微でも絵にすることができず、班固や揚雄も辞賦にすることができないほどだ。（袁枚『揚州画舫録』序、中華書局、一九九七、九頁）

第二に、塩商が多数進出してきたことは、揚州の町の外観を変えただけでなく、揚州の文化の内容を非常に豊かにしたといえるからである。戯曲、園林、音楽、飲食から絵画、出版、経学にまで、そこには十八世紀の中国社会の複雑な姿が集中的に反映されている。経学や礼学で名高い揚州にとって、多様な様相が同時に存在することは、十八世紀の文化的様相を乾嘉考証学あるいは礼学の復興から概括するだけでは足りないことを明示しているのだ。

第三に、鄭燮の多重的身分（儒生／文人／芸術家／役人）と、人生におけるさまざまな矛盾と葛藤（儒教／仏教、田園生活／仕官生活、都会／田舎、科挙での功名／反体制、そして商品経済への依存と批判など）は、まさに彼が身を置いていた盛時の揚州と同じく、十八世紀を見る上で新鮮な視野を提供してくれるからである。

二、生涯のあらまし

自ら板橋と号する鄭燮は、康熙三十二年（一六九三）に揚州府興化県の読書人の家に生まれた。曾祖父はかつて庠生（科挙制度の郷試の受験資格を得た、府、州、県の地方官立学校の学生）をしたことがあり、祖父は儒官で、父親は品行学問ともに優れた廩生（地方官立学校の学生のうち、好成績をあげ、国家から学資の支給をされる者）であり、塾の教師をして生計を立てていた（「鄭板橋年表」、『鄭板橋集』、上海古籍出版社、一九八六）。三代にわたって続く儒生であるという背景は、鄭板橋の出自の純粋さを説明するのに十分であるが、彼の衣食を保障するものではない。事実、貧窮は鄭板橋の前半生で最も骨身にしみた経験だといえる。康熙六十一年（一七二二）、鄭板橋の父の立庵公が亡くなった。すでに三十歳となり、一男二女を儲けていた鄭板橋は、人生を振り返った詩の中で、何度も自分の貧窮と落魄に触れている。「鄭生れて三十なるも一営無く、書を学び剣を学ぶも皆な成らず、……今年父歿して遺書を売り、剰巻残編看るも不快なり、爨下（かまど）荒涼として薪を絶つを告げ、門前剥啄として来りて債を催す」（「七歌」其一、『鄭板橋集詳注』(2)、吉林文史出版社、一九八六、三六頁。以下『鄭板橋詳注』は『詳注』）。揚州画派の最も有名な代表人物が、収入が絶たれ借金の取り立てに遭うような状況であるとは嘆かわしい。

科挙でも結果が出せず、父親の遺した書籍を売るまでに落ちぶれたとはいえ、代々知識人の家系である鄭板橋は、ただただ父のやりかたを手本にまねることしかできず、塾の教師をなりわいとしていた(3)。村の塾で授業をすることは、貧しさをしのぐことはできたとしても、彼の鴻鵠の志を満足させることはできなかった。事ここに至ったつまずきは、儒者の家に生まれた鄭板橋にすら人生について多くの疑問を抱かせた。「幾年か江海に落拓し、事を謀れば十事に九事殆し、長嘯一声酒を沽る楼、人に背きて独自真宰に問う」（「七歌」其五、『詳注』三八頁）。『板橋集』中に見られる強烈な仏教的色彩と彼の奔放な生活は、前半生の困窮し落魄した生活と明らかに直接的な関係がある。

雍正元年（一七二三）、鄭板橋は時流に背を向け、水墨画を売って暮らす揚州での十年間の生活を始めた(4)。この頃の揚州は、まだのちに袁枚が形容したような盛大さの域には達していなかったとはいえ、すでに豪商が集まる江南の重要都市になっていた。ただ鄭板橋のようにまだ科挙に合格していない貧しい読書人にとっては、都市生活の華麗さは、逆に自身の不遇の惨めさを際立たせるものだった。彼の冷たいまなざしを通して、私たちは賑やかで華やかな情景の中で、落魄した知識人の悲しみを感じ取るのである。

雍正十年（一七三二）、四十歳の鄭板橋は挙人に合格したが、それは長く続く読書人としての正規の出仕の道での初めての成果であった。四年後、殿試に合格したことで、人生にわかに光明が差した。進士に合格したことを自ら祝し、彼は特別に一幅の「秋葵石笋図」を描いた。題詩には「牡丹は富貴にして花王と号し、芍薬は調和して宰相の祥あり、我も亦た終葵となりて進士を称し、相い丹桂の状元郎に随わん(5)」とあり、揚州で絵を売っていた時には時流に合わない竹柏を題材としていたのに対して、鄭板橋は俗麗な牡丹や芍薬によって功名を立てた喜びを描いている。ここからは彼が孤高さと奔放さだけではなく、正統かつ世俗的な儒生の一面をも有していたことがわかる。

進士になったものの、鄭板橋はすぐに官職を得る見込みが立たず、揚州に帰るしかなかった。ただこの時、彼はすでに無名の貧乏絵師ではなく、揚州の上層士大夫サークルの一員となっていた。文集中の尹会一や盧見曾らに与えた詩(6)からは、彼のこのときの揚州文化界での地位を容易に推し量ることができる。

六、七年が経過して後、鄭板橋はついに願い通り官職を得ることができた。一七四二年から一七五三年までの間、彼は河南范県と山東濰県の県令を歴任し、最後は被災者救済の問題で上官に逆らって罷免された。鄭板橋は官吏としては清廉かつ勤勉であり、つとに名声を得、しかもその一方でかなりの財産を蓄えることができ、逼迫した経済状況はおおいに改善された。一七五三年に官を引退した後は、一七六五年に亡くなるまで彼は再び以前の仕事に戻り、揚州で絵を売ることをなりわいとしたのであった。(7)

三、儒教と仏教の間で

乾隆嘉慶年間の考証学の主要な一分派である揚州学派は、十八世紀後半になってようやく発達し成熟したが、鄭板橋の後半生にあたる頃には、すでに揚州学派を代表する何人かが頭角を現し始めていた。礼学の研究で有名な任大椿（一七八三〜一七八九）は、乾隆二十五年（一七六〇）にはすでに戴震の賞讃を得ていた。(8)汪中（一七四四〜一七九四）、王念孫（一七四四〜一八三二）は鄭板橋の存命中はまだ本当の意味で経学の研究に従事してはいなかったものの、すでにかなり名の知れた儒者であった。(9)

鄭板橋の存命時には揚州の経学研究はまだ盛んではなかったためか、あるいは彼の気性が経学に合わなかったためか、鄭板橋の身体からは経学家或いは礼学家の匂いは感じられない。しかし、このことは奔放さで世に知られた鄭板橋が儒家の価値観の束縛を脱していたことを意味しない。実際、彼の出自や教育、仕官から暮らしに至るまで、すべてが典型的な士大夫の色彩に満ちている。このことと彼が後世に最も深い印象を残した文人芸術家のイメージには、明らかに極端な違いがある。

鄭板橋の儒生としてのアイデンティティは、多くのところにみてとれる。その中でも最も重要なのは、儒家の経典の重視である。一七二八年、まだ挙人に合格せず、興化天寧寺で勉強していたとき、彼は『論語』『孟子』『大学』『中庸』を自分で一通り書き写している（「鄭板橋年表」二四七頁）。進士に合格する一年前の雍正十三年（一七三五）、彼は弟にあてた手紙の中で、古典が人生において果たす効用について特に強調し、中でも儒家の経典が主要な位置を占めるとしている。「君が読むべき書として、四書の上に六経があり、六経の下に『左伝』『史記』『荘子』『離騒』、賈誼や董仲舒の策略、諸葛孔明の表章、韓愈の文、杜甫の詩がある。ただこの数書だけでも、一生かかっても読み尽くすことはできず、用い尽くすことはできない」（「焦山別峰庵雨中無事、書寄余弟墨」、『鄭板橋集』七頁）という。

こうした儒家の経世致用の価値観に対するアイデンティティは、中年に官途に就いて以後、実際の行動を通して発揮された。この頃、文人芸術家としての役回りは、重要でないように見える。乾隆十三、十四年の頃、鄭板橋は濰県で任官していた時に、二度目の自作の詩集の刊行を果たした。序言で、彼は自分の文人墨客としての役割について、まじめくさってそれをけなすポーズを取っている。

古人は文学により世を治めたが、吾が輩の為すところといえば、風月花酒のみである。美しい風景を追いかけ、鮮やかな色彩を慕い、困窮を嗟き、齢を重ねることを傷むのだが、形をえぐり皮を取り去り、表現の精髄を探し求めたとはいえ、しがない詩壇の詩人の言にすぎず、社稷〔国家〕民生の計や、『詩経』三百篇の主旨には比べようがない。そこで詩集を何度も焼き払おうとはしたのだが、平生の吟詠を棄てるに忍びなかった。（「後刻詩序」、『詳注』一六～一七頁）

「棄てるに忍びなかった」という言い方は、鄭板橋がもともと自分の文人としての役割を否定していたわけではないことをはっきりと示している。ただ、「文学により世を治めよ」「社稷民生」といった伝統的儒生の価値観の方が、明らかに彼の思想の中で重要な位置を占めている。

この種の儒家的価値観に対するアイデンティティは、「骨董」という詩の中に、より強烈に表れている。この二百字余りの長篇詩の中で、鄭板橋は当時流行していた骨董蒐集の風潮を大いに嘲っている。自らの超俗を言うために、彼は儒家の経典の伝統を珍重し、流行に乗ることへの軽蔑を表明しているのである。

我有大古器　　我れに大古の器有り
世人苦不知　　世人（せじん）知らざるに苦しむ
伏羲畫八卦　　伏羲 八卦を画（えが）き
文周孔繫辭　　文、周、孔〔周文王、周公旦、孔子〕は辞を繫ぐ
洛書著洪範　　洛書「洪範」を著し
夏禹傳商箕　　夏禹〔夏王朝の始祖禹〕商箕〔殷の紂王の伯父箕子〕に伝う
東山七日篇　　「東山」「七月」の篇
班駁何陸離　　斑駁にして何ぞ陸離たる

（「骨董」、『詳注』一一三頁）

後世、書画作品で有名になった芸術家であるのに、鄭板橋に骨董ではなく経書を好む傾向があるというのは、彼の複雑な様相を物語っている。このような様相は彼が仏教と密接な関連を持っていたことで、より一層人々の注目を引きつけている。彼は儒家の基本的価値観に強烈なアイデンティティを感じているのだが、当時のいくつかあった排仏の言論に対しては、逆に同意はしていない。四番目の弟に与えた手紙の中で、彼はまず歴史上の排仏に対して不平を述べ、次に感情の赴くままの口ぶりで、和尚と秀才をそれぞれ五十回ずつ棒で打つという策略を用い、僧侶への各種の非難に対する弁護を展開する。

ましてや韓愈が仏を退けて以降、儒教は大いに栄え、仏教は徐々に廃れ、帝王卿相は、もっぱら六経四子の書を遵守し、それでもって家や国を治め天下を平らかにする道とした。今になってまだ仏教を退けるように言うのは、蠟燭をかむように無味乾燥なものだ。和尚が仏の罪人であり、人を殺し、物を盗み、淫乱で妄言し、権勢利欲をむさぼり、明心と見性(けんしょう)の規範などさらさらないのならば、秀才も孔子の罪人であり、不仁不智、無礼無義であり、先人の教えを守り後人を待つ気持ちなどさらさら無い。秀才は和尚を罵り、和尚もまた秀才を罵る。「各人自(みずか)ら階前の雪を払え、他家の屋瓦の霜に管(かか)わる莫かれ」という語がある。弟よ、そう思わないかい。（「焦山読書寄四弟墨」、『鄭板橋集』四頁）

鄭板橋がこの手紙を書いた理由は何なのか。宋明の儒学が行った歴史上の排仏論に対してのものなのか、あるいは彼が生きた十八世紀の儒家たちの議論から生まれたものなのかを私たちは知り得ないのだが、しかし彼が僧侶のために弁解しようとしているのは明らかである。しかも彼が和尚と密接に交際していたことにも直接関係している。事実、これは和尚のための弁解の手紙であり、自分の弟に宛てただけでなく、この手紙の末尾にあるように無方和尚に宛てたものでもあった(10)。

雍正二年（一七二五）、鄭板橋は三十二歳の時、江西の廬山で無方和尚と知り合った（「鄭板橋年表」二四七頁）。乾隆元年（一七三六）には、北京で会試に参加して無方和尚と再会し、特別に無方和尚に二首の詩を送っている（「贈瓮山無方上人二首」、『詳注』四八頁）。無方は鄭板橋が詩を送ったただ一人の僧だったというわけではない。鄭板橋の詩集に収録された二百あまりの詩の中で、三十首近くが僧侶あるいは寺廟を対象としている。「贈」と題した詩の対象には、無方上人のほか、博也上人、松風上人、弘量山人、巨潭上人、起林上人、青崖和尚らがいる。これらの詩が鄭板橋の詩集で占める分量、および彼とこれら各地に散らばる僧侶との交際から言えば、彼がなぜ「各人自ら階前の雪を払え」と主張したのかについて理解するのは難しいことではない。

士大夫と和尚、道士が密接な関係を維持することは、中国の伝統においては元来何か目新しい問題というわけではない。鄭板橋が、各々が他に干渉しないことで儒教と仏教の考え方を調和させようとしたことも、三教合一を主張する思想家のように、何かの理論上の拠って立つものがあったわけではない。ただ、彼は価値観の上ではしっかりと儒家の思想を遵守しつつ、生活の実践というレベルでは寺院や僧侶と密接に結びついていた。このことは我々が明清の上層の文化思想を考える際に、儒家の主導性にのみ注意を集中させているという欠陥に今一度気づかせてくれる。この欠陥は、十八世紀を単純に乾隆や嘉慶年間の考証学、礼学の復興、あるいは道徳的保守勢力の擡頭などで解釈しようとする際に、特に目を引くものになる。

もし私たちが視野を広くし、十八世紀に対する描写を思想や学術から文化や生活史のディテールに至るまで拡張するならば、鄭板橋の揚州の僧侶や禅寺との交際は、本論が冒頭で強調した揚州文化の豊富さと向き合うのに、さらに興味深い脚注を提供する。本論の冒頭で私が特に揚州を研究課題として強調した要因の一つは、この都市の豊かな生活にあったのであり、それによって私たちは狭隘な思想および学術視野を脱し、活き活きした例証によって、十八世紀の複雑な姿に切り込めるのである。揚州の多彩な都市生活において、塩商はもとより重要な役回りを占めているのだが、文人、芸術家、妓女、職人、行商人や僧侶との関係も無視することはできない。特に僧侶と寺廟は、揚州の文人と都市文化に超俗的高雅な風合いを多く添えている。

記録によると、揚州の人は貴賤を問わず、みな花を飾るのが好きで、花市場を巡るのは揚州人の生活の中で重要な活動であった。新城外の禅智寺は揚州の花市場発祥の地である（『揚州画舫録』巻四、八〇～八一頁）。花市場の他に、青蓮斎の茶も非常に有名である。青蓮斎は天寧街の西にあり、寺の和尚は六安山に茶畑を持っていた。春と夏には入山し、秋と冬には揚州の市内に住まいを移した。採れた茶葉はとてもよく売れた。「東城に游ぶ人は、皆ここで一日分の茶葉を買った」とある。鄭板橋は、特にこのために対聯「従来名士能く水を評し、古自り高僧闘茶を愛す」(『揚州画舫録』巻四、八一頁)を作った。世俗を離れた僧侶は名士と同じく、俗っぽい商業都市に一服のゆったりとした閑雅な趣をもたらすものである。

鄭板橋が詩集で言及する多くの和尚の中で、揚州に直接ルーツがあるのが文思和尚である。乾隆の初め、鄭板橋は北京にて古い友達である図牧山を尋ね、江南の友人が彼を懐かしんでいることについて述べている。図牧山は満州人の官僚であり、書画に秀で、北京に移ってからは、江南の文化圏とのつながりを失っていた。そこで鄭板橋は彼に書画を多く書いて江南の友人たちの思いに応えるよう励ますのだが、その中で特別に文思に言及している。「江南音耗渺(びょう)として、知らず君の尚お存するを。願わくは書の千万幅、相与(ため)に南轅に寄せん」(「贈図牧山」、『詳注』一〇三〜一〇四頁)、「揚州の老僧文思最も君を念う、一紙之を寄すれば千鎰に勝(まさ)らん」(「又贈牧山」、『詳注』一〇三〜一〇四頁)。

短い数句の詩ではあるが、和尚や士大夫、芸術家の厚い友情をうかがい知ることができる。さらに考察を進めると、文思は図牧山と厚い友情を交わしただけでなく、実は当時の揚州の上層社会の社交サークルの中心人物の一人でもあった。「文思字は熙甫、詩が上手で、善く人を識っており、鑑虚、恵明の風があった。ある時の郷賢寓公は皆彼と友人であった」(『揚州画舫録』巻四、八六頁)。「郷賢寓公」が次々に文思和尚と交わった理由は、一つにはもちろん文思が詩文に巧みで深い文化的素養があったからであり、もう一つにはおそらく彼が美食を作ることに長けており、味にうるさい士大夫を満足させていたことにある。「又た善く豆腐羹、甜漿粥を為(つく)り、今に至るまで其の法を効(なら)う者は、之を『文思豆腐』と謂う」(『揚州画舫録』巻四、八六頁)。十八世紀の士大夫や官僚の飲食に対する探究心は、袁枚の『随園食単』にもみられる。(11) 士大夫や官僚の秘法がいかに単調で味気ないものであったとしても、いったん批評の対象となると、詩文と同様に、士大夫の交友ネットワークの中で広まり始める。文思の豆腐羹は袁枚が食単で讃えた多くの名家のごちそうと同様に、精緻で美味であることで名を馳せた。ただ一つ違うのは、それが禅僧の手によるものであることだった。

鄭板橋にとって、文思との交際は、詩文や豆腐以外にもまた一層身近な因縁があった。それは、文思の住む枝上村が、まさに鄭板橋が出仕する前に勉学のため身を寄せていた場所であったということだ。「李氏小園」詩で、鄭板橋は身を寄せていた家の庭園の素晴らしさと、生活上の物質面での欠乏や困窮、及び母子や兄弟の間の感情について、哀感あふれる感動的な描写を行っている（「李氏小園」、『詳注』一〇七～一〇八頁）。

鄭板橋は「揚州の旧居を懐う」詩の題下に注して「即ち李氏小園なり、花を売る翁の汪の築く所なり」（「懐揚州旧居」、『詳注』一五三頁）と記しており、李氏小園が彼の揚州の旧居であることを明言している。この庭は東晋時代、もともと謝安が揚州刺史であった頃の邸宅であり、その後謝安が自宅を寺に喜捨し、それが天寧寺の土台となった。謝安はさらに別に寺の西の杏園内の枝上村に別荘を建てた（『揚州画舫録』巻四、八一～八二頁）ので、鄭板橋は詩の中で「謝傅は青山を院落と為す」（「懐揚州旧居」、『詳注』一五三頁）と述べている。枝上村はさすがに村というだけあって、その庭は決して小さくはなかった。文思和尚の禅房は謝安の元々の別荘のところに建てられており（『揚州画舫録』巻四、八一、八六頁）、そのほかの場所もさまざまな人物にそれぞれの用途で売られていた。

鄭板橋が住んでいた李氏小園も枝上村にあり、この土地は乾隆初年に汪髯[12]が買って花を栽培していた（『揚州画舫録』巻六、一四三頁）。鄭板橋は文思和尚と同じ天寧寺の西の枝上村に住んでいたので、地の利の便があり、そのため文思ら僧侶と友好的な関係を築いていた。このように寺院に隣接する地に住み[13]、寺僧と良好な関係を築く経験を重ねたことで、鄭板橋は儒生としてのアイデンティティとは別のところで、仏教と僧侶のために力を込めてそれを擁護したのである。これは彼が儒家本位を堅持する理学家たちと異なる点である。ただし、十八世紀の士大夫の中で、一体どれくらいの人が仏教を排斥する立場をとっていたのかという点については、疑問である。鄭板橋の揚州の寺院での経験は、私たちが士大夫の生活の歴史を観察するに際して、とても良い参考の枠組みを提供してくれている。

四、都市の思い出

十八世紀の揚州が後世の人に残した最も強烈な印象は、当然のことながら天下太平を謳歌する情景である。鄭板橋の一連の詩は、間違いなく彼が身を置いたこの都市の光と影を反映している。ただ多くの場合、彼は落魄した文人の視線で、これらの俗世の繁栄を冷やかに見ている。まるで対象から離れた傍観者のように、鄭板橋は私たちを商人が作り出した幻想の世界の外に連れ出し、科挙に合格していない文人の窮迫と、文化歴史の悲哀を見せてくれている。生活の苦悩についての写実的な描写にせよ、あるいは都市の情景の歴史的イメージであったにせよ、鄭板橋の文人としての観点は、どれも私たちを李斗（『揚州画舫録』を書いた清代の戯曲作家）が描いたパノラマ的な生活の図像や、塩商たちによるまばゆいばかりに人の耳目を引く消費文化の外に連れだし、もう一つの都市イメージへと誘う。さらに、これらのさまざまな視点によって、繁栄し人を魅惑する都市のより多くの姿が明らかになろう。

1．江湖に落魄して酒を載せて行く

鄭板橋は「落拓」という詩で、心の奥底を吐露するように文人生活を描き出している。「食を山僧の廟に乞い、衣を歌妓の家に縫う、年年江上に客し、只だ是れ花を看るを為すのみ」（『詳注』七二頁）。背景と人物は曖昧だが、これを鄭板橋の詩集に則して考察すれば、疑いもなく彼個人および彼と行き来のあった文人たちの描写だとわかる。鄭板橋は窮迫し寺に寄宿して勉学せざるを得なかったが、揚州の町が提供する歌舞音曲や女色を捨て去りはし

なかった。雍正十年（一七三二）、彼は初めて杭州の西湖を訪れた際、無限に美しい景色の中で、揚州での軽薄な歳月を思い出さずにはいられなかった。

十年夢破江都　　十年の夢 江都に破るるも
奈夢裡繁華費掃除　　奈ぞ夢裏の繁華 掃除に費やさん
更紅樓夜宴 千條絳蠟　　更に紅楼の夜宴 千條の絳蠟
彩船春泛 四座名姝　　彩船春に泛かびて 四座に名姝あり
醉後高歌 狂來痛哭　　酔後の高歌 狂い来りて痛哭す
我輩多情有是夫　　我輩の多情 是れ有るかな

（「西湖夜月 有懐揚州旧游」、『詳注』二七七〜二七八頁）

イメージから見て、これらの句は杜牧の「十年一たび覚む揚州の夢」（「遣懐」）の感嘆に基づいており、おそらく鄭板橋が十年間の揚州での落魄で実際に感じたことであろう。鬱々と志を得ない画家と気心の知れた「我らが輩」の友人たちにとって、妓院での高歌、飲酒、痛哭は、彼らの都市の記憶の中で最も鮮明な一幕であろう。たとえ「夢は江都に破」れたとしても、彼らは揚州の繁華な光景についての深い印象を拭い去ることまではできなかったのだ。

酒楼や舞台はもとより人を夢中にさせるものだが、鄭板橋の揚州についての追憶は、実は哀愁と田園風の味わいに満ちている場合が多い。彼が住んでいた李氏小園についての記述は、繁栄の時代の儒生の苦境をよく反映している。「小園十畝の寛、落落たり数間の屋、……戸を閉ざして老母を養い、拮据して粱肉を市う、……次児は柴薪を拾い、細火煨くこと陸続たり、煙は荳架の青に飄り、香は疏籬の竹に透る、貧家滋味薄きも、此れを得て鼎餗に当つ、弟兄は何の餐う所ぞ、宵来りて母の剰せし粥ならん」（「李氏小園」其一、『詳注』一〇七～一〇八頁）。貧しかったものの、年老いた母に供するためならばとどうにかして肉を買い求める。肉料理は美味だが母親に捧げるための分しかなく、兄弟たちは夜に「母の食べのこしの粥」を食するしかない状況だった。

小園での生活は、貧苦と病苦にさいなまれるものだったが、興化県の田舎で生まれた鄭板橋にとっては、かえって小園の田園風景を味わうこともでき、なおかつ生活の中に文人的情趣を精一杯添えるようにしていた。

兄起掃黄葉　弟起烹秋茶　　兄は起きて黄葉を掃き、弟は起きて秋茶を烹る
明星猶在樹　爛爛天東霞　　明星は猶お樹に在りて、爛爛として天は東に霞む
杯用宣德瓷　壺用宜興砂　　杯は用う宣徳の瓷、壺は用う宜興の砂
器物非金玉　品澤自生華　　器物は金玉に非ざるも、品沢なれば自ら華を生ず
蟲游滿院落　露濃敗蔕瓜　　虫は遊びて院落に満ち、露は濃くして蔕瓜敗る
秋花發冷豔　點綴枯籬笆　　秋花冷艶を発き、枯れし籬笆に点綴す
閉戸成羲皇　古意何其賒　　戸を閉ざせば羲皇と成る、古意何ぞ其れ賒からん

（「李氏小園」其四、『詳注』一〇八頁）

黄葉や秋茶、そして「品沢なれば自ら華を生ず」る器によって、静かな天寧寺の境内は喧噪に満ちた都市の生活とはかけ離れた、神仙の住む別天地となっている。(14)

鄭板橋は、進士に及第したもののまだ官途に就いていない時代、経済状態はそれほど改善してはいなかったが、

社会的地位の方は大いに向上し、地方の高官たちと交わりを結んだ。この時期、彼は尹会一から衣を贈られており、揚州の美しい春景色をゆったりと享受した。詩の初めの二行が表しているのは、寺院に身を寄せて、落ちぶれていた時期の光景である。「揚州に落拓す一敝裘(へいきゅう)、緑楊の蕭寺幾んど淹留す」。そこから彼は一転して、しだいに地位を上げて名士となっていったのであった。

忽驚霧縠來相贈
便剪春衫好出遊
花下莫教沾露滴
燈前還擬覆香篝
興來小步隋堤上
滿袖春風散旅愁

忽ち驚く 霧縠に来たりて相い贈られ
便ち春衫を剪りて出游に好し
花下に露滴を霑(うるお)さしむること莫かれ
燈前還って香篝を覆わんと擬す
興来たりて小歩す 隋堤の上(ほとり)
袖に満つる春風 旅愁を散ず

（「大中丞尹年伯贈帛」、『詳注』八一～八二頁）

鄭板橋の都市に対する気分は、ここに至って次第に嬉々たるトーンに変化していった。ただし、晩年になって甘美な追憶をめぐらす以前の、まだ仕官していない時期の揚州について記したものは、やはりその大半が中年の哀愁に満ちている。こうした窮迫からくる哀愁は、ただ一個人の経験というだけでなく、さらに彼の交友やつきあいのあった文人官僚のサークルについても言えることである。これらの人々は、あるいは芸術家的な豪放な個性の持ち主であったり、あるいは仕官が思い通り行かず、その思いを詩文や書画に寄せた者たちだった。鄭板橋の記述を通して、私たちは彼らの塩商や富豪とは異なる生活スタイルを見ることができる。

潘桐岡は竹彫を得意とし、住まいを揚州に構えていた頃、鄭板橋と往き来があり、彼と同じように落魄困窮していた。

蕭蕭落落自千古
先生信是人中仙
天公曲意來縛縶
困倒揚州如束濕
空將花鳥媚屠沽
獨遣愁磨陷英持
志亦不能爲之抑
氣亦不能爲之塞
十千沽酒醉平山
便拉歐蘇共歌泣

蕭蕭落落たること千古自(よ)りす
先生信(まこと)に是れ人中の仙
天公 意を曲げて来たりて縛縶(ばくちゅう)し
揚州に困倒すること湿を束ぬるが如し
空しく花鳥を将(もっ)て屠沽〔肉屋や酒屋〕に媚び
独り愁いを磨きて英持に陥らしむ
志も亦た之が為に抑する能わず
気も亦た之が為に塞ぐ能わず
十千もて酒を沽(か)いて平山に酔い
便ち欧・蘇を拉(ひ)きて共に歌泣す

（「贈潘桐岡」、『詳注』七二〜七四頁）

潘桐岡は、困窮しているからといって鬱屈することは無かったが、花鳥を竹に刻む技芸によって世俗に媚びるという人生を送るしかなかった。士大夫としてのアイデンティティを捨て去ることができない知識人にとっては、これはどのみち挫折であった。このような時、欧陽修が建造し、蘇軾が酒宴を開いた平山堂は、悲愁を遣り過ごす最も良い場所であったのである。

痛飲や同哭は、ほとんどこれらの落魄文人を代表する共通言語となっている。「淮南にて又た張公子に遇う、酒青衫〔仕官していない貧乏書生の服〕に満ち日已に曛らし、手を携えて玉溝斜畔に去き、西風同に哭す窈娘の墳」（「贈張蕉衫」、『詳注』八六〜八七頁）。張蕉衫は窮迫してはいたが詩を巧みにする剛直な文人である。玉溝斜は揚州の西北に位置し、隋の煬帝が宮女を埋葬したところである。詩中の、酒が青衫に満ちあふれ、日暮に墳墓に慟哭するというモチーフは、文人の描く繁栄した揚州を愁いと苦悩に満ちた雰囲気にしている。

たとえ身分のある塩官の盧見曾であっても、いったん左遷され官位を失えば、往時の華やかさは一変して索莫としたものになる。「楼頭の古瓦疏桐の雨、牆外の清歌画舫の燈、悲歎並びに喧寂を歴尽くして、心絲裊く碧雲の層に入る」[15]（「送都転運盧公」、『詳注』一〇五〜一〇六頁）。

2．歴史と文化の旅

十八世紀の揚州は、塩商の活躍によって繁栄を極めていたが、鄭板橋の詩文のなかで最も私たちの想像力をかきたてるのは、商人がもたらす賑やかな町の様子や生き生きとした活力ではなく、千年の古都が経験してきた王朝の興亡と歴史の変遷である。この変遷と興亡のもたらす情感は、揚州の景色と文化活動の描写を覆っている。

揚州の四季を描いた長篇詩の中で、鄭板橋はまず温かくのどかな筆致で、私たちをさながら江南の初春の煙雨のなかに連れて行く。

畫舫乘春破曉煙　　画舫春に乗じて暁煙を破り
滿城絲管拂榆錢　　満城の糸管 楡銭を払う
千家養女先教曲　　千家の養女先ず曲を教え

十里栽花算種田　　十里の栽花 種田を算（かぞ）う
雨過隋堤原不濕　　雨は隋堤を過ぎるも原は湿らず
風吹紅袖欲登仙　　風は紅袖を吹きて登仙せんと欲す

「千家の養女先ず曲を教え」「十里の栽花種田を算う」の描写は、私たちを揚州の最盛期の景色や歌舞音曲の楽しみ、揚州の人々が花を愛する習俗へと誘う。だがもしここで止まるならば、鄭板橋の揚州の春についての紹介は、普通の江南の町と変わらないことになる。しかし後に続くわびしい秋の様子は、歴史の感傷を十分漂わせている。

西風又到洗妝樓　　西風又た到る洗妝楼
衰草連天落日愁　　衰草天に連なりて落日に愁う
瓦礫數堆樵唱晩　　瓦礫数堆 樵は晩に唱い
涼雲幾片燕驚秋　　涼雲幾片 燕は秋に驚く
繁華一刻人偏戀　　繁華の一刻 人（ひと）偏えに恋し
嗚咽千年水不流　　嗚咽の千年 水流れず
借問累累荒塚畔　　借問す 累累たる荒塚の畔
幾人耕出玉搔頭　　幾人か耕出せん 玉搔頭

人々が都市の華やかな夢をむさぼっていた時、勉強に明け暮れていたこの文人は、ひたすら嗚咽と荒れはてた墓のイメージ[16]を借りて、古い町特有の時代の変遷を訴えていた。そして季節が寒い冬に向かう時、作者は今昔、栄枯、貧富の差を、強烈に感じるのだった。

江上澄鮮秋水新　　江上澄鮮として秋水新たなり
邗溝幾日雪迷津　　邗溝幾日か雪ふりて津に迷う
千年戰伐百餘次　　千年の戦伐百余次
一歳變更何限人　　一歳の変更何ぞ人に限らん
盡把黄金通顯要　　尽く黄金を把りて顕要に通ずるも
惟余白眼到清貧　　惟だ余(われ)のみ白眼もて清貧に到る
可憐道上饑寒子　　憐れむ可し 道上の飢寒子
昨曰華堂臥錦茵　　昨日華堂にて錦茵に臥す

（「揚州」、『詳注』三一～三二頁）

歴史に対する理解に基づくものなのか、或いは個人的な困窮の経歴が投影されたものか、いずれにせよ鄭板橋は、栄えている現世の中に幻滅を見ているかのようである。

同様のテーマは、「広陵曲」の中でも響き渡っている。「隋皇只だ江都を愛して死す、袁娘涙断す紅珠子、玉溝斜上化して煙と為り、散じて東風に入りて桃李艶たり」。このいにしえを弔い、死者を悼む作品の中で、ただ一つ変わっていないのはおそらく揚州の裕福な人々が日夜逆転した生活を送っていたことである。「長夜歓娯して日出でて眠る、揚州古(いにしえ)自り清昼無し」(17)（「広陵曲」、『詳注』一一七～一一八頁）。

揚州の城外西北の蜀岡にある大明寺の平山堂は、揚州の重要な文化的ランドマークである。紅橋と同様、文人が風雅な集いを開く場であり、文人に詩詞創作のためのインスピレーションを与え続けてきた。ただ鄭板橋の筆下では、たとえ宴席で愉快にすごすような場合でも、歴史が落とす暗い影を振り払うことはできないのである。

詩の始まりは、一幅の悠々とした風流な眺めである。「閑雲拍拍として水悠悠たり、樹は春城を繞り燕は楼を繞る、画を売れば煙花を消え尽くすの恨み、風流奈ともする無きは是れ揚州」。ただしひとたび宴集の場になると、私たちは徐々に文人特有の感傷を味わうこととなる。「江上落花三千里、人をして愁殺せしむ冷胭脂」。勇壮な主人が春衣を質に入れて代えた酒樽で談笑している時、魑魅魍魎のような隋宮の冷たい墓が浮き上がってくる。「野花の紅艶美人の魂、吐き出だす荒山冷墓の門、多少の隋家旧宮の怨、珮環の声は夕陽の村に在り」（「平山宴集詩、為進士王元衡作」、『詳注』一一一〜一一二頁）。

トビー・メイヤー・フォン（Tobie Meyer-Fong、中文名：馮梅爾）は揚州の観光の歴史について検討し、清初の士大夫や官僚は、たゆまぬ詩文創作と都市の景観の建設の過程で、揚州の歴史と文化とに訴え、欧陽修や蘇軾、隋煬帝の遺跡から新しい揚州アイデンティティを再構築していったのだと主張している。これは妥当な見解だと言ってよい。(18) しかし鄭板橋自身についてみるならば、我々は次のことを発見するだろう。この文化や歴史によって都市の記憶を再構築するプロセスにおいては、たとえ同じ文人とはいえ、個人の経歴の差により、歴史の題材の選択にはそれぞれ好みが分かれる。鄭板橋に関して言えば、彼は隋朝の宮女の墓に対して、偏愛ともいえるようなものを抱いている。平山堂での宴集の場合でも、彼の重点は欧陽修や蘇軾が開拓した文化の伝承にはなく、彼が見ていたのはただみわたす限りの荒廃と静寂、そして敗残の跡だった。この部分で実は、彼個人の人生は歴史や都市に対する追憶と密接に絡み合っていたのである。

3. 素晴らしい日々

官途に就く前、絵を売ることを生業としていた経験は、鄭板橋の揚州に対する印象を消極的で悲傷に彩られたものにしている。しかし、進士合格後、彼の故郷への思いは温かいものに変わっている。「但だ願わくは清秋長夏の日、江湖に常に放たん米家の船」「偶たま煩熱に因りて便ち家を思う、千里の江南道路賒（はる）かなり、門外の緑楊三千頃、西風吹き満たす白蓮花」[19]（「燕京雑詩」、『詳注』九四〜九五頁）。北方で官職に就き、役所の文書に心をすり減らす生活に倦むようになってからは、揚州の変幻自在な景色は、格別に人を魅了するものとして映った。「我揚州を夢むは、便ち揚州の我を夢むと想い到れり、一は是れ隋堤の緑柳、煙鎖に堪えず。潮は打つ三更瓜歩の月、雨は荒らす十里紅橋の火、紅鮮は冷淡にして円を成さず、桜桃の顆」[20]（「思家」、『詳注』三〇〇〜三〇一頁）。

だが、鄭板橋にとって揚州についての最も美しい思い出は、やはり辞職して帰郷した後のものである。それは有名紳士という身分を得て揚州の社交界に入り直し、当時盛大に行われた紅橋での修禊（三月三日の川辺での禊にかこつけた詩酒の会）に参加した時の光景である。盧見曾が乾隆二十二年（一七五七）に主催した紅橋での修禊は、大規模かつ盛大で、参加者は七千人を超えた。載震や恵棟など名の知れた考証学派の領袖も皆客として招かれた（『揚州画舫録』巻十、二二九〜二三〇頁）。鄭板橋はこの揚州文化史上空前の催しのために、盧見曾に唱和した計八百首の詩を作っている。

この時の修禊は、伝統にもとづき初春三月の痩西湖畔で行われた。鄭板橋の表現では、紅橋の水辺はまるで秦淮河畔のようで、至る所柔らかで美しい江南の風景であった。「一線の莎堤一葉の舟、柳は濃く鶯は脆く恣（ほしいまま）に淹留す、雨晴れて芍薬江県に弥（あまね）し、水長くして秦淮蔣州に似たり」（「和雅雨山人紅橋修禊」、『詳注』二四一頁）。

修禊の日の夜明けには、文人たちがもう遠路はるばるやってきていた。湖上の遊覧船からは歌と音楽が流れて、街道も往き来する駿馬や香車で光り輝く絵のように彩られていた。

草頭初日露華明　　草頭初日　露華明るし
已有游船歌板聲　　已に遊船より歌板の声有り
詞客關河千里至　　詞客は関河の千里より至り
使君風度百年清　　使君は風度百年清し
青山駿馬旌旗隊　　青山　駿馬　旌旗の隊
翠袖香車繡畫城　　翠袖　香車　繡画の城
十二紅樓都倚醉　　十二の紅楼　都(みな)倚りて酔い
夜歸疑聽景陽更　　夜帰りて疑うらくは景陽の更〔明け方の鐘の音〕を聴くかと

（「和雅雨山人紅橋修禊」、『詳注』二四二頁）

この「広陵三日軽舟を放つ」文化的饗宴の中、衰退していた揚州の古びた町は、鄭板橋の筆によって新たに蘇った。「別港朱橋面面通ず、画船西に去り又た東に還る、曲がりて又た曲がる邗溝の水、温く且つ微かに温なる上巳の風」（「再和盧雅雨四首」其三、『詳注』二四三〜二四四頁）の詩句は、都市で幾多の紆余曲折を経た文人が、長い間の鬱々とした彷徨の末に、最後にはからりとした朗らかな面持ちで、都市生活の別天地を体得したことを示している。

五、結論

乾隆二十八年（一七六三）、年老いた鄭板橋は、都転塩運使盧見曾が紅橋にて開催した修禊の宴会に再び参加した。

そしてその席上で、時の文壇の領袖であった袁枚に出会った。袁枚自身の記述に拠れば、このときの出会いは、双方にとって出会いが遅かったのを恨むほどであった。鄭板橋は山東で任官していた時、袁枚が他界したというデマを耳にし、地団駄を踏んで嘆き悲しんだが、このことがめぐりめぐって袁枚の耳に伝わったことで、袁枚に自ずと相手を大切に思う心情が芽生えたという。袁枚は次のようにいう。

興化の板橋は山東で役人をしていたが、私とは面識がなかった。誤って私の死を伝えた者がいたが、板橋は大泣きして、地団駄を踏んだという。私はこれを聞いて感激した。その後二十年経って、彼は私と雅雨〔盧見曾〕の宴席で会った。板橋は「天下は広いとはいっても、本当の才能がある人は数人しかいない」と言った。私はそれで詩を送った。「死を聞きて誤ちて抛つ千点の涙、才を論じて覚えず九州の寛きを」。（『随園詩話』巻九、王英志校点『袁枚全集』三、三〇五～三〇六頁）

袁枚は詩集の中でも同様に二人の紅橋の出会いについて、互いを大切に思う気持ちを述べている。「鄭虔の三絶〔詩、書、画に優れた唐の文人。ここでは鄭板橋を指す〕名を聞くこと久し、邗江に相い見え、意倍ます歓ぶ、遇うこと晩くして共に双鬢の短きを憐れむ、才の難きこと九州の寛きを覚えず（君云う『天下は大と雖も、人才は数有り』と）」（「投鄭板橋明府」、『小倉山房詩集』巻一四、『袁枚全集』一、二六八頁）。

鄭板橋の、袁枚に対する敬慕の念については、『清史』鄭燮伝にも簡単に言及されている。ただ近年のいくつかの研究は、二人の友情に対して疑問を呈している。[21] しかし、袁枚自身の記録が全く疑問の余地のないほど信用できるものなのかどうか、また双方に互いに批判する言葉があったのかどうかはともかくとして、二人が互いの才能をある程度肯定していたことは、否定できないだろう。[22]

鄭板橋の前半生は不遇で、下層文人の困窮や挫折を十分味わっており、このことは袁枚のゆったりとしてのびやかな人生とは大きな違いがある。袁枚は詩文で名を馳せ、数多くの著述を残しており、鄭板橋は書画が後世に伝えられる芸術家だったという点でも隔たりがある。しかし、鄭板橋は一七六五年に亡くなり、袁枚は一七一六年に誕生し一七九八年に亡くなるなど、つまり一人は十八世紀前半、一人は十八世紀後半というように、二人はほぼ十八世紀全体に跨がるように生きており、ともに文人にして官僚でもあった。この点から見ると彼らは、十八世紀の士大夫の生活パターンとして、正統な儒生とは明らかに異なる事例を提供しているのである。

袁枚の天賦の才能、および順調で充足した人生経歴ゆえに、私たちは彼の時代背景を忘れてしまい、それをそのまま明末江南の退廃的文人の伝統（例えば張岱のような）と一緒にしてしまいがちだ。しかし、逆に十八世紀についてのステレオタイプの印象（文字の獄、考証学、礼学、道徳的保守主義）から袁枚の生涯の思想史的意義を見るならば、実は彼の多彩な生活には、十八世紀の社会の再評価につながる「時代的意義」があることに気づかされる。

対照的に、鄭板橋の一生にはさらに多くの十八世紀揚州の特殊な烙印が刻まれている。もし彼が居たのが塩商によって支えられてきた盛世の土地でなかったとしたら、鄭板橋はおそらく「十載揚州画師と作」り、水墨のみで描いた絵で生計を維持することすら難しかっただろう。まさに塩商による風雅の真似事（或いは風流志向）があったからこそ、鄭板橋というこの種の揚州画家は「自分たちの文化のエッセンスを商品化する」[23]し、さらには自分の書画のために公然と「潤格」（潤筆料）を定めることもできたのだ。[24]時代と地域の影響がここにはっきりと見てとれる。ただし、鄭板橋は塩商がもたらした商業環境に依存することで、都市の片隅で悶々と生活していた（『揚州画舫録』巻四、八六～八七頁）が、商人および商人文化の抜け目のなさに対しては、強烈な批判精神を持っていた。[25]このように商業文化の影響を受け入れつつ、かつ商人が主導する文化の発展に対して憂慮を抱くという矛盾したコンプレックスは、揚州学派の学者たちにも見いだすことができる。フィナネ（Finnane）の研究に拠れば、揚州学派の学者は一方では塩商の援助を受けつつも、また一方では姻戚関係、教育及び官僚からのひきたてを通して、学派における自身のアイデンティティを確立していき、商人とは一定の距離を保っていた[26]。したがって全体的なことをいうならば、揚州の知識階層や文化階層は、一面では商業の発達の影響を直接受け、一面では通俗的な商業文化の外に身を置くのを望むことで、士大夫としてのアイデンティティを保持していたのである。

鄭板橋の尾羽打ち枯らした前半生は、もちろん彼が文人としてのアイデンティティや商業文化への批判精神を確立することへの一助となったであろうが、より重要なのは、彼が書画や詩文によって鮮明な図像による文化及び歴史的イメージを作りだし、それによって自らの趣味と都市の流行との差を際立たせたことである。このような士大夫／文人趣味を堅持する様子は、彼がわざと胭脂の代わりに朱墨を用いたり、経書を骨董に対抗させたりする姿勢の中[27]に大いに発揮されている。

袁枚は、自身の情欲についての言説と生活実践によって、十八世紀の士大夫の生活の様相を豊饒なものにした。鄭板橋は袁枚に比べてより儒家的価値観のアイデンティティを堅持しているとはいえ、主流であった学術や思潮以外に、富裕な都市生活にも多くの可能性があることを見せてくれている。こうした生活史上におけるさまざまな様相は、思想史家から見れば、瑣末にして浅薄に見えるかもしれない。しかし、我々が清朝全盛期の中国社会を再構築するに当たっては、軽視できない重要な価値を持っているのだ。

（上原徳子　訳）

【注】

（1）王振忠『明清徽商与淮揚社会変遷』、三聯書店、一九九六。

（2）鄭燮の詩文については、ふつうは上海古籍出版社の『鄭板橋集』が用いられているのだが、私は本文では基本的に王錫栄の釈本を用いている。以下『詳注』と簡称する。訳者注：本文中の詩文の書き下し文、及び訳文は、福本雅一『鄭板橋詩鈔』（同朋舎出版、一九九四）、内山知也監修『鄭板橋』（明人文人研究会編、芸術新聞社、一九九七）を参照した。

（3）鄭板橋は一七一八年二十六歳の時、真州江村に塾を開いて授業を行っていた。「鄭板橋年表」二四四頁を見よ。『板橋集』には江村での経験を記述し回想した作品が数多くある。王錫栄は詩中でいう西江とは、江村のことだとしている。『鄭板橋集詳注』六一頁を見よ。

（4）「和学使者于殿元枉贈之作」詩において、彼は「十載揚州に画師と作り、長く緒墨を将て胭脂に代う、竹柏を写し来たりて顔色無く、売り与うるに東風時に合わず」と述べる。『詳注』二一七頁を見よ。芸術作品を商品として売買する揚州の消費者からすれば、水墨画である竹柏画は当然理解しにくいものだった。

（5）周積寅・王鳳珠『鄭板橋年譜』（山東美術出版社、一九九一）一一六頁。

（6）尹は揚州知府、広東巡撫、河南巡撫等を歴任。盧は揚州文化活動の重要な支援者で、この後に詳しく紹介。詩は「大中丞尹年伯贈帛」（『詳注』八一～八二頁）および「送都転運盧公」（乾隆四年作、『詳注』一〇五～一〇六頁）。

（7）Ginger Cheng-chi Hsu, *A Bushel of Pearls: Painting for Sale in Eighteenth-Century Yangchow* (Stanford University Press, 2001), pp. 131, 135-138. を参照

（8）孫顕軍「礼学名家任大椿」（王瑜主編『揚州歴代名人』江蘇古籍出版社、一九九二）を参照。

（9）二人の生涯については、許衡平「博学通才汪中」、曽学文「訓詁宗師王氏父子」（前出『揚州歴代名人』所収）参照。

（10）この手紙の末尾に次のようにいう。「偶たま触るる所有り、書一を汝に寄せ、並びに無方師に示して一笑せしめん」。

（11）『随園食単』を参照せよ。王志英主篇『袁枚全集』五（江蘇古籍出版社、一九九三）私は第六章「袁枚と十八世紀中国の伝統における自由」の中でこれについてさらに検討している。

（12）汪髯、字は希文、乾隆元年揚州にやってきた。初めは、枝上村で茶を売っており、鄭板橋・李復堂及び僧らと友人になった。後に彼はこの庭を買って花を植え、勺園と名付けた。

（13）李氏小園は私有地ではあったが、それがあった枝上村は実は天寧寺と同じ地区にあった。「枝上村は天寧寺の西園の分院である」（『揚州画舫録』巻四、一四三頁）。

（14）「雨中」という詩も、同様に静かな田園の味わいを描き出している。『詳注』一一〇頁。

（15）盧は乾隆二年に両淮塩運使となったが、当時鄭板橋はちょうど揚州で絵を売るのを生業としていた。乾隆四年、盧は罷免され、揚州で流刑の命令を待っていた。この詩は乾隆四年の十月に書かれており、盧の罷免の後で流刑の前である。

（16）ここで指しているのは、先述した玉溝斜一帯であろう。隋王朝の宮廷ではここに女官を埋葬し、このため農民はここから常々玉掻頭などの装飾品を発掘していた。『詳注』三二頁を見よ。

（17）李斗は『揚州画舫録』の中で、同様に揚州の裕福な人々のこうした習性について述べている。「城内の富豪たちは昼寝を好み、いつも朝から寝て、夕暮れになってやっと起きる。ろうそくを灯して家の事を行い、飲食し酒宴を開いて楽しんだ。朝になってようやく終わり、また終日横になっている。これにより、一家全員昼に寝て夜に起きる。そのため湖での船遊びは、一年のうち一日も味わうことはできない」。巻一一、二五二〜二五三頁。

（18）Tobie Meyer-Fong, "Seeing the Sights in Yangzhou from 1600 to the Present", 黄克武主編『画中有話——近代中国的視覚表述与文化構図』、中央研究院近代史研究所、二〇〇三、二二三〜二五一頁。

（19）王錫栄はこの詩はおそらく乾隆一、二年、鄭板橋が進士に合格した後、北京で逗留中に書かれたとする。

（20）先に引用した「燕京雑詩」の中で、鄭板橋はふるさとの桜桃への思いについて触れている。「小婦最も憐む消渇の疾、玉盤紅顆冰桃を進む」『詳注』九四頁。

（21）周積寅・王鳳珠『鄭板橋年譜』四六四〜四六五頁の論説を参照のこと。

（22）鄭板橋の詩集では、袁枚に与えた詩は、「室に美婦を蔵して鄰は艶を夸り、君奇才有りて我貧しからず」の二句だけとなっており、決して完全ではない（「贈袁枚」詩、『詳注』二四七頁を参照）。周積寅の年譜には全詩が附されているが、この二句の後に「明珠を買わずして明鏡を買い、他の光怪を愛（め）づるは是れ先秦」とある。『鄭板橋年譜』一六五頁。明らかに鄭板橋の袁枚の超然とした部分への共感を示している。

（23）Ginger Cheng-chi Hsu, p.143.

（24）鄭板橋が自ら潤格を定めたのは一七五九年、六十七歳の時のこと。「幅は六両、中幅は四両、小幅は二両」。詳しくは『鄭板橋年譜』四二一頁を参照。徐澄琪は鄭板橋が自分で潤筆料を決めた原因について鋭い分析を行っている。ただ原因が何であれ、彼は自分の描いた絵を商品にしており、それははっきりしている。Ginger Cheng-chi Hsu, pp.146-152, 特に p.148。

（25）Ginger Cheng-chi Hsu, p.143.

（26）Antonia Finnane, *Speaking of Yangzhou: A Chinese City, 1550-1850*（Harvard University Press, 2004）, pp. 265-283.

（27）「骨董」という詩の中で彼は自分の儒学の素養を標榜する以外に、金銭を積み上げて「流俗の為を逐い逐う」骨董蒐集の風潮を嘲笑している。「末世骨董を好み、甘んじて人の欺す所と為る。千金もて書画を買い、百金もて装池を為す、鉄角の古玉印、銅章に亀螭盤る、烏几に銅雀を研ぎ、象床に金猊を焼く、……深きに鈎し遠きを索し求め、老に到るまで狂痴の如し、骨肉訟獄起こり、朋友猜疑を生ず、其の富貴の日に方りて、価千金の奇に値す、其の貧賤の来るに及びては、餅餻に換うるに足らず」（「骨董」『詳注』一一三頁）。

◉ 第九章　上海近代都市文化の中の伝統と近代
――一八八〇年代から一九三〇年代――

一、はじめに

十九世紀中葉以後、中国思想界の主流の言説は、「師夷長技、変法図強〔外国の長所に学び、変法により強くなろうとする〕」からマルクス主義まで、幾度も変化し、その度ごとに激烈になった。余英時教授は二十世紀の中国思想史の特色を論じるに当たり、この急速な過激化について特に強調している。[1] この度々転換する上層の思想の中において、上海は往々にして時代の思潮をリードする地位にあった。一八六八年設立の江南製造局翻訳館と、一八八七年創立の広学会は、清末に西洋の学問を紹介する中心地となった。[2] また一方では、上海で成長した馮桂芬、王韜、鄭観応といった思想家が、中国の問題に焦点を当て、様々な「前進」的対策を打ち出し、それらは日清戦争後の変法思想のための地ならしとなった。一八九六年には維新派が上海で「強学会」を設立して『強学報』を発行し、上海は別の意味でも急進思想の重要都市となった。[3]

一九二一年、共産党が上海で成立すると、上海は再び急進的な思想や社会運動の前線に立った。中国共産党は国共合作の機会を利用し、活動の範囲を知識人や学生から労働者にまで拡大した。[4] 一九三〇年代初期に至り、中国共産党は国民党の強大な圧力に直面しつつも、依然として、上海で労働運動や学生運動を推進し続けた。更に注目されるのは、一九三〇年の左翼作家連盟の成立に伴い、上海が左翼急進思想を宣揚する大本営となったことである。文学作品やプロパガンダ映画からプロレタリア大衆を対象とする「革命唱本」まで、これらはあたかも上海を赤色革命の都であるかのように飾り立てた(5)。

上層の思想界の、こうした「苟みて日に新たに、日日に新たに」(『大学』)の急速な変化と呼応しているのが、上海のインフラや物質面における変化であった。十九世紀中葉以後、近代的な都市生活に必要な設備は、常にきわめて速いスピードで上海に導入されていた。例えば、一八四八年には上海に初の近代的な銀行が現れ、その後には西洋式の大通り(一八五六)、ガス灯(一八六五)、電話(一八八一)、電力(一八八二)、水道(一八八四)、自動車(一九〇一)、電車(一九〇八)が続いた。二十世紀初期になると、上海租界のインフラは西洋の基準で考えても、完全に近代都市のそれとみなすことができた。一九三〇年には、上海はさらに世界の主要都市と肩を並べるまでになった(6)。

上層の思想やインフラ、物質文化における急激な変化は、無論、上海を中国近代史上最もモダニズム的様相を呈する国際都市にした。しかし、仮に私たちがカメラをズームインして注意深く観察してみれば、上層の急進思想や目の眩むほど壮麗な外観の背後に、何らかの伝統文化の要素をすぐに見つけることができる。そしてそれはなお、モダニズム的様相の最下層の部分に根深く広がっているのである。また、より正確に言えば、伝統と近代は、実際には入り乱れた形で近代上海という都市の図像の中に現れているのだ。

この論文の中で、私は『点石斎画報』、および「新舞台」を中心とする改良戯曲、『良友画報』といった三つの資料を用い、伝統と近代の二つの要素がいかにして上海という近代都市文化特有の様相を作り上げたかについて説明する。本題に入る前にまず、テーマと資料の選択について簡単に述べておく。

まず、「伝統」と「近代」の問題である。ベンジャミン・シュウォルツ(Benjamin Schwartz、中文名:史華慈)教授の示唆に富んだ研究によって、「伝統」と「近代」という二つのカテゴリーを対立的に捉えることは、中国近代史研究において甚大な誤りであったことが知られている。実際、「伝統」にしても「近代」にしても、それらは単純で静止したものでも、均質性を想起させる概念でもない。「伝統」それ自体は絶え間なく進化し変化を続ける存在であるし、それが内包する思想や要素も極めて複雑で常に衝突し合っている。「近代」もまた同じである。さらに踏み込めば、漠然と伝統に組み入れられている思想や物事は、「近代」の要素を含んでいる可能性が高い。「近代」といわれているその中にも近代精神の要素には合わないものがあり得る。(7)シュウォルツの論文の重要な意義の一つである、「急速に変遷する近代都市には、実は多くの伝統的要素が内包されている」というのが、まさに本文の基本趣旨に当たるものである。しかし、こうした根本的立場を明確にしたとしても、やはりここで使用する「伝統」と「近代」の意味について簡単に説明しておくことは必要だろう。李欧梵の見解によれば、「近代」という概念は、中国近代史の中で登場した新しいもので、時間と歴史に対する直線的な思考である。このような新しい考え方は、西洋のポスト啓蒙の近代的言説から生まれたもので、中国近代においても、特に、厳復や梁啓超が紹介し普及させた「社会ダーヴィニズム」における進化論の影響を受けている。こうした新しい考え方においては、今と昔ははっきりと区別される。いわゆる「近代」というのは、近代に現れた全ての新しい物事を指している。どのような物事であっても、ただ「新」のラベルを冠するだけで、維新から新政、新学、新民、新文化、新文学まで、全て「近代的」なものと見なせるのだとしたら、物質レベルにあたる新式の建築や新式の器械も、当然近代のカテゴリーの中に組み入れられる。(8)

このような、「今」あるいは「新」、および西洋という言葉で意味される近代を対極に置いてみると、伝統の意味もとりわけ鮮明になる。私は以下の論の中で、こうした伝統的事物がもとはどこから来たのかということを明らかにしたい。さらに、具体例によって、「近代」と「伝統」が暗示するものを区別することにより、伝統が近代の上海都市文化において、どれくらいの量を占めていたのかを、一歩踏み込んで説明する。

ここで、本論でとりあげる資料について説明しておきたい。『点石斎画報』が包摂する時期は、光緒十年（一八八四）から光緒二十六年（一九〇〇）までである。「新舞台」は一九〇八年に成立し、途中、幾度か改名されたものの、経営者はほとんど変わらず、一九二七年まで続いた。『良友画報』の刊行時期は一九二六年から一九四五年までで、二十年に亘る。しかし、私はここでは一九三〇年代初期、抗日戦争勃発前までについてしか扱わないつもりである。なぜなら、それ以後は、題材の面で戦争による深刻な影響を受けただけでなく、印刷の品質の面でも大幅な経費削減が行われ、全体の雰囲気も戦前と大きく差ができてしまったからだ。時代の面から言えば、三種の資料が包摂する期間はほとんど連続している。内容から言えば、三者の「モダニティ」の程度は異なるけれども、それぞれその時期の代表的な、新味を有する注目を集めた文化メディアであった。

この三種のメディアがアピールしようとした対象も、考察に価する問題である。その中でも「新舞台」で上演された改良戯曲は、「改良」の名を冠しているが、「新劇」と呼ばれる話劇とは異なるものであった。後者はその始まりからエリート色を帯びていたことにより、観劇の対象は知識人や学生に限られた。前者は基本的には「旧劇」、つまり京劇の骨組みを残したまま、ただ内容や節回し、舞台等の方面においてのみ啓蒙的であり、娯楽性を顧慮した改変を行った。[9]観劇の対象は一般の非識字層にまで及んだはずだ。

『良友画報』も『点石斎画報』と同様に、絵や写真を主な売りとしていたが、どちらも文章で補助的な説明を行っていた。絵や写真はもちろん文字が読めない読者を引きつけたが、文章による補助解説や文章のみのルポ（『良友画報』の一部の文章は、キャプション欄にあるのではなく、単独のニュース記事や物語を掲載する欄にあった）は、プロレタリア大衆を萎縮させせとり逃す可能性があった。こうした意味から言えば、『点石斎画報』と『良友画報』を安易に「大衆文化」の代表的出版物と見なすことはできない。中でも、『点石斎画報』が使用した文言は、一般民衆による理解を難しくした。そのため、『点石斎画報』を都市の通俗読物、流行読物と見なすことはできるものの、下層社会における影響についてむやみに誇張することはできない。[10]

『点石斎画報』は、都市の通俗、もしくは流行読物のモデルとできても、プロレタリア大衆文化的なものの見本と見なすことはできない。しかし、ある部分においては、伝統的な庶民文化特有の様相をまぎれもなく反映している。このことについては後段で検討する。『良友画報』については、文章の大半が白話で書かれているとはいえ、これも同様に、大衆文化の見本と見なすことはできない。内容から分析すれば、むしろ精巧に創られた、新たな都市テイストというものが反映されているのである。

紙幅の制限からここでは省略したが、上海近代都市文化の中の重要なテーマに、鴛鴦胡蝶派の小説と映画がある。しかし、これまでの研究から、鴛鴦胡蝶派の小説は清末民初の上海や天津等の近代都市において大流行したものの、その作風や題材は伝統と近接したものであったことが知られている。こうした、哀切でしかも艶然たる悲恋の小説は、都市の読者に現実逃避の捌け口を提供したが、四角四面の「新文学」作家から攻撃されることとなった[11]。

映画は新興メディアではあったけれども、作品の内容は新旧入り交じったものだった。早くは一八九六年に、上海の徐園が初めて「西洋影戯〔西洋映画〕[12]」を上映しているが、映画は一九二〇年代後期になってようやく大衆に普及した娯楽となった。一九二七年、上海戯院においてトーキー映画が上演されたその年に、「新舞台」は閉鎖されている。大きな原因は、戯曲がトーキー映画の衝撃にあらがえなかったことだろう。『申報』の広告を見ても、こうした趨勢は明らかだ。それ以前の、大判サイズの戯曲の広告は、『申報』の広告でも最も人目を引く特別なものだった。しかし、一九二〇年代後半には、大きなサイズの映画広告が、次第に戯曲広告を追い抜く趨勢となった。「新舞台」のような戯曲を上演する多くの舞台は消え失せ、新式の映画館が雨後の筍のごとく生まれた。統計によると、一九二七年において、中国全土には百六の劇場があり、そのうち二十六は上海にあった。一九二〇年代末には、三十二から三十六へと増加した。一九三一年以後は、伝統的な遊楽場も映画館の擡頭によって没落した[13]。一九二〇年代から三〇年への変わり目には、すでに映画は京劇に取って代わり、最も人気のある大衆文化になっていたと言えよう。

国際的大都市として、上海には、当時アジアで最も豪華な映画館があっただけでなく、ハリウッドやヨーロッパの主要映画会社の新編映画が封切り上映されていた。[14]こうした豪華な劇場で上映される欧米の映画や新聞の大判広告、および街の至る所で見ることのできる巨大な映画看板は、上海に無限の「モダニズム」「西洋化」の息吹をもたらした。

しかし、これと同時に、あまりぱっとしないリバイバル上映の映画館では、なんと中国人自らが作った、伝統的色彩に満ちた映画が氾濫していた。ある研究によれば、一九二一年から一九三一年までの間に、中国の各映画会社はおよそ六百五十編の劇映画を撮影しており、その中でも圧倒的多数は「鴛鴦胡蝶派」の文人が制作に関わったもので、映画の内容も多くは「鴛鴦胡蝶派」小説の翻案だったという。[15]こうしたことは、ある単純な事実を示している。それは、どんな近代的文化メディアであっても、古いメッセージを伝え得るし、京劇のような旧来の芸術形式であっても、全く新しい内容を盛り込み得るということだ。

「鴛鴦胡蝶派」のような、流行の都市通俗読物（同じく、真に下層の大衆文化に浸透していたとは見なすことのできない文化のタイプ）、そして、真に大衆的性格を帯びた新興文化メディア――映画――について、こうしたおおよそのことがわかっていれば、この二種類の都市文化について論じなくとも、本論文の基本的な論旨には影響しないことがわかろう。以下では、時系列に従ってそれぞれ論述してゆく。

二、『点石斎画報』

『点石斎画報』は、その始まりから、新旧入り交じった産物であった。用いられた新技術――速くて簡単で安価な石版印刷――は、西洋ではすでに早くから商業用に用いられていたものだったが、中国ではいまだ模索段階にあった（図1）。創始者も中国人士大夫や商人ではなく、茶葉の商売に失敗した二人のイギリス人、メジャー兄弟であった（Ernest Major と Frederick Major）。外国の新技術を使い、創始者も外国人であったが、掲載された画像は伝統的色彩に満ちていた。[16]

『点石斎画報』は旬刊である。毎号八頁の画像が掲載され、十七年間に合計四千六百五十三幅が掲載された。[17]出版期間は十七年に亘り、かつその期間はまさに上層の思想界が激烈に変化した時期であった。しかし、『点石斎画報』が人々に与えた印象は終始一貫しており、上層の思想界での天地がひっくり返るような騒ぎは、これらの都市の流行読物には何の深い痕跡も残さなかったようである。

『点石斎画報』の性格については、これまで様々な見方があった。魯迅が民国二十年に上海における文芸の発展史を回顧した際には、まず当時流行していた才子佳人の書（鴛鴦胡蝶派小説を指す）を批判し、その次に矛先を、鴛鴦胡蝶派よりも先に出現した『点石斎画報』に向けている。

これより前に、早くからある画報が出現していた。その名を『点石斎画報』といって、呉友如が主筆であった。神仙人物画や国内外のニュースなど、なんでも描いているのだが、外国の事柄に関してはまったくわかっていない。戦艦を描けば、商船のキャビンに野戦砲を配置する。決闘を描けば、礼服を着た二人の軍人が応接間で長剣を打ち合って、花瓶までが砕け落ちる。しかし、彼が描く「遣り手ばばあの妓女虐め」「ごろつきのたかり」といった類いは、まことにうまく描けていた。私が思うには、よくこういったことを見ていたからではないだろうか。（魯迅「上海文芸之一瞥」）[18]

魯迅の「一瞥」が全く精確というわけではないが、中国の伝統的素材に長じていた画報の特徴をおおむね示して

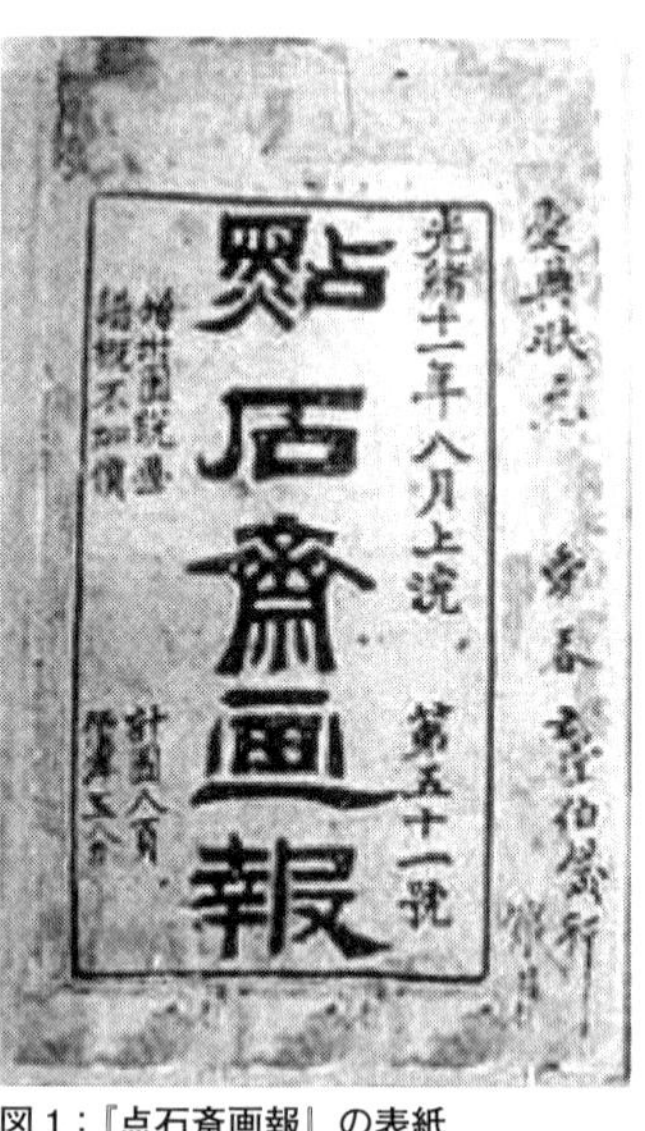

図１：『点石斎画報』の表紙

いる。

近年の『点石斎画報』についての全面的な研究として、まず第一に、王爾敏教授のそれが挙げられる。彼は、魯迅の論断に対しては真っ向から反対しており、「魯迅が『点石斎画報』を仔細に読んだかどうかはわからないが、なぜこうしたひどく浅はかで侮蔑的な言葉で、『点石斎画報』の格調が低級であると論断したのだろうか」と述べている。また、戈公振が『中国報学史』で述べた、「惜しいことに、題材の取り方が『聊斎志異』的で、大局には全く影響がない」という短い論断にも反対している。王教授は画報の一頁一頁の統計をとり、神仙、巫覡、鬼魅、厭勝駆魔〔まじないによる悪魔払い〕、転世還陽〔転生〕、因果応報、夢兆物兆〔夢や物を通した前兆〕が画像全体の六分の一を占めるとする。[19]

王教授の論文は、先人の偏見や批判に対して一つ一つ反駁し、『点石斎画報』の肯定的意義を強調したものだ。[20]王教授は「私が今日『点石斎画報』を研究するのは、出版史や報道史はもちろん、さらには中国近代新知識の伝播や思想の啓発に関する全てにおいて、方法の先駆性、内容の豊富さ、イラストの多様性、おびただしい新知識や新事物があるからで、それはとても全てを見ることができないほどのものだ」という。

鴛鴦胡蝶派小説や『点石斎画報』に対する魯迅の見下した態度は、無論、当時の知識人が熱をこめて近代化を求める一方で、「封建」伝統に対して抱いていた嫌悪感を映し出している。しかし、魯迅が両者を伝統文化の象徴と見なしたのは、おおむね的確な判断である。王教授が『点石斎画報』などの通俗読物に対して抱く同情は、当然のことながら、我々自身の現代の大衆文化に対する態度と合致している。しかし、『点石斎画報』の新知識の伝播や思想の啓発における貢献を強調しすぎると、この出版物の精髄を捉え切れないだけでなく、おそらくは、もう一つの近代化という落とし穴に陥ってしまうことにもなる。

画報における『聊斎志異』式のプロットは、王教授の論文が述べるように、たとえ全体の六分の一にすぎないのだとしても、それらが視覚的に産み出した効果や読者の心に与えた印象は、こうした数字通りではないだろう。さらに重要なのは、このような怪異的な『聊斎志異』式のプロット以外にも、『点石斎画報』には実際に、新知識や新思想と相反するテーマが多く含まれていることだ。王教授は、これについて非常に要を得た叙述をしているが、残念なのは、こうした資料を故意に抑制的に扱い、回避しようとする態度をとっていることである。

『点石斎画報』には、時事や人物、新発明の道具、海外奇談、国政ニュース、風俗や年中行事を伝える以外に、神仙妖怪の怪異、火災や水難、強盗や殺人、僧侶道士の乱行、詐欺手口などといった様々な小ネタもあった。それらが占める紙幅は少なくないが、ここではあまり引用しない。荒唐無稽なでたらめであったり、いい加減な噂話だからである。往々にして、事件には人名が出てこず、報道の意義もなく、また史料価値もない。量としては多いけれども、採録する必要はないだろう(21)。

実際、前述した六分の一の『聊斎志異』式のプロットに、王教授によって故意に無視された画像をさらに足せば、それは『点石斎画報』の主要部分を構成するものになる。対照的に、本当に近代の事物を紹介した画像というのは、画像全体の中でも二次的か、ひいては周縁的な地位を占めているにすぎないのだ。

私はここで、誤りを修正しようとしすぎるあまり、『点石斎画報』に表れた新味を故意に否定するつもりはない。

実際、都市生活を反映する報道出版物としての『点石斎画報』は、かなり忠実に、十九世紀末上海において新旧が入り交じる情勢を表現している。この段階では、上海は上層の前進思想が集まる地であり、様々な新興の事物が次から次へと登場していた。しかし、都市の様相について言えば、これらの新興の事物が存在していたのは、旧式の骨組みの中だったのである。旧式の政治や社会秩序がまだ解体されていないのに、新しい文化テイストや、それを感知するセンスが作られようとしていた。画報においては、次から次へと新興の事物——気球、汽車、汽船、電車、時報時計、ニューヨークの高層ビル、西洋の婚姻慣習、女子教育や女性の地位向上[22]——を紹介する絵が登場していた。しかし、このような画像はいささかの糸口をもたらしたのみで、都市の世界全体を転換させることはなかった。

営利目的の報道出版物として、新しく、西洋的で、近代的なものは、当然絶好のセールスポイントとなる。しかし、多くの場合、画報の作者は単に新たな事物を表現あるいは紹介するだけで終わらない。彼らは耳目を集めるように尾鰭をつけたり、中国の怪異に思い切って西洋の珍しいものを織り交ぜたりすることで、新たな事柄に二重の刺激性を加えている。

西洋的で近代的な物事を紹介するためのよくある手段は、新たな事物を災難事故の形で呈示するというものである。例えば、「斃於車下」と題された画像に描かれているのは、天津鉄路公司の蘆台発塘沽行きの列車がまさに発車しようとする時、追いかけてきて乗車しようとした客が不幸にも足を踏み外し、車輪にひかれて命を落としてしまったというものである（「斃於車下」匏二）[23]。

地上を疾走する列車はもちろん人を仰天させたが、天上を飛行する気球もとりわけ人の注目を引くものだった。『点石斎画報』はこういったものを数多く記事にしてきた。その中で一つ取り上げるとすれば、積載量八千五百ポンド、時速二十五メートルという新発明の気球であろう。中に大砲を配備すれば、「上からの攻撃で、鉄橋、船艦、砲台、火薬庫、電報局、水陸軍艦などはすべて役に立たなくなる」とされている（「気球破敵」元十）。この記述はもちろん科学ファンタジーとみなせるが、また別の記事には、近代の事物が災厄をもたらしたことがはっきりと描かれている。物語の主人公は西洋人の賓辺沙〔原名未詳〕で、香港で高く気球を飛ばしたところ、見物人は黒山の人だかりであった。気球は空中に上がると、突然爆発し、緊急パラシュートも半開きにしかならず、不幸にも賓辺沙は墜落し、左の脛骨を負傷した（図2）（「球升忽裂」元八）。別のドイツのベルリンで起きた爆発事故では、こうした幸運は起こらず、気球を操縦していた「球師」と「機器師」の二名は、爆発した気球のため「顔面は焼けただれ、血だるまになった」という（「気球炸裂」亨八）[24]。

図2：「球升忽裂」（『点石斎画報』元八）

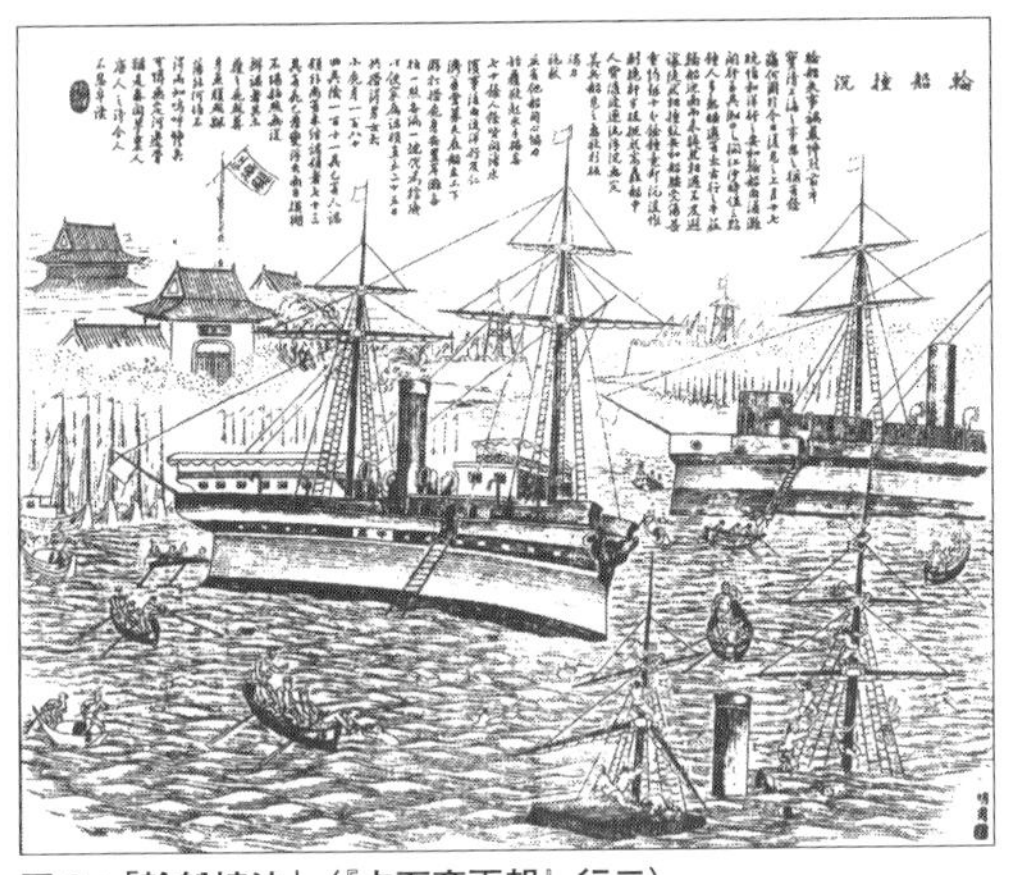

図3：「輪船撞沈」（『点石斎画報』行三）

上述の列車や気球の事故で、怪我をしたり亡くなったりしたのは一人だった。しかし、「輪船撞沈」という事故には、おびただしい人的被害が描かれる。この船は、ジャーディン・マセソン商会の安和号で、浦江の外灘から呉淞の港まで行こうとしていた。夜中三時前後に、The China Navigation Company（太古輪船公司）の牛荘号と正面衝突し、十分後に沈没した。近くを航行していたアメリカの軍艦やその他の船舶が緊急救助し、七十余人を救助したが、百八十人あまりの人々が遭難したという、重大海難事故であった（図3）（「輪船撞沈」行三）。

また別の事故の記事は、新しく建てられたとある製糸工場で起こったものである。この工場は、外国商社の社長によって創られた、新閘橋附近の「経綸製糸工場」であり、女工を多く雇用し、かなりの勢いを持っていた。しかし、操業開始後二ヶ月もしないころ、「雨風吹き荒れ、雷が鳴り響く」日があった。工場の一角が音を立てて崩れ落ち、十六台のエンジンが押しつぶされた。五十人以上の女性が逃げ遅れ、煉瓦や瓦、木、石で負傷し、二人は不幸にも亡くなった（「坍屋傷人」行五）[25]。

こうした記事は、我々が今日よく見かける社会ニュースと何ら変わりなく、普通のニュース記事の特徴とも合うものである。しかし、当時の文化的な脈絡において考察すれば、新興の事物に事故が加わると、明らかにニュースとしての効果は倍増する。こうした新興の事物を呈示する方式は、単なる新知識の紹介ではなく、そのニュース性の方を重く見るものである。次の呈示方式は、完全に近代的題材で、古い志怪小説の伝統に味付けするものである。『点石斎画報』後期に掲載された「海狗鳴冤」図を例にとることができよう。この画像の左半分には近代的な汽船が描かれており、船上に西洋人が数人立っている。右半分にはオットセイの一群が腹這いになっている。画像の上に書かれた解説の大意は次のようなものである。ある西洋人の旅行家は、あちこち冒険旅行するのが好きで、「面白い経験をするたびに、手帳に記録し、絵を描いていた」。このオットセイ図は、もともとカメラで撮影されたスナップだったのだが、その後旅行家が上海に着いてその写真を見せると、『点石斎画報』の作者がスナップに基づいてこの画像を描き上げたのだった。

旅行家の話によれば、ある日船で鳴き声を耳にし、その声が止まないのでキャビンを出てみると、一群のオットセイが「大も小も入り混じって、人に向かって悲しげに鳴いていた。その上、人のように立ち上がって、自ら陰部を見せるものもあった」という。図の制作者はこの話を聞き、オットセイには何かしら恨みの感情があったに違いないと考えた。後日、上海の漢方薬店で、ペニスが精力剤として大人気で、「皆右にならえで、オットセイはことごとくペニスをとられようとしている」という話を耳にする。その時はたと、「かつてのオットセイの鳴き声」に「意図があったかなかったかはともかく、恨みをぶつけないではいられなかったのではないか」と思い至ったという。元来怪異話を信じる作者はこう推測する。先日西洋人が示した写真のオットセイは、将来、上海の漢方薬店で人間にペニスをとられる運命を予感したため、通りがかった旅行者に前もって恨みをぶつけたのではないかと。画家がこうした大胆な推論を導き出した理由は、主に、写真のオットセイが普通と違ったように見えたためで、違ったというのは、それらがまだペニスをとられていなかったというところにある。これは、オットセイたちがどうして人のように立ち上がり、「自らその陰部を露出した」のかという理由でもある（図4）（「海狗鳴冤」文九）。こうした、言葉の意味を複雑に絡ませ、わざと曖昧にした近代の海洋紀行の中にも、伝統的な魑魅魍魎の面影が見られるのである。

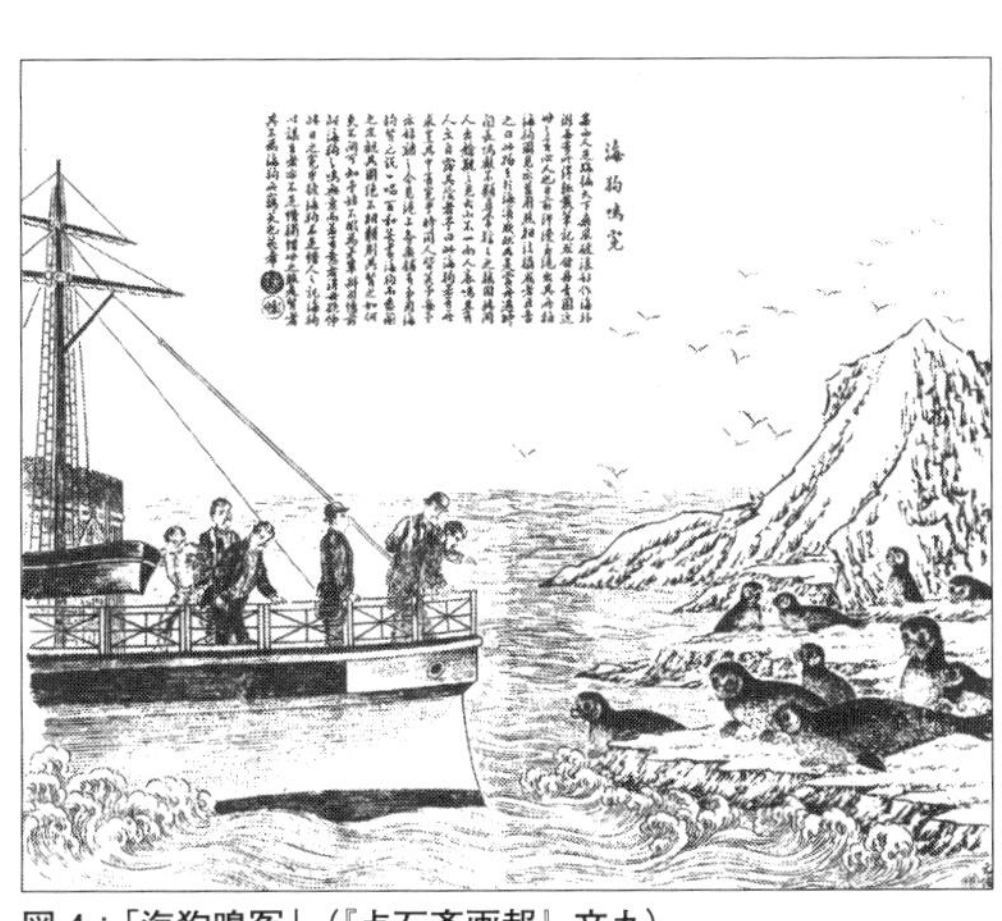

図4：「海狗鳴冤」（『点石斎画報』文九）

その他にも、同じく船舶を背景にした画で、明らかに志怪小説の伝統に属するものがある。画面の左側に同じく新式の汽船が描かれ、船上にシルクハットに髭をたくわえた西洋人が立っており、右下角には水から飛び出た怪魚がいる。その魚の体には鱗があり、体の下には二

図５：「陸魚出海」（『点石斎画報』土八）

本の手と二本の脚があり、頭は牛魔王を連想させる。右上にある解説は次のように言う。

> 船旅からもどってきた旅人によれば、一昨年、船に乗っていた時、窓を開けて外を見てみると、波間に、顔は人間で身体は魚、そして両手と両足があるものが見えたと言う。ずっと見ていると、まるであの泳ぎが上手いと言われる、浙江の若者達のようだった。……ある旅人が言うには、これは陵魚で、『山海経』にも載っているとか。思うに水中の動物の中で人面相をしているのは、英水の赤鱬〔食べると疥癬にならないとされた人面魚（『山海経』巻一「南山経」）〕や陽水の化蛇〔叫び声が聞こえると洪水に見舞われるとされた、翼をもった人面の蛇（『山海経』巻五「中山経」）〕だけではなかろう。ただ陵魚には手足もあり、まるで人の形そっくりなのだ。

続けて、作者は奇怪で聞いたこともない物の名を数多く挙げ、世の中には陵魚と同じように、「姿、形は異なるけれども、顔が人間に似ているもの」がたくさんあることを説明する（図５）（「陵魚出海」土八）。

作者が怪異の伝統として挙げている例は、よく知られたものではあるが、画像を見た人で、画中の陵魚の奇怪な風貌に強い印象をもたない者はいない。たとえ近代的な汽船という装飾があっても、海洋というのは、伝統文化の中でそれに慣れきった文人にとって、『山海経』の注釈を増やすものにすぎなかった。

伝統という枠組みの中で近代の事物を説明するというのは、近代の事物を得体の知れないものにしつつ、新味だけは導入するということである。しかし、『点石斎画報』が人々に与える最も強烈な印象は、伝統的な地方志の中の志怪、稗史の中の怪物に、近代の社会ニュースの紙面にあるような事故や犯罪を付け加えていることによるものだ。しかも、こうした特徴は首尾一貫しており、いかなる変化も見られない。このことについては、以下に例を挙げて説明しよう。[26]

我々は伝統的な地方志を読む際、常に奇怪な記録――双頭の豚、全身が黒い毛に覆われた新生児といったもの――に対して、困惑や驚異の念を抱く。『点石斎画報』は我々に、こうした困惑や驚異を繰り返し与えている。「三本足の鶏」に関する記事の中で、作者は始めに、それに類似する奇怪な事象の歴史を振り返っている。

太陽には三本足の烏がいて、月には三本足のヒキガエルがいる。人は皆それを知っているが、未だそれを見たものはいない。他に、『爾雅』に載っている三本足の亀のようなものは、これを賁亀と言う。三本足のものを能と言うが、目にすることは少ない。その後、また三本足の牛が現れ、それを捕まえた者に災いをもたらした。そこで、物の常と異なるものは妖であると思われてきた。三本足の鶏については、古く書物に出ているということもあり、まさに驚愕だ。

ただ異なるのは、ここの三本足の鶏は日本で生まれたことである（「三足鶏」土十）。次第に対外的に開放されてゆく国際都市として、上海の住民はこうした記事を通してあまりなじみのない舞台の中によく熟知しているプロットを見るのである。中国本土の話にもどると、天津からは双頭の豚という怪物のことが伝えられ、その頭は身体の

図6：「無頭小孩」（『点石斎画報』革十一）

左右両側に生えているという（「両頭猪」壬十二）。広方言館で学ぶ闡微子は、庭で緑色の人面蜘蛛を見つけたという。「黒い鬢が額を覆い、顔は白く、唇は朱かった。艶めかしい様子で、女児のような顔をしていた」（「人面蜘蛛」乙十二）。盱眙の西郷では、仇という姓の人が飼育していた驢馬が、なんと三つの白い卵を産み落としたという（「黔驢産卵」金五）。

以下は家の中で起こった不思議な話で、人はそれに震え上がった。「明末の時、広東に生まれつき頭のない人がいた。首にはただ小さな穴があるだけで、母は捨てるには忍びず、乳を垂らして育てた。成長すると、母は、わらじを編むことを教えた。頭のない人は、母と寄り添って生きていた。母が死ぬと、頭のない人は首の穴から血を噴き出して日ならずして死んでしまったとか」（図6）。この荒唐無稽でありながらも感動的な前書きの後に、生々しく妖異な本文が続く。

近ごろ、山西の客氏、蘇某の妻が、頭のない男児を産んだ。夫婦はひどく驚き、これは柄頭（つかがしら）の形をした幽霊で、置いておくのは不吉だと思い、灰盤をかぶせて殺した。思うに、蘇の妻が妊娠している時、旅をしたことがあり、天字埠頭を通った際、殺戮事件に遭遇した。死体が地面に捨てられているのを見て大いに驚き、かくてこれが産まれた。これは古人が言う胎教というもので、妊婦にみだりにものを見せてはいけないということであり、これには深い意味があるのだ（「無頭小孩」革十二）[27]。

こうした奇形児の話は一つだけではない。「都の西直門の外れ、蔡公荘にある廟の後ろに居た奚氏の妻が懐妊し、まさに一週間になろうとするとき、腹が膨れあがり、まるで五石もある瓜のようになった。出産の日を迎え、生まれた子を見てみると、人のようであり人でないようだった。目には眼球が二つあり、頭には二本の角が生え、巨大な牙が剥き出しになっており、とても恐ろしいものであった。……さらに奇怪だったのは、それが生まれてすぐに地面をぐるぐる回り、手足が踊っているようだったことである」(「誕生怪物」革十)。信じるかどうかは別にして、作者の真に迫る描写の腕前には感服せざるを得ない。なるほど、『点石斎画報』が一世を風靡した通俗読物であったというのも納得できる。

温州の南大門の外れに住み、魚を売って生計を立てる王という姓の夫婦が遭遇した出来事にも驚かされる。「出産の時、まず女の子が産まれ、次に白魚が産まれた。大きさは七八寸で、形は河の鯉のようで、重さはおよそ一斛余りだった」。この白魚は、水がなかったためほどなくして死んだのだが、人々の話の種となり、皆はそれを論評した。「それを聞いた者は騒ぎ立てた。ある人は、この妻は妊娠中に毎日魚の生臭いにおいを嗅ぎ、その気にあたり、それが腹の中で結ぼれてこうした怪異が起こったのだと言った」(「漁婦生魚」匏五)[28]。こうした解釈は、前掲の頭のない人の胎教に関する話と類似している。巷間の噂がいかにたやすく荒唐無稽な話になってしまうかがわかろう。

頭に関連したもう一つの記事には次のようにある。寧海と象山の境では強盗が多く、現地の人は盗賊を「戮哭」と呼んでいた。その意味は、それらが「法をも恐れぬ者で、死刑になる時しか泣かない」ということである。ある年の冬から翌年の春にかけて、役所が斬首したものは十数人、その首はまず木の桶におさめられ、後で石浦の十三公の大きな木にかけられた。十三公の由来は以下の通りである。「昔、大盗賊がこの地で覇を競っていた。その威勢は滅びることなく、時々祟りをなした。現地の人はこれを憂い、建物を建て肉類を供えたので、ようやく静まった。その建物の扁額には「十三宮」とあり、宮と公とが同音なので十三公という」。次の気がふれた女も、そうした気が充満した所に登場する。

その気がふれた女は、もとは城内に住んでいたが、十余年この方、でたらめに歌ったり泣いたりしながら街中を彷徨い歩いており、どうにもならなかった。ある日、何人かの物好きがからかった。「お前の旦那の首が木に吊されているのに、どうしてお祀りに行かないのか」。気がふれた女は、その言葉を聞くと、すぐさま十三公の木の下に行き、桶から首を取りだして腰掛けに置き、夫の髪を整えた。道行く人はそれを見て仰天したが、ただ手をこまねいて見ているだけだった。しまいに隣家の女性が気づいて、城内に連れ帰った。奇妙なことに、翌朝起きると気がふれた女は鏡に向かって身繕いをし、台所で食事の支度をしていた。精神病が突然治ったのだ（「梳洗鬼頭」丁四）。

このような、古い趣に満ちた題材や記事を見ると、我々は戈公振の言う「材の取り方は『聊斎志異』のようだ」という論評に同意せざるを得ない。

物の怪がまだいる世界では、人間が騒動を引き起こすだけでなく、暮らしの中にある動植物や石などもまた同様に騒動の原因となる。それゆえ、狛犬が雷に打たれて砕かれると、「水流血の如し」（「雷殛石獅」革十）となる。壁の中の、人の言葉を操る鼠が語るのは、美少女に関する「甚だしく猥褻」な話（「鼠作人言」匏五）である。「赤ん坊のような首」では、始終大声で鳴く人面鳥が家族に災いをもたらす（「鵬鳥誌異」金九）。寧波の山の檜（ビャクシン）は、山の化け物になって旅人を患わせる（「山魅博人」革十一）。紹興の嵊県郊外のエンジュの木は、妖術を使って人の頭をとる（「樹妖誌異」元五）。煮炊きの時に竈の神の怒りに触れたか、竈が悪さをしたかで、突然薪と竈が跡形もなく消えてしまう（「阿香滅灶」忠八）。豪邸の妖怪が不思議な出来事によって警告を発し、続けて新婚の若妻の命を奪う（「宅妖」忠十）。

志怪と関係のある因果応報や怪異現象もまた、『点石斎画報』に繰り返し登場するテーマである。松郡華邑の亭林鎮の劉乾と、南方特産品を扱う店の店主某甲は、生来狡猾で、地元の人に高い金利で貸し付けを行い、暴利を得ていた。白髪の年老いた母に対してもひどい仕打ちをし、気に入らないと罵詈雑言を浴びせていた。ある夜、某甲が心地よく夢を見ていると、「暴風が吹き荒れ、バケツをひっくり返したような雨になり、雷が鳴って、屋根瓦が揺れた。そして突然雷鳴が轟くと、雷が落ちて家に穴が開いてしまった。甲は驚いてベッドから起き上がると、両手を高く挙げ、空に向かって直立した。まるで誰かに縛られたようであった」。激しい痛みの中で、某甲は、天に向かって前非を悔い、二度と天の怒りに触れないようにすると誓った。「誓い終わると、天はすぐさま過去を許し、自ら悔い改める機会を与えた。天人感応の働きは目にも留まらぬ素早さで訪れ、果たして元通り動けるようになった」（「雷警悪人」元三）。天が人の行いにすばやく感応することは、神仙妖怪の良い教化劇になる。

よく似た話は池陽の猟師の身の上にも起きた。だが、その報いは凄惨なものである。この猟師は生まれつき暴虐であった。母親が鹿の脚の調理に失敗する度に猟師は叩き、母親は命を落としそうになっていた。妻はたびたび諫めたが何の効果もなかった。ある日、猟師が母親に飼育するよう言いつけていたウサギが突然逃げた。猟師は激怒し、母親を殺そうとした。しかしそれを妻に阻まれると、猟師はかわって妻を殺し、逃げる母親を追いかけた。「関帝廟を通りかかった母親は、大声で泣いて言った。『関羽さまお助けください』『関羽さまお助けください』。猟師が廟門に来ると、関帝の前に祀られていた周将軍の塑像が飛び出してきて、木刀で猟師の腰を真っ二つに切った。猟師は地面に倒れ、見物人が群がった。塑像は戸外に立って屍の方を見ており、髭と眉はそそり立ち、まだ怒りがおさまらぬ様子で、刀から血がぽたぽたと滴っていた」（「将軍顕霊」行三）。

ある白という姓の商人は、上海で米の販売を生業としており、商売のため、いつも嘉湖などの地を行き来していた。ある日、一千五百元を持って陳堯中の船に乗り、浙江まで米を買いつけに行った。夜に船が南橋沿いを進んでいると、陳は白が船尾で排便しているすきに彼を水に落とし、白の金を奪った。陳はその金で職人を雇い浦東の古い家をすっかり新しくした。ところがある日、陳は突然大工の斧を取り上げると、自分の頭部に向かって振り下ろした。鮮血がしとど流れ、家族が制止するも、陳は激怒してこれを罵り、金目当てで人を殺したいきさつを詳しく述べると、間もなくして死んだ（「果報昭然」行十二）。

道徳教化の目的のために、画報の作者は「悪に悪報あり、善に善報あり」という道理をはっきりと大衆に示し、その果報がすぐに現れるとしている。以下はその好例である。寧波鎮海の川の南岸に朱友洪という者がおり、その家には妻と妾がいた。たびたび家庭内の諍いが起こり、五通神の祟りを招くこととなった。突然火がついたり、物が移動したり、服が破れたり、石や煉瓦が飛んできたりし、日夜騒々しかった。朱友洪は祈禱文をしたためて城隍神に祈り、洋銀二十の義捐金を出して人々を救うことで贖されるように祈った。するとその日の晩、数人が家に来て、亡霊を縛って出て行く夢を見た。それ以後一家は平穏になった。この話の前書きからは、当時、日照りによる不作が続き、あちこちで救助を必要としていた事情がわかる。作者は罹災者を救済したことによる果報をつぶさに語り、感応果報という力を借りて、寄付を奨励しようとしたのである。「そのため、義捐金を出して罹災者を救済しようとする者が祈れば、果報を得るのも速い。最近のニュースを見てみると、寄付によって罹災者を救済したことにより、災い転じて福となったり、子孫が繁栄したりという話はしばしば目にするところで、全てを書き尽くせない」。ここで挙げた、寄付によって罹災者を救済して禍を払う話は、最新の例にすぎないのだという（「助賑駆祟」匏五）。

罹災者を救済すれば善果を招くことができ、道徳綱常を慎んで守れば天を動かすこともできる。天津の楊という姓の若妻は、高子琴に嫁いでいたが、高は一年ほどで死んでしまい、楊は貞節を守ることを決意した。母親とおばは、家が貧しいことから彼女に再婚をすすめた。ある武官が楊氏の美貌を見て、百金を餌におばを誘い込み楊氏を買おうとした。楊はたくらみを察知し、家に閉じこもって自殺しようとするものの、身内の監視で思うようにならない。そこで手で自らの頬を叩いた。すると突然、両頬が火に焼かれたように熱く感じ、ほどなくして口のまわりに長い髭が生えはじめ、よぼよぼの老人のようになってしまった。こうなると、武官は自然と離れていった。最終の結末には、「貞節を守った節婦に髭が生えたというのは、おそらく天が彼女の苦衷に鑑み、その志を遂げさせたのだろう」（図7）（「節婦生鬚」貞五）とある。

図７：「節婦生鬚」（『点石斎画報』貞五）

こういった道徳教化は、不可思議で信じがたい話である。しかし、全く果報を主旨としていないニュース、「痴女伏卵」（壬八）、「屍臍出鱉」（壬十二）、「室女還陽」（辛十二）、「癱子殺人」（丙四）、「少婦騎樑」（甲九）、「暢飲亀溺」（戊十二）、「活埋罪人」（戊十二）、「尼発僧奸」（乙二）、「怪風甕孩」（己四）、「擠死巨豹」（己十二）、「生前出殯」（石九）といった、様々な奇妙奇抜な話も同じ調子である。これらは我々に、一体自分は文化的に未開な田舎にいるのか、それとも近代へと徐々に生まれ変わりつつある国際的な都市にいるのかという疑問を抱かせる。あるいは、当時の上海には、やはり田舎風の文化の図像が内包されていたのではなかろうか。

営利を目的とするマスメディアとして、『点石斎画報』のセンセーショナルなニュースは、当然近代のニュースのある特質に合致していた。それは都市の消費者の新奇なもの変わったものへの要求、絶えることのない官能への渇望と欲求を満たすために、安定したルートを提供したのである。しかも、伝統的な志怪、因果応報、怪奇小説風のプロットは、誇張された画像と組み合わされることによって、強度とインパクトの点からも、奇抜で刺激的といった目的を果たしていた。題材は古くとも、商業ニュースの煽動性というニーズに合致したのである。

このように言うのは、『点石斎画報』が都市の住民の耳目を啓かせるのに果たした役割を否定するためではない。様々な重大な政治ニュースや一般時事、人物描写や世界の新知識、海外の奇聞は、一つ一つの頁の内容豊富な絵や文章を通して、大いに上海人の視界を広げた。(29)

しかし、私が強調したいのは、この近代世界に通じる窓の背後で、『点石斎画報』が一般の読者に示したのは、実際は、伝統的な文化図像から完全には切り離されていない世界だったことである。これらの図像に添えられた文字による解説は、いささか古風で難解なもので、一般民衆が理解することはできなかった。ただ、基本的には、文章にしても画像にしても、一般の下層民衆が日常生活の中で慣れ親しんでいる情景であった。まるで伝統的な地方志や志怪小説の中の怪奇幻想や荒唐無稽な描写のようであり、それは伝統的な民衆の文化イメージや日常生活を如実に映し出している。『点石斎画報』は、誇張的で具体的なイメージと、一見近代的に見える技術によって、伝統社会の幻想的でありながらも、妙にリアルな地方志や志怪小説の叙述を再現しているのだ。

もちろん、文人自身が作品の中に構築した要素があることは否定できない。言い換えれば、『点石斎画報』の絵師は、少し後の「鴛鴦胡蝶派」作家と同じように、彼ら自身の文化イメージ——選択的で、偏っていて、リアリティに欠けるイメージ——を用いて、近代都市の読者が寄託したり逃避したりするための想像世界を構築しようとしたのかもしれない。しかし、私はむしろこう考えたい。これらの文人や絵師が描いたのは、ただ彼らが馴染んでいた日常世界や現実生活を整理し、絵や文章中に写し取ったものにすぎないと。この時期、画報中の世界と住民が生活する現実世界は強く結びついていた。代表的な都市の読物は、一般民衆の文化イメージと集団心理を非常にリアルに表していた。急進的な知識階級や日々近代化する都市の景色の背後で、世紀末の上海は、なおも伝統的雰囲気が深々とたちこめる都市であったのだ。

三、新舞台と改良戯曲

十九世紀後半以降、京劇が上海の民衆の娯楽として果たした役割は、一九二〇年代後半以降の映画のそれと同じであった。一八六〇年代末から一九七〇年に至るまで、上海では、およそ四十軒の茶園〔寄席〕で京劇が上演されていた。一九〇〇年ごろに形をなしてきた「海派京劇」は、上海に独特の文化スタイルをもたらす一方で、近代の舞台技術を用いることで、より視覚と聴覚に訴える娯楽の形を上海の民衆に提供した。こうした日進月歩の消費市場の中で、「新舞台」は急速に勃興し、上海を代表する京劇の上演場所となった。

「新舞台」の近代的性格は、ハード面とソフト面の両方にある。ハード面では、一九〇八年創設の「新舞台」が日本の技術を導入し、劇場、舞台、照明を大きく刷新したことである。ソフト面では、啓蒙的意味合いをもつ大量の改良劇が生み出されたことである。「新舞台」の経営者である夏月珊、夏月潤、潘月樵の大号令のもとで、改良劇は一時、上海で最も特色ある文化潮流となった。その中の一部の演目は、市場で特に人気のあるスタンダードとなり、十数年の間に百回以上も上演され続けた[30]。

上海の戯曲が時流をリードできた主な要因は、「新舞台」の改良劇が、啓蒙と娯楽の二つの効用を結びつけるのに成功したことであった。梅蘭芳は回想録の中で、上海の「時装新戯〔同時代の社会をテーマにした戯曲〕」が観念、劇場、舞台、化粧およびマーケティング等の各方面において、自分に与えた深い影響や印象について、度々言及している。このことはまさに上海の新劇が流行の最も最先端であったことの証左である[31]。

上海の改良劇が啓蒙と娯楽の二つの効用をうまく結び合わせたことは、もちろん称賛に値するが、近代的メッセージを古い芸術の枠組みに組み込んだことも注目に値する。実際、いかに新しい酒を古い瓶に入れ、革命のイデオロギーを伝統的な大衆文学や芸術の枠組みに入れ込むかというのは、一九三〇年代の左翼知識人が熱心に探究していたテーマである(32)。

形式上の、伝統と近代の調和あるいは混合は、劇中の人物に現代の服を着せることや、歌を減らして台詞を多くすること、そして様々なリアルな舞台のセットという形で現れていた。私がここで検討したいのは、上演の内容において、新しい時代の関心事がいかに伝統的素材と混じり合い、二十世紀初頭の都市の大衆文化に新たな様相をもたらしたかということである。そこで、『新茶花』と『済公活仏』という二つの演目を取り上げることとする。

『新茶花』は、小デュマの『茶花女』(椿姫)の改編劇である。あらすじは次のようなものである。妓楼に売られた瑶琴という娘が、新茶花と名を改め、若い将校陳少美と知り合う。陳の父から少美と別れるように迫られた新茶花は、わざと少美にロシア人元帥と出かけるところを見せる。少美は大いに怒って人前で新茶花を侮辱し、絶交して去った。後に中露が開戦すると、新茶花はロシア人元帥から地図を盗んで少美に渡し、少美はロシア軍に大勝した。少美は新茶花に謝罪し、二人はよりを戻すこととなった(33)。

脚本そのものから見れば、こうした話が一般観衆に好まれたのにはいくつかの理由が挙げられよう。第一に、ロマンチックなラブストーリーであること。第二に、二人の恋愛は父親の妨害で緊張感が生まれ、最後にハッピーエンドを迎えることで、観衆は主人公とともに苦難の後の完璧な果実を味わうことができたことである。第三に、強烈な愛国主義と民族主義を帯びたプロットは、現実世界で中国の一連の敗北と挫折を目の当たりにしてきた観衆たちに、劇中の仮想の勝利を通じてしばしの慰めや陶酔感を与えたことである。第四に、馴染みのある才子佳人のパターンに、愛国思想や民族主義の心情を嵌め込むことによって、一般観衆が現実世界の荒波を跳び越えて、気軽に二十世紀の中国史の主旋律に入ることができたことである。この点こそが、ここで詳細に検討しようとするテーマである。

物語の主人公は、劇名が示すように、不幸にも苦界に身を沈めた新茶花である。新茶花の目新しさは、彼女のサービス対象が伝統的な文人の若様からロシア人元帥になったところにある。中国が閉鎖的で自足的な伝統社会から近代化した国際秩序に足を踏み入れたように、新茶花も伝統的な妓女から国際的なクルチザンヌへと変わった。伝統的な妓女は歌を唱い酒の相手をするにすぎなかったが、新茶花はまるで新時代の女性のごとく、人一倍の度胸や見識、機転で、国家の存亡に関わる地図を盗んで戦局を一転させ、天下を安定させた。

しかし、斬新で近代的な装いの背後に、『新茶花』の心髄にはやはり伝統文化の血が流れていた。近いところからいえば、『新茶花』のストーリーは、小デュマの話の改編ということになるが、最も直接的な源流は、間違いなく賽金花（一八七四〜一九三六）の物語である。賽金花の艶名は、蘇州の妓楼時代に基づくものだが、賽金花が国際舞台に登場する第一歩となったのは、洪鈞という学者官僚出身の外交官の妾となり、洪のヨーロッパ赴任に随行したことであった。洪鈞が不幸にも壮年で世を去ると、賽金花は旧業に戻り、上海、天津、北京で妓楼を開設した。

賽金花物語のクライマックスは、ドイツ国籍の八カ国連合軍統帥ヴァルダーゼー（Count Alfred von Waldersee）との錯綜した関係である。言い伝えによれば、賽金花とヴァルダーゼーの特殊な関係は、清朝政府が列強との講和を交渉する際に要の役割を果たし、中国を更なる深刻な戦禍や蹂躙から救ったという。一九〇〇年以後、賽金花の物語は、詩歌、小説、伝記および追憶文学による尾鰭がつき、世に広まることとなった。そして一九三〇年代になると、賽金花は女豪傑として神格化された(34)。

『新茶花』と賽金花物語の類似性は明らかである。賽金花をめぐる様々な逸話や伝説は、一九〇〇年代から広まり始めており、『新茶花』のストーリーが賽金花物語の影響を受けたものだと考えてもおそらく問題はない。しかし、より深く分析すると、『新茶花』のある要素には、実はもっと古い源流があることに気づくのである。

まず、「妓女が才子に巡り会うと、父がその間で妨害する」という最も基本的なテーマについて言えば、これは「古くからある」紋切り型である。八世紀の伝奇小説「李娃伝」は、後世における「遊里の恋」というパターンの創始となった。十六、十七世紀になると、このパターンの通俗小説が大量に出現する。「三言」「二拍」には、名門の若様が妓女と出会い、結婚の話になると、父からあの手この手で妨害されるという例が多くある。しかし、よくあるシチュエーションは、妓楼で生まれた男女の愛が、妓楼の外の社会道徳や価値観と衝突し、波瀾を経て、最後は社会に受け入れられるというものである。激怒した父が徐々に落ち着いてはじめて、妓女は様々な名目で男性方の家庭に入り、遊里の恋はこれによって有終の美を飾る。(35)『新茶花』はこの点において、以前からの伝統を踏襲している。(36)

もう一つ、遊里の恋の面白いところは、女性主人公がおおむね感情豊かで、度胸や見識が人並み勝れるということである。反対に、男性主人公は明らかに怖じ気づいている。先に触れた「三言」「二拍」中の「遊里の恋」の大半は大団円で終わるが、女性主人公は、障壁があってどうしても思いを遂げられそうにない時、激烈に愛に殉ずることで自らの決意を示す。「杜十娘怒沈百宝箱〔杜十娘怒りて百宝箱を沈む〕」がその典型的な代表例である。杜十娘は愛への執着ゆえに入水し、命は失ったものの、「後世の人はこの事を評して、……十娘は千古の女俠だとした」(37)とあるように、とこしえの名声を獲得した。そのため、通俗文化の中で妓女は早くは明代の晩期から女俠のイメージで登場する。

杜十娘の鮮明なイメージは、妓女の恋愛で決して唯一無二のものではない。女性主人公も、愛のために自死するという過激な行動をとらなければ、卓越した名声を博することができないというわけではない。孔尚任が清初に書き上げた『桃花扇』は、華麗な文章で名妓李香君を史詩のように不朽のものにした。男性主人公の侯方域は、東林党の「清流〔高潔の士〕」をもって自負する高踏の伝統を受け継いでいるにも関わらず、試練にぶつかった時の気骨や度胸、見識は、泥沼に咲いた妓女李香君とは比べものにならなかった。「却奩〔嫁入り道具を突っ返す〕」の一節には、こうしたことが余す所なく表われている。劇中で侯方域は李香君の歓心を買おうと、阮大鋮が賄賂として用意してくれた嫁入り道具や、髪上げの披露宴料を受け取る。李香君が問い詰めても、阮大鋮のかつての悪行をかばい立てし、言い逃れようとした。香君は侯の話を聞くと大いに怒り、「なんてことをおっしゃいますの。阮大鋮はへつらい者の、恥知らず、女子供でも唾を吐きかけないものはいないほどです。人が攻撃するのに、あなたは救ってやるなんて、いったいどうなさるおつもりですの」と言い、そのまま簪を抜き衣を脱ぎ、「着物を脱いで、困らば困れ、貧に落ちても名は薫る」と唱う。

真っ向から痛棒を食らわされた侯方域は、続けてこの幕の中で重要な主題を唱い出す。「花柳の巷に、名節論ずる妓女あるに、わが学び舎と朝廷、わが学び舎と朝廷、賢と奸との差別を問わぬ[38]」。孔尚任は劇の眉評に、「『巾幗卓識、独立天壌〔この女英雄の卓見は天下一〕』と、香君の大義は厳然とし、度胸と見識は侯方域の上をゆく」、「妓女のいう正論に対して、学び舎と朝廷は恥じるべきである[39]」と誌している。中国の妓女が卓抜した志操を持っているというイメージは、こうした古典作品を通して、文化の伝統の中で人々の印象に残る人物類型となっていたのである。

新茶花の決断や度胸、見識は、李香君のような女英雄の名妓という伝統を受け継いだものである。しかし、その勇敢な愛国的行動についていうならば、伝統的な民間文化の中の、軍を統べ敵を討伐する女将軍タイプにまで考察を拡大することができる。このタイプで最も目を引くのは、もちろん「楊門女将」から派生した様々な物語である。「楊門女将」は、「楊家将」物語の中心である。楊家将をめぐる事柄は、南宋時代にはすでに、臨安の盛り場の勾欄〔寄席〕で講談師によって語られていた。明代中期に出現した小説『楊家将演義』は、それ以前の各種の話本、雑劇、口誦を収集し、改編して成ったものである。あれこれ寄せ集めて出版されたこの小説は、さらに、それをもとに後の民間曲芸や戯曲へと改作された。特に北方の評書や鼓書説唱において、楊家将ものの語りは、歴史ある重要な伝統文化となった[40]。

地方劇でも、楊門の女将軍が敵軍を撃退した話はたびたび題材とされた。豫劇〔河南地方の劇〕には、早くから『老征東』や『楊文広奪印』という演目があり、それはまさに『楊家将演義』に材を取ったものである。一九五四年に改編され、『穆桂英掛帥』という名になった[41]。揚劇〔揚州を中心とした江蘇一帯の劇〕の伝統的演目で、原名を『十二寡婦征西』という『百歳掛帥』は次のような話である。宋の仁宗の時、西夏が三関を侵犯し、主将楊宗保は矢にあたって落命する。その母佘太君は悲しみを堪えて、自ら先頭に立って統帥し、楊家一門の十二人の寡婦および曾孫の楊文広を率いて出陣し、西夏を打ち負かして凱旋する。京劇『楊門女家』のプロットも似通ったものである[42]。その他『穆柯寨』『破洪州』『天門陣』『轅門斬子』『雁門関』等の劇も、穆桂英や佘太君等の楊門の女将軍を中心にしたものである。この類いの話は、演目数が多いというだけでなく、京劇や漢劇〔湖北地方の劇〕、滇劇〔雲南省の劇〕、豫劇、川劇〔四川省の劇〕等の様々な地方劇にもなっており、その人気ぶりが知られよう[43]。

こうした戯曲における女性主人公の際立った表れ方は、『中国戯曲通史』にかなり詳しく描かれている。

これらの戯曲、或いはこの種の演目(『三休樊梨花』『双鎖山』『董家山』等、多数の戯曲を含む)には、ある一つの共通する特徴がある。それは、作者がロマン主義の手法で、これらの女子をみな常人とは異なる武芸と胆略を持った女英雄として描き、彼女たちの政治面での重要な働き——穆桂英なしには天門陣は破り得なかったし、楊排風なしには楊六郎の窮地は救い得なかった——を意図的に強調していることだ。しかし、このことは、一人の女性としての彼女たちが身分の低い卑賤な女性であることとつり合いが取れていないのは明らかだ。作者はこの矛盾を強調することで、激烈でありながら喜劇的色彩にも富むという矛盾したドラマを作りだした。そして穆桂英を山賊の娘にすることで、礼教を無視して大胆に愛情を追求し、勇敢にも自ら結婚を決めたことにした。また、飯炊き下女だった楊排風が、事もあろうに並み居る朝廷の文官武官を形なしにし、国事のために身を挺して兵を率いて窮地を救うという英雄的行為を取ったことを熱く褒め称えている。彼女たちは度重なる妨害や難題に見舞われながらも、最後には、自分自身の力によって勝利を手にしたのだ[44]。

新茶花は、帝国主義がのさばり民族主義が高まっていた近代の人物ではあるが、卑しい身分のか弱い女の身で、瀬戸際で国家の命運を一変させる要の役割を演じており、その性格は、旧劇中の楊門女将の伝統を引き継いでいる。ゆえに、表面的には中露戦争、愛国主義という時代ではあるが、『新茶花』の心髄にあるのは、遊里の恋と楊門の女将軍という、二つの伝統的通俗文化のテーマということができる[45]。

中露戦争、愛国思想、民族主義、列強侵犯等の要素は、『新茶花』に時代の最先端という意義を与えたが、真の意味で『新茶花』を改良劇のスタンダードにした主因は、やはりこの劇の舞台上のずば抜けた表現にあった。『新茶花』が一九一〇年四月に「新舞台」で初演された時点では、人々に特別深い印象を与えたわけではなかった。しかし、六月には第三、四本『新茶花』（「本」とは、いわゆる連台本戯を指す。連台本戯とは、数日または数ヶ月かけて続きものを上演すること）が次々と誕生し、新聞にも大々的に広告が掲載された。ここまで主に人々を引きつけていたのは「新」劇のストーリーであった（『申報』一九一〇年四月九日、六月十一日、六月十三日）が、十一月に、「文明大舞台」が競争に加わり、同じ演目を上演し始めた（『申報』一九一〇年十一月二十四日～二十七日）。

一九一一年二月、競争という外圧により、新編の第五、六本では新たな手法が取り入れられた。「新舞台」は、風の音、雪景色、雨のごとき弾丸といったマジックのような舞台セットを使って観衆を引きつけるようになる。最後の一幕には装甲艦の実物のセットまで現れた（『申報』一九一一年二月二十日）。一方、「文明大舞台」は、三月初めに別のキャンペーンを展開した。彼らは、劇の目的が国民の尚武精神と進歩の促進にあると宣伝する一方で、大きな字ででかでかと舞台上の仕掛けを読者に告知した。さらに重要なのは、彼らが中国南方で一番の名旦である馮子和を招来して新茶花を演じさせたことである（『申報』一九一一年三月七、八、十六日）。

「文明大舞台」からの挑戦に対抗するために、「新舞台」は、舞台上に五万ポンドの水を据え付けてロシア海戦の場面をみせるという、中国劇場史では前代未聞の設備を導入した（『申報』一九一一年六月九日）。一九一三年には、「新舞台」はライバルに勝つために、水量を増やすだけでなく、さらに広告の文句に知恵を絞った。「舞台いっぱいの水は六万ポンド余り、水中戦は中華戯劇ではいまだかつてないもの、どうぞご覧あれ」、「西洋の商人や美人女学生がロンドンから中国に来ることになり、彼らは以前に本舞台『黒籍冤魂』という劇が最も良いと聞いていたので、手紙で上演を依頼してきた。それで、さらに第七、第八本の『新茶花』が続けて上演される。その奇抜な演目、役者の変幻自在の表情は想像を超えるもの。各種セットに至っては、状況に合わせて模様替えをし、様相を一新する。独創的で、陳腐とは無縁だ」（『申報』一九一三年五月十日）。「新舞台」は、「陳腐とは無縁だ」というのに足るものだった。

一九一四年初めには、馮子和がもとの雇い主である「新舞台」に戻った（『申報』一九一四年二月十四日）。間もなく、舞台上の水は八万ポンドに増やされた。「舞台いっぱいに火が上がる、両軍の大戦」は、新たな宣伝となった（『申報』一九一四年三月二十三日）。

一九一五年、「新舞台」は新たな広告による攻勢を展開し始めた。自己宣伝の記事では、『新茶花』の特色と時代的意義について、概括的な描写が行われている。

上海では新劇が隆盛し、それぞれ奇抜さを誇っています。しかし実は、我が新舞台がそれらの先駆です。その人に与える印象は変化に富み、何度見ても飽きない良い劇が、我が舞台にはたくさんあります。とりわけ『新茶花』の前半十本は最も値打ちがあります。劇には英雄あり、若い男女あり、家庭の瑣事あり、軍国への熱情あり、科学戦術あり、軍艦に汽車ありで、観客の魂を揺さぶります。男性でも女性でも誰もがみな口を揃えて褒めそやします。よそが懸命に模倣しても足下にも及びません。それゆえ我が舞台にこの劇の再演を望む者は実に多く、我が舞台の役者たちも望むところと勇んでいます。我が舞台が衆意を裏切らず、『新茶花』が社会で人気を博しているのは、ひとえに役者たちの表現の上手さに由来し、また節ごとに異なる舞台セットも次から次へと刷新し、どれもみな急ごしらえのものではないからです。劇中の重要人物は一時ばらばらになっていましたが、幸いこの度再び集まることになりました。舞台セットも場面に合うように改良しました。数日後には、きっと開演の運びとなりましょう。（『申報』一九一五年五月二十日）

再び始まった『新茶花』では、舞台上の水は十万ポンドになり、そしてすぐさま二十万ポンドにまで増えた。一九一八年からは、欧陽予倩が馮子和から新茶花の役を引き継いだ[46]。「新舞台」は、全力で観衆を集めて彼らを満足させた。観衆も「新舞台」の努力に応えた。私が『申報』を調査した時の推計では、一九一〇年から一九一八年までの間に、「新舞台」だけでもこの戯曲は四百回以上も上演されている。一九一〇年から一九一五年までの間に、「文明大舞台」でも二五〇回以上上演されている。『新茶花』は、清末民初では最も人気のある改良劇だったと言えよう。

『新茶花』の成功は、上述の「新舞台」の広告が言うように、一つは新旧が入り交じったストーリー（英雄、若い男女、家庭の瑣事、軍国への熱情、科学戦術）にあり、もう一つは舞台セットの独創性と刷新にあろう。さらに、制作に対する謹厳な取り組みと名役者の投入により、幾千幾万の上海市民に新味溢れる娯楽のスタイルと文化体験をもたらした。
「新舞台」が『新茶花』の後に発表したのは、もう一つの人気を博した演目である『済公活仏』だった。この戯曲の初演は一九一八年であるが、その後六年の間に話がどんどん加えられ、最終的に第二十二本まで上演された。この戯曲によって、「新舞台」は八十万元を儲けたという。(47) 済公の物語にもともとあった諧謔や神秘的法術が、この戯曲の人気が長く続いた主な理由であろう。舞台のセットや派手な立ち回りも観衆を引きつけた。たとえば、数百キロの重さがある老雄鶏のセットや、法術を闘わせる時の「百本足の大蛇が舞台を飛び回り」「道士が頭から火をふき、和尚の手から水が出る」場面（『申報』一九一九年四月十八日）、仕掛けを踏めば慈雲観の普通の仏殿から数百頭の牛馬や妖怪が出て来るからくり、舞台いっぱいの火で慈雲観が一面の瓦礫となってしまう場面（『申報』一九二〇年一月九日）、活仏が偶像の腹の中にさっと消え去ってしまう仕掛け（『申報』一九二〇年三月七日）は、もともとはただ空想上のものだった怪奇物語が、近代的な舞台設備によって、具体的な形で初めて観衆の眼前に呈示されたものだった。こうした具現化された怪奇的な場面は、たとえ作りは粗雑だったとしても、人々にかなりの感覚的刺激をもたらしたであろう。

　ストーリーや舞台のほか、「新舞台」が最も得意とした広告によるイメージ作りも、観衆を引きつけた。第三本の上演のために作られた広告の中に、次のような詳しい記述がある。

> 飛ぶことのできる飛来峰。西湖の飛来峰はじっとしていて飛ぶことはありません。新舞台の飛来峰は動いて、飛ぶことができます。いったいどういう飛び方かというと、諸君はきっとおわかりのはず。この飛来峰が「名勝劇」に花を添えます。
> 第三本の活仏には、酒を呑みすぎ、妓楼に遊び、怪しげな宿に泊まり、訴訟沙汰になる場面があり、悪者が強

盗をはたらく場面もあります。社会の現状を真に迫る描写でえぐります。つまり「社会劇」です。妓女を諫め、不孝者を懲らしめ、大盗賊を捕らえ、放蕩息子を感悟させる場面があります。これが痛快に語られ、見る者の心を動かします。つまり「訓戒劇」です。切っても落ちない頭、足を踏み外して転がり落ちても死なない悪党、竹籠のように大きな頭の羅漢、自分で自分の頬を打つ盗賊、肉のついた白骨体、空を飛ぶ山の峰。無辺の仏法で頑迷な人を戒めて救います。つまり「神怪劇」です。俗界に心を動かす尼、やきもち焼きの妻、色欲まみれの富豪、多情な書生、おべっか使いの娼婦が出てきます。その哀婉切々な演戯にうっとりとすることでしょう。つまり「恋愛劇」です。泥棒が盗みを働き、強盗が略奪し、恨みを懐く者が偽りを申し立て、義士が冤罪を負わされる場面があります。このような奇怪な事件は、西洋の著名な探偵でも解決できませんが、済公は簡単に物事の真理を見通すことができます。つまり「探偵劇」です。（『申報』一九一九年三月十三日）

一つの劇に、名勝劇、社会劇、訓戒劇、神怪劇、恋愛劇、探偵劇を組み込む改良戯曲は、もともと、済公ものがこれら全てを包括していたという特徴を反映したものであるが、上海の観衆の何でもミックスする趣味に迎合したものでもある。こうした生臭と精進が入り交じった形は一般市民の嗜好を満足させただろうが、野心勃々たる「新舞台」はこれで事足れりとしたわけではない。このような、持てる力を尽くして制作した代表的戯曲に、高尚で神聖なる使命がないわけにはいかない。この点については、最初から明確に示されていた。

国家を改良するには、社会を改良せねばならない。社会を改良しようとすれば、まず人の心を改良せねばならない。ヨーロッパの思想や文化が東に伝わると、国粋は亡び、ただ西洋の上っ面を真似るだけで、我が国固有の道徳や恥を知る心はほとんど失われてしまった。我が舞台の夏月珊君は、世を救うのに情熱を抱き、もとより社会の改良を己の務めとしている。済公活仏の劇を演じることで、大廈が倒れようとしていても神道によってこれを救い、その力を再び取り戻すことができることを見せている。済公活仏では、救世の慈悲心や勧善懲悪、忠臣を賞揚し佞臣を斥けるなどのことはみな滑稽として表現される。辟易するような高みからの郷約〔村人の行動規範〕の説教とは異なるばかりでなく、まるで笑い話のように面白おかしく表現される。それは奇妙奇抜ではあるが、どれも人を善に向かわせるもので、たとえ化け物の話であっても、深い哲理を具えているのだ（『申報』一九一八年十一月二十八日）。

清末以来の戯曲によって下層を啓蒙するという言説は、次第に知識界の共通認識となってきていた。上述の話は、戯曲の啓蒙的思想が戯曲に従事する者に深い影響を及ぼしたことを示している。戯曲を郷約制度と対比させてみると、「新舞台」の創設者がいかに伝統社会の教化の策略やその欠陥について熟知していたか、さらに、こうした商業志向の大衆文化の作り手が、いかに真に教化のこつを理解していたかということを示している。

陳独秀は一九〇四年に、「劇場は衆人の大学であり、役者は衆人の大師である」という名言を残している。十年後、「新舞台」の役者たちは自己宣伝めいた言い方で、こう述べている。「もし小学校の先生が、我々の演じる済公活仏のやり方で教室で生徒に修身を講じるならば、私が思うに、他の方法よりも簡単に子供を感動させることができるだろう」と（『申報』一九一九年三月八日）。ただし、陳独秀の原文にある「神仙妖怪」ものに対する攻撃だけは、ここでは完全にひっくり返されている。[48] 明らかにこの時期の「新舞台」は、まだ五四新思潮の洗礼を受けておらず、いかにも「反動」的に見える。

陳独秀の基準からすれば、「新舞台」の教化の手法は反動的ではあるが、ある一部の観衆の目からすれば、劇中に近代的色彩を加えた「新舞台」は、やりすぎということになる。

ある人は言う。「『新舞台』は、しばしば新語を使って済公活仏の価値を伝えようとする。我々は指折り数え直すのだ、済公活仏は十二世紀の人物で、そのような新式の頭脳は持ち合わせていなかったのでは」と。我々は言う。「劇中の人物はすでにおらず、演者は生きている。我々は昔の人を利用して、今の人を教化している。役者がもし昔の人に拘束されるなら、新しい生きた死人になってしまうではないか。そんな劇に何の面白みがあろうか。我々は、済公活仏を名目に今の世に呼びかけることができる。十二世紀の旧人物を借りて、そこに二十世紀の新知識を注入することができるのだ」（『申報』一九二〇年三月七日）。

「新」舞台が新語をそのまま用いる方法は、商売としてはもちろんまず最初に思いつくものだ。しかし、「新舞台」の創設者の清末民初における行い(49)から推測すると、彼らが「新文化」という装いを借りて、演技者の社会的地位を高めようと努力したこと、そして商業的利益の背後に文化の理想があったことは否定できない。「新舞台」が新語を使ったことは、一九二〇年の広告を見れば明らかである。広告の前面に大きな字で「済公活仏の性質は、白血球の性質である。済公活仏の効用は、白血球の効用である」と書かれている。さらに、当時しばしば見られた「社会有機体」という言い方も、社会を一つの身体と見なし、済公を社会の白血球とするものだ。「済公活仏の生活というのは、あちこちに首を突っ込むというもので、もっぱら悪い奴や卑劣な奴との闘いであり、そのため、彼の在り方は白血球と同じなのである」（『申報』一九二〇年六月二十六日）。

新思潮の影響は、確実に「新舞台」の劇作の中で発酵していった。『済公活仏』が初演された一九一八年の時点では、「新舞台」は頑なに自らを旧道徳の防衛者であると自任し、ヨーロッパの思想や文化が流入する現象を厳しく非難していた。しかし、民国九年になると、上掲の「白血球」のたとえのような、上っ面の洋学的な知識が見受けられるようになる。さらに、第十五本『済公活仏』の新劇の広告では、次のような大衆文化版の新文化宣言が現れる。

現代の西洋の文芸界では、みなが「演劇の創作および上演」は社会の問題であると認めている。「思想改造」や「文化扶植」等の運動では、演劇が容易に人の心を打つことにおいては文字のはるか上であることから、劇作家と演劇家は、西洋社会で大きな勢力を占めている。

だが、中国はそうではない。これまで観劇は社会において遊戯とみなされており、中国の舞台で上演される演劇は、常に社会の心理に迎合することを旨としてきた。……それゆえ、あえて言うのだが、中国の演劇界は完全に社会によって征服されているのだ。中国の舞台で演じられる、卑劣で陳腐な、暗い、不合理な演劇は、中国の卑劣で陳腐な、暗い、不合理な社会を映し出している。……

社会に最も歓迎されているこの『済公活仏』の上演は、決して社会の心理に迎合するものではない。実のところ、社会に調子を合わせることで、社会を征服しようとしているのだ。言い換えれば、済公活仏を利用して、わかりやすくした新思想によって社会の「悪習慣」や「旧思想」を改革せんとしているのである。

第十五本の活仏は、我々が社会を征服した戦利品である。そのプロットは非常に愉快で、舞台セットは極めて精巧で、何度見ても飽きることはない。考え方が新しい時代の新文化にぴったりと符合しているのだ。

第十五本活仏は、第一に、人は労働せねばならず、親族に寄食してはいけないとする。第二に、社会のために奉仕せねばならず、社会のおこぼれにあずかるような官吏にならないようにという。第三は多妻主義の排斥である。第四は自殺してはいけないとする（『申報』一九二〇年九月二十七日）。

一九一八年十月、『新青年』は「戯劇改良号」を刊行する。胡適と傅斯年がともに長文を発表し、中国の伝統戯曲に対して猛烈な攻撃を行った。傅斯年は、旧劇と旧社会に焦点を当てた文章で次のように論じた。「中国の演劇はとりわけ中国人の嗜虐的心理を助長する。仔細に見ていくと、こうした社会的心理があるのは、こうした劇の思想があるということだ。こうした劇の思想は、こうした社会的心理をさらに醸成しているのだ」。彼は続けて、中国の歴史や中国社会の様々な醜い様相を一つ一つ列挙し、中国の劇は中国の歴史や中国の社会といった、どうしようもないものの忠実な写実描写であるとみなした。(50)「新舞台」の右の広告文は、完全に傅斯年の旧劇に対する批判を受けたものであり、また、まさに陳独秀や傅斯年が攻撃したような典型的な旧劇を捨て去り、「新舞台」を新文化や新思想の代弁者へと仕立て上げるものだった。

「新舞台」は、新文化のエリートの口調を真似て、中国の旧劇に対して批判を行う一方で、自身がこうした批判を受ける伝統戯曲でないことを証明するために、上層の思想や文化で最も流行しているテーマを驚くべき方法で舞台に持ち込んだ。第六本『済公活仏』の広告文の冒頭では、まず大文字で「今夜の活仏は『問題劇』である」と劇全体の主旨が記されている。その後に、次のような説明がある。「西洋演劇には『問題劇』と称されるものがある。劇中で演じられるプロットは、政治、社会、家庭、……に関係するものだ。我々がわざと難解なプロットを上演するのは、観客の意見を広く求め、観客が劇中のことを正しいと感じたかどうか、教えてもらいたいからである」と。続けて、第六本『済公活仏』の「問題劇」に類する問題には、国家が義務教育制度を推進しなかった悪と、伝統家族における遺産制度の負の側面が含まれていると述べる（『申報』一九二〇年三月一日）。

「問題劇」という名称は、間違いなく胡適の文から取ったものである。それは、民国七年四月、胡適の「建設的文学革命論」中の次の言葉である。「ここ六十年来、ヨーロッパの散文体の脚本は、千変万化している。最も重要なのは、『問題劇』のように、もっぱら社会の様々な重要問題を取り上げるものである。ここまで書いて突然、今日まさに梅蘭芳が新編の「天女散花」を演じていることを思い出した。上海人はまだ新作の「ドルゴン」を待っているのか！」[51]「新舞台」は、まるで、自分が上海のかの「ドルゴン」しか演じられない旧劇役者ではないことを証明するために、五四の新青年の間で最も流行している話題――邪悪な家制度――を選んで作品にしていたようだ。

第八本の『済公活仏』では、女性の生活問題や中国の婚姻問題が取り上げられている。「中国の習慣では、妻はずっと男の玩具であった。夫が好きなものは妻も好きでなければならず、彼女自身が何か選択することは許されない。妻は自ら考えを持ってはならず、夫が代わって考える。彼女は自分で生きることを求めてはならず、夫に養ってもらわねばならぬ。……この戯曲を見れば、女性の生活の問題は、検討を急がねばならないことがわかるだろう」（『申報』一九二〇年三月三日）。

青年リーダーであった胡適の影は、上海の伝統的戯曲の舞台もすっぽりと覆っていた。胡適の原文は次の通りである。「夫が好きなものは、妻も好きでなければならず、彼女自身が何か選択することは許されない。妻の責任は夫を喜ばせることにある。彼女は自ら考えを持ってはならず、夫が代わりに考える。彼女自身は、夫の玩具にすぎないのだ」[52]。「新舞台」の制作陣が文章を書いた時、この「イプセン主義」を参考にしたと考えても無理はなかろう。

第十六本『済公活仏』の出現は、イプセンとノラが上海改良劇に影響を与えたことの、最も明確な証拠である。広告文の冒頭では、まず『済公活仏』の劇が上海演劇界で引き起こしたマイナスの影響について釈明を行っている。

ある人が言うには、今の上海の演劇界は、ますますだめになっているそうだ。それぞれの舞台で流行している新劇は演劇ではなく、まるでどれも手品のようで、プロットもなければ、面白みもなく、筋道も通っていない、さらには人の心を感化して社会に役立つこともない。こうしたことの始まりを突き詰めれば、その罪を新舞台の『済公活仏』に帰せざるを得ないのだとか。この話には恐れ入る。だが、『済公活仏』が最もこだわったのはプロットである。思想陳腐なプロットを用いたつもりはなく、奴隷的な旧道徳に盲従させようとしたつもりもない。したがって、題材はみな厳格主義に基づいており、劇中のプロットは、現在の社会的潮流と乖離したものでは決してないはずだ。劇中の特別な舞台セットに至っては、社会の好みに合わせ、観客を集めることができるからであり、いささか趣を添えたにすぎない。諸君、どうかお分かり頂きたい。『済公活仏』の価値はプロットにあるのであり、舞台セットにはない。もし他の誰かがその意図を誤り、プロットをいい加減にして、ただいたずらに舞台セットのみで人を眩惑させようとすることがあれば、たとえ少しの違いでも、似ても似つかぬ別物になる。新舞台が、どうしてそのために不当な誹りを受けてよいものだろうか？

この言葉からは、「海派京劇」〔上海の京劇〕が熾烈な競争下で、顧客獲得のために、競って舞台セット上に細工を施すという小手先の工夫をしていることがわかり、他方では、「新舞台」が改良劇において他の手本となる役割を果たしていたこともわかる。しかし、この広告文が述べるように、「新舞台」以外の新劇は、ただ上っ面だけをまねるだけで、精髄を学ぶことはなかった。「新舞台」は、まさに別の劇場が刺激を競って顧客を集めている時に、自らの新劇に、その時代における文化的な意義をもたせることを決して忘れなかったのだ。

第十六本の内容は、一見すると旧劇の枠組みのようであるが、「新舞台」はそこに時代の潮流に合致した新しい考え方を組み込んでいた。

中国の旧式の家には、多くの悪徳があった。たとえば、夫が妻を必要とするのは、ほかでもなく自らの利益のためである。夫が妻を娶るのは、快楽のためであり、体裁を繕うためである。妻は夫に対して何でも犠牲にするというのに、夫は妻のために何も犠牲にする必要はない。第十六本にはある若い女性が登場する。彼女は貞節を守ろうと夫の代わりに復讐したところ、殺人の嫌疑をかけられた。その後、彼女の夫が大官となり、その事件は夫の担当となる。すると夫は彼女の苦衷を察しようとしないだけでなく、彼女を人殺しの悪婦と痛罵し、あろうことか死罪の判決を下す。後に事が明るみになると、夫は彼女が良い女性であったこと、そして夫のために貞節を守り返したこと（女性が貞節を守るのは、大部分が夫にへつらうためだとはあえて言うまい）を知る。夫は後妻を捨てて、再び彼女の元へ戻る。

こうした旧式の家における「男尊女卑」現象の批判には、完全に五四風の論調とノラ劇の台詞が用いられる。この後の女性が覚醒し「家を捨てて出て行く」ことを決意するという流れの描写では、活仏による教化と一品夫人という伝統的要素による橋渡しがあるものの、そこで構築されているのは、全く新しい「イプセン」の枠組みである。

その女性はこうした堪えがたい状況を見て、また活仏の教化を受けたことで、たちまち大いなる解脱を果たし、すぐに覚醒した。彼女は次のことを理解した。（一）夫婦に勝る恩愛の情はないのに、彼らはなお見せかけの道徳の仮面をかぶり顔を隠している。（二）妻は夫の玩具であり、人格と称されるものは何もなく、ひとたび寵愛を失えば彼女は夫の足下の泥となり、永遠に回復することはない。（三）夫に頼っていれば安逸な暮らしを享受できるが、一生夫に従わねばならず、完全に夫の奴隷となる運命にある。また、世の中には奴隷の生活の命（李孝悌案ずるに、原文には誤りがあろう）だけがあり、自由に選択することもできず、責任を負うこともない。そのため、彼女は自分だけを頼りにし、自分で働いて金を稼いで自分を養おうと、家を捨てて出て行くことを決意する。その後、夫が彼女の居場所を探し当て、一緒に帰りたがったが、彼女は夫に言った。「あなた方は、私が一品夫人という地位を捨てて、ここで辛い目に遭っていると言います。けれど、自分の十本の指で手に入れて食べる粗末な食事は、あなたの家の山海の珍味よりも美味しく、そのうえ消化も良いと感じております」。

諸君、このストーリーがどんなものなのか、ぜひご覧下さい。巷で流行している手品のような新劇に、このようなストーリーがありましょうか？　十六本の済公活仏の主旨、そして十六本の済公活仏が社会にどんな影響を与えるかについても、皆さんはお分かりのはずです（『申報』一九二〇年六月三十日）。

ノラの名前を使わず、女性主人公の激烈なセリフがないだけで、ここにはすでに、近代の急進的なフェミニストの姿勢が顕著に表れている。五四時期の上層の思想において最も代表的な婦女解放の思潮が、「新舞台」の巧みなやり方によって、なんと最もありえない神怪劇の形式で登場しているのだ。封建的な迷信と女性解放の二つは、新知識人が思い描く新世界においては、互いに相容れない命題であった。しかし、驚くことに、上海の商業劇場の中で、互いは矛盾することなく一緒になっている。このことは、おそらく新文化運動のリーダーにとっては想像できないことだっただろう。しかし、新しいものを創ろうとする気風に満ちた上海の大衆文化圏においては、どんなにめちゃくちゃなポストモダンのパズルでも、全て見事に組み立てられるのだ。角度を変えて見てみれば、このように一見矛盾している新旧の衝突や、水と火が一緒になったようなものは、まさに都市の民衆の精神を映し出しているのかもしれない。こうした人々にとって、『済公活仏』の神怪物語は、最も馴染みがあり、好みの文化素材である。女性解放はおそらく現実の生活にとっては危険な思想であっただろうが、人々の口では煽情的な社会ニュースのように話され、刺激に満ちたものでもあった。急進的な上層の思想は、まさにこうした「落伍的」で「封建的」な旧伝統が媒介することで、少しずつ民衆の思索世界に入り込んでいったのかもしれない。

「新舞台」の改良劇は、映画の出現に伴い、次第に上海の商業舞台では活気をなくしていったが、数年もしないうちに、上海の街には最も急進的で、最も前衛的な左翼文人、作家、思想家が出現し、いかにして大衆文化の古い瓶に革命の新酒を注ぎ込むかを探求するようになる。そしてそのころには、伝統と近代の混在あるいは結びつきは、上海の大衆文化市場という商業的な枠を越えて、完全に上層思想界の厳粛なる革命論となっていたのだ。

四、『良友画報』

「新舞台」が一九二〇年に上演していた新作の『済公活仏』には、すでに上層思想の影響がはっきりと見られる。この意味では上海都市文化のモダンスタイルは、時の趨勢になっていたと言えよう。『良友画報』の発刊は、こうしたモダンスタイルを具体的に説明するのに最適なものである。この出版物には様々なレベルでの伝統的要素が混じっているものの、近代的な性格が主要な傾向であることは疑う余地のないものである。こうした傾向は、『点石斎画報』と対比させるとより明確になる。

『点石斎画報』が当時最先端の石版の印刷技術を用いたように、『良友画報』もその時代において最新の撮影技術を採用した（図8）。しかしよく見れば、『点石斎画報』の技術の刷新は、旧来のものに少しばかり改良を加えただけのものであった。両者を比較してみると、撮影技術の飛躍的な発展が全く新しい形式の雑誌『良友』を生んだと言える。新聞でも同様だが、画家が描いた清仏戦争と、写真に撮影された軍閥の乱戦では、その効果とそれが持つ意義にははっきりとした違いがある。写真が伝える「リアル感」は、『良友』の読者に真新しい感覚をもたらした。

総合型の大型画報でも同様であるが、『良友』が写真を使用したことは新たな視覚効果をもたらし、内容の面でも、中国社会の二十世紀の急速な変化に沿ったものとなった。当時のある評論家は、「その内容は、新文化や常識の紹介が大いに意識されていた」と述べている。著名な文化史家である阿英は、『良友』一五〇期の刊行にあたり、次のように詳しく論じている。「現在ある画報の中で、刊行期間の長さ、また歴史価値という点で、『良友』にまさるものはない。内容面は革新的で、中国の軍事、政治、経済建設、さらには国際的な動向にも重点を置き、一般の社会生活や芸術文化にまで及んでいた[53]」。

阿英の回顧は、『良友画報』の性質をうまく概括している。実際の国政や軍事的重大事、および近代化を主要な題材とする写真入りの出版物は、それまでの田舎じみた物語や、珍しいものの紹介といった素材が醸し出す強烈な伝統的雰囲気を払拭した。さらに、選び抜かれた身体の写真、流行のファッション、運動競技の写真は、『良友』が伝統的な感覚とは全く異なることをより一層印象づけた。胡適、郁達夫、老舎、茅盾、巴金、丁玲、林語堂ら、新文化を代表する人物による寄稿は、この手軽な通俗的読物と上層の主流思想の間をとりもち、そのモダンイメージをさらに強化させた。

図８：雑誌『良友』の表紙（『良友』51、1930.11）

しかし、『点石斎画報』が、伝統的枠組みの中でモダンな事柄を描き続けていたように、『良友画報』も、モダンの枠組みの中で、伝統的な要素を取り込み続けていたのである。こうした近代と伝統の混在は、とりわけ初期の頃に顕著である。

例えば、『良友画報』第一期には、サーカス団の六八五

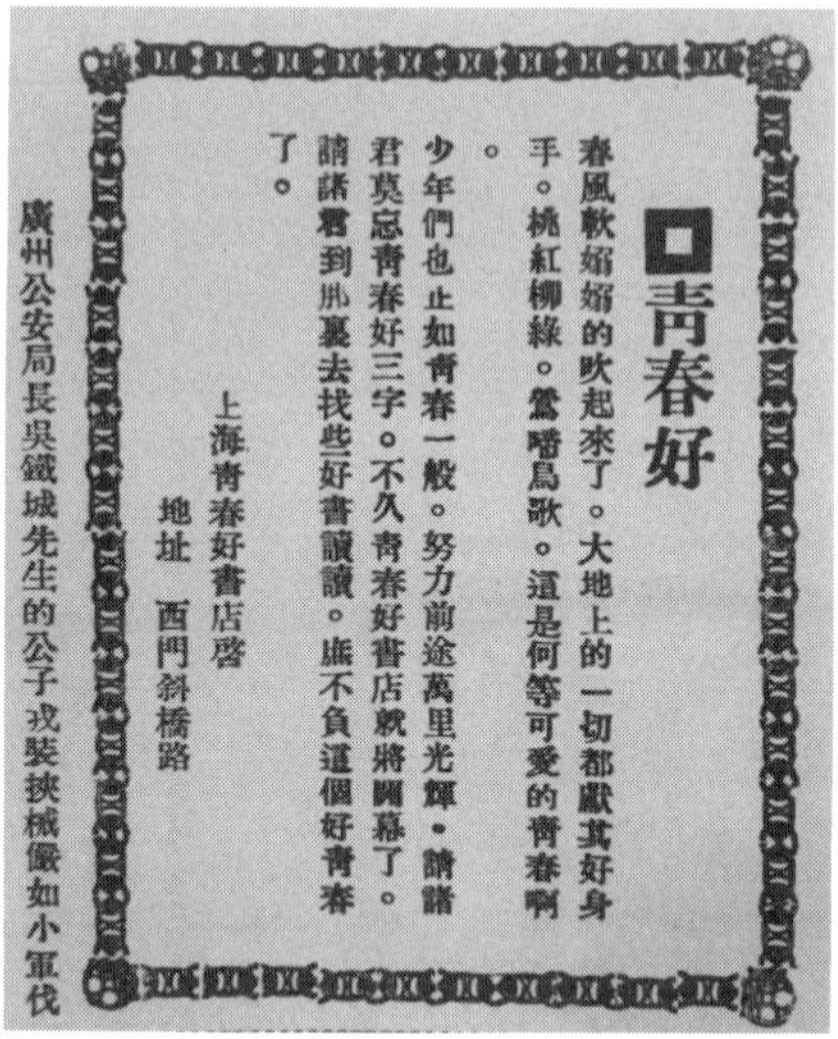

青春好

春風軟嫋嫋的吹起來了。大地上的一切都獻其好身手。桃紅柳綠。鶯啼鳥歌。這是何等可愛的青春啊。

少年們也正如青春一般。努力前途萬里光輝。請諸君莫忘青春好三字。不久青春好書店就將開幕了。請諸君到那裏去找些好書讀讀。庶不負這個好青春了。

上海青春好書店啓
地址　西門斜橋路

廣州公安局長吳鐵城先生的公子戎裝挾械儼如小軍伐

図9：雑誌『良友』の広告　（『良友』3、1926.4：20）

ポンドもある太った婦人、新婚の小人の夫婦、そしてアメリカ・ロサンゼルスの動物園の、ベビーカーを押す猿が掲載されている（『良友画報』第一期、一九六二年二月、一四頁）。珍しいものを紹介する姿勢は、『点石斎画報』と何ら変わらない。『良友』第三期に掲載された「三足奇孩（三本足の子供）」の裸の写真は、より『点石斎』に似ていて、同じように人を戦慄させ、吐き気を催させるものだ（『良友画報』第三期、一九二六年四月、二〇頁）。北京街頭の人力車や、高足踊り（竹馬に乗った踊り）、獅子舞の写真（『良友画報』第三期、一七頁）は、土俗的なスタイルを有している。

しかし、これと同時に、「三足奇孩」の裸写真の下方には、次のような新しい書店の広告が掲載されている。「春風がそよそよ吹き始めると、大地の全てのものが活動を始めます。桃の紅に柳の緑、鶯は啼いて鳥は歌う、なんと素敵な春でしょう！　若者も春と同じです。……間もなく『青春好書店』がオープンします。どうか諸君、良書を求めておいでください」（図9、『良友画報』第三期、二〇頁）。柔らかな五四新文芸の語調によって伝えられる愉悦や青春の息吹と、地方志にのっているような三本足の怪奇写真がもたらす陰気で不快な情緒が一緒に並べられ、見る者を落ちつかなく目障りな気分にさせる。

第四期の構成にも、同様の不釣り合いがある。片や、上海の当時最大で最も豪華な映画館であるオデオン大戯院の紹介（『良友画報』第四期、一九二六年五月、五頁）[54]、片や、北京の出棺時における開路神の習俗（出棺時に葬列の先頭に立てる恐ろしい形相をした立像。邪気が祓われるとされている）や山西省の小人劇、さらに北京での人工孵化である。

中でも、山西の小人劇は次のように説明される。「山西に小人の一家がある。年を取っても身長は低いままで、普通の人とは異なる。その小柄で機敏な身体を使い、街で舞劇を行っている」。北京の人工孵化では、田舎じみた男女二人が網で卵を腹部に抱え、雛を孵化させた場面がある（『良友画報』第四期、一九二六年五月、一四～一五頁）。両者とも、典型的な『点石斎画報』風の題材である。第五期の表紙はカラーに変わり、紙面を一新した感じを与えるのだが、依然として、鼠が猫を食べたといった記事が掲載されている（『良友画報』第五期、一九二六年六月、一九頁）。

これ以外に、初期の一部の小説にも、旧文学の気風が色濃く残っている。第九期の「海上蕩魂記」は、麻雀や廓遊びをする頽廃した上海での生活を語ったものである（『良友画報』第九期、一九二六年十月、二一頁）。第一〇期の「文芸之部」に掲載された小説は、若妻の夫を思う切なさを文言で描写したもので、「鴛鴦胡蝶派」の因襲を脱していない（『良友画報』第一〇期、一九二六年十一月、二六頁）。「鴛鴦胡蝶派」の主要メンバーである周痩鵑は、自ら『良友画報』のために翻訳や翻案をした小説を発表している（『良友画報』第九、一〇、一二期）。

『良友画報』は、第二五期から、浙江の徐硯（字は見石）という画家が描いた「二十四孝図」を続けて掲載している。第二六期からは、顧頡剛に「二十四孝図」に添える短い考証の文を書いてもらっている。このシリーズの絵は、タッチが柔らかで、『点石斎画報』のようにおどろおどろしいものではない。だがその内容――「為母埋児」（郭巨の母は孫を可愛がり、もともと少ない自らの食事を孫に食べさせようとする。郭巨は子供は再び授かることができるが、母は二度と授かることができないと、子供を埋めようとする）、「孝感動天」（舜は幼いころに母を亡くし、父と継母にひどい目に遭わされながらも孝を尽くし続けたことから、その時の帝であった堯に噂が届き、舜は天子の座を譲られる）、「哭竹生筍」（孟宗の病気の母は冬に筍が食べたいと言う。冬に筍があるはずもなく、孟宗は涙を流しながら雪を掘っていると、なんと筍が生えてくる）等のようなもの――は、実のところ、『点石斎画報』に掲載されたものと違いがないのである。特に、五四新文化運動が伝統的な孝道を激しく攻撃している中で、『良友』が大真面目にこのシリーズの絵を載せ、大家に考証を依頼してまで伝えようとした意図というのは、確かに少し曖昧であった[55]。

精緻で美しい絵で読者を引きつけるためというのが、主な理由だったのかもしれない。なぜなら、確かに『良友画報』の多くの号には、目を楽しませる中国画や水彩画があるからである。しかし、『良友』がこれによって教化の目的を達成しようとした思惑があったことを軽視することはできない。たとえソフトで手軽な総合的出版物だとしても、『良友』の創刊者は、「新舞台」の経営者と同じく、単なる娯楽とは別に真面目なメッセージを示そうとしたのだ。『良友』の創刊者である伍聯徳は、第二五期に「為良友発言（良友のために言う）」という一文を載せ、堂々とした目標を公言している。まず、彼は「出版業は、国を守り民を育むことができる、印刷業は、国を強くし民を富ませることができる」という。続けて『良友』の貢献について言及する。「我々今日の中国は、国民の教育水準は低く、教育の振興も見られない。書籍や新聞雑誌が大いに不足していることが原因であると言ってもよい。国民の教育水準を高め、教育を振興させる唯一の道は、多くの書籍や新聞雑誌を出版することである。……ゆえに、我々は『良友』のために努め励み、さらに我々の中国に対して、『良友』が普遍的な貢献をすることを願う」（『良友画報』第二五期、一九二八年四月、七頁）。こうした「民智を開く（国民の教育水準を高める）」という議論は、清末以来続く、下層啓蒙運動の一貫した主張であった。

表面上では、『良友画報』の出現は多くの変革をもたらした。「印刷面：我々は様々な色彩を使用し、センスと美感を感じられるようにした。内容面：黒々とした文字以外に、多くの図を挿入し、見てわかりやすくした」。しかし、目を喜ばせる以外にも、そこには厳粛な使命が与えられていたのだ。「それ自体が力を生み出し、その力が人の心の奥底へ入り、人の思想を変化させ、学問を進歩させ、精神が無限の慰めを得るように望んでいる」（『良友画報』第二五期、一九二八年四月、七頁）。

しかし、人の思想を変えようとするのに、『良友画報』には明確な方向性がなかった。二十四孝の故事によって育もうとした目的は、五四新文化運動とは全く反対の方向だった。その一方で、「二十四孝図」と同時に、ある「革命芸術家」の作品も掲載されていた。「竄三苗於三危〔三苗を三危に竄つ（『書経』）〕」の水彩画には、丸裸の苗族の一群がもがき苦しむ表情が描かれており、強烈なモダンの息吹を有している。下のキャプションには、孫文の民族主義を遵守しなければ、絵の苗族のように、危機的状況に陥るのだと説明されている。その下の、「一個革命的芸術家」と題された作者紹介には次のようにある。「梁鼎銘先生は普通の画家ではない。彼には主義があり、命を捧げることができ、勇敢である。党の立場から民衆の奮起を呼びかけ、民衆を指導し、筆先で軍閥を一掃し、帝国主義を打倒し、国民革命を成し遂げ、三民主義を実行するという、類い稀なる革命芸術家である」（『良友画報』第二六期、一九二八年五月、三三頁）。

今日の見方からすれば、こうした言葉遣いは空虚で陳腐なものに感じられるかもしれない。しかし、羅志田の研究によれば、この時期、国民党に代表される革命の勢力、および宣揚の理念は、当時、進歩的な知識人でさえも虜にしたという。時代に遅れた北京や、混迷し汚濁した北方政局に対して、南方で起こった革命団体には活気があり、理想を有する新興勢力を代表していた[56]。こうした新味のある絵や文章は、『良友画報』自らが嘱望した、国民の教育水準を高める、あるいは民衆の考え方を変革するという厳粛な使命に合致していようが、同じように厳粛な意図を持つ二十四孝の図とは、思想の方向性を異にしている。

こうした新と旧、娯楽と啓蒙が混在した現象は、第二八期にとりわけ顕著である。この号で、顧頡剛は、自分の所蔵する「市廛間売唱者的曲本〔大道芸人が唱う戯曲の歌〕」中の二十四孝について真面目に紹介している。「第一の孝行者は明君の舜で、……孝行であったために皇帝となった」「第二の孝行者は目連で、目連は母を地獄から救い、浄土へ行かせた。観音娘の教えにより、冥府から母を救い戻した」「第四の孝行者は王祥で、長く病気を患っていた継母が魚のスープを欲しがり、魚を得ようと冷たい氷の上に臥していると、天が金の魚を二匹恵んだ」（顧頡剛「二十四孝」続、『良友画報』第二八期、一九二八年七月、三六頁)。その一方で、同じ号には、三枚の逞しい男性の写真がページ全体を使って掲載されている。「男性肉体美」と題されたスチール写真には、ショートパンツを身につけ、上半身裸の三人の「アメリカの著名なスポーツ選手」が、艶めかしい様子で全身の筋肉をひけらかしている。解説では、「科学的方法により、各部分の筋肉美の基準が分析されている。……優生遺伝の影響については、男であろうと女であろうと、美しかろうとなかろうと、ただ顔かたちだけで論ずることはできない。必ず人体各部の発育を見て評価せねばならず、それはすでに今日の世界によって公認されている」と強調されている。[57]

科学的方法であれ、各部分の筋肉美の基準であれ、今日の世界で認められているものはすべて、二十四孝中の皇帝、観音、怪異とは、強烈な対比を呈している。痩せこけた弱々しい孝行息子を、裸体の逞しい男性と同列に置くということが、いったいどのような思想の変革を生みだすのかは不明である。

しかし、上述の伝統的で厳粛なる題材のほかに、『良友画報』が人々に最も強烈に印象づけたのは、もちろん、楽しく、手軽で、新鮮味があり、近代的意義を含んだ表象であろう。上述した裸体の逞しい男性はその好例である。今日流行している総合雑誌の水準と比べてみても、『良友』が男性の身体に着目したというのは、かなりの変革であった。

第二八期では、上掲の西洋の逞しい男性のほかに、別の場所にも、南洋のレスラーの絵が載っている(二五頁)。このほかに、第二九期、三四期、四七期、四八期のいずれにも、よく似た写真が掲載されている(図10)。こうした逞しい男性の写真の中に隠された同性愛の欲望は、他にも二箇所ある。その中の「回到自然去〔自然に帰ろう〕」の写真は、裸体男性五人が、滝にある岩の上で一緒に写ったものである(『良友画報』第四七期、一九三〇年五月、二四頁)。続けて、英国人デュークによって描かれた大きな彩色絵画作品「夏天」では、六人の全裸の少年が、船上や水中で戯れる情景が描かれている(図11)(『良友画報』第五九期、一九三一年七月、五頁)。こうした公然たるヌード写真は、一九三〇年の時代の雰囲気の中で考えてみると、革新的かつ前衛的であったに違いない。

裸体の男性以外にも、女性のカラー写真を表紙にした号に、女性のヌードの写真や絵が載っているのも当然のことだろう（図12、13[58]）。しかし、こうしたエロティックな男女のヌード写真以外に、身体の近代的意義がより顕著に表れているのは、数多くのスポーツ写真である。政治家や戦争、重大ニュースの写真以外に、スポーツ大会や各種スポーツの記事は、『良友画報』において非常に重要なジャンルであった（図14）。

第二期に掲載された「全国サッカー大会」は、人々の耳目を一新させ、『点石斎画報』における怪力乱神の田舎じみた雰囲気を払拭し、気力と活力に溢れた新時代の到来を感じさせる。その後の、全国スポーツ大会（『良友画報』第四六期、一九三〇年四月、三～六頁）や、東アジアスポーツ大会の男子バレーボール、男子サッカー、陸上競技、オリエンテーリング、競泳の写真（『良友画報』第四八期、一九三〇年六月、三～七頁）は、これまでの典型的な文弱書生ではなく、新たな男性アイデンティティーの模範を呈示した。また、「両江女子体育学校学生的遊泳生活」のような女性の水着写真（図15）（『良友画報』第四九期、一九三〇年八月、三二～三三頁）は、覗き見的な人々の欲情を満足させただけでなく、新しい形の女性美の模範をも示した。このような、肉体を露わにし、活力に溢れた写真の中には、真に伝統と断絶した身体観や感覚の存在を確認することができる。

近代都市の姿を体現する大衆読物としては、ファッションや流行も欠かすことのできない重要なポイントである。第四期にはすでに、上海女性のファッションを紹介する写真が見えるが、それを身につけている女性自身や、青みがかったモノクロ写真という技術が人に与える印象は、やはり伝統女性の装いに近いものだった（『良友画報』第四期、一九二六年五月、一二～一三頁）。しかし、一九三〇年になると、女性のファッション写真は、すでに近代的特質を具えたものとなった。彩色画によって表現される春夏秋冬のニューファッションは、流行を創り出し、色彩は艶やかで、人々をうきうきと明るい気分にさせた（図16[59]）。

図 10：肉体美の男性
（『良友』48、1930.6：25）

図 11：夏の日　（『良友』59、1931.7：5）

図 12：女性のヌード写真
（『良友』51、1930.11：36）

図 13：女性のヌード写真
（『良友』51、1930.11：37）

図 14：スポーツ界の女性
（『良友』45、1930.3：24）

逞しい男性や、ヌードの女性、流行のファッション、水着の女性選手は、人々の新しい感覚を創り出したが、それ以外に、それまでの京劇のイメージを一新させた梅蘭芳の写真（図17）（「太真外伝」、『良友画報』第二五期、一九二八年四月、二七頁）も、ダンカン（Irma Duncan）の舞踊団（『良友画報』第一二期、一九二七年一月、一七頁）と同じように（図18）、都市の精緻な文化の象徴となったと言える。同様に、文化、娯楽となった映画の写真や記事も、『良友画報』の中で多くの分量を占めた。モーゼの「十誡」（『良友画報』第一期、一九二六年二月、八～九頁）、「サーカス」中のチャップリン（『良友画報』第二五期、一九二八年

図 15：両江女子体育学校の学生たちの水泳
（『良友』49、1930.8：32）

図 16：秋のニューファッション
（『良友』50、1930.10：23）

図 17：梅蘭芳
（『良友』25、1928.4：27）

図 18：イルマ・ダンカン
（『良友』12、1927.7：17）

四月、二六頁）、映画界のカップルである胡蝶と鄭小秋、ジャネット・ゲイナー（Janet Gaynor）とチャールズ・ファレル（Charles Farrell）（『良友画報』第五四期、一九三一年二月、三六～三七頁）から、上海の映画制作所の実景（『良友画報』第六一期、一九三一年九月、三四～三五頁）までもが読者に提供された[60]。

一種の文化的な装いや味わいの表徴として、『良友画報』に掲載された数多くの中国画や西洋画、芸術作品もとりわけ注目に値する。彩色画の「燭光」、水彩画の「首都鼓楼」（『良友画報』第五三期、一九三一年一月、三～四頁）、銭君陶の「紅、黄、藍」の三重奏、中国刺繍の「松鶴図」（『良友画報』第五四期、一九三一年二月、二

二、二五頁）等は、いずれも優雅で楽しげな印象を与える。こうした作品は、西洋の技法や画風を用いたり、対象人物の個性[61]が前面に出ていたりで、近代的風格が強く表れている。『良友』は、一九三〇年代初頭には印刷や撮影技術の改良を通じて、すでに精緻な文化テイストを作り上げるのに成功していたと言えよう。

五、結論

『点石斎画報』や「新舞台」の改良戯曲、『良友画報』等、代表的な出版物や文化を通して、上海都市文化が半世紀の間に転換した痕跡を見てきた。おおまかに言うと、『点石斎』は、伝統の枠組みの中に新たな発想を時折組み込んだ。『良友』は、近代化という方向性の中に伝統的な文化コードを時折混じり込ませた。「新舞台」は、旧来の大衆文化の形式を利用して新時代の情報を届けようとした。そしてその後期に上演された『済公活仏』においては、激烈な文化論争を引き起こした。

伝統から近代へと移り変わる過程で、上層の主流思想と都市の通俗文化との関係にも様々な形のものが出現した。『点石斎画報』について言うと、一八八〇年代、特に日清戦争以後、上層の思想界の激変は都市の通俗文化にはさほど大きな影響を及ぼさなかった。若干の、新興の「奇技淫巧〔奇をてらった技巧〕」や、西洋女性の地位を紹介した何枚かの絵のほかは、『点石斎』は基本的に物の怪を脱し切れていない前近代の世界に留まっていた。都市の外観や新式の道具は、上海を近代国際社会へと導いたのだが、精神構造において『点石斎』が示していたものは、依然として怪異的で奇怪な田舎じみたイメージであった。

「新舞台」の設立者は、辛亥革命の時期、革命活動に積極的に参与しており、そのため大量に創作された改良劇には啓蒙の意味を持ったテーマが取り上げられている。この点についていえば、実は、清末以来の「民智を開く」

という思潮と密接な関係があった。この一般民衆を対象とした伝統的な芸術形式には、清末民初の主流思想がよく反映されていると言えよう。[62]ここで、大衆文化と主流思想は大きく重なり合うのである。大衆文化の作り手として、「新舞台」は、いかにして新たな情報を旧式の枠組みの中に巧みに嵌め込み、いかにして新たなメッセージを、負担と抵抗の少ない形でそれと気づかれぬままに、緩やかに解き放ってゆくかを熟知していた。しかし、市場の動向を考慮した観衆の嗜好への迎合と制作者自身の思想の限界から、改良戯曲はあらゆる部分で新旧入り交じった特徴があった。

五四新文化運動の初期、「新舞台」の制作には一時、エリート知識階層の思想との間で大きな隔たりが生じた。しかし、『済公活仏』の後期の脚本において、上層の最も急進的な思想は、驚くべき手法、つまり神怪の旧式の伝統——それは主流思想から糾弾された伝統要素であるが——に包装されて呈示された。こうした大胆な試みは、一九三〇年代の左翼陣営の大衆化論戦と、一九四〇年代の「新歌劇」の先駆けとなり、文革中の革命模範劇において最高潮に達した。この発展過程の中で、伝統と近代、大衆文化とエリート思想は、かつてないほど緊密な結びつきを見せたのである。

『良友画報』の娯楽性は、実のところ、創刊者が進めようとした「民智を開く」ことよりも大きいものであった。その娯楽性は、新たな感覚を提供し、近代イメージを具えた知識人の称賛と裏書も得た。しかし、それが上層の思想界が最も関心を寄せたテーマを反映したものだったと言うことはできない。仮に、五四新文化運動の知識人が関心を寄せたテーマこそが中国思想界のモダニティを構成するのだと言うなら、『良友』の方は明るく手軽な方法で、文化上の近代的感覚を呈示したのだとしか言えない。あくまで感覚の上での、審美経験の上での、文化テイストの上でのモダニティなのである。

この三つの異なる段階の文化モデルはいったいどの程度、都市生活の本質、あるいは都市住民の精神イメージを表象しているのだろうか？　清末民初の「鴛鴦胡蝶派」小説や映画を参考モデルとするならば、『点石斎画報』の創出した怪奇イメージは、当時の一般的な上海住民の精神構造を忠実に反映しているのではないかと推測できる。「新舞台」は、伝統的な文化素材と新時代の情報とを矛盾なく混在させ、一般民衆の新旧入り交じった心理状態をも反映することができた。

『良友画報』の方は、意匠を凝らして創り上げた明るい近代世界が、二十、三十年代の上海の変容をどれほど反映しているかについて、さらなる考察が俟たれる。戦争や時事は、カメラのレンズを通して、『点石斎画報』や改良戯曲よりも一層真実味のあるリアル感を創出することができた。この点では、『良友』には二十世紀中国の近代の様相がかなり忠実に表象されていると言える。しかし、『良友』が意図的に創り出した流行、文化、精巧な品質について言えば、いったい『良友』は本当の上海を反映しているのか、あるいは、『良友』が上海人のために文化のモダニティの形態と模倣対象を形作り、そしてそれによって、都市住民の文化感知力、鑑賞力、精神イメージが変容したのかどうかについては、なお多くの検討を要するのである。

（高尾有紀　訳）

〈付記〉

まず、羅久蓉、邱澎生教授による、一部資料の借覧への協力に感謝したい。本論は、漢学会議で発表した際、石守謙、康来新教授に叱正して頂き、さらに康来新教授には惜しみなく関連する資料を寄贈して頂いた。ここに謹んでお礼を申し上げる。また、郝延平教授、李欧梵教授による激励と提議にも感謝したい。

【注】

（1）Ying-shih Yu, "The Radicalization of China in the Twentieth Century," *Daedalus*（Spring, 1993）pp.125-150. 余教授は、特に自身の故郷である安徽の村のことに言及している。陳独秀の故郷懐寧近くの田舎の村落であるその村は、一九四九年になるまで五四新文化運動やマルクス主義の影響を受けることはなく、激しい思想の変化は主として大都市での現象だったとする。このような新旧の落差は、都市と農村の間だけでなく、都市における上層の思想と通俗文化の間にも見られる。後者はまさに本文で検討するテーマである。

（2）熊月之・張敏『上海通史』（上海人民出版社、一九九九）、巻六、「晩清文化」、一二九～一六七頁。

（3）熊月之・袁燮銘『上海通史』（上海人民出版社、一九九九）、巻三「晩清政治」、一六二～一八六頁。

（4）陳永発『中国共産革命七十年』（聯経出版公司、一九九八）、上冊、一六五～一六七頁、参照。

（5）中国共産党の一九三〇年代初期における上海「白区」〔第二次国共内戦時期における国民党統治区〕での地下活動については、陳志譲の簡単な紹介がある。Jarome Ch'en, "The Communist Movement 1927-1937," in John K. Fairbank & Albert Feuerwerker eds., *Republican China 1912-1949*（Part 2）, in *The Cambridge History of China*（Cambridge University Press,1986）, vol. 13, pp.216-218. 参照。左翼映画の一九三〇年代初期における上海での発展については、程季華『中国電影発展史』（中国電影出版社、一九六三）巻一、第三章を参照。こうした過激な宣伝活動によって、左派文学団体は上海市警察局の掃討対象となった。Frederic Wakeman Jr., *Policing Shanghai, 1927-1937*（University of California Press, 1995）, pp.170-177. 221-222. 参照。左翼団体は様々な文芸形式を用いてプロレタリア大衆に宣伝を進める努力を図った。Hsiao-t'i Li, "Opera, Society and Politics：Chinese Intellectuals and Popular Culture, 1901-1937"（Ph. D. Thesis, Harvard University, 1996）, chapter 4.

（6）Leo Ou-fan Lee, *Shanghai Modern*：*The Flowering of a New Urban Culture in China, 1930-1945*（Cambridge：Harvard University Press, 1999）, pp.6-7.

（7）Benjamin Schwarz, "The Limits of 'Tradition versus Modernity'：The Case of the Chinese Intellectuals," ベンジャミン・シュウォルツ教授晩年最後の論文集 *China and Other Matters*（Cambridge: Harvard University Press, 1996）, pp.45-64. 所収。

(8) Leo Ou-fan Lee, *Shanghai Modern: The Flowering of a New Urban Culture in China, 1930-1945*, pp.43-44. 参照。

(9) 「新舞台」や、「新舞台」を中心とした「娯楽」や「啓蒙」の効果を併せ持つ「改良劇」に関しては、私の別の論文「中国近代大衆文化的娯楽与啓蒙——以改良戯曲為例」（『二〇世紀的中国与世界」論文選集』、（中央研究院近代史研究所、二〇〇一）下冊、九六五～九九四頁）参照。

(10) 康無為（Harold Kahn）は、大衆マスメディアというものは本来、汽車や蒸気船が近代の郵便伝送システムに導入されてから現れるものだと述べている。これを基準にして見れば、『点石斎画報』は大衆のマスメディアと称することはできない。『点石斎画報』は『申報』の附録であり、『申報』の定期購入者が別料金を支払う必要はなかった。しかし、単独で画報のみを購入することもでき、銀三分で販売されていた。一八七〇年代初期には、『申報』は約六百部しか発行されておらず、当然マスメディアと言うことはできなかった。しかし、一八九〇年代に至ると、『申報』の発行量は一万五千から二万部となり、『点石斎画報』も一万から一万五千部になり、実際には、すでにかなりの発行量と読者群を有していた。たとえ「マス」メディアとは言えなくとも、都市の通俗もしくは流行読物と見なすことに問題はないと思われる。しかし、私は康無為の意見に賛同する。『点石斎画報』は、葉暁青が指摘するように、女性や子供、教育を受けていない人が楽しむには難しかった。康無為（Harold Kahn）『読史偶得——学術演講三篇』（中央研究院近代史研究所、一九九三）、九七～九八頁、参照。売価と発行料については、王爾敏「中国近代知識普及化伝播之図説形式」、『中央研究院近代史研究所集刊』一九、一九九〇、一四〇、一六八頁参照。

(11) 鴛鴦胡蝶派小説の全面的研究に関しては、Perry E. Link, *Mandarin Ducks and Butterflies: Popular Fiction in Early Twentieth-Century Chinese Cities* (Berkeley: University of California Press, 1981) 参照。簡潔な紹介は、Leo Ou-fan Lee, "Literary Trends I: The Quest of Modernity, 1895-1927," in John K. Fairbank ed., *Republican China 1912-1949* (Part 1), in *The Cambridge History of China* (Cambridge University Press, 1983), vol. 12, pp.461-464. 新文学作家による鴛鴦胡蝶派への攻撃については、魏紹昌等編『鴛鴦胡蝶派文学資料』（福建人民出版社、一九八四）下冊、第四編、七一〇～九〇〇頁、所収の論文を参照。

(12) 程季華『中国電影発展史』（中国電影出版社、一九六三）、八頁。

(13) Leo Lee, *Shanghai Modern: The Flowering of a New Urban Culture in China, 1930-1945*, pp.83-85.

(14) 同上

(15) 程季華『中国電影発展史』、五六頁。

(16) 康無為『読史偶得――学術演講三篇』、九四～九六頁。

(17) 王爾便「中国近代知識普及化伝播之図説形式」、一三七頁。

(18) 魯迅『二心集』所収、『魯迅全集』(唐山出版社影印本、一九八九)、巻六、九〇頁に収録。〔訳者注〕日本語訳は『魯迅全集』六(学習研究社、一九八五)を参照。

(19) 王爾敏「中国近代知識普及化伝播之図説形式」、一六九～一七〇頁。

(20) 同上、一六九頁。

(21) 同上、一六六頁。

(22) 同上、一五二～一五八頁。

(23) ここで使用した版本は、中央研究院民族研究所と近代史研究所図書館からそれぞれ借りたものである。両者の目録作成方法は異なる。『画報』本来の目録では、検索が大変不便であり、突き合わせて調べやすくするため、私は二種の目録を使用している。先に『画報』本来の目録を示し、加えて各図書館が添加した分類を付け加えることとする。訳者注：李孝悌氏の原著論文では両者の目録を併載しているが、日本の読者の便に鑑みて、ここでは画報本来の編目のみを示すこととする。

(24) 上海で一度試験飛行し、死傷者は出なかったものの失敗に終わっている(「気球洩気」壬五)。

(25) この他にも蘇州の製糸工場をテーマにした描写もあり、趣旨はほぼ同じである(「人墜煙囱」元二)。事故のニュースを好んだのは、中国だけではなかった。ロンドンとニューヨークで一八四〇年代に登場した石印の廉価な出版物でも、火災やその他様々な自然や人為的な災害は出版物にとって格好のニュースだった。康無為、前掲書、九五～九六頁。

(26) また別の記事には、ある西洋式のサーカスが香港で上演した際、大人しかった象がピアノの側へ行くと突然騒ぎ出しておさまらなくなり、それというのも、「鍵盤にその象の母の牙が使われていた」ということが示される。続く文章の後半の内容は、人がいかに孝を尽くすべきかというものである。作品の題目は「象有孝思」で、内容はタイトルの通りである。この物語にもやはり若干怪異の要素があるといえ、重心は道徳教化にあり、伝統によって近代を扱う方式とは別のものである。

(27) また別の記事に、江西の田舎から街に見世物として運ばれてきた「双頭の人」が、片方の口ではなまぐさを食べ、もう片方の口では精進ものを食べ、輿に担がれ街中引き回されていたとある(「両頭人」石十一)。
(28) また別の女性は、身ごもること十二ヶ月で、身体が魚で頭は人という怪物を産んだ(「魚身人首」利十二)。
(29) 王爾敏「中国近代知識普及化伝播之図説形式」、一四五～一五八頁参照。
(30) より詳細な検討については、注(9)の李孝悌「中国近代大衆文化中的娯楽与啓蒙――以改良戯曲為例」を参照。
(31) 同上
(32) Li Hsiao-t'i, "Opera, Society and Politics : Chinese Intellectuals and Popular Culture, 1901-1937," chap. 4.
(33) ここでのあらすじについては、龔義江「南方京劇旦角改革的先駆馮子和」、中国人民政治協商会議上海市委員会文史資料委員会編輯、『上海文史資料六一輯(戯曲専輯)戯曲菁英』(上海人民出版社、一九八九)上冊、一六七頁を参照。
(34) David Der-wei Wang 王徳威, *Fin-de-Siecle Splendor : Repressed Modernities of Late Qing Fiction, 1849-1911* (Stanford : Stanford University Press, 1977), pp.101-106.
(35) 王鴻泰『三言二拍的精神史研究』(台大出版中心、一九九四)、第二章、特に一一六頁。
(36) 実際、『醒世恆言』の中には、広く伝播した話として「売油郎独佔花魁」がある。その中の女性主人公の本名も瑶琴(莘瑶琴)で、戦乱によって父母と離散し、隣人に騙されて妓楼へ売られた。『新茶花』の女性主人公瑶琴の名前はこれによった可能性が高い。しかし、両作品はその後全く違った話に発展した。「売油郎独佔花魁」の話については、馮夢龍『醒世恆言』(天一出版社、一九八五)、一～三六頁を参照。
(37) 王鴻泰『三言二拍的精神史研究』、一〇一頁。
(38) 訳者注：日本語訳は、岩城秀夫訳「桃花扇」(中国古典文学大系第五三巻『戯曲集(下)』、平凡社、一九七一年一二月初版)によった。
(39) 孔尚任『桃花扇』、『中国十大古典悲劇集』(上海文芸出版社、一九八二)下冊、八〇五～八〇六頁。
(40) ここでは、『戯曲・曲芸』巻、『中国大百科全書』(中国大百科全書出版社、一九八三)、五三二頁に基づいた。
(41) 同上、二六一頁。および上海芸術研究所主編『中国戯曲曲芸辞典』(上海辞書出版社、一九八一)、五八〇頁。
(42) 『中国戯曲曲芸辞典』、五八一頁。

(43) 同上、五七八～五八〇頁。
(44) 張庚・郭漢城『中国戯曲通史』(丹青図書公司、一九九五)第三冊、六九～七〇頁。
(45)「盗宝」というのも注目すべきテーマであり、唐代の伝奇小説「紅線」が最も有名な例である。潞州節度使の薛嵩の下女である紅線は神通力を持った女性で、夜に魏博節度使田承嗣の厳重な警備のある邸宅へと侵入し、田が熟睡している隙に、枕元にあった黄金の箱を盗み去り、これによって田に警告を発したというストーリーである。王夢鷗「紅線」、『唐人小説校釈』(正中書局、一九八三)、二七七～二九二頁を参照。十六世紀の著名な戯曲作家・梁辰魚は、「紅線」の物語をもとに「紅線女」という雑劇に改編した。『中国大百科全書』『戯曲・曲芸』巻、二二一頁を参照。この紅線盗宝の話は、その後の民間戯曲に広く伝わっているが、詳細な状況については現在のところ調査の手立てがないため、ひとまずここに記しておくのみとする。
(46)『申報』一九一六年三月十四、五月二十日、一九一八年二月二十三日、二月二十六日、五月十五日～十八日。
(47) 北京市芸術研究所及上海芸術研究所合編『中国京劇史』(中国戯劇出版社、一九九〇)中巻、一三八頁。『申報』の広告から、この戯曲が一九二二年初めから一九二三年九月の間によく上演されていたことがわかる。一九二四年後半に至るまで人気の演目であった。
(48) 陳独秀の関連する言説についてはかつて検討している。『清末的下層社会啓蒙運動一九〇一～一九一一』(『中央研究院近代史研究所専刊』(六七)、一九九八年再版)、一五四～一五七頁、参照。
(49) 李孝悌「中国近代大衆文化中的娯楽与啓蒙――以改良戯曲為例」の文中での紹介を参照。
(50) 詳細な討論は、拙著「民初的戯劇改良論」、『中央研究院近代史研究所集刊』二三下(一九九三)、二八五～二九二頁を参照。
(51) 胡適「建設的文学革命論」、『胡適文存』(遠東図書公司、一九八三)集一、七一頁。
(52) 胡適「易卜生〔イプセン〕主義」、『胡適文存』集一、六三二頁。
(53) 馬国亮「重印序」、『良友画報』(台湾商務印書館影印、一九九〇)。
(54) この時期の上海映画館の紹介は、Leo Ou-fan Lee 注(6)、pp.83-84を参照。
(55) 連載作品は『良友画報』第二五期(一九二八年四月)三六頁、第二六期(一九二八年五月)三七頁、第二七期(一九二八年六月)三六頁、第二八期(一九二八年七月)三六頁、第二九期(一九二八年八月)三八頁、第三〇期(一九二八年九月)

三八頁。

(56) 羅志田「南北新旧与北伐成功的再詮釈」、『新史学』第五巻第一期、一九九四年、八七〜一二八頁、参照。

(57) 『良友画報』第二八期、六頁。「健美」の名称は、早くは第四期・第五期に、上半身裸の男性の写真に登場する。それぞれ二、六頁を参照。

(58) 『良友画報』第三〇期(一九二八年九月)三三頁、第四七期(一九三〇年五月)一九頁、第四八期(一九三〇年七月)二四頁、第五五期(一九三一年三月)五頁、第五六期(一九三一年四月)二四頁、第六一期(一九三一年九月)五頁。

(59) 『良友画報』第四九期(一九三〇年八月)三二〜三三頁、第五〇期(一九三〇年九、十月合刊)二三頁、第五三期(一九三一年一月)二三頁、第六〇期(一九三一年八月)一八〜一九頁。

(60) 映画が市民の娯楽において占める地位はますます重要になってきており、『良友画報』のような総合的出版物に多くの絵や文章で紹介されたほか、専門的な映画雑誌が大量に出現している。ある統計によれば、一九二一年から一九四九年の間に併せて二〇六の映画雑誌が出版され、月刊や定期刊行、特集号があったと指摘されている。関連する研究については、Leo Ou-fan Lee, *Shanghai Modern: The Flowering of a New Urban Culture in China, 1930-1945*, pp.85-90. を参照。

(61) 陳秋草「高女士像」も同様に、伝統的な仕女図の上品なイメージを打破し、作品の中心人物特有の個性を工夫を凝らして際立たせている(『良友画報』第五六期、一九三一年四月、三頁)。

(62) 清末の「民智を開く」運動の具体的な内容と、「新舞台」を中心とする改良戯曲の内容には重なり合うものがあり、私の中国語の専論である『清末的下層社会啓蒙運動』(注48)と、"Opera, Society and Politics," chap.4(注5)を参照されたい。

◉ 訳者後記

本書は李孝悌『昨日到城市——近世中国的逸楽与宗教』（台北・聯経出版有限公司、二〇〇八）繁体字版の全訳である。原名は『恋恋紅塵——中国的城市、欲望与生活』といい、二〇〇七年に上海人民出版社から「都市空間与知識群体研究書」シリーズの一つとして簡体字で出版されている。ただし、李孝悌氏はその前の二〇〇二年にも『恋恋紅塵——中国的城市、欲望与生活』という書名で、台湾の一方出版有限公司から論文集を出しているが、二〇〇七年の上海人民出版社版や二〇〇八年の聯経出版有限公司版では新たに五篇の論文が増補され、今の論文数となっている。日本語版の書名は上海人民出版社版の名から取ったものである。

著者の李孝悌氏は台湾大学歴史系を卒業後、同大学院の修士を修了し、ハーバード大学に留学した。ハーバード大学で歴史および東アジア言語課程の博士号を取得し、台湾・中央研究院歴史語言研究所研究員を経て、現在は香港城市大学教授、中国文化センターの主任を務めておられる。さらに日本との関わりでいえば、今年、東アジア文化交渉学会会長に就任された。専門は明清史、社会史、都市史、文化史など一言では説明できないほど幅広い。著書は主なものだけでも八冊、英文を含めて七十本近くの論文や書評を発表されている。さらに近日中に、英文の研究書 *Opera, Society and Politics in Modern China*（Harvard University Asia Center, 2018）が上梓される予定である。本書の「日本語版序」でも言及されているように、これは一九九六年にハーバード大学に提出した博士論文をもとに修正加筆したもので、李氏が十年以上の歳月をかけて心血を注いだ書である。

私が李孝悌氏の名を初めて知ったのは、『清末的下層社会啓蒙運動 1901-1911』（台北・中央研究院近代史研究所、一九九二初版）である。一九九八年に修訂再版が出され、二〇〇一年には河北教育出版社から簡体字版が出ていることからもわかるように、これは研究者の間で好評を博した本であり、日本でも中国近代の啓蒙運動や民衆教化を論じる際には、必ず参照引用される文献である。そのため、実をいうと、私は本書を手にとるまで、ずっと李孝悌氏の専門は中国の近代史、社会史であると思い込んでいた。しかし、李氏はその後、近代から明清へ、下層文化から上層文化へ、社会史から文化史、都市史へと研究領域を広げておられたのである。本書に収められた論文は、文化史、都市史を軸に据えたものである。

本書の内容については大木氏の解説に譲ることとして、監訳者として僭越ながらこの場を借りてこの本の読み方を読者に提案しておきたい。本書は論文集なので、読者は興味にしたがってどの章から読んでもいいのだが、その際にはぜひ第一章の「明清文化史研究の新課題」も併せて読まれることをお勧めしたい。

「明清文化史研究の新課題」は、もとは李孝悌氏が編纂した『中国的城市生活』（台北：聯経出版有限公司、二〇〇五、簡体字版は新星出版社、二〇〇六）の序文として書かれたものである。『中国的城市生活』は中央研究院のプロジェクト「明清的社会与生活」の研究成果として編纂されたもので、李氏の論文（本書第八章「都市での彷徨――鄭板橋のうたかたの人生」）を含む十三篇の研究論文を収める。李氏は、西洋で興った新しい文化史の概念や、台湾における新文化史研究の展開を整理したうえで、個々の収録論文について「逸楽」「宗教と士大夫」「士庶文化」「都市生活の表象」「商人の文化」「ミクロヒストリー」「伝統と近代」といった具体的な視点から研究の意義を解説している。読者はこれを一読することで、『中国的城市生活』の内容もおのずと知ることになる。

西洋で生まれた新しい文化史という概念をどのように理解し、どのように中国の文化史研究の手法として応用するかを考えるうえで、「明清文化史研究の新課題」は大変示唆に富む。私がそうだったように、この本を手に取る読者――おそらく明清を中心とする文学／史学研究者は、そこから多くのインスピレーションを得るであろう。

翻訳にあたって心掛けたのは、大学の学部生や一般読者が一読して理解できる日本語訳である。そのため、古典詩文の引用部分で原文を表示するのは、詩歌のみに限定した。散文や戯曲文については訓読を避け、平易な日本語訳にすることにした。一般的な古典文学の論文の形式を採らなかったのは、訓読文のみで内容を理解できるようになるには、かなりの専門的トレーニングを必要とすると判断したためである。なお、典故を踏まえるなど、解説がなければ訳文を理解しにくいと思われる語彙については、訳者の判断で適宜訳注を加えている。訳注は本文と区別し、〔　〕で示している。また、原著では注はすべて脚注として当該ページの下段に配されていたが、訳書では文末注の形式に統一している。ただし、引用文の出典を示す注については、読者の煩を避けるため、本文の引用箇所の最後に（　　）として移動させた。そのため、原著と訳書の注番号が異なっている点を、ご諒解いただきたい。巻末の人名索引には、二十世紀以前の人物名のみにとどめ、たとえば現代の研究者の氏名は含んでいない。

監訳者も含めて、翻訳者グループの専門分野は、中国古典文学あるいは中国語学であり、これまで社会史や新しい文化史（カルチュラル・ターン）の理論書に接した経験はほとんどない。そのため、李氏の研究上の論理構成を理解し、適切な訳語を決定するまでにはかなりの時間がかかってしまい、本シリーズの編集委員や東方書店編集部の川崎道雄氏にはご心配とご迷惑をおかけした。

奈良女子大学文学部の同僚でフランス近現代史の専門家である渡邊和行教授（現、京都橘大学文学部教授）には西洋の社会史と文化史研究の動向について懇切なご教示をいただき、感謝している。

誤訳や誤植はすべて監訳者である野村の責任である。大方のご叱責を賜りたく思う。

野村鮎子

二〇一八年五月

◉明清江南文化史研究のすぐれた道案内
——李孝悌さんの『恋恋紅塵』に寄せて

大木康

李孝悌さんは、わたしにとって、文字通り畏友という名称がぴったりする友人である。

李孝悌さんとの因縁を語るにあたり、しばらく個人的なおしゃべりのお付き合いをお許し願いたい。わたしが中国大陸にはじめて行ったのは、一九七九年、まだ大学の学部生だった時のことで、その後、八四年から八五年にかけて上海の復旦大学に留学し、その後もほぼ毎年のように訪れていた。ところが台湾を訪れたのは、中央研究院中国文哲研究所の華瑋・王瑷玲両先生が主催された「明清戯曲国際研討会」にお招きいただいて参加した一九九五年が最初なのであった。これは後で述べることと多少関わっているが、正直なところ、わたしたちの先生世代の方々は、中国大陸には親近感を抱き、一九七二年の日中国交回復、そしてそれに続く一九七八年の平和友好条約締結によって、日中の間で正式な交換留学生の制度が開始されると、われわれに中国へ行くことを強く勧められたのであるが、その一方、台湾に対してはある種の見方をお持ちだったようで、わたしは台湾へは行きません、と明言された先生もおられたのを記憶している。わたし自身、代々木の東豊書店や神保町白山通り沿いにあった海風書店などで、台湾版の書物をたくさん買っていながら、実際台湾に行ったのがこれほど遅くなったのは、そんなことも関係していたのかもしれない。

いきなり昔話になって恐縮だが、わたしがはじめて台北の南港にある中央研究院を訪れた一九九五年には、南港に通じる地下鉄（台北の捷運、ＭＲＴ）はまだなく、中央研究院から台北の町の中心あたりに出ようと思うと、大渋滞を覚悟の上、二一二番のおそろしく長い距離を走るバスに揺られて行くしかなかった。たまたま鉄道好きのわたしは、間もなく鉄道（台鉄）の南港駅があることに気がつき、南港から列車で台北に出る方法を発見したのだが、だいたい自分の車で通勤しておられる中央研究院の先生方からは、ほう、そんな方法がありましたか、と感心されたりもした（そういえば、彼らは台北の中心部に行くことを、半分冗談まじりで「到台北去（台北に行く）」といっていた。南港は台北だと思われていないのである）。いま調べてみると、台北の捷運で最初に営業を開始したのは一九九六年の木柵線で、中央研究院に関わる南港線が市政府まで開通したのが一九九九年、そのあとさらに昆陽まで延伸したのが二〇〇〇年。思えば町の中心部から昆陽まで列車に乗り、昆陽からバスで中央研究院まで行っていた期間が比較的長かった。捷運が南港まで伸びたのが二〇〇八年、さらに南港展覧館まで伸びて、文湖線とつながるのが二〇一一年のことだったようである。

一九七九年、また一九八四年からはじまって、上海の町は、毎年のようにその発展の様子を見てきたが、台北についても、やはりここ二十数年の変化発展は相当大きく、その様子を見続けてきたことになる。当時世界一の高さであった台北１０１が竣工したのが二〇〇四年、台湾新幹線（台湾高速鉄道、いわゆる高鉄）が営業運転を開始したのが二〇〇七年であった。台湾に来るたびに何らかの変化があり、どんどん便利になっていった。

一九九五年六月にはじめて台北を訪れて以来、一九九九年七月には文哲研究所の胡暁真さんが主催された「世変与維新—晩明与晩清的文学藝術」の会、二〇〇二年の秋に同じく王瑷玲先生が主催された「明清文学与思想中之主体意識与社会」の会、二〇〇四年四月には華瑋先生が主催された「湯顕祖与牡丹亭国際学術研討会」に、それぞれ招いていただき、論文を発表させていただいた。「牡丹亭」の会と前後して、二〇〇四年四月から七月にかけての約三ヶ月、交流協会日台交流センター歴史研究者交流事業の派遣研究者として、中央研究院中国文哲研究所の訪問学人として滞在する機会も得た（受入教官は華瑋先生）。中央研究院での滞在期間中は、中国文哲研究所図書館、また歴史語言研究所傅斯年図書館などに所蔵される台湾、中国、日本、欧米の豊富な蔵書をふんだんに利用し、恵まれた環境で勉強させていただくことができた。これですっかり台湾の学術研究のファンになってしまったのであった（一九八七年台湾の戒厳令解除、一九八八年李登輝総統の誕生、一九八九年の六四事件あたりで、潮目が変わった感じがあったかもしれない）。中国の図書館にも、もちろんたくさんの書物があるのだが、アクセスのよさ、また中国学の研究に関する台湾、中国大陸、日本、欧米の書物がすべてそろっている条件のよさについては、台湾の図書館の方に軍配があがるであろう。その便利さは、ある意味日本以上である（何といっても、中国学は日本でいえば国史・国文である）。台湾の資料状況に近いのが、ハーバード・イェンチン研究所など、アメリカの図書館であろうか。

そんなことから、頻繁に台湾を訪れるようになり、その後も、さまざまな学会・研究会にお招きいただいているし、二〇〇八年八月から〇九年七月まで、桃園の中壢にある国立中央大学の中文系で、客員教授として授業を担当したり、二〇一五年八月から一六年一月まで、台湾大学台湾文学研究所、白先勇文学講座の客員教授として、同大学中文系、日文系での授業を担当させていただいたりもした。中国大陸とともに、だいたい少なくとも毎年一度は台湾を訪れて、今日に至っている。中央大学に滞在中、やはり清華大学に滞在しておられた本書の監訳者、野村鮎子先生に新竹の町を案内していただいたのもなつかしい。

自分の思い出ばかりをずいぶん記してしまったが、李孝悌さんとの出会いである。このあたり、記憶がいささか曖昧なのだが、九九年の会があった時、これはたしか廖肇亨さん（台湾大学で修士の学位を取得された後、東大に留学され、二〇〇一年に博士学位を取得。文哲研究所のポスドク、助研究員、副研究員を経て、現在では同研究所の研究員。副所長もつとめられた）の紹介でお目にかかったように思う。その後、だいたい台湾に行くたびにお目にかかり、李さんが香港に移られてからも、香港で、また上海で（いっしょに復旦大学文史研究院の学術委員になっている）しばしば顔を合わせている。

はじめて会ってほどなく、李さんは中央研究院全体の秘書長をつとめられ（二〇〇二年から二〇〇四年）、二〇一三年からは香港城市大学に移籍され、鄭培凱先生の後を承けて同大学中国文化中心の主任をつとめられるとともに、新たに同大学の中文及歴史学系を立ち上げられた。

二〇〇七年に、わたしの著書『中国遊里空間　明清秦淮妓女の世界』（青土社　二〇〇二）が中国語に翻訳されて出版された際（辛如意訳、『風月秦淮――中国遊里空間』、聯経出版事業股份有限公司）、八ページにもわたる長文の序文をお寄せいただいた。序文では、李さんが台湾大学歴史系の学生であった時、佐伯富教授の「中国塩業史」の講義を聴講された思い出、そしてアメリカに留学される途次、東大の東洋文化研究所に田仲一成教授をたずね、書庫を参観した思い出（この当時、わたしは研究所の助手をしていたので、ひょっとしたら廊下ですれちがっていた可能性もないわけではない）など、日本の学者との直接の関わりについて語られ、さらに書物を通しての日本の研究者の研究を紹介しておられる。李さんは、本書（第一章）にも収録されている『桃花扇』に関する論文を書かれる際、拙著を利用されたといい、その因縁で、序文を書いてくださったのであった。

今度は、わたしの方が李さんの本の解説を書くことになった次第で、ご本人をよく知っているのも、逆にいささか書きにくいようでもあるが、ここでもう一度李さんのご本を読ませていただき、紹介かたがた思いつくことなどを書きつけさせていただくことにしたい。

これまでにも断片的に触れてはきたが、改めて李孝悌さんを紹介してみよう。李孝悌さんは、一九五四年のお生まれである。個人的にいえば、わたしより少し年上であるが、多少の年のちがいはあっても、ほぼ同世代である。

いつだったか、台湾で同じ世代の研究者とおしゃべりをしていて、子供のころに見たテレビ番組の話になったことがあった。その彼が、「勇士たち（勇士們）」というアメリカの戦争ドラマを夢中になって見た、といっていた。「勇士たち」ではわからなかったのだが、ほら、こんな主題歌の、といって彼が口ずさむのを聞けば、それはまぎれもなく「コンバット」なのであった。それならたしかにわたしも子供のころに見ていた。一九六〇年代、台湾の子供と日本の子供は、ともにアメリカのドラマを見て育った。このあたり、紅衛兵になったり下放したりしていた中国大陸の同世代とはちがった共通性のようなものがある。ちなみに、日本で「コンバット」が放映されたのは、一九六二年から六七年まで、台湾では一九六四年から六七年までのようであったから、日本と台湾での放映期間は、まったく重なっていたのである。

李孝悌さんは、台湾師範大学附属高級中学から台湾大学歴史系に進まれ、大学院修士課程を終えた後、中央研究院近代史研究所の助理研究員となり、在職のまま国家科学委員会の奨学金を受けてハーバード大学に留学、博士論文の提出資格を得たところで帰国し、一九九六年に博士の学位を取得された。中央研究院に在職のまま海外留学を認められたことにつき、当時の若い研究者は優遇されていたといい、いまならあり得ないこと、とはご本人の談である。もちろんそれだけ優秀であり、将来を嘱望されていたからでもあろう。帰国後、近代史研究所の副研究員に昇任、後に同じ中央研究院の歴史語言研究所に移籍され、副研究員、研究員をつとめておられる。この経歴を見ただけでも、台湾でもピカイチのエリートコースを歩んでこられたことがわかる。

ハーバードにおいては、中国近代史家であるフィリップ・キューン教授のもとで研鑽を積まれた。キューン教授は、清末の太平天国などの研究で知られるが、中国の近代化に関していわゆるウエスタン・インパクト論に対し、中国独自の近代化を唱えた研究者の一人である。その *Soulstealers: The Chinese Sorcery Scare of 1768*（Harvard University Press, 1990）は、日本でも『中国近世の霊魂泥棒』（谷井俊仁・谷井陽子訳　平凡社　一九九六）として翻訳が出されている。十八世紀、乾隆帝の時代に起こった「霊魂泥棒」の事件。「霊魂泥棒」が出現し、弁髪を切られると、魂を奪われ、死んでしまうという噂がひろがり、王朝も対応を迫られる。弁髪はまた満州族の中国支配の象徴でもあったからである。こうした一見小さな事件から出発して、それを政治、社会全体の大きな問題につなげてゆく骨法は、李孝悌さんの論文にも通じるものがある。李さんによれば、こうした手法をクリフォード・ギアツの作品から学ばれたとのことである（ギアツについては、東洋文化研究所の先達である原洋之介先生の『クリフォード・ギアツの経済学—アジア研究と経済理論の間で』（リブロポート　一九八五）をきっかけに、二三の本のページをめくったこともあり、わたしにとってもなじみがないわけではない）。

李孝悌さんは、キューン教授のもとで、期末論文の一つのテーマとして、たまたまイェンチン図書館で見た『白雪遺音』『霓裳続譜』という十八世紀の民間歌謡集を取り上げる。それが本書第七章の論文になっているのだが、研究のはじめに民衆文化に対する関心があったことがわかる。これらの民間歌謡集に収められた歌は、特定の作者がいるわけではなく、あるいは恋人との密会を歌い、女性の性的な欲望が赤裸々に歌われ、民衆の心性をうかがうに足る材料といえるであろう。

きわめて大雑把に、近現代における歴史学の流れを追って見ると、より古くは政治史、制度史が中心であり、そこでは時の政府を中心とする偉大な人物たちが、関心の中心にあった。それが後にマルクス主義的な歴史学へと移り、社会経済史中心の歴史へと変化する。社会の変革、革命はどうして起こるのか。偉大なる人物のイニシャティブによって、というのが以前の歴史学の答えだったのに対して、マルクス主義的な史観によれば、支配階級の搾取の程度がひどくなることによって、より具体的にいえば、税の徴収がひどくなることによって革命は起こる、ということになった。そうしたマルクス主義的な歴史観、経済史中心の歴史に対して、民衆の実態、民衆の心性への関心を強く持つ社会史の流れが起こってくる。最初八〇年代のハーバード留学中に書かれたという李孝悌さんのこの論文は、まさしくこうした社会史的な関心によって書かれたものといえよう。キューン氏などの太平天国（すなわち宗教的な民衆反乱）への関心は、やはり経済的理由ばかりでは革命は起きない、精神的な背景をより深くさぐる必要があるのではないかとの反省に立つものという側面もあるだろう。中国の民衆文化に関しては、一九八五年に刊行されたDavid Johnson, Andrew J. Nathan, Evelyn S. Rawskiの編になる*Popular Culture in Late Imperial China*（University of California Press）が、その後大きな影響力を持ったと思われるが、この本については、わたし自身かつて書評を書いたことがあり、拙著『馮夢龍と明末俗文学』（汲古書院　二〇一八）に再録した。

日本における戦後歴史学は、マルクス主義が主導的であったものが、アナール学派などの影響を受けた社会史が擡頭してくるのも、まさしく八〇年代のことであった。わたしなども、そうした書物をよく読んだものであって、その意味でも同時代性を感ずるわけである。李孝悌さんは、中央研究院の明清研究推進委員会（推動委員会）が行ったインタビューによれば、最も影響を与えられた思想家として、ルソーとマルクスの名を挙げておられる。だが実は、台湾にあっては戒厳令下の状況にあって、マルクスとそれに関わる左派の思想は御法度なのであった。わたしが滞在した国立中央大学の図書館の参考書コーナーに、日本の平凡社の大百科事典が所蔵されていたが、それをくってみると、例えばマルクスとか共産主義といった項目には、一つ一つ丁寧に紙が貼り付けてあり、読めないようになっていた。従って、李さんの場合、大学時代には必ずしもマルクスを経験せず、むしろハーバードに行ってから勉強されたのかもしれない。ひところの左翼的な学生運動の高まりはアメリカにおいても日本と同様で、わたしがはじめてハーバードを訪れた一九九三年には、大学の近くにRed Starという中国現代書、それも毛沢東思想をはじめ、左翼的な本を中心に扱う書店があったことを思い出す（いまでもあるのだろうか）。マルクス的な経験があるかどうかのちがいはあるかもしれないが、社会史的な関心という点では、われわれの同世代として、きわめて共通したものがあるとはいえるであろう。

民間歌謡に関するこの論文について、李さんにはさらにもう一つの問題意識があった。それは、明から清に移行する時の思想史的転換の問題である。李さんの言葉を借りるならば、

明の中葉以後の春色たゆたうエロチシズムの文化は、質朴で勇猛な北方民族の侵入によって、明の王朝と共に本当に滅びてしまったのか。

ということ、すなわち、

統治者と士大夫側からみれば、明末の社会問題の一つの表象が、まさに淫猥な戯曲と通俗小説の流行であった。そのため、清朝の統治者と乾嘉の学者は、退廃的で淫猥な通俗文化に対して強烈な嫌悪感を示し、絶えずそれを排除しようとした。乾嘉の学者の礼学研究は通俗文化の改良以外にも、さらに家族や婦徳に関する礼儀と規範――二つは儒家思想が主導する社会秩序の基盤である――に注力した。

と一般にいわれているが、それは果たして本当なのか、という問いかけである。明末には例えば『金瓶梅』のような小説があらわれ、また馮夢龍の『山歌』のように、赤裸々な男女の欲望を歌った歌謡集も編まれている（馮夢龍の『山歌』については、拙著『馮夢龍『山歌』の研究』勁草書房　二〇〇三をご参照いただければ幸いである）。こうした明末的なものが、清朝の時代になってどうなったのか、という問題である。

いうまでもなく日本においては、島田虔次氏に『中国における近代思惟の挫折』（初版は一九四九、筑摩書房刊）があり、そこでは、李卓吾に代表されるような明末の近代的思想が、清朝に入って「挫折」した、という見方があ

り、それに対して、溝口雄三氏の『中国前近代思想の屈折と展開』（東京大学出版会　一九八〇）があって、明末に萌芽が見られる近代的思想は、清に入って「屈折」したかもしれないが、底流においてはきちんと「展開」していたのだという見方がある。李さんのこの論文は、民間歌謡を材料にして、清朝時代にあっても、明末的な世界がひそかに受け継がれていたことを明らかにしている。その結論を借りるならば、

『霓裳続譜』、『白雪遺音』、『綴白裘』に収録された草芝居からは、厳粛かつ禁欲的な上層（表層？）文化の裏に、もう一つの活発で奔放、抱腹絶倒の笑いという卑俗な文化が見える。ここは儒教による教化が及ばない歓楽世界であり、女性は倫理や礼教の束縛を脱し、大胆かつ自発的に官能的欲望を満たすことができた。不完全な肢体も特殊な性質として、しばしの救済を得たのだ。清朝全盛期の中国はこのような歓楽、笑いの世界ゆえに、豊穣なものになったのではないだろうか。

ということになる。李孝悌さんのハーバード大学における博士論文は、Opera, Society and Politics: Chinese Intellectuals and Popular Culture, 1901-1937 (Ph.D. Dissertation, Committee of History & East Asia Languages, Harvard University, 1996)、すなわち『近代中国の戯曲、社会と政治　一九〇一～一九三七』という論文であったとのことで、これも近代を対象にして、同じような問題意識にもとづくものである。

李さんの関心は、やがて民衆から士大夫へと移行してゆく。その根本的な問題意識は、本書第五章の冒頭に述べられる次のような問題であろう。

私は本論で、生活史の角度から、王士禛の揚州における五年間の仕官生活の詳細を観察してみようと思う。

赴任前の躊躇、公務上の努力と挫折、官僚と詩人という二つの役割の切り替え、絶え間ない訪問客から、日常的な酒席や詩会、揚州や江南の山水に対する愛着、および文人や友人との宴遊など、すべてを一つ一つ見ていこう。私たちはこれまで思想史や学術史、あるいは政治史の角度から大きな影響力を有した人物について検討するのに慣れてしまい、こうした人物の生活のディテールが、士大夫の文化を形作るうえで重要な役割を果たしていることをおろそかにしてきたようだ。その結果として、私たちがこれまで見ていたのは、いつも厳めしく堅苦しい、あるいは冷たく味わいに欠ける上層の文化だった。都市や園林、山水を欠き、宗教的イマジネーションや詩酒への狂乱を欠いたままでは、私たちの明清の士大夫文化論は、必ずや元々もっていた血脈や精髄、声や色彩を失ってしまうであろう。

民衆の心性の真実を求める姿勢が、士大夫の世界にも及んだわけであるが、例えば王士禛（王漁洋）であれば、従来は、その文学についてしか問題にされてこなかった、あるいはその官僚としての仕事しか問題にされてこなかったのに対し、これまで閑却されていた生活の細部にまで注意を払うことによって、その全体像をさぐろうとする立場といってよいであろう。

本書の各章は、基本的にこうした問題意識によって貫かれている。第二章、明末清初の南京の色街秦淮をめぐっては、明末における南京の政治的状況、秦淮旧院の色街の様子、そして、明清交替によって滅びてしまった秦淮の色街の断絶などについて、孔尚任が作った戯曲『桃花扇』を中心に描き出している。李さんは、この『桃花扇』が、戯曲でありながら、「実録」や「左伝、国語、司馬遷の史記」のような歴史書として作られたことを強調し、『桃花扇』のなかでいわゆる史実とくいちがう人物、例えば楊文驄などの扱い方に、梁啓超や陳寅恪らが述べた不満を紹介しながら、孔尚任の「史」と「劇」、「確かな考証」と「潤色」を巧妙に結合させる手法とそのレベルの高さには、最も優秀な史学の巨匠でさえもまじめに対処せざるを得なかったのである。梁啓超が自ら進んで精力を注ぎ込んで『桃花扇』全編に註を附けたのは、彼のこの劇作品に対する愛を示しているだけでなく、『桃花扇』が、壮大で完璧な政治史の物語という枠組みを提供しているからにほかならない。そこで自身のささやかな考証の文字をその驥尾に附して流伝させ、幾ばくかの是正効果を発揮させようと願ったのである。

といって結んでいる。

第三章「冒襄と水絵園の遺民世界」と第四章「儒生冒襄の宗教生活」は、いずれも明末清初の文人冒襄が主人公である。冒襄（明・万暦三十九年　一六一一～清・康熙三十二年　一六九三）は、方以智、陳貞慧、侯方域らとともに明末の四公子の一人に数えられる人物。彼らは崇禎年間の南京にあって、当時の政治結社である復社に加わり、宦官派の阮大鋮と対立したことで知られる。崇禎十七年（一六四四）、冒襄三十三歳の時に明王朝が滅亡し、やがて清の世となる。清に入ってから、冒襄は科挙による出仕を放棄し、明朝の遺民として残りの生涯を送る。その如皐の屋敷には、名園として知られる水絵園があり、多くの人々が訪れたが、冒襄は、その屋敷において、自分の家の劇団（家班）による演劇を上演し、客人をもてなした。

韓菼の撰になる冒襄の墓誌銘「潜孝先生冒徵君墓誌銘」（『有懐堂文藁』巻一六、また『碑伝集』巻一二六逸民下之下にも収む）では、その叙述を次のように結んでいる。

家には以前から園池亭館の勝があったが、帰ってからますます客を好むようになり、客を招かない日がないほどであった。館での食事はただひたすら至らないことを恐れるばかり。才能ある者を愛して子弟のようにかわいがり、客がやってくると、自分の家に帰ったように感じたものであった。（中略）晩年になってますます図書を以てみずから娯しむようになり、よく長寿をたもって亡くなった。思うに先生が亡くなってからというもの、東南故老遺民の風流の余韻は絶えてしまった。痛むべきことである。

「東南故老遺民の風流の余韻」というところが、冒襄の性格をよく捉えているのではないかと思う。風流とは、まずはここにもあるように、「園池亭館の勝」であり、そこを舞台に繰り広げられる演劇であり、友人たちとの交友であり、詩であり、文章であり、書であり、絵画であり、酒であり、お茶であり、料理であり、はたまた部屋と庭をいろどる植物であり、室内に馥郁とただよう香であり、といった美的生活なのであった。そして、中国における「風流」の二文字は、こうした高雅な趣味に加えて、色事の意味をも含んでいる。若いころから南京におけるその活躍の舞台が、色街の秦淮であったし、とりわけ『影梅庵憶語』に記された董小宛とのことは、その艶名を高からしむるものであった。一般に、冒襄といえば、董小宛と『影梅庵憶語』が思い浮かぶといったほどに、董小宛とのロマンスはよく知られていたのである（冒襄については、拙著『冒襄と『影梅庵憶語』の研究』汲古書院　二〇一〇をご参照いただければ幸いである）。

李さんは、この冒襄について、まず第三章では、明末清初を生きた多くの人々が清に対する抵抗の意味から、あるものはその命を絶ち、またあるものは貧困のうちに生きたのに対し、冒襄は遺民という立場で、明王朝に対する節を守りながらも、庭園、演劇、美女など、美的享楽的生活を送った面を描き出し、

このような人々は、明末の江南において極限まで発達した士大夫文化を十分に堪能したが、明の滅亡後は、国に殉じたり、世俗を避けたりして、貧しく孤独な生活を送るか、さもなければ侯方域のように、不注意から

非難を招いたりした。冒襄のように、気骨の維持と、生活の享楽という二つを兼備できた者はいない。侯方域と異なり、冒襄は新王朝に対して断固たる態度をとり続け、何度も召し出されるのを断り、その名声を確固たるものにすることができた。ただ彼はまた方以智や文震亨のように、激しい行動をとることで明朝への忠誠を表現することはなかった。文震亨が身を以て国に殉じ、張岱が長く三度の食にも事欠くような状態であったとき、冒襄は水絵園において楽器の音を絶やさず、客が絶え間なく訪れる楽土を再構築し、明末江南の風華と教化を継続させたが、これは実に乱世の遺民の中でも極めて稀な結末だった。

と述べる。侯方域の不注意とは、侯方域が清朝の科挙に応じたことを指す。そして、この冒襄の後を承けた袁枚について触れ、

水絵園のこのような遺民と逸楽、継続と断絶がない交ぜになった特殊な雰囲気は、一面では、明末の文化的コンテクストを背景として考察できるが、また別の面では、清の最盛期の士大夫文化に接続する、すばらしい拠点を提供してくれている。乾隆十三年（一七四八）、冒襄が水絵園を建築してから一世紀を隔てて、袁枚は南京城外の小倉山の随園に、もう一つの代表的な隠遁文人の庭園を建設した。袁枚が全力を注いだ結果、随園の詩文の宴集は絶えること無く続き、すぐに四方の文士が集まる重鎮となった。「四方の士が江南に来ると、必ず随園に赴いて詩文を投じ、それが無い日はなかった。袁君の園館内の木竹水石は、奥深くて優美で静かであり、欄干や家具に至っては、どれも精巧だったので、賓客としてもてなした者は数多く、人と遊楽に耽って倦むことを知らなかった」（姚鼐「袁随園君墓誌銘」）。この一時の盛況ぶりは、水絵園の「四十載賓朋の盛んなるは、大江の南北に於いて甲たり」という情景を連想させる。唯一異なる点は、これが南京で新たに築かれた逸

楽文化であり、そこには、明末の金陵特有の放蕩的で退廃的な末世の雰囲気は無く、また水絵園の死者を哀悼するという暗い影を脱していたということである。

と結ばれている。

ところで、ここに翻訳された李さんの本は、最初二〇〇二年に台湾の一方出版有限公司から出版された『恋恋紅塵――中国的城市、欲望与生活』を大幅に増補して、二〇〇七年に上海人民出版社から同名の簡体字版が出され、翌年の二〇〇八年、さらに増補を加えた繁体字版が、台湾の聯経出版から『昨日到城市――近世中国的逸楽与宗教』と題して出されている。この翻訳の底本は二〇〇七年の簡体字版とのことであるが、二〇〇八年の繁体字版の書名に見える「逸楽」が、本書を貫く一つのテーマであり、第五章「士大夫の逸楽――揚州時代（一六六〇～一六六五）の王士禛」にも、その文字が使われている。李氏は、この「逸楽」の概念をバフチンから学ばれたとのことである。

続く第四章では、同じ冒襄の宗教生活として、冒襄が、いかにいわゆる宗教に関わっていたかということを検討している。李氏の第四章の末尾に、

冒襄は日常生活と神秘的宗教体験のディテールについて、並外れた偏愛と記憶を有しており、私たちはこれらの豊富な資料から、一人の十七世紀の文人／儒生の生活史を再構築することができる。冒襄の事例は、宗教が明清士大夫の文化の中で演じた役割を理解しようとする時、きわめて有意義な参考例になるはずである。

とある通りである。たしかに冒襄の『影梅庵憶語』を見ただけでも、いくつかの宗教的、神秘的な行動、体験を見

ることができる。例えば、次のような一段。

わたしは毎年元旦には必ず、関帝君の前でおみくじをひいて一年の事を占ってみることにしている。壬午（崇禎十五年　一六四二）の年、名利を求めんとする気持ち（科挙に合格したい気持ち）が非常に強く、祈りながら籤の最初の一字を見てみれば、「憶」の字であった。その全文は「憶ふ昔 蘭房に半釵を分かつも、如今 忽ち音信を把りて乖る。痴心連理を成すを指望するも、到底誰か知らん事諧はざるを」であった。私はその時、口ずさみながら考えてみたがわからず、全体を考えても、それは科挙に合格するといったことではなかった。この年彼女にめぐりあい、四月一日に金山で別れてから彼女は精進ものを食べ、敬虔に虎丘の関帝君の前で、終身わたしに仕えることができるかどうか願いながら占ったところ、得たのはまさしくこの籤であった。秋に秦淮を訪れた時、彼女はわたしにそのことを告げ、一緒になれないのではないかと心配していた。わたしは聞いて不思議に思い、元旦の籤と合致していたことを話した。その時いあわせた友人が、「私が二人のために西華門で占ってあげましょう」といったが、それもやはりこの籤なのであった。彼女はいよいよおそれの気持ちを抱き、わたしがこの籤を見たために、彼女に対する気持ちがうすれるのではと心配して、憂わしげな様子が表情に現れていた。ところが、後についに彼女の願いがかなったのである。「蘭房、半釵、痴心、連理」というのはみな閨閣中の語である。「到底諧はず」というところ、今日それが実現してしまったのである。ああ、わたしの生ある限り、いつまでも彼女を「憶」する時である。「憶」の字の不思議な因縁は、このようにあらわれたのであった。

ここでは、何かあると、しばしばおみくじをひいて、自分の運命をさぐろうとする冒襄の姿を見ることができる。『影梅庵憶語』の題名にも用いられている「憶」字は、董小宛が若死にして、冒襄は彼女を「憶」することしかできない、彼女が思い出の中の人物となってしまうことを暗示していたと考えるのである。また、『影梅庵憶語』の末尾の一段にあたる、他郷にあった時の夢の話。

わたしは床につくとすぐに夢の中で家に帰っていた。家中のものの姿が見えたが、ただ董小宛だけが見えなかった。急いで妻にたずねると答えない。また家中を捜してみたが、妻がわたしに背をむけて涙を流しているのが見えるばかりであった。わたしは夢の中で大きな声で「死んだのか」といって、わっと大きな泣き声をあげると目がさめた。彼女は毎年春になると必ず病気になるから、わたしはたいへん心配になった。すぐに帰ってみると、彼女は元気にしている。そこでこのことを彼女に告げた。彼女は「それは不思議なこと。以前その晩に夢の中で数人の人が私を無理につれ去ろうとしましたが、隠れていてさいわい助かったのです。その人はいつまでも凶暴な叫び声をあげていました」といった。夢が現実になり、詩籤がみな先に予言していたとは誰が思おうか。

董小宛の姿が見えなくなったという夢が、彼女の死によって実現してしまったことを述べている。先の一段に見えたように、冒襄はしばしば関帝に祈りを捧げており、水絵園には関帝像の大きな碑刻もあった。科挙の合格を願っては関帝に祈り、董小宛との将来を祈っては、関帝廟においておみくじをひいて判断しようとし、また、董小宛の死について、夢の中での予兆が書き記されているのである。

『影梅庵憶語』の「紀侍薬」の一段では、冒襄が三度、死にそうなほどの大病をし、そのたびに董小宛のかいがいしい看病によって、命を救われたことを記している。林宜蓉『舟舫療疾与救国想像─明清易代文人文化新探』

（万巻楼図書股份公司　二〇一四）では、清初の文人が往々にして大病をした記述があり、それを王朝交替の精神史に結びつけて説明している。冒襄の場合もその好例といえ、病気の問題もさらに大きな問題につながりそうである。

陳維崧が書いた冒襄の正妻、蘇氏の伝である「蘇孺人伝」（『同人集』巻三）によれば、崇禎十一年（一六三八）の夏、冒襄は夢の中で、母親の馬恭人が病にかかるとのお告げを得た。そこで泣きながら神に祈り、自分の幼子を母の代わりにと請うた。ほどなくして息子の衰がみまかったが、母親の馬恭人は重病にかかったものの、命が助かった、といった逸話を記している。これらのことを宗教と呼ぶかどうかはわからないが、冒襄が少なくともある種の信仰の世界に生きていたことがわかる（あえて迷信とはいわない）。李さんは、この第四章において、冒襄が、その夢について記した「夢記」（『巣民文集』巻四）についても詳細に分析している。

たしかに政治的活動、また文人としての活動は記録されても、自分がみた夢などについて、詳細に書き記す人は必ずしも多くない。冒襄は一種のメモ魔だったために、さまざまな記録を残したともいえるのだが、他の人が書いた冒襄の伝記でも、その夢や信仰などについては触れられていない。しかし、李さんが強調しているように、こうしたことも、たしかに当時の士大夫の精神生活を知るためには欠かすことのできない事柄であることにはまちがいない。

すでに引用した文章によっても知られるように、冒襄の、時代をこえた継承者といえるのが袁枚である。李さんは、袁枚について論ずる第六章において、ヨーロッパの思想などとの比較において、伝統中国における「自由」を問題にする。

もし、ミルによる自由の定義——個性、独創性、多様性および天才、趣味に対する追求と擁護——を用いるとしたら、我々は十八世紀の伝統中国に十分な空間を見出すことができる。その空間では、特異な才能を持つ士大夫は個性を表現し、独特な趣味の士大夫文化を作り出すことが可能であった。このような欲望のままに生きる自由な空間は、二十世紀の中国の歴史の大部分においては、極度にないし完全に圧縮されてしまったのであった。このような視点から出発すれば、専制皇権の下にあったその広大な自主的空間は、我々にとって一段と貴重なものに感じられるだろう。

袁枚の生涯に特別に取り上げる価値があるのは、その豊富な作品や自適の人生が、伝統的士大夫の洗練された文化や生活の様相の一つの手本となったからだけではない。彼個人の歴史が、十八世紀の中国の政治と社会の性質を再検討する機会を与えてくれるからである。十八世紀の歴史に関する従来の叙述は、帝王による治政への精勤、国力が頂点に達した太平の世とするか、当時の乾隆嘉慶年間の考証学とそれに関わる思想を封じ込める文字の獄とに重点を置いたものである。乾嘉の学者による三礼五礼の学問に対する研究は、最近では儒教道徳の保守主義が擡頭する例証としても解釈されている。

清の最盛期に関するこれらの新旧の説は、もちろん、この複雑な時代のある面を捉えてはいる。しかし袁枚の生涯は、十八世紀の専制政権が政治、思想、道徳、文化の全てにわたり抑圧的統治を行ったという解釈を疑わしいものにする。もちろん、これまでの説を全般的に否定するつもりはない。ただ、これらの説は多くの場合、ある特定の資料のみに基づいており、そのため十八世紀の社会について一面的で同義反復的な解釈になっていることを私は証明したい。

ここでも、清代とは何かという問題が底流にあることがわかる。

この第六章では南京が隠れた主題として扱われている。本書全体として見れば、第二章の秦淮と第六章の袁枚が南京、そして第五章の王士禛、第八章の鄭板橋が揚州、さらにいえば、第三章と第四章で扱われる冒襄もまた、南京及び揚州と深く関わっている（如皐は揚州府に属した）。そして最後の第九章が清末から民国にかけての上海であって、ここでは、南京、揚州、上海という、それぞれの時期にある種の典型であった都市が論じられている。書名の副題に都市とあるように、都市が本書のもう一つのテーマなのである。

第八章の鄭板橋（鄭燮）については、鄭板橋を扱いながら、当時の塩商が集まり、経済的に活況であった揚州という都市が、しっかり視野に収められている。

袁枚の天賦の才能、および順調で充足した人生経歴ゆえに、私たちは彼の時代背景を忘れてしまい、それをそのまま明末江南の退廃的文人の伝統（例えば張岱のような）と一緒にしてしまいがちだ。しかし、逆に十八世紀についてのステレオタイプの印象（文字の獄、考証学、礼学、道徳的保守主義）から袁枚の生涯の思想史的意義を見るならば、実は彼の多彩な生活には、十八世紀の社会の再評価につながる「時代的意義」があることに気づかされる。

対照的に、鄭板橋の一生にはさらに多くの十八世紀揚州の特殊な烙印が刻まれている。もし彼が居たのが塩商によって支えられてきた盛世の土地でなかったとしたら、鄭板橋はおそらく「十載揚州画師と作」り、水墨のみで描いた絵で生計を維持することすら難しかっただろう。まさに塩商による風雅の真似事（或いは風流志向）があったからこそ、鄭板橋というこの種の揚州画家は「自分たちの文化のエッセンスを商品化する」し、さらには自分の書画のために公然と「潤格」（潤筆料）を定めることもできたのだ。時代と地域の影響がここにはっきりと見てとれる。

といったところに、揚州の都市の性格、そしてさらには袁枚らをも視野に入れた時代の全体像がうかがわれよう。

以上、ざっと見てきたように、本書においては、明から清、さらに民国にかけての江南地方をめぐるいくつかの問題が、きわめて手際よく整理され、見通されている。問題の第一は、明から清への王朝交替、易代の問題である。ここでは、明から清にかけて、何が変わり、何が変わらなかったのか、という大きな問題が扱われている。その意味では、李さんの問題の中心は、明との関係、あるいは民国との関係における清という時代の時代相にあるといえるのかもしれない。問題の第二は、文人の生活の全体像である。とかく一人の人物を扱う時に、一つの面（例えば文学とか、政治活動とか）に注意がいってしまうのであるが、李さんのこの本では、時に見落とされがちな側面に光をあて、人物の全体像を浮かび上がらせることを常に意識している。そして第三はいうまでもなく、南京、揚州、上海など、当時の人々が生きた場である都市である。こうした問題がうまくよりあわさることによって、清を中心に、その前の明、その後の民国にかけての時代の相をいきいきと描くことに成功しているといえるだろう。その意味で、本書は明清江南の文化史に関するすぐれた道案内なのである。

畏友李孝悌さんのこの本が、このたび野村鮎子先生をはじめとするみなさんのご努力によって日本語に翻訳され、明から清、さらに民国にかけての江南地方というこの魅力的な世界を、日本の読者にも容易に味わってもらえるようになったことを心から喜びたい。

図版の出典

第2章：図1～5　大木康『中国遊里空間 明清秦淮妓女の世界』青土社、2002年
第2章：図6　『江蘇省金陵圖詠』臺1版「中國方志叢書；華中地方；第439号」成文出版社、1983年
第3章：図1～8　『江蘇省金陵圖詠』臺1版「中國方志叢書；華中地方；第439号」成文出版社、1983年
第5章：図1　『長物志図説』山東画報出版社、2004年
第6章：図1　『中極学刊』第2輯、国立暨南国際大学中文系、2002年
第7章：図1、2　『明清民歌時調集』上海古籍出版社、1987年
第7章：図3　『娼妓的歴史』北京図書館出版社、2004年
第7章：図4、5　『繪圖綴白裘』上海廣雅書局、［1908序］
第9章：図1　『点石斎画報』広東人民出版社、1983年
第9章：図2～7　『点石斎画報（大可堂版）』電子版（雕龍中国早期報刊―シリーズ1)、凱希メディアサービス、2013年
第9章：図8～18　『良友画報』台湾商務印書館、1990年

アルファベット

カタカナ

ラ行

マ行

ヤ行

ハ行

タ行

サ行

人名索引

※ 20 世紀までの歴史人物を主体とし、現代の研究者などは取っていない。物語中の人物も拾っている。並びは 50 音順だが、冒頭の漢字（姓など）は同じものを揃えるようにした。

ア行

執筆者紹介

著者

李孝悌（Li Hsiao-ti）

1954年生まれ。台湾大学歴史系卒業後、ハーバード大学で歴史および東アジア言語課程の博士号を取得。台湾・中央研究院歴史語言研究所研究員等を経て、現在は香港城市大学教授、中国文化センター主任。東アジア文化交渉学会会長。専門は、明清史、社会史、都市史、文化史など幅広い。

主な著書に『清末的下層社会啓蒙運動 1901-1911』（中央研究院近代史研究所、1992初版）、『中国的城市生活』（編著、聯経出版事業股份有限公司、2005）、『中国文化史（第四篇）』（共著、三民書局、2003）のほか、学位論文をもとに加筆した *Opera, Society and Politics in Modern China*, Harvard University Asia Center, 2018（近刊予定）がある。また主な論文として「白下瑣言：十九世紀的南京記事」、復旦大学文史研究院編『都市繁華——一千五百年来的東亜城市生活史』（中華書局、2010）、「顧起元的南京記憶」、『江南社会歴史評論』第2期、商務印書館、2010）、"*Pleasures of a Man of Letters: Wang Shizhen in Yangzhou, 1660-1665,*" in Lucie Olivova and Vibeke Bordahl eds., Lifestyle and Entertainment in Yangzhou (Copenhagen: NIAS Press, 2009) 等がある。

監訳者

野村鮎子（NOMURA Ayuko）

立命館大学大学院文学研究科博士後期課程東洋文学思想専攻修了。博士（文学）。奈良女子大学文学部教授。専門は中国文学、中国女性史。主な中国文学関連の著作に『帰有光文学の位相』（単著、汲古書院、2009）、『四庫提要宋代総集研究』（共著、汲古書院、2013）、『四庫提要南宋五十家研究』（共著、汲古書院、2006）、『四庫提要北宋五十家研究』（共著、汲古書院、2000）。中国女性史関連に、『奈良女子高等師範学校とアジアの留学生』（編著、敬文舍、2016）、『台湾女性研究の挑戦』（共編、人文書院、2010）、『台湾女性史入門』（共編、人文書院、2008）、『中国女性史入門——女たちの今と昔』（共編、人文書院、2004）、『ジェンダーからみた中国の家と女』（共編、東方書店、2004）等がある。

訳者

和泉ひとみ（IZUMI Hitomi）

関西大学大学院文学研究科博士課程後期課程中国文学及び文学史専攻満期退学。博士（文学）。関西大学非常勤講師。専門は中国文学。著書に『明人とその文学』（共著、汲古書院、2009）、主要訳書に『宋代散文研究』（共訳、白帝社、2016）、主要論文に「元雑劇における尉遅敬徳像の形成について」（『日本中国学会会報』第59集、日本中国学会、2007）等がある。

上原徳子（UEHARA Noriko）
奈良女子大学大学院人間文化研究科博士後期課程比較文化学専攻修了。博士（文学）。宮崎大学語学教育センター准教授。専門は中国古典小説。主な論文に、「『九籥集』について―新資料を使用した版本及び作者についての再検討」（『中国古典小説研究』第9号、2004）、「万暦五年の情死事件についての一考察」（松村昂編『明人とその文学』、汲古書院、2009）、「「杜十娘怒沈百寶箱」の翻案について―「杜十娘」からMiss Tuへ―」（『中国古典小説研究』第20号、2017）、「林語堂による英訳「鶯鶯傳」について」（『アジア遊学』218、勉誠出版、2018）等がある。

竹田治美（TAKEDA Harumi）
奈良女子大学大学院人間文化研究科博士後期課程比較文化学専攻修了。博士（文学）。奈良学園大学准教授。専門は中国古代言語学、社会言語学、多文化教育。主な中国古代言語学関連の著作に『宋代語録における副詞研究』（単著、白帝社、2012）、『台風雑記』（共著、東京外国語大学アジア・アフリカ言語文化研究所出版、2010）、「音節構造からみた宋代副詞」（『中国語研究』第51号、白帝社、2009）等がある。

辜　知愚（GU Zhi-yu）
奈良女子大学人間文化研究科博士後期課程比較文化学専攻在学中。専門は中国女性史。主な業績に、「魯迅に罵られた女――楊蔭楡像の変遷」（『叙説』第44号、奈良女子大学日本アジア言語文化学会、2017）、「楊歩偉自伝研究序説」（『アジア・ジェンダー文化学研究』第2号、奈良女子大学アジア・ジェンダー文化学研究センター、2018）。また翻訳に、陳昭如「婚姻における異性愛家父長制と特権――台湾の同性婚論争」（講演記録、『女性史学』第27号、女性史総合研究会、2017）がある。

高尾有紀（TAKAO Yuki）
奈良女子大学大学院人間文化研究科博士後期課程比較文化学専攻在学中。現在、日本学術振興会特別研究員DC。専門は中国現代文学。主な業績に、「沈従文『阿麗思中国遊記』について――第2巻の〈湘西〉世界に着目して――」（日本現代中国学会2017年度関西部会大会、2017年6月3日）、「沈従文初期湘西小説研究――『阿麗思中国遊記』第2巻を手がかりに――」（第22回日本・アジア学会言語文化学会、2017年11月23日）等がある。

原書：《昨日到城市　近世中國的逸樂與宗教》
李孝悌 著，聯經出版公司，2008 年

台湾学術文化研究叢書
恋恋紅塵　中国の都市、欲望と生活
二〇一八年七月五日　初版第一刷発行

著　者●李孝悌
監訳者●野村鮎子
訳　者●和泉ひとみ・上原徳子・竹田治美・辜知愚・高尾有紀
発行者●山田真史
発売所●株式会社東方書店
東京都千代田区神田神保町一―三　〒一〇一―〇〇五一
電話〇三―三二九四―一〇〇一
営業電話〇三―三九三七―〇三〇〇
組　版●（株）シーフォース
装　幀●冨澤崇（EBranch）
印刷・製本●シナノパブリッシングプレス

定価はカバーに表示してあります

ISBN978-4-497-21813-1　C0039
乱丁・落丁本はお取り替えいたします。
恐れ入りますが直接小社までお送りください。

「台湾学術文化研究叢書」刊行予定

【編集委員】

王徳威　ハーバード大学東アジア言語及び文明学科 Edward C. Henderson 講座教授、台湾・中央研究院院士
黄進興　台湾・中央研究院副院長、歴史語言研究所特聘研究員、中央研究院院士
洪郁如　一橋大学大学院社会学研究科教授
黄英哲　愛知大学現代中国学部教授

王甫昌／松葉隼・洪郁如訳『族群　現代台湾のエスニック・イマジネーション』二〇一四年一一月刊
（『当代台湾社会的族群想像』群学出版有限公司、二〇〇三年）

張小虹／橋本恭子訳『フェイク　タイワン　偽りの台湾から偽りのグローバリゼーションへ』二〇一七年五月刊
（『假全球化』聯合文学、二〇〇七年）

王徳威／神谷まり子・上原かおり訳『抑圧されたモダニティ　清末小説新論』二〇一七年六月刊
（*Fin-de-siècle Splendor: Repressed Modernities of Late Qing Fiction, 1849-1911*. Stanford: Stanford University Press, 1997）

李孝悌／野村鮎子ほか訳『恋恋紅塵　中国の都市、欲望と生活』二〇一八年七月刊
（『昨日到城市――近世中国的逸楽与宗教』聯経出版、二〇〇八年）

夏曉鵑／前野清太朗訳『「外国人嫁」の台湾　グローバリゼーションに向き合う女性と男性』
（『流離尋岸：資本国際化下的「外籍新娘」現象』唐山出版社、二〇〇二年）

蕭阿勤／小笠原淳訳『現実へ回帰する世代　1970年代台湾文化政治論』
（『回帰現実――台湾1970年代的戦後世代与文化政治変遷』中央研究院社会学研究所、二〇〇八年初版、二〇一〇年二刷）

黃進興／中純夫訳『孔子廟と儒教　学術と信仰』
（『聖賢与聖徒――歴史与宗教論文集』『優入聖域――権力、信仰与正統性』允晨文化、二〇〇一年、一九九四年初版・二〇〇三年二刷より編集翻訳）

石守謙／木島史雄訳『移動する桃源郷　東アジア世界における山水画』
（『移動的桃花源――東亜世界中的山水画』允晨文化、二〇一二年）

許雪姫／羽田朝子訳『離散と回帰――満洲国の台湾人』
（『離散与回帰：台湾人在満洲国与台湾之間』、二〇一五年）

黃進興／工藤卓司訳『孔子廟と帝国――国家権力と宗教』
（『聖賢与聖徒――歴史与宗教論文集』『優入聖域――権力、信仰与正統性』允晨文化、二〇〇一年、一九九四年初版・二〇〇三年二刷より編集翻訳）

※書名は変更される場合があります。